JN318082

大航海時代の日本

―ポルトガル公文書に見る―

高瀬弘一郎 訳註

八木書店

『大航海時代の日本―ポルトガル公文書に見る―』目次

目次

序論　収録文書の概要……1
一　収録文書の来歴……3
二　大航海時代の奴隷問題……9
三　キリスト教徒・異教徒・ユダヤ人・孤児基金……21
四　布教と貿易……29
五　その他……38
本文篇……53
索引　1
引用文献目録　35

本文篇　内容細目

＊各文書毎に内容を簡略に摘記し、「　／　」をもって項目を区分した。

1　一五二〇年二月七日付けエヴォラ発、ポルトガル国王のインディア総督宛勅令（抜粋）……55
インディア全域における、胡椒の取引および輸送の禁止／その刑罰
2　シナの代理商人ディオゴ・アイレスに与えたポルトガル国王の規則（抜粋）……60
王室の商館および代理商人の関与なしに、胡椒その他の商品をシナで商うことを禁止
3　一五三三年三月一四日付けエヴォラ発、ポルトガル国王のインディア副王宛書簡……67
モーロ人・異教徒の囚われ人がキリスト教徒になった場合にとるべき措置
4　一五五五年三月二二日付けゴア発、インディア副王の勅令……70
バサインとその近辺における異教寺院や偶像の存在、異教の祭り・儀式の挙行、異教的慣習の禁止／その取締りと刑罰
5　一五五七年三月一五日付けリスボン発、ポルトガル国王のインディア総督宛書簡……77
モーロ人・異教徒の奴隷でキリスト教徒になった者は、直ちにキリスト教徒の許に売却／しかし自由にしてはならず、キリスト教徒に奴隷として仕えさせること
6　一五五七年三月二〇日付けリスボン発、ポルトガル国王のゴア市市会議員たち・代理人、

および諸高官職の管轄者たち宛書簡（抜粋）
イエズス会士・ドミニコ会士・フランシスコ会士等のインディアにおける聖務に満足 …… 79
7　一五五七年五月二七日ゴア発、インディア総督の勅令 …… 82
ゴア市・ゴア島における略取の禁止／その刑罰／黒人の囚われ人がそれを犯した場合の刑罰
8　一五五七年六月一五日付けゴア発、インディア総督の書簡 …… 83
イエズス会の見解に準拠して、ゴア市・ゴア島における異教徒の遺産相続に関し、男性相続人がいない場合、その妻と娘がキリスト教徒になる場合、彼女等がそれを望まない場合の規定
9　一五五七年八月一二日付けゴア発、インディア総督の書簡法令 …… 89
インディアにおけるモーロ人・異教徒・ユダヤ人個人遺産の相続に関し、キリスト教に改宗した者の遺産は、ポルトガル本国における場合と同様、キリスト教徒の息子・卑属親・傍系親族の間で相続／モーロ人・異教徒・ユダヤ人である息子・卑属親・親族には遺産を遺さないこと／親の生前および死後キリスト教徒になった息子・娘は、非信徒の親の遺産の三分の一を遺留分として取得／二人の息子・娘がキリスト教徒になり、他にも兄弟がいる場合、二人が遺産を四分の一ずつ取得／インディア領国全域にわたり、本法律と異なる相続慣習の行使を禁止
10　一五五八年一二月二五日付けパンジン発、インディア副王の勅令 …… 96
インディア領国において、外国人非信徒が買得した非信徒の奴隷がキリスト教徒になったら、無償で自由の身とすること／外国人非信徒が外から領国に連れてくる奴隷がキリスト教徒に

なったら、競売に付し、代価は元の持主に渡すこと／外国人信徒が領国において、非信徒から奴隷を買うことを禁止

11　一五五九年三月二三日付けリスボン発、ポルトガル国王の勅令……98
ゴア市・ゴア島において、尊属親がおらず、しかもいまだ判断力を持ちうる年齢に達していない異教徒の子供は、孤児たちの判事が、ゴア市のイエズス会コレジオに引き取らせること／同コレジオがその全員を収容出来ない場合は、他のコレジオ・修道院に送ること

12　一五五九年三月二三日付けリスボン発、ポルトガル国王のゴア市宛書簡……105
教皇はゴア市司教座を、ポルトガル国王布教保護権下での首都大司教座に昇格／同首都大司教座昇格の行事に関する指示

13　一五五九年三月二五日付けリスボン、ポルトガル国王の法令……110
領国におけるすべての非信徒外国人は、彼らの奴隷がキリスト教に改宗したら、これをキリスト教徒に売却すること／彼ら奴隷は、キリスト教に改宗することによって自由を獲得するわけではないこと／非信徒外国人は、キリスト教に改宗した奴隷を、キリスト教徒に売却することなしに、今いる都市・要塞の外に連れ出してはならないこと／キリスト教に改宗した奴隷の信仰を守るために、キリスト教徒へのその売却を急がせること／主人がユダヤ人・モーロ人である場合は、直ちにその主人から引き離すこと

14　一五六〇年三月一五日付けリスボン発、ポルトガル国王のゴア市宛書簡……114

ポルトガル国王の要請により、教皇はガスパルをゴア大司教に任命／同大司教に対する必要な支援

15　一五六二年三月一一日付けリスボン発、ポルトガル国王のゴア市宛書簡……116
ポルトガル国王のインディア領国における最も主要な務めはキリスト教布教であり、そのために王室資産から莫大な支出／とくにゴア市には一人の非信徒もいないように尽力／そのために、副王・大司教・司教・イエズス会士・他の修道会士を支援

16　一五六三年三月七日付けリスボン発、ポルトガル国王の勅令……119
貴族ジョアン・デ・メンドンサのインディアにおける奉仕により、インディアからシナ・日本へのカピタン・モール航海権を恵与／艤装の費用負担／途中入港地・マカオ・日本の港におけるカピタン・モール権限の行使／同航海権行使の優先順位／王室資産による支援とその返済義務／遺産管理人としての勤務／諸船舶・諸港居住者の彼に対する服従義務

17　一五六四年一一月二七日付けゴア発、インディア副王の書簡……126
領国全域において非信徒が、自らイスラム教徒・ユダヤ教徒になること、他の異教徒にその働きかけをすることを禁止／違反した場合の刑罰

18　一五六五年一二月一六日付けゴア発、インディア副王の勅令……128
インディア領国全域に、ユダヤ人が入ること・居住することを禁止／違反した場合の刑罰

19　一五六六年二月七日付けリスボン発、ポルトガル国王勅令（要旨）……132
貴族ディオゴ・ロボの諸戦役での功績により、インディアからシナ・日本への二回のカピタン・モール航海権（マラッカ経由およびスンダ経由）を恵与／艤装の費用負担／諸港におけるカピタン・モール権限の行使／同航海権行使の優先順位／遺産管理人としての勤務／彼に対する支援とその返済義務／諸船舶・諸港居住者の彼に対する服従義務

20　一五六六年二月二五日付けリスボン発、ポルトガル国王のインディア副王宛書簡（要旨）……140
貴族ディオゴ・ロボの要請に応じ、二回の航海権を行使するために、艤装済みの船舶を彼に提供すること／提供された船舶等の査定額に対する彼の返済義務

21　一五六七年三月一五日付けリスボン発、ポルトガル国王の勅令（要旨）……142
貴族アントニオ・ペレイラに対し、インディアからシナ・日本への一回のカピタン・モール航海権を恵与／艤装の費用負担／諸港におけるカピタン・モール権限の行使／同航海権行使の優先順位／遺産管理人としての勤務／彼に対する支援とその返済義務

22　第一回管区教会会議記録（一五六七年ゴア開催）（抜粋）……145
〔第一部、決定事項一六〕非信徒によるキリスト教徒奴隷の所有を禁止／非信徒奴隷がキリスト教徒になったら、無償で解放／彼らを連れてきた商人に対して支払う代価／売却目的で三カ月以内であっても、その奴隷がキリスト教徒になる場合は、解放
〔決定事項一七〕モーロ人商人がインディア領国で異教徒奴隷を買い、彼らの土地に連れて行ってモーロ人にすること／異教徒奴隷の通過に同意しないこと／カピタン等船舶乗組員は、異教

徒奴隷と彼らを連れてきたモーロ人の名を明らかにするまでは、奴隷の上陸に同意しないこと／違反者に科す罰金／カルタズ交付に際し、禁制商品に奴隷を入れること／その例外規定／非信徒家臣が奴隷を売却したい場合は、キリスト教徒がいればそのキリスト教徒に売却
〔決定事項一八〕マラッカにおいて、非信徒奴隷の中に不純な意図でキリスト教徒になる者がいるので、マラッカ司教がその信仰を確認した上で、解放／それが確認出来ない者については、信仰教育をしてくれる人々に売却／奴隷をキリスト教徒に贈与する場合、奴隷として働かせたいためにキリスト教改宗を邪魔する者がいるので、その対策を指示
〔第四部、決定事項一〇〕当管区には不正な囚われ人の奴隷が多数いる。正当たり得る五つの理由以外で奴隷となった場合、および理由が不明確の場合は、自由の身とすること

23　一五六八年二月一八日付けリスボン発、ポルトガル国王の書簡（要旨）……………………154
貴族ペドロ・ダ・シルヴァ・デ・メネゼスに対し、インディアからシナ・日本への一回のカピタン・モール航海権を恵与／艤装の費用負担／諸港におけるカピタン・モール権限の行使／同航海権行使の優先順位／遺産管理人としての勤務／彼に対する支援とその返済義務

24　一五六八年二月二二日付けリスボン発、ポルトガル国王の勅令（要旨）……………………156
貴族リオニズ・ペレイラに対し、インディアからシナ・日本への一回のカピタン・モール航海権を恵与／艤装の費用負担／諸港におけるカピタン・モール権限の行使／同航海権行使の優先順位／遺産管理人としての勤務／彼に対する支援とその返済義務／諸港の船舶・居住者の彼に対する服従義務

25　一五六八年二月二六日付けリスボン発、ポルトガル国王の勅令（要旨）……161
貴族ジョアン・ダルメイダに対し、インディアからシナ・日本への一回のカピタン・モール航海権を恵与／艤装の費用負担／諸港におけるカピタン・モール権限の行使／同航海権行使の優先順位／遺産管理人としての勤務／彼に対する支援とその返済義務／諸港の船舶・居住者の、彼に対する服従義務

26　一五六八年二月二六日付けリスボン発、ポルトガル国王の書簡（要旨）……165
貴族フランシスコ・アンリケスに対し、インディアからシナ・日本への一回のカピタン・モール航海権を恵与／艤装の費用負担／諸港におけるカピタン・モール権限の行使／同航海権行使の優先順位／遺産管理人としての勤務／彼に対する支援とその返済義務／諸港の船舶・居住者の彼に対する服従義務／同航海権の行使時期

27　一五六八年二月二七日付けリスボン発、一般的規則（副王ルイス・ダ・タイデ携行）（抜粋）……179
キリスト教徒・モーロ人・異教徒に対し、司法を等しく遵守／司法関係高官の勤務状況、適正な給与・刑罰を受けているかを知るよう尽力し、適宜処罰

28　一五六八年三月一八日付けアルメイリン発、ポルトガル国王の勅令……180
主の最後の晩餐の大勅書に従い、武器・銅・硫黄その他をモーロ人・異教徒に売却することを禁止／違反者に対する刑罰

29　一五六九年三月二二日付けアルメイリン発、ポルトガル国王のゴア市宛書簡……183

インディア領国におけるキリスト教布教、異教徒・モーロ人の土地の征服とそこにおける司法遵守、ポルトガル人が異教徒から侮辱を受けないために必要な措置の提案を要望／香料その他禁制品の取引を自由にして税金を課す方が良策であるとの覚書に対する、見解を要求

30　一五七〇年九月二〇日付けシントラ発、ポルトガル国王の勅令……189
キリスト教に改宗した国王・領主やキリスト教に恩恵を施す異教徒に対しては、インディア・シナ・日本・モルッカでの航海・商業を禁じることなく、カルタズを交付

31　一五七〇年九月二三日付けシントラ発、ポルトガル国王の勅令……190
インディア・シナ・日本・モルッカの異教徒改宗のため、改宗後一五年間十分の一税・初収穫の支払い免除

32　一五七一年一月一五日付けアルメイリン発、ポルトガル国王のインディア副王宛勅令……196
聖職売買の罪で捕えられたマルティン・アフォンソなる者に対する厳格な刑罰を指示

33　一五七一年三月二日付けベナスタリン発、インディア副王の勅令（要旨）……202
インディアにおける功績により、アントニオ・ペイショットに対し、インディアからシナへの一回のカピタン・モール航海権を恵与したが、行使以前に戦死、未亡人に同じ航海権を恵与／同航海権の行使可能な人物／航海権行使の優先順位

34　一五七一年三月六日付けリスボン発、ポルトガル国王の勅令……207

インディア・シナ・日本・モルッカの異教徒改宗のため、改宗後一五年間十分の一税・初収穫の支払い免除

35　一五七一年三月八日付けリスボン発、ポルトガル国王の勅令（要旨）……208
貴族アントニオ・デ・ヴィリェナに対し、インディアからシナ・日本への一回のカピタン・モール航海権を恵与／艤装の費用負担／諸港におけるカピタン・モール権限の行使／航海権行使の優先順位／遺産管理人としての勤務／彼に対する支援とその返済義務／諸港の船舶・居住者の彼に対する服従義務

36　一五七一年三月九日付けリスボン発、ポルトガル国王の勅令……212
ポルトガルでは長く存在しなかった男色の罪を犯す者が、領域内に出現／その罪の重大性に鑑み取調べに関する指示／告発者・証人・拷問の規定／本事件の罪人は重罰

37　一五七一年三月一一日付けリスボン発、ポルトガル国王の勅令（要旨）……218
貴族アントニオ・デ・ヴィリェナは、国王から恵与を受けたシナ航海を死後代行する者を指名／国王への奉仕のためのアントニオの負債は、その人物が同航海の収益から返済し、残余は王室資産に入れること

38　一五七一年三月一二日付けリスボン発、ポルトガル国王の勅令……219
布教の妨げになるので、ポルトガル人は日本人を買うことも、囚われ人にすることも禁止／買われた、または囚われ人にされた日本人を自由にすること／違反者に対する刑罰／日本におい

て、同一の分銅・秤で売買／日本からインディアに帰港した船舶に対し、本勅令に違反した行為はなかったか尋問をし、刑罰を執行

39 一五七五年三月二日付けゴア発、インディア総督の勅令…… 223
ゴア島と隣接の島々および陸地にいる非信徒孤児の内、サルセテの者のみ同地のマルガンのコレジオに、その他の孤児は皆、ゴア市の聖パウロ・コレジオに引き渡すこと／孤児を隠蔽する者に対する刑罰

40 一五七五年一一月一四日付け、インディア総督の勅令…… 226
ポルトガル人に貸与するか、彼らが貸与の保証人になると、力関係から返済不能となり、布教の妨げになること／それ故、孤児のかねをポルトガル人に貸与すること、彼らが保証人になることを禁止／すでに貸与されたかねの返済

41 第二回管区教会会議記録（一五七五年ゴア開催）（抜粋）…… 227
〔第一部、決定事項八〕非信徒商人が奴隷を売却する際は、改宗した上で売ること／代価は非信徒の主人に与えること／信徒・非信徒を問わず国王の家臣に売却

42 一五七八年三月一八日付けリスボン発、ポルトガル国王の勅令…… 228
裁判権の帰属をめぐり、世俗の司法に対する不服を申し立てて高位聖職者が国王に提出した覚書に対し、学識者に諮った上での決定／第一の覚書、教会の敷地内か否か、あるいは霊的な事柄か否かを論点とする裁判権の帰属問題は、その教会のインムニタスが効力を持つか否かによ

り決する／第二の覚書、世俗人が教会に寄贈したり、永代借地権を与えたりした教会の資産についての裁判権がいずれに帰属するかは、教会が有するのは所有権のみか、所有権と利用権の両方かが問題になる／第三の覚書、国王の保護権が関わる訴訟の裁判権は、教会に帰属／世俗の裁判権に帰属する場合の事例／第四の覚書、高位聖職者の許可を得て、囚われ人や敬虔な工事のために喜捨を求める行為に対し、世俗の役人が妨害することの是非に関してであるが、高位聖職者は世俗の役人の妨害を排して、教会の敷地内での喜捨行為に許可を与えることが出来ること／第五の覚書、教会人の住まいに運んだ品物について、それが教会人のためのものであるならば、課税をしてはならないこと／第六の覚書、教会人は、税金を納めない品物については、教会のためのもので商いのためではない旨、税関役人に誓約／第七の覚書、教会人の住まいにもたらされる木材について、第五・第六覚書の規定と同／第八の覚書、教会人が新しい樽を買い入れる際、一五六七年の判決に拠り、半シザの税を支払うこと／第九の覚書、度量衡器検査官長や元老院による教会借地人からの徴収は、共通善のためである。十分の一税については、教会は世俗人の意に反して徴してはならない／第一〇の覚書、教会の資産に対するシザ徴収の正当性／第一一の覚書、異議申立て人が世俗人の場合の裁判権は、共通法に拠り国王の判事が裁判権を持つこと／第一二の覚書、聖職者の巡察によって罪人を見つけたら三度譴責する古来の慣習に関し、自然法に反する教会の慣習は、遵守すべきではない反面、トリエント公会議の規定は遵守／第一三の覚書、十分の一税では不足だとして、教会のために世俗人に臨時租税を課す必要性を審理する裁判権は、教会の判事に帰属／第一四の覚書、トリエント公会議の決定に従い、高位聖職者はコンフラリア等を巡察し世話することが出来ること／第一五の覚書、混合の訴訟に関し、裁判権が教会側に帰属する事件に関しては、国王の司法は裁判権を有しないが、明らかな暴力や自然法不遵守に関する抗告には、国王の司法が対応／第一六の覚書、控

46　一五八二年二月二〇日付けリスボン発、ポルトガル国王の勅令……259
インディア領国のイエズス会・キリスト教会の請願に応え、過去に国王・副王・総督から得た諸特権・諸勅令を、最初に確認することなしに一四年間行使し得るものとすること

47　一五八二年二月二三日付けエルヴァス発、ポルトガル国王のインディア副王宛書簡……261
インディア領国の現地人キリスト教徒からの要請に応え、その能力を備えている者にはポルトガル人と同じ職務を容認

48　一五八二年四月三日付けリスボン発、ポルトガル国王の勅令……262
教会法違反でもあるので、異教徒が公職に就くことを禁止

49　一五八二年九月一五日付けゴア発、インディア副王の勅令……265
イエズス会パードレの立会なしに、サルセテの異教寺院の土地の賃貸を禁止／国王の保護権に基づき、サルセテの異教寺院の土地からの所得はすべて、同地コレジオに渡すこと／サルセテの教会に支出した残余はすべて、ゴア市の洗礼志願者の家で消費

50　一五八三年二月六日付けゴア発インディア副王の勅令、および一五九三年九月三日付けゴア発インディア副王の勅令……269
モーロ人・異教徒・ユダヤ人、その他何人も商務官勤務を禁止／彼らは数量の商務官の職務のみ務めること／すべての商品の価格について商務官長に報告する義務／違反者に対する刑罰

51　一五八三年三月一六日付けリスボン発、ポルトガル国王の勅令……272
イエズス会士からの要請に応え、ゴア島の息子のいない異教徒の遺産は王室資産としないで、その者の妻・娘がキリスト教徒になったら彼女らに、改宗を望まなければ、キリスト教徒になった最も近い親戚に与えることを容認／妻・娘については、死亡後六カ月以内に改宗するか、さもなければその後二カ月以内に改宗した最も近い親戚に与えること

52　一五八三年一一月二四日付けリスボン発、ポルトガル国王の勅令……277
ポルトガルから行く女性孤児の結婚の障害になっているという、結婚相手の役職確認のためのポルトガル渡航義務を緩和し、副王・総督がその者に商館勤務以下の職を与えることを容認／結婚相手がそれ以上の職を受ける場合は、国王の確認を受けに行く義務があること

53　一五八五年二月一一日付けリスボン発、ポルトガル国王のインディア副王宛書簡（抜粋）……279
ゴア大司教から、現在イエズス会の所得になっているゴア島の異教寺院の定収入を、ゴア島のキリスト教会をイエズス会から継承したドミニコ会に与えてもらいたい、との要請／イエズス会士から聴取し、勅令を検分し、王室資産の規則を調べ、副王の見解を添えて報告／マカオ司教から訴えがあった、彼およびマカオの聖職者への俸禄の支給に関する指示／大友・有馬・大村の諸侯への書簡を、最善の方法で宛先に届けてもらいたいこと

54　第三回管区教会会議記録（一五八五年ゴア開催）（抜粋）……283
〔第二部、決定事項二〇〕マラッカの奴隷で、受洗に不純な意図があり、非信徒に戻る危険がある場合は、洗礼を延期すること／彼らに教理教育を施す有徳の人々の家に住まわせること／

非信徒とくにモーロ人が彼らの土地に連れて行き、そこで異教徒になる奴隷が多数に上る／それ故、第一回管区教会会議における禁止事項、および国王の法令を遵守／違反者に対する破門罪その他の刑罰

55　一五八六年二月七日付けリスボン発、ポルトガル国王のインディア副王宛書簡（抜粋）……287
ダマン市元老院からの要望として、市の要塞化のために一回の日本航海権の恵与／死亡した市民の遺産の妻子への相続／孤児のかねを奪うことなく、市民・孤児を救済してほしいこと

56　一五八六年四月二六日付けゴア発、インディア副王の勅令……289
昨一五八五年国王が副王に指令、シナ・モルッカ・アンボイノ・バンダにおける商業は税関収入の大部分をなすが故に、カスティリャ人がノヴァ・エスパニャから商業目的で渡航することを禁止／同指令に従い、同趣旨の副王勅令を発給／ポルトガル人のマラッカ市からフィリピンやノヴァ・エスパニャへの渡航を禁止／東西両インディア間商業禁止の違反者に対する刑罰

57　一五八六年六月五日付けゴア発、インディア副王の勅令……294
インディア領国における奴隷の無法行為防止のため、主人に従う場合以外、奴隷の武器携行を禁止／妻・娘に同伴する場合以外は、長い武器の携行を禁止／妻帯者でない者が、武器を携えてゴア島に出入することを禁止／それぞれの違反者に対する刑罰

58　一五八七年一月一〇日付けリスボン発、ポルトガル国王のインディア副王宛書簡（抜粋）……297
昨年、ポルトガルにおける新キリスト教徒と、インディアにいるユダヤ人との間の取引を禁止

／マカオにはカピタンが常駐せず、従来通りシナおよび日本航海のカピタンによる統治を続けること／アレシャンドレ・ラベロを聴訴官としてマカオに派遣

59 一五八七年一月二日付けリスボン発、ポルトガル国王のインディア副王宛書簡（抜粋）……301
アルトゥル・デ・ブリトをテルナテ王の許に派遣したことを評価／一五八五年に送った東西両インディア間の商業の禁止指示の再確認／マカオ住民はそこの元老院の統治に服従

60 一五八七年二月六日付けリスボン発、ポルトガル国王のインディア副王宛書簡（抜粋）……304
ゴア市のミゼリコルディアの院長らからの、給与・喜捨の支払い要請と、それに対する対応指示／ミゼリコルディア院長は、養育した女性孤児の結婚相手のために、領国内の商館・要塞の書記職を要請／ポルトガルから行く女性孤児と同様の扱いをする必要がある場合は、報せること

61 シナ地域におけるマカオ聴訴官の規則の条項（一五八七年二月一六日、マドリード、国王）……308
一 マカオ聴訴官は民事・刑事の訴訟を審理／二 金銭・動産没収の刑を受けながら資産を所有しない場合／三 公の文書・同等の有効性を持つ裁判権によって下された判決の執行／四 同聴訴官は一人で刑事の事実を審理、カピタンと同意見の場合、意見が異なる場合／五 同聴訴官の裁判権の及ばない刑事訴訟／六 マカオにカピタンがいない場合、刑事訴訟は一人で判決を下し、執行／七 孤児たちの判事をも務めること／八 二人の書記を抱え、彼らは公証人を務めること／九 執行官を一人置き、彼は看守を務めること。その給料とそれの支払い／一〇 同聴訴官がカピタンの見解を徴して刑事免責文書を発給。両者の間で見解が異なった場合は、最年長の市会議員の見解を聞くこと／一一 動産は一二万レイス、不動産は八万レイスまでの民事

訴訟は、同聴訴官が裁判権を持ち、それを超える額の訴訟は、控訴裁判所に上訴／一一　刑事訴訟に関する同聴訴官の裁判権／一三　身分の高い者に対し死刑の如き重刑を科す場合は、副王の見解を聴いた上で判決／一四　司法の費用／一五　同聴訴官が告訴する場合の規定／一六　同聴訴官が審問を行う場合の規定／一七　同聴訴官が尋問を行う場合の規定／一八　同聴訴官が行使する人事権／一九　各書記の記録簿とその記入／二〇　別の記録簿に司法の出費を記載／二一　同聴訴官は、同罰金刑による費用負担のかねについて、会計報告を受けること／二二　同聴訴官は、副王または控訴裁判所の命令による以外は、逮捕・召喚は出来ないこと／二三　日本航海のカピタン・モールは、マカオの聴訴官に対し何ら管轄権を持たない。聴訴官はカピタン・モールの不在期間、住民選出の人物とともに、カピタンとしてマカオを統治／二四　聴訴官が犯罪を犯したら、カピタンが副王に報せ、副王は控訴裁判所にその審理を命令／二五　同聴訴官も規則・法典に署名／二六　同聴訴官が不在または支障ある際は、最年長の市会議員が代行／二七　同聴訴官が審理する訴訟に彼自身が関わっているとの嫌疑を掛けられた場合の措置／二八　同聴訴官に嫌疑をかけた者は、予め四クルザドを預託／二九　同聴訴官に対し、マラッカ商館支払いにより年二〇万レイスを給与／三〇　同聴訴官の許での司法関係の二人に対し、マラッカ商館支払いにより給与／三一　同聴訴官は、マカオのマンダリンがシナ人に対して持つ管轄権に関与してはならないこと。マカオ住民とシナ人との間の事件には、厳正に司法を執行

62　一五八七年一〇月二六日付けゴア発、インディア副王の勅令……320
キリスト教会のために発給された過去の諸勅令の履行を命令

63　一五八七年一〇月二七日付けゴア発、インディア副王の勅令……322
罰金をキリスト教会や洗礼志願者たちの家に充当するよう定めた諸勅令の履行を命令
64　一五八八年一月一日付けゴア発、インディア副王の勅令……324
キリスト教徒たちの父からの要請に応え、異教徒職人がキリスト教の聖なる品を作成することを禁止／違反者に対する刑罰
65　一五八八年一月二一日付けリスボン発、ポルトガル国王のインディア副王宛書簡（抜粋）……328
大砲鋳造・貨幣鋳造・諸艦隊士官の給与のため、シナ産銅の確保は重要／シナ産銅の輸入に関する副王とアントニオ・カルデイラとの間の契約の履行を命令／イエズス会からの要請である一〇年間シナ産銅一二キンタルの免税輸入や貨幣鋳造を容認しないこと／イエズス会が断ったゴア施療院の管理をゴア・ミゼリコルディアの院長・兄弟が行うことを容認／同施療院に対する副王の配慮を依頼
66　一五八八年二月〔　〕日付けリスボン発、ポルトガル国王のインディア副王宛書簡……332
シナから商品をもたらす者は、その税を全額支払うに足るだけの銅をもたらす義務／銅は、貨幣および大砲の鋳造に充当／何人に対しても、貨幣鋳造を許可しないこと
67　一五八八年三月二一日付けリスボン発、ポルトガル国王のインディア副王宛書簡（抜粋）……334
日本司教モラエスがゴアに着いたら、日本への迅速な船便の手配等尽力／船中食糧の給与／二〇万レイスその他日本司教職の俸禄の給付に関する指示

68　一五八九年二月六日付けリスボン発、ポルトガル国王のインディア副王宛書簡（抜粋）……336
フランシスコ会士マルティニョ・イナシオの行動を咎め、彼に対してとるべき措置を指示／シナ司教への俸禄給付／帰国する日本人貴族たちを、巡察師ヴァリニャーノと一緒に日本に送ったことに満足／日本における聖職者たちの支援／日本におけるイエズス会士の商業を不快に思う。彼らに支援を与える一方で、躓きを抑止

69　一五八九年二月六日付けリスボン発、ポルトガル国王のインディア副王宛書簡（抜粋）……342
イエズス会がインディア領国に所有する定収入・資産の明細書を求む／領国内のイエズス会の各種施設と会員に関する報告を要求／イエズス会に与える贈物に関する指示／サルセテの村についてカストロがイエズス会士に行った贈与について、国王は不認可／イエズス会は、国王領の村や借地料を取得する拠り所を有しないこと

70　一五八九年二月六日付けリスボン発、ポルトガル国王のインディア副王宛書簡（抜粋）……351
ジョアン・ダ・ガマの事件に関する国王の指示／その後のガマの動静に関する副王の報告／副王の対応に対する国王の譴責／同事件に関する国王の命令

71　一五八九年二月二一日付けリスボン発、ポルトガル国王のインディア副王宛書簡（抜粋）……354
イエズス会プロクラドールからの要請に関連し、副王に対し次の点について報告を要求／シナ・日本におけるイエズス会士の人数・財源、定収入を給与する必要があるならどれ程か、彼らの副王に対する尊敬の程度、福音の敵の領地への入港を禁じることによる不都合

72　一五八九年四月三日付けゴア発、インディア副王の国王宛書簡（抜粋）……355
フアン・デ・ガマの行動／聴訴官ルイ・マシャドを至急マカオに派遣／マカオ・カピタンのマンセロスとルイ・マシャドが、本事件の解決に向け尽力することを期待

73　一五九〇年三月二日付けリスボン発、ポルトガル国王のゴア市市会議員および代理人宛書簡（抜粋）……357
収入の一パーセントを充て、ゴア市・ゴア島の要塞化の完成に尽力／ゴア市からの日本航海権恵与の要望に関しては、副王から情報を得た上で返答

74　一五九一年一月一二日付けリスボン発、ポルトガル国王のインディア副王宛書簡（抜粋）……358
ジョアン・ダ・ガマの事件のために、マカオ聴訴官ルイ・マシャドをマカオに派遣／マカオにいるカスティリャ人の出国／マルティン・イナシオ等がマカオに持つ修道院の、インディア副管区のフランシスコ会士への返却／マルティン・イナシオ等の布教地域をマラッカ司教区内に指定／日本の支配者がキリスト教会迫害を開始／巡察師からの要請に応え、在日イエズス会士に出来る限り恩恵を施すよう指示／日本は布教の豊かな実りを約束する地／総督がイエズス会管区長等に商業を止めるよう警告を発したところ、生糸取引は再開しないと断言／国王から総督に対し、イエズス会士への喜捨を依頼／慣例となっている長崎港に入港出来ない場合の措置／総督がインディア領国におけるイエズス会の施設・定収入・資産・会員等の明細書を送付

75　一五九一年一月〔　〕日付けリスボン発、ポルトガル国王のインディア副王宛書簡（抜粋）……369
マカオ市からの要望として、当市による孤児たちの判事の指名、日本航海カピタン・モールに対する利子付き貸与と孤児たちのかねの流用を禁ずる件／それに対する国王の指令

76　一五九一年一〇月一一日付けゴア発、インディア副王の勅令……371
ゴア市の施療院の管理をイエズス会士に委託／同施療院の経費のため年額一万一六三〇パルダウを給与／必要に応じて、さらに王室資産から給与／この支払いに関する指示・取決め／同施療院への給与に支障を来した場合の罰則／薬その他の品物の新しい価格表の作成

77　一五九二年二月二七日付けリスボン発、ポルトガル国王の勅令……375
歴代副王・総督の勅令は、発給者の統治期間が終わったら、国王が確認したもの、継承した副王・総督が新たに発給したものでない限り、遵守してはならないこと

78　一五九二年三月一〇日付けゴア発、インディア副王の書簡法令……377
登録することなく、レアル貨を持ち出すことは禁止／違反者に対する刑罰／登録の有無に関わらず、非信徒がレアル貨を持ち出すことは禁止／違反者に対する刑罰／モンスーン中にシナ・マラッカに行く場合に限り、しかもユダヤ人でない限り、登録なしにレアル貨をもたらしてもよいこと／ユダヤ人は登録の上、レアル貨をシナにもたらしてもよいこと／ユダヤ人妻帯者は登録の上、居住する諸都市・諸要塞にレアル貨をもたらしてもよいこと

79　一五九二年四月八日付け控訴裁判所（ゴア）の判決……383
日本航海やその他の航海のカピタンが働く無法行為に対し、航海終了後審査を行うこと

80 一五九二年四月二〇日付けゴア発、インディア副王の法令 …… 384
かねを託送した者が死亡し、カピタン・モールがそのかねを奪うなど、損失を被っているとのゴア市の住民の愁訴に応え、かねが彼らのものであると証明されたら返却するよう指示／違反者に対する刑罰

81 一五九二年四月二四日付けゴア発、インディア副王の法令 …… 386
ゴア市・シャウル市、その他の諸都市のモーロ人・異教徒が、ポルトガル人を介してかね・商品をマラッカ・シナに送り、王室資産や住民が損害を被っているので、かかる仲介行為を禁止／違反者に対する刑罰

82 一五九二年八月一日付けゴア発、インディア副王の書簡法令 …… 388
ゴア島の奴隷たちが対岸に渡り、キリスト教を棄ててモーロ人になるとの情報／奴隷が対岸に渡るのを支援した者は、全員死罪

83 一五九二年一〇月二一日付けリスボン発、ポルトガル国王の勅令 …… 390
日本司教の補佐司教セルケイラに、司教職継承まで六〇〇クルザドの年金をゴアのサルセテの収入から給与

84 一五九二年一〇月二一日付けリスボン発、ポルトガル国王の勅令 …… 392
日本司教の補佐司教セルケイラに対し、司教叙階とともに毎年二〇万レイスの俸禄、および国王がよしとする間毎年さらに六〇万レイスを給与／合計八〇万レイスは日本司教マルティンス

と同額／セルケイラが日本司教職を継承したら、それまでの六〇〇クルザド給与の勅令は破棄／前述の八〇万レイスは、ゴアのサルセテの定収入から給付

85 一五九二年一一月三日付けゴア発、インディア副王の勅令 …… 395
非信徒奴隷がキリスト教徒になれば解放されるので、それを免れるために、奴隷は改宗時にはすでに売却済みであったとして、偽りの受領書を作るとの情報／男女の若者をキリスト教徒に売り渡す非信徒は、その売却事情について調書を作成すること／あるいは、解放を確実なものとすること

86 一五九二年一一月三日付けゴア発、インディア副王の勅令 …… 397
異教徒は、とくにキリスト教会に関する事柄で言い分を通すために、暴動に及ぶことが多い／かかる異教徒がキリスト教会に関して行う要求は、当事者のみに限定すること

87 一五九二年一一月三日付けゴア発、インディア副王の勅令 …… 398
国王は、キリスト教改宗者への恩恵の意味で、非信徒が公職に就くことを禁止／領国の一部判事が望む、キリスト教徒への国王の恩恵を異教徒にも広げることを禁止

88 第四回管区教会会議記録（一五九二年ゴア開催）（抜粋） …… 400
〔第二部、決定事項二〕キリスト教徒が、非信徒奴隷を非信徒に売却することを禁止／モーロ人・ユダヤ人への売却はさらに重罰／キリスト教徒奴隷の非信徒への売却は防止／刑罰としてそのキリスト教徒奴隷の解放を命令／違反者に対する刑罰

〔決定事項三〕いまだにシナ・日本・ベンガル、その他から大勢の奴隷を連れて来て所有し、売却／第一回管区教会会議が挙げる五項目に該当する者以外の奴隷の、連行・所有・売却を禁止

89　一五九三年二月一五日付けリスボン発、ポルトガル国王のインディア副王宛書簡（抜粋）……402
日本の新たな支配者がキリスト教迫害を始めたとの報せ／重要な日本キリスト教会に対する恩恵を副王に依頼／支配者の許可を期待して、イエズス会士がそこに残留との報せに満足

90　一五九三年二月一七日付けリスボン発ポルトガル国王の勅令、一六〇二年一月一六日付けゴア発インディア副王の補則、および一六一〇年三月一一日付けゴア発インディア副王の補則……404
ドミニコ会士たちがインディアにおいて王室資産から受けてきた俸禄を、今後も続けること

91　一五九三年三月三〇日付けゴア発インディア副王の書簡法令、および一五九五年四月一一日付けゴア発インディア副王の補則……407
日本航海カピタンの個人的利益を図った越冬のために、他の航海権取得者・マカオ住民等に甚大な損害／日本航海のカピタンは、商品に売れ残りがあろうとも、日本での越冬を禁止／違反者に対する刑罰規定／同カピタン・モールのマカオでの越冬を禁止

92　一五九四年二月三日付けマドリード発、ポルトガル国王のインディア副王宛書簡（抜粋）……412
インディア領国における異教徒の祭式を禁じる勅令の遵守／異教徒との交際・交渉についての注意

93　一五九四年三月一日付けリスボン発、ポルトガル国王のインディア副王宛書簡（抜粋）……413
聴訴官長ルイス・ダ・シルヴァのマカオ派遣／諸都市・諸要塞の司法関係者・カピタンに対する服従／ロドリゴ・デ・コルドヴァが商人たちのかねを持って、マカオに渡航したことを咎める／東西両インディア間商業の禁令を確認／ロドリゴに対する刑罰／マニラ〜マラッカ間の交渉／ゴア市のイエズス会カザにおいて新たなコンフラリアを組織／かかる動向を禁止／ゴアの施療院の増築・必要経費のため一回のシナ航海を恵与／残余のかねは、ゴア税関の工事に充当

94　一五九四年三月三日付けリスボン発、ポルトガル国王のインディア副王宛書簡（抜粋）……417
ゴアの会計院院長の功績／インディア領国北部諸要塞におけるイエズス会士による無秩序に対し、適切な措置を講じること／諸要塞における王室資産の土地・定収入の台帳の作成／イエズス会士の金銭的不満に対し、いかに対応すべきか副王の返事を待つこと

95　一五九四年三月九日付けマドリード発、ポルトガル国王の勅令……419
東西両インディア間の航海・商業を禁止／副王ではなく、国王の許可なしに、両インディア間の商業を行うことを禁止／フィリピンからインディア領国に、ポルトガル国王の許可なしにスペイン人修道士を連れて来ることを禁止／違反した場合の罰則規定

96　一五九四年三月一八日付けゴア発、インディア副王の書簡法令……421
ユダヤ人がシナ・マラッカ・オルムズ・ベンガル、その他南の要塞に行くことを禁止／南の諸地域のカピタン・聴訴官等は、そこに滞在するユダヤ人をゴアに送ること／違反者に対する刑

罰

97　一五九四年一〇月二一日付けゴア発、インディア副王の勅令　424
国王は、日本司教の補佐であり将来の継承者であるセルケイラが六〇〇クルザドの年金を、サルセテの収税官から受け取ることを命令

98　一五九五年二月一八日付けリスボン発、ポルトガル国王のインディア副王宛書簡（抜粋）　428
ポルトガル国王の司法に服そうとしないマカオ住民を、家族とともにゴアに送致するのは妥当な措置／マカオ布教を容認する修道会については、いずれ指示すること

99　一五九五年二月一八日付けリスボン発、ポルトガル国王のインディア副王宛書簡（抜粋）　430
レアル貨の両替が行われるのは適切ではないこと／シェラフィン銀貨を廃止／イエズス会カザにおいて新たなコンフラリアを組織／かかる動向を禁止

100　一五九五年二月二四日付けリスボン発、ポルトガル国王のインディア副王宛書簡（抜粋）　432
王室資産の勘定で毎年シナにかねを送り、大砲鋳造のための銅を買い付けること

101　一五九五年二月二五日付けリスボン発、ポルトガル国王の勅令　433
インディアにおいて国王への奉仕中に死亡した高貴な者の娘に持参金を持たせて、功労ある人々と結婚させること／彼女たちを、ユダヤ人と結婚させてはならないこと

102　一五九五年二月二六日付けリスボン発、ポルトガル国王のインディア副王宛書簡（抜粋）……435
イエズス会士以外の修道士のインディア領国経由による日本渡航に同意しないこと

103　一五九五年二月二六日付けリスボン発、ポルトガル国王のインディア副王宛書簡（抜粋）……436
在日イエズス会士は七年前から大規模な迫害を被っているが、今なお多くの施設を維持／彼らに対しマラッカで年一〇〇〇クルザド、サルセテで年一〇〇〇クルザドをさらに五年間継続給付／マカオにコレジオを作る件については、別の書簡で指示／日本司教マルティンスの日本渡航／ゴアのミゼリコルディアへの給付金の支払い、およびゴアの施療院の管理のイエズス会への委託は適切／同施療院増築のため、シナ航海を恵与／死者が同施設に遺した債務や兵士給与の未払分の用途

104　一五九五年二月二七日付けリスボン発ポルトガル国王の、ゴア市市会議員たちおよび代理人たち宛書簡（抜粋）……441
カスティリャ人のシナにおける商業に対し、カスティリャ王位からも禁令／漳州（または泉州）の人々のマニラ渡航にも注意

105　一五九五年二月二七日付けリスボン発、ポルトガル国王のインディア副王宛書簡（抜粋）……441
日本司教の俸禄の延滞分および前任者に対する延滞分を給付

106　一五九五年三月一一日付けゴア発、インディア副王の法令……443
マカオその他の諸要塞・諸都市のポルトガル人によるシナ人の拉致・売買・使役に対しシナ人

が強い不満、シナにおける商業が危険／シナ人の拉致・売買を禁止／違反者に対する刑罰

107　一五九五年四月一四日付けゴア発、インディア副王の法令……445
マカオにおける契約以外に生糸を日本にもたらすことを禁止／違反者に対する裁判・刑罰

108　ゴア市のポルトガル国王宛書簡（一五九五年）（抜粋）……447
イエズス会士は委託されていた施療院の職務を断る／同施療院管理をめぐり、副王とイエズス会士との間の対立／現在施療院は管理人によって管理・運営／この施療院の管理を、ミゼリコルディアまたはイエズス会に戻してもらいたいこと

109　一五九六年一月二日付けリスボン発、ポルトガル国王のインディア副王宛書簡（抜粋）……449
日本司教マルティンスのイエズス会の期待とは異なる行動と、それに対する対応／ゴアの施療院増築のために、副王がイエズス会に恵与した一回のシナ航海の優先権を確保／日本の暴君のキリスト教会に対する態度がいくらか緩和／イエズス会巡察師の訪問により、布教の自由の全面的回復を期待／暴君対策の面での適切な対処

110　一五九六年一月二八日付けリスボン発、ポルトガル国王のインディア副王宛書簡（抜粋）……461
イエズス会士が統治に介入し、シャウルにおいて納税を妨げる様々な言動により、王室資産に損失を与えたこと／ゴア大司教同席の上でイエズス会管区長に注意を与え、イエズス会士には聖務のみに専念させること

111　一五九六年二月二九日付けリスボン発、ポルトガル国王の勅令……466
ガマに対し、副王在任中毎年六箱合計一二箱の商品を自己資金で購入し、無税、運賃なしで艦隊に積載して本国にもたらすことを許可

112　一五九六年三月七日付けリスボン発、ポルトガル国王のインディア副王宛書簡（抜粋）……467
フィリピンとインディア領国との間の取引を全面禁止／カスティリャ人がこの禁令に対していかなる行動をとるか、報せること

113　一五九六年三月九日付けリスボン発、ポルトガル国王のインディア副王宛書簡（抜粋）……469
施療院の管理をイエズス会士が受託したために、彼らが王室資産に負う債務の返済／何らかの定収入を、施療院のために給与／日本司教からの具申に従い、マカオの孤児たちの判事は聴訴官の兼務とはせず、マカオの妻帯者にして、同職務を立派に務め得る者とすること

114　一五九六年四月二日付けリスボン発、ポルトガル国王のインディア副王宛書簡……472
イエズス会士は迫害にもかかわらず、日本布教を続行／彼らにマラッカで一〇〇〇クルザド、サルセテで一〇〇〇クルザドと、都合二〇〇〇クルザドを五年間、王室資産から継続給付／同イエズス会士たちは、迫害時の避難所として、マカオにコレジオ建造を要請。副王も諒承／副王に対し、同コレジオの必要性、それのために王室資産から給付すべき額について情報を得、見解を添えて国王に報じるよう指示／イエズス会巡察師ピメンタに対して、国王の指示あるまで同コレジオの工事に同意しないよう命令

115　一五九七年二月五日付けリスボン発、ポルトガル国王のインディア副王宛書簡（抜粋）……475
東西両インディア間の商業を禁止／同勅令の遵守を監視
116　一五九七年二月五日付けリスボン発、ポルトガル国王のインディア副王宛書簡（抜粋）……476
日本司教セルケイラの俸禄給付に関する依頼／ゴア施療院の工事のために恵与したシナ航海の優先権のための勅令を送付／イエズス会士が同施療院の管理を断ったので、管理人を任用／イエズス会士に必要なものを給与して、従前通り管理に復帰させるよう尽力
117　一五九七年二月五日付けリスボン発、ポルトガル国王のインディア副王宛勅令……493
ゴア施療院の増築のために、一回のシナ航海を恵与し、工事終了後のその残余は、ゴア税関増築工事に充当／同航海の優先権を確認
118　一五九七年二月一二日付けリスボン発、ポルトガル国王のインディア副王宛書簡（抜粋）……496
十字軍大勅書に拠る二〇〇〇クルザドをマラッカ司教から受領
119　一五九七年二月一三日付けリスボン発、ポルトガル国王のインディア副王宛書簡（抜粋）……503
シナにおけるカスティリャ人の商業を禁じる勅令の遵守／マカオにおける航海のカピタンと住民たちとの間の混乱に対する対策／修道士のフィリピン経由による日本布教を禁止／その必要が生じたら、マラッカ副管区のフランシスコ会士が行くこと
120　一五九七年三月八日付けリスボン、ポルトガル国王の法令……505

リスボンにおける外国人・現地人の商会の取引に関する規則／リスボンおよびその他の諸港を発つ船舶は、本規則を積んでいくこと／掛買いをした商品や、利子付きで借りたかねの詐取を図り、インディア等に積み出して遭難したように偽装、巨額の債務者になりすます。商業の実務に精通した人物から情報を得、最高裁判所判事の見解を徴して、次のことを命令／詐取したかねを手形送金等の手段を用いてポルトガル内外に隠匿する行為。証拠を欠き、通常の刑罰を執行出来ない場合。かかる手法で詐取した商人・商館長は、生涯商人としての諸活動は出来ないものとすること。詐取された者による取立て、詐取した者の返済。詐取行為を知ったら、一五日以内に司法の役人に申告すること。詐取した人物とその資産を隠匿し、それに加担する行為。これに対する刑罰。資産を失って債務返済が出来ず、身を隠すか国外に逃亡した場合。しかし海上の遭難や、正当な商業での損失の如く、彼に犯意がない場合。商人が姿を消したとか、破産をしたといった情報が入った場合

121　一五九七年四月一六日付けゴア発、インディア副王の勅令……513
インディアの諸要塞向け以外には胡椒の取引を禁じたが、マラッカからシナに大量の胡椒が運ばれていること／この取引を全面的に禁止／すべての胡椒をインディア・コチンに向け船積み／マラッカ・マカオの聴訴官に対し、シナに胡椒を運ぶ者に対する裁きの指示／違反者に対する刑罰

122　一五九七年四月一六日付けゴア発、インディア副王の勅令……515
マカオにおける混乱阻止のため、日本人が大小の刀をもたらし、所持することを禁止／違反者に対する刑罰

123　一五九七年一一月二一日付けゴア発、インディア副王の勅令 …… 518
歴代副王・総督によって発給された、キリスト教会と聖職者の利益のための諸勅令をすべて確認／そのため、その記述内容通りに履行

124　一五九八年一月八日付けリスボン発、ポルトガル国王のインディア副王宛書簡（抜粋） …… 519
ゴア・コチン・マラッカの聖職者祭式者会への給与、およびシナ・日本の司教・補佐司教への給与に関する指示／日本の暴君が比較的穏和になり、インディア・キリスト教会の伸展を喜ぶ／イエズス会の学識豊かな高位聖職者の行動に副王が謝意／イエズス会士がゴアの施療院を管理するのは、神と国王への大なる奉仕／イエズス会総長の許可の彼らへの送付／同施療院に必要なものを補給

125　一五九八年一月二六日付けリスボン発、ポルトガル国王のインディア副王宛書簡（抜粋） …… 522
国王の命に背いて日本に入国したフランシスコ会士が暴君から暖かく迎えられ、イエズス会士に布教地域の分割を提案／フランシスコ会士は、マラッカ副管区から日本に派遣／この件で小勅書の発布を教皇に要請

126　一五九八年二月一〇日付けリスボン発、ポルトガル国王のインディア副王宛書簡（抜粋） …… 523
インディア領国～フィリピン間商業の禁令の撤廃をマラッカ市元老院が要請したが、改めて副王に同禁令の履行を命令／マラッカのカピタンたちが同商業を行っている由、勅令の発給と送付を命令

127　一五九八年三月一〇日付けリスボン発、ポルトガル国王のインディア副王宛書簡（抜粋）……524
日本司教マルティンスからの報告／長崎を除く全域でイエズス会士は公然と活動、暴君は黙認／暴君の死により改宗進捗か／暴君は民衆の改宗は許可し、貴人は否／司教は日本に入国、補佐司教も続くこと／小勅書・勅令を犯してフランシスコ会士が日本布教、教会を混乱に／新キリスト教徒のマカオ追放を命じる勅令が、マカオ住民の収賄により失効

128　一五九八年三月一二日付けリスボン発、ポルトガル国王の勅令……529
インディア領国～フィリピン間商業の禁令が厳守されていないこと／インディア副王および総督に、同禁令の違反者に対する裁きと刑罰の実効的な執行を命令／マラッカのカピタンに対し、この罪を犯したか否かを尋問

129　一五九八年三月三〇日付けリスボン発、インディア副王宛書簡（抜粋）……531
イエズス会は、他修道会士が日本に行かないために小勅書を取得／国王は、同小勅書を行使してはならないとの考え／同小勅書の取得時に、国王への報告が行われたか

130　一五九八年七月四日付けゴア発、インディア副王の書簡法令……533
祖父マヌエル国王のインディア進出の意図はカトリック布教／モーロ人・異教徒の師匠・職人は、改宗後一〇年未満あるいは一四歳以下のキリスト教徒の徒弟を抱えてはならないこと／違反者に対する刑罰／この年限を充たしていない修行中の者は、六カ月の猶予を与えること

131 一五九八年七月七日付けゴア発、インディア副王の書簡法令……536
控訴裁判所でガレー船送りの刑を宣告された非信徒は、キリスト教徒を身代りにしてはならないこと／違反者に対する刑罰／他の非信徒を身代りに差し出してもよい場合もあること

132 一五九八年七月八日付けゴア発、インディア副王の書簡法令……538
ゴア市その他の諸都市・諸要塞から、キリスト教徒の馬夫・商人が、対岸のモーロ人・非信徒の土地に渡ってはならないこと／違反者に対する刑罰

133 一五九八年一〇月二七日付けゴア発、インディア副王の書簡法令……542
ゴア島および隣接する島々に大陸から、異教的歌舞の踊り手が大勢来ること／男女それぞれの踊り手に対する刑罰／国王の家臣である住民の踊り手は、異教徒であってもその対象としないこと

134 一五九八年一一月二〇日付けリスボン発、ポルトガル国王の勅令……544
カピタン・高官・元老院役人に、新キリスト教徒のユダヤ人を任じてはならないこと／これに違反したカピタン等は、他の勅令違反者と同じ刑罰を受け、上訴も赦免も認めないこと

135 一五九八年一一月二二日付けリスボン発、ポルトガル国王のインディア副王宛書簡（抜粋）……547
副王が、マカオ聴訴官のインディア召喚を命令／東西両インディア間商業の禁止は発給済みの諸勅令で充分故、それらを厳正履行

136　教会の司法の結果提起される抗告における裁判に関する命令……548
教会の司法に対する抗告の請求がなされた時の、控訴裁判所（リスボン）における処理の手順／控訴裁判所による判決について、ローマ教皇庁に上訴することも、教皇が裁判権を司教総代理に委ねることも出来ないこと／世俗の司法関係者は、司教総代理の命令・訴訟手続きを履行しないこと／教皇の意向は、国王の管轄権への介入を望むものではないこと／控訴裁判所の判決が教会聖職者に通告され、同聖職者がその履行を望む場合／その判決に服するのを望まない場合は、控訴裁判所は第二の判決を／それに服することも望まない場合は、第三の判決を／第三の判決では、国王の訴訟判事が署名した証明書を添えて、教会聖職者に異議の申立てをするよう、最高裁判所判事に請求を行うこと／十分の一税関係は、国王の世俗の裁判権に帰属／司教総代理が懲戒罪によって訴訟を提起したことが明らかなら、彼に対し、懲戒罪・破門罪を解くよう指示

137　ゴア市のポルトガル国王宛書簡（一六〇〇年）（抜粋）……556
歴代副王は、望むだけの期間市民を投獄し、本国の司法慣行・法典に反する行動をとり、われわれに与えられた諸特権を侵すこと／国王は、市会議員職の法廷における抗告の裁判権は、王室に帰属する旨命じているが、歴代副王はこれを控訴裁判所に従わせること／副王の荷担者は、市会議員の諸特権の全面的廃止を望むこと／ゴア市は、リスボン市と同様の特権を享受するはず／副王の荷担者は、異教徒の不当な課税に優遇措置を講じ、王室資産への収入を目論むこと／歴代副王が、国王の諸規則に従って発給した諸勅令が遵守されていないこと／ユダヤ人の問題に関して、副王の勅令は守られず、取引・徴税の損失、その他彼らの狡知のため国王の家臣が被害／シナその他の商業はスペイン人が浸食／国王の裁定を期待

138　一六〇〇年九月一二日付けゴア発、ゴア大司教フレイ・アレイショ・デ・メネゼスの命令……560
ゴア大司教区において異教徒が、異教徒孤児に関する領国の法律やカトリック教会決定への遵守義務に疑問を抱くこと／これへの対応としての命令、異教徒孤児について、父親・母親・祖父・祖母の誰がいないのか、また孤児の男女それぞれの年齢により、パードレへの引き渡し、コレジオその他での養育・教育・洗礼、親の遺産相続の多寡／これ以外の目的で異教徒孤児に関わり、利用することを禁止

139　一六〇一年三月二〇日付けゴア発、インディア副王の勅令……565
補佐司教のルイス・セルケイラが日本司教になったら、年二〇万レイスを生涯給付／その他年六〇万レイスを、国王の打切り命令まで／この八〇万レイスはサルセテで給付

140　ゴア市のポルトガル国王宛書簡（一六〇一年）（抜粋）……567
遠隔の地から上訴を持ち込む者が航海の制約から被る不利益を避けるため、ゴア控訴裁判所が教会の掟の日以外は休まないよう、休日は五月以降に始まるよう、国王が命じること

141　ゴア市のポルトガル国王宛書簡（一六〇二年）（抜粋）……570
異教徒が異教的儀式を行う目的で大陸に行くのが慣習であるが、ゴア市はそれを許可していないこと／イエズス会士は異教徒から税を徴収して大陸行きを許可／彼らは七年間にわたり、何千クルザドものかねを徴収／イエズス会士が新税を課すなど許されないし、そのような行為は大なる躓き

142　一六〇三年二月一五日付けリスボン発、ポルトガル国王のセイロンのカピタン・ジェラル、ジェロニモ・デ・アゼヴェド宛書簡……571
セイロン島征服進捗の報／コロンボ要塞建設のために恵与したシナ航海の売却所得の報告を求む／コロンボ要塞には、ゴア以外の領国諸要塞と同じ諸特権

143　ゴア市のポルトガル国王宛書簡（一六〇三年）（抜粋）……573
南の海域では、オランダ人によるポルトガル船の捕獲が相次ぐ／マラッカ支援、アチェーへの備え／収入減とゴア島要塞化工事停止の危惧／ゴア税関のユダヤ人への貸与と、税関業務の現実／副王による艦隊関係の費用調達のための市からの借財／副王は諸要塞の建造・改修を市に命令／王室資産による経費負担は不可能／一パーセントのかねもゴア島要塞化以外には使用しないこと／現在借入金は四万何千クルザド以上

144　一六〇四年三月一日付けリスボン発、ポルトガル国王のインディア副王宛書簡……578
領国に渡来する修道士の私利を図る行為と、そのための躓き／対策として、インディアに赴く修道士の帰国に関して制約を設けること

145　一六〇四年三月一八日付けヴァリャドリド発、ポルトガル国王の勅令……581
諸要塞・諸都市のカピタンが、孤児のかねを借用することを禁止／違反者に対する罰則規定

146　一六〇四年三月一八日付けヴァリャドリド発、ポルトガル国王の勅令……583

日本に行くポルトガル人の中に、司教に服従しない者がいること／司教はこれを処罰する権限を持たないこと／日本航海のカピタンは、長崎において、司教の要求通り彼を支援／カピタンは日本国王に対し、司教に服従しない者を引き渡すよう要請

147　ゴア市のポルトガル国王宛書簡（一六〇四年）……589
日本人異教徒奴隷の購入を禁じた国王勅令を確認した副王勅令を発給／国王勅令は、イエズス会士が真実を隠蔽して要請した結果／この副王勅令により、ゴア市住民は多大な被害／副王勅令の施行停止を国王に要請／モーロ人と日本人奴隷／日本人奴隷と領国の防衛／領国が失われることがあるなら、それはイエズス会士のためであること／彼らは領国内王室資産の半分もの定収入を有する

148　ゴア市のポルトガル国王宛書簡（一六〇五年）（抜粋）……596
副王が望む艦隊派遣には八〇万クルザドを要するが、頼みは国王の支援のみ／キリスト教布教という意義／日本人奴隷の解放を命じた国王勅令は、発給後三〇余年施行されなかったこと／イエズス会士は副王サルダニャ統治の今が好機と、同勅令を公告／彼ら奴隷の解放と購入の禁は正義に反すること／ポルトガル人にそれを禁じても、日本人は異教徒に売却するが、キリスト教徒に売却すれば、その奴隷はキリスト教徒になり、一定年月の後解放され、国王の家臣となり、防衛の戦力になること

149　一六〇六年一一月二三日付けリスボン発、ポルトガル国王の勅令……603
ポルトガルからインディアに渡航するナウ船団で、一六歳未満の奴隷、および何歳であれ女

奴隷を連れて行くことも来ることも禁止／違反者に対する刑罰規定／身分の高い女性は、女奴隷を二人まで許可

〔第四部、決定事項一四〕およそ五〇歳未満の女性は、街で食べ物や針仕事を売り歩いてはならないこと／その女奴隷が五〇歳以上または既婚者でない限り、家の外に住まうことに同意してはならないこと／違反者に対する刑罰

〔決定事項一五〕不当な囚われの身にある奴隷が増加の一途。各司教区の司教に対し、囚われの身の正当性を調査するよう依頼／副王にも、正当な囚われ人にはその旨証明書を与えるよう要請／前記の調査と承認なしに、諸港から奴隷を連れ出すことを禁止／違反者に対する刑罰／その調査と証明がなければ、奴隷は解放

〔決定事項一六〕主人が治療せずに追放した病気の奴隷は解放／ミゼリコルディアの院長に対し、病気の奴隷の施療院収容を要請／主人に扶養を要請してもそれに同意しないなら、その奴隷は解放

〔決定事項一七〕重罪に処される奴隷は、審査員の判断により、上訴することなしに解放

〔決定事項一八〕奴隷に諸々の肉体的苦痛を与えてはならないこと／違反者に対する刑罰／女奴隷を罰する際には、誠実さを失わないこと

〔決定事項一九〕主人の許を逃れて非信徒の土地に行ったキリスト教徒奴隷には、主人の関わりなしに戻って来ることが出来る一ヵ月有効の保証を与えること／罰を恐れて戻るのを望まなければ、主人にその奴隷の売却を強制

〔決定事項二〇〕息子・娘、その他彼が責任を負っている自由な人を、債務のための担保にし

てはならないこと／違反者に対する刑罰／担保とした者が囚われ人の場合は、彼の労役奉仕分を負債金額から減額／副王に対し、この件に関する法令制定を要請

151　一六〇七年八月二日付けリスボン発、ポルトガル国王の勅令……613
国王フィリペ一世が在日イエズス会士に五年毎に更新して恵与した一〇〇〇クルザドを、今後は無期限恵与／この他に二〇〇〇クルザドを恵与／国王セバスティアンが恵与した一〇〇〇クルザドを加え、彼らは毎年合計四〇〇〇クルザドを受納／今回の二〇〇〇クルザドは、インディアにおいて支給が順調なところに設定。従来の二〇〇〇クルザドはこれまで通り／イエズス会士が別途収入を得たら、四〇〇〇クルザドからその額を減じること／イエズス会士のマカオでの商業は不許可

152　ゴア市のポルトガル国王宛書簡（一六〇七年）（抜粋）……616
マニラ～日本間商業のために、マカオ～日本間商業は消滅へ／同商業を阻止出来ないなら、マラッカからマニラへの毎年一艘のナウ船渡航をマカオ住民に許可することにより、救済措置となること

153　一六〇八年一二月二五日付け、ゴア市のポルトガル国王宛書簡（抜粋）……619
「南」への艦隊派遣のための支出を強いられ、シナ貿易が支障を来すこと／マラッカ税関においても、全商品に一パーセントの追加課税／カピタンによる任意の徴税が許されたら、住民は資産の隠蔽に走り、インディア領国は滅亡へ／この混乱を収める恩恵を国王に要請／必要により副王も内密に国王に陸路報告出来るよう、ゴア市に暗号を与えることを要請

154　一六一一年七月一日付けリスボン発、ポルトガル国王の勅令……622
在日イエズス会士の要望に応え、修道士の商業を禁じる神法・人定法を考慮した上で、従来通り生糸貿易の継続を許可／商業の放棄と引き替えに追加した二〇〇〇クルザドの給付を停止／やはり商業の放棄を理由に、先に一回のシナ航海の半分を給付したが、改めて決定するまでこの履行を停止

155　一六一二年二月二三日付けリスボン発、ポルトガル国王の勅令……626
世俗の者に対し、教会聖職者の商業への荷担を禁じた国王勅令（一六〇九年一二月二四日付け）について、違反した場合の刑罰規定を一部改めて、遵守履行を命令

156　一六一二年二月二四日付けリスボン発、ポルトガル国王のゴア市異端審問官宛書簡……628
インディア領国に滞在し脱税によって王室資産に損害を与え、ポルトガル人に利子付きでかね貸しをして害をなすユダヤ人について、厳正に審問／ユダヤ人とオランダ人との取引の取締り／これらの罪を犯したユダヤ人はポルトガルに送致

157　一六一三年三月二六日付けゴア発、インディア副王の勅令……634
ポルトガル国王の指令を受けて、マカオでの紛争に関し法的措置を講じるようマカオ聴訴官コエリョに命令

158　一六一三年三月二六日付けゴア発、インディア領国の勅令……637

前任のマカオ聴訴官の罪科と行き過ぎた行動に関して法的措置を講じるよう聴訴官コエリョに命令

159　一六一三年三月二六日付けゴア発、インディア副王の勅令……639
マカオ聴訴官のユダヤ人に対する特別税の課税が原因で混乱を来したことに鑑み、国王または副王の命令なしに、マカオのユダヤ人に課税することを禁止／違反した場合の刑罰規定

160　一六一三年三月二六日付けゴア発、インディア副王のジョアン・カイアド・デ・ガンボア宛書簡……641
ユダヤ人に対し特別税を課税したマカオ聴訴官が取り立てた保証金四〇〇〇クルザドを、徴収すべきこと／徴収したその四〇〇〇クルザドで銅を買い付けてもたらすこと

161　一六一三年八月一四日付けゴア発、インディア副王の勅令……644
兵士等のために、マラッカに施療院を開設／同要塞の商館長に同施療院への支援を命令／聖パウロ・コレジオがその管理を引き受けるなら、院長に資金を与えること

162　一六一三年四月一日付けゴア発、インディア副王の勅令……651
インディアの人々の資金の、シナから日本への送付を禁止／いまだ商品仕入れに使っていない資金はマカオにとどめ置き、艦隊は一一月初めにはインディアに向けて発つこと

163　一六一三年四月二日付けゴア発、インディア副王の勅令……653
カスティリャ人がマニラから資金をもたらして、シナにおいて商品を仕入れることを禁止／

違反した場合の刑罰規定

164　一六一三年四月一七日付けゴア発、インディア副王の勅令……655
マカオのカピタン・モール、聴訴官、市会議員に対し、東西両インディア間商業に関する国王の禁令の遵守を命令／フィリピン総督による軍需品調達以外は、マカオからフィリピンへの商品搬入・搬出を禁止／その商品を発見した場合の措置

165　一六一三年〔四月〕二五日付けゴア発、インディア副王の勅令……657
シナ派遣艦隊のカピタン・ジェラル、ピメンテルに付与された諸権限を承認／同じくシナ派遣のガンボアの艦隊およびマラッカ要塞には、ピメンテルの権限は及ばないこと

166　一六一三年五月二日付けパンジン発、インディア副王のシナ派遣ガレオン船艦隊カピタン・モール、ジョアン・カイアド・デ・ガンボア宛書簡……659
シナ派遣艦隊のガンボアに対し、艦隊がシナにもたらすかね・商品・宝石についても、慣行通り運賃の二パーセントをマラッカに、七パーセントをシナ国王への税として支払うよう命令

167　一六一四年四月一五日付けゴア発、インディア副王の勅令……661
マカオにおいて現地人ビキンカラが死亡し、妻が遺児のために遺産セダ銀五五〇タエル七マス二コンドリンを利子付きで運用／その後遺児が死亡したので、前述の金額と利子の合計を取り立て、ゴアに来る確かな人物に託すこと

168　一六一四年四月一九日付けゴア発、インディア副王の勅令……664
ガンボア艦隊のマカオ派遣に関してシナ人に負った負債を、シナからの商品についてマラッカ税関で徴する税金から支払うこと

169　一六一八年一〇月八日付けゴア発、インディア副王の勅令……666
国王の指令により、マラッカ要塞の守備隊には日本人・ジャワ人・マレー人、その他その地域の国民を抱えてはならないこと／マラッカ要塞の商館長は彼らに支払ってはならないこと

170　一六一九年三月二二日付けゴア発、インディア副王の勅令……668
マラッカ税関で日本管区イエズス会士に給与されるはずの年一〇〇〇クルザドが支払われていないので、シナからマラッカに渡航するナウ船の税から同額を優先的に給与すること／ナウ船が渡航しなかった場合の救済措置

171　一六二〇年五月二日付けゴア発、インディア総督の勅令……671
インディアからマカオに渡航する船舶の持主がシナ人に税金を払った上に、同市から賃貸料の支払いを求められる根拠を調べるよう、同市聴訴官に命令／同聴訴官による、日本航海について過去三年に支払われたカルデイランの額とそれの支出先の調査

序論　収録文書の概要

一　収録文書の来歴

本書は、先年出版した『モンスーン文書と日本』（八木書店、二〇〇六年）の続編ではないが、関連の深い文書集である。『モンスーン文書と日本』はリスボンのトーレ・ド・トンボ文書館が所蔵するモンスーン文書の中から、訳者が選んだ一一七通の文書の訳註、および序論から成る。その序論に記したことであるが、過去にいささか込み入った経緯があって、モンスーン文書は、このトーレ・ド・トンボ文書館およびゴア歴史文書館の二箇所に分割、所蔵されている。この内リスボンのトーレ・ド・トンボ文書館が所蔵するモンスーン文書は、若干の例外を除き一七世紀の文書であり、しかもその大部分が一六〇五～五一年である。翻刻本は一〇冊刊行されており（リスボン、一八八〇～一九八二年）、そこには一六〇五～二四年の文書が収載されている（それ以外の年の文書も少数含む）[1]。『モンスーン文書と日本』に収めたのは一六〇五～二一年の文書である（それ以外の年の文書も少数含む）。したがって続編というのであれば、まずそれ以後のトーレ・ド・トンボ文書館所蔵モンスーン文書を取り上げるのが順であろう。しかし本書は、そのような内容にはしなかった。それは日本史――あまり狭い意味の日本史ではないが――の史料としては内容的に、それ以後のトーレ・ド・トンボ文書館所蔵モンスーン文書よりも先に邦訳、移植すべき史料が他にあると思ったからである。

大航海時代あるいはキリシタン時代の日本に関わりがあるポルトガル翻刻文書集は、かなりな数に上る。日本史研究との関わりの程度や収載文書数には差異があるが、一応それを度外視して主なものを挙げると、次の通りである（カトリック教会文書やスペイン文書は除外する。なお序論および本文篇では書名は略記し、引用文献目録にそれぞれのタイトルを記す）。

①APO. ②Documentação, Índia. ③Colín. ④Gonçalves Pereira. ⑤Wicki.（以上五点は、本書収載文書の原文を載せる）⑥Documentos. ⑦Arquivos de Macau. ⑧Boxer, 1991. ⑨Documentação, Insulíndia. ⑩Biker.
⑪Silva Marques. ⑫Monumenta Henricina. ⑬Documentação Henriquina.
⑭Documentação Ultramarina Portuguesa. ⑮As Gavetas. ⑯Alguns Documentos.

右の翻刻文書集の内、日本史研究の史料として最も重視すべきものはやはり①のAPOであろう。日本史に直接関わりが深いという意味では、⑦Arquivos de Macau および⑧Boxer, 1991 が勝るとも言えようが、これらはマカオ関係に限定される。それだけに確かに日本との関連が強いと言えるが、反面ポルトガルのインディア領国統治を俯瞰し、その中で日本との貿易・外交、あるいはカトリック布教等を考察しようとの狙いをもって臨むなら、その重要性には一定の限界があると言うべきであろう。

①APOすなわちリヴァラ編『東洋関係ポルトガル文書集』全一〇巻はそれほど重要な史料集でありながら、これまでわが国で満足に利用されてきたかというと、決してそうではない。ごく限られた研究者によって、その収載史料の何点かが邦訳紹介され、あるいは史料として研究論文中に引用されたにすぎない。『モンスーン文書と日本』に続く文書集としては、何よりもこのAPO収載文書を中心に据えなければならないと思った。本書に訳載した一七一通の文書の内、文書18はDocumentação, índia, IX, 文書71*はColín, II,文書95はGonçalves Pereira, I に掲載されている文書であるが、それ以外はすべてAPO収載か、またはAPOおよびDocumentação, índia 等複数の文献に掲載されている文書ばかりである。

APOについて、少し記述する。全一〇巻の出版事情については、『モンスーン文書と日本』の序論に記したので[2]

それには触れず、内容に関して記す。

まず編者のジョアキン・エリオドロ・ダ・クニャ・リヴァラ Joaquim Heliodoro da Cunha Rivara（一八〇九～七九年）であるが、医師アントニオ・フランシスコ・リヴァラ António Francisco Rivara の息子で、一八〇九年六月二三日エヴォラ Évora の北西二〇キロのアライオロス Arraiolos で生まれた。エヴォラで中等教育を受けた後、コインブラ Coimbra に行き、一八三六年医学の課程を終えた。エヴォラに戻り、一八三七年二月三日から同年九月二七日まで県の役人を務め、その後土地の中学校の哲学講座を統括した。一八三八年一二月二五日エヴォラ公立図書館の図書館員になり、彼はそこで卓越した能力を発揮したという。一八五五年六月三日インディア領国政庁書記官長 secretário - geral do Governo do Estado da Índia に任じられ、その後二二年間にわたってこの職務を務めた。この間彼は、歴史研究者として目覚しい活躍をして、アジアにおけるポルトガル植民事業に関する史料の蒐集と刊行に専念し、多数の著作を出版した。とくに APO は、海外領に関するポルトガル史料集の代表的文献である。一八七九年二月二〇日エヴォラで死亡したが、彼の歴史研究および史料蒐集・刊行の夥しい数の出版リストは、Serrão, Joel, V, p. 351 に載っている(3)。

APO はリヴァラの代表作であり、そして本訳書も全面的に依存していると言ってよいが、その APO の序文に、編者リヴァラは次のような趣旨のことを記している。インディア領国関係の文書は、さまざまな理由で失われたり破損したりするものが多い。フィリペ王朝（一五八一～一六四〇年）に入る頃から大量の文書が保存されるようになったが、これとても放置しておいたら同様に失われるであろうとの懸念から、一八五五年政府が、海外州諸文書館 Archivos das Repartições de cada Província Ultramarina に保管されている多様な文書を政府公報 Boletins に掲載出版すべきことを決めた。それに従ってインディア領国関係の文書についても、『東洋関係ポルトガル文書集』Archivo Portuguêz - Oriental の表題の下、インディア領国政府公報 Boletim do Governo do Estado da Índia の七七号（一八五七年一〇月二日）から掲載を始めた。その Boletim に連載出版した文書を書物にしたのが本 APO 全一〇巻である、(4)と。

以下同書一〇巻にどのような文書が収載されているか、その概略を記す。

APO, 1 - I, ポルトガル国王のゴア市宛書簡（一五二九年三月二三日〜一六二一年二月八日付け）

APO, 1 - II, ゴア市のポルトガル国王宛書簡（一五九五年〜一六〇九年一月八日付け）

APO, 2, ゴア市の諸特権に関する文書（一四〇六年七月六日〜一七二八年三月一九日付け）

APO, 3, モンスーン文書 **Livros das Monções**（ポルトガル国王がインディア副王・総督に送った文書、一五六八年二月二七日〜一六〇〇年三月一八日付け。インディア副王の勅令、一五九一年五月三一日〜一五九八年五月四日付け。その他、一六〇〇年一二月一五日、一六〇六年一二月七日付けの文書）

APO, 4,

第一回管区教会会議記録（一五六七年、ゴア）

第二回管区教会会議記録（一五七五年、ゴア）

第三回管区教会会議記録（一五八五年、ゴア）

第四回管区教会会議記録（一五九二年、ゴア）

第五回管区教会会議記録（一六〇六年、ゴア）

アンガマレ司教区(5)教会会議(6)記録（一五九九年六月）

アンガマレ司教区のサン・トメ(7)の古いキリスト教徒たちが、ネストリウス派の誤謬を償うために行うミサ

APO, 5 - I; 5 - II; 5 - III,

ゴアの財務関係文書保管所の古い登録文書(8)
控訴裁判所の赤色文書冊子(9)
キリスト教徒たちの父の文書冊子(10)
その他
（一五一五年二月四日〜一六〇〇年一一月二六日付け）
APO, 6, ポルトガル国王およびインディア副王の勅令(11)
（一六〇一年二月二三日〜一六二一年。それ以降何点かの文書、一六九九年一二月一五日付け文書に及ぶ）
APO, 6, supplementos 1, 2,
APO, 5 の補遺（一五五三年三月一二日〜一六〇〇年二月五日付け）（supplemento 1）
一六二六年四月四日〜一七〇〇年一二月一九日付け、および一八世紀の文書（supplemento 2）

右のような内容構成の**APO**全一〇巻であるが、総じてポルトガル国王・国王政府関係者やインディア領国の副王・総督その他統治に関わる機関・役人の、インディア領国統治に関する公文書の類がほとんどだと言ってよい。カトリック教会関係の文書もあるが、それらは例えば、日本のキリシタン布教の史料として真っ先に思い浮かぶような、修道会単位の布教文書ではない。統治の一翼を担う司教区関係の文書であったり、修道会関係であっても、それらはポルトガルの国策を遂行する立場にある教会・聖職者に対して発給した公文書である。貿易に関しても、個別実地の商いに関する文書は含まず、一歩高い立場からそれを制度的に統括する内容の文書である。

一　収録文書の来歴

この**APO**から適宜文書の選定をし、それにDocumentação, Índia, IX; Colín, II,およびGonçalves Pereira, I の

収載文書各一点を加え、邦訳し註を付して出来上ったのが本書である。

収載文書邦訳の底本とした翻刻本について右に記したが、それらの原文書に触れると、収載文書の大部分を占めるAPO収録文書は、すべてゴア所在の文書のはずである。APO以外の翻刻本についても、その点は同じであろう。

東京大学史料編纂所の岡美穂子氏が二〇〇九年九月ごろと伺ったがゴアに赴いて、ゴア歴史文書館Arquivo Histórico de Goa等で文書調査をされ、相当な数の文書のマイクロフィルムを将来された。氏自身の研究のための史料探訪であったようであるが、本書作成の事情を知った氏から、そのためにこのマイクロフィルム貸与の申出を受ける厚意に浴した。

氏から拝借したマイクロフィルムの内主としてモンスーン文書Livro das Monções do Reinoについてであるが、本書作成の過程でその収載文書のかなりな数について、原文書に遡り照合することが出来た。同時に同マイクロフィルムを見て、原文書の保存状態がかなり不良であることも知ることが出来た。たとえばモンスーン文書について言えば、リスボンのトーレ・ド・トンボ文書館所蔵のモンスーン文書に比して、ゴアのモンスーン文書は不良で、原文書のみで研究を進め、史料邦訳を行うことは極めて困難、というより不可能と言うべきかも知れない。

一方岡氏貸与のマイクロフィルムによって、APOの翻刻文書と原文書との照合を可能な限り行った結果、APOの収載文書が、ポルトガル古文書の解読に極めて習熟した学者による、精度の高い翻刻であることを確認することが出来た。APO編纂当時、原文書の保存状態がどうであったかは知るべくもない。しかし、先に記した通りAPOは、編纂者クニャ・リヴァラを初めとするインディア領国政府関係者の、このまま放置することによる、文書の破損・消滅に対する危機感に駆られての、文書保存のための出版であった。同書編纂時にすでに、原文書は憂慮すべき状態であった、あるいはそうなりつつあったと判断してよいであろう。

モンスーン文書に限らないであろうが、改めてAPO等の翻刻本が、いかに貴重な史料集であるかが分かり、わが国でもこれらを一層史料として活用すべきであろうとの思いを深くした。

二　大航海時代の奴隷問題

右の四点の文献から文書を選定したわけであるが、大部分はAPOであるから、同書収載文書から何を基準にして、どのような内容の文書を選んだかについて、以下に記す。

まず、日本に直接関係する事柄が記述されている文書は、原則としてすべて採録した。それらは必ずしも多数とは言えないが、おおよそ次のような内容である。

日本司教、およびいずれ日本司教職を継承する同補佐司教への俸禄給付に関する文書（文書67*・文書83・文書84・文書97・文書105*・文書116*・文書124*・文書139）、日本司教の統治権の行使に関する文書（文書146）、在日イエズス会の経済基盤に関する文書（文書151・文書154）、日本の暴君――豊臣秀吉――のカトリック教会に対する政策に関する文書（文書109*・文書124*・文書125*・文書127*）、日本人が武器をマカオにもたらすことを禁じた文書（文書122）等である。

その外、日本航海権（あるいはシナ航海権[12]）の恵与に関する文書もある。文書16・文書19・文書20・文書21・文書23・文書24・文書25・文書26・文書35・文書55*・文書73*・文書142である。同航海権の恵与を受けた者は、過去のいかなる功績によるものか、恵与を受けた者すなわちカピタン・モールの権限等諸々の規定、同航海権の売却所得の充当先等、同航海権恵与あるいはカピタン・モールの職域に関して細部にわたって判明する。

＊　　＊　　＊

次に取り上げる文書群は、奴隷に関するものである。文書3・文書5・文書7・文書10・文書13・文書22*・文書38・文書41*・文書54*・文書57・文書82・文書85・文書88*・文書106・文書147・文書148*・文書149がそれである。奴隷に関するポルトガル国王文書やカトリック教会文書の規定に複雑な紛らわしさがあるのは、その奴隷がキリスト教徒か異教徒か、異教徒の中でもイスラム教徒・ユダヤ人か否か、異教徒であった者がキリスト教徒に改宗した場合はどうか、奴隷の持主や譲渡先の人物の信仰状態は如何、といった奴隷当人はもとより、その持主・譲渡先の人物の信仰の問題までがそこに関わったからである。奴隷の扱いにおいて、彼らや彼らに関わる者たちの信仰状態が大きな意味を持つとなると、当然偽装工作も予想されるので、それへの対策も重要であった。日本人（文書38・文書88*・文書147・文書148*）やシナ人の奴隷に関する文書もある。

インディア領国における奴隷の問題がこのような様相を呈したのが、ポルトガル領インディア領国特有のものであったのか、そうではなくて大航海時代の一般がそうであったかは、スペイン領インディアスはどうであったかを知ることによってある程度分かる。「奴隷」を意味する esclavo, escravo（slave に該当するスペイン語・ポルトガル語）が全く同じものであったか否かといった点も、考慮の対象にしなければならないであろうが、一応ここではそれらを同じものとして、信仰絡みの問題を中心にして記す。

ポルトガル領インディア領国とスペイン領インディアスとを対比するには、それぞれの統治のより所となる法体系について、言及しておかなければならない。ポルトガルのインディア領国の統治については、国王やインディア副王が発給した勅令 provisão, alvará・書簡法令 carta de lei 等の形で、国王および副王の意思が表明・伝達され、拙訳『モンスーン文書と日本』や本書ではそれらを取り上げてきたが、これが法典として体系的に編纂されることは結局なかった。

これに対しスペイン領インディアスの統治は、勅令 cédula が発給されたことは同じであるが、一六八〇年にそれらが内容により体系立って編纂され、『インディアス法典』Recopilación de Leyes de los Reinos de las Indias の成立を見た。王立最高インディアス枢機会議[13]のソロルサノ・イ・ペレイラ[14]による Política Indiana はじめ、インディアス法に関する研究の歴史は長く、蓄積は重厚である。

スペイン領インディアスにおける奴隷の法的地位について知るために、次の三点の文献の内、主として①②によって、インディアスにおける奴隷に関するスペイン国王勅令を見てみる。

① Recopilación, 1943, II. ② Ayala, VI. ③ Encinas, IV.

最後の③の文献は、①の Recopilación, 1680 より以前に編纂されたインディアス関係スペイン国王勅令集成として、最も重要なものと言ってよい。第四巻三六一～四一五頁が、奴隷関係の勅令である。

まず①であるが、この『インディアス法典』の libro 8, título 18 は、「奴隷《エスクラボス》の税《デレチョス》について」の項である。そこには ley 1–11（法律1～11）にわたって、次のようなことが規定されている。各法規の要旨を記す。

ley 1（法律1）、国王または請負業者《アセンティスタ》の許可なしに、奴隷《エスクラボス》をインディアスに連れてきてはならない。[15] ley 2, 国王の司法と役人の許可なしに、黒人《ネグロス》がインディアスに上陸してはならない。[16] ley 3, リオ・デ・ラ・プラタ、パラグアイ、トゥクマン[17]からペルーに、奴隷を連れて行ってはならない。[18] ley 4, フィリピンからヌエバ・エスパニャに連れて来る奴隷については登録をして、税金を支払うこと。[19] ley 5, 港において、奴隷の請負業者の船舶に対して、支障なく業務を処理させること。[20] ley 6, 税務判事《アルカルデス・デ・サカス》・徴税官《ポルタスゲロス》・十分の一税徴収者《デスメロス》は、奴隷船が食糧・軍需品としてもたらすものについて、税を徴してはならない。[21] ley 7, カルタヘナ[22]において、逃亡黒人奴隷《シマロネス》を捜索するために、奴隷一人当たり六レアル[23]を徴収すること[24]。**ley 8,** 国王が奴隷の税について恩恵を施しそれを免除するのは、インディアスにおいて支払われるものに関してのみで、セビリア市のそれではないと了解すること[25]。**ley 9,** 司法行政院《アウディエンシアス》[26]は奴隷を解放したり、奴隷の税に由来するかねを使ったりすることは出来ず、それらはセビリアの通商院《カサ・デ・コントラタシオン》[27]の権限とする[28]。**ley 10,** インディアスに奴隷を連れて行く請負業者《アセンティシタス》は、インディアスにおいて税を受け取るために、規定に反しない限り、代理商人《ファクトレス》と締約を結んでもよいものとする[29]。**ley 11,** インディアスに向け、カボヴェルデ等[30]――あるいはギネー[31]――で船積みする黒人奴隷は、そこで乗船した人数ではなく、インディアスに上陸する者たちの人数に留意すること[32]。

『インディアス法典』の「奴隷」に関する他の規定を見てみる。

libro 1, título 19 は「異端審問所《トリブナレス・デル・サント・オフィシオ》」[33]に関する規定であり、その **ley 29, núm. 4,** 異端審問官《インキシドレス》の黒人《ネグロス》（奴隷）は、刀その他の武器を帯びてはならないものとする。主人に同伴していない限り、国王の司法は彼らからそれら武器を除去してもよいものとする[34]。

同法典 **libro 3, título 10** は「カピタン・兵士《ソルダドス》・砲手《アルティリエロス》」に関する規定であるが、その **ley 7,** 総督、カピタン・ヘネラルは、鼓手《タンボレス》・ファイフ奏者《ピファノス》・旗手《アバンデラドス》の任命をカピタンたちに任せること。ただし旗手は、奴隷であってはならないものとする[35]。

同法典 **libro 8, título 15** は「輸出入関税《アルモハリファスゴス》[36]および国王の税金《デレチョス・レアレス》」に関する規定である。その **ley 18,** インディアスの諸港の役人に対し、商品として取引によりそこに連れて行かれるすべての奴隷から、われわれのものである輸出入関税を徴収すること[37]。

同法典 **libro 9, título 1** は「セビリアに所在する王立司法行政院《レアル・アウディエンシア》および通商院《カサ・デ・コントラタシオン》」に関する規定である。その **ley 93,** 通商院は、インディアスに奴隷を連れて行く人々の保証を、登録をして調べること。インディアスから戻って通商院に報告をしなかったら、保証を執行すること[38]。

同法典 libro 9, título 2 は「通商院《カサ・デ・コントラタシオン》の院長《プレシデンテ》および判事」についての規定である。その ley 45, 会計士《コンタドル》は、渡航の後に登録を訂正し、渡航者の勅令を訂正する別の役人を抱えること。この役人は、奴隷に関する帳簿を担当すること[39]。

同法典 libro 9, título 15 は「インディアス航路《カレラ・デ・インディアス》の船団《フロタス》・艦隊《アルマダス》の司令官《ヘネラレス》・提督《アルミランテス》・総督《ゴベルナドレス》」についての規定である。その ley 26, ley 27 が奴隷問題に関わる。

まず ley 26, もしも司令官が、許可を得ていない渡航者・奴隷、登録していない商品、搭載すべきものを積んでいないナウ船を見つけたら、裁き、そして処罰すること[40]。ley 27, 艦隊・船団の司令官は、その配下の船舶に、奴隷や都市または港を許可なしに去る逃亡者を乗せてはならない旨の命令を与えること[41]。

同法典 libro 9, título 15, ley 133 は、一六七四年一〇月二六日付けカルロス二世 Don Carlos II の「インディアスの艦隊・船団の司令官《ヘネラレス》、およびそれらの準備と船積みを担当するその他の高官が遵守すべき指令」である。その二四章は次のような趣旨である（年代的に、無関係ではあるが、一応記しておく）。水夫・見習水夫を務めさせるという理由で黒人奴隷を船に乗せる際は、その実務の試験をして、総督・判事の許可を得、しかも彼らを連れていった者は王国に連れ戻るか、その対価の支払いをする旨の保証を与えることを条件に、司令官・提督・その他が黒人奴隷を連れて行くことを許可する[42]。

同法典 libro 9, título 25 は「航海者の大学、ナウ船の水夫・給仕」に関する規定である。その ley 21, 奴隷船に乗ってインディアスに行った水夫や乗員は、そこに留まることなく、同じ船舶で王国に戻らせるよう、司法行政院《アウディエンシアス》・総督《ゴベルナドレス》・国王の役人《オフィシアレス・レアレス》に命じる[43]。

同法典 libro 9, título 26 は「渡航者、およびインディアスに行き王国に戻るための許可」に関する規定である。

その ley 18, Lay19 が奴隷問題に関わる。まず ley 18, われわれの王国（スペイン）やポルトガル王国に二年滞在した黒人は、インディアスに渡航してはならない。(44) ley 19, Gelofes と称する黒人奴隷や、(45) 東方《レバンテ》(46)生まれの者、東方から連れてこられた者、モーロ人と一緒に育てられた者がインディアスに渡らないよう、通商院《カサ・デ・コントラタシオン》において留意すること。(47)

同法典 libro 9, título 38 は「入港した船舶、針路を逸れた船舶、難破した船舶」についてである。その ley 12, 奴隷船の入港については、国王の判事《ヌエストロス・フエセス・オフィシアレス》が第一審を審理し、上訴はインディアス枢機会議(48)に対して行うこと。(49)

同法典 libro 9, título 45 は「フィリピン諸島、シナ、ヌエバ・エスパニャ、ペルーの航海と商業」に関する規定であるが、その ley 54, ley 55, ley 56 が奴隷問題に関わる。

まず ley 54, フィリピンの総督は、利益を得る目的でヌエバ・エスパニャに向け奴隷を乗船させるのを許してはならない。(50)

ley 55, フィリピンからのナウ船で大勢の奴隷が渡来するので、渡航者や水夫も一人の奴隷しか連れてくることは出来ない旨命じる。(51) アカプルコで売却する奴隷については、マニラで税を支払うのが不都合である故に、アカプルコで税の支払いが行われているが、フィリピンの司法行政院の院長《プレシデンテ》・聴訴官《オイドレス》に対し、（マニラでの支払いについて）遵守、執行させるよう命じる。(52)

ley 56, フィリピンの取引のナウ船の渡航者や水夫が奴隷を連れてきたり、連れて行ったりして、神《ディオス》を甚だしく冒瀆するばかりか、その他の不都合の原因になっているので、これを是正するために、マニラの司法行政院《アウディエンシア》の院長と聴訴官に対し、同ナウ船によって奴隷を連れてきたり、連れて行ったりするのを許可しないよう命じる。(53)

同法典 libro 8, título 17 は「密輸《デスカミノス》、詐取《エストラビオス》、押収《コミソス》」についての規定である。その ley 2, カボヴェルデ、(54) リオス・デ・ギニア、(55) サントメ、(56) アフリカ海岸(57)からインディアスに、国王の許可および登録なしに連れて行かれるすべての奴隷、およびその奴隷を連れて行く船に積まれた商品は、押収される規定になっているので、すべての告発に対してこれを遵守すること(58)。

同法典libro 6, título 2は「インディオの解放」に関する規定である。そのley 12, ley 13, ley 14がここに関わる。まずley 12, ミンダナオの現地人はイスラム教徒で、スペイン王室の敵と同盟を結んで反乱を起こし、われわれの家臣に多大な損害を与えた。彼らの処罰のために、戦いで囚われ人《カウティボス》になった者を奴隷《エスクラボス》と宣告するのが、効果的な手段だと思われた。それ故このような措置を執るよう命じるが、ただしミンダナオ現地人が純然たる異教徒《プラメンテヘンティレス》であるなら、奴隷にしてはならない。もしも彼らが生来モーロ人《モロス》であって、イスラム教宗派《セクタ・マオメタナ》を説くため、あるいはスペイン人やわれわれの配下のインディオと戦うために他の諸島に渡るようなら、彼らを奴隷にしてもよい。しかしインディオであって、すでにその宗派《セクタ》を受け入れた者たちに対しては、奴隷にはせず、カトリック信仰に改宗するよう、正当かつ善良な手段で説得すること(59)。

ley 13, バルロベント諸島の住民は、武器を手に襲い、人肉を食すカリブのインディオに対して戦いを起こすことが許され、一四歳以下あるいは年齢を問わず女性でない限り、捕虜にした者たちを奴隷にすることが出来る。この通りに執行するよう命じる(60)。

ley 14, チリの現地人インディオに対し、穏やかにして平和的な説得に努めるなど、可能な限りの手段を講じてカトリック教会およびわれわれに服従させることを意図するにもかかわらず、彼らはそれらを悪用し、和平を破壊し、偽りの和平を結び、そしてカトリック教会に服することを拒み、スペイン人や友であるインディオに対して武器をとり、大勢の修道士やわれわれの家臣を殺害した。彼らはカトリック教会の迫害者として、奴隷にされるに相応しかった。しかし、われわれは深い慈悲と寛大な思いから、この彼らの罪を許し、彼らを囚われ人とはしないことにした。そして今われわれは、インディオの奴隷《エスクラビトウド》制のために、聖福音の宣布とあの王国の平安が阻害されているのを認めるが故に、ペルーの副王《ビレイエス》・総督《ゴベルナドレス》・総司令官《カピタネス・ヘネラレス》・司法行政院《アウディエンシア》に対し、それ（インディオの奴隷制）を許可しないことに関する命令を遵守し、奴隷制を口実に売られたすべての男を集めて、彼らの土地に帰すよう命じる[62]。

次に②の文献により、奴隷関係の勅令の要旨を記す。

一五三四年一二月二四日付け勅令。インディアスにいる者たち（黒人奴隷）が反乱を起こしたり、何らかの侮辱的言動をなそうとするのは、常に祝日である。その対策として教皇が、かかる黒人奴隷は主日・復活祭の最初の日々・キリストの聖体・聖母マリア・聖ヤコブ・聖ヨハネの各祝日のみを守り、その他の祝日は働いてもよいとの、許可を与えるのが適切であろう[63]。

一五三八年一〇月二五日付け勅令。国王は、エスパニョラ島のサント・ドミンゴ市には、カトリック信仰の教理教育を受けていないインディオや黒人が大勢いることを知って、同市の王立司法行政院《レアル・アウディエンシア》に対し、そこの住民でかかる奴隷を持つ者たちは、彼ら（奴隷）がキリスト教教理教育を受けるために、所定の時刻に、適当と思う教会・修道院に彼らを送ることを規定するよう命じた[64]。

一五五〇年七月一六日付け勅令。ギニアやカボヴェルデ諸島の者たちが値上がりしたのが原因で、マヨルカ・メノルカの（バレアレス）諸島や東方《レバンテ》の地域からインディアスに連れて行かれる。彼らの多くはモーロ人《モロス》で、信仰を植え付けるのを始める土地には不適当である。国王はこのことを知って、セビリアの王室役人に対し、東方の黒人も、ギニア生まれであってもモリスコ[65]と一緒に育てられた者も、（インディアスに）渡るのを許してはならないと命じた[66]。

一五五〇年一一月一四日付け勅令。国王は、ベルベリア[67]からインディアスに大勢（の奴隷）が渡航し定住することによって、その地に悪い結果をもたらすことを知り、インディアスの各司法行政院に対し、今後は彼らを連れて行っても、あるいはキリスト教信仰に改宗したばかりの自由な人々が渡航しても、上陸を許可しないで、送り返すよう命じた(68)。

一五七二年七月一七日付け勅令。税務官《フィスカル》と王室役人の支援を得、リマの司法行政院院長《プレシデンテ》カストロ学士《リセンシアド》の了解の下に、商品として取引を介してそこに連れてこられた者たちについて、彼（国王）に帰属する輸出入関税の徴収が行われていなかったことを国王が知り、同王室役人に対し、今後は、商品として取引により連れてこられるすべての黒人奴隷から、彼（国王）に帰属する前述の税を徴収するよう命じた(69)。

一五七四年四月二七日付け勅令。国王は次のような情報を得た。すなわち、インディアスに渡航した者たちや、そこ（インディアス）で生まれた者たちで、豊かに暮らしている者の多くは、自由な人々になり、彼らは多額な儲けを得ている。彼らは奴隷としてインディアスに連れて行かれたが、現在はその地で自由な人々として平安に暮らしている、と。それ故、彼(国王)は副王《ビレイエス》・司法行政院《アウディエンシアス》・総督《ゴベルナドレス》に対し、その地にいる自由な男女黒人・男女混血者《ムラトス・イ・ムラタス》の全員に対し、毎年労役・資産・儲けによって国王に奉仕出来ると思われる額を割り当てるよう、命じた(70)。

一六〇八年三月六日付け勅令。フィリピンの総代理人《プロクラドル・ヘネラル》(71)が国王に対し、次のような要請をした。ポルトガル人がマラッカから、売却するために大勢を同諸島に連れてくる。彼らはその大多数が悪徳の黒人・盗人・逃亡者であって、そのためにあの地（フィリピン）が大変危険になっているので、彼らを連れてくるのを禁じてもらいたい。一二歳を超えない少年についてそれを行ったら、没収する刑罰に処してもらいたい、と。国王は総督に対し、これについて詳細な情報を送ってくるよう命じた(72)。

一六〇八年五月一日付け勅令。フィリピンの総代理人《プロクラドル・ヘネラル》は次のように陳述した。ヌエバ・エスパニャとの商業の渡航者や水夫は、通常彼女ら（女奴隷）を伴い、非常に神を侮辱する原因となっている。上述の女奴隷を連れてくるのを禁じてもらいたい。もし違反したら、アカプルコ港で没収する刑罰に処してもらいたい、と。国王陛下はフィリピンの総督に対し、陳述内容に対して適宜対策を講じ、その弊害を防ぐよう命じた(73)。

一六二〇年五月二九日付け勅令。フィリピンの総代理人《プロクラドル・ヘネラル》は次のように陳述した。そこ（フィリピン）との商業の渡航者や水夫は、一人しか所持してはならないと命じるのがよいであろう。税金として一人当たり支払う五〇ペソは、スペインにおいて行われているように軽減して支払わせること。彼らを売却して代価を取得するアカプルコ港において、その得た額から支払わせること。マニラにおいてそれを支払うのは、極めて不都合だからである、と。国王はヌエバ・エスパニャの副王、およびマニラの司法行政院《アウディエンシア》の院長《プレシデンテ》と聴訴官《オイドレス》に対し、この件で適切な命令を与えるよう、指示した(74)。

一六二〇年五月二九日付け勅令。フィリピンの総代理人《プロクラドル・ヘネラル》は国王に対し、次のように述べた。ミンダナオやそれに隣接した島々のインディオは、イスラム教を信じ、オランダ人と同盟を結び、スペイン人や現地人に多大な害を及ぼしてきた。戦いで捕虜になった者たちは、かかる者たちであると言明するのがよいであろう。現地人兵士は一層奮起すると思われるからである、と。情報によってこれは事実だと確認した上で、国王は次のように総督に命じた。必要な配慮をしてこの件の命令を遂行すること。また奴隷身分《エスクラビトゥド》に関しては、司法行政院・大司教、その他の敬虔にして学識深く尊敬すべき二、三人の人々に対して、尋ねること。もしも全般的に、あるいはとくにミンダナオの人々が、純然たる異教徒《ブラメンテ　ヘンティレス》かまたはイスラム教徒《マオメタノス》であるなら、この部類の人々については、国王の法律や勅令に従って、通常の奴隷身分《セルビドゥンブレ》を実施する。また純然たる異教徒のインディオである人々については、福音の宣布に弊害をきたすかも知れないので、奴隷にはしないこと(75)。

一六二〇年五月二九日付け勅令。フィリピンの代理人《プロクラドル》は、次のような見解である。罪を犯すことを避けるために、商業のナウ船で（奴隷を）連れて行ったり、連れてきたりすることがないよう命じるのがよい。大司教は破門罪《エスコムニオン》を科し、これを処罰するよう命じるのがよい。というのは、国王の勅令によって禁じられているが、遵守されていないからである、と。国王は総督《ゴベルナドル》に対し、次のように命じた。前述の船舶で連れて行ってはならない。あの司法行政院の税務官《フィスカル》は、このことには特別の配慮を傾注すること。出発の際には最年長の聴訴官が、既婚の女性が乗っていくことはないか知るために、それらを巡察すること。(76)

奴隷問題を抜きに大航海時代を語ることは出来ない。今日南北アメリカ大陸におけるアフリカ系住民は、大航海時代の奴隷貿易が深く関わる。本書に収載した文書は勅令等の公文書、あるいは統治に関わる司教区関係の教会文書であって、現実の奴隷貿易の数値等の解明に繋がる史料ではない。そのような目的なら、依拠すべき史料は他にある。本書収載の公文書等は、奴隷問題についてポルトガル国王が基本的にどのような考えで臨んだかを知る上で、第一に参照するに値する史料である。

大航海時代の奴隷貿易には、ポルトガル人・スペイン人ともに深い関わりを持った。ポルトガル領のインディア領国とスペイン領インディアスとでは、奴隷の果たした役割、その重みが異なる。それを前提にしてのことであるが、インディア領国とインディアスにおける奴隷関係の国王勅令等公文書を対比すると、そこに明確な違いがある。両国国王は、一五八一～一六四〇年のポルトガル・フィリペ王朝では、同一人物がポルトガル国王とスペイン国王を兼ねた。その同じ人物が、奴隷に関してポルトガル国王として発給する勅令と、スペイン国王として発給する勅令とに違いがあるのは興味深い。

インディア領国における奴隷関係の勅令等は、その趣旨として奴隷自身さらには奴隷に信仰面で影響を及ぼす可能性がある奴隷所有者の信仰を重視し、奴隷を極力異教から隔離してキリスト教への改宗を促している。しかもそれは、奴隷身分からの解放にも通じることであった。

ポルトガル国王が奴隷の信仰を重視する姿勢を見せたのは、ローマ教皇がポルトガル国王に示した見解が関わるように思う。すなわち教皇はかつてポルトガル国王に対し、異教徒を奴隷にしてもよいとの許可を与えている。その例として、一四五二年六月一八日付けで教皇ニコラウス五世 Nicolaus V（一四四七～五五年在位）が、ポルトガル国王アフォンソ五世 D. Afonso V（一四三八～八一年在位）およびその継承者たちに宛て発給した大勅書 Divino amore communi を挙げるが、それは次のような文面である。

「サラセン人《サラセノス》・異教徒《パガンス》・その他の非信徒《インフィエイス》の諸王国《レイノス》・公爵領《ドゥカドス》・伯爵領《コンダドス》・王子領《プリンシパドス》・その他の領土《ドミニオス》・陸地《テラス》・土地《ロガレス》・町《ヴィラス》・城《カステロス》・所有地《ポセソンエス》・資産《ベンス》を侵略し《インヴァディル》、征服し《コンキスタル》、奪取し《エスプニャル》、支配する《スブジュガル》権能、およびそこの住民を奴隷身分《エスクラヴィダン》にして、そのすべてをポルトガル国王の所有とする権能を与える。そして同国王に対し、カトリック信仰の宣布と勝利のために、その軍事力を投入するよう要請する。告白《コンフェサドス》と痛悔《コントリクトス》をして、その戦いに従軍するか、またはそれを支援するすべての者たちに、全免償《インドゥルジェンシア・プレナリア》[77]を与える。[78]」

レコンキスタおよびそれに続く大航海事業を背後から支援しようとの意図から出たものであろうが、教皇がポルトガル国王に対し異教徒の被征服民の奴隷化を明確に許した事実は、その一通の大勅書が後世に与えた影響の大きさを思うと、歴史の一齣として片付けるにはあまりに重い事柄と言わなければならない。

ただ先に記したように、インディア領国の奴隷に関してポルトガル国王が発給した勅令等の文書の趣旨に、このような教皇大勅書が投影しているとするなら、異教徒の奴隷化や領国内の奴隷の存在を容認する反面、彼らのキリスト教への改宗を促し、それが奴隷の解放政策に通じるという一見相反する方向の内容をそこに含むことは、そのような面を有しないスペイン領インディアス関係の勅令等と対比して、〝比較的人道的〟との感を与えるものであるとも言えよう。[79]

三　キリスト教徒・異教徒・ユダヤ人・孤児基金

次に挙げるべき事柄は、インディア進出の第一の目的とポルトガル国王が標榜する、キリスト教布教とそれにまつわる諸々の問題である。異教とどう向き合ったかという問題が、表裏の関係にあった。教会活動の担い手は教会聖職者であるが、そこにさらに立ち入るなら、教会の司法を通して領国の行政に関わった司教以下司教区の聖職者もいれば、布教の前線で活動した修道会員もおり、これがイエズス会とフランシスコ会・ドミニコ会・アウグスチノ会等各会派に分かれ、それぞれ個性的な違いもあり、カトリック教会として一括りするにはあまりに多様であった。

これが例えば日本キリシタン教会にあっては、イエズス会以下の修道会の存在感のみが大きく、司教のそれは希薄であったが、本国の教会のあり方がより色濃く反映したインディア領国にあっては、かなり様相を異にした――と言うより、日本のような異教国布教地のカトリック教会の活動状況の方が、特異であったと言うべきかもしれない。そのような、日本の場合とは異なる、端的に言うなら統治の一翼を担うカトリック教会を巡ってさまざまな問題が発生し、それが文書の記述に表面化した。

異教にまつわる内容の文書は、文書4・文書27*・文書28・文書29・文書43・文書48・文書49・文書64・文書86・文書87・文書92*・文書130・文書131・文書132・文書133・文書141*などである。異教徒をキリスト教徒と同じに扱ってはならず、就職面で差別扱いすること、異教寺院の収入を奪い財源面の締付けを図ること、異教の祭式を禁じること、折角キリスト教に改宗した者がまた後戻りしないよう、その機会をなくす配慮をしていること、異教に触れる機会を与えないようにすることなどの内容である。そのような中にあってユニークな内容で興味を惹くのが、文書141*である。異教徒が異教の儀式を行う目的でゴア島から大陸に渡るのをゴア市は禁じているが、イエズス会がかねを徴収してそれを認可していることを問題にしたものである。

異教徒一般とは異なる扱いがなされているのがイスラム教であり、さらにユダヤ人はそれらすべてともまた違った処遇を受けている。文書17・文書18・文書22*・文書27*・文書28・文書50・文書58*・文書78・文書81・文書88*・文書96・文書101・文書130・文書132・文書134・文書137*・文書143*・文書156・文書157・文書158・文書159・文書160がそれである。

文書17の副王が国王名で発給した文書において、何人であれ非信徒は、自分がイスラム教徒またはユダヤ教徒になってはならないし、またこちらから誰か異教徒に（イスラム教徒やユダヤ教徒になるよう）働きかけをしてもいけない、と命じたのは、ポルトガル国王のイスラム教観・ユダヤ教観を物語っている。大航海時代のインディア征服は十字軍の延長であり、また文書58*の註（1）に記した通り、ジョアン三世 **D. João III**（一五二一～五七年在位）の治世に、新キリスト教徒（新たにキリスト教に改宗したユダヤ人）を弾圧する政策を打ち出した。

文書18で副王は、インディア領国におけるユダヤ人の存在を禁じている。しかし、その一方で、後になると文書78では副王は、一定の条件下でユダヤ人に対し、シナにレアル貨（銀貨）をもたらすことを許している。しかし文書96では副王は、ユダヤ人がシナ・マラッカ・オルムズ・ベンガルに行くことを禁じている。文書134で国王は、ユダヤ人を司法、王室資産や公益の諸役職の任命権を有する職に就けてはならない、と命じた。また文書137*のゴア市の文書では、ユダヤ人やスペイン人によっていろいろ独占されて、ポルトガル人の商業が深刻な被害を蒙っている旨を訴えている。さらに文書143*は、ユダヤ人がゴア税関に勢力を浸透させている現実を訴えている。文書156も、ユダヤ人が経済活動・かね貸しによってポルトガル人社会に及ぼす害を取り締まるように、との国王の指令である。文書157・文書158・文書159・文書160は、マカオにおいてユダヤ人に対して特別に課税をしたことによる混乱と、それの対策に関するものである。

キリスト教徒と異教徒・ユダヤ人とを差別する問題は、当然さまざまな面に及んだが、顕著に表面化した事柄に遺産相続があった。文書8・文書9・文書51・文書55*がそれである。ゴアでは、異教徒が死亡して遺産を遺した場合、男の相続人がいれば彼が遺産を相続するが、いなければ王室資産に没収されることになっていた。これに対しカトリック教会から、妻あるいは娘がキリスト教に改宗すれば、彼女らに相続させてほしい、彼女らが改宗を望まなければ、それを望む最も近い親戚に相続させてほしいとの要望があった。そこでポルトガル国王は、その要望通り決定した。

また異教徒の親や祖父母の遺産相続について、子や孫がキリスト教に改宗した場合、親や祖父母がキリスト教徒になった子や孫に遺産を遺さない算段をしたくても出来ないよう、遺留分を定め、他の異教徒の相続人より相続額が多くなるか、少なくともそれより少なくならないようにするよう命じた。

＊　＊　＊

この相続の件に関係するが、インディア領国には常に孤児対策という懸案を抱えていた。例えば一五五一～一六五〇年、リスボンからインディアに向かったナウ船の遭難率は二五・二パーセントであったという[80]。どこに航海しようと、常に同程度の危険に直面していたと言えよう。各地で戦闘にも従事しなければならなかった。平時といえども、あまり健康的とは言えない自然環境の中で暮らすのであるから、親と死別した孤児をいかに救済するかは、ポルトガル当局が常に頭を悩ませた難題であった。孤児問題を担当するのが孤児たちの判事 juiz dos orfãos であり、孤児のための基金が作られていた。

本書収載文書でも、文書11・文書39・文書40・文書45・文書52・文書55*・文書60*・文書75*・文書101・文書113*・文書138・文書145が孤児に関わる文書である。遺産相続の問題が関係するが、先に記した通り、異教徒の女子には相続権はないが、かと言ってポルトガル国王は異教徒孤児を放置したわけではなかった。ポルトガル当局は彼らをカトリック教会の修道院やコレジオに収容させる段取りをとった。

孤児の基金が他に流用され、返済がスムーズに行われていないことをインディア総督が問題にしたのが文書40・文書146である。キリシタン教会史料にもそれに関する史料が見られる。例として二点挙げる。

一六一八年一〇月八日付け長崎発、イエズス会パードレ・カルロ・スピノラのイエズス会総長宛書簡の一節である。

「巡察師パードレ[81]はもう一つ非常に重要なことを行った。マカオでいつもの生糸を買うための銀が外になかったので、私がレスポンデンシアで借り入れた[82]銀を、マカオ駐在の日本のプロクラドール[83]が消費してしまったり、シナ布教のパードレたちに送ってしまったりしたために、負債が増加した。そしてそのために、われわれが自らを養いレスポンデンシアの返済が出来るだけの額が日本に送られてこなかったので、孤児のための銀を借用したり、再びより多くの銀を利息《ガニョス》付きで借り入れたりすることが必要となり、このため負債が一層ふえた。以上のような事情を私は彼〔巡察師〕に伝え、マカオのプロクラドールに対し、この種の銀は決して消費しないで、全額を商品仕入れに投じてその商品を日本に送るよう命じてほしい、と巡察師パードレに要請した[84]。」

この書簡を記したスピノラは、イエズス会の長崎駐在プロクラドール（財務担当パードレ、一六一二〜一八年在任）であった。この書簡を認めた二ヵ月あまり後の一六一八年一二月一六日に逮捕され、一六二二年九月一〇日長崎で火刑に処せられて殉教した[85]。彼は財務担当であったので、日本イエズス会の財務に関して立ち入った興味深い記述を遺しているが、右の書簡もその一つである。この頃になると諸般の事情から日本イエズス会の財務も苦しくなり、恒常的借金体質に陥り、貿易をする商品仕入れの資金はもとより、諸々の必要経費も借入金に依存することになる[86]。そのような状況の中で記されたのが、右の書簡である。

スピノラが、貿易をする商品仕入れのための資金を長崎からマカオに送金したが、マカオでこのかねを受け取った同地駐在の財務担当パードレが、そのかねで日本向けの商品を買い付けることをせず、外の用途に消費してしまったために、日本でイエズス会士が生活することも、高利で借り入れたかねの元利の返済も出来ず、そのため孤児のための基金から借用し、またさらに高利のかねを借り入れなければならない羽目になった、といった趣旨である。

この孤児救済の基金であるが、この史料だけではそれが日本かマカオ等海外か、どこに所在する基金か不明である。だが関連する次に示す別の史料により、そのかねが日本およびマカオにあり、そのかねをイエズス会が借用したことが判明する。かといって、この当時の日本に孤児の基金が置かれていたとは考え難いので、マカオにおける基金が貿易等で運用される過程で一時的に日本にあり、そのかねをイエズス会が利用したということが考えられる。それにしてもカトリック教会であることを笠にイエズス会が、孤児基金からその基金の趣旨を逸脱してかねを貸与させていた事情が明らかになる。

この件に関連する史料をもう一点挙げる。この史料によって、その金額などが判明する。

「一六一五年、〔ポルトガル〕王国《レイノ》におけるその他〔の負債〕以外に、現在日本管区が負っていて必ず返済しなければならない負債」と題する史料の一節である。（①②③の区分は訳者）

「①今年プロクラドール・パードレがそこ〔日本〕から送ってきた会計報告《コンタス》によると、日本において流通銀《プラタ・コレンテ》(87)八〇八六タエル八コンドリンの負債がある。すなわちいろいろな人々に三九一七タエル五マス一コンドリン(88)、孤児たち《オルファンス》に二七四四タエル九マス三コンドリン、司教猊下に一四二三タエル四マス四コンドリン。

八〇八六――〇――八――〇

②さらに日本において、流通銀三六二四タエル(89)の負債がある。これはその地〔日本〕でプロクラドール・パードレが四〇パーセントのレスポンデンシアで借用し、〔当地マカオに〕手形《レトラス》(90)を送ってきて、そのかねで仕入れた商

品を今年当地〔マカオ〕から彼のもとに送ってもらって、それによってその地〔日本〕で、それ〔手形〕とそのレスポンデンシアを返済しようというものである。(91)　――三六二四――〇――〇――〇

③マカオにおいて、セダ銀(92)六〇三四タエルの負債がある。すなわち、司教猊下に対しては、売却したいくらかの彼の財と、ヴィセンテ・ロドリゲス(93)が提供した銀、五九四タエル六コンドリン。さらに同司教に対して、ヴィセンテ・ロドリゲスが提供し、イエズス会《コンパニア》の勘定で日本に送られた商品《ファゼンダス》の形で、四三三九タエル四マス七コンドリン。また孤児たちに対し、おおよそ一一〇〇タエル。　――六〇三四――〇――〇――〇」(94)

先のスピノラの書簡より三年程遡る一六一五年に、おそらくマカオ駐在のイエズス会財務担当パードレが作成したものである。日本から会計報告を送ったというプロクラドール・パードレとは、カルロ・スピノラのことである。そのスピノラが日本から送ってきた会計報告を資料にして、これを記述しているわけである。右の史料は、一六一五年当時日本イエズス会が、日本・マカオ・ゴアおよびポルトガル本国の四ヵ所に負債があったことを明らかにする。その内孤児の基金から借用したのは日本とマカオにおいてであった。これら二ヵ所関係の記載が右の通りである。①と②は日本における負債、③はマカオにおける負債である。

つまり一六一五年当時日本イエズス会は、日本に①の八〇八六タエル八コンドリン、②の三六二四タエル、合計一万一七一〇タエル八コンドリン（流通銀）の負債があった。この内孤児の基金からの借入は、二七四四タエル九マス三コンドリンであった。

同時に日本イエズス会はマカオにおいて、③の六〇三四タエル（セダ銀）の負債があった。この内孤児の基金からの借入は、一一〇〇タエルであった。

①②は流通銀 prata corrente, ③はセダ銀 prata de ceda による銀額が記されているので、①②と③の数値を同等に扱うことは出来ない。以下に記す通り、流通銀は一応丁銀と解しておくが、セダ銀についても少し触れておく。

右の史料は、引用箇所に続いてゴアにおける日本イエズス会の負債を記し、全体を纏めて負債の種類毎にその合計銀額を記述しているが、孤児基金からの借財について次のように見える。

「孤児たちに対する負債は、全部でセダ銀三四八七タエル八マス九コンドリン。」[95]

註（94）に引用した史料には、①孤児たちに対する負債は流通銀二七四四タエル九マス三コンドリン、③同じく孤児に対する負債はセダ銀一一〇〇タエルと記されていた。右の註（95）の史料により、この①と③の両方で、セダ銀三四八七タエル八マス九コンドリンに上ったというわけであるから、この合計セダ銀銀額から③のセダ銀一一〇〇タエルを除いたセダ銀二三八七タエル八マス九コンドリンが、①の流通銀二七四四タエル九マス三コンドリンと等価のはずである。つまりセダ銀と流通銀の品位を比較すると、セダ銀一に対し流通銀は約〇・八七（同じ目方で、セダ銀の価値を一とするなら、流通銀は約〇・八七）であったことになる（2387.89÷2744.93=0.869927…）。

このセダ銀であるが、プラットはその著書で「コックス日記」により、セダ銀 Seda Plate 八八タエルは Bars of Japan 一〇〇タエルと等価であると記す[96]。この Bars of Japan については、小葉田淳氏はその著書の中でプラットのここの記述を引用し、Bars of Japan を丁銀のことと見なす[97]。つまりセダ銀八八タエル＝丁銀一〇〇タエルというわけで、丁銀は銀品位八〇パーセントであったので[98]、セダ銀の品位は約九〇・九パーセントであったことになる（80÷88=0.9090…）。

右に記したセダ銀・流通銀の品位の比率、およびセダ銀の品位が約九〇・九パーセントであったことを考え合わせ、流通銀の銀品位は約七九・〇八パーセントとなる（90.9×0.87=79.083）。

註（94）・註（95）のイエズス会史料、および Pratt の記述によって算出されるこの流通銀の銀品位の数値は、流通銀が丁銀であることを否定するものではない、と言えよう。

そこで、註（94）の史料にいま少し立ち入るが、この史料の他の記載によると一六一五年当時の日本イエズス会の負債として、①の流通銀八〇八六タエル八コンドリン、②の流通銀三六二四タエル、③のセダ銀六〇三四タエルの負債の外にさらに別の負債もあり、纏めて負債の合計はセダ銀一万八三七一タエル二マス三コンドリン、この内孤児の基金からの借入は、註(95)の引用箇所に記されている通り、全部でセダ銀三四八七タエル八マス九コンドリンに上ったことが判明する。

因みに一六一五年当時、日本イエズス会全体の年間経費は約一万クルザドであった(99)。タエルとクルザドの換算は厳密には容易ではないが、おおよそ等価であったものとして話を進める。第一、ここでの一万クルザドの数値自体が概算であり、あまり克明な算出には耐えられない。

つまり一六一五年当時の日本イエズス会は、年間経費の一・八倍以上の負債を抱え、その負債全体の約一九パーセントが、孤児の基金からの借入であった。その孤児基金からの借入は、年間経費の三分の一以上に上ったことになる。この頃の日本イエズス会が財務の面で、いかに孤児のための基金に依存していたかが鮮明になる。

また、ポルトガル本国からインディアに渡る女性の孤児がいたようで、彼女たちが結婚相手に恵まれるよう、商館員や要塞の書記といった然るべき役職を相手の人物に恵与するよう、国王は命じている。インディアで死亡した貴人の女性孤児に対しては、持参金を与え、然るべき役職に就きうる功労ある男性と結婚させるべく、取り計うよう指示している(文書52・文書60*・文書101)。

四　布教と貿易

布教活動に対する支援に関する文書としては、文書15・文書31・文書34・文書44・文書46・文書47・文書61・文書123などである。インディア・シナ・日本などでは、十分の一税や初収穫といった名目の信徒の税を一定期間免除して、改宗を助長する措置をとったこと、現地人であってもキリスト教に改宗した者に対しては、就職面でポルトガル人と同じように扱うことなどの内容である。

また文書30では、キリスト教に改宗した王やキリスト教に恩恵を施す異教徒の王等に対して、商業面での優遇的措置をとるよう指示している。

当然のことであるが、布教を担った諸修道会に関する文書の数は多数に上る。日本との関わりを考慮しないでも、イエズス会関係の文書が多く、またその内容も多彩で、重要な立場にあったことを伺わせる。文書53*・文書60*・文書68*・文書69*・文書71*・文書74*・文書76・文書89*・文書93*・文書99*・文書102*・文書103*・文書108*・文書109*・文書110*・文書113*・文書114・文書116*・文書117・文書124*・文書141*・文書151・文書154が、イエズス会の関係する内容である。日本キリシタン教会に限定せず視圏をインディア領国の布教に広げても、イエズス会というとその財源に関する文書がいろいろ目に留まる。収入をめぐって、他の修道会とトラブルを起こすことも多かった。

もちろん聖職者らしからぬ問題を引き起こしたのは、イエズス会だけではない。文書144は、布教のためにインディアに渡ったフランシスコ会・ドミニコ会・アウグスチノ会の修道士の中に、自分や親族のために営利行為に走り、その上で帰国を策するが如き振舞に及ぶ者がいることを国王が咎めているものである。彼らの一存で帰国出来ないよう、無許可の修道士を乗船させてはならない、とカピタン・モールに命じている。

文書155もこの問題に関連する。世俗の者が修道士・教会聖職者の商業活動に介在するなど、それに荷担することを禁じる内容の勅令である。

実は日本で布教をしていたイエズス会の中にも、これと同じような行動が見られ、そのような教会内部の弊を批判して、日本からイエズス会本部に書簡を送った宣教師がいた。一六一二年二月二六日付け日本発、イエズス会パードレ・ニコラオ・ダ・コスタ P. Nicolao da Costa の総長補佐（ポルトガル関係補佐管轄領域の担当）アントニオ・マスカレニャス(100)宛書簡である。その一節を次に訳載する。

「私が長崎の副院長《ミニストロ》(101)であったので、アルマサン(102)の書記《エスクリヴァン》は他のパードレたちや私に向かって、次のように不満を訴えた。

〔イエズス会〕パードレたちは、マニラから小型フラガタ船《フラガティニャ》(103)に乗ってカスティリャ人たちが渡来した際に、彼らから収入を無理やり取り上げることを望み、やりたい放題をして、余分の〔金〕額を隠蔽し、ポルトガル人たちが彼ら自身の所有物の持主であることを許さなかった、と。

このようなことは一度や二度ではなく、ナウ船が日本に渡来するすべての年がそうであった。しかも、〔あたかもわれらの主なるキリストが、この方法で世界を改宗すべく彼の使徒たち《アポストロス》を派遣した如く〕キリスト教会のために益するとの口実の下に行われた。彼ら〔イエズス会パードレ〕はこのような行動を執り、どの殿《トノ》にはどれだけ、彼ら〔パードレ〕の友《アミゴス》や信徒《アヴォトス》にはどれだけ、というように生糸の分配に関わった。さらにイエズス会《コンパニア》を介して、マカオに世俗の人々《セクラレス》の巨額の銀を送ることもした。そのような行為は厳しく禁じられており、それ〔銀〕を運んだ者は破門罪(104)に処せられることになっていた。あの〔マカオ〕市の共通善《ベン・コムン》を損なうからである。ある日本人イルマンは私に言った。当時管区長《プロヴィンシアル》であったパードレ・パシオ(105)は、何人かの日本人の〔銀〕二〇〇〇クルザド(106)を〔マカオに〕送る許可を彼に与えた、と。

すでに次のような噂も流れている。バードレ・ディオゴ・デ・メスキタ(107)はこのことに寛大で、大代理人《グランデ・レスポンデンテ》を配していた。彼の親族《パレンテス》たちや実の兄弟《イルマン・カルナル》の財《ファット》を商い《フェイトリザンド》、彼らの商品《ファゼンダ》を売却した後の銀を、マラッカに渡航する船舶に積んで危険を冒したことがあった(108)、と(109)。」

在日イエズス会士や在マカオ・イエズス会士が日本人有力者の依頼に応じて銀の委託を受け、それをマカオにもたらし注文の商品を購入してくることがかなりな額に上った(110)。その依頼者が例えば将軍など権力者であれば、布教のための便法という言い逃れも出来ようが、それが自分の近親のためでもあったというのでは弁解の余地もない。

修道士たちのこの類の行動が、同じ修道会の朋輩パードレの書簡のみでなく、ポルトガル国王のインディア副王宛書簡において問題にされていたとなると、この時代のカトリック布教活動の現実として、無視出来ない一面であったと言わなければならない。

インディア領国において修道会が——修道会一般というよりもっとはっきりイエズス会と特定した方がいいであろうが、財力を増すことに対し国王として強くこれを警戒し、その増殖を抑えたい思いを抱いていた。国王は、インディアにおけるイエズス会の資産調査を繰り返し行った。不法行為を働いて、王室資産に損害を及ぼすような事件を起こし、問題になったこともあった。しかしその一方で、インディアでの布教の成就のためにはイエズス会に依存しなければならない面もあり、イエズス会は国王にとって頼り甲斐のある聖職者集団でもあったという複雑な事情が読み取れる。

当時インディアにおいて財源の基盤を強化しようとすれば、土地を獲得するか、ポルトガルの貿易網を利用して商業活動を展開するのが常道であろう。そして土地を得る有力な方法は、寄進・買得とともに、ポルトガル国王の国策に乗じて異教寺院の資産を得ることであったようである。

インディアにおいてあるポルトガル人篤志家がイエズス会に土地を寄進したことがあり、それをインディア副王が国王名の文書を発給して承認した。ところが国王は、副王が事前に国王の承諾を得ることなしに、国王名でこの件を認可する文書を発給したことを譴責している。副王が国王の事前の承諾なしに国王名で文書を発給するのは、何ら奇異なことではなく、別の件であれば、通常の領国統治政務の流れとして何ら問題にされることもなかったと思う。つまり文書発給の手順として、副王譴責に及ぶような経緯を辿るのは、珍しいことではないかと思うが、端無くもインディアにおけるイエズス会勢力の肥大化に、国王がいかに神経質になっていたか、その本音を垣間見ることが出来る。

ゴア市にポルトガル国王設立の施療院があり、政権側は長い間その管理運営をイエズス会に委ねていた。政権は、例えば孤児をイエズス会コレジオに収容させるなど、領国行政に協力を求めてきたが、この施療院の運営ということになると、それは経済面その他相当な負担となる事柄であったに相違ない。イエズス会は同じゴアの別の場所にイエズス会独自の施療院を経営しており、したがってイエズス会が王立施療院の運営をするか否かは、医療関係の仕事に従事することが会員に許されるかどうかといったこととは別の問題であって、おそらくは経済的負担が主たる関心事であったと言ってよいであろう。

文書116*の註（８）に記した通り、一六一八年九月一九日付け日本発、イエズス会士ヴィエイラのイエズス会総長宛書簡は、かつてヴァリニャーノが巡察師であった当時、インディア副王アルブケルケ（一五九一～九七年副王在任）が同施療院に対し経済面・物質面の支援をきちんと行わなかったことを理由に、ヴァリニャーノが王立施療院の管理運営の仕事からイエズス会が手を引く決定をしたことを伝えている。一五九六年一二月一日付け日本発、ヴァリニャーノのイエズス会総長宛書簡によって、それがその書簡の日付け以前であったことも分かる（文書116*の註（８））。やはり同註に記したように、一五九五年九～一〇月ヴァリニャーノの巡察師としての担当地区が東インディア全域から日本・シナに替わったことが、この施療院経営の問題と関わるという推測が可能ならば、それはさらに、この担当地区変更が決まった時期の直前頃ではないかとも言えよう。

副王の施療院への支援が不充分であるとしてヴァリニャーノがその管理を以後断ったことは、巡察師としてインディア全域のイエズス会教会を統轄し、その基盤を確立しなければならない立場にあった彼としては、このまま王立施療院の経営に関わり続けることは出来ないとの判断をしたものであろう。

この問題は時期的に、一五九一年ペルーからマカオに渡来したスペイン船が積載し、イエズス会の教会施設に陰匿して差押えを免れた多額の銀を資金に、一五九三年以後何回かにわたりヴァリニャーノがインディア貿易を行った頃と重なっていた。スペイン船の東インディア渡来と東西インディア間貿易、つまりスペイン領であるアメリカ新大陸およびフィリピンとポルトガル領であるインディア領国との間の貿易は、本国国王の厳しく禁じるところであった。その禁を犯して、東西インディア間貿易を済し崩しに行っていったのは、まずスペイン人であった。

先に記した通りポルトガルのフィリペ王朝（一五八一～一六四〇年）にあっては、〝ポルトガル・スペイン両国国王は同一人物であったが、東西インディア間貿易の禁の違犯を〝ポルトガル国王〟は当初は本音で咎めた。立場上違法行為を傍観するわけにもいかなかったのであろう、〝スペイン国王〟もこれに追随するように、同様の趣旨の勅令を発給しはした。拙訳『モンスーン文書と日本』や本書収載の公文書における主要テーマの一つがこのような違法行為であり、国王や副王が繰り返しそれを咎めた。

ここで問題になるのは、巡察師ヴァリニャーノのとった極めて不可解な言動である。彼は東インディア巡察師として、そしてつづいて日本・シナ巡察師として、どちらにしてもポルトガル領インディア領国のカトリック布教を統轄して繁栄に導く立場にあり、同領国とはその利害を共有したはずである。ここで彼の興味深い書簡を掲げておく。

一五九三年一一月一五日付けマカオ発、ヴァリニャーノのイエズス会総長宛書簡（「親展書簡」soli）の一節である（一五九三年一二月二〇日付けマカオ発、ヴァリニャーノの総長宛書簡も同文）。

「ポルトガル人たちはもう永い間シナと貿易し、そこに港を確保してきた。これによって日本貿易が支えられている。これはインディア領国《エスタド・デ・ラ・インディア》の主要な収入源《レメディオ》である。それは共通の〔収入〕としては、マラッカとゴアの税関《アルオンデガス》(111)での納付であり、また個人的には、商品を送り出すインディアのすべての住民の〔収入〕によってである。彼らはインディアからポルトガルにも〔商品を〕送る。

カスティリャ人たちは、シナに港を開くことがどうしても出来なかった。というのは、シナ人たちが彼らとの貿易《コメルシオ》を望まないからである。シナ人たちが今後、マカオ《アマカオ》以外の港を開くことは決してないであろう。フィリピンでは、漳州〔または泉州〕のシナ人たち《チナス・チンチエオス》(112)が彼らの船でそこにもたらす物を入手するにすぎないので（これはポルトガル人たちが入手するものや、もしも彼らがシナのどこかで港を開くことが出来た場合に比べて、僅かである）、ペルーやヌエバ・エスパニャの人々もフィリピンの人々《フィリピナス》も、ひたすらシナのどこかに港を開いて確保することをねらい、切望している。〔それが叶わなくても〕少なくとも、このマカオ港に来て商業活動を行うことを望んでいる。

これはポルトガル人たちにとって甚大な弊害と損失をきたす。（というのは、商品の多くがそのルートから流出して無くなってしまうということ以外にも）、その価格が非常に騰貴してその分ポルトガル人が失うことになり、日本でもインディアでも儲けを得ることがなくなってしまう一方、カスティリャ人たちは豊かになるからである。というのは、たとい当地で高く買っても、シナの商品はペルーやヌエバ・エスパニャで一のものが四にも五にもなるのに反し、ポルトガル人たちは現在の価格でも、インディアや日本で四〇パーセントの利益になるにすぎないからである。

このためポルトガル人たちは、カスティリャ人たちがペルーからも、ヌエバ・エスパニャからも、そしてフィリピンからもこのマカオに渡来するのを阻止しようと、あらん限りの努力を傾注しており、彼らが渡来しようものなら非常に悪感情を抱いた。このため、これらの地域においては、これら〔ポルトガル・カスティリャ〕両国民の間で不信と不和が募っている。

このため、ポルトガル人たちは、当時はそこから当地に渡来してはならない旨の国王の禁令が出ていなかった[113]にもかかわらず、パードレ・アロンソ・サンチェスがフィリピンから当地〔マカオ〕に二度渡来した[114]ことに対し、非常に怒った。パードレ・レアンドロとイルマン・ベルモンテが、国王の命令と禁令を犯して、船舶でペルーから当地に渡来した[115]ことに対しては、更に激しく立腹した。そして彼らが戻ることも許そうとしなかった。それは、別便で私が書き送る通りである。

それ故、私はすでに〔イエズス会総長〕猊下に対し、ペルー、ヌエバ・エスパニャおよびフィリピンに、決して〔イエズス会〕会員たちの何人をもそこから当地に送ってきてはならないと命じてもらいたい旨書き送った。というのは、それをするとわれわれはポルトガル人たちにとっての大変な嫌われ者になるであろうし、すでに当地にいるか、またはポルトガル経由で当地に渡来するカスティリャ人パードレたちが、非常な憎悪と疑惑を買うことになるからである。当地域にいるわれわれ会員が、ポルトガル人たちに対して然るべき敬意と忠誠とを堅持するのは、当然のことだからである[116]。」

右のような文面で、要するにポルトガル領東インディアの利害の見地から、シナにおける権益がポルトガル領の死活に関わるほどの重大事であること、スペイン人がアメリカ大陸やフィリピンからシナに渡来するのをポルトガル人が極度に警戒するのは、彼らのシナでの取引が、シナ産商品の騰貴を招き、今でもそれを商って四〇パーセント程の収益にすぎない利益が、消えてしまうからだということ、東インディアで布教をするイエズス会士は当然ポルトガル人と利害を共にすべきであるから、新大陸やフィリピンからイエズス会士が東インディアに渡来しないよう、総長から命じてもらいたい、といった趣旨である。

ポルトガル布教保護権下で布教活動を進める東インディア・イエズス会の責任者として、まさに当を得た発言と言ってよいであろう。問題は、このような書簡を認めたヴァリニャーノのとった行動はどうであったかである。折から、ペルーを発って国禁を犯してマカオに渡来したスペイン船が積載していた多額の銀を陰匿、借用して、これを資金にして収益を図るという、右の書簡の趣旨とは全く裏腹の行動を見せ、インディア副王をはじめ関係者の不信を招いた。

ヴァリニャーノは、二回目の日本巡察を終えて一五九二年一〇月九日長崎を発ち、同年同月二四日にマカオに戻り、一五九四年一一月一五日または一六日までマカオに留まり、その後ゴアに向かい、一五九五年三月四日ゴアに着いた。一五九七年四月二三日ゴアを発ち、その後コチン、マラッカ、マカオを経て、一五九八年八月五日に日本へ渡来、三度目の日本巡察を行う。(117)

一五九一年ペルーからマカオに渡来したスペイン船に、イエズス会士二人が積載銀（その額は二〇万ドゥカド以上）の管理者、貿易の責任者（乗組員の司牧の外）として乗船してきたのを好機と、ヴァリニャーノら在マカオ・イエズス会士が、全額ではないがその銀を同イエズス会施設に隠して当局による差押えを免れ、そしてそれを借用して仕入れた商品をゴアに送って収益を図るという行動をとった。先に掲げた一五九三年一一月一五日付け（および一五九三年一二月二〇日付け）書簡を認めながら、同時にあろうことか、渡来スペイン船の積載銀を資金に副王の膝元で収益を図るというまことに大胆不敵な、しかもポルトガル領インディア領国にとって〝反国家的〟振舞に出たわけである。(118)

インディア副王はじめインディア領国当局は、この一連の出来事をすべて承知していた。事あるごとに財力の基盤を強化して勢力を拡大していくイエズス会に不信を募らせ、警戒心を露わにしていた副王政庁である。(119)それに加えてここで、これまでイエズス会が担当してきたゴアの王室施療院の管理運営から手を引くことをヴァリニャーノが決めたわけで、これを契機に副王はヴァリニャーノに対する悪感情を一層増幅させ、イエズス会あるいはヴァリニャーノの商業活動を各方面に吹聴し、彼の聖職者としての威信が失墜したという。

右に、ペルー船マカオ渡来とそこから派生したかなり重大な出来事について、ゴア施療院運営の問題との関わりから記述してきた。施療院の問題では、文書161は、マラッカにも施療院を開設するようにとのインディア副王の指示であり、しかもゴア同様にその管理をイエズス会に託したいという希望が表明されている。

ところで、ペール船のマカオ渡航は、東西インディア間通商の禁を発布早々に犯した事件であったが、この件に関連して、本書収載のポルトガル国王やインディア副王の勅令の中には、ポルトガル領東インディアと新大陸・フィリピンのスペイン領西インディアスとの間の商業を禁じる内容のものが、かなり含まれる。文書56・文書59*・文書93*・文書95・文書104*・文書112*・文書115*・文書119*・文書126*・文書128・文書135*・文書152*・文書163・文書164がそれである。禁令が発せられたのは一五八五年からであるが、かなり頻繁に繰り返し発せられた。

先に記した通り、フィリペ王朝のポルトガル国王はスペイン国王と同一人物である。そして右の趣旨の勅令は、〝ポルトガル国王〟が自国民に向け発給しただけではなく、〝スペイン国王〟もスペイン国民に対して発している。そもそもこの禁令の趣旨は、スペイン人が新大陸産出の多額の銀をシナ大陸にもたらすことによって、シナ産商品を中核としたポルトガル人の商業活動が邪魔されることを避けたいというものであって、ポルトガル側の利害に発している。

ポルトガル人の本来の本音は右のようなものであるが、この本音も時と共に移り変わり、フィリピンなどスペイン領との貿易収入が、インディア領国にとって無視できない額に上るようになる。文書152*は、その辺の現実の要求を受けて記述されたものと言ってよい。スペイン人の方はどうかと言うと、新大陸の銀をもってシナ産の商品を入手したいという要求はもちろんであるが、これも時と共に、オランダ人などからフィリピンや自国船を防衛するために、ポルトガル人の支援を必要とするようになる。文書143*・文書153*は、「南」の海域におけるオランダ人の脅威に関するものである。文書164は、東西両インディア間の通商は禁じるが、フィリピンが軍需品を調達する場合は別である旨をわざわざ断っている。

このような次第で、国王が判で押したような内容の勅令を繰り返し発給している間に、実勢はそれと乖離してしまった嫌いがある。

この東西インディア間通交貿易の禁という問題は、右に述べたような両国の利害絡みの〝本音〟の面だけでは、すべてを語り尽くしているとは言えない。それは、この件にはいま一つ、デマルカシオンつまりローマ教皇によって正当化された、イベリア両国による異教世界二分割論(120)という建前が混在している。フィリペ王朝の国王が、〝スペイン国王〟としては特段禁令を発する必要性がないにもかかわらず、〝ポルトガル国王〟同様東西インディア間通交貿易を禁じる勅令を発給したのは、同国王の意思は、ポルトガル国民の利害から出た本音だけではなく、大航海時代の理念も纏っていたからであったと言うべきであろう。

五　その他

日本史の立場から大航海時代のポルトガル文書を選定すれば、何人たりと落とすことの出来ないような、比較的大きなテーマ性のある文書群について、その意義などを右に記述してきた。それ以外の多くの文書の選定には、訳者の問題関心が関わることになる。

文書61はマカオ聴訴官の規則である。日本航海カピタンとの関係、シナ人社会管轄との関わり、マラッカ商館における彼の給与の支払いなど、マカオ特有の問題を抱えた規則の面もあるが、その一方でマカオ聴訴官規則は、インディア領国各都市・各要塞の司法関係役職の規則類の一環としての性格をも併せ持つ。他の土地の同じ役職の規則と対比することによって、それが明確になる。

文書61の註（1）で触れた通り、**APO, 5 - III** 収載第九一五文書は、「インディアの控訴裁判所、および司法関係諸役人の規則」と題し、ゴアの控訴裁判所 **relação** が管轄する司法関係役職の規則から成る[121]。それらは全部で一四点に上り、列記するなら、控訴裁判所に関する包括的な規則[122]・インディア副王[123]・インディアの尚書[124]・控訴裁判所判事[125]・刑事聴訴官長[126]・民事聴訴官長[127]・王室資産判事[128]・王室資産代理人[129]・死者管理官長[130]・控訴裁判所会計係[131]・ゴア市聴訴官[132]・ゴア市孤児の判事[133]・モザンビーク・オルムズ・ディウ・マラッカ・ダマン・バサイン・シャウル各要塞の学識者聴訴官[134]・マカオの聴訴官の規則類[135]である。右に並んだ諸要塞共通の司法行政に関する規則とは別に、とくにマカオの聴訴官に対して規則が制定されたのは、マカオがシナ国内に所在する遠隔の地で、極東貿易の重要な拠点であることによるものであろう。

文書42・文書136が取り上げるのは、インディア領国における世俗と教会の双方の司法が関わる問題である。大航海時代の日本のような〝布教地〟、つまり非キリスト教国の土壌に布教活動が展開したところでは、あまり歴史の表舞台に表れることはなかったが、インディア領国において、副王（総督）政庁による統治機構に教会が一定の役割を持ったことは、ポルトガル本国と基本的には同じであった。そこには当然、世俗の司法と教会の司法との間をどう調整し円滑に運用するかという問題が存在した。国王政府としてこの件に対しては、インディア領国においてもポルトガル本国と同じ方針で臨むというのが、基本的姿勢であった。

五　その他

以上、いくつかの文書群に纏めて史料としての意義などについて記してきた。その他、文書65*・文書66・文書100*はシナ産の銅を輸入することに関する内容、文書1*・文書2*・文書121は、胡椒取引に関する史料である。文書166・文書168・文書170は、マカオ貿易に伴ってのマラッカ税関での徴税や、シナ当局への納付等について、記述されている。文書171は、ポルトガル船がマカオにおいて、シナ当局ではなくマカオのポルトガル政庁に対して有した負担義務について記す。文書107・文書162はマカオ～日本間生糸貿易の秩序維持を図るためであり、また文書120は、リスボンにおけるインディア貿易に関する不正行為取締りに関する内容である。

文書165は、オランダ人対策でシナに向け派遣されることになった艦隊のカピタンの権限と、既存の要塞カピタンが帯びる権限との調整に関する内容であり、文書169は、マラッカ要塞の守備隊に日本人・ジャワ人・マレー人その他いかなる国民をも雇うことを禁じ、ポルトガル人およびポルトガルとの混血のキリスト教徒のみとするよう、命じているものである。拙訳『モンスーン文書と日本』の文書66・文書67が関連する内容である。

文書167は、マカオにおいて、遺産を受け取るべき遺児たちも死亡してしまった場合、その親の委託金をどう扱うかといった問題である。さらに文書137*は、インディア副王とゴア市との間の確執に関する史料であり、文書32・文書36は、男色の罪を犯した者に対する処罰に関するものである。文書140*は、ゴアの控訴裁判所の開廷日についての、ゴア市からの要望である。

註

（1）Documentos, 10 vols.

（2）拙訳『モンスーン文書と日本』六・八・九頁。

(3) Serrão, Joel, V, pp. 350, 351.
(4) APO, 1 - I, pp. 5, 6.
(5) 拙訳『モンスーン文書と日本』三五七・三五八頁。
(6) Synodo Diocesano. 文書22*の註（2）。
(7) S. Thome. 拙訳『モンスーン文書と日本』三五七・三五八頁。
(8) Livro de Registos antigos no cartório da Fazenda de Goa.
(9) Livro vermelho da Relação.
(10) Livro do Pay dos christãos.
(11) Alvarás.
(12) 拙訳『モンスーン文書と日本』一四七〜一五四頁。
(13) El Consejo Real y Supremo de las Indias. 拙訳『モンスーン文書と日本』五〇三頁。
(14) Juan de Solorzano y Pereira, 1575 -1655. 最高インディアス枢機会議の枢機官 Consejero（一六二九〜四四年）。Solorzano y Pereyra, Valenzuela ed., I, pp. I, II. Solorzano y Pereyra, 1972, I, pp. XIII - XXVIII.
(15) 一五九五年六月二一日付けフェリペ二世 D. Felipe II の勅令。Recopilación, 1943, II, p. 539.
(16) 一五五七年三月一七日付けフェリペ二世および王妃の勅令。Ibid., 1943, II, p. 539.
(17) Tucumán（アルゼンチン）。
(18) 一六二四年五月二日付けフェリペ四世の勅令。Recopilación, 1943, II, pp. 539, 540.
(19) 一六二六年一〇月六日付けフェリペ四世の勅令。Ibid., 1943, II, p. 540.
(20) 一五九八年四月一四日付けフェリペ二世の勅令。Ibid., 1943, II, p. 540.
(21) 一六一九年一二月一二日付けフェリペ三世の勅令。Ibid., 1943, II, p. 540.
(22) Cartagena（コロンビア）。
(23) reales. 拙著『キリシタン時代対外関係の研究』一二二・一二七・三二一・三二三〜三二七・三六七・五二七頁。拙著『キリシタン時代の文化と諸相』八一頁。拙著『キリシタン時代の貿易と外交』三四頁。拙訳『モンスーン文書と日本』一一一・一一三・一三〇・一三一頁。
(24) 一六二四年九月三日付けフェリペ四世の勅令。Recopilación, 1943, II, p. 541.
(25) 一五七九年二月一二日付けフェリペ二世の勅令。Ibid., 1943, II, p. 541.
(26) Audiencias. 拙訳『モンスーン文書と日本』三九九～四〇二頁。
(27) Casa de Contratación. 拙訳、同右、一一三・一九九頁。
(28) 一六一〇年二月一七日付け、および一六一一年一一月二一日付けフェリペ三世の勅令。Recopilación, 1943, II, p. 541.
(29) 一五九五年四月二四日付けフェリペ二世の勅令。Ibid., 1943, II, p. 541.
(30) Cabo Verde. カボベルデ諸島。
(31) Guinea. 拙訳『モンスーン文書と日本』五三八・五三九頁。
(32) 一五七一年八月二八日付けフェリペ二世の勅令。Recopilación, 1943, II, pp. 541, 542.
(33) Tribunales del Santo Oficio. 拙訳『モンスーン文書と日本』四八〇頁。
(34) 一六〇一年三月一九日付け、および一六一〇年五月二一日付けフェリペ三世の勅令。Recopilación, 1943, I, p. 170.
(35) 一六二九年八月二一日付けフェリペ四世の勅令。Ibid., 1943, I, p. 598.
(36) almojarifazgos.アンダルシアのイスラム教徒がセビリアで確立したalmojarifazgo（輸出入関税）と称するアラブの関税は、一二四八年にレオン・カスティリャ王フェルナンド三世 Fernando III によって同市が奪回されたのに伴って、カスティリャにおいて残存し、同王アルフォンソ十世 Alfonso X によって制度化されて、新大陸貿易のための国王の税として、インディアス法の中に導入された。
一五四三年インディアスのすべての輸入と輸出に対して、商品の価値の三パーセントのalmojarifazgoを課税した。

一五五二年五月二九日、および同年六月二四日付けフェリペ二世の勅令により、スペインを発つ際に商品の価値の五パーセント（葡萄酒は一〇パーセント）、インディアスに入る際に一〇パーセントのalmojarifazgoを支払うよう命じた。

奴隷も商品と見なされ、その取引のためにalmojarifazgoが支払われた。Ayala, I, p. 132.
(37) 一五七二年七月一七日、一五七三年五月二六日付けフェリペ二世の勅令。Recopilación, 1943, II, pp. 520, 521. Ayala,

I, p. 132.
(38) 一五九五年一〇月一七日付けフェリペ二世の勅令。Recopilación, 1943, III, pp. 25, 26.
(39) Ibid., 1943, III, pp. 40, 41.
(40) 一五七五年三月一四日付けフェリペ二世の指令。Ibid., 1943, III, p. 150.
(41) 一六四三年二月三日付けフェリペ四世の勅令。Ibid., 1943, III, pp. 150, 151.
(42) Ibid., 1943, III, p. 194.
(43) 一六〇五年七月三一日付けフェリペ三世の勅令。Ibid., 1943, III, p. 305.
(44) 一五二六年五月一一日付けカルロス D. Carlos, および一五三二年一月一三日付け女帝総督 Emperatriz Gobernadora の勅令。

Emperatriz Gobernadora とは、スペイン国王カルロス一世（一五一六〜五六年在位）の王妃イザベル Isabel（一五〇三〜三九年）のことである。ポルトガル国王マヌエル一世 D. Manuel I（一四九五〜一五二一年在位）の娘で、一五二六年カルロス一世と結婚、一五二六〜三九年スペイン王妃であり、ハプスブルク家女帝であった。一五三九年に早世するまで、夫の留守中摂政を務めた。

Ibid., 1943, III, pp. 312, 313. Serrão, Joel, III, pp. 341, 342. García Hernán, pp. 323, 324. J・H・エリオット『スペイン帝国の興亡――一四六九〜一七一六』一八〇・一八一頁。
(45) Gelofes の語については、不詳である。
(46) Levante.「東方」Oriente を意味するが、さらに「地中海の東方海域に面する国々」あるいは「スペインの地中海地域、とくにバレンシア・ムルシア諸王国に該当する地域」を指す名称でもあった。Alonso, Martín, II, p. 2554.
(47) 一五二六年五月一一日付けカルロス、一五三二年九月二八日付け女帝総督 Emperatriz Gobernadora, 一五五〇年七月一六日付けボヘミア諸王諸総督 Reyes de Bohemia Gobernadores の勅令。

Emperatriz Gobernadora については、右の註（44）に記した。Reyes de Bohemia Gobernadores とは、神聖ローマ皇帝カルル五世 Karl V（一五〇〇〜五八年、一五一九〜五六年在位。スペイン国王カルロス一世）の弟フェルディナント一世 Ferdinand I（一五〇三〜六四年、一五五六〜六四年神聖ローマ皇帝在位）の子であるマクシミリアン Maximilian（一五二七～七六年、一五六四～七六年神聖ローマ皇帝在位）と、その皇后であるカルル五世の娘マリア María のことである。

マクシミリアンは一五四八年マリアと結婚し、ベーメン（ボヘミア）王に選ばれ、一五四八～五〇年彼はスペインにおける皇帝の代理人を務めた。スペイン史では、ボヘミア諸王であるマクシミリアンとマリアが摂政職 regencia を務めたと記されている。一五六四年神聖ローマ皇帝に即位した（マクシミリアン二世）。

Recopilación, 1943, III, p. 313. Menéndez Pidal, XX, pp. 815 - 841. The Encyclopaedia Britannica, 15, p. 115.『岩波西洋人名辞典』三七五・一一七一・一四二八頁。

(48) nuestro Consejo de Indias. 拙訳『モンスーン文書と日本』五〇三頁。

(49) 一六二三年九月二〇日付け、および同年一一月二七日付けフェリペ四世の勅令。Recopilación, 1943, III, p. 469.

(50) 一五九七年四月一〇日付けフェリペ二世の勅令。Ibid., 1943, III, p. 534.

(51) Acapulco.

(52) 一六二〇年五月二九日付けフェリペ三世の勅令。Recopilación, 1943, III, p. 534.

(53) 一六〇六年四月二三日付けフェリペ三世の勅令。Ibid., 1943, III, pp. 534, 535.

(54) Cabo Verde. カボヴェルデ諸島。

(55) Rios de Guinea. この地名については不詳。

(56) Santo Thomé. サン・トメ島。São Tomé.

(57) Costas de África.

(58) 一五五〇年四月一六日付けカルロス、およびボヘミア諸王諸総督 Reyes de Bohemia Gobernadores の勅令。一五九三年一〇月二三日付け、および一五九八年九月五日付けフェリペ二世の勅令。一六〇四年七月二三日付け、および一六〇七年八月二二日付けフェリペ三世の勅令。Recopilación, 1943, II, p. 533.

(59) 一五七〇年七月四日付けフェリペ二世の勅令、および一六二〇年五月二九日付けフェリペ三世の勅令。Ibid., 1943, II, pp. 204. Ayala, VI, pp. 24, 25.

(60) Islas de Barlovento. 今日の大アンティル諸島（キューバ、エスパニョラ、ジャマイカ、サン・フアン・デ・プエルト・リコ）に当たる。アコスタ 増田義郎訳・注『新大陸自然文化史』上、八九・一七三頁。

（61）一五六九年一月二五日付けフェリペ二世の勅令。Recopilación, 1943, II, pp. 204, 205.

（62）一六〇八年五月二六日付けフェリペ三世の勅令、および一六二五年四月一三日付けフェリペ四世の勅令。一六六二年四月九日付け、一六六三年八月一日付け、および同年八月五日付けカルロス二世および王妃総督 Reyna Gobernadora の勅令。

Reyna Gobernadora とは、スペイン国王フェリペ四世の王妃マリアナ・デ・アウストリア Mariana de Austria（一六三四～九六年）のことで、四歳で即位したその子カルロス二世（一六六一～一七〇〇年、一六六五～一七〇〇年在位）の摂政を務めた。

Ibid., 1943, II, p. 205. Ayala, VI, pp. 24, 25. Tuñón de Lara, V, pp. 243 - 249. J・H・エリオット『スペイン帝国の興亡――一四六九～一七一六』四〇九～四二二頁。『岩波西洋人名辞典』三七六頁。

（63）Ayala, VI, p. 27.

（64）Ibid., VI, p. 27.

（65）moriscos. レコンキスタ以後、キリスト教に改宗してスペインに留まったモーロ人。Alonso, Martín, II, p. 2896.

（66）Ayala, VI, p. 27.

（67）Bervería. エジプトから大西洋岸までのアフリカ北部の海岸地域（『西和中辞典』二六五頁）。ベルベル人 Berbere は、北部アフリカ、ベルベリア Berbería の住民を意味する。ベルベル人は、ベルベル語を話す北アフリカの先住民族で、七世紀後半以来イスラム化とアラブ化が進んだという。ポルトガル人は彼らを、モーロ人 mouro その他の名称で呼んだ。

（68）Machado, I, p. 947.『広辞苑』第六版、二五三九・二五四〇頁。拙訳『モンスーン文書と日本』五三八・五三九頁。

（69）Ibid., VI, p. 28.

（70）Ibid., VI, p. 28.

（71）procurador general de Filipinas.『インディアス法典』Recopilación の libro 4, título 11 は諸都市《シウダデス》・諸町《ポブラシオネス》の総代《プロクラドレス・》

理人《ヘネラレス》・個別代理人《プロクラドレス・パルティクラレス》に関する法規であるが、そのley 1には、次のように規定されている。インディアスの各都市・各町は、われわれ〔スペイン国王〕の枢機会議《コンセホ》・司法行政院《アウディエンシアス》・裁判所《トリブナレス》において彼らの案件《ネゴシオス》の審理の場に出席し、それを弁護する代理人《プロクラドル》を任命出来るものとする、と。

一五一九年一一月一四日付け、および一五二八年一一月六日付け皇帝カルロスの勅令。Recopilación, 1943, II, pp. 37, 38.

またそのley 2の規定は次の通りである。われわれは、都市の代理人《プロクラドル》の選出は、その他の毎年の職務の遂行の如く、地方役人《レヒドレス》の投票のみによって行うことを許す、と。

一六二三年一一月二三日付けフェリペ四世の勅令。Ibid., 1943, II, p. 38.

(72) Ayala, VI, pp. 28, 29.

(73) Ibid., VI, p. 29.

(74) Ibid., VI, p. 29.

(75) Ibid., VI, p. 29.

(76) Ibid., VI, p. 30.

(77) indulgencia plenaria. 文書118*の註（6）の（補註1）。

(78) 本大勅書のラテン語原文はJordão, I, p. 24. Silva Marques, 1944, I, pp. 492, 493. Silva Marques, 1988, I, pp. 492, 493. 同ポルトガル語訳はSantos Abranches, p. 354. なお同日（一四五二年六月一八日）付け教皇ニコラウス五世のポルトガル国王アフォンソ五世宛大勅書Dum diversasも類似の内容である。ラテン語原文はJordão, I, pp. 22, 23. 同ポルトガル語訳はSantos Abranches, p. 354. Santarem, X, pp. 49, 50.

(79) 大航海時代の奴隷貿易とカトリック教会との関わりについては、西山俊彦『カトリック教会と奴隷貿易――現代資本主義の興隆に関連して――』がある。

(80) 拙訳『モンスーン文書と日本』二〇・二一頁。

(81) padre visitador. フランシスコ・ヴィエイラ Francisco Vieira（一六一五～一九年イエズス会日本管区巡察師在任）。Rodrigues, pp. 45, 46.

（82）傍線箇所の原文は eu tomara a responder である。responder の名詞形は respondência は、ここでは「高利」の意味であろう。
拙著『キリシタン時代の文化と諸相』六二七〜六三六頁。

（83）procurador de Japam que rezide em Macao. 日本イエズス会のマカオ駐在財務担当パードレのことである。なお左記拙著に、歴代同プロクラドールの名簿について記した。ここに登場するプロクラドールは、そのリストにより該当者と思われる人物が二〜三人いるが、そこからさらに誰であるかを特定するのは困難である。
拙著『キリシタン時代対外関係の研究』三七九〜三九三頁。

（84）Archivum Romanum Societatis Iesu, Jap. Sin. 36, ff. 191v, 193v. 拙訳『イエズス会と日本』二、四九二・四九三頁。
拙著『キリシタン時代の研究』三〇五・三〇六頁。

（85）Schütte, 1975, p. 1302. 宮崎賢太郎訳『カルロ・スピノラ伝』。拙著『キリシタン時代の研究』五一八・五一九頁。

（86）拙著『キリシタン時代の研究』第二部第一・第三章。

（87）原語は prata corrente. 本文に記す通り、一応丁銀のことと解しておく。
拙著『キリシタン時代の貿易と外交』六七頁。

（88）3917 taeis 5 mazes 1 condorim. 一タエル tael＝一〇マス mazes＝一〇〇コンドリン condorins である。
タエルは、極東で使用された重量単位および計算貨幣（その目方の銀の値）。シナでは両に当たる。

拙訳『モンスーン文書と日本』一三九頁。

（89）傍線箇所の原文は tomou la a responder a 40 por cento である。右の註（82）と同じであるが、こちらは利率が記されている。

（90）letras. 為替手形のことであろう。拙著『キリシタン時代対外関係の研究』第六章。

（91）本文書の②の記載の欄外に短い註記が見えるが、アジュダ写本の東洋文庫架蔵複製写真によっても、判読出来ない。
Ajuda, 49-V-7, f. 95, 東洋文庫 Jesuitas na Ásia, China, 7-I, 85, f. 95.

（92）prata de ceda.

（93）Vicente Rodriguez. イエズス会の商業活動と深い繋がりを持って自らも東アジアの海域で貿易を営み、イエズス会への主要な寄進者の一人であった。イエズス会にとって代表的な友好商人であり、まさに〝教商〟と呼ぶに相応しい人物であった。

拙著『キリシタン時代対外関係の研究』第九章。
(94) Biblioteca da Ajuda, 49 - V - 7, f. 95. 東大史料編纂所架蔵複製写真。拙著『キリシタン時代の研究』二四四・二四五頁。拙著『キリシタン時代対外関係の研究』五四八・五四九頁。
(95) Biblioteca da Ajuda, 49 - V - 7, f. 95. 拙著『キリシタン時代の研究』二四五頁。
(96) 原文は次の通りである。Seda Plate, (or Oval Bars) at 88 Tais [Weight] for 100 Tais Bars of Japan.
プラットはこの記述の典拠として、Cocks' Diary, vol. I, p. 256 と記す。この典拠の掲示には疑義があるように思うが、一応プラットの記載のまま、ここに引用する。
Pratt, II, p. 46. Cocks, I, p. 256.『日本関係海外史料 イギリス商館長日記』原文編之中、七八〜八一頁。『日本関係海外史料 イギリス商館長日記』訳文編之上、七四七〜七五二頁。
(97) 小葉田淳『金銀貿易史の研究』四〇頁。
(98) 田谷博吉『近世銀座の研究』一四七頁。『国史大辞典』九、五七三頁。
(99) 拙著『キリシタン時代の研究』二一一・二一七頁。
(100) P. António Mascarenhas Assistente de Portugal. イエズス会は一五五八年、世界に展開するイエズス会教会活動を四つの補佐管轄領域 asistencias に分け、それぞれ総長の補佐 asistente が担当する体制を整えた。この補佐管轄領域の分割そのものについては、その後手直しが行われる。日本教会は、四つの補佐管轄領域の内の、ポルトガル関係補佐管轄領域に含まれた。
拙訳『イエズス会と日本』一、一七〇頁。拙著『キリシタン時代の文化と諸相』三八一・三八二・四〇一頁。拙訳『モンスーン文書と日本』一七九・一八〇頁。
(101) ministro.
(102) Armação. アルマサンについては、拙訳『モンスーン文書と日本』七二〜七四頁。
(103) fragatinha. フラガタ船 fragata については、拙訳、同右、四八八頁。

(104) excomunhão. 拙訳、同右、二七八頁。

(105) p.^{e} Pasio. フランチェスコ・パシオ Francesco Pasio のこと。管区長と記されているが、正確には準管区長 viceprovincial である。一六〇〇年九～一〇月に日本準管区長に就任し、一六一一年七月まで同準管区長を務め、その後日本・シナ巡察師に就任した。なお巡察師に任命されたのは一六〇八年一二月九日付けの文書によってであったが、同文書が彼のもとに届いたのは一六一一年七月であった。Schütte, 1975, p. 1266. Rodrigues, pp. 35, 45, 46.

(106) dous mil cruzados. クルザドについては、拙訳『モンスーン文書と日本』一二〇・一二一・一三九・二三〇・二三一頁。本書文書11の註（4）の（補註17）その他。

(107) p.^{e} Diogo de Mesquita.

(108) 傍線箇所の原文は arriscou a prata huma ves em hum navio que via para Malaca,… 投資を目的に銀を船舶に積載したことを意味する。

(109) Jap. Sin. 15 - I, f. 118v.

(110) 拙著『キリシタン時代の研究』第二部第七章。

(111) 原語は halhondegas. スペイン語で「税関」は aduana であり、alhóndiga は「商人宿」を意味するアラビア語を語源とするスペイン語で、「公設の穀物・食糧・諸商品の倉庫および取引所」を意味する。しかしここでは、ポルトガル語の alfândega「税関」の意味でこの語を用いたのではないか。

Alonso, Martín, I, p. 253.

(112) chinas chincheos. 拙訳『モンスーン文書と日本』一七四・一七五頁。

(113) 東西インディア間貿易に対する禁令について、私はかつてボクサー等によって、ポルトガル国王は一五八六年にその最初の勅令を発した旨を記した（補註1）。しかしそのボクサーの記述も一五八六年に最初の禁令を発したと明記しているわけではなく、そのように読み取れるいささか曖昧な表現で記している（補註2）。

本書の文書55*・文書58*の記述、およびマドリードの Real Academia de la Historia 所蔵の次の文書の記事等により、ポルトガル国王がその最初の禁令を発給した年を、一五八五年と訂正する。

その Real Academia の文書とは、「フィリピンを介して日本と商業を始めることによって東西両インディアスに生じる損害に関する報告。それ〔同商業〕は、私がこの報告の中で示す禁令によって、すでに何回かにわたって禁じられたことである。」と題する文書であるが、その冒頭に次のように見える。

「一五八五年それら〔両インディアス〕の間の商業と取引が開かれることによって、東西両インディアスの維持にとって多大な損害と不都合が生じることが国王陛下《ヴォサ・マジェスタデ》に提起され、ポルトガルとカスティリャの王立枢機会議《レアイス・コンセリョス》においてこの件を慎重に検討し、両領国《エスタドス》の全面的崩壊に至るであろうことを考慮して、国王陛下は前述の商業が全面的に停止するよう、勅令《プロヴィザン》を発給するよう命じた。（補註3）」

なお文書56・文書59*には、一五八五年ポルトガル国王がインディア副王に、東西インディア間貿易を禁じる旨を書き送ったと記されている。これは右のReal Academiaの文書に見える、同貿易を禁じる勅令を指すのであろう。そしてこのポルトガル国王勅令を受けて、インディア副王ドゥアルテ・デ・メネゼスが発給したのが、文書56であろう。

なお文書56は、一五八六年四月二六日付けゴア発インディア副王ドゥアルテ・デ・メネゼスの勅令である。これに対し、かつて拙訳書に訳載した、APO収載一五九八年四月三日付けゴアの控訴裁判所の判決文には、一五八六年四月二九日付けで副王ドゥアルテ・デ・メネゼスが東西インディア間通交を禁じた法令《レイ》を発給した旨記されている（補註4）。この法令とは文書56を指すのであろうが、そうだとすると、その日付は四月二六日の誤とせねばならない。

（補註1）拙著『キリシタン時代の貿易と外交』九五頁。拙訳『モンスーン文書と日本』六七・九四・一一〇・二二六・四九二頁。

（補註2）**C. R. Boxer, 1959, p. 75.**

（補註3）**Biblioteca de la Real Academia de la Historia, Cortes 566, f. 251.**

（補註4）**APO, 5 - III, pp. 1507.**　拙訳『モンスーン文書と日本』九四頁。

(114) 拙訳、同右、一一三～一一八頁。

(115) 一五九一年ペルーからスペイン船が、多額の銀を積載し、本ヴァリニャーノ書簡にその名が記されているパードレ・レアンドロ・フェリペとイルマン・ゴンサロ・デ・ベルモンテという二人のイエズス会士を乗せて、マカオに渡来したことを指す。

拙著『キリシタン時代対外関係の研究』第三章。

(116) Jap. Sin. 12 - I, ff. 126, 143. 拙訳『イエズス会と日本』一、一〇一～一〇三頁。拙著『キリシタン時代対外関係の研究』二〇七～二〇九頁。
一五九三年一一月一五日付けマカオ発、ヴァリニャーノのイエズス会総長宛書簡（12 - I, ff. 126 -128v.）と一五九三年一二月二〇日付けマカオ発、ヴァリニャーノのイエズス会総長宛書簡（12 - I, ff.143 -145）は同文である。前者は「第一便」primera via, 後者は「第二便」segunda via の書簡で、いずれも「親展書簡」soli である。

(117) Schütte, 1951, p. 45. Schütte, 1980, p. 38. Schütte, 1968, p. 1026.

(118) このペルー船マカオ渡来の一件については、拙著『キリシタン時代対外関係の研究』第三章で取り上げた。

(119) 関連する記述として、拙訳『モンスーン文書と日本』二〇四～二一三頁。

(120) 拙著『キリシタン時代の研究』第一部第一章。拙著『キリシタン時代の文化と諸相』第三部第一章。

(121) APO, 5 - III, pp. 1124 -1151. Gonçalves Pereira, I, pp. 364 - 397.

(122) Regimento da Relação. APO, 5 - III, pp. 1124, 1125. Gonçalves Pereira, I, pp. 364, 365.

(123) Títolo da ordem que o Viso Rey do Estado da Índia ha de ter nas cousas da justiça. APO, 5 - III, p. 1125 - 1129. Gonçalves Pereira, I, pp. 365 - 370.

(124) Título do Chanceler da Índia. APO, 5 - III, pp. 1129 - 1130. Gonçalves Pereira, I, pp. 370 - 372.
以下ゴアの司法・控訴裁判所関係の諸役職は、次の文献に見える。Bocarro, 1992, II, pp. 138, 139. Santos,Catarina Madeira, pp. 176 -187.

(125) Título dos Desembargadores do agravo. APO, 5 - III, pp. 1130, 1131. Gonçalves Pereira, I, pp. 372, 373.

(126) Títolo do Ouvidor geral das causas crimes. APO, 5 - III, pp. 1131 - 1133. Gonçalves Pereira, I, pp. 373 - 375.

(127) Títolo do Ouvidor geral das causas civeis. APO, 5 - III, p. 1133. Gonçalves Pereira, I, pp. 375, 376.

(128) Títolo do Juiz dos feitos da coroa e fazenda. APO, 5 - III, pp. 1133, 1134. Gonçalves Pereira, I, pp. 376, 377.

(129) Títolo do Procurador dos feitos da coroa e fazenda. APO, 5 - III, p. 1134. Gonçalves Pereira, I, p. 377.

(130) Títolo do Provedor mór dos defuntos. APO, 5 - III, pp. 1134 - 1137. Gonçalves Pereira, I, pp. 378 - 381.

(131) Título do Guarda mór da Relação, e Recebedor do dinheiro das despesas della, e Distribuidor. APO, 5 - III, pp.

1137, 1138. Gonçalves Pereira, I, pp. 381, 382.

(132) Título do Ouvidor da cidade de Goa. APO, 5 - III, p. 1138. Gonçalves Pereira, I, p. 382.

(133) Título do Juiz dos orfaõs da cidade de Goa. APO, 5 - III, pp. 1138, 1139. Gonçalves Pereira, I, p. 383.

(134) Título do Regimento dos Ouvidores letrados das fortalezas de Moçambique, Ormuz, Dio, Malaca, Damão, Baçaim, e Chaul. APO, 5 - III, pp. 1139 - 1144. Gonçalves Pereira, I, pp. 383 - 389.

(135) Título do regimento do Ouvidor de Macáo nas partes da China. APO, 5 - III, pp. 1144 - 1151. Gonçalves Pereira, I, pp. 389 - 397.

先に刊行した訳書の「あとがき」にも記したが、かねてより、キリシタン時代に関する価値高い欧文史料を邦訳することで、晩年の研究者としての務めを少しでも果たして終えたいと願っていた。そのような思いで作った訳書が、『モンスーン文書と日本』と本書である。かなりな点数に上る文書であり、内容面でも、伝統的な〝キリシタン史〟の埒外の文書も多いが、今後歴史の理解を深め、研究を進める上でいささかなりと役立つことを願うばかりである。

最後になったが、深謝の気持ちを記さねばならない。かなり難解なそして多岐にわたる内容の文書を訳し、註を付する作業のために、内外の多数の先学の論著を参照させていただいた。註記の典拠は、感謝の思いを込めて克明に掲示するよう心がけた。同時にそれにもかかわらず、訳者の専門分野を超えた広域の事柄に関して、果して誤りや不備のない記述が出来たであろうかとの懼れも残る。

また先に記した通り、ご自分の研究のために採訪したゴア歴史文書館所蔵文書のマイクロフィルムをお貸しくださった東京大学史料編纂所の岡美穂子氏のご厚意にも篤くお礼申し上げたい。

今回もまた、売れ足が遅いに違いないこのような書籍の出版を快くお引き受け下さった八木書店社長八木壮一氏に、心からお礼申し上げる。さらに同社出版部の恋塚嘉氏は、本作りの作業過程で恐らく今回はこれまでにもまして、体力の衰えた老学徒をさまざまな場面で助けて下さった。その旨銘記して深謝申し上げたい。

二〇一一年（平成二十三年）一月

訳者

本文篇

凡　例

一、〔　〕は補いの語、（　）は原文の括弧である。
二、適宜ルビを振って原語を示す。
三、読みやすさのため、適宜改行を施す。
四、＊印は文書全文ではなく、抜粋を示す。
その他、基本的に拙訳『モンスーン文書と日本』の訳出・編纂方針と同じである。

1* 一五二〇年二月七日付けエヴォラ発、ポルトガル国王のインディア総督宛勅令(1)

「〔ポルトガル〕国王である吾人(2)は、吾人の顧問《コンセリョ》であり、それらインディアの地域における朕にかわる総督《ゴヴェルナドル》である貴下ディオゴ・ロペス・デ・セケイラ閣下(3)、およびそこ〔同地域〕における吾人の王室資産管理官《ノソ・ヴェアドル・ダ・ファゼンダ》(4)に、次のことを知らせる。

吾人は次のような情報を得た。すなわち、前述の〔インディア〕地域の全域において、何人《なんぴと》も胡椒《ピメンタ》の取引をしてはならない、と吾人によって厳しく禁ぜられ、命じられているにもかかわらず、それに関して吾人によって制定された刑罰を怖れることなく、その吾人の禁令を犯して、極めて無秩序に、何らの恐れも感じないで、前述の胡椒の取引をしている。そしてそれ〔胡椒〕を多くの地域に運び、また運ばせている。

そのことによって、吾人は全く奉仕を受けない。というのは、吾人のために〔胡椒が〕売買されるところにおいて、それ〔胡椒〕の価格が上下に変動したり、その他すべての商品《メルカドリアス》の価格が上昇したりすることにより、吾人の取引《トラトス》や諸商館《フェイトリアス》(5)が損害を蒙り、多くを失っただけでなく(6)、そのために、吾人が将来するよう命じているだけの量〔の胡椒〕を入手して船積みすることが出来ないような事態になる。そしてそのため、吾人の諸商館が、熟していない、汚い、不純なそれ〔胡椒〕を受け取るか、またはそれを受け取らなければ、良質の〔胡椒〕が存在しても、それ〔良質の胡椒〕を買う人々によって、〔ポルトガル以外の〕外部にもたらされてしまう。そのため、吾人は多大な損失を蒙り、全く奉仕を受けないことになる。当地の吾人の許にもたらされるもの〔胡椒〕について、極めて大なる損失を蒙ることになる。

吾人はそれに対して対策を講じたいと思い、〔上述のようなことが〕もうこれ以上行われないよう、そして吾人

1* 1520年2月7日

の禁令が完全に遵守されるように、吾人は次のことを禁じ、そして命じる。

今後は、キリスト教徒たちであれモーロ人《モウロス》たちであれ、異教徒《ジエンティオス》たちであれ、ユダヤ人《ジュデオス》たちであれ、その他いかなる身分《コンディサン》の者たちであれ、何人《なんぴと》も前述の胡椒を取引してはならない。ある場所から他の場所に、それ〔胡椒〕を運搬してはならない。〔そのような行為は〕自分自身でも他人の手でも、行ってはならない。これに違反した者たち、およびその他貴下が同じ刑罰に処するべきだと考える者たちがいたら、その罪の性格によって、その資産《ファゼンダ》をすべて吾人に没収する刑罰に科するものとする。もっとも、そのために吾人の許可を得なければならない。

二、吾人の国民《ナトゥラエス》の何らかのナウ船または船舶《ナヴィオ》に、いくらかの胡椒が積載されていることが分かり、しかもその所有主《ドノ》が現れないなら、かかるナウ船または船舶の掌帆長《メストレ》(7)および副掌帆長《コントラメストレ》(8)、さらにはそれ〔同ナウ船〕の書記《エスクリ》官《ヴァン》がそれについて説明しなければならず、しかも所有主はそれ〔胡椒〕を彼〔書記官〕に与えなければならないものとする。

もしも彼〔所有主〕が彼〔書記官〕にそれ(9)を与えなかったら、直ちに彼らを逮捕し、最初の艦隊《アルマダ》でこれらの諸王国〔ポルトガル〕に、送られて来るべきものとする。彼らに対して、相当の裁きを行うためである。また前述の胡椒は、彼らが彼らの資産《ファゼンダス》として持って行くすべてのものと一緒に、吾人に没収すべきものとする。またナウ船または船舶《ナヴィオ》において前述の胡椒を見付けられたその他のいかなる者も、他の刑罰を受けるものとする。ただし、逮捕されることだけはないものとする。もしもその〔ナウ船・船舶〕の中で発見された前述の胡椒が、モーロ人たちのものであったら、一人であれ複数人であれ、それ〔その船舶〕で運んだ〔その者の〕すべての商品《メルカドリア》や資産《ファゼンダ》と一緒に、〔同胡椒は〕吾人に没収すること。

もっとも、カピタン・モールまたはそのための権限を持つ他のいかなる人物のものも、かかるナウ船は確実にもたらすこと。というのは吾人は、前述の諸地域〔インディア〕において、いかなる方法であれ、前述の胡椒を積載することも取引することも、決して望まないからである。
貴下は直ちに、そのコチン[10]の要塞においてこれを公告・通知させること。皆に周知徹底させるためである。また同じく、その他の諸要塞においても周知させること。[11]」

註

（1）インディア領国の総督 governador・副王 vice-rei については、拙訳『モンスーン文書と日本』二九八～三〇一頁。

（2）本勅令の冒頭は Nos ElRey fazemos saber... である。Nos は「われわれ」を意味する複数形、ElRey は「国王」を意味する単数形、fazemos は動詞の一人称複数形で、一人称単数形と一人称複数形とが混在した形になっている。主体が国王故の、特殊なケースと言ってよいであろうが、国王を主体とする勅令が、常にこのような形式をとるわけではない。

例えば、一五六八年二月二七日付けリスボン発、ポルトガル国王の勅令（Regimento jeral「全般的な規則」と謳っているが、要は勅令である）の冒頭は Eu elRey faço saber... で始まっており、本文書の場合と同じ語が、一人称単数形のみで記述されている（補註1）。また拙訳『モンスーン文書と日本』収載文書でも、文書9、一六〇九年一二月二四日付けリスボン発、ポルトガル国王の勅令《アルヴァラ》の冒頭も Eu el-rey faço saber...と、右の一五六八年の勅令と同様、一人称単数形のみで記されている（補註2）。総じて、この二例の如く、一人称単数形で通して記す勅令や国王書簡等がむしろ一般で、本文書のように、単複混在の例の方が少ないと言ってよいであろう。

邦訳語であるが、国王が Eu で表記されているか、あるいはその語が記されていなくても、明らかに国王を主語とする動詞一人称単数形をとっている場合は、その国王すなわち主語を「朕」とし、本文書のように、国王が Nos で表記されているか、その語が見えなくても、国王を主語とする動詞一人称複数形をとっている場合は、「吾人」と記す（文章表現の都合上、厳密にこの原則に従えない場合もありうる）。

（補註1）APO, 3, p.1.

（補註2）拙訳『モンスーン文書と日本』一五五頁。Documentos, I, p. 279.

（3） Di〔o〕go Lopes de Sequeira. 一五一八～二一年インディア総督在任。
Delgado Domingues, pp. 77, 78.

（4） noso veador da fazenda. veador は vedor 古い語形。つまり noso vedor da fazenda のことである。王室資産管理官については、拙訳『モンスーン文書と日本』一五八頁。
Machado, VII, p. 662.

（5） feitorias. 商館は、ポルトガルが商業活動を展開したところに配置されたわけであるが、大航海時代に入り、アフリカやインディアに設置されたポルトガル商館は、ヨーロッパのそれとはその機能に違いがあった。つまり、ヨーロッパにおける商館は、競争原理が機能している市場に配置されて、ポルトガル産商品の魅力を宣伝して有利な販売を図り、また同様に彼の地の商品を獲得するのを使命としたが、アフリカやインディアにおける商館の場合は、現地人商人の集団を形成して、それを介して現地の市場と関係を持つことを主たる任務とした。

商館の規模やその構成員は、その商館の活動状況によって当然異なったが、その一例として、ソファラ Sofala の商館の構成を示す。ソファラはアフリカ東海岸、モザンビーク海峡に面するが、ポルトガル人は海外進出の初期から、金の集積・搬出地として重視し、一五〇五年王室の商館を作り、そして要塞も構築した。同商館は一五〇六年、次のような構成員から成っていたという。

商館長 feitor	一人
商館長の従者 homens do feitor	三人
商館長の奴隷 escravo do feitor	一人
商館の第一書記官 1.º escrivão da feitoria	一人
第一書記官の従者 homens do 1.º escrivão	二人
商館の第二書記官 2.º escrivão da feitoria	一人
第二書記官の従者 homens do 2.º escrivão	四人
第三書記官兼食糧管理人 3.º escrivão e almoxarife dos mantimentos	一人
同管理人の従者 homem do almoxarife	一人

合計	一五人

Rau, 1966, pp. 10, 11. Rau, 1984, pp. 147, 148. Bethencourt & Chaudhuri, I, pp. 392 - 396. Serrão, Joel, VI, pp. 56, 57. Albuquerque, II, pp. 997, 998.

（6）傍線箇所の原文（翻刻本）は次の通りである。文意不明確な文章であるが、一応表記のように邦訳しておく。grande tirada dela danão nosos tratos e feitorias...

（7）mestre. 拙訳『モンスーン文書と日本』二六四頁。

（8）contramestre. 海事用語辞書によると、古く、操船に関わる階級で、mestre の次位に位置する者を意味したとある。mestre の訳語に準じて、表記の如き訳語にしておく。

Leitão & Lopes, p. 177.

（9）傍線箇所の原語（翻刻本）は lho（「彼にそれを」）であるが、「それを」が代名詞男性形 o で記してある。しかしこの代名詞は pimenta「胡椒」を指すと考えられるので、女性形をとって lha と記すべきであろう。

（10）Cochim. コチンには一五〇一年ペドロ・アルヴァレス・カブラル Pedro Álvares Cabral が到達し、翌一五〇二年ヴァスコ・ダ・ガマ Vasco da Gama がそこに商館 feitoria を作り、さらにその翌年の一五〇三年には、アフォンソ・デ・アルブケルケ Afonso de Albuquerque がそれを要塞化した。一五〇五年フランシスコ・デ・アルメイダ Dom Francisco de Almeida が初代のインディア副王に任ぜられ、コチンに駐在することとなった。同地はその後、一五三〇年にゴアに移されるまで、副王（総督）の所在地、つまりインディア領国の首都であった。

Serrão, Joel, II, p. 85. Delgado Domingues, pp. 67 - 70. 拙訳『モンスーン文書と日本』三八〇～三八二頁。

（11）APO, 5 - I, pp. 46, 47.

2* シナの代理商人《フェイトル》(1)ディオゴ・アイレスに与えたポルトガル国王の規則《レジメント》(2)

「吾人はすでに、胡椒やその他の商品《メルカドリアス》をシナにもたらすのを禁じた。さらに吾人はこの度、プショ(3)およびエンセンソ(4)を、インディアのそれらの地域からシナにもたらすのを禁じる。

それら〔勅令〕によって貴下も承知の通り、ある者たちは、何キンタル(5)かの胡椒、およびその他の諸々の品物を積み出すことが出来る旨の吾人の勅令《アルヴァラス・エ・プロヴィゾンエス》(6)を持参しているので、吾人は、吾人の商館《フェイトリア》においてでなければ、そして貴下の手を経ることなしには、彼ら〔勅令持参者たち〕がそれら(7)を買い付けるのを望まない。

また、シナにおいてそれと交換に取得する商品は、彼ら〔勅令持参者たち〕が希望し、しかも吾人によって禁じられていない品物とし、貴下がそれを彼らから買い取ること。吾人は、貴下および彼らに対し、この通り履行することを命じる。

また貴下がかかる次第で、スマトラ(8)において彼らから買う胡椒は、吾人の〔胡椒〕と混ぜて送り出すこと。報酬《ソルド》(9)については、インディアからポルトガルに向けもたらされるものについて行われるそれ本来の支払い方法で、もしもそこ〔シナ〕に〔かねが〕あるなら、シナにおいてリブラ単位(10)で〔一リブラいくらで〕彼ら〔勅令持参者たち〕に与えること(11)。」

註

(1) **feitor.** ポルトガル語辞書によると、この語はラテン語の factore を語源とし、「他人の商品を商う商人」等の意味を持つという。もっとも、訳者は未見であるが、Antenor Nascentes, Dicionário Etimológico da Língua Portuguesa

には、feito（「事実」「行為」等）が基になって新たに作られた語であろう、と記されているという。ラウは、語源ということでは、イタリア語の fattóre（「農地管理人」等）や fattoria（「農地」「農地管理人の住居」等）の影響を考慮する必要があろう、という。

feitor はすでに古くから、あらゆる種類の経済・金融・管理の面での活動を行うことを任された代理人 agente の意味で使用された。そしてその任務においては、王室や国家の利益に対して忠誠を尽くし、その擁護を全うすることが肝要であった。このような任を帯びた feitor は、外国における商業の代理人となって、売買の指令を受け、市場の開拓や監視に関する指示を受け、注文品の伝達等を行うようになった。

ある地域との間で商業関係が形成されるか、またはある土地における利益が約束されるような場合に、その地に feitor が派遣されることになった。そして、一層広範な権限を帯びた永続的な商館 feitoria を設置する条件が整っているかどうかを調査するなど、その準備をした。

一六世紀初頭にはポルトガルの feitor は、イギリス・ヴェネツィア・コンスタンチノープル・アンダルシア、そしてアフリカ沿岸各地に駐在していた。彼らの使命はみな同じであって、それは各 feitor に与えられた規則 regimento により、明らかになる。

feitor は feitoria の活動と関連した存在であるが（文書1*の註(5)）、feitoria 設置以前に、feitor がそこで商業活動を行うことは当然あり得る。

しかしそれとはまた別に、feitor には feitoria と無関係に、「注文者」encomendador と称すべき類の役割を担って登場することも、少なくなかった。

以上はラウの論文によって記したものである。最後に記した feitoria と関わりなしに経済活動を行った feitor のことは、一応「代理商人」の訳語を用いることにする。

この「代理商人」の feitor の範疇に入れてよいと思われるが、マカオ・長崎間のポルトガル貿易において、マカオから商品を積載して来たのと同じポルトガル船で日本に派遣され、日本での商取引において重要な役割を演じた人物として、feitor と称する役職の者が史料に頻出する。二例のみ挙げておく。

一六一〇年四月一八日付けマカオ発、イエズス会士マノエル・ディアスのイエズス会総長宛書簡に、次のような文が見える。

①「その三人の被選人《エレイトス》たち、すなわち〔マカオ〕市民《ポヴォ》の代理人《プロクラドレス》たちは、日本に行ってこの生糸を売却するために、代理商人 **feitor** を一人選出し、さらに彼を助け、そしてすべてを記録するために書記《エスクリヴァン》を一人、そこ〔日本〕でそれ〔生糸〕の目方を量るための計量者《ペザドル》を一人、およびその他に **escutilheiro**（補註1）と称して、この生糸の警護役としての人物を一人選出し、この者〔この警護役〕がそれ〔生糸〕のすべてを、自ら鍵をかけて保管する。（補註2）」

（補註1）この語はポルトガル語辞書には載っていないようである。**escudeiro**（槍と盾で武装して皇帝の護衛を務めた兵士）と関わりがあるのかも知れないが、不詳である。**Machado, III, p.82.**

（補註2）**Jap. Sin. 14 - II, f. 342. Alvarez - Taladriz, 1959, p.15.**（文書はポルトガル文であるが、この論文でスペイン語訳によって本文書が紹介されている）。野間一正訳「マカオ・長崎間貿易船のアルマサン契約に関する一六一〇年の資料」三六三頁。

②「一五八三年一〇月五日付けマカオ発、イエズス会士フランシスコ・カブラルのイエズス会総長宛書簡は、商魂たくましいイエズス会士の商業活動を、同じイエズス会士が強い批判の気持ちを込めて、極めて具体的に記述しているものであるが、その中に「ナウ船の **feitor**」という語が見える。マカオのポルトガル人が、日本での商業活動を委任して派遣した人物を指すことは、明らかである。

「当地〔マカオ〕から〔日本に〕送ったわれわれ〔イエズス会〕の生糸からの儲けが、多額であったにもかかわらず、それだけでは満足せず、日本で同パードレ・プロクラドール（補註3）は、後で他〔の生糸〕の売値と同じ価格で支払おうという意図で、ナウ船の商人たちからおおよそ二五〇～三〇〇ピコの生糸を、そこで掛けで《ア・フィアダ》買い占め《アトラヴェソウ》、この生糸を船《エンバルカサン》　舶に積み、自分も一緒に別の土地に行き、そこでナウ船における価格よりも高値でそれ〔その生糸〕を売却した。その上になお、ナウ船の停泊していたその港で、売れ残った〔生糸〕を売り尽くした。これによって同パードレは、三～四〇〇〇クルザド儲けた。

ナウ船の商人たちは、このことを非常に遺憾に思い、日本でもこの港〔マカオ〕でも躓きとなった。彼ら〔商人たち〕は大勢が一致結束して、彼ら〔パードレたち〕が当地〔マカオ〕からもたらす生糸では不充分で、他の人々のそれ〔生糸〕を買い占め、それを一人のパードレが自ら別の土地に行ってそれも売る、と言った。

ナウ船の商人たちは誰一人として、このようなことは行っていなかった。彼ら〔商人たち〕はナウ船の代理商人**feitor**に対し、同パードレに生糸を掛けで《ダル・ア・フィアダ》売ってやったために同パードレが儲けた四〇〇〇クルザドを、要求しようとした。その儲けは、彼ら〔商人たち〕が儲けることが出来たはずのものだと言って。その外にも、〔マカオ〕市民が常々言っている不満を述べ立てた。（補註4）」

（補註3）長崎駐在イエズス会財務担当パードレのことである。ここでカブラルが論っているプロクラドールとは、パードレ・ジョアン・デ・クラスト**Padre João de Crasto**のことで、この書簡の引用箇所の少し前に、その名前が記されている。

拙著『キリシタン時代の研究』第六章、五一六・五一七頁。

（補註4）**Jap. Sin. 9 - II, f. 167v.**

Rau, 1966, pp. 9 - 24. Rau, 1984, pp. 146 - 160. なおポルトガル歴史事典に載る**feitores**の説明は、中世ヨーロッパにおけるポルトガルの**feitores**についての説明が主で、大航海時代インディア領国における**feitorias**の活動と関連付けた説明はほとんど見えない。**Serrão, Joel, II, p. 543. Machado, III, p. 258.**

（2）**APO**が掲げる本翻刻文書の表題は**Capitulo de hum Regimento delRey dado a Diogo Ayres, feitor da China, …**となっており、ポルトガル国王がシナの代理商人《フェイトル》に与えた何らかの規則《レジメント》があって、それのある章が伝存したということであろう。なおこの規則は、**hum Regimento**と不定冠詞が付いていることでもあり、その規則は特定出来るようなものではなく、その全文も不明なのであろう。

一章のみ伝存しているのであるから、日付等は不明である。**APO**は翻刻文書を分類し、同一種類の文書は年代順に配列収載している。本文書をこの位置に配したのは、それのすぐ前に印刷されている勅令**alvará**が、当規則内容と同じ問題を取り上げているからである、とその脚註で断っている。その勅令とは、先の文書1*である。

（3）**pucho.** ダルガドによると、**pucho**は別名を**côsto**ともいい、マレー語の**pūchuq**に由来するという（補註1）。同じくダルガドは、**côsto**の語源はサンスクリットの**kustha**で、そこからギリシア人が**kostos**, ローマ人が**costus**, そしてアラビア人がqastなる語形を形成したという（補註2）。

リンスホーテンによると、「第八三章、その他のインディエの香料および薬草について」の中に、次のような記述が見える。「コストゥスは、アラビエではコストまたはカストと呼び、カンバヤのグザラーテ人（補註3）はウルポットという。マラッカの住民はこれをプチョと称してさかんに取引し、シナはじめ各地へ送り出す。云々（補註4）」

同訳書の註記によると、pucho はカシミール原産で、キク科の Saussurea Lappa の根の商品名である。中国で古くから、木香・密香・青木香等の名で、アラビア・ソマリなどのものが知られたが、良種は、北西インドの南尼華囉（グジャラート）産といわれていた。これはカシミール高地産のものが、この地に集荷されたものとみられる。インドでは古来、鎮咳剤、解熱剤あるいは胃薬に用いられ、中国では胃腸薬のほか神仏祭祀用の線香などに、日本では主として婦人薬に使用された、とある（補註5）。

なお、Fernão Mendes Pinto, Peregrinação. の cap. 151, cap. 165 にもこの pucho が見える（補註6）。Rebecca D. Catz の英訳ではこの語を putchock と記し、次のように註記する。

> カシミール原産の Apletaxis auriculaia という植物の根に付けられた商品名で、シナ初めその他の東方の諸国に輸出され、薬として、およびシナの線香を作る材料として用いられた。côsto と pucho とが同じ物であることを最初に認識した人物は、一六世紀ゴアにおいて医者として活躍したガルシア・デ・オルタ Garcia de Orta で、薬物に関する彼の重要な著作 Colóquios dos Simples e Drogas e Coisas Medicinais Índia, Goa, 1563 においてである、と（補註7）。

なおオルタにすぐ続いて同類の書物を著したクリストヴァン・ダ・コスタ Cristóvão da Costa も、その本の中で costo（pucho）について取り上げている。しかし、本書に序論と註を付して刊行した J. Walter によると、costo を取り上げた本書 cap. 65 は、右の Garcia de Orta, Colóquios の Colóquio 17 を写し、一部を削除したものだという（補註8）。

（補註1）Dalgado, II, p. 227.

（補註2）Ibid., I, pp. 313, 314. Yule & Burnell, pp. 744 - 746.

（補註3）拙訳『モンスーン文書と日本』三〇六～三〇九頁。

(補註4) リンスホーテン『東方案内記』五三四頁。
(補註5) 同右、五三五頁。
(補註6) **Pinto, 2001, II, pp. 501, 563.**
(補註7) **Pinto, 1989, p. 603.**
(補註8) **Costa, pp. 267 - 269.**

(4) **emcenço. incenso** は「香料」を意味するが、ポルトガル語辞書によっても、ある特定の種類の香料との語義説明は見えない(補註1)。ダルガドにはこの語は載っていない。しかし本文書以外にも、この語は前記 **pucho** 等と並べて、当時のポルトガル文献に記載されることが少なくない。

Pinto, Peregrinação, cap. 165 の、産物の品名を列挙した中に、**incenso, pucho** と並べて記している(補註2)。これに対し、前掲 **Rebecca D. Catz** の英訳書では、**incense, putchock** と、ここでも特定の香料を意味するようには、英訳されていない(補註3)。

またアントニオ・ボカロ **António Bocarro** も、一六三五年に編纂した書物の中で、シャウル(補註4)からシナやマニラに輸出される商品を列記している中に、**ensensso, pucho** と並べて記述している(補註5)。

前掲クリストヴァン・ダ・コスタは、その著書の中で次のように記している。

「ジャワ(補註6)およびスマトラ(補註7)には、もっと黒い別の安息香《ベンジョイン》がある。これは価格は比較的安い。同じスマトラ島に別の〔安息香〕がある。これは黒く、新しい木から採る。これは、ヒナギクの、または花の安息香《ベンジョイン・デ・ボニナス・オ・デ・フロレス》(補註8)と呼ばれる。その甘美な芳しさ、強い芳香により、まさにこの名称が相応しく、その値は金の一〇倍に上る。

それらの土地の住民たちは、これらすべての種類の安息香《ベンジョイン》を **cominham** と称し、モーロ人《モウロス》たちは **Louan Jaoy** つまりジャワの香料《インセンソ・ダ・ジャワ》(補註9)と呼ぶ。というのは、アラブ人《アラベス》たちがその地から、最初にそれ〔その安息香〕の情報を得たからである。

これら〔アラブ人たち〕はその香料《インセンソ》のことを **Louan** と呼ぶが(デカン人《デカニンス》たち(補註10)やグジャラート人《グザラテス》たち(補註11)は **Udo** と呼ぶ)、アラブ人たちは彼ら〔ギリシア人たち〕の呼ぶ名称を間違って真似て、**Louan** と呼んでいるのだとすると、ギリシア人たちが同香料のことを **Olibano** と呼ぶ呼び方ほどには有力な名称ではない。(補註12)」

要するに、本文書に見える香料《エンセンソ》とは、安息香のことか。

（補註1）**Machado, III, p. 874.**

（補註2）**Pinto, 2001, II, p. 563.**

（補註3）**Pinto, 1989, p. 363.**

（補註4）**Chaul.** 拙訳『モンスーン文書と日本』序論四、その他頻出。

（補註5）**Bocarro, 1992, II, p. 126.** 本書は拙訳『モンスーン文書と日本』序論において、史料2として頻繁に引用した。

（補註6）**Java.**

（補註7）**Samatra.**

（補註8）**benjoim de boninas ou de flores.**

（補註9）**incenso da Java.**

（補註10）インドのデカン地方（デカン高原）の人々のことである。トメ・ピレスは、デカンにおける、ダケン **Daquem** 王国外の諸王国・港・都市・領主・食糧・商品について記す。リンスホーテンもデカン国について、諸処に記す。

トメ・ピレス『東方諸国記』一一九～一三一頁、巻末地図。リンスホーテン『東方案内記』諸処、巻末地図。**Dalgado, I, p. 353.**

（補註11）拙訳『モンスーン文書と日本』三〇六～三〇九頁。

（補註12）**Costa, p. 254.**

（5）**alguns quintaes.** 重量単位キンタル **quintal** については、拙訳『モンスーン文書と日本』八〇～八一・八四頁。

（6）**alvarás e provysoẽs. alvará** および **provisão** は、ともに「勅令」を意味し、その用例から、機能的に両者に違いがあったとは思われないということは、すでに拙訳『モンスーン文書と日本』一一七頁に記した。

（7）傍線箇所の原語は、男性複数形の代名詞 **os** であるが、この語が指すのは **pimenta**「胡椒」、および **outras cousas**「その他の諸々の品物」と思われ、いずれも女性名詞であるから、**as** と記すべきであろう。

（８）**Çamatra.** スマトラ島を指すが、ダルガドによると、ポルトガル人は当初、マレー半島とスマトラ島の間の海上で頻繁に遭遇した危険な突風のことを、この語で呼び、後にすべての突風を意味するようになったという。**Dalgado, II, pp. 277, 278.**

（９）**soldo.** 文書31の註（２）の（補註４）に記す通り、「ソルド」**soldo**は大きく分けて二つの意味があり、一つは兵士に対する報酬の意味。いま一つは、古い貨幣の名称である（補註１）。ポルトガル人がインディアに進出した当初の一時期、インディアで**soldo**という貨幣を発行した（補註２）。ここでの**soldo**であるが、文脈・文意から、右の前者の意味で用いられたものと思う。

（補註１）**Machado, VI, p. 957.**

（補註２）**Aragão, III, p. 112. Cunha, pp. 25 - 27. Grogan, p. 111 - 121. Godinho, II, pp. 46, 47.**

（10）**livra.** ポルトガル語辞書によると、古く用いられた重量単位で、時代や国によって違いがあったが、多くの場合一リブラは四五九・五グラムに等しく、そしてアラテル**arrátel**と同義で使用されたという。なお「報酬《ソルド》については、…シナにおいてリブラ単位で…彼らに与えること。」**soldo á livra lhe dareis na China**の文章は、文書22*、第一部、決定事項一六にも類似の表現が見える。その註（３）に記した。

Machado, IV, p. 129. 拙訳『モンスーン文書と日本』八〇～八三・五六〇頁。

（11）**APO, 5 - I, p. 49.** 本文書は、伊川健二『大航海時代の東アジア――日欧通交の歴史的前提――』一八八・一八九頁に引用。

3　一五三三年三月一四日付けエヴォラ発、ポルトガル国王のインディア副王宛書簡

「わが友、ヌノ・ダ・クニャ殿。（１）朕国王は貴下に深甚なる敬意を表する。朕は、モーロ人または異教徒《ジェンティオス》の囚われ人《カティヴォス》（２）たちがキリスト教徒になる場合はどのように為すべきか、神学者《テオロゴス》たちの意見を徴するよう命じた。彼らの見解の

写しを朕は貴下に送付する。

それ故、朕は今後はその通り履行されることを望む。というのは、商人たちには損失になるとはいえ、われらの主への奉仕が為されるのはよいことだからである。良心の義務に関する事柄が変更することのないように、貴下は、これら彼らの結論を実効あらしめるために与えねばならない命令を下し、可能な限り立派な行動をすること。ペロ・ダルカソヴァ・カルネイロ[3]がこれを作成した。一五三三年三月一四日、エヴォラにて[4][5]。」

註

（1）**Nuno da Cunha.** 一五二九～三八年インディア総督在任。
Delgado Domingues, pp. 92, 93.

（2）**cativos.** 本来は「囚われ人たち」の意味で、そのような拘束された状態のことを**cativeiro**と言う。さまざまな理由で「囚われ人」になるわけで、その意味する範囲は広く、「奴隷」もその内に入る（補註1）。大航海時代ポルトガルの東インディア統治の過程で、この**cativo, cativeiro**の語が使用される場合は、「奴隷」**escravo**と同義に使用されることが多い。例として、アントニオ・ボカロの著書の一節を挙げる。

「この頃、この〔インディア〕領国からマニラに向け、さまざまな種類の商品を積んだ多数の船舶による頻繁な航海が始まった。それによって莫大な儲けを得ることが出来た。〔ポルトガル船の〕中には、そこ〔マニラ〕からシナに行き、法外な利益を得て、いつものモンスーンでその地〔シナ〕から帰って来るものもあった。しかしながら、その〔法外な利益〕、それもとくにポルトガル人たちが運ぶ奴隷《エスクラヴォス》による〔利益〕が原因で、それを求めることに非常に多額の投資が行われたので、われらの主が創造した人間は自由な力を持たなければならないのであるから、彼らの囚われの状態《カプティヴェイロス》について、彼らがその自由《リベルダデ》を失ったのが適切かどうか、調査〔を要するにもかかわらず、それ〕がさほど厳密に行われなくなってしまった。（補註2）」

右の文中に見える「奴隷」**escravos**および「囚われの身」**captiveiros**の二語は、同じ対象――つまりシナ人奴隷――について用いられている。つまりここでの**captiveiro**は、「奴隷の状態」を意味すると言ってよい。

もう一点挙げておく。一五七一年三月一二日リスボン発、ポルトガル国王の勅令の一節であるが、これの全文は後に文書38として邦訳する。

「朕は次のような情報を得た。すなわち、インディアの地域の日本王国《レイノ》の異教徒《ジェンティオス》がこれまで囚われの身《カティヴェイロ》にあり、そのため多大な不都合が生じている。かかる囚われの身《カプティヴェイロ》には正当な理由がないという。そしてそれが前述の異教徒の改宗にとって妨げとなっていることが主たる理由であるが、朕は、今後はポルトガル人は何人たりと、日本人を買うこと《レスガタル》（補註3）も、囚われ人にする《カティヴァル》こともしてはならないことを嘉納し、それを命じる。（補註4）」

右の文中には、「奴隷」の語は見えないが、「囚われの身」**cativeiro** が「奴隷」の意味で使用されていることは明らかである。

（補註1）**Machado, II, p. 238.**

（補註2）**Bocarro, 1876, II, pp. 697, 698.** 拙訳『モンスーン文書と日本』二七九頁。

（補註3）原語 **resgatar** とは異なる訳語になっている。この訳語にした事情については、文書38の註（1）。

（補註4）**APO, 5 - II, pp. 791, 792.** 文書38。

（3）翻刻文書には **Pero d' Alcaçova Carneiro** と記してあるが、事典に見える綴りは **Pêro de Alcáçova Carneiro.** 一五一五〜九三年。

同事典によると、父親アントニオ・カルネイロ **António Carneiro**（一四六〇〜一五四五年）は、ポルトガル国王マヌエル一世 **D. Manuel I**（一四九五〜一五二一年在位）の篤い信任を得、元老院書記官 **escrivão da câmara** を務め、一五〇九年には国務長官 **secretário de Estado** に任じられ、尚書職の記録 **registos da chancelaria** や外交文書 **correspondência diplomática** 等の重要な事柄に関わった。

その息子のペロ・デ・アルカソヴァ・カルネイロは、次の国王ジョアン三世 **D. João III**（一五二一〜五七年在位）の寵を受け、一五三〇年からインディア統治の問題をめぐる国王文書の発給に関わるようになった。まだ一五歳の時であった。そして一五四五年父親のアントニオ・カルネイロの死にともない、国務書記官 **secretário de Estado** に任じられた。

本文書は一五三三年三月一四日付けであるが、彼がインディア統治関係国王文書作成に関わるようになって三年後、一八歳頃であったことになる。

Serrão, Joel, I, pp. 490 - 492. Dicionário Enciclopédico da História de Portugal, I, p. 106.

（4）Evora. マヌエル一世の治世については、国王所在地が明細な一覧になった文献がある（補註1）が、ジョアン三世に関してはその種の文献を知らない。しかし同国王治世の一五三一年、リスボンでペストが蔓延したことと飢饉のために、一五三三年初頭に政庁 corte をエヴォラ Évora に移し、一五三六年末までそこに留まった。その間エヴォラはポルトガル政治の中枢となった（補註2）。本文書はその日付から、ジョアン三世の政庁がエヴォラに移されて間もない頃に、発給されたものであったことが分かる。

（補註1）Oliveira e Costa, pp. 386, 387.

（補註2）Serrão, Joaquim Veríssimo, III, p. 226.

（5）APO, 5 - I, p. 154. Documentação, Índia, 2, p. 240.

4　一五五五年三月二二日付けゴア発、インディア副王の勅令

「インディア副王云々[1]であるドン・ペドロ・マスカレニャス[2]。私は、この私の勅令《アルヴァラ》を見る者たちに知らせる。私は次のことを嘉納し、これ〔本勅令〕によって命じ、そして禁じる。これを履行することによって神《デオス》と私の主君《セニョル》である国王陛下《エル・レイ》への奉仕となるし、また、陛下《スア・アルテザ》がそれを命じ、強く依頼しているからでもある。すなわち、これ〔本勅令〕の通告以後は、バサイン[3]とその地域《スアス・テラス》においては、公であれ秘密裡であれ、いかなる道を経由しようとも、異教徒たち《ジェンティオス》の寺院《パゴデス》[4]は存在してはならない。いかなる地位であれ職人《オフィシアル》は何人《なんぴと》も、材木・石・他の金属の何れからも、それを作ってはならない、と。

同様に私は、次のことを命じ、そして禁じる。公であれ秘密裡であれ、いかなるやり方であれ、異教の祭《フェスタス》りも儀式《セレモニアス》も決して行ってはならない。現在、彼ら〔説教者たち〕がいるという情報があるが、そこにバラモン《ブラグマネス》(5)の説教者《ブレガドレス》たちが存在してもいけない。アレケイラの祭《フェスタ》(6)りもしてはいけない。異教徒《ジェンティオス》たちの洗浄《ラヴァトリオス》も、〔遺体の〕焼却もしてはいけない(7)。

また私は、次のことを命じる。前述の寺院《パゴデス》や偶像《イドロス》(8)があるという疑いを持たれている前述の異教徒《ジェンティオス》たちの家《カザス》はすべて、前述のバサインのカピタン(9)および聴訴官《オウヴィドル》(10)の命令によって探し出すこと。彼ら〔同カピタン・聴訴官〕はそれについての裁判権《コニエシメント》を有し、両者ともにこの勅令《プロヴィザン》の内容を執行すること。執行官《メイリニョス》(11)たちは、前述のカピタンと聴訴官からそのための特別の命令を受けない限り、それに関して何の尽力もしないこと。ただし、現行犯でそれが行われている現場を見つけた時は別である。その場合は、〔執行吏たちが〕彼らを捕らえ、前述の〔カピタン・聴訴官の〕許に連れて行くこと。そのいくつかであれその内の一つであれ、前述の事柄の内の何であれ犯した者は何人《なんぴと》であれ、見つけ次第彼の全資産《ファゼンダ》を没収し、半分はその告発者に、他の半分は、その管轄範囲《リミテ》内、裁治権《ジュリディサン》(12)内でかかる事柄が発生したその教会《イグレジャ》に充てることとする。さらに〔当人は〕、容赦なく囚われ人《カプティヴォ》(13)としてガレー船(14)送りとすること。

それ故、私はこれを、前述のバサインのカピタン・聴訴官《オウヴィドル》、その他すべての司法関係者《ジュスティサス》たち・役人《オフィシアエス》たち、これ〔本勅令〕の提示を受け、裁判権《コニエシメント》が帰属する人々に通告する。そして彼らに対し、何ら疑義を差し挟んだり異議申立てをしたりすることなしに、これ〔本勅令〕をその内容通りに履行するよう、完全に履行・遵守させるよう命じる。

如上のことは、前述のバサインとその地域において、公のそして慣例となっている場所に公告すること。皆に周知徹底するためである。そして元老院《カマラ》(15)および商館《フェイトリア》(16)において登録すること。私の命令通りに、理解されるためである。〔一〕五五五年三月二二日ゴアにおいて、ロドリゴ・モンテイロ(17)がこれを作成した。ロドリゴ・アネス・ルカス(18)がこれを記述させた。副王(19)。」

註

（1）V. Rey da India etc. etc. はインディア副王の肩書は、正式にはまだ語が続くが、それらは省略するという意味である。

（2）Dom Pedro Mascarenhas. 一五五四～五五年インディア副王在任。一五五四年一月の国王書簡によって、彼はインディア副王に任ぜられ、ゴアに赴いた。インディア副王の任期は通常三年であった。しかしマスカレニャスは、一五五五年六月二三日ゴアで死亡した。そのため、彼の副王としての統治が行われたのは、九ヵ月にすぎなかった。Delgado Domingues, pp. 111, 112. 拙訳『モンスーン文書と日本』二九九・三〇〇頁。

（3）Baçaim. 拙訳、同右、四五七頁。

（4）pagodes. 後に註（8）のところで、idolos と並べて記してある。ポルトガル語辞書によると、pagode については、「アジア（インド・マレーシア、および極東 Extremo Oriente）のある諸国民、とくにバラモン教 bramanismo と仏教 budismo に帰依する者たちの偶像 ídolos を祀るための寺院 templos を総称するポルトガル語」と説明されている。つまり、偶像一般というより、その内とくにバラモン教と仏教の寺院を pagode と称した、と言えるようである。

一方 ídolo は、「神性 divindade を表し、礼拝 adoração の対象になる像 figura」と説明されている。つまり、偶像一般を意味すると言えるであろう（補註1）。

ダルガドはもっと詳しい説明をしている。ダルガドは、この pagode の語義を明らかにするに当たり、まずイエズス会士パードレ・フランシスコ・デ・ソウザ（一六二八～一七一三年（補註2））の「pagode はインディアのポルトガル人の間で、偶像 idolo・寺院 templo, およびある種の金貨を意味する」との記載を紹介し、これを補正するとして詳細な記述をしている。彼によると、pagode には四つの意味がある。その内第三は、古くインド南部で通用していた金貨の名称というものであり、第四は、ポルトガルにおけるお祭り騒ぎの意味で、これら第三、第四の意味はここでは無関係である。

そこでダルガドが示す第一、第二の語義であるが、まず第一に挙げるのは、「インドの偶像 **idolo**, アジアの神々 **deuses** や聖人たち **santos** の像」という語義である。ただし今では、この語がこの意味で使用されることは少ない、という。

pagode の第二の語義は、「ヒンドゥー教の寺院 **templo hindu** であるが、広義としてモーロ人のモスク **mesquita** や仏教徒の寺院 **varela**」で、今日ではポルトガル人・外国人を通して、この意味で使用することが多い、という。ダルガドはこの第二の語義について一五一六年の文献以降、多数の用例を挙げている（補註3）。この語義説明中に見える **varela** とは、同じダルガドによると「一、インドシナ・シナ・日本における仏教徒の **pagode** および寺院 **mosteiro**, 二、偶像 **ídolo**（補註4）」と見える。

要するにダルガドは、**pagode** の語は、ヒンドゥー教の寺院を意味するのが一般で、広義としてモスクや仏教寺院をも意味することがあったとしており、偶像の意味で使用されることは少ないという。

右に記した通り、ポルトガル語辞書もダルガドも、**pagode** はポルトガル領東インディアにおける通用語であり、スペイン領インディアスには、その語の対象物は存在しないことになる。念のため **pagode** に該当するスペイン語である **pagoda** について、スペイン語辞書の説明を確認すると、「一、東洋 **Oriente** のいくつかの国民における偶像 **ídolos** の寺院 **templo**. 二、どれであれ、彼ら〔東洋のいくつかの国民〕によって礼拝されている偶像 **ídolos**」と記されている。つまり、スペイン語では、ヒンドゥー教・イスラム教・仏教といった特定はないが、とにかく東洋の国民の偶像を祀る寺院、およびその偶像そのものを意味するようである（補註5）。

スペイン語の **pagoda** が右の如き意味だとすると、スペインによるインディアスつまり新大陸およびフィリピンの統治において、この **pagoda** については、問題に上らなかったはずである。事実ソロルサノ・イ・ペレイラ編纂の **Política Indiana** には、偶像 **ídolo**, 偶像崇拝 **idolatría** について、インディオたちの間の偶像崇拝は唾棄すべき罪であるから、根絶しなければならない、といった趣旨の記述が繰り返し見えるが（補註6）、**pagoda** については触れていないようである。

『インディアス法典』を見ても、インディオたちの偶像 **ídolos** を破却し、偶像崇拝 **idolatria** を根こぎにするようにとのスペイン国王の勅命が、繰り返し発給されたことは分かるが（補註7）、**pagoda** については触れていないことが、やはり確認出来る。

要するに、ídolo は東インディア・西インディアスを通して、広く偶像一般の意味で使用されたのに反し、pagode は東インディアつまりポルトガル領インディアにおいてのみ、取締りの対象として認識されていたようで、そして辞書によれば、その語は異教の中でもとくに主としてヒンドゥー教寺院を指し、そして広義に使用される場合はイスラム教および仏教の寺院を意味することもあった、と言ってよい。

（補註1）Machado, III, p. 827; V, p. 244.

（補註2）Sousa, Francisco de, pp. IX, X. Serrão, Joel, VI, p. 73.

（補註3）Dalgado, II, pp. 129 - 137. Yule & Burnell, pp. 652 - 657 にも、この語義説明がなされている。

（補註4）Ibid., II, pp. 405, 406.

（補註5）Alonso, Martín, III, p. 3095.

（補註6）Solorzano y Pereyra, I, pp. 95, 389. なお本書は、引用文献目録に示した両版とも、本文部分は頁数を含め同じである。

（補註7）Recopilación, 1943 I, pp. 3, 4.

偶像 ídolos やそれの寺院 templos を、インディオたちから駆逐することを命じた勅令が発給されたこと、および pagoda については、スペイン国王は触れていないようだということは、次の文献からも確認出来る。

Selección de las Leyes de Indias, p. 164. Ayala, VII, p. 197.

（5）Bragmanes. 古くは brácmane, brágmane と綴り、brâmane, brâmene, brâmine, brame, brâmana, brâmina と多様な綴り方をするという。一般に「バラモン」と呼ばれる、インド、ヒンドゥー教社会のカースト制の最上位の階級である、宗教的祭事と学習を主たる職掌とした僧侶・祭司階級。

なおポルトガル領インディアにおけるカースト制とキリスト教会との関わりの問題については、次の文献がある。例えば、キリスト教聖職者になり得るのはバラモン階級に限られたし、その他ポルトガル領社会において諸々の支配的、優位的地位に就くことが出来たのも同階級だけであった。

Mártires Lopes, pp. 98 -113. Dalgado, I, pp. 144 -148. トメ・ピレス『東方諸国記』一四〇・一四一・一五五〜一五

七頁。

(6) festas da arequeira. arequeira はインドのある農村社会における習慣的行事をいうが、festa da arequeira というと、holli という名称の、春分に祝うヒンドゥー教の祭礼を意味する。

(7) リンスホーテン『東方案内記』では「ブラーメーン」と原語通りに表記されているが、バラモン階級の者たちの火葬については、同書三四九〜三五一頁に記されている。ただ遺体の洗浄については、特別の記載は見えない。

Dalgado, I, p. 53. Portas & Gonçalves, p. 256.

(8) idolos. 本文書の註(4)。

(9) capitão (do dito Baçaim). 作者不明の「ポルトガル王室がインディア各地に有する諸都市・諸要塞、其処におけるカピタン職その他の諸役職、およびそれらの経費に関する記録」(一五八二年。なおこの記録は、拙訳『モンスーン文書と日本』序論において史料1として引用利用した)によると、バサイン要塞のカピタン職について、次のように記述されている。

「この要塞のカピタン職 capitania は、かつては大変な名声を博するのを常とし、インディアの中で上位五つのカピタン職の内の一つであった。そこ〔バサイン〕のカピタンたちは、非常に権威があり、〔国王への〕重い奉仕を果たす人々であった。彼らの内の多くが後にインディアの副王たちや総督たちになった。(補註)」

(補註) Livro das Cidades, e Fortalezas, que a Coroa de Portugal tem nas Partes da Índia, e das Capitanias, e mais Cargos que nelas ha, e da Importância delles, f. 23v.

(10) ouvidor. Hespanha, pp. 72, 73. 拙訳『モンスーン文書と日本』一五四・一六四〜一六六・二七二・二七三頁、その他随所。

(11) meirinhos. 拙訳、同右、一六〇頁。

(12) juridição. 一般的な法律用語として使用する場合と、教会用語の場合の二通りの語義がある。一般的な法律用語としての語義は、「裁判権」および「管轄・裁判管轄」であり(補註1)、教会用語の場合、この語は「裁治権」と邦訳されるが、『カトリック教会法典』によると、「教会が有する裁治権 potestas iurisdictionis、すなわち統治権 potestas regiminis(補註2)」とあり、また『カトリック新教会法典』には、「裁治権とも呼ばれる統治の権限(補註3)」と見える。『カトリック新教会法典』（一九八三年公布、一九九二年邦訳刊行）の公布以降は、「統治権」という言い方の方が有力になってきたという。この語の方が、キリストの三つの職の一つである王職を、より適切に言い表しているからである（他の二つは祭司職・予言職）。

同法典の条文よりも、『新カトリック大事典』の「裁治権」（あるいは「統治権」）の説明文の方が分かりやすく解説してあるので、以下それによって記す。

すなわち、信徒が永遠の幸福を受けるよう、彼らを統治する権能であり、この権能は教会のあらゆる権能の源であるキリストが、ペトロおよび使徒たちに授与したものである。キリストはまた、ペトロを通してこの権能を外の人々にも託する。すなわちペトロの後継者である教皇から司教・司祭、ときには男女を問わず信徒にも授与される。

統治権（すなわち裁治権）には、立法権・行政権・司法権が含まれる。その権能の授与の仕方は二通りあり、その統治権が付帯している職責を取得した聖職者は、同時にその統治権が授与される。この統治権はまた、他者の名において行使することも出来る。例えば、ローマ教皇庁諸省の統治権は、教皇の名において行使される。またいかなる職責も持たない者に、委任することも出来る。

この統治権（すなわち裁治権）は、外的法廷および内的法廷において行使することが出来る。内的法廷においては、ゆるしの秘跡のなかで罪をゆるす時、あるいは、例えば死の危険が迫った場合に、教会法上の婚姻障害を免除する時などに、行使出来る（補註４）。

以上の通りである。そこで本文書のここでの jurid̃ição の用例であるが、ある教会の裁治権内で発生した場合は、没収した資産の半分をその教会に与える、という趣旨であるから、やはり教会用語として使用されている、と考えるべきであろう。

（補註１）**Barberán, pp. 400, 401.** なおこの辞典は表題の通り、法律用語の、日本語とスペイン語との相互の対訳辞書であり、ポルトガル語ではなく、スペイン語の **jurisdicción** に対する日本語の訳語を説明したものであるが、ポルトガル語の **jurisdição** も基本的には同義と考えてよいであろう。

（補註２）『カトリック教会法典』一九六条。

（補註３）『カトリック新教会法典』一二九条。

（補註4）『新カトリック大事典』二、一〇三七頁。
（13）captivo. 文書3の註（2）。
（14）**galés.** ガレー船およびガレー船送りの刑罰については、Coates, pp. 59 - 63, 85 - 96. 拙訳『モンスーン文書と日本』一二〇・四九・五一・五五・三〇七・四二四頁。
（15）**camara.** ゴアの元老院については、拙訳、同右、一四一頁。
（16）feitoria. 文書1*の註（5）。
（17）**Rodrigo Monteiro.** ゴアにおける書記官 **escrivão** である。同様の役割で、インディア副王の文書等の末尾に彼の名が記されている例は、多数に上る。**Documentação, Índia, Índice, p. 225** の **Rodrigo Monteiro**（**escrivão em Goa**）の項が手引きとなる。なおゴアの書記官については、拙訳『モンスーン文書と日本』一四五・一四六・一四八頁。
（18）**Rodrigo Anes Lucas.** この人物もゴアの書記官 **escrivão** である。右の註（17）の **Rodrigo Monteiro** と同様であるが、同じ役割で副王文書等の末尾に彼の名が記されている例は、多数に上る。同じく **Documentação, Índia, Índice, p.224** の彼の項が手引きとなる。
（19）**APO, 5 - III, pp. 1569, 1570.**

5　一五五七年三月一五日付けリスボン発、ポルトガル国王のインディア総督宛書簡

「フランシスコ・バレト閣下[1]。朕国王は貴下に深甚なる敬意を表する。朕は過日《オス・ディアス・パサドス》一通の勅令《プロヴィザン》を発給し、それによって次のことを嘉納した。モーロ人《モウロス》または異教徒《ジェンティオス》の奴隷《エスクラヴォス》たちがキリスト教徒になったら、彼らの主人《セニョレス》たちは彼らをキリスト教徒たちに売らなければならず、また彼ら〔奴隷〕がキリスト教徒になっても、以前行われていたように前述の奴隷たちを自由にしてはならず、彼らを買ったキリスト教徒たちに、そのまま〔奴隷として〕仕え《セルヴォス》

なければならないものとする、と。

この度、次のような情報を得た。すなわち、前述の勅令《プロヴィザン》は遵守されていないどころか、古い慣行を行っている。前述の奴隷たちの主人たちが損害を蒙って、彼ら〔奴隷〕は自由だと言明している。このために、多くの不都合が生じ、前述の奴隷たちの主人たちは損失を受けている、と。

このため、朕は貴下に次のことを強く依頼する。前述の勅令をその記述内容通りに履行・遵守させること。前述のモーロ人または異教徒の奴隷たちがキリスト教徒になっても、それが理由で自由になることはなく、主人たちの義務は、彼ら〔奴隷〕が彼ら〔キリスト教徒〕に仕えて暮らすべく、彼らを直ちにキリスト教徒たちに売却しなければならないということだけである。リスボンにおいて三月一五日に認めた。一五五七年にパンタリアン・ラベロがこれを作成した。国王。

フランシスコ・バレト宛。[2]」

註

（1）Francisco Barreto. 一五五五～五八年インディア総督在任。
Delgado Domingues, pp. 112, 113.

（2）APO, 5 - I, p. 311.

6* 一五五七年三月二〇日付けリスボン発、ポルトガル国王のゴア市市会議員《ヴレアドレス》たち・代理人《プロクラドル》、および諸高官職《ミステレス》の管轄者《プロクラドレス》たち宛書簡(1)

「六、イエズス会《コンパニア・デ・ジェズ》のパードレたちが当地から行ったことによって、その〔ゴア〕市とそこの人民が慰めを受けたことを、朕は大変喜ばしく思った。また、フレイ・ディオゴ・ベルムデス(2)や、副管区長《クストディオ》(3)のパードレたちの徳と敬虔《レリジアン》さ、および彼らが行う、また彼らの修道院《モステイロス》の中でなされる、われらの主に対する大なる奉仕について貴下たちが朕に書き送ってくることに、朕は大変喜ばしく思った。(4)」

註

(1) 本文書は、文書全文ではなくその抜粋であるから、文書の冒頭部分は邦訳してないが、次のような書出しである。**Vreadores, procurador, e procuradores dos misteres. Eu El Rey vos envio muyto saudar.**（「市会議員たち・代理人・諸高官職の管轄者たち各位。朕国王は、貴下たちに深甚なる敬意を表する。」）**APO, 1 - I** に収載されている七九通のゴア市宛ポルトガル国王文書の冒頭部分は、そのすべてが右と同文か、または同文でなくてもその違いは僅かである。

　なお本文書は **APO, 1 - I, 1992**（初版は **APO, 1, 2ª ed., Nova - Goa, 1877.** なお本書の刊行事情については、拙訳『モンスーン文書と日本』八・九頁を参照）に収載されているが、本書の本巻は、ゴア市に送られたポルトガル国王文書七九通を載せる。それは一五二九年三月二三日付けのものから、一六一一年二月八日付けの文書にまで及ぶ（因みに **APO, 1 - II, 1992**〔初版は **APO, 1 - II, Nova - Goa, 1876**〕は、一五九五年から一六〇九年一月八日に及ぶ、ゴア市がポルトガル国王に送った文書を収載している）。

　ゴアがインディア領国の首都になったのは一五三〇年であるから（それ以前の首都はコチン）、首都になる以前の国王文書も一通含むが、他はすべて首都になってからのゴア市に宛てた国王文書である。ポルトガル国王はもちろんこれらと並行して、インディア副王あるいは総督にも文書を送っているが、それとは別に、ゴア市に送付したものである。

右の書き出しの文言であるが、まず **vreadores**（複数形）であるが、このように綴る場合も少なくないが、本来は **vereador**（単数形）と綴る。「市会議員」の意味で、元老院 **câmara** を構成する一員である（補註1）。次の **procurador** は、ゴア控訴裁判所 **relação** を構成する一人である「王位の代理人」**procurador da coroa** あるいは「国王の訴訟の代理人」**procurador dos feitos delRey** を指すのであろう。文書12の註（1）に記すとおりである。

本文書書き出しの文言の、続く **procuradores dos misteres** は邦訳に確信が持てない。同類の文書の類似の文章には、**misteres** の代わりに **mesteres, mestres** と記された例も多い（補註2）。ゴア政庁には、王室資産管理官 **veador da fazenda** の配下の泊地関係諸役人の中に、**mestre** 云々という役職名は存在するが（補註3）、下級役人というべき者たちで、ここには該当しない。**mester** は **mister** と同義（補註4）、**mister** を **ministério** の意味（補註5）に解して、表記の如く邦訳した。

（補註1）拙訳『モンスーン文書と日本』一四一頁。

（補註2）**APO, 1-I** に頻出。

（補註3）**Bocarro, 1992, II, p. 142.** ただしこの文献は、一六三五年に作成されたものである。

（補註4）**Machado, IV, p, 512.**

（補註5）**Ibid., IV, p.612.**

（2）**Frey Diogo Bermudes.** ドミニコ会士であるが、この人物については、拙訳『モンスーン文書と日本』四六八・四七一頁。

なお、これは **APO, 1-I, p. 43** の脚註によるが、ディオゴ・ド・コウトは、この時のドミニコ会士のインディア派遣について、次のように記述している。

「国王陛下《エル・レイ》はこれら〔一五四八年の〕艦隊（補註1）で、最初のドミニコ会《オルデン・ド・プレガドレス》の修道士《フラデス》たちを派遣した。インディアで彼らの職務を遂行するためであった。全員の総長代理《ヴィガリオ・ジェラル》（補註2）として、カスティリア人のパードレ・フライ・ディオゴ・ベルムデス **Padre Fr. Diogo Bermudes** が渡来した。博学・敬虔にして模範的な生涯を送った人物であった。彼は一二人の修道士《フラデス》を連れてきた。彼らはゴアで歓迎され、有名な修道院《コンヴェント》を創建した。それは今日もあの〔ゴア〕

市にある。（補註3）」

（補註1）一五四八年は、複数の艦隊がリスボンを発ってインディアに向け渡航した。船舶は全部で一一艘であるが、これが左記の二文献の内マルドナドが翻刻した史料には、一五四八年二月六日に五艘からなる艦隊、同年三月二八日に三艘からなる艦隊、および同日三艘の別の艦隊がリスボンを発ったと記されている。つまり、この年リスボンからインディアに向けて三艦隊が発ったとしている。

これに対しカストロが翻刻した史料には、一五四八年二月六日に五艘からなる艦隊が発ったという点は同じであるが、三月二八日に六艘からなる一艦隊が発った。つまり、この年は二艦隊が発ったという記述になっている。

Maldonado, p. 61. Castro & Paes, pp. 200, 201.

（補註2）拙訳『モンスーン文書と日本』四六六～四六九頁。

（補註3）**Couto, Decada VI, parte II, p. 83.**

（3）**Custodio.** 副管区長 **custódio** については、拙訳『モンスーン文書と日本』四六〇～四六五頁。**custódio** の役職名から、フランシスコ会士のことであろう。フランシスコ会士のインディア布教は、まず遣外管区長 **comissário**（小林珍雄『キリスト教用語辞典』により、**comissário** を「遣外管区長」とする（補註1））が派遣され、次いで副管区 **custódia** が置かれ、これが管区 **província** に昇格した。一七世紀初頭に及ぶその歴代責任者の名は、パウロ・ダ・トリンダデの原著に付されたフェリス・ロペスの註記によって、明らかになる（補註2）。

本国王文書の日付から、ここに見える副管区長 **custódio** は、第三代副管区長フレイ・ジョアン・ノエ・オウ・ジョアニノ **Fr. João Noé ou Joanino**（一五五一～五四年在任）か、第四代副管区長フレイ・フランシスコ・デ・シャヴェス **Fr. Francisco de Chaves**（一五五四～五七年在任）のいずれかであろう（補註3）。

（補註1）小林珍雄『キリスト教用語辞典』一一七頁。

（補註2）**Trindade, I, pp. 102 - 111.**

（補註3）**Ibid., I, p. 107.**

（4）**APO, 1 - I, p. 43.**

7　一五五七年五月二七日ゴア発、インディア総督の勅令《アルヴァラ》

「インディア総督[1]云々。この〔勅令〕によって私は、いかなる身分・地位であれ、何人もこのゴア市およびその島[2]において、現地の人々からであれその他何人《なんぴと》からであれ、力ずくで、その持主《ドノ》の意に反して、いかなる物も奪ってはならない旨命じ、それを禁じる。すなわち、鶏《ガリニャス》・仔山羊《カブリトス》・卵《オヴォス》・薪《レニャ》・草《エルヴァ》・魚《ペイシェ》、その他いかなる物もいかなる方法であれ〔奪ってはならない〕。これに違反した者は何人であれ、毎回一〇パルダウ[3]を支払う刑罰に処すものとする。半分はそれを告発した者に、他の半分は施療院《オスピタル》に与えるものとする。また黒人《ネグロ》の囚われ人《カプティヴォ》[4]〔が奪った場合〕は、公衆の面前で鞭打たれるものとする。聴訴官長《オウヴィドル・ジェラル》[5]はいささかも遅滞することなしに、直ちに彼に対する鞭打ちを命じること。彼ら〔奪った者たち〕は、法律によって相当する他の刑罰をも受けるものとする。

たといそれらの持主にかねを与えても、彼がそれに満足していない場合は、このようにする〔上述のような措置をとる〕こと。皆に周知徹底させるよう、私は当〔ゴア〕市の、慣例となっている場所にこれ〔本勅令〕を公告することを命じる。これ〔本勅令〕の裏面に、それを記載すること。法典《オルデナサン》は異なる規定をしてはいるが、これ〔本勅令〕が尚書職《シャンセラリア》[6]によって発給されたものでなくても、私はこれを、聴訴官長《オウヴィドル・ジェラル》・その他の司法関係者《ジュスティサス》たち、および関係する執行官《メイリニョス》[7]たちに対し、いかなる疑義を差し挟むことも異議申立て《エンバルゴ》をすることもなしに、この通りに履行するよう、また履行させるよう通告する。〔一〕五五七年五月二七日、ゴアにおいて、ロドリゴ・モンテイロ[8]がこれを作成した。フランシスコ・バレト[9]。」

註

（1）Francisco Barreto. 文書5の註（1）。

（2）傍線箇所の原語（翻刻本）は cidade de Goa e ilha della である。この「ゴア島」とはティスアリ島 Ilha Tissuari を指すのであろう。

拙訳『モンスーン文書と日本』三八〇～三八二頁。

（3）pardáos. 「パルダウ」pardau および「レアル貨〇〇パルダウ」pardau de real の両様の通貨単位で使用された。ここでは前者の単位であろうが、1 pardau = 5 tangas = 300 réis である。つまり一〇パルダウ＝七・五クルザドである。

拙訳『モンスーン文書と日本』八一・一五〇・一五一・二三〇・二三一・二三三頁。

（4）captivo. 文書3の註（2）。

（5）ouvidor geral. 拙訳『モンスーン文書と日本』四八・一五四・一六四～一六六・四二三頁。

（6）chancelaria. 拙訳、同右、一六〇・一六四～一六六頁。

（7）meirinhos. 拙訳、同右、一六〇頁。

（8）Rodrigo Monteiro. 文書4の註（17）。

（9）APO, 5 - I, p. 318.

8　一五五七年六月一五日付けゴア発、インディア総督(1)の書簡

「神《デオス》の恩寵により、ポルトガルおよび内陸《ダケン》のアルガルヴェス(2)の国王であり、海外《ダレン・マル》のアフリカにおいてはギネー(3)の領主《セニョル》であり、エチオピア・アラビア・ペルシア、およびインディアの征服・航海・商業の支配者《セニョル》であるドン・ジョアン(4)云々。朕は、この朕の書簡《カルタ》を見る者たちに知らせる。

朕のゴア市のイエズス会の聖パウロ・コレジオ(5)の院長《レイトル》およびパードレたちが、これらの地域《デスタス・パルテス》(6)のキリスト教会《クリスタンダデ》に関し、いくつかの事柄を朕に指摘した。その中の一つが、この〔ゴア〕市およびゴアの島々(7)において死亡した異教徒《ジェンティオス》たちの資産《ファゼンダ》に関してであった。

すなわち、彼らに息子《フィリョス・マショス》の相続人たちがいなければ、それ〔同資産〕は特許状《フォラル》(8)により、朕に帰属することになるが、もしもキリスト教徒になるなら、彼らの妻たちや娘たちにそれを与えるようにしたいというものであった。また、もしも彼女たちがそれ〔キリスト教徒になること〕を望まないのなら、同じくキリスト教徒になるという条件で、最も近い他の親族《パレンテ》に〔それを与える〕ようにしたい。この改宗《コンヴェルティメント》については、前述のパードレたちが、適宜実践するよう説諭するのに必要な命令を受けているはずである。利害のためではなく、彼らの霊魂《アルマス》の救いのために喜んで改宗するためである。それは、前述のコレジオのパードレたち・神学者《テオロゴス》たち、および何人かの朕の控訴裁判所判事《デゼンバルガドレス》(9)たちと話し合った上で行うものとする、と。

朕はこれに同意した。そして、前述のキリスト教会《クリスタンダデ》の利益と伸展のために、彼ら〔イエズス会コレジオの院長・パードレ〕が朕に要請してきたようにするのが、神《デオス》と朕への奉仕となると考えた。それ故朕は、今後は、男性の相続人がいないまま前述の異教徒《ジェンティオス》たちが死亡した後に遺った資産《ファゼンダ》で、前述の特許状《フォラル》により朕に帰属するものは、前述のパードレたちが言うように、彼女たちが前述のコレジオにおいてキリスト教徒になるなら、彼の死後に遺った妻および娘たち《フィリャス・フェメアス》のものとするのを嘉納する。またもしも彼女たちがそれ〔キリスト教徒になること〕を望まなければ、その者が同じように前述のコレジオにおいてキリスト教徒になるなら、前述の資産の相続者は死者に最も近い親戚《パレンテ》とするのを嘉納する。この死者のその他の何人かの親戚たちがキリスト教徒になっても、最も近い彼の親戚だけがその資産の相続人となり、彼がそれを取得するものとする。

それ故朕は、王室資産管理官《ヴェドレス・デ・ミニャ・ファゼンダ》たち(10)、その他すべての役人《オフィシアエス》たちと司法関係者《ジュスティサス》たち、およびこの朕の書簡の提示を受け、裁判権《コニエシメント》が帰属する者にこれを通告する。そして彼らに対し、いかなる疑義を差し挟むことも、異議申立《エンバルゴ》てをすることもなく、その内容通りに、全面的にこれ〔本書簡〕を履行するよう、そして履行・遵守させるよう命じる。(11)朕のゴア市において六月一五日に、朕の印《セロ》の下に発給された。(12)国王陛下《エル・レイ》は、彼のインディアのカピタン・ジェラル兼総督云々であるフランシスコ・バレトを介して、これを命じた。われらの主イエズス・キリストの生誕後一五五七年に、フランシスコ・メンデス(13)がこれを作成した。フランシスコ・バレト(14)。」

註

（1）**Francisco Barreto.** 文書5の註（1）。

（2）**Algarves.** 拙訳『モンスーン文書と日本』五三八頁。

（3）**Guiné.** 拙訳、同右、五三九頁。

（4）**Dom João.** ポルトガル国王ジョアン三世、一五二一～五七年在位。なお本文書の冒頭のこの辺りまでは、ポルトガル国王勅令等の書出しの常套句である。拙訳、同右、五三九頁。

（5）傍線箇所の原語（翻刻本）は **Collegio de S. Paulo da Companhia de Jesus da minha cidade de Goa** である。この聖パウロ・コレジオについては、ヴァリニャーノの次の二著作に記載が見える。

①**Valignano, 1944, cap. 8, pp. 51 - 55.** 岩谷十二郎訳「東インドに於けるイエズス会の起源と進歩の歴史（二）」三二九～三三五頁。

②Ⅰ **Valignano,Summarium Indicum, cap. 3, Documenta Indica, XIII, pp. 13 - 19.**

②Ⅱ **Valignano, Summario de las cosas que pertenecen a la Provincia de la India Oriental y al govierno della, cap. 4, Documenta Indica, XIII, pp. 151 -159.** （②Ⅱは②Ⅰを増補した著作である。それは、このゴアのコレジオについての記述についても言える。）高橋裕史訳『東インド巡察記』五三～七九頁。

①②二点のヴァリニャーノの著作の内、①は同コレジオ創設初期に関する記述である。岸野久氏の著書でも、本コレジオについて記載されている（補註1）。

なおこのコレジオの名称についてであるが、本来の名称は「聖信仰のコレジオ」Colegio de Santa Féであった。しかしその後一般に「聖パウロのコレジオ」Colegio de S. Paulo（または「改心の聖パウロのコレジオ」Colegio de la Conversión de Sant Pablo）と呼ばれるようになった（補註2）。

（補註1）岸野久『ザビエルの同伴者アンジロー 戦国時代の国際人』九九～一一三頁。

（補註2）Valignano, 1944, pp. 54, 55. 岩谷十二郎訳「東インドに於けるイエズス会の起源と進歩の歴史（二）」三三四頁。岸野久『ザビエルの同伴者アンジロー 戦国時代の国際人』一〇六頁。

（6）**destas partes.**「これらの地域」とは言うまでもなく、インディア、インディア領国を指す。

本文書には、おそらく翻刻本編纂者クニャ・リヴァラ **J. H. da Cunha Rivara** が記したものと思われる表題が付いている。次の通りである。**Carta do Governador Francisco Barreto em nome d'ElRey sobre herdarem as mulheres e filhas dos gentios fazendose christãs, e não havendo filhos machos.**「異教徒《ジェンティオス》たちの妻たちや娘たちがキリスト教徒になり、しかも息子《フィリョス・マショス》たちがいない場合は、彼女たちが相続することに関する、〔ポルトガル〕国王《エル・レイ》陛下の名で出された〔インディア〕総督《ゴヴェルナドル》フランシスコ・バレトの書簡《カルタ》」

つまり、ポルトガル国王の名で発給されたインディア総督の書簡法令である。この種の文書の場合、いずれにせよ主権者の命令であるから、実質的にはあまり重い意味があるわけではない場合もあるが、一人称で記されている主体が、国王かインディア副王（または総督）かが問題になる。

ここでインディア統治に関して発給される法令の文書様式について、少し記す。インディア領国の統治に関する法令は、基本的にA、リスボンで発せられるものと、B、ゴアにおいて発給されるものとがあったが、この内後者のBの文書は、B1、本文書のようにポルトガル国王がインディア副王（総督）を介して発給する――あるいはインディア副王（総督）が国王名で発給する――形式をとる場合、B2、インディア副王（総督）が自らの名で発給する場合とがあった。

今参考までにB1とB2がどの位の比率であったかを見てみると、**APO, 3** に収載されているゴアにおいて作成されたこの種の文書（つまりB1とB2の合計）は全部で一四五通（一五九一年五月三一日～一五九八年五月四日）、この内B1は五三通、B2は九二通である。ゴアにおいて副王（総督）がB1の文書を発給する際、現実に国王の意向を副王が事前に受けるか、あるいは副王が前もって国王の承諾を得た上で発給することもあったであろうが、そのような手順を省いて、副王（総督）が独断でＢ１の文書を発給することも多かったであろう。

この、副王が国王名で書簡法令を発給し、通常ならそのような手順でもさしたる問題にならなかったものが、その事柄が、インディアにおける修道会資産の集中といった、国王にとって見過ごすことの出来ないことであったために、その後国王が発給済みの書簡法令を咎め、その執行を禁じる旨命じたのが文書69*である。その件については、文書69*の註（6）に記す。

本文書は、Ｂ１の様式をとっている。この様式の文書の場合、動詞一人称単数・三人称単数で記されたその主体は誰かという点で、いささか紛らわしさがある。本文書でいえば、末尾の傍線を引いた註（12）の文章では、国王を主体とする動詞「命じた」**mandou** は、三人称単数形である。

しかしそこに至るまでの本書簡法令の命令主体であるが、命令を伝達する動詞、例えば「知らせる」「同意した」「嘉納する」「通告する」「命じる」等はすべて一人称単数形である。それらの主語は形の上では国王であろうが、実体はインディア総督と言ってよい。

この註で取り上げた「これらの地域」は、形の上ではポルトガル国王が主語であるが、実体の主語はインディア総督であることを側面から証明するものである。もしも実体の主語も国王であるなら、つまりこの書簡法令が、現実にポルトガル国王が本国で作成したものであるなら、インディア・インディア領国を指すのに「これらの地域」と言うはずがない。現に国王がポルトガルで発給した勅令等では、インディアを指す場合「その地域」「それらの地域」という表現をとるのが普通である。

本文書の文面で部分的にいかなる表現をとっていようと、現実にはそのすべてがゴアにおいて、インディア総督によって作成されたものであることは明らかである。

（7）**ilhas de Goa.** 拙訳『モンスーン文書と日本』三八〇～三八一頁。

（8）**foral. foral** または **carta de foral** は、国王・世俗または教会の領主が、特定の土地を与える際に発給した文書である。そこの統治・徴税等々、住民たちとの関係や、彼ら授与を受けた者たちと授与者との関係を規定する規則等が、その記述内容であった。

Serrão, Joel, III, p. 55 - 57. Machado, III, pp. 367, 368.

（9）Desembargadores. 拙訳『モンスーン文書と日本』四八・一五四・一六四～一六六頁。

（10）vedores de minha fazenda. 拙訳、同右、一五八頁の註（2）。

（11）ポルトガル国王がインディアに送った勅令に、「インディア副王兼カピタン・ジェラル」という表現は頻出する。インディア副王（あるいは総督）に添えて与えられた名誉ある称号と言ってよいであろう。拙訳、同右、索引「カピタン・ジェラル」項を参照。

ポルトガル歴史事典の説明を確認しておく。

capitão（スペイン語では capitán）の語は、スペインで使用されていたのが後にポルトガルに入り、そしてさまざまな意味で用いられてきた。その多くの意味の一部にすぎないが、ここに関わるような意味のみを次に記す。

capitão - general の語はスペインに起源があるが、当初は「陸軍大佐」coronel（「連隊の司令官」comandante dos terço）を意味したものが、カスティリアの侵略とともに、もとの意味よりも強大な命令権を帯びた地位の意味に転じ、軍隊における国王の代理人を意味するようになった。

このような理由で、征服事業における最高司令官が capitão - general と呼ばれるようになったと言ってよい。また王旗を掲げた艦隊の司令官も、capitão - general と呼ばれた。いずれの場合も、general と省略した語形でも呼ばれた。

「インディア副王（または総督）兼カピタン・ジェラル」の capitão - geral は、右の capitão - general の意味での用例と見てよいであろう。

capitão - mor は、次の二つの意味を持った。一、地方自治体またはそれに相当する行政単位が法令を発給する際の首長 chefe。二、インディアやアフリカにおいては、ある地域の軍司令官 comandante militar（兼行政の首長）。

capitão - mor da armada は、船舶数が少ないか、または軽快な船舶で編成されているか、いずれにしてもさほど重要でない艦隊の司令官の意味で、それぞれの船舶にはその指揮官がいた。大航海時代のインディアにおいて、例えばゴアからマカオへ、マカオから長崎へと航海したポルトガル船あるいは船団のカピタン・モールは、右に記したような capitão - mor および capitão - mor da armada の性格を持つものであったと言ってよいであろう。

capitão - mor - do - mar とは、中世において、王室艦隊のナウ船団あるいはある艦隊の司令官であった。例えば、リスボンからゴアへ航海したポルトガル・ナウ船団（ナウ船以外の船舶も含むが、主としてナウ船）のカピタン・モールは、これに該当すると言ってよいであろう。
なおカピタンについては、文書4の註（9）。また vizo - rey e capitão geral da Índia がインディア副王の公式的称号であったことは、次のボカロの著書の記載からも分かる。
Serrão, Joel, I, pp. 471, 472. Bethencourt & Chaudhuri, I, pp. 341 - 348. Bocarro, 1992, II, p. 136. Hespanha, pp. 70, 71.

（12）傍線箇所の原文（翻刻本）は、次の通りである。本文書の註（6）。
ElRey o mandou por Francisco Barreto, seu Capitão geral e Governador da India etc.

（13）**Francisco Mendes.** ゴアにおける公証人 **tabelião** である。同時代ゴアにおいて、権利関係が絡む文書の作成に関わっている。因みに公証人とは、証書やその他の法律文書を作成する役人。
Documentação, Índia, 7, pp. 222, 223. Machado, VII, p. 9.

（14）**APO, 5 - III, pp. 1570, 1571.**

9　一五五七年八月一二日付けゴア発、インディア総督の書簡法令

「神《デオス》の恩寵により、ポルトガルおよび内陸《ダケン》のアルガルヴェスの国王であり、海外《ダレン・マル》のアフリカにおいてはギネーの領主《セニョル》であり、エチオピア・アラビア・ペルシア、およびインディアの商業の支配者《セニョル》であるドン・ジョアン（1）云々。

朕は、この朕の書簡法令《カルタ・デ・レイ》および命令《オルデナサン》を見る者たちに知らせる。朕は、次のような諸々の事柄を考慮する。

すなわち、われわれの聖信仰の伸展は、われらの主と朕への奉仕にとっていかに必要であるか。また彼らの

非信徒《インフィエイス》たちである親《パイス》たちや親族《パレンテス》たちが、彼ら〔非信徒である子弟たち〕がそれ〔キリスト教徒になること〕をしないようにと、彼らに対して用意するまざまな機会に不利な扱いを受けているにもかかわらず、インディアのこれらの地域《パルテス》(2)においては、公正さ《エクイダデ》と自然的理性《レザン・ナトゥラル》に基づいて、それ〔聖信仰〕に改宗する者たちは恩恵に浴し、洗礼《アグア・デ・》の聖水《サント・バウティスモ》を受けるや直ちに、生活への支援が得られるようにすべきである。彼らは、困窮に陥ることへの恐れから、必ず改宗するからである。

〔上記のことを考慮して〕朕は、この朕の書簡《カルタ》によって次のことを命じ、指令を与える。そうするのが、神《デオス》と朕への大なる奉仕となると考えるからである。男であれ女であれ、われわれの聖信仰に改宗するモーロ《モウロ》人または異教徒《ジェンティオ》、および彼らの卑属親となる者たち、またはすでに卑属親となっている者たちでキリスト教徒である者は皆、彼ら自身の間で、および彼らの子供たち《フィリョス》や卑属親たち《デセンデンテス》、および何人《なんぴと》であれ他の傍系親族たち《パレンテス・トランスヴェルサエス》の間で相続すること。彼らの内の誰か一人がモーロ《モウロ》人または異教徒《ジェンティオ》であっても、相続する者がキリスト教徒であるならば、そのようにすること。ポルトガルの諸王国《レイノス》・支配権内《セニョリオス》においては、朕の命令《オルデナソンエス》・慣習《コストゥメス》・前述の朕の諸王国《レイノス》と支配権内《セニョリオス》の法律《ディレイト》によって、ポルトガル人たちが彼らの間では、このような相続の仕方をし、後を継いでいくからである。〔インディアとポルトガルの双方において〕互いにその点で違いがないように、これと同じようにすること。

併せて、次のことを言明する。父親《パイ》と尊属親たち《アセンデンテス》は、息子《フィリョ》または卑属親《デセンデンテ》または親族《パレンテ》が、モーロ《モウロ》人・異教徒《ジェンティオ》またはユダヤ教徒《ジュデオ》であるなら、息子または卑属親《デセンデンテ》または尊属親《アセンデンテ》には、遺産を残さないこと。キリスト教徒になった親族《パレンテ》にも、遺産を残さないこと。(3)というのは、朕がここで命じるのは、キリスト教会《クリスタンダデ》とわれわれの聖信仰の伸展のためだからである。そして新たに改宗した者たち《コンヴェルティドス》を、より手厚く救けることが出来るようにするためだからである。また彼らの父親たち《パイス》が非信徒たち《インフィエイス》であるが故に、〔息子がキリスト教に〕改宗したことを理由に、彼らの資産《ファゼンダス》を使い果たしてしまって、彼らの遺留分《レジティマス》(4)について、彼ら〔キリスト教に改宗した息子〕に害をなすことのないようにするためである。

朕は次のことを嘉納し、そして命じる。男であれ女であれ、前述の者たちの各人がわれわれの聖信仰に改宗したら、他の男の兄弟《イルマン・マショ》がいなければ、非信徒《インフィエイス》たちであるその者の父親と母親の資産《ファゼンダ》から、動産であれ不動産であれ、彼らの遺留分《レジティマ》として、その三分の一を取得すること。そして彼らの死により、前述のポルトガル人たちが遺産として遺す仕方によって遺るよりも、多くの資産が必ず後に遺るようにすること。もしも彼らの父親に、すでに〔キリスト教に〕改宗した者の外にも、相続しなければならない別の息子たち《フィリョス・マショス》がいたなら、父親と母親が死亡したなら、その後新たに改宗する息子《フィリョ》または娘《フィリャ》が、その者の父親と母親の資産《ファゼンダ》から、この理由からその者の遺留分《レジティマ》とされる〔遺産〕を取得すること。たとい彼ら〔父親・母親〕がそれ〔キリスト教徒〕でなくても、このようにすること。

前述の事例《カゾス》のそれぞれにおいて、かかる息子《フィリョ》がキリスト教徒になった時に彼の遺留分《レジティマ》として与えられたものは、彼の父親と母親とが死亡した時に、〔生前に遺留分として受け取った分〕相続の控除《コラサン》(5)をする義務はないものとする。もっとも、この時〔両親の死亡時〕他の兄弟たちと遺産分割《パルティリヤ》を行いたいと希望するなら別である。なぜなら、その場合は、〔遺留分として受け取った分〕相続の控除をするか、またはより多くを望んで、それだけの額があるはずだと計算することになるからである。〔男の〕孫《ネト》または孫娘《ネタ》、またはその他の卑属親《デセンデンテ》の誰かが〔キリスト教に〕改宗する時も、これと同じようにすること。つまり、彼〔父親〕の死によって遺産を遺さなければならない彼らの祖父または祖母が非信徒《インフィエイス》たちである場合、〔孫たちの〕改宗の時彼らの父親が生存していないか、または〔父親が〕生存していても、祖父または祖母が、彼ら〔孫たち〕の取り分となるはずの〔父親の〕資産《ファゼンダ》を使い果たしてしまう場合である。このような場合は、その件で彼らに対する裁きを求めることが出来るものとする。それは、彼ら〔孫たち〕の害になるようなことを、彼〔祖父・祖母〕がしないようにするためである。

二人の息子たちまたは〔二人の〕娘たちが改宗して、他の男の兄弟たち《イルマンス・マショス》がいる場合は、改宗する者たちの一人一人が、彼の父親または母親の資産《ファゼンダ》の四分の一を取得すること。まだ他に息子《フィリョ》または息子たち《フィリョス・マショス》がいて、父親または母親が非信徒《インフィエイス》の場合は、〔息子たちの内キリスト教に〕改宗する者たちは、彼らの権利《ディレイト》として、彼らの遺留分《レジティマ》とされる〔遺産〕を取得すること。ただし、前述の彼らの父親と母親の死によって、より多くが彼らの取り分として相続出来る場合は別である。

前述の朕の諸王国《レイノス》においては、交接《コプラ》が行われ、そして既婚者《カザドス》との世評の中で暮らすか、教会《イグレジャ》の門を入ることを許されるか、または高位聖職者《プレラド》の許可を得て家《カザ》で暮らすようになって後の夫《マリド》と妻《ムリエル》の間では、資産《ベンス》について互いに知らせ合っている。つまり彼らの間には、契約によって秩序付けられたものがあるにすぎない。

それ故、朕は次のことを嘉納し、そして命じる。前述の慣習《コストゥメ》と法《レイ》は、ポルトガル人たちの間で行われているのと同様に、新たに改宗した者たちの間でも、遵守・実践すること。朕は如上の事柄を、この朕の書簡《カルタ》において言明されている通りに履行するよう命じる。これらの地域《パルテス》(6)の、ある都市《シダデ》・要塞《フォルタレザ》、または土地《ルガル》の慣習《コストゥメ》または特許状《フォラル》(7)によって、これとは違うことが行われていたり、命じられたりしていても、かかる慣習または特許状は、これらの事例ではキリスト教会《クリスタンダデ》の害になるので、行使してはならない。というのは、それらが作られた時は、非信徒《インフィエイス》たちのためであったからである。

それ故、朕は、すべてのカピタンたち(8)・聴訴官《オウヴィドレス》たち(9)・判事たち《ジュイゼス・エ・ジュスティサス》(10)・王室資産管理官たち《ヴェドレス・デ・ミニャ・ファゼンダ》(11)、およびこの事例《カゾ》の裁判権《コニェシメント》が帰属するその他すべての役人《オフィシアエス》たちや人々にこれを通告し、彼らに対し、この朕の書簡法令《カルタ・デ・レイ》と命令《オルデナサン》を、いかなる疑義を差し挟むことも異議申立てをすることもなしに、その内容通りに履行し、そして完全に履行・遵守させるよう命じる。これを朕の尚書職《シャンセラリア》に登録すること。そこから尚書《シャンセレル》が、彼が署名したこれの写しを、前述の諸地域《パルテス》〔インディア〕の諸要塞と諸都市に送付すること。朕が上に命じ、そして指令を発する通りに、そこにおいてそれ〔写し〕を行使すること。八月一二日に朕の印《セロ》を押して、朕のゴア市で発給された。[12] 国王陛下《エル・レイ》は、インディアの彼のカピタン・ジェラル兼総督云々であるフランシスコ・バレトを介して、これを命じた。われらの主イエズス・キリストの生誕後一五五七年にフランシスコ・マルティンス[13]がこれを作成した。フランシスコ・バレト。[14]」

註

（１）文書８の註（４）。

（２）傍線箇所の原語（翻刻本）は **nestas partes da India** である。先の文書８の註（６）に記したことと同様である。

（３）傍線箇所の原文（翻刻本）は **nem ao parente que for christão, ...** である。文意として疑問があるが、そのまま邦訳しておく。

（４）**legitimas.**「遺留分」**legítima hereditaria** のことであろう。ポルトガル語辞書には、**legítima** の語義として、次のように説明している。「直属の卑属親または尊属親である相続人に対して法律によって割り当てられているために、遺言者が自由に出来ない資産の部分。」

Machado, IV, p. 82. Barberán, P. 403.

（５）**collação.** ポルトガル語辞書によると **colação** の語義として、次のように説明している。「遺産分割以前に相続人が受け取った遺産を、相続財産に返還すること。」スペイン語の法律用語辞典によると、**colación** は「贈与の控除・持戻」と説明されている。

Machado, II, p. 483. Barberán, p. 308.

（６）傍線箇所の原語（翻刻本）は **destas partes** である。「当地インディア領国」の意味である。ポルトガル国王名で発給された書簡法令の文中で、「当地」がポルトガルではなくインディアであることの理由については、本文書の註（２）と同じである。

（７）**foral.** 文書８の註（８）。

（８）**capitães.** カピタンについては、文書８の註（11）に少し記したが、ここに見えるカピタンは、インディア領国の各都市・要塞等の首長としてのカピタンを意味しているのであろう。

（9）**ouvidores**. 拙訳『モンスーン文書と日本』一五四・一六四〜一六六・二七二・二七三頁、その他随所。

（10）**juizes e justiças**. 複数形で記してあるので単数形に直すが、**juiz** は「裁判官・判事」といった役職名であるのに対し、**justiça** は通常は「司法・裁判・正義」を意味し、役職ではない（補註1）。もっともポルトガル語辞書に、**justiça** は古く **juiz** の意味で使用された旨、記されてはいる（補註2）。

ここでは、国王（実際はインディア総督）が本書簡法令を通告する相手を列記しているもので、**capitães** 以下、役職名が並べてある。**justiças** もやはり役職名として記されているのであろうが、しかし、**juiz** はゴアの控訴裁判所 **relação** を構成する一員であったし（補註3）、例えばマカオ（補註4）・マラッカ（補註5）など遠隔の都市・要塞に **juiz** はいた（補註6）。しかし **justiça** は、**juiz** とは別の役職名としてインディア領国関係の各種記録には見えないようであり、この語が記されている場合は、「司法」の意味で使用されたか（補註7）、または本文書もそれに当たるであろうが、**juiz** とはまた別の司法関係者として意識的に区別して **justiça** と記したわけではなく、勅令・法令等を命じたり、伝達したりするその対象として **capitães, ouvidores, juizes, justiças, vedores da minha fazenda** 等を列記するいわば常套句として、記したものであろう（補註8）。

（補註1）Barberán, 398, 399, 401. Machado, III, pp. 1060, 1061, 1072, 1073.

（補註2）Machado, III, pp. 1072, 1073.

（補註3）Santos, pp. 183, 187, 193, 194, 198. Bocarro, 1992, II, p. 138. Livro das Cidades, e Fortalezas, que a Coroa de Portugal tem nas Partes da Índia, e das Capitanias, e mais Cargos que nelas ha, e da Importância delles, ff. 13, 16. Gonçalves Pereira, I, pp. 93, 102, 200. 拙訳『モンスーン文書と日本』一五八・四二一頁。

（補註4）拙訳、同右、二五二・二七二・二七三頁。

（補註5）Livro das Cidades, e Fortalezas, que a Coroa de Portugal tem nas Partes da Índia, e das Capitanias, e mais Cargos que nelas ha, e da Importância delles, f. 61v.

（補註6）Gonçalves Pereira, I, pp. 198, 232. その他。

（補註7）例を挙げるなら、Ibid., I, pp. 46, 64, 74, 81, 192, 199. その他頻出。

(補註8)文書4・文書9・文書10・文書11・文書45・文書56・文書63・文書78・文書131・文書138・文書146・文書149・文書154・文書155・文書157・文書158・文書159・文書160・文書161・文書162・文書163・文書164・文書165・文書167・文書168・文書169・文書170・文書171。Gonçalves Pereira, I, pp. 231, 234, 235, 237, 239, 242 等、その例は多い。

(11) **vedores de minha fazenda.** 拙訳『モンスーン文書と日本』一五八頁。

(12) 傍線箇所の原文(翻刻本)は次の通りである。文書8の註(12)の文章と同じである。この文中の動詞のみ、三人称単数形で記されていることについても、文書8の註(6)に記した通りである。

ElRey o mandou por Francisco Barreto, seu Capitão geral e Governador da India etc.

(13) **Francisco Martins.** 翻刻本編纂者クニャ・リヴァラは、本文書ではこの人物をこのように綴って、何の疑問も呈していない。しかし同人物の名は、次の文書10でも同じ役割で文末に見えるが、クニャ・リヴァラはそちらでは **Francisco Martins[?]** とその名前の読みに疑問を残している。**Francisco** については疑問が生じることは考え難く、**Martins** に疑問があるのであろう。

文書10はシルヴァ・レゴ編纂の文書集にも収載されており(補註1)、編纂者は、原文書に **Miz** と記してあるのを、クニャ・リヴァラが **Martins** の省略形であろうと推測したものであること、同文書集が次に載せる一五五八年一二月二五日付けインディア副王の文書には、同じ役割を果たした者として **Francisco Menezes** という名の人物が見える(補註2)ことを指摘している。つまり、クニャ・リヴァラが **Martins** と読んだ **Miz** も、**Menezes** と読むべきであろうということを示唆する(補註3)。

シルヴァ・レゴが右のようなことを記したのは同文書集七巻である。しかしその後、同文書集一一巻に収載されているが、**Francisco Martins** という人物が、ポルトガル国王勅令(一五五六年三月一二日付け)の履行を命じた、一五五八年一二月二日付け文書の作成にゴアで関わっている(補註4)。となると、シルヴァ・レゴは七巻編纂の時点では **Martins** との読みに疑問を持ったが、その後一一巻編纂時には、その疑問は解消していたと解すべきであろう。なお、一一巻収載文書に見える **Martins** の名が、原文書において省略形で記されていたか否かは不明である。

Fr.^{co} Mĩz なる人物は、一五五九年六月一四日、ゴア、インディア総督の文書にも、同様の役割でその名が見える(補註5)。なお **Francisco Martins** は、ゴアにおける書記官 **escrivão** であった(補註6)。

（補註１）Documentação, Índia, 7, pp. 226, 227.
（補註２）Ibid., 7, p. 228.
（補註３）Ibid., 7, p. 227.
（補註４）Ibid., 11, p. 41.
（補註５）Gonçalves Pereira, I, p. 226.
（補註６）Documentação, Índia, Índice, p. 106.
（14）APO, 5 - III, pp. 1572 - 1574. Documentação, Índia, 12, pp. 834 - 837.

10　一五五八年一二月二五日付けパンジン発、インディア副王の勅令

「インディア副王ドン・コンスタンティノ（1）云々。これ〔本勅令〕により私は、次のことを嘉納し、そして命じる。

私の主君である〔ポルトガル〕国王陛下《エル・レイ》がこれらの地域〔インディア〕で所有する土地においては、モーロ人《モウロス》たちまたは異教徒《ジェンティオス》たちであれ、あるいは他のいかなる非信徒《インフィエイス》たちであれ、そのような土地で外国人非信徒《インフィエイス》たちが買って所有している彼ら〔奴隷〕の内、キリスト教徒になる奴隷《エスクラヴォス》はすべて、彼らの持主《ドノス》たちに対し代償として一切支払いをすることなしに、自由《フォロス》の身となること。外国人非信徒《インフィエイス》たちが外からわれわれの諸要塞《フォルタレザス》に連れてくる者〔奴隷〕たちがキリスト教徒になったら、競売《レイラン》に付すこと。彼らの代償として支払われるかねは、キリスト教徒に売り渡された場合は、彼らの〔元の〕持主《ドノス》たちに渡すこと。

また私は、外国人信徒《フィエル》は何人《なんぴと》も、国王陛下《スア・アルテザ》の諸要塞および土地において、誰であれ非信徒《インフィエル》から奴隷《エスクラヴォス》を買ってはならないと命じ、そしてそれを禁じる。それ故、私はこのことを、聴訴官《オウヴィドレス》たち・司法関係者《ジュスティサス》たち、およびこれ〔本

勅令〕の提示を受け、その件の裁判権《コニエシメント》が帰属するその他の役人《オフィシアエス》たちのすべてに対し、通告する。法典《オルデナサン》は異なる規定をしてはいるが、尚書職《シャンセラリア》を介して発給されたわけでなくても、彼らがいかなる疑義を差し挟むことも、異議申立て《エンバルゴ》をすることもなく、それを履行し、遵守するためである。このことは、これらの地域〔インディア〕のすべての都市《シダデス》と要塞《フォルタレザス》において、公告すること。またそれら〔諸都市・諸要塞〕の記録簿《レジストス》に記録すること。皆に周知徹底させるためである。それ〔本勅令〕の裏面にそれを記載すること。一五五八年一二月二五日にパンジン(2)においで、フランシスコ・マルティンス(3)がこれを作成した。副王(4)。」

註

（1）**Dom Constantino. Dom Constantino de Bragança.** 一五五八〜六一年インディア副王在任。**Delgado Domingues, p. 114.**

（2）**Pangim.** ティスアリ **Tissuari** 島内の西北部、マンドヴィ **Mandovi** 川の西岸に位置し、一八四三年三月二二日付け勅令によりこのパンジン **Pangim** の町が市に昇格して新首都となり、新ゴア **Nova Goa** と称されることになった。それにともない従来の首都ゴアは、旧ゴア **Velha Goa** と呼ばれた。拙訳『モンスーン文書と日本』三八〇〜三八二頁。

（3）**Francisco Martins.** 翻刻本にはこの人名に［?］と疑問符を付す。文書9の註（13）。

（4）**APO, 5 - I, p. 374. Documentação, Índia, 7, pp. 226, 227.**

11　一五五九年三月二三日付けリスボン発、ポルトガル国王の勅令

「神《デオス》の恩寵により、ポルトガルおよび内地《ダケン》のアルガルヴェスの国王であり、海外領《ダレン・マル》ではアフリカにおけるギネーの領主《セニョル》であり、エチオピア・アラビア・ペルシア、およびインディアの征服・航海・商業の支配者《セニョル》であるドン・セバスティアン(1)。朕は、この朕の法令《レイ》を見る者たちに知らせる。

神と朕への奉仕に対して何らかの正しい配慮をするが故に、朕はそれに動かされて次のことを嘉納し、そして命じる。今後は、インディアの地域におけるゴアの市と島にいて、父母も祖父母も、またはその他の尊属親《アセンデンテス》たちもおらず、しかも理解力と理性的判断力《ジュイゾ・デ・レザン》を持ちうる年齢に達していない異教徒《ジェンティオス》たちの子供《フィリョス》(2)たちはすべて、前述のすべての相続人《エルデイロス》たちの最後の者が死亡したら直ちに、彼らに対しその裁　治　権《ジュリスディクサン》(3)が及ぶ孤児たちの判事《ジュイズ・ドス・オルファンス》(4)は、彼ら〔その子供たち〕を前述のゴア市のイエズス会《コンパニア・デ・ジェズス》の聖パウロ・コレジオ(5)に連れていって、引き渡すように取り計らうこと。

前述のコレジオのパードレたちから、洗礼を受け、養育され、教理教育を受けるためであり、また彼らに導かれて、各人の能力と意欲に応じて、仕事に就くためである。

かかる孤児たちを全員前述の聖パウロ・コレジオに迎え入れて、収容することが出来ない場合には、そこ〔同コレジオ〕のパードレたちが、そこに収容出来ない者たちを、前述の〔ゴア〕市、および前述の地域〔インディア〕のその他の諸要塞《フォルタレザス》の、同じ成果を上げるために比較的よい条件を備えていると彼ら〔イエズス会パードレたち〕が考えるような、その他の諸コレジオ《コレジオス》や諸修道院《モエステイロス》(6)に送り込むこと。

朕は、前述の地域〔インディア〕の朕のカピタン・モール兼総督(7)・すべての司法関係者《ジュスティサス》(8)たち・役人《オフィシアエス》たち、および

本件の裁判権《コニェシメント》が関わる人々に対し、これを履行・遵守するよう、そして完全に履行させるよう、命じる。さらに前述の地域〔インディア〕の尚書《シャンセレル》に対し、この法令《レイ》を尚書職《シャンセラリア》において公布するよう、またそこ〔尚書職〕および前述のゴア市の元老院《カマラ》(9)の記録簿《リヴロス》にそれ〔本法令〕を筆写させるよう〔命じる〕。皆に周知徹底させ、そして履行されるためである。われらの主であるイエズス・キリストの生誕以来一五五九年の三月二三日に、リスボン市において発給された。ペロ・フェルナンデス(10)がこれ(11)を記述させた。王妃(12)。(13)」

註

(1) **Dom Sebastião.** 一五五七～七八年ポルトガル国王在位。本文書の註(12)。

(2) **os filhos de gentios.** 異教徒たちの生んだ子供たち、の意味であって、異教徒である子供たち、ではない。

(3) **jurisdicção.** 文書４の註(12)。

(4) **juiz dos orfãos.** 孤児の判事 **juiz de orfão** とは、インディア領国において慈善活動を担ったメンバーである。ボクサー氏は、**juiz dos orfãos** について、孤児や寡婦の利益を図って尽力する職務、と記す(補註１)。ポルトガル語の辞書では、同じ語について、特に孤児に関する諸々の事柄を取り扱い、家族の会議を主宰する司法官、とも、古いポルトガル司法組織の一員で、意思無能力者 **incapazes** の保護を目的とした職務の行使をした司法官、とも説明している(補註２)。

マヌエル一世法典 **Ordenações de D. Manuel I, livro I, título 67** は、孤児の判事について、次のように規定している。

孤児の判事は、三〇歳以上でなければならない。就任後に三〇歳以下であることが明らかになったら、その職は解任され、もう再びそれに就任することは出来ず、しかも彼の資産の半分を没収するものとする。当判事は書記に指示して、彼の担当地域の孤児全員の登録簿を保持させること。この登録簿により、孤児と彼らの親の名前・彼らの年齢・居住地・同居する者たちの名前・後見人たち **tutores**(a)の名前とその資産を、明らかにしなければならない。

その他同法の付記は、孤児が自分に対する債務者からの返済金を受け取った場合の、責任者は誰かを明らかにしている。その孤児が二五歳になる前に死亡したなら、孤児の判事はその遺産について、正しい執行をする責任を負う。もしも彼らの親が生存している場合は、彼らがその遺産を処理しなければならない。配偶者が死亡したら、孤児の判事は、生き残った者が遺産目録を作る措置をとらなければならない。

　孤児が病気になったら、施療院 hospital であれ救護院 albergaria であれ、皆が一つの組織により治療が受けられるものとする。孤児が契約書に署名したなら、孤児の判事がその支払いについて責任を負うものとする。

　結婚の場合は、孤児の判事がその契約を調べ、それが整っているかどうかを明らかにしなければならない。孤児の母親が生存していれば、母親がその責任を負い、母親が死亡していて、そして万一祖母が生存していれば、祖母が責任者となる。女性の孤児と性的関係を持った判事または書記は、海外領 ultramar に流刑に処され、通常の持参金 dote（b）の二倍をその女性に支払う義務を負うものとする、と（補註３）。

（a）Coates, p. 201.

（b）結婚する女性に与えられる持参金、または修道女が修道院に入る際に持参する資産。
Machado, II, p. 1125. Coates, pp. 210 - 213, 225 - 274.

ポルトガル国王は、一五七六年二月一二日付けアルメイリン Almeirim 発、孤児たちの判事の規則を定めた勅令を発給した。インディア領国において孤児の利益が損なわれていることを憂慮し、彼らを擁護すべく事細かに規則を定め、インディア領国の全域において厳しくこれを遵守すべきことを命じた（補註４）。

　孤児の判事に関して一五八一年二月二〇日付けエルヴァス Elvas で作成されたポルトガル国王の勅令の原文書が、ゴア歴史文書館所蔵の Livro do «Pai dos cristãos» と題する Códice 9529 に収載されていることから、インディア領国のキリスト教布教において重要な役割を果たした「キリスト教徒たちの父」Pai dos cristãos（補註５）に繋がる役職であったと言ってよいであろう。本文書とは年代も異なるが、そのポルトガル国王勅令を次に邦訳する。

「朕国王は、この勅令《アルヴァラ》を見る者たちに知らせる。朕はインディアの諸地域の内のサルセテ（補註６）およびバルデス（補註７）の地域のキリスト教徒たちから、次の如き報せを受けた。

すなわち、彼らは前述の地域の孤児の判事《ジュイゼス・ドス・オルファンス》たちや、朕の王室資産《ミニャ・ファゼンダ》の収税官《レセベドレス》たちから多大な損害を蒙っている。

前述の損害について彼らのために審理する司法の関係者すなわち役人がいないためであり、それは、彼ら〔キリスト教徒〕が彼ら〔孤児の判事・収税官〕と一緒にゴア市に行くことが出来ないからである、と。

朕はそれに対して裁断を下したいと思うので、もしも彼ら〔カピタン〕が法律家《レトラドス》たちでない場合は、前述の収税官たちや孤児の判事たちによって前述のキリスト教徒たちが蒙る損害について、前述の諸地域のカピタンたちが情報を得、その資格がある者に控訴（補註8）をすることによって、前述の損害について公正な判決を下すことを嘉納し、そして命じる。

法典（補註9）第二巻《リヴロ》は異なる規定をしているとはいえ、それは一年以上にわたって有効で、しかも尚書職《シャンセラリア》（補註10）によって発給されたものではないが、これ〔本勅令〕は、朕の名前で作成された書簡《カルタ》の如き効力を有することを嘉納する。

一五八一年二月二〇日にエルヴァスにおいて、ヴァレリオ・ロペス（補註11）がこれを作成した。国王。（補註12）」

ポルトガル国王は一五八七年二月一六日付けで、「控訴裁判所の規則」**Regimento da Relação**（補註13）を作成して、ゴアに送った。ゴアの控訴裁判所を形成する各構成員についての職掌を細かく規定している。その中に「ゴア市の孤児たちの判事の条項」**Titolo dos Juiz dos Orfãos da cidade de Goa** の一項が見える。これも本文書とは年代を異にし、また何よりも、フィリペ王朝に入ってから作成されたものである点も軽視出来ないが、一応参考までにその全文を示しておく。

「一、孤児たちの判事《ジュイズ》は、法学者《レトラド》であること。そして朕の王国の、朕の法典《オルデナソンエス》によって与えられた規則《レジメント》の、孤児たちの法学者である判事たちに関する項を、全面的に行使すること。

二、彼〔同判事〕の裁判権《アルサダ》（補註14）の及ばない事柄について下す判決については、控訴裁判所判事《デゼンバルガドレス》たち（補註15）に対して上訴《アペラサン》（補註16）すること。また前述の孤児たちの判事に対して提起される控訴《アグラヴォ》については、司法改革《レフォルマサン・ダ・ジュスティサ》の新法《レイ・ノヴァ》の定める方式により、当事者《パルテ》が控訴《アグラヴァル》することが出来るものとする。

三、前述のゴアの孤児たちの判事は、一万レイス（補註17）までの動産《ベンス・モヴェイス》および六〇〇〇レイスまでの不動産《オス・デ・ライス》に関して、裁判権《アルサダ》を有するものとする。（補註18）」

（補註1）**Boxer, 1969, pp. 274, 388.**

（補註2）Machado, III, pp. 1060, 1061.

（補註3）Coates, p. 196.

（補註4）APO, 5 - II, pp. 913 - 919.

（補註5）拙訳『モンスーン文書と日本』六三頁。

（補註6）インディア領国にサルセテという名称の地が二箇所（一箇所は「ゴアのサルセテ」、今一箇所は「バサインのサルセテ」）あることは、拙訳、同右、一七〇・一八〇頁に記した通りである。ここのサルセテであるが、この勅令自体ゴア市に関する内容であり、「ゴアのサルセテ」であることは明らかであるが、さらにSalceteと記してある綴りの点からも、そのことが裏付けられる。

　もっともこの綴りの件は、かつて拙訳、同右、一八〇頁にDocumenta Indicaの索引によって、ゴアのサルセテはSalsete, Salsette, Salceteと綴るが、バサインのサルセテはSalsete, Salsetteとのみ綴ると記した。しかしこれはあくまで同史料集収載文書によるものであり、例えばモンスーン文書では、『モンスーン文書と日本』文書97に見えるSalceteは、「バサインのサルセテ」のことであり、Documenta Indica索引の記載ですべてを律することも出来ないようである。

（補註7）Bardez. 拙訳、同右、三八〇～三八二頁。

（補註8）appellação e agravoと二語記してあるが、これら両語の意味の違いは不詳である。

（補註9）APO, 5 - III, p. 974にはOrdenações do Livro 2ºとあるが、Wicki, p. 94には、ordenação do livro segundoと記してある。本文書原文は、ゴアのインディア領国歴史文書館Arquivo Histórico do Estado da Índia（今日のゴア歴史文書館Arquivo Histórico de Goa）、Códice 9529, f. 46, 46v. であるが、原文書は未見である。

（補註10）chancellaria. 拙訳『モンスーン文書と日本』一六〇・一六四～一六六頁。

（補註11）Valerio Lopes. 国王政府の書記兼書記官escrivão e secretárioであり、国王文書の末尾に同様の役割でその名が記されている例は多い。

　Documentação, Índia, Índice, p. 244.

（補註12）APO, 5 - III, pp. 973, 974. Wicki, pp. 94, 95.

（補註13）relação. Hespanha, p. 78. 拙訳『モンスーン文書と日本』四八・一五四・一六四〜一六六頁。

（補註14）alsada. 訴訟《デマンダ》の重要性を考慮した上で、判事の裁判権《コンペテンシア》の及ぶ範囲。

Machado, I, p. 294.

（補註15）desembargadores. 拙訳『モンスーン文書と日本』四八・一五四・一六四〜一六六頁。

（補註16）apelação. Barberán, p. 289.

（補註17）dez mil rs. レイス（単数形 real, 複数形 réis）は古くポルトガルで使用された基本的な貨幣単位で、この当時の公定換算率では、四〇〇レイス＝一クルザドであった。

拙訳『モンスーン文書と日本』一三九・一五一・一三〇・一三三・一四六・一四七・三五七頁。

（補註18）APO, 5 - III, pp. 1138, 1139. Gonçalves Pereira, I, p. 383, 1139.
（5）Colegio de São Paulo. 文書8の註（5）。
（6）Moesteiros. mosteiro の古語。
Machado, IV, p. 641.
（7）capitão mór e governador. カピタン・モールについては文書8の註（11）。インディア総督については拙訳『モンスーン文書と日本』二九八〜三〇一頁。
（8）justicas. juizes の意味で記したのであろう。文書9の註（11）。
（9）camara. 拙訳『モンスーン文書と日本』一四一頁。
（10）Pero Fernandes. この時期の国王文書には、同様の役割で文末にその名が記されている例が多い。Pedro Fernandes と記されている文書もあるが、もちろん同一人物であろう。翻刻文書集の編纂者によると、リスボンにおける書記官 secretário とある。
Documentação, Índia, 7, p. 561. なお Pedro Fernandes と記されているのは、Ibid., 7, pp. 272, 279.
（11）「これ」。は法令 lei に代わる代名詞のはずであるから、a と記すべきであろう。
（12）A Rainha. カタリナ・デ・アウストリア Catarina de Áustria（一五〇七〜七八年）のことである。スペイン国王フェリペ一世（一五〇四〜〇六年在位）の娘で、ポルトガル国王ジョアン三世（一五〇二〜五七年在世、一五二一〜

五七年在位）と結婚した。

ジョアン三世は一五五七年六月一一日に死亡した。王位継承者に決まっていた息子のジョアン（一五三七～五四年）は、父親であるジョアン三世の在世中に、しかもセバスティアンが生まれる二〇日前に病死してしまった。つまりジョアン三世は、三歳の孫のセバスティアンを遺して死亡したわけであるが、急病で死亡したことでもあり、王位はセバスティアンが継承するとしても、実際の王国の統治について、明確な形で遺言を遺さなかった。しかし、王妃カタリナを摂政にしたいとのジョアン三世の口頭による意思表示があった旨が、間接的に伝えられた。

同王妃が摂政になることについては、彼女がスペイン国王フェリペ二世の伯母であり、同時に義母でもあるので（ジョアン三世の妹イザベルがフェリペ二世の母親。ジョアン三世の娘マリアがフェリペ二世の王妃）、リスボン元老院の中には、スペインの同国王の政治的影響が及ぶことを危惧する声もあった。そのため、多少の混乱があったが、一五五七年六月一六日セバスティアン D. Sebastião（一五五四～七八年在世、一五五七～七八年在位）が王位に就き、祖母のカタリナ・デ・アウストリアが摂政となった。

カタリナは、ジョアン三世の弟で、セバスティアンにとって大叔父に当たる枢機卿エンリケ cardeal D. Henrique（一五一二～八〇年在世、一五七八～八〇年在位）に、統治の面での支援を要請した。

右に記した通り、ジョアン三世の後を嗣いだのは、孫のセバスティアンであったが、彼の治世は二期に分けられる。一期は、王位に就いてから、一五六八年一月二〇日の戴冠まで。二期はその後、北アフリカでイスラム教徒軍との対戦中に、二四歳の若さで戦死するまでである。

右の一期も、さらに二つに分けられる。すなわち摂政カタリナは、複雑で難局続きの政治にその意欲を失い、早くも一五六〇年には摂政を辞したい意向を示し、結局一五六二年一〇月八日、身分制議会 cortes においてカタリナの摂政辞任が決まり、そして同年一二月二三日枢機卿エンリケを摂政とすることを決した。エンリケはこれ以後、一五六八年一月二〇日一四歳の国王セバスティアンが自ら統治を行うようになるまで、摂政を務めた。

カタリナが摂政であった期間に発給されたポルトガル国王文書の末尾に見える「王妃」A Rainha とある署名は、摂政カタリナのものである。また後出文書に見える「枢機卿王子」O Cardeal Infante の署名は、摂政エンリケのものである。

Serrão, Joaquim Veríssimo, III, pp. 58 - 64. Serrão, Joel, II, pp. 24, 25; III, pp. 190 - 192, 381; V, pp. 515 - 519. 金七紀男『ポルトガル史』一一六・二九五頁。

（13）APO, 5 - I, pp. 385, 386. Documentação, Índia, 7, pp. 273, 274.

12　一五五九年三月二三日付けリスボン発、ポルトガル国王のゴア市宛書簡

「朕のゴア市の、判事たち《ジュイゼス》・市会議員たち《ヴェレアドレス》・代理人《プロクラドル》(1)・貴族たち《フィダルゴス》(2)・騎士たち《カヴァレイロス》(3)・盾持たち《エスクデイロス》(4)・善良な人々《オメンス・ボンス》(5)・人民各位《ポヴォ》。

朕国王は、貴下たちに深甚なる敬意を表する。教皇聖下《サンクト・パードレ》(6)は朕の要望・要請により、その〔ゴア〕市の司教座《セ》(7)を管区大司教座《(セ・)メトロポリタナ》(8)および大司教座《(セ・)アルクエピスコパル》(9)に昇格《エリジオ》させた。それは、朕が〔インディア〕副王および前述の〔ゴア〕司教座《セ》の聖職者祭式者会《カビド》(10)に送付した、前述の昇格《エレイサン》の諸大勅書《ブラス》(11)の写しによって、貴下たちが了解するとおりである。

〔諸大勅書を送付したのは〕前述の昇格の公的行事《アウト》(12)がなされるためであり、また前述の司教座《セ》に対して朕が有する、確固とした《イン・ソリド》布教保護権《パドロアド》(13)としての権利《ディレイト》によって、前述の副王が朕の名でそれ〔昇格〕に立ち会うためである。

朕は、貴下たちが出席する説教《プレガサン》が行われる日に、それが挙行されることを命じる。如上のこと〔ゴア司教区の昇格〕を朕が貴下たちに知らせたいと望んだのは、貴下たちがそれをいかに喜ぶか、朕は知っているからである。その結果、聖信仰《クルト・ディヴィノ》およびその〔ゴア〕市の名誉と気高さが伸展し、高まることにもなる。当然のことであるが、朕はすべてにわたって、そこ〔ゴア市〕に恩恵を施すのを望んでいる。ジョルジェ・ダ・コスタ(14)が、〔一〕五五九年三月二三日にリスボンにおいてこれを作成した。マノエル・ダ・コスタ(15)がこれを記述させた。王妃(16)。

このゴア市の元老院《カマラ》(17)の書記《エスクリヴァン》であるアフォンソ・モンテイロ(18)が、疑義を招くような事柄を何一つ加えることも、削除することもなく、同〔前記〕書簡を原文から筆写し、そしてここに私とともに役人が署名をすることによって(19)、この写しを〔公的文書に〕整えた。ゴアにおいて、本日一五九五年七月二四日。アフォンソ・モンテイロ。(20)(21)」

註

（1）procurador. ゴア政庁の司法関係の中心機関である、控訴裁判所 relação を構成する一人に、「王位の代理人」procurador da coroa あるいは「国王の訴訟の代理人」procurador dos feitos delRey という名称の役職があるが、これを指すのであろう。Livro das Cidades, e Fortalezas, que a Coroa de Portugal tem nas partes da Índia, e das Capitanias, e mais Cargos que nelas ha, e da Importância delles, f. 16. Bocarro, 1992, II, p. 138. 拙訳『モンスーン文書と日本』四八・一一〇・一六四〜一六六頁。

（2）fidalgos. 語源的に filho de algo（algo は「資産」「富者」の意味）に由来するというのが、伝統的な見解である。一四世紀半ばから、民事あるいは軍事の判事ではない貴族の血統を意味する中世の語である infanção の意味で用いられるようになったが、一五世紀末にはすでに、この意味での使用は全く消滅した。その後は、nobre（「貴族」）の同義語として用いられるようになった。Serrão, Joel, III, p. 8. Machado, I, p. 325.

（3）cavaleiros. 一四世紀にはポルトガルでは、他のヨーロッパ諸国同様、それまでの富裕にして高貴、しかも信仰心篤いエリート軍団としての騎士団の性格は変貌してしまった。王により新たに生まれた有産者への「騎士」身分の売却も行われた。同世紀半ばには、cavaleiro からこの語本来の「騎士」の意味は消え、その身分を購入するに必要な資産を保有する者、といったような名誉ある社会的階層を意味するようになった。

そして一五世紀にはこの語は、一部高貴な人々の貴族的生活様式の典型を意味するようになり、現実から遊離して神秘的、文学的な意味合いを濃くしていった。

Serrão, Joel, II, pp. 26 - 28.

（4）escudeiros. 本来は、騎士 cavaleiro の盾 escudo を携行する任務を帯びた者であるが、すぐに貴族の一階級を形成するようになった。騎士は、この「盾持」をともなわなければならなかった。盾持ちは戦闘の場でも、騎士に従い、彼を助けた。

王宮や富者の宮殿での勤務を始める若い貴族は、通常「小姓」donzel, pajem の身分になり、そこで戦闘の仕方、武器の扱い、馬術等を習得し、しかる後に盾持ちになり、最終的に騎士となったという。

Serrão, Joel, II, pp. 430, 431.

（5）homens boõs.

（6）Sancto Padre. 教皇を意味する。

Machado, V, p. 239.

（7）See dessa Cidade. ゴア司教区のことである。一五三三年一月三一日の枢機卿会議 consistório において、教皇クレメンス七世によって設置が決まったが、一五三四年一一月三日付けパウルス三世の大勅書（補註）により、同司教区創設が正式に決定、表明された。同司教区は、喜望峰からインディア全域、そしてシナにまで及ぶ広大な地域を包含するものであった。布教保護権により同司教区は、永久にポルトガル国王およびその継承者のものとされた。

（補註）Jordão, I, pp. 148 - 152.

註（7）の文献

Silva Rêgo, p. 15. Sá, pp. 17, 20. 拙訳『モンスーン文書と日本』一三六頁。

（8）metropolitana. Silva Rêgo および Sá の著書によると、ゴア司教区は一五五七年二月四日付け大勅書（補註1）（Silva Rêgo によれば Constituição Apostólica（補註2）、Sá によれば Bula）により、arcebispado metropolitano に昇格した、と記されている。司教区であった時と同様、ゴア管区大司教区になってからも引き続き、永久にポルトガル国王の布教保護権に帰属するものと規定された。

（補註1）Jordão, I, pp. 191, 192.

（補註2）『新カトリック大事典』には constitutio apostolica の日本語名称として「使徒憲章」の語を示す。その説明文によると、特別重大な問題、例えば教理上または教会規律上の問題を扱い、常に全教会またはその大部分を適用対象として発布された、とある。したがってここで問題になっている、ゴア司教区の管区大司教区への昇格について発せられた教皇文書は、Sá の言うように大勅書であろう。

『新カトリック大事典』二、一一六二・一一六三頁。

註（8）の文献

Silva Rêgo, p. 16. Sá, pp. 20, 23. 拙訳『モンスーン文書と日本』一三六頁。

（9）archepiscopal. 本文書の註（8）。

（10）Cabido. 聖職者祭式者会については、拙訳『モンスーン文書と日本』三五九・三六〇頁。

（11）bulas.「小勅書」breve・「教皇自発教令」motu proprio 等とともに、キリシタン史料でも馴染みの深い教皇文書である。「大勅書」は、荘厳な書式の教皇の書簡で、元来は書簡の結び紐につける円形の金属（銀・鉛）の封印を bulla（「球」「ボタン」の意味）と呼んだが、一三世紀以降、書式自体を指すようになった。内容は、一四世紀までは無期限の特免（補註1）を与えるものが主であったが、一五世紀には行政命令などにも、略式（litterae, bullae minores）が使われ、より荘厳な形式は、列聖その他重要な勅書に限られるようになったという。キリシタン史料について言えば、略式・荘厳、両方の形式の大勅書が、日本の教会に向けて発給されたと言ってよいであろう（補註2）。

因みに「小勅書」は、「大勅書」よりも荘厳ではなく、簡潔な文章で記され、恩典を授与する際など、重要度の低いものに使用される文書形式だという（補註3）。

また「教皇自発教令」は、教皇が全く任意に自身の発意によって発布する一種の教令である。比較的重要な問題を扱い、大抵の場合、法的性格を有するという（補註4）。

（補註1）教会法は、「特権」privilegium と「免除（または「特免」）」dispensatio とについて規定している。「特権」は永久的なもので、特別法の制定によるのに対し、「免除」は一時的に特定な場合に法規の適用から除外することである。

今この『新カトリック大事典』の記述には、「無期限の特免」と見えるので、教会法の「特権」を意味するのであろう。

『カトリック大辞典』三、七三五・七三六・七五一頁。『カトリック新教会法典』七六〜九三条。

（補註2）『新カトリック大事典』三、九五一・九五二頁。

（補註3）同右、三、一八三頁。

（補註4）同右、三、三二〇頁。

（12）auto. 確信は持てないが、acto のことであろうと考えて、辞書により、表記のように訳した。
Machado, I, pp. 170, 773. Alonso, Martín, I, pp. 97, 576.

（13）padroado. 布教保護権については、拙著『キリシタンの世紀』第一章。

（14）Jorge da Costa. Documentação, Índia. には、七巻・八巻・一一巻・一二巻にわたって収載されているが、一五五九年から一五七八年にかけて発給されたポルトガル国王文書に、同様の役割で文末にこの名の人物が記されている例が多い。そしてそれぞれの巻末索引には、その名前に続いて付記されている役職名が、secretário em Lisboa（七巻・一一巻）（補註1）、escrivão em Lisboa（八巻）（補註2）、escrivão em Almeirim（一二巻）（補註3）と不統一である。そのためであろうが、近年別冊として作成された同文書集の索引は、Jorge da Costa（escrivão no reino）および Jorge da Costa（secretário em Lisboa）と二人の人物として別々に挙げ（補註4）、同時代に同名の二人の人物が、類似の職務で国王に仕えていたかの如き感を与える記述になっている。

　因みにジョルジェ・ダ・コスタなる人物は、Documentação, Insulíndia, 4 収載の数通のポルトガル国王文書にも、同じ役割で文末に名が見えるが、同書巻末索引では同人物の役職について、escrivão と記されている（補註5）。もしも右索引書の記載の通り、同名の別人が勤務していたとするなら、Documentação, Insulíndia, 4 収載文書や、本文書のジョルジェ・ダ・コスタは、そのどちらかという問題が生じる。

　右のような次第で、Documentação, Índia, Índice に同名の別人の如く記されているのが、元の Documentação の七・八・一一・一二の各巻の巻末索引の役職名の記述の違いだけが根拠だとするなら、その根拠は確たるものとは考えられない。

　Documentação の各巻の索引に secretário（「書記官」）あるいは escrivão（「書記」）と記してあることは、決定的な論拠とは言い難く、おそらく本文書の同人物も含めて、右の各文献収載国王文書に同様の役割でその名が見えるジョルジェ・ダ・コスタは、皆同一人物と言ってよいのではないか。
（補註1）Documentação, Índia, 7, p. 558; 11, p. 877.
（補註2）Ibid., 8, p. 523.
（補註3）Ibid., 12, p. 896.
（補註4）Ibid., Índia, Índice, p. 150.
（補註5）Documentação, Insulíndia, 4, p. 522.
（15）Manoel da Costa. リスボンにおける書記 escrivão である。
Documentação, Índia, 7, p. 558.
（16）Rainha. 文書11の註（12）。
（17）ゴアの元老院については、拙訳『モンスーン文書と日本』一四一頁。
（18）Afonso Monteiro.
（19）傍線箇所の原文（翻刻本）は cem o offeçial asinado aqui comigo と記してあるが、この cem は com の誤記であろう。文書14にも、文末 A qual carta... 以下、ほとんど同じ文が記されているが、この cem は com と書いてある。
（20）翻刻本の脚註に、この署名の左に別の署名があるが、判読不能だと記されている。
Documentação, Índia, 7, p. 270.
（21）APO, 1-I, pp. 47, 48. 本文書は、註（16）の「王妃」Rainha までは APO および Documentação, Índia, 7, p. 270 の両文書集に収載されているが、それ以後の文は、後者のみに載っている。

13　一五五九年三月二五日付けリスボン、ポルトガル国王の法令

「神《デオス》の恩寵によって、内地《アケン》ではポルトガルとアルガルヴェスの国王であり、海外領《アレン・マル》ではアフリカにおいてギネー

の領主《セニョル》であり、エチオピア・アラビア・ペルシア、およびインディアの征服・航海・商業の支配者《セニョル》であるドン・セバスティアン（1）云々。朕は、この朕の法令《レイ》を見る者たちに知らせる。

神と朕への奉仕になる正当ないくつかの理由こそ、朕を動かすものであるが、それらのために、朕は次のことを嘉納し、そして命じる。すなわち、彼らの商品《メルカドリアス》を持っていようと、いまいと、インディアの地域における朕のゴア市、または前述の地域〔インディア〕におけるその他の朕のどの都市《シダデ》・要塞《フォルタレザ》、または土地《ロガル》であれ、今後はそこに来るユダヤ人・モーロ《モウロ》人、または異教徒《ジェンティオ》のすべての商人、および他のいかなる外国《エストランジェイロ》人も、彼らの奴隷《エスクラヴォ》（2）または奴隷《エスクラヴォス》たちがわれわれの聖なるカトリックの法《レイ》に改宗したなら、かかる都市または要塞を発つ前に、新たに改宗した前述の奴隷または奴隷たちを、キリスト教徒たちに売却しなければならないものとする。彼ら〔奴隷〕は、彼らを購入したキリスト教徒たちの囚われ人《カプティヴォス》（3）となるものとする。

神法《ディレイト・ディヴィノ》（4）および教会法《〔ディレイト・〕カノニコ》によって、われわれの聖なるカトリック信仰に改宗する者は、それによって世俗的自由《リベルダデ・テンポラル》を獲得するわけではないということに鑑み、かかる異教徒《ジェンティオ》・モーロ人、またはユダヤ人の商人または他のいかなる外国人であれ、新たに改宗した奴隷《エスクラヴォ》または奴隷《エスクラヴォス》たちをキリスト教徒に売却することなしに、今いる都市《シダデ》または要塞《フォルタレザ》の外に彼ら〔奴隷たち〕を連れ出してはならない。たとい、別の土地のキリスト教徒たちに彼らを売りたい、と〔その者が〕言っても、〔それは不可である〕。〔そのような場合は、〕彼ら〔奴隷の持主〕に代わって彼ら〔奴隷〕をキリスト教徒たちに売ってくれる人々に、それを託すこと。かかる奴隷《エスクラヴォス》たちの持主《ドノス》たちが、彼ら〔奴隷〕の売却において、損失を被ったり強制を受けたりすることのないようにするためである。

朕は、諸都市および諸要塞のカピタンたち（5）、およびその他の朕のいかなる役人《オフィシアエス》たちであれ、彼らに次のことを命じる。そのような事態が生じた場合は、前述の外国人たちから、または奴隷たち自身から、彼らをキリスト教徒たちに売却させてほしいと要請されたら、その件で彼らに対し、好意的対応をすること。そして彼ら〔奴隷〕の代償として正当な評価を与える買手たちを、彼ら〔奴隷の持主〕のために探し求めること。

またかかる奴隷たちの持主たちが彼ら〔奴隷〕の代償として法外な、慣例を破る価格を求め、売却を悪賢く引き延ばし、前述の奴隷たちを困らせていると思われるほどであるなら、彼ら〔奴隷の持主〕をして、善良な人または人々の意見をよく聴き、善良なことが分かるように、そしてそのために彼ら〔奴隷の持主〕に与えられる聖福音の誓約により、彼ら〔奴隷〕を査定するよう、正義によって義務付けること。査定された代価で彼ら〔奴隷〕を求めるキリスト教徒たちがいれば、彼らに〔その奴隷たちを〕渡し、代価は彼ら〔奴隷〕の外国人《エストランジェイロス》の持主《ドノス》たちに渡すこと。

前述の奴隷《エスクラヴォス》たちの前述の外国人の持主《ドノス》たち、または彼らの内の何人かが、かかる奴隷たちがキリスト教徒になった都市《シダデ》または要塞《フォルタレザ》に長期間留め置き、そして〔キリスト教に〕改宗した奴隷たちから、彼らが受け入れた〔キリスト教〕信仰を捨てるよう誘いをかけてくるのが理由で、彼らの異教徒《ジェンティオス》・モーロ人《モウロス》、またはユダヤ人《ジュデオス》の主人《セニョレス》たちの支配力《ポデル》から彼ら〔奴隷たち自身〕を引き離してほしいとの要望があったら、朕は、この件の裁判権《コニェシメント》が帰属する司法関係者《ジュスティサス》（6）たちに対し、次のことを命じる。

彼ら〔奴隷〕の持主《ドノス》たちに対し、直ちに彼ら〔司法関係者たち〕の前に出頭させること。そしてそれが異教徒《ジェンティオス》たちであるなら、そのために彼ら〔司法関係者〕が彼ら〔奴隷の持主〕に指示する一定の短期間の内に、彼ら〔奴隷〕をキリスト教徒たちに売却するよう命じること。またもしもそれがユダヤ人《ジュデオス》たちまたはモーロ人《モウロス》たちであるなら、直ちに彼ら〔奴隷たち〕を彼ら〔持主〕の支配力《ポデル》から引き離し、そして前述の期間内に、彼ら〔持主〕に代わって彼ら〔奴隷〕をキリスト教徒たちに売却させること。この通りに履行しなかったら、かかる事件《カゾ》における法律《ディレイト》の規定に従って、彼ら〔奴隷の持主〕からかかる奴隷たちを没収し、彼ら〔奴隷〕は自由《リヴレス》で解放《フランコス》されている旨を宣言すること。

朕はこれを、前述の諸地域〔インディア〕の、朕のカピタン・モールおよび総督《ゴヴェルナドル》、および朕の諸要塞《フォルタレザス》のカピタンたち、聴訴官長《オウヴィドル・ジェラル》[7]・控訴裁判所判事《デゼンバルガドレス》たち[8]・聴訴官《オウヴィドレス》たち・判事《ジュイゼス》たち・役人《オフィシアエス》たち、およびこれの裁判権《コニエシメント》が帰属する人々に通告する。そして彼らに対し、この法令《レイ》をすべてにわたってその内容通りに履行するよう、完全に履行させるよう命じる。また前述の諸地域の尚書《シャンセレル》[9]に対しては、尚書職《シャンセラリア》[10]においてそれ〔同法令〕を公布するよう、そしてそれの写しに彼〔尚書〕が署名し朕の印《セロ》を押して、朕のすべての諸都市と諸要塞の聴訴官《オウヴィドレス》たちまたは判事《ジュイゼス》たちに送付するよう、命じる。そこ〔諸都市・諸要塞〕においてそれら〔法令〕を公布するためであり、皆に周知徹底させ、そして履行させるためである。リスボンにおいて、われらの主イエズス・キリストの生誕以来一五五九年の三月二五日に、発給された。ペロ・フェルナンデス[11]がこれ〔本法令〕を記述させた。王妃。[12][13]」

註

（1）**Dom Sebasatião.** 一五五七〜七八年ポルトガル国王在位。本法令の最初からここまでは、ポルトガル国王の勅令等の冒頭に記される常套句であることは、文書8・文書9・文書11等の場合と同様である。拙訳『モンスーン文書と日本』五三九頁。

（2）**escravo.** 文書3の註（2）。

（3）**cativos.** 文書3の註（2）。

（4）**direito divino.**『新カトリック大事典』によれば、神法 **ius divinum** は、万物を創造し主宰する神の永遠の世界計画の法である。すべての法は、正当な理性に従う限り、神法から導出される故に、神法はすべての法の源泉である。神法は、物質的秩序に関わる法則、すなわち自然法則と、精神的秩序に関する規律、すなわち広義の道徳律が含まれる。道徳律は、人間には、自然界の何らかの輝きと自然法、および神の啓示（神定法）によって示される。『新カトリック大事典』三、四五六頁。

（5）**capitães.** 文書8の註（11）。

（6）justiças. 文書9の註（10）。
（7）ouvidor geral. 拙訳『モンスーン文書と日本』四八・一五四・一六四～一六六・四二三頁。
（8）desembargadores. 拙訳、同右、四八・一五四・一六四～一六六頁。
（9）chanceler. 拙訳、同右、一六〇・一六五頁。
（10）chancelaria. 拙訳、同右、一六〇・一六四～一六六頁。
（11）Pero Fernandes. 文書11の註（10）。
（12）Rainha. 文書11の註（12）。
（13）APO, 5 - I, pp. 390 - 392. Gonçalves Pereira, I, pp. 242 - 244.

14　一五六〇年三月一五日付けリスボン発、ポルトガル国王のゴア市宛書簡

「ゴア市の市会議員《ヴェレアドレス》[1]たち・代理人《プロクラドル》・諸高官職《メストレス》の管轄者《プロクラドレス》たち各位。[2] 朕国王《エル・レイ》は貴下たちに深甚なる敬意を表する。朕が貴下たちに書き送った通り[3]、朕は教皇聖下《サンクト・パードレ》に対し、そのゴア司教座《セ》を大司教区《アルセビスパド》[4]に昇格させてもらいたい、ガスパル師[5]をそれに任じてもらいたいと懇願した。彼〔の人となり〕や彼の学識《レトラス》・徳・経験によって、朕は彼がその大司教区を、われらの主への奉仕となり、またその霊魂《アルマス》の利益のためになるように統轄するものと、信頼するが故である。

そのことを教皇聖下《スア・サンクティダデ》は嘉納し、そのための彼の諸大勅書《ブラス》を、彼〔ガスパル師〕に発給するよう命じた。前述の大司教《アルセビスポ》は、この度前述の大司教区に駐錫するために行く。朕は彼の駐錫によって、貴下たちが深い慰めを受け、その地に豊かな実りを生むのは確かだと考える。

それ故、朕は貴下たちに対し、彼を貴下たちの高位聖職者《プレラド》(6)だと考えて、それ〔高位聖職者〕として彼に服従し、彼が彼の役職の務めを果たすために彼にとって必要な、そして彼が貴下たちに求めるすべての恩恵と支援を彼に与えるよう、強く依頼する。そしてそのこと〔依頼に従うこと〕に対して朕は貴下たちに、深く感謝するであろう。マノエル・ダギアル(7)が、リスボンにおいて一五六〇年三月一五日にこれを作成した。王妃。

私こと、このゴア市の元老院《カマラ》の書記《エスクリヴァン》であるアフォンソ・モンテイロ(8)が、疑義を招くような事柄を何一つ加えることも、削除することもなく、同〔前記〕書簡を原文から筆写し、そしてここに私とともに役人が署名をすることによって、この写しを〔公的文書に〕整えた。ゴアにおいて、本日一五九五年七月二四日。アフォンソ・モンテイロ(9)。」

註

（1）**Vereadores.** ゴアの市会議員については、拙訳『モンスーン文書と日本』一四一頁。
（2）本文書の最初からここまでは、ポルトガル国王がゴア市に宛て発給する文書書出しの常套句である（些細な異同箇所はある）。文書6*の註（1）。
（3）文書12。
（4）**Arcebispado.** 文書12の註（8）。
（5）**Mestre Gaspar.** 初代ゴア大司教ガスパル・デ・レアン・ペレイラ **D. Gaspar de Leão Pereira**（一五六〇～六七年在任）のことである。一五五九年ゴア大司教に選ばれ、一五六〇年四月一五日叙階を受け、同月二一日ポルトガルを発ち、同年一二月初めに彼の大司教区に着いた。
Sá, pp. 58, 72, 73, 76.
（6）**prelado.** 高位聖職者については、拙訳『モンスーン文書と日本』四六〇～四六五頁。

（7）Manoel daguiar. Manoel de Aguiar のことであるが、リスボンにおける書記 escrivão である。Documentação, Índia, Índice, p. 178.

（8）Affonso Monteiro. 文書12の註（20）と同様、翻刻本の脚註に、この署名の左に別の署名があるが、判読不能だと記されている。Documentação, Índia, 8, p. 19.

（9）APO, 1 - I, pp. 48, 49. 文書12と同様、本文書は、「王妃」Rainha までは APO および Documentação, Índia, 8, pp. 18, 19 の両文書集に収載されているが、それ以後の文は、後者のみに載っている。

15　一五六二年三月一一日付けリスボン発、ポルトガル国王のゴア市宛書簡

「ゴア市の市会議員《ヴレアドレス》たち・代理人《プロクラドル》、および諸高官職《メステレス》の管轄者《プロクラドレス》たち各位。(1) 朕国王《エル・レイ》は、貴下たちに深甚なる敬意を表する。朕の諸王国《レイノス》および諸支配権《セニョリオス》(2)を擁する王位《コロア》が持つ諸々の務めの中でも最も主要なものの一つにして、朕がそれの実現を非常に望んでいるものは、朕の征服の地の非信徒《インフィエイス》たちの改宗、およびすでに改宗した者たちの保全である。そのため、とくにそのインディアの諸地域において、王室資産《ミニャ・ファゼンダ》が負担して莫大な額の支出をするよう命じており、また常にわれらの主の助けを得てそこに滞在し、そして今後赴くであろう修道士《レリジオゾス》たちの外に、この目的のために、高位聖職者《ペルラドス》たちや極めて信頼出来る人々を補充しようと務めている。

彼ら〔高位聖職者・信頼出来る人々・修道士〕の教理《ドクトリナ》教育と尽力によって、朕の諸王国と諸支配権《セニョリオス》のキリスト教徒たちおよび現地人《ナトゥラエス》たちが、高徳の模範的な生き方をするよう彼らが尽力するだけでなく、可能な限りの努力をして、その〔信仰の〕外にいる者たちにわれわれの聖信仰を知らせるためである。

近年その地域《パルテス》、とくにゴア島《イリャ・デ・ゴア》(3)とその隣接〔の地域〕において、信徒《フィエイス》たちの数が非常に増加したことにわれらの主がお喜びになったことにより、朕はことのほか嬉しく、満足を得た。そして今後更に改宗が伸展していけばいくほど、朕はますます大きなそれ〔満足〕を覚えることであろう。彼らが、われらの主へのこのかくも偉大な奉仕と霊魂《アルマス》の利益に対して恩恵を施し、支援することを強く知れば知るほど、朕はますます朕の家臣たちから篤い奉仕を受けたと思うであろう。

朕はその〔ゴア〕市について、次のことを信頼している。〔同市は〕当然そうあるべき熱意をもってこの事業《オブラ》に加わるであろう。それ〔同事業〕は〔そうするに〕値する。それらの地域〔インディア領国〕全域において断然主立った〔都市〕であるから、そこ〔同市〕やそこの隣接地において全員が改宗してわれらの聖信仰を受け入れるのみか、一人の非信徒《インフィエイス》もいないように尽力するであろう、と。

しかしながら朕は、貴下たちに対して、それを記述して依頼しなければならないと思った。貴下たちが朕の書簡によって、それが朕の意志と務めとに基づくものであること、そしてこの事業《オブラ》のすべての豊かな実りにより、朕が極めて大なる喜びと満足とを得るということを知って、貴下たちが多大な配慮と努力を傾注して、そのことで朕に奉仕することに喜びを感じるであろう、と信じるが故である。

この〔事業の〕件について極めて的確に理解され、非常に効果的に前進することを朕は望む。そしてそのために朕はこの度、それらの地域〔インディア領国〕における朕の副王であるレドンド伯爵(4)、およびもっとも効果的たりうる手段を行使する大司教《アルセビスポ》(5)・司教《ビスポス》(6)たち・イエズス会《コンパニア・デ・ジェズス》のパードレたち、およびその他の修道士《レリジオソス》たちに対し、新たに書き送る。

それ故、朕は貴下たちに対し、同じ目的のために彼らと一致結束するよう依頼する。というのは、全員が一つの決意と行動様式の下に協力することによって、そしてそのために生じ得る何らかの障害がなくなることによって、極めて短期間にその地全域がわれわれの聖信仰に改宗するものと、朕はわれらの主を信頼している。そして彼〔われらの主〕の法《レイ》がそこにおいて受容され、その聖なる御名が知られ、崇められるべく、一層の配慮と努力が傾注されれば、ますます神《デオス》によって多くの加護と恵みとが与えられるであろうと信じている。また朕は、貴下たち、および貴下たちの後任の市会議員《ヴェレアドレス》たちが、それに対して出来る限り恩恵を施し、支援することを期待する。

そのことを記憶に留めるために、その〔ゴア〕市の元老院《カマラ》の記録簿《リヴロ》にこの書簡を筆写すること。そこ〔ゴア元老院〕の書記《エスクリヴァン》は、新たに市会議員《ヴレアドレス》たちが選出される度に、常に元老院において彼らに〔本書簡を〕通告し、そしてそれ〔書簡〕の通告を記載するよう留意すること。リスボンにおいて一五六二年三月一一日に認めた。王妃。

私こと、このゴア市の元老院《カマラ》の書記《エスクリヴァン》であるアフォンソ・モンテイロが、同〔前記〕書簡を原文から筆写し、そしてここに私とともに役人が署名をすることによって、この写しを〔公的文書に〕整えた。ゴアにおいて、本日一五九五年七月二五日。アフォンソ・モンテイロ。(7)(8)」

註

（1）最初からここまでは常套句であるが、この点については、文書6*の註（1）。

（2）**senhorios.**　東インディアにおいてポルトガル国王が獲得した、多様な権益を意味する語であろう。日本関係におけるこの語の使用例としては、例えばマカオ～長崎間ポルトガル船貿易の局面で、「航海《ヴィアジェン》の **senhorio** であるカピタン」というように史料に見える。航海の持主、航海権を有する者といった意味であろう。これなどは、ポルトガル国王の権益としては間接的なものというべきであろうが、とにかくその種のポルトガル国王の権益を総称した語であろう。

拙訳『モンスーン文書と日本』七四頁。

(3) Ilha de Goa. ゴア市が位置するティスアリ島 Ilha Tissuari (or Tissuadi, Tiswadi) のことで、ゴア島ともいった。拙訳、同右、三八〇～三八二頁。

(4) Comde do Redomdo. フランシスコ・コウティニョ Dom Francisco Coutinho (一五六一～六四年インディア副王在任)。Delgado Domingues, pp. 115 - 117. Nobreza de Portugal e do Brasil, III, pp. 195 - 198.

(5) Arcebispo. 初代ゴア大司教ガスパル・デ・レアン・ペレイラ D. Gaspar de Leão Pereira. 文書14の註(5)。

(6) Bispos. 本国王書簡が認められた時までに、東インディアに設置されていた司教区は次の二つであった。一五五七年二月四日コチン Cochim 司教区。一五五七年二月四日マラッカ司教区。Silva Rêgo, pp. 16, 17.

(7) 文書12の註(20)・文書14の註(8)と同様、翻刻本の脚註に、この署名の左に別の署名があるが、判読不能だと記されている。Documentação, Índia, 9, p. 43.

(8) APO, 1 - I, pp. 53 - 55. 文書12・文書14と同様、本文書は、「王妃」Rainha までは APO および Documentação, Índia, 9, pp. 41 - 43. の両文書集に収載されているが、それ以後の文は、後者のみに載っている。

16　一五六三年三月七日付けリスボン発、ポルトガル国王の勅令

「朕国王は、この朕の勅令《アルヴァラ》を見る者たちに知らせる。朕は、朕の王室《カザ》の貴族《フィダルゴ》(1)であるジョアン・デ・メンドンサ(2)が現在滞在しているインディアの諸地域において行った奉仕を考慮して、インディアからマラッカ経由でシナに渡航する最初のカピタン・モール航海権《ヴィアジェン》(3)を彼に恵与することを嘉納し、それを喜ばしく思う。このカピタン・モー《カピタニア・モ》

ル職《ール》は、彼の負担および出費によって艤装をした彼のナウ船または〔他の〕船舶《ナヴィオ》によって、務めること。

　前述の航海を行う途中、いかなる港に入港しようと、彼はその港に停泊または滞在しているいかなる〔ポルトガルの〕船舶やポルトガル人であれ、そのカピタン・モールであること。マカオ港またはシナにおいても同様、それ〔カピタン・モール〕であること。彼はその〔マカオ〕港から、または他のいずれ〔の港〕からであれ、彼の船舶《ナヴィオ》またはジャンク船《ジュンクォ》に彼の商品《ファゼンダ》を積んで日本に派遣してもよいし、自らそれに乗って赴いてもよい。彼が日本の港に行ったら、朕は、彼がそこでもまた、前述の如くカピタン・モールであることを嘉納する。

　前述の日本またはシナの港から彼が行う帰航については、朕の勅令《プロヴィザン》によって前述のカピタン・モール職を恵与された何人《なんぴと》かが、前述のシナの港〔マカオ〕にいたら、彼はそこにおいてカピタン・モールではないものとする。前述のジョアン・デ・メンドンサは、前述の如く、これ〔本勅令〕以前に発給された朕の諸勅令《プロヴィゾンエス》によって〔カピタン・モール職を〕恵与された者が空席《ヴァガンテ》の場合、またはいかなる事情であれ空席《ヴァガンド》である場合は、前述の航海を務めること。

　それ故、朕は、インディアの諸地域の現在および将来の朕の副王および総督、およびそこにおいて裁判権《コニェシメント》が帰属する王室資産管理官《ヴェドル・デ・ミニャ・ファゼンダ》(4)にこれを通告する。そして彼らに次のことを命じる。すなわち、前述の如き仕方で前述のジョアン・デ・メンドンサが前述のカピタン・モール職を務めることになる時は、この点彼に対して何らの疑念を抱くことも、異議申立てをすることもなしに、彼をそれ〔同職〕に就け、上述のように彼のナウ船または〔その他の〕船舶《ナヴィオ》によって彼にそれを務めさせること。というのは、それは朕の〔彼への〕恵与だからである。

　これ〔前記国王の命令〕は、十全にそして真実彼のために役立つ第一の誓言を彼に与えるものであるから、彼がそれ〔同職〕に就くこととこの誓言については、これ〔本勅令〕の裏面に明記すること。前述のジョアン・デ・メンドンサが、かねであれ倉庫のいかなる品物であれ、前述の航海のために何らかのものを望むなら、朕は前述の朕の副王および総督に対し、彼に対し充分に貸与出来るだけのものを彼に貸与させるよう、命じる。それらの価格は王室資産《ミニャ・ファゼンダ》が負担して、彼に与えること。一方彼は、前述の航海から戻ったらすぐに、彼が貸与を受けるすべてのものについて弁済義務がある旨の、保証人《アボナダ》を立てた確実な保証を与えること。神の加護を願うが、そこ〔航海〕においてもしも遭難したら、その場合は前述の彼の保証人たちは、前述の品物の価値を弁済する義務を負うものとする。

前述のジョアン・デ・メンドンサはまた、往路・復路ともに前述の航海において、およびシナにおけるマカオや日本の前述の諸港において、彼ら〔死者〕の資産《ファゼンダス》を託す者としてインディアにいる別の人物(5)を遺言の中で指名している人々の資産について、死者《デフントス》の遺産管理人《プロヴェドル》(6)を務めること。というのは何人《なんぴと》か、彼らの資産を託す者として、その船舶にいるか、または前述の諸港のどれか一つ〔の港〕にいる別の人物を遺言の中で指名する場合については、朕は、前述のジョアン・デ・メンドンサは何らそこに関与しないことを嘉納する。これ〔本勅令〕より以前に作成された朕の勅令《プロヴィザン》によって、それ〔カピタン・モール〕を恵与された別の人物がいない場合に、前述の如く、彼〔メンドンサ〕が前述の死者《デフントス》の遺産管理官《プロヴェドル》の職務を務めること。

朕はこれ〔本勅令〕によって、カピタンたち・掌帆長《メストレス》たち(7)・舵手《ピロトス》たち、およびかかる諸船舶《ナヴィオス》の人々、さらには上に挙げた諸港に滞在しているか、または居住している他のいかなる人々に対しても、次のことを命じる。前述のジョアン・デ・メンドンサが彼らのカピタン・モールとして、朕に代わって彼らに要求し、命じることのすべてについて、彼に服従するように。それを履行しない者は、朕の命令を履行しない者たちが被る刑罰を受けるものとする、と。

またこれ〔本勅令〕によって朕は、その時マラッカのカピタンである者に対し、次のことを命じる。すなわち、彼〔メンドンサ〕に前述の航海をさせること。そのために彼にあらゆる援助・恩恵を施し、彼にとって必要かつ充分な準備について彼を助けるように、と。たとい記録簿《リヴロ》には何ら記録されていないで、これとは異なる規定をしているいかなる諸勅令《プロヴィゾンエス》または諸規則《レジメントス》が存在しようと、これ〔本勅令〕を、その内容通りに完全に履行すること。

法典《オルデナソンエス》はそれとは異なる規定をしてはいるが、これ〔本勅令〕はそこ〔尚書職〕を介して発給されたものでないとはいえ、朕の名前で作成され、尚書職《シャンセラリア》を介して発給された書簡《カルタ》としての効力を持つことを朕は望み、そしてそれを喜ばしく思う。これ〔本勅令〕は二便《ヴィアス》によって送られる。これはその内の第一〔便〕である。それら〔二通〕の内の一通のみを履行し、今一通は効力を有しないものとすること。リスボンにおいて、一五六三年三月七日に認めた。アンドレ・ソアレス[8]がこれを記述させた。彼ら〔死者〕の資産を託する人を遺言に明記していない人々についても、同様に彼〔メンドンサ〕が死者《デフントス》の遺産管理官《プロヴェドル》であること。枢機卿王子。[9][10]」

註

（1）**fidalgo.** 文書12の註（2）。

（2）**João de Mendonça.** 一五六四年二月二九日から同年九月三日までインディア総督を務めた人物が、ジョアン・デ・メンドンサであるが（補註1）、おそらく同一人物であろう。彼がインディア総督に就任したのは、前任のインディア副王であるレドンド伯爵フランシスコ・コウティニョ（一五六一〜六四年在任）が、インディアでの戦闘中の一五六四年二月末に急死したためであるが（補註2）、継承者を記した書簡を開いたところ、第一にアフォンソ・デ・ノロニャ **D. Afonso de Noronha** の名が記されていたが、彼はその時インディアにいなかったので、第二番目に記載されていたジョアン・デ・メンドンサが、総督に就任することになった（補註3）。

その次のインディア副王には、一五六四年二月二四日アンタン・デ・ノロニャ **D. Antão de Noronha** が任じられ、彼は同年九月三日にメンドンサの後を襲ってインディア副王に就任し一五六八年まで在任した（補註4）。右のような次第で、ジョアン・デ・メンドンサのインディア総督就任は、いわば緊急事態が生じたための措置であったと言ってよい。

なお、本文書に見えるジョアン・デ・メンドンサが、右に記した半年あまりインディア総督を務めた同名の人物のことだとしても、この総督メンドンサは、一五六四年九月三日に総督職を離れて後、ポルトガルに帰り、一五七八年国王セバスティアンのアフリカ遠征に従軍し、戦死している（補註5）。したがって本文書により、メンドンサ自身がゴアからマカオ、そしてさらに日本への航海を行ったことはあり得ない。

本勅令には、ジョアン・デ・メンドンサ自身が航海を行わない場合の、その代理のことについては記述されていないが、ボクサー氏によると、一五六四年インディア総督であったジョアン・デ・メンドンサの兄弟であるシマン・デ・メンドンサ Simão de Mendonça が、そのジョアン・デ・メンドンサの代理で一五六六年、カピタン・モールとしてマカオから日本への航海を行ったという（補註6）。

なお、本勅令とは無関係であろうが、シマン・デ・メンドンサは一五七四年にも、やはり兄弟のジョアン・デ・メンドンサの代理で、カピタン・モールとして二度目の日本航海を行い、長崎に渡来している（補註7）。この一五七四年のシマン・デ・メンドンサの日本航海については、ここでは直接関係ないので触れず、彼の一五六六年の第一回目の日本航海について、少し述べる。

ボクサーは右に記した通り、一五六六年シマン・デ・メンドンサがカピタン・モールとして日本に来航したことに関して、それが「一五六四年インディア総督であった兄弟ジョアン・デ・メンドンサの代理で」on behalf of his brother, João de Mendonça, who was Governor of India in 1564 行われたものだと記述している。

これはその著書 The Great Ship from Amacon, 1959 での記述であるが、ボクサーは別の著書でも同じ件に触れ、一五六六年シマン・デ・メンドンサがカピタン・モールとして日本航海を行ったことを記述している。そこでは、兄弟ジョアン・デ・メンドンサの代理で、とは記していない（補註8）。訳者が引用した彼の著書は、一九九一年刊行であるが、その論文の初出は、雑誌 “Renascimento”, 1, 1, Macau, 1943. に掲載され、その全文を一九九一年刊行書に再録したものである（補註9）。

ボクサーがこの一九四三年の雑誌に掲載した論文では、シマン・デ・メンドンサの日本航海が兄弟ジョアン・デ・メンドンサの代理によることには触れず、一九五九年刊行の著書 The Great Ship でそのことを明記するについては、同書後半の付録史料の最初に掲げた（補註10）本勅令に着目した結果だと考えてよいであろう。

一五六四年に総督を務めたジョアン・デ・メンドンサと、本勅令によってシナ航海および引き続いて日本航海のカピタン・モール職を与えられた同名者とは同じ人物であろうということ、およびその人物は総督をやめて後ポルトガルに帰ったのであるから、彼自身がシナ航海・日本航海を行ったことはあり得ないことは、先に記した通りである。ボクサーが、兄弟シマン・デ・メンドンサの日本航海――その前提としてシナ航海を行ったことになるが――を、おそらく本勅令と関連づけたのであろうとするなら、カピタン・モール職を恵与された者は、自分自身がそれを執行出来ない場合は、代理者が行うことが出来る、という前提に立たなければならない。しかし本勅令は、代理者によるカピタン・モール職の執行については、触れていない。

このポルトガル国王からの航海権の恵与とそれにともなう所得等については、拙訳書に記したことがある（補註11）。そこでは、航海権の恵与を受けた者が実際にその航海を行う場合もあるが、その権利を他に売却して売却所得を得ることも多く行われたこと、その場合の売却所得額等について記したが（人物ではなく、都市・教会施設・医療機関等が航海権の恵与を受けたことも多く、このような場合は、その権利を譲渡することを前提としたと言ってもよいであろう）、恵与を受けた者に代わって、他の者が代理としてその権益を行使することについては触れなかった。そのようなケースを、想定していなかった。

しかし、一五六三年三月七日付けの勅令で恵与された、日本航海という点ではかなり早い段階のカピタン・モール航海権について、すでに如上の通り、代理者によってその権益が執行されていたことが確認出来る。恵与された航海権を他に譲渡することと、その航海権を代理者の執行に委ねることとは一脈通じるものがあり、いずれが先かは分からないが、両者相関連していたと言ってよいのではないか。

（補註1）Delgado Domingues, p. 118. Faria e Sousa, III, pp. 341 - 354.
（補註2）Delgado Domingues, p. 117. Faria e Sousa, III, p. 338.
（補註3）Delgado Domingues, p. 118.
（補註4）Ibid., pp. 119, 120. Faria e Sousa, IV, 1946, pp. 9 - 50.
（補註5）Delgado Domingues, p. 118.
（補註6）Boxer, 1959, p. 31.

（補註７）Ibid., p. 38.
（補註８）Boxer, 1991, I, p. 200.
（補註９）Ibid., p. 194.
（補註10）Boxer, 1959, pp. 173, 174.
（補註11）拙訳『モンスーン文書と日本』一四七～一五四頁。

（３）**viagem de capitão mór.** カピタン・モール航海権の問題については、拙訳『モンスーン文書と日本』一四七～一五四頁。

（４）**Veedor de minha fazenda.** 拙訳、同右、一五八頁。

（５）翻刻本には **outra pessoas** と記してあるが、**outras pessoas** の誤であろう。

（６）**provedor dos defuntos.** カピタン・モールが、往復の航海や諸港における死者の遺産管理人を務めたことについては、「ポルトガル王室がインディア各地に有する諸都市・諸要塞、そこにおけるカピタン職その他の諸役職、およびそれらの経費に関する記録」（一五八二年）と題する史料の、マカオ～日本間航海に関する記述にも記載されている。

なお、ゴアの控訴裁判所を構成する判事一〇人（担当部署を持つ者は六人）の内の一人が、遺産管理人 **provedor - mor dos defuntos** であった。またマカオのミゼリコルディアも、マカオで死亡した者の遺産の取計らいを重要な職務の一つとした。

右の史料は、拙訳『モンスーン文書と日本』序論で史料１として利用したが、右に記した遺産管理に関しては、同書の次の箇所に見える。四八・七八・八七・八八・一八六・一八七頁。

（７）**mestres.** 拙訳、同右、二六四頁。

（８）**André Soares.** この頃の国王文書に、同様の役割で文末にその名が記されている例が時折見られる。**Documentação, Índia.** あるいは同 **Insulíndia** の索引には、この人物の役職として、**escrivão em Lisboa**（補註１）、**secretário em Lisboa**（補註２）と記されている。**escrivão, secretário** を厳密に書き分けたわけでもなく、リスボン政庁における「書記」であろう。

（補註１）Documentação, Índia, 7, p. 579. Documentação, Insulíndia, 4, p. 538.

（補註2） Documentação, Índia, 8, p. 535.
（9） O Cardeal Infante. 摂政であった枢機卿エンリケである。文書11の註（12）。
（10） APO, 5 - II, pp. 538 - 540. Boxer, 1959, pp. 173, 174. Hespanha, pp. 116, 117.

17　一五六四年一一月二七日付けゴア発、インディア副王(1)の書簡

「神《デオス》の恩寵によって、内地《アケン》ではポルトガルとアルガルヴェスの国王であり、海外領《アレン・マル》ではアフリカにおいてギネーの領主《セニョル》であり、エチオピア・アラビア・ペルシア、およびインディアの征服・航海・商業の支配者《セニョル》であるドン・セバスティアン云々(2)。朕は、この朕の書簡《カルタ》を見る者たちに知らせる。

朕はその確かな原因、正当な理由からそれに向けて心を動かされ、しかもそれが神への大なる奉仕になると思うが故に、次のことを嘉納し、そうするのを喜ばしく思う。すなわち、これらインディアの諸地域のすべての朕の諸都市《シダデス》・諸要塞《フォルタレザス》、および土地《テラス》において、いかなる身分・地位であれ、非信徒《インフィエル》は何人《なんびと》も、自分が説得されてイスラム教徒《モウロ》またはユダヤ教徒《ジュデウ》になってはならないし、またこちらから誰か異教徒《ジェンティオ》に［イスラム教徒やユダヤ教徒になるよう］働きかけをしてもいけない。もしもこれに背いた者がいたら何人《なんびと》であれ、彼の資産《ファゼンダ》をすべて没収し、そして永久に囚われ人《カティヴォ》(3)として、朕のガレー船(4)の使役に服する刑罰に処す。イスラム教徒《モウロ》またはユダヤ教徒《ジュデウ》になる異教徒《ジェンティオ》にも、同じ刑罰を科すものとする。

皆に周知徹底させ、不知を言い張ることが出来ないようにするために、朕は前述の諸地域［インディア］の諸要塞において、これ［本書簡］を公告するよう命じる。したがって朕は、このことをすべての朕の司法関係者《ジュスティサス》たち・

役人《オフィシアエス》たち、およびこれ〔本書簡〕が関わる人々に通告する。そして彼らに対し、いかなる疑義をも差し挟むことなく、全面的にこれを履行するよう、そして履行させるように命じる。朕のゴア市において、一一月二七日に、朕の印を押して発給した。国王陛下《エル・レイ》が彼の顧問会議《コンセリヨ》〔メンバー〕であり、インディア副王であるドン・アンタン・デ・ノロニャを介してこれを命じる。[5] われらの主イエズス・キリストの生誕以降一五六四年にフランシスコ・デ・リスボア[6]がこれ〔本書簡〕を作成した。〔私こと〕書記官《セクレタリオ》[7]がこれを記述させ、そして署名した。副王。書記官《セクレタリオ》マノエル・レイタン。[8][9]」

註

（1）Dom Antão de Noronha. 一五六四～六八年インディア副王在任。Delgado Domingues, pp. 119, 120.

（2）Dom Sebastião. 文書11の註（1）・註（12）。

（3）cativo. 文書3の註（2）。

（4）galés. 文書4の註（14）。

（5）本文書の註（9）に記す通り、この傍線箇所のみポルトガル国王が三人称で記され、動詞も同じく三人称の形をとる。なお「顧問会議」については拙訳『モンスーン文書と日本』三一七・三一八頁。

（6）Francisco de Lisboa. ゴア政庁における書記であるが、この人物の役職名として Documentação, Índia には、escrivão（補註1）および secretário（補註2）の両様に記す。

（補註1）Documentação, Índia, 9, p. 637. Documentação, Índia, Índice, p. 101.

（補註2）Documentação, Índia, 4, p. 587.

（7）Secretario. 拙訳『モンスーン文書と日本』一四五・一四六頁。

（8）Manoel Leitão.

（9）APO, 5 - II, pp. 578, 579. Documentação, Índia, 9, pp. 340, 341.

文書8の註（6）に記した通り、インディア領国の統治に関する法令は、A・B1・B2の三種あり、本文書はその内のB1、すなわち、ポルトガル国王がインディア副王（総督）を介して発給——あるいはインディア副王が国王名で発給——した書簡法令である。本文書の註（5）に記した通り、末尾の傍線箇所のみ「国王」が三人称で記され、対応する動詞も三人称単数形をとる。しかしそこに至るまでの文章においては、主体を表す語は名詞・代名詞で記されていると否とを問わず、ポルトガル国王であり、対応する動詞は一人称単数形である。

18　一五六五年一二月一六日付けゴア発、インディア副王の勅令

「インディア副王ドン・アンタン・デ・ノロニャ云々。私は、この私の勅令《アルヴァラ》を見る者たちに知らせる。私はいくつかの正当な理由からそれに向けて心を動かされ、しかもそれが神《デオス》や私の主君《セニョル》である国王陛下《エル・レイ》への奉仕になり、これらの地域〔インディア領国〕の利益になると思うが故に、次のことを嘉納し、そして命じる。

国王陛下のすべての諸要塞《フォルタレザス》と土地《テラス》に、誰かユダヤ人《ジュデウ》が入ることも、そこにいることも、あってはならない。これに違反して、前述の陛下の土地または諸要塞において何人《なんぴと》であれユダヤ人が見つかったら、ガレー船向け囚われ人《カティヴォ》とされ、その資産《ファゼンダ》はすべて没収する刑罰に処すこととし、その半分はそれを告発した者に与え、他の半分は泊地《リベイラ》(1)の工事《オブラス》に充てるものとする。それ故私は、これらの地域の諸要塞のすべてのカピタンたち・聴訴官長《オウヴィドル・ジェラル》(2)・聴訴官たち《オウヴィドレス》・判事たち《ジュイゼス・ジュスティサス》(3)・徴税官たち《タナダレス》(4)、これ〔本勅令〕の提示を受け、その裁判権《コニェシメント》が帰属するすべての人々にこれを通告し、そして彼らに命じる。これを履行し、遵守すること。そして完全に履行・遵守させること。国王陛下が

このように命じるからである。

これ〔本勅令〕を、これらの地域〔インディア領国〕のすべての諸要塞《フォルタレザス》と諸都市《シダデス》の、慣例となっている公の場所に公告すること。皆に周知徹底させるためである。法典《オルデナサン》の第二巻《リヴロ》第二〇項《ティトゥロ》は、一年以上にわたってその効力が持続する事柄は書簡《カルタス》として発給しなければならない、勅令《アルヴァラス》として発給しても効力を有しない旨規定し、命じているし、その上尚書職《シャンセラリア》によって発給されたものではないが、これ〔本勅令〕は彼〔国王〕の尚書職《シャンセラリア》によって発給され、彼〔国王〕の印《セロ》を押した、国王陛下の名で作成された書簡《カルタ》として、効力を有するものとすること。一五六五年一二月一六日にゴアにおいて、アントニオ・ダ・クニャ(5)がこれを作成した。書記官《セクレタリオ》がこれを記述させ、署名した。副王(6)。

貴下が披見するための勅令《アルヴァラ》。記録《レジスタド》ずみ、マヌエル・レイタン(7)。記録《レジスタド》ずみ、シマン・フェルナンデス(8)。尚書職《シャンセラリア》において記録し、慣例通り写し《トレスラドス》(9)を諸要塞《フォルタレザス》に送ること。尚書職においてゴンディサルヴォ・Sが記録ずみ(10)。アウグスティニョ・サルヴァドル(11)。

一五六五年一二月末日にこのゴア市において、私こと下記の書記《エスクリヴァン》が門番《ポルテイロ》アマドル・ゴンサルヴェス(12)とともに、副王閣下の前記勅令《プロヴィザン》を、慣例の場所で公告した。真実かくの如く公告し、そして伝達されたので、私はこの記録《テルモ》を作成し、そこに、前述の門番《ポルテイロ》〔アマドル・ゴンサルヴェス〕が私とともに署名した。高官《メステレス》(13)たちの書記《エスクリヴァン》エステヴァン・マルティンズ(14)。門番のエステヴァン・マルティンズ(15)(16)。」

註

(1) **ribeira.** ゴアには「ガレー船の泊地」**ribeira das galés**、および「諸船舶の泊地」**ribeira dos navios** があった。そこには商館 **feitoria**・倉庫・火薬庫等が並び、ゴアの商業の中枢であり、商業・王室資産・財務に関わる役人が上下多数勤務していた。

Bocarro, 1992, II, pp. 140 - 143. Santos, p. 278.

(2) **ouvidor geral.** 拙訳『モンスーン文書と日本』四八・一五四・一六四〜一六六・四二三頁。

(3) **juises,justiças.** 文書9の註(10)。

(4) **tanadares.** まずダルガドによって、語義を確認しておく。今日ヒンドスターニー語で **thānadār** は「警察の地区本署の長」の意味であるが、東インディア関係のポルトガル文献では、この語は、「軍隊の一部署の長」「町の判事」「村の年貢徴収官」「税関の財務官」等の意味で使用された(補註1)。

かつてはゴア島に隣接するダケン王国 **Reyno de Daquem**(補註2)の沿岸地方の異教徒住民は、自分の土地や資産から年貢や借地料を支払わなければならない支配者はおらず、自由な暮らしをしていた。しかしカナラ王国 **Reyno de Canará**(補註3)の王が彼らを武力征服し、住民たちとの間で、一族で一区画の土地を借用し、その土地から所得があろうとなかろうと、毎年同王国の王とその継承者たちに対し、一定額を納める義務を有するとの永久的な契約を結んだ。各人が支払わなければならないこの借地料 **foro** の割り当ては、村や町の首長が行った。

これらの各区画に分割された村々は、**tanadaria** の職域に対応し、この **tanadaria** のカピタン、すなわちこれら納付の徴収を任務とする者を **tanadar** といった。この **tanadar** は、自分の **tanadaria** の住民に対し、民事・刑事の裁判権 **jurdição** を帯びた統治者であり、カピタンであった。

tanadar がポルトガル人である場合は、王室資産 **fazenda real** へ支払う義務がある税金や借地料の徴収に関わることの外には、キリスト教徒であれ異教徒であれ現地人に対して管轄権 **jurdição** を持たなかった(補註4)。

tanadaria, tanadar は右に記したゴアのみに存在した役職ではなく、徴税関係の職務としてインディア領国の各要塞・都市に広く存在した(補註5)。

また **tanadar** の長ともいうべき **tanadar mor** の役職は、貴族が任じられた(補註6)。一五五四年当時 **tanadar mor**

がいたのは、ゴアとバサイン Baçaim だけであった（補註7）。アントニオ・ボカロが一六三五年に作成した記録によると、その当時ゴアには tanadar mor がいたが、バサインには見えない（補註8）。

（補註1）Dalgado, II, p. 351. Yule & Burnell, p. 896.

（補註2）トメ・ピレス『東方諸国記』一一九〜一二一頁。

（補註3）ポルトガル文献に見える Canará は、ゴアの南 Angediva 島（14°46'N, 74°07'E）と Cananor の北 Eli 山（12°2'N, 75°12'E）の間のインド西岸地方を指す。

Albuquerque, I, pp. 185-187.

（補註4）Livro das Cidades, e Fortalezas, que a Coroa de Portugal tem nas Partes da Índia, e das Capitanias, e mais Cargos que nelas ha, e da Importância delles, f. 10, 10v.

（補註5）右の（補註4）に掲げた文献は一五八二年に作成されたものであるが、その随所に、この名称の役職が見える。

（補註6）（補註4）に掲げた文献の f. 10v.

（補註7）Santos, pp. 316, 317.

（補註8）Bocarro, 1992, II, pp. 108-114, 144. なお tanadaria については拙訳『モンスーン文書と日本』四八八頁。

（5）Antonio da Cunha. ゴア政庁における書記 escrivão である。

Documentação, Índia, 9, p. 629; 12, p. 897.

（6）APO にはこの「副王」Viso Rey までで、以下は Documentação, Índia のみに記述されている。

APO, 5-II, pp. 598, 599. Documentação, Índia, 9, pp. 544, 545.

（7）Manuel Leitão. 文書17の註（8）にも見える。

（8）Simão Fernandes. ゴア政庁の書記的な役割で、この当時の同政庁の公文書の末尾にその名が記されている例が散見する（補註1）。なお Documentação, Índia の索引には、この人物の役職として、「ゴアにおけるポルトガル人役人」funcionário português em Goa と記されている（補註2）。

（補註1）Documentação, Índia, 9, pp. 312, 438.

（補註2）Documentação, Índia, Índice, p. 235.
（9）翻刻本に、o trestados (sic) と記してある。動詞と定冠詞は単数形であるので、treslado の誤との意味であろう。
（10）傍線箇所の原文（翻刻本）は Gondiçalvo S. Registado na Chancelaria. である。Gondiçalvo S. が人名かどうかも不明で、確信が持てないが、一応表記のように邦訳しておく。
（11）Augustinho Salvador. Agostinho Salvador は、ゴアの門番 porteiro である。Documentação, Índia, Índice, p. 11.
（12）Amador Gonsalves.
（13）翻刻本には mesteres と記し、脚註を付して、原文書に省略形で記してあり mr.^{es} と読めるが、確信は持てない旨、断っている。
（14）Estevão Martinz. 翻刻本の脚註に、原文書には下線の名が Miz と記してある旨、断っている。Documentação, Índia, 9, p. 545.
（15）翻刻本には Estevão Martinz do porteiro (sic) と記してある。書記と門番が同じ名前で疑義があるので、(sic) を付したのであろう。
（16）Documentação, Índia, 9, p. 545.

19　一五六六年二月七日付けリスボン発、ポルトガル国王勅令（要旨）(1)

「王室《スア・カザ》の貴族《フィダルゴ》であるドン・ディオゴ・ロボ(2)が、インディアの地域・この〔ポルトガル〕王国《レイノ》、および一五六二年にシャリフ(3)に包囲されたマザガン村(4)において果たした奉仕を考慮して、インディアからシナへの二回のカピタン・モール航海《ヴィアジェンス・デ・カピタン・モール》権を彼に恵与《メルセ》する国王陛下《エル・レイ》の勅令《アルヴァラ》。

すなわち、その内の一回はマラッカ経由、今一回はスンダ経由である。(5) それらの航海《ヴィアジェンス》は、彼〔ディオゴ・ロボ〕の負担と支出で艤装をした、彼のナウ船または船舶《ナヴィオ》で務めること。いかなる港に到達しようと、そこにおいて、そこに停泊あるいは居住するあらゆるナウ船・船舶、およびポルトガル国民のカピタン・モールたるべきこと。マカオ・スンダ・シナの諸港においても同様たるべきこと。

それらの内の一〔港〕、または前述のドン・ディオゴが希望する他のどの〔港〕からでも、日本に向け自ら渡航することも、彼のナウ船または船舶《ナヴィオ》、あるいはジャンク船《ジュンコ》に彼の商品《ファゼンダ》を積載して派遣することも、出来るものとする。彼が前述の日本の港に行ったら、彼がそこ〔日本の港〕でもまた、上述の如きカピタン・モールであることを、〔国王は〕嘉納する。(6)

前述の日本の港からシナ〔の港〕に向けて彼が行う帰航に関しては、国王陛下《スア・アルテザ》の勅令《プロヴィザン》によって前述のカピタン・《カピタニアス・》モール《モーレス》職を恵与された者が誰か前述のシナの港にいたら、そこ〔同シナの港〕では彼はカピタン・モールではないものとする。彼に対して前述の〔カピタン・モール航海権の〕恵与《メルセ》がなされた昨一五六五年一月三〇日以前に作成された勅令《プロヴィゾンエス》によって、〔カピタン・モール航海権〕を恵与《プロヴィドス》された者が空席《ヴァガンテ》の場合は、彼が前述の航海《ヴィアジェンス》を務めること。

往路・復路ともに前述の〔二回の〕航海《ヴィアジェンス》の内の各〔航海〕において、および前述のマカオ・スンダ・シナ、および日本の諸港において、遺言の中でインディアにいる別の人物を指名して自分の資産《ファゼンダス》を託する旨の意思表示をしている者たちの資産について、死者《デフントス》の遺産管理人《プロヴェドル》(7)を務めること。というのは、彼らが遺言の中で自分の資産を託する旨指名した別の人物が、かかる〔ドン・ディオゴの〕ナウ船または船舶《ナヴィオ》に乗船しているか、または前述の諸港の一〔港〕にいる場合は、前述のドン・ディオゴはそこに一切関与しないこと。また、自分の資産を誰に託するか、遺言の中で明確に意思表示をしていない者たちについても、死者《デフントス》の遺産管理人《プロヴェドル》を務めること。この死者の遺産管理官の職務は、前述の一五六五年一月三〇日以前に作成された国王陛下《スア・アルテザ》の勅令《プロヴィザン》によって、それ〔カピタン・モール航海権〕が恵与された別の人物がいなければ、上述の如く務めること。

前述のドン・ディオゴが前述の各航海のために、かねであれ、これらの地域(8)〔インディア領国〕の国王陛下《スア・アルテザ》の倉庫のいかなる品物であれ、何らかのものを望むのなら、満足のいくだけのものを彼に貸与することを〔国王は〕嘉納し、そのような措置をとるよう、そこの副王および総督に命じる。彼〔国王〕の王室資産《ファゼンダ》がそれらに費やした価格で、彼に与えること。彼は、彼が前述の〔二回の〕航海の内の各〔航海〕の務めから戻ったらすぐに、貸与を受けた物に相当する価値のものを返済する義務を負う旨、彼は保証人を立てて、確実な保証を与えること。神がそれをお許しにならないことを願うが、それら〔航海〕において〔貸与したものが〕失われたら、そのような場合は前述の彼の保証人たちが、前述の〔貸与を受けた〕物に相当する価値のものを、すべて返済する義務を負うものとする。

〔国王陛下は〕かかる船舶《ナヴィオス》のカピタンたち・舵手《ピロトス》たち・掌帆長《メストレス》たち・乗組員《コンパニャ》たち(9)、および前述のマカオ・スンダ・シナ、および日本の諸港に滞在または居住しているいかなる人々であろうと、次のことを命じる。前述のドン・ディオゴが国王陛下に代わって彼らに要求し、命じることに対しては、彼らのカピタン・モールとして、そのすべてに服従すること。それを履行しない者は、国王の勅命を履行しない者たちが被る刑罰を受けるものとする。リスボン、一五六六年二月七日(10)。」

註

(1) 本文書はポルトガル国王勅令の原文ではなく、その要旨である。翻刻本にも Summario と明記している。本文書の註(8)に記すが、ポルトガル国王の意を体して、ゴア政庁で作成された文書であることは明らかである。このような様式の文書は、以下何点か続くが、勅令原文（現実はゴアで作成されたものであったとしても、形式的にはリスボン発一五六六年二月七日付けであろう）は、おそらく本人に渡されるものであるはず故、その控えの意味からこのような文書が作成され、政庁に保管されたものであろう。

（2）**D. Diogo Lobo.** 一五四〇年代ゴアに、第三代アルヴィト男爵 **terceiro barão de Alvito** であるドン・ロドリゴ・ロボ・ダ・シルヴェイラ **D. Rodrigo Lobo da Silveira**（補註1）の甥（補註2）に当たる、ドン・ディオゴ・ロボという人物がいたという。

そのことを伝える史料は四点知られており、いずれも教会関係のものである。

①一五四八年一一月九日付けゴア発、イエズス会士メルシオル・ゴンサルヴェスがコインブラの仲間のパードレやイルマンたちに宛てた書簡に、「アルヴィト男爵の甥でドン・ディオゴ・ロボ **don Diogo Lobo** という者」およびその他の者たちが渡来して、イエズス会に入ることを希望した旨、記述されている（補註3）。

②一五四八年一一月二八日付けゴア発、ゴア司教ジョアン・デ・アルブケルケ **D. João de Albuquerque, Bispo de Goa** がポルトガル国王ジョアン三世に送った書簡は、三人のポルトガル貴族がイエズス会コレジオに入ったことを報告しているが、その内の一人が「アルヴィト男爵の甥でドン・ディオゴ **Dom Dioguo** という者」であったという（補註4）。

③一五四八年一二月一三日付けゴア発、イエズス会士ガスパル・バルゼオ **Gaspar Barzeo** が、コインブラの仲間たちに送った書簡には、「渡来したドン・ディエゴ・ロボ **don Diego Lob[o]** と他の三人」がイエズス会に入った旨、見える（補註5）。

④イエズス会士ニコロ・ランチロット **Nicolò Lancilotto** がイエズス会総長ロヨラに宛てた書簡に、「高貴な生まれの二人が、霊操を行うためにコレジオに入ってきた。彼らは貴族であった。（補註6）」と記述されている。二人の名前は記されていないが、編者のヴィッキは、②の史料の記載により、ディオゴ・ロボ、およびドン・アンドレ・デ・カルヴァリョ **D. André de Carvalho**, さらに今一人 **Alvoro Fereira (Alvaro Ferreira)** がいた、と註記している。もう一つの翻刻本の編者シルヴァ・レゴも、**D. Diogo Lobo** および **D. André de Carvalho** の二人であると註記する。

アルヴィト男爵の甥であれ息子であれ、一五四八年にゴアに渡来してイエズス会コレジオに入った人物として、右の①②③の史料にその名前が明記されているドン・ディオゴ・ロボと、本文書により、その功労への恩賞として国王から二回の航海権の恵与を受けた同名の人物が、同一人物であるとの確証はないが、諸々の事情を考え合わせ、その蓋然性は高いと言ってよいであろう。ただ一点、イエズス会に入会したことと整合しないが、年月の隔てもあり、脱会したこともあり得よう。

(補註1) Nobreza de Portugal e do Brasil, II, p. 268.

(補註2) 右記の通り、イエズス会士とゴア司教の書簡には「アルヴィト男爵の甥」と記されているが、翻刻本の編者ヴィッキによれば、ディオゴ・ロボは、第三代アルヴィト男爵ロドリゴ・ロボの息子である旨、註記している。ヴィッキはその典拠として二点の文献を挙げている(a)。その内の一点の文献は未見である。今一点の文献(b)は、なぜにディオゴ・ロボがロドリゴ・ロボの息子であることの典拠になりうるのか、不明である。シルヴァ・レゴも、ディオゴ・ロボは、第三代アルヴィト男爵ロドリゴ・ロボの息子であると註記しているが、典拠を示していない(c)。

なお、第三代アルヴィト男爵の息子である第四代アルヴィト男爵は、ドン・ジョアン・ロボという。この人物は、一五七八年八月四日モロッコのアルカセル・キビル Alcácer Quibir(d)の戦いで死亡した。ポルトガル国王セバスティアンが戦死した戦いであり、戦死した日も国王と同じである(e)。したがって、息子だとしても、嫡子ではない。

(a) Documenta Indica, I, p. 331.

(b) Schurhammer, 1962, p. 319, Q 4672.

(c) Documentação, Índia, 4, p. 139.

(d) Alcácer Quibir とは「巨大な城」o grande castelo の意味である。その位置は、Tânger の南南西約五〇キロのところにある、モロッコの大西洋岸の都市アズィラ Azila の南西である。

Serrão, Joel, I, pp. 79, 80, 216, 217.

(e) Nobreza de Portugal e do Brasil, II, p. 268.

(補註3) Documenta Indica, I, p. 309. Documentação, Índia, 4, p. 117.

（補註４）Documenta Indica, I, pp. 331, 332. Documentação, Índia, 4, pp. 139, 140.
（補註５）Documenta Indica, I, p. 404. Documentação, Índia, 4, p. 170.
（補註６）Documenta Indica, I, p. 441. Documentação, Índia, 4, p. 196.

（３）**Xarife.** 次の註（４）。

（４）**Vila Mazagão.** マザガンは、モロッコ **Morrocos** の大西洋岸に位置する。カサブランカ **Casablanca** の南西約七五キロのアザモル **Azamor** 市（アジムール **Azemmour**）の南約一〇キロである。広い湾を形成しており、航海の安全のために、古くから知られたところであった。マグリブ **Magrebe**（アフリカ北西部諸地域）のアラブ人が支配していた当時市は発展せず、消滅してしまった。一二世紀には **Mazagão** はベルベル語の古い地名となっていたようで、ポルトガル人が現地人と接触を持つようになってから、その地名を取り入れ、使用するようになった。

ポルトガル人は一五世紀末頃から、マザガン湾を利用してモロッコの小麦を輸出した。一五〇二年、この地域にモーロ人による要塞建造の企てがある旨、現地のポルトガル人から国王マヌエル一世に報じられた。一五〇五年同国王は、ジョルジェ・デ・メロ **Jorge de Melo** に対し、自費での要塞建造を許可し、その代償として彼とその子孫に、その要塞のカピタン職を恵与した。

しかし、最初の要塞建造が実現するのは、一五一三年ブラガンサ公爵ジャイメ **D. Jaime** によってアザモルが征服された後の一五一四年であった。要塞での暮らしは、アザモル市のお陰で成り立った。

一五四一年、商業で栄えていたポルトガルの要塞サンタ・クルズ・ド・カボ・デ・ゲ **Santa Cruz do Cabo de Gué**（今日の、モロッコのアガディル **Agadir** の北二〜三キロ）をモーロ人が征服するに至り、ポルトガル国王ジョアン三世はサフィン **Safim**（モロッコの大西洋岸の港湾都市）とアザモルの放棄を命じ、モロッコの南部沿岸ではこのマザガンが唯一の要塞として、ポルトガル人の手に残った。一五四一年から四三年にかけて国王は、同要塞の補強工事を行った。

一五六二年マザガン要塞は、シャリフ・ムレイ・アブダラ・アルガリベ **xerife Mulei Abdalá Algálibe** の息子ムレイ・モハメド・アルモタワキル **Mulei Mohâmede Almotauaquil** が率いる強力なモーロ人軍勢に包囲された。摂政カタリナ（補註１）は、一五六一年すでにそこの放棄を計画し、カピタン・アルヴァロ・デ・カルヴァリョ **capitão**

Álvaro de Carvalho と守備隊に撤退を命じていた。

包囲の第一報が本国に届くや、大勢の貴族や民衆は、国王政府の決定前に同要塞救援のために乗船した。摂政は、要塞を守ることを余儀なくされる形になったが、その戦いはさらに二ヵ月続き、その間に多くの英雄的行為が見られた。

同要塞は半世紀以上にわたって堅持され、その大部分の期間カルヴァリョの一族がカピタンを務めた。

なお、後に一五八〇年ポルトガル国王エンリケの死去にともない、その後の王位継承を巡って国内が大いにもめた際（補註2）、この要塞の守備隊は、クラト修道院長 **prior do Crato** アントニオの即位を支持し、援軍派遣を準備する動きすら見せたが、しかし結局一五八〇年一〇月、フェリペ二世がポルトガル王位に就くのを受け入れた。

本文書に、一五六二年マザガンにおけるディオゴ・ロボの働きと特記しているのは、右に記した同要塞を巡るアラブ軍との戦いに彼が参戦して、それ相当の働きを見せたことを意味するものである。

（補註1）文書11の註（12）。

（補註2）拙訳『モンスーン文書と日本』一一三〜一一八・一三三〜一四〇頁。拙著『キリシタン時代の貿易と外交』第三部第三章。

註（4）の文献。

Serrão, Joel, I, pp. 262, 263; III, pp. 349, 350; IV, pp. 231 - 233; V, pp. 413, 453, 454. Albuquerque, II, pp. 716 - 718.

（5）**Sunda.** インディアからシナに渡航するのに、一つはマラッカ経由、今一つはスンダ経由で渡航するカピタン・モール航海権がここで恵与されている。一五八二年のポルトガル領インディア関係史料には、シナから日本への航海権を恵与された者は、かつてはマラッカからスンダに行き、そこから大量の胡椒 **pimenta**・香料 **drogas** をシナにもたらしていたので、マラッカで香料を購入する必要はなかったが、何年か前からスンダに行かず、マラッカでそのカピタンからシナ向けの香料の航海《ヴィアジェン・ダス・ドロガス》（権）を買得して、その香料を積んでマカオに直航するようになった旨を記す。今ここで問題にしている航海権は一五六〇年代のことであるので、マラッカからスンダを経由してマカオに渡航する航海が、行われていたのであろう。

拙訳『モンスーン文書と日本』七六・七七・八七頁。

（6）ボクサー、岡本両氏の著書によると、ディオゴ・ロボという名の人物がカピタン・モールとして日本に渡来した事実は、ないようである。

Boxer, 1959. Boxer, 1991, I, cáp. 3. 岡本良知『十六世紀日欧交通史の研究』。

（7）原語（翻刻本）は povedor dos defuntos と記してあるが、provedor dos defuntos の誤か。遺産管理人については、文書16の註（6）。

（8）傍線箇所の原語は destas partes であるが、この表現に加え、文書発給の主体であるポルトガル国王のことを ElRey, Sua Alteza 等の語で表し、対応する動詞は三人称単数形をとるなど、本文書は国王自身が発給したのではなく、国王の意を体してゴアの副王政庁で作成されたものと言ってよい。文中二度にわたって、ディオゴ・ロボへの恵与が一五六五年一月三〇日になされた旨、記されている。つまり、ポルトガル国王によってその年月日にその恵与の決定がなされた旨、ゴアに伝達されたことを意味する。

（9）companha（companhia の誤であろう）。本文書で capitães, pilotos, mestres, e companha dos taes navios, と記してある件が、同類の国王勅令である文書16には capitães, mestres, pilotos, e e ás pessoas dos taes navios と記してある。船舶のカピタン・舵手・掌帆長以外の乗組員のことか。

（10）**APO, 5 - II, pp. 600, 601.**

前出文書16と本文書19とは、カピタン・モール航海権の恵与を受けた人物が違う点を別にして、本文書の註（1）に記した通り、文書16は勅令の原文であり、当然命令を下す主体であるポルトガル国王が一人称単数形で記述されているのに反し、本文書はその要旨であって、命令が三人称単数形で記されているなど相違点はあるが、全体として趣旨は類似している。

最も大きな相違点は、文書16はメンドンサに一回の航海権を恵与したのに反し、本文書ではドン・ディオゴに二回の航海権を恵与している。その他、航海権を恵与する本人や関係者に与える命令事項の内容は基本的に同じである。それに付随して命じるあまり重要でない事柄の中には、文書16には記されているが、本文書には見えないものが少しある、と言った程度である。

なお本文書に関してとくに指摘すべき点は、文書の日付は一五六六年二月七日となっているが、実際にドン・ディオゴ・ロボに二回の航海権が恵与された勅令は、一五六五年一月三〇日付けのはずである。それは本文書中に二度にわたってその旨記されていることによって、明らかである。

本文書を載せる翻刻本は APO, 5 - II である。APO5 - I; 5 - II; 5 - III は一六世紀におけるポルトガル国王やインディア副王・総督の勅令・書簡を多数収載するが、それらの文書が原文の場合と要旨であるケースの両様である。本文書の如く、要旨を載せている場合も多数に上る。単に原文書の要旨というだけではなく、本文書同様、実際に何人かに恵与がなされた勅令の日付を明記して、その直後に要旨を作成したケースも少なくない。本文書は一年あまり後であるが、その同年同月の場合もある。勅令原文書の日付の直後に要旨が作成されたのであれば、控えを作って保存したとも考えられようが、本文書の如く一年あまり経過した後となるとそうとも思われず、判断に窮するが、とにかく何らかの理由で文書によっては後日要旨を記した文書が作成されて、それが保管されたのであろう。

20　一五六六年二月二五日付けリスボン発、ポルトガル国王のインディア副王宛書簡（要旨）(1)

「彼〔国王〕の王室の貴族《フィダルゴ》であるドン・ディオゴ・ロボ(2)に対し、インディアからシナへの、二回のカピタン・モール航海権《ヴィアジェンス・デ・カピタン・モール》を恵与したことに言及する国王陛下《エル・レイ》の副王宛書簡。前述の二回の航海権《ヴィアジェンス》については、彼〔副王〕に発給を命じた勅令《アルヴァラ》(3)に記されている通りである。

この度、前述のドン・ディオゴが、彼の勘定でナウ船または船舶《ナヴィオ》の艤装をすることが出来るだけの資産《カベダル》を、インディアの地域には有しない旨を彼〔国王〕に書き送ってきた。そして、国王陛下《スア・アルテザ》の一艘のナウ船または船舶《ナヴィオ》を、彼〔ドン・ディオゴ〕に与えるよう命じてほしいと要請した。それ〔同ナウ船または船舶〕によって、前述の〔二回の〕航海《ヴィアジェンス》を行うためであった。また、帰航に関してすべての支払いに要する支出額のために、必要な保証《フィアンサス》を与えてもらいたい、というものであった。

国王陛下《スア・アルテザ》は、次のことを嘉納する。前述の勅令《アルヴァラ》によって、前述のドン・ディオゴが前述の〔二回の〕航海《ヴィアジェンス》を務めるのが適切な時には、副王は、艤装を済ませ、大砲を据え付け、必要な物をすべて配備した国王陛下《スア・アルテザ》の一艘のナウ船または船舶《ナヴィオ》を、彼に対して与えるよう指示すること。前述の〔二回の〕航海《ヴィアジェンス》を行うためである。かかる時〔同航海を行う時〕に、彼の務めにとって何も必要としなくても、〔如上の措置をとること〕。

このように彼に与えられるもののすべてについて、疑わしいところのない、しかもそれに精通している人々によって、まず査定を行うこと。前述のドン・ディオゴまたは誰か彼の代理の者が、それに立ち会うこと。いかなる物であれ彼〔ドン・ディオゴ〕に渡される前に、まず最初に彼は、確実でしかも保証人を立てた、寄託《デポジタリア》の保証《フィアンサ》を与えること。それは、前述の〔二回の〕航海《ヴィアジェンス》が行われたら直ちに、このようにして彼に渡された物の査定額を全額、現金《ディニェイロ・デ・コンタド》で確実に支払うよう義務づけるためである。前述のドン・ディオゴがそれを支払わないか、または前述の〔二回の〕航海《ヴィアジェンス》において失われた場合は、前述の彼の保証人《フィアドレス》たちが直ちに、確実に現金《ディニェイロ・デ・コンタド》で前述の査定額を支払う義務を負うものとする。(4)」

註

（1）文書19の註（1）と同。
（2）**D. Diogo Lobo.** 文書19の註（2）。
（3）一五六五年一月三〇日付けで国王からディオゴ・ロボに与えられた勅令である。文書19の註（8）。
（4）**APO, 5 - II, pp. 605, 606.**

21　一五六七年三月一五日付けリスボン発、ポルトガル国王の勅令（要旨）[1]

「王室《スア・カザ》の貴族《フィダルゴ》であり、フェイラ伯爵[2]——神が彼をお赦しになることを望む——の子息であるドン・アントニオ・ペレイラ[3]に、インディアからスンダを経由しないでシナに渡航する[4]ナウ船または船舶《ナヴィオ》の、一回のカピタン・モール航海権《ヴィアジェン・デ・カピタン・モール》を恵与《メルセ》する国王陛下《エル・レイ》の勅令《アルヴァラ》。

このカピタン職《カピタニア》は、彼〔アントニオ・ペレイラ〕の負担と支出で艤装をした、彼のナウ船または船舶《ナヴィオ》で務めること。またシナの〔マカオ〕港にいる間は、そこに停泊あるいは居住するあらゆるナウ船・船舶、およびポルトガル国民のカピタン・モールたるべきこと。その〔マカオ〕港から、日本に向け自ら渡航することも、彼のナウ船または船舶《ナヴィオ》、あるいはジャンク船《ジュンコ》に彼の商品《ファゼンダ》を積載して派遣することも、出来るものとする。彼が自ら日本の港に行く場合は、彼がそこ〔日本の港〕でもまた、上述の如きカピタン・モールであることを、〔国王は〕嘉納する。

前述の日本の港からシナ〔の港〕に向けて彼が行う帰航については、前述のシナの港にいたら、そこ〔同シナの港〕では彼はカピタン・モール職《カピタニア・モール》に任じられた者が誰か、前述のシナの港にいたら、そこ〔同シナの港〕では彼は〔国王〕の勅令《プロヴィザン》によって前述のカピタン・モールではないものとする。彼に対してこの恵与《メルセ》がなされた昨一五六六年一二月一二日以前に〔カピタン・モールに〕任じられた者《プロヴィドス》が空席《ヴァガンテ》の場合は、彼が前述の航海《ヴィアジェンス》を務めること。

前述の航海中あるいは諸港において死者がでて、その者たちが遺言の中で、インディアにいる別の人物を指名して、自分の資産《ファゼンダス》を託する旨の意思表示をしている者たちについては、往路・復路ともに前述の航海《ヴィアジェン》において、および前述のシナおよび日本の諸港において、その者たちの死者《デフントス》の遺産管理人《プロヴェドル》[5]を務めること。というのは、彼らが遺言の中で自分の資産を託する旨指名した別の人物が、かかる〔ドン・アントニオの〕ナウ船または船舶《ナヴィオ》に乗船していうるか、または前述の諸港の一〔港〕にいる場合は、前述のドン・アントニオはそこに関与しないことを嘉納する。また、自分の資産を誰に託するか、遺言の中で明確に意思表示をしていない者たちについても、死者《デフントス》の遺産管理人《プロヴェドル》を務めること。この死者の遺産管理人の職務は、前述のカピタン・モール職《カピタニア・モール》が彼〔ドン・アントニオ〕に恵与された前述の昨年一二月一二日以前に作成された国王陛下《スア・アルテザ》の勅令《プロヴィザン》によって、それ〔カピタン・モール〕に任じられた《プロヴィダ》別の人物がいなければ、上述の如く務めること。

前述のドン・アントニオが前述の航海のために、ナウ船やかねであれ、これらの地域〔インディア領国〕の倉庫のいかなる品物であれ、何らかのものを望むのなら、満足のいくだけのものを彼に貸与させるよう、〔国王は〕副王に命じる。彼〔国王〕の王室資産《ファゼンダ》がそれらに費やした価格で、彼に与えること。彼が前述の航海から戻ったらすぐに、前述の〔貸与を受けた〕ものに相当する価値のものを返済する義務を負う旨、彼は保証人《アボナダ》を立て、保証を寄託する《デポジタリア》ことによって、確実な保証を与えること。神がそれをお許しにならないことを願うが、それ〔航海〕において〔貸与したものが〕失われたら、そのような場合は前述の寄託した保証《フィアンサ・デポジタリア》によって、〔貸与を受けた〕ものに相当する価値のものを、受け取るものとする。リスボン、一五六七年三月一五日[6]。」

註

（1）文書19の註（1）と同。

（2）**Conde de Feira.** 文面から、第三代フェイラ伯爵ドン・ディオゴ・ペレイラ（?～一五五六年）の子息であろう。なお第四代フェイラ伯爵はドン・ディオゴ・フォルジャズ・ペレイラ **D. Diogo Forjaz Pereira**（?～一五九五年）であるから、本文書に見えるシナ・日本航海権の恵与を受けたアントニオ・ペレイラは、嫡子ではなかったことになる。**Nobreza de Portugal e do Brasil, II, pp. 584, 585.**

（3）**Dom Antonio Pereira.** ボクサーの著書には、日本に渡来したポルトガル船カピタンとしてアントニオ・ペレイラの名が見えるが、その年がかなり異なる。すなわち、同氏著書には次のように記述されている。

一五五六年一月一五日付けでコチン Cochin から、レオネル・デ・ソウザ Leonel de Sousa がドン・ルイス王子（ジョアン三世の弟）に書き送った書簡で、自分に与えられたシナ・日本航海のカピタン・モール職を、ベンガル湾のサタガオン Satagaon（補註1）港への、貿易のための三回の航海と交換してほしいと要請した。その理由は、シナに少なくとも二人のカピタン・モールがいる。彼らは私〔レオネル・デ・ソウザ〕に、またもう一人そこに行って〔カピタン・モールが〕群がっても、貴下にとって何の利益にもならない。〔日本への〕渡航は順番に行わなければならない、と言ったという事情からであった。

ソウザが言及した二人のカピタン・モールとは、おそらくドン・フランシスコ・マスカレニャス・パリャ Dom Francisco Mascarenhas Palha およびアントニオ・ペレイラのことであろう。マスカレニャスは一五五六年七月に豊後に渡来し、一一月にランパカウ Lampacau（またはマカオ）に向けて発った。

今一人の、ここで問題にしているアントニオ・ペレイラの航海であるが、彼の航海についての記録は見えず、イエズス会士の書簡に、一五五六年ギリェルメ・ペレイラ Guilherme Pereira の船舶が平戸に渡航した旨、記述されている。

翌一五五七年には、フランシスコ・マルティンス Francisco Martins がカピタン・モールとして日本航海を行い、平戸に渡来した。このマルティンスが、記録上は最初のマカオのカピタンであった。

このマルティンスの船とは別に、この年今一艘ポルトガル船が平戸に渡来している。しかし、そのカピタンの名は記録に見えない。おそらくそのカピタンがアントニオ・ペレイラであろう。

以上がボクサーの記述であり、アントニオ・ペレイラの日本渡航に関する記載はこれだけである（補註2）。アントニオ・ペレイラについては、岡本良知氏の著書の中でも言及されているが、氏は、ペレイラの船は日本にはついに渡来しなかったようだ、と記す（補註3）。

つまり、右の両氏によると（補註4）、アントニオ・ペレイラにシナ・日本へのカピタン・モール航海権を恵与した、本文書が関わる一五六六年一二月一二日勅令は、その文面の通りには執行されなかったと言わなければならない。その航海権を他に譲渡したとも考えられるが、詳細は不明である。

なおルイス・デ・アルブケルケ編纂の事典は、António Pereira を取り上げており、地図制作者 cartógrafo のペレイラと、一五三〇～四〇年代に capitão - mor do mar das Molucas, capitão - mor do mar de Malacas を務めた同名の人物とが、同一人物か否か不明としている（補註5）。
このモルッカやマラッカでカピタン・モールを務めたアントニオ・ペレイラと、一五六六年一二月一二日付け勅令でシナ・日本航海のカピタン・モール航海権の恵与を受けた、本文書のペレイラとが同一人物か否かも、不明である。

（補註1）Satagaon なる地名は、世界地図には見えない。
『グランド新世界大地図 Grand New World Atlas』。

（補註2）Boxer, 1959, pp. 23, 24. なおボクサーが引用している、一五五六年一月一五日付けでコチンからレオネル・デ・ソウザがルイス王子に書き送った書簡は、As Gavetas, I, pp. 909 - 915 に翻刻。関係記事は p. 914.

（補註3）岡本良知『十六世紀日欧交通史の研究』二七〇・三六〇頁。

（補註4）Boxer, 1959. Boxer, 1991, I, cáp. 3. 岡本良知、同右。

（補註5）Albuquerque, II, p. 878.

（4）Sunda. 文書19の註（5）。

（5）provedor dos defuntos. 文書16の註（6）。

（6）APO, 5 - II, p. 633, 634.

22* 第一回管区教会会議記録[1]（一五六七年ゴア開催）

「第一部《プリメイラ・アクサン》」

〔決定事項《デクレト》一～決定事項一五は省略〕

決定事項《デクレト》一六

この教会会議《シノド》(2)は古き教会法《カノネス》に従って、非信徒《インフィエル》は何人《なんぴと》も信徒《フィエル》の奴隷《エスクラヴォ》を所有してはならないと命じる。あるいは何らかの方法でそれ〔信徒の奴隷〕を買ったり、所有したりしたら、解放するよう命じる。またもしも何人《なんぴと》であれ、〔持主が〕非信徒である者の奴隷がキリスト教徒になったら、彼〔その非信徒持主〕に対して何の代価をも与えることなしに、同様に解放すること。ただし、売るために彼を連れてきた場合は別である。

というのはその場合は、最良〔の奴隷〕の代価として、彼〔奴隷を連れてきたその持主〕に一二クルザドを与えること。それよりも劣悪〔な奴隷〕に対しては、報酬《ソルド》はリブラ(3)当たりいくらで〔支払うこと〕。売るために彼ら〔奴隷〕を連れてくる商人たちの躓きを除去するために、そして改宗する者たちが一層容易に自由を獲得することが出来るために、このことが命じられるのである。

これは、彼らがわれわれの地に到着した日から始めて、三ヵ月以内に売却した上のことと了解すること。前述の期間内でそれが出来なくても、彼らが改宗するなら、彼〔持主〕に何の代価をも与えることなしに、解放すること。また、たとい三ヵ月以内であっても、〔持主が〕ユダヤ人《ジュデオ》またはモーロ人《モウロ》である者の奴隷《エスクラヴォ》がキリスト教徒になることを望むなら、彼らの宗派でなくても割礼を施し、解放すること。

われわれの近隣の非信徒《インフィエイス》の土地から彼らの奴隷が、われわれの地に来てキリスト教徒になる時は、この地域でわれわれと彼らとの間で結ばれた取決めや、われわれと彼らとの間で守られている慣行を、遵守すること。なぜなら、彼らの土地に行った時には、彼らがわれわれに奴隷《エスクラヴォス》たちを与えたり、あるいは彼らがわれわれに彼ら〔奴隷たち〕の代価を支払ったりするのを常としているのであるなら、彼らの奴隷たちがわれわれ〔の土地〕に来てキリスト教徒になる時には、丁度彼らがわれわれに支払うように、われわれが彼らにそれ〔奴隷の代価〕を支払うのは当然だからである。というのは、奴隷たちが彼らの許に戻ることはあり得ないからである。

決定事項《デクレト》一七

大勢の非信徒《インフィエイス》の商人（とくにモーロ人《モウロス》）は、この管区《プロヴィンシア》において、彼らを商うことが出来るところに行って、多数の異教徒《ジェンティオス》の奴隷《エスクラヴォス》を買う。彼らの土地においてモーロ人にするためである。このため、マホメット(4)の宗派《セイタ》が非常に広がることになる。多数の奴隷を擁して、彼らはキリスト教徒たちに対し一層強力になる。

このため聖なる教会会議《シノド》は、われわれの土地をかかる奴隷たちに通させてはならない旨、命じる。そして諸要塞《フォルタレザス》のカピタンたちや司法《ジュスティサ》のその他の役人《オフィシアエス》たちに対して、服従の徳により次のことを依頼する。彼ら〔異教徒奴隷〕を通すのに同意しないこと。また前述の奴隷たちが乗って来る船舶《エンバルカソンエス》でやって来るキリスト教徒乗客《パサジェイロス》たちに対しては、到着したらすぐに、それを高位聖職者《プレラド》(5)または司教総代理《ヴィガイロ》(6)に告発すること。

さらに〔教会会議は〕、前述の船舶《ナヴィオ》のカピタン・舵手《ピロト》、および掌帆長《メストレ》(7)に次のことを命じる。高位聖職者《プレラド》または司教総代理《ヴィガイロ》にそれを知らせ、彼ら〔異教徒奴隷〕の名簿を彼ら〔高位聖職者または司教総代理〕に与え、彼ら〔異教徒奴隷〕を連れてきたモーロ人《モウロス》たちの名前を明らかにするまでは、前述の奴隷たちの上陸に同意してはならない。これに違反したら破門罪に処し、五〇パルダウの罰金を徴する、と。〔教会会議はまた〕閣下《スア・アルテザ》〔インディア副王〕に対し、次のことを命じて下さるよう、要請する。彼ら〔カピタン・舵手・掌帆長ら〕に航海をする許可を与えるカルタズ(8)において、彼らに対し取扱いを禁じる品物の中に奴隷たち《エスクラヴォス》を入れること。

ただし、それが正当な理由《ティトゥロ》によって囚われ人《カティヴォス》となった者たちで、次のような義務をともなって彼らの諸要塞《フォルタレザス》に連れてきた者は別である。すなわち、売却先はキリスト教徒でなければならない。もしも彼らを買うキリスト教徒たちがいなければ、閣《スア・アルテザ》下の非信徒《インフィエイス》の家臣《ヴァサロス》たちに売却し、それ以外の者には売らないという義務である。また彼の家臣である非信徒《インフィエイス》は、彼らの奴隷《エスクラヴォス》たちを、他の非信徒たちの地域に送って売却することはしないこと。それによって前述の不都合なことが生じるからである。もしも彼ら〔奴隷〕を売却したい場合は、彼らをキリスト教徒たちに売却するよう義務づけ、もしもキリスト教徒たちがいなければ、閣《スア・アルテザ》下の家《スプディトス》臣である他の非信徒たちに売却すること。

決定事項《デクレト》一八

マラッカにおいて、非信徒《インフィエイス》の奴《エスクラヴォス》隷の多くが洗礼を受けてキリスト教徒になった後に、モーロ人《モウロス》たちのもとに行き、それによってわれわれの信仰の信用が失墜しているのが認められる。そのような者たちは、正しい意図をもって洗礼を受けるわけではないと思われる。

それ故、われわれは次のことを命じる。若年の男女（彼らは一般に、逃げる意図を持って洗礼を受ける危険性はない）は解放すること。前述の危険があるかもしれない大人《オメンス》たちは、マラッカ司教が調べること。(9) 信仰が確固としたものであることが期待される人々だと認められたら、彼らを自由の身とすること。上述の兆候が認められない者たちについては、彼らに対して心配りをして、信仰とよき習慣とを教えてくれる徳の高い人々に売却するよう、命じること。

非信徒《インフィエイス》の主《セニョレス》たちが彼ら〔奴隷〕を贈与する者たち〔相手のキリスト教徒たち〕が、彼ら〔奴隷〕に対してよい取扱いをする人々だと〔マラッカ〕司教が認めない限り、そのキリスト教徒たちに前述の奴隷たちを与えてはならない。というのは、改宗した彼らの奴隷《エスクラヴォス》たちの分を取り返すために、他〔の奴隷たち〕は改宗しないようにし、しかも彼ら〔奴隷〕に悪しき生き方をさせる者たちに彼らを贈与する、との情報があるからである。(10)

〔第二部《アクサン・セグンダ》は原文（翻刻本）欠落、第三《アクサン・テルセイラ》部は省略〕

第四部《アクサン・クワルタ》

〔決定事項一〜決定事項九は省略〕

決定事項《デクレト》一〇

この管区《プロヴィンシア》には、不正な囚われ人《マル・カティヴォス》の奴隷《エスクラヴォス》が大勢おり、彼ら〔その奴隷たち〕の霊魂を大いに損なっていることが分かっている。彼ら〔不正な囚われ人の奴隷〕は、彼らの土地から彼ら〔奴隷〕を連れて来る者たちや、彼ら〔奴隷〕を所有している者たちのものである。教会会議《コンシリオ》はこれを救済したいと思い、彼らを囚われ人とした経緯についての情報を得た。そして、通常彼らの土地から彼ら〔奴隷〕を連れて来る大勢の人々に関する情報により、これらの地域（とくにこのゴア市から南の地域）の奴隷《エスクラヴォス》はほとんどすべて不正な囚われ人《マル・カティヴォス》で、正当な囚われの状態《ボン・カティヴェイロ》の者は二〇分の四いるかどうか疑わしいということが分かった。

〔教会会議は〕主人たち《セニョレス》が不知の故に身の破滅に及ぶことのないように（正当な囚われ人《ベン・カティヴァ》たり得るような、その他の経緯はさておき）、得られた情報に基づき、これらの地域においては五つの事例《カゾス》のみによって、〔正当な〕囚われ人《カティヴォス》となるのだと言明する。

第一、ある者が女奴隷《エスクラヴァ》の息子である時。第二、正当な戦争《ジュスタ・ゲラ》において、彼らの敵によって捕獲された場合。第三、ある者が自由《リヴレ》であるにもかかわらず、法律的に自然法《レイ・ナトゥラル》に基づくことが明らかな諸条件が重なって、売られた時。第四、極度に窮乏状態にある父親が息子を売った時。第五、もしもかかる奴隷の土地において、それに違反したという理由で、その違反者たちを囚われ人にするよう命じる何らかの正当な法律が存在する場合。

これらの理由《ティトゥロス》のいずれかによって囚われ人である奴隷《エスクラヴォス・カティヴォス》となったということが明らかならば、彼の主人は良心に《コン・》恥じるところなく《ボア・コンシエンシア》彼を所有することが出来るものとする。逆に、それらの〔理由の〕内のどれかによって囚われ人となったのではないことが明らかならば、主人は彼を自由《リベルダデ》にする義務がある。

彼の土地から彼〔奴隷〕を連れてきた者からであれ、その他の何人《なんぴと》からであれ、いかにして囚われ人となったか分からないような場合は、たといそれがポルトガル人であっても、そのほとんどすべての者が不正な囚われ人《マル・カティヴォス》である蓋然性が極めて高い。

それ故、前述の情報により、〔教会会議は〕彼らを所有する主人たちに対し、彼らの奴隷たちの囚われの状態《カティヴェイロ》の始まりについて入念に調査するよう、強く依頼する。また聴罪司祭《コンフェソレス》にも、悔悛者《ペニテンテス》に対して同じ調査を行うよう依頼する。

どの理由《ティトゥロ》によって囚われ人となったか付きとめることが出来ない場合は、（疑わしき場合は）[11]恩恵によって彼に自由を与えなければならない場合であれ、大部分は詐取され、不正な囚われ人《マル・カティヴォス》である蓋然性が高い場合であれ、主人《セニョレス》は良心の危険を冒すことになる可能性があるので（危険を好む者は、それがために滅びる）[12]、当事例に関して得た情報に基づいて、自由の恩恵を与える気持ちになるよう、〔教会会議は〕彼ら〔主人〕に依頼する。

また〔教会会議は〕今後は何人たりと、前述の理由の内のどれかによって囚われ人になったということが分からない以上、彼の土地からかかる奴隷を連れてきてはならないと命じる。[13]」

註

（1）APO, 4は、五回の管区教会会議 concilio provincial（ゴア開催）の記録を収載する。

まず管区教会会議について記す。カトリック教会関係に限定すると、concilio は次のように分類することが出来る。

一、総教会会議 concilios generales. 一国単位ではなく、普遍的な、出席する権限を有する者を一人も除外することなく召集した会議である。司教全員の協議だということ、およびそこで取り上げられる議題の重要性から、最も重要な会議である。

二、部分教会会議 concilios particulares. これは、次の各会議に区分される。

1、総大司教の会議 concilios patriarcales. 総大司教 patriarca が召集、主宰する会議。

2、教区大会議すなわち首座大司教の会議 concilios diocesanos mayores ó primaciales. 歴史的意義を有するにすぎない。太守司教 exarca, 首座大司教 primado すなわち最も権威ある管区大司教 metropolitano, または教皇特使 legado pontificio が主宰した。

3、国家の教会会議 concilios nacionales. ローマ時代からすでに開催されていた。いわば独立以前の国家において、または独立を失った後の国家において開催された総教会会議 concilios generales ともいえる会議を、このように称した。首座大司教 primado すなわち最も権威ある管区大司教 metropolitano, または教皇特使 legado が召集し、主宰した。

4、管区教会会議 concilios provinciales. その管区 provincia を担当する長としての管区大司教 metropolitano が召集し、主宰する。もしもそのような者がいないか、合法的に支障があるなら、これら両方の権限は、その代理者 vicario ではなく、司教叙階の点で最古参の属司教 sufragâneo に移る。教皇の許可は必要としない。

当初は、この管区教会会議での信仰の問題に関する決議には、教皇の確認を必要としたが、シクストゥス五世 Sixtus V（一五八五～九〇年教皇在位）以降は、その公布以前に公会議聖省 congregación del concilio による会議録 actas の校閲を要求されるのみで、教皇の確認は不要となった。

5、教区小会議 concilios diocesanos menores. 教区会議 sínodo diocesano のことである。

キリスト教会の会議として各種の sínodo があるが、その内この sínodo diocesano は、カトリック教会法典の定めるものである（補註1）。教区 diócesis の聖職者 clero の会議であって、各教区の聖職者や教区民のために必要な事柄や利益になる事柄のみに関わる教会の諸問題を協議するために、司教 diocesano が召集し、主宰する（補註2）。

本文書は、4の管区教会会議の内、一五六七年に開催された第一回ゴア管区教会会議の記録である。

なお管区教会会議について、新旧両カトリック教会法典の規定を確認すると、旧『カトリック教会法典』には、管区大司教 **metropolitanus** が管区教会会議 **concilium provinciale** を召集し、司る、と規定されている（『カトリック大辞典』には、**metropolitanus** は「首都大司教」との日本語名称になっている）。現行の『カトリック新教会法典』では、**concilium provinciale** に対して「管区会議」の語を充てている（補註3）。

ゴアでの各管区教会会議の開催年、および会議録の翻刻は次の通りである。

第一回 一五六七年（補註4）・第二回 一五七五年（補註5）・第三回 一五八五年（補註6）・第四回 一五九二年（補註7）・第五回 一六〇六年（補註8）。

各会議が取り上げる問題とその記録内容は多岐にわたり、ポルトガルによるインディア領国経営という観点から極めて興味深いものではあるが、日本との関わりを求めるならその内容をかなり絞り込まざるを得ず、奴隷に関する事柄のみを訳出紹介するに止める。奴隷問題を取り上げるのは、第一回・第三回、および第四回の会議である。直接に日本人奴隷のことに言及するのは第四回会議であるが、内容的に関連があるので これら第一回および第三回の会議のその関係記事も訳出する。

（補註1）『カトリック教会法典』三五六～三六二条。
（補註2）Enciclopedia Vniversal Ilvstrada, XIV, pp. 968 - 979; LVI, p. 652.
（補註3）『カトリック大辞典』二、六八〇頁　五、一二四二頁。『新カトリック大事典』二、六四・六五頁。『カトリック教会法典』 二八四条。『カトリック新教会法典』四三九・四四〇・四四二条。
（補註4）APO, 4, pp. 1 - 75.
（補註5）APO, 4, pp. 77 - 107.
（補註6）APO, 4, pp. 109 - 183.
（補註7）APO, 4, pp. 185 - 200.
（補註8）APO, 4, pp. 201 - 279.

（2）Synodo.　教会生活に関するあらゆる問題を討議し、必要に応じて立法化するために開かれる聖職者の会議。全教会・教会管区・司教区などを単位とする各種のレベルがある。古来 **concilium** と同義語として用いられたが、トリエント公会議以後は、**synodus** は主として教区単位の教会会議を指す場合が多いという。『新カトリック大事典』二、二四三・二四四頁。

(3) **livra.** ここの **pelo somenos soldo à livra** に類似の文章は、文書2*にも見えた。同文書の註(10)に記した通りである。

(4) **Mafamede.**

(5) **Prelado.** 拙訳『モンスーン文書と日本』四六〇・四六一頁。

(6) **Vigairo.** 『新カトリック大事典』によると、この語が該当する役職として、「司教総代理」**vicarius generalis** および「司教代理」**vicarius episcopalis** の二つがあるが、後者は第二ヴァチカン公会議の結果導入された新しい教会職とのことであるから、前者の「司教総代理」を意味すると考えてよいであろう。

同事典によると、教区全体の統治に関し、合法的に任命された司教補佐。立法および裁判以外の行政上の諸問題に関し、通常代理権 **potestas ordinaria vicaria** を有する裁治権者 **ordinarius** である。つまり、司教が自己に留保しているか、または法律上司教の特別の委任を必要とする場合を除き、教区司教に属するすべての行政行為をなす権限は、全教区において、司教総代理にも属する。

本文書に関して言えば、註(5)の **prelado** は司教を意味するのであろうが、その司教が不在あるいは何らかの事情で司教としての裁治権を行使出来ない場合を想定して、この教職名を併記したものであろう。『新カトリック大事典』二、一一七二頁。

(7) **mestre.** 拙訳『モンスーン文書と日本』二六四頁。

(8) **cartazes.** 拙訳、同右、三〇六～三〇八頁。

(9) **Bispo de Malaqua.** マラッカ司教については、拙訳、同右、二六七・二六八頁。

(10) **APO, 4, pp. 17 - 20.**

(11) 原文（翻刻本）は **in dubiis.**

(12) 原文（翻刻本）は **quoniam qui amat periculum peribit in illo.**

(13) **APO, 4, pp. 53, 54.**

23　一五六八年二月一八日付けリスボン発、ポルトガル国王の書簡(要旨)(1)

「王室《スア・カザ》の貴族《フィダルゴ》であるペドロ・ダ・シルヴァ・デ・メネゼス(2)に対し、インディアからマラッカ経由でシナに渡航する一回のカピタン・モール航海権《ヴィアジェンス・デ・カピタン・モール》を恵与《メルセ》する国王陛下《エル・レイ》の書簡《カルタ》。

これ〔本航海〕は、彼〔メネゼス〕の負担と支出で艤装をした、彼のナウ船または船舶《ナヴィオ》で行うこと。いかなる港に到達しようと、そこにおいて、あらゆるナウ船、およびそこに滞在あるいは居住するポルトガル国民のカピタン・モールたるべきこと。シナにおけるマカオ港においても同様たるべきこと。同〔マカオ〕港または他のどの〔港〕からでも、彼の商品《ファゼンダ》を積載した船舶《ナヴィオ》またはジャンク《ジュンコ》船を一艘、日本に派遣するか、または自らそれに乗船して行くことが出来るものとする。彼が日本の港に行ったら、上述の如くそこ〔同日本の港〕のカピタン・モールであることを、〔国王は〕嘉納する。

日本の港からシナ〔の港〕に向けて彼が行う帰航に関しては、彼〔国王〕の勅令《プロヴィザン》によってかかるカピタン・《カピタニア・》モール《モール》職を恵与された者が誰か前述のシナの港にいたら、そこ〔同シナの港〕では彼はカピタン・モールではないものとする。この〔書簡〕以前に作成された勅令によって〔カピタン・モール航海権〕を恵与された者《プロヴィドス》が空席《ヴァガンテ》の場合は、彼が前述の航海《ヴィアジェンス》を務めること。〔国王が〕彼〔メネゼス〕に恵与したマラッカのカピタン職《カピタニア》の務めを終えているか、またはマラッカのカピタン職を務める前にそこに行くことが出来る場合は、〔このようにそれを務めること〕」。

往路・復路ともに前述の航海《ヴィアジェン》において、および前述のマカオ・シナ、および日本の諸港において、遺言の中でインディアにいる別の人物を指名して自分の資産《ファゼンダス》を託する旨の意思表示をしている者たちの資産について、死者《デフントス》の遺産管理人《プロヴェドル》(3)を務めること。というのは、彼らが遺言の中で自分の資産を託する旨指名した別の人物が、かかる〔メネゼスの〕ナウ船または船舶《ナヴィオ》に乗船しているか、または前述の諸港の一〔港〕にいる場合は、彼はそこに一切関与しないのを嘉納する。また、自分の資産を誰に託するか遺言の中で明確に意思表示をしていない者たちについても、死者《デフントス》の遺産管理人《プロヴェドル》を務めること。この〔書簡〕以前に作成された国王陛下《スア・アルテザ》の勅令《プロヴィザン》によって、それ〔カピタン・モール〕に任じられた人物がいなければ、この死者の遺産管理人の職務を、上述の如く務めること。

前述のペ〔ド〕ロ・ダ・シルヴァ〔・デ・メネゼス〕がかかる航海のために、かねであれ、これらの地域〔インディア領国〕の彼〔国王〕の倉庫のいかなる品物であれ、何らかのものを望むのなら、満足のいくだけのものを副王が彼に対して貸与させることを彼〔国王〕は嘉納する。彼〔国王〕の王室資産《ファゼンダ》がそれらに費やした価格で、彼に与えること。

彼がかかる航海の務めから戻ったらすぐに、〔貸与を受けた〕ものに相当する価値のものを返済する義務を負う旨、彼は保証人を立てて、確実な保証を与えること。神がそれをお許しにならないことを願うが、それ〔航海〕において〔貸与したものが〕失われたら、そのような場合は前述の彼の保証人たちが、その〔貸与を受けた〕ものに相当する価値のものを完全に、現金《ディニェイロ・デ・コンタド》で返済する義務を負うものとする。〔如上のとおり国王陛下は〕命じる。(以下同様)。リスボン、一五六八年二月一八日(4)。」

註

(1) 文書19の註(1)と同。

(2) **Pedro da Silva de Menezes.** 本文書は要旨であるが、その原文書(書簡)の日付直後に、この名前の人物がマカオでカピタン・モールを務めたことも、カピタン・モールとして日本に渡来したこともないようである。

Boxer, 1959. Boxer, 1991, I, cap. 3. Teixeira, 1981.
（3）provedor dos defuntos. 文書16の註（6）。
（4）APO, 5 - II, pp. 674, 675.

24　一五六八年二月二一日付けリスボン発、ポルトガル国王の勅令（要旨）(1)

「王室《スア・カザ》の貴族《フィダルゴ》であるドン・リオニズ・ペレイラ(2)に、インディアからマラッカ経由でシナに渡航する一回のカピタン・モール航海権《ヴィアジェン・デ・カピタン・モール》を恵与《メルセ》する国王陛下《エル・レイ》の勅令《アルヴァラ》。

彼は彼の負担と支出で艤装をした、彼のナウ船または船舶《ナヴィオ》でそれ〔同航海〕を行うこと。どこの港に行こうと、そこに停泊あるいは居住するあらゆるナウ船、およびポルトガル国民のカピタン・モールたるべきこと。シナのマカオ港においても、同様たるべきこと。その〔マカオ〕港から、あるいは他のどの〔港〕からであれ、日本に向け、船舶《ナヴィオ》あるいはジャンク船《ジュンコ》に彼の商品《ファゼンダ》を積載して派遣することも、自ら渡航することも、出来るものとする。彼が日本の港に行く場合は、彼はそこ(3)〔日本の港〕でもまた、上述の如くカピタン・モールであることを彼〔国王〕は嘉納する。

日本の港からシナ〔の港〕に向けて彼が行う帰航については、国王《スア・アルテザ》の勅令《プロヴィザン》によって前述のカピタン・モール職《カピタニア・モール》に任じられた者が誰か、シナの港にいたら、そこ〔同シナの港〕では彼はカピタン・モールではないものとする。この〔勅令〕以前に作成された彼〔国王〕の諸勅令《プロヴィゾンエス》によって〔カピタン・モールに〕任じられた者《プロヴィドス》が空席《ヴァガンテ》の場合は、そしてしかも、彼〔リオニズ・ペレイラ〕に恵与されたマラッカのカピタン職《カピタニア》の務めが終わっていたなら、前述の如く、彼〔リオニズ・ペレイラ〕がかかる航海を務めること。

遺言の中で、インディアにいる別の人物を指名して、自分の資産《ファゼンダス》を託する旨の意思表示をしている者たちについては、前述の航海中の、往路・停泊中、および帰路において、あるいはマカオ・シナ、および前述の日本の諸港において、その者たちの死者《デフントス》の遺産管理人《プロヴェドル》(4)を務めること。というのは、彼らが遺言の中で自分の資産を託する旨指名した別の人物が、かかる〔リオニズ・ペレイラの〕ナウ船または船舶《ナヴィオ》に乗船しているか、またはかかる諸港の一〔港〕にいる場合は、ドン・リオニズはそこに関与しないことを嘉納する。また、自分の資産を誰に託するか、遺言の中で明確に意思表示をしていない者たちについても、死者《デフントス》の遺産管理人《プロヴェドル》を務めること。この死者の遺産管理官の職務は、この〔勅令〕以前に作成された彼〔国王〕の勅令《プロヴィザン》によって、それ〔カピタン・モール〕に任じられた《プロヴィダ》人物がいなければ、上述の如く務めること。

ドン・リオニズがかかる航海のために、ナウ船であれ、前述のインディアの地域の国王陛下の倉庫のいかなる品物であれ、何らかのものを望むのなら、満足のいくだけのものを彼に貸与させることを〔国王は〕嘉納し、そして命じる。それらは、彼〔国王〕の王室資産《ファゼンダ》がそれらに費やした価格で、彼に与えること。彼がかかる航海の務めから戻ったらすぐに、前述の〔貸与を受けた〕ものに相当する価値のものを返済する義務を負う旨、彼は保証人《アボナダ》を立てて確実な保証を与えること。神がそれをお許しにならないことを願うが、それ〔航海〕において〔貸与したものが〕失われたら、そのような場合は彼の保証人たちが、前述の〔貸与を受けた〕ものに相当する価値のものを、現金《ヂニェイロ・デ・コンタド》で完全に返済する義務を負うものとする。

彼〔国王陛下〕は前述のマカオ・シナ、および日本の諸港に停泊し、滞在しているナウ船や船舶《ナヴィオス》のカピタンたち・舵手《ピロトス》たち・掌帆長《メストレス》たち・乗組員《コンパニャ》(5)たち、およびすべての人々に対し、次のことを命じる。前述のドン・リオニズが国王陛下《スア・アルテザ》に代わって彼らに要求し、命じることに対しては、彼らのカピタン・モールとして、そのすべてに服従すること。それを履行しない者は、国王陛下《スア・アルテザ》の勅命を履行しない者たちが被る刑罰を受けるものとする。マラッカのカピタンは、彼〔ドン・リオニズ〕に対してあらゆる援助と恩恵とを与えること。リスボン、一五六八年二月二一日。[6]」

註

（1）文書19の註（1）と同。

（2）Dom Lioniz Pereira. この人物に恵与された航海権の件については、すでに古く岡本良知氏が言及しており、その後ボクサー氏も記している。しかし、いささか疑問も残るのでそれを記す。

まず岡本氏であるが、フェイラ伯爵の子息のドン・レオニス・デ・ペレイラの代理として、フランシスコ・パイスが一五八五年にカピタン・モールとして、日本に渡来したと記す（補註1）。リオニズ・ペレイラが貴族 fidalgo であったことは、本文書の冒頭に明記されているので明らかであるが、フェイラ伯爵の子息という点は、その根拠が不明である。同伯爵については、文書21に、フェイラ伯爵の子息ドン・アントニオ・ペレイラなる人物にやはりカピタン・モール航海権が恵与される話が見えた。同文書の註（2）に少し触れた。しかし、本文書でのリオニズ・ペレイラが、同じくフェイラ伯爵の子息だという点については、岡本氏の著書によってもその根拠が不詳である。

リオニズ・ペレイラの代理として、フランシスコ・パイスがカピタン・モールとして一五八五年に来日したという点であるが、この点については、岡本氏は二点の史料を挙げる。一つはディオゴ・ド・コウトである。次のように見える。

「同じ頃、マラッカに渡航した諸ナウ船《ナオス》と、シナからのそれ〔ナウ船〕も〔ゴアに〕着いた。それ〔シナからのナウ船〕は、カピタン・フランシスコ・パエスの〔ナウ船〕であった。彼は、ドン・レオニズ・ペレイラ D. Leoniz Pereira の代わりに日本航海を行った。それ〔日本航海〕は、彼〔ペレイラ〕に委《ボスタ》ねられたものであった。（補註2）」

もう一点は、フロイスの次の記事である。

「今年一五八五年の七月末日にカピタン・モールとして、フランシスコ・パイズが長崎港に渡来した。（補註3）」

これだけの記事で、フランシスコ・パイスのカピタン・モール職が、リオニズ・ペレイラに代わって行使されたものであったことは記されていない。

この件については、ボクサー氏も次のように記述している。

「一五八五年。この年のカピタン・モールは、フランシスコ・パエス Francisco Paes であった。彼は大船 Great Ship サンタ・クルズ号で日本航海を行った。〔この日本航海の〕最初の受領者 grantee である、フェイラ伯爵 Count of Feira の子息ドン・レオニズ・ペレイラ Dom Leonis Pereira の代わりに行ったものである。(補註４)」

ボクサーは右の記述の典拠として、本文書24および自著のサンタ・クルズ号の水路誌 rutter (補註５)(リンスホーテン、一五八五年七月五日〜一五八六年三月三〇日) 掲載頁(補註６)を挙げるのみである。ただし、掲示してはいないが、岡本氏の著書は当然参照したであろう。

つまり、両氏が掲示する典拠によって明確になることは、一五八五年七月末日にカピタン・モールとして日本に渡来したフランシスコ・パイスは、リオニズ・ペレイラの航海権を代わりに行使したものであったという点だけである。リオニズ・ペレイラがフェイラ伯爵の子息だという点については、両氏ともに典拠を示していない。

それに、文書21には「フェイラ伯爵の子息ドン・アントニオ・ペレイラ」と明記されているのに反して、本文書には「貴族」と記されているだけであるという相違点もあり、フェイラ伯爵の子息という点については疑問が残ると言わざるを得ない。

ドン・リオニズ・ペレイラは、一五六八年二月二一日付け勅令によって、一回のインディアから(マラッカ経由)シナ・日本へのカピタン・モール航海権の恵与を受けた。そしてそれを自らは行使せず、代わりにフランシスコ・パイスなる人物がカピタン・モールとして日本まで渡来した。おそらくペレイラがパイスに、航海権を譲渡したものであろう。それにしても、パイスが日本に渡来したのは一五八五年七月であった。勅令が発給されて後、実に一七年も経過している。これは何を意味するのか。順番待ちもあったか。本来カピタン・モールたりうる有資格者というと、いろいろな面で難しい条件を満たさなければならなかったはずであるが、その辺が安易に流れる傾向にあったことを物語っているのかも知れない。そうだとすると、拙訳書に収載した一六一五年二月二〇日付けリスボン発、ポルトガル国王のインディア副王宛書簡が、関連してくることになる(補註７)。

（補註１）岡本良知『十六世紀日欧交通史の研究』四六四頁。

（補註２）Couto, década X, livro III, cap. XVII, p. 391.

（補註３）Fróis, 1983, IV, p. 117.

（補註４）Boxer, 1959, p. 47.

（補註５）ボクサーの記す原語は rutter であるが、この語は一般的な英語の辞書には載っていない。ボクサーの著書 The Portuguese Seaborne Empire の glossary によると、roteiro, sailing directions「水路誌」の語義だという。ボクサーはさらに別の著書 Fidalgos の中でも、rutters を roteiros と同義としている。

Boxer, 1969, p. 391. Boxer, 1948, p. 38.

（補註６）Boxer, 1967, pp. 406 - 414.

（補註７）一六一五年二月二〇日付けリスボン発、ポルトガル国王のインディア副王宛書簡は、日本航海権の売却が、カピタン・モールの任務を担うことの出来るだけの資質を備えていない人物に対して行われる例が一般であり、不都合・混乱を来しているので、同職の務めを立派に遂行出来る人物との間で売買契約が結ばれるよう、強く依頼する、との趣旨である。

拙訳『モンスーン文書と日本』文書40、三一一頁。

（３）原語（翻刻本）は della と記されているが、porto de Japão に代わる代名詞のはずであるから、delle とすべきであろう。

（４）provedor dos defuntos. 文書16の註（６）。

（５）companha. 文書19の註（９）。

（６）APO, 5 - II, pp. 666, 667.

25　一五六八年二月二六日付けリスボン発、ポルトガル国王の勅令（要旨）(1)

「王室《スア・カザ》の貴族《フィダルゴ》であり、ドン・アントニオ・ダルメイダ(2)の子息であるドン・ジョアン・ダルメイダ(3)に、インディアからスンダ(4)経由でシナに渡航する一回のカピタン・モール航海権《ヴィアジェン・デ・カピタン・モール》を恵与《メルセ》する国王陛下《エル・レイ》の勅令《アルヴァラ》。

彼は彼の負担と支出で艤装をした、彼のナウ船または船舶《ナヴィオ》でそれ〔同航海〕を行うこと。スンダの港に滞在している間は、そこに停泊あるいは滞在しているあらゆるナウ船・船舶、およびポルトガル国民のカピタン・モールたるべきこと。シナの港においても、同様たるべきこと。そこ〔同シナの港〕から、日本に向け、彼のナウ船・船舶《ナヴィオ》あるいはジャンク船《ジュンコ》に彼の商品《ファゼンダ》を積載して派遣することも、自ら渡航することも、出来るものとする。彼が日本の港に行く場合は、上述の如くそこのカピタン・モールたるべきこと。

日本の港からシナのそれ〔港〕に向けて彼が行う帰航については、彼〔国王〕の勅令《プロヴィザン》によってかかるカピタン・モール《カピタニア・モール》職に任じられた者が誰か、シナの港にいたら、そこ〔同シナの港〕では彼はカピタン・モールではないものとする。彼〔ジョアン・ダルメイダ〕に対してこの恵与がなされた一五六五年一月二五日以前に作成された彼〔国王〕の諸勅令《プロヴィゾンエス》によって、〔カピタン・モールに〕任じられた者《プロヴィドス》が空席《ヴァガンテ》の場合は、彼〔ジョアン・ダルメイダ〕がこの航海を務めること。

遺言の中で、インディアにいる別の人物を指名して、自分の資産《ファゼンダス》を託する旨の意思表示をしている者たちについては、往路・復路ともにかかる航海中、およびスンダ・シナ、および日本のかかる諸港において、その者たちの死者《デフントス》の遺産管理人《プロヴェドル》(5)を務めること。というのは、彼らが遺言の中で自分の資産を託する旨指名した別の人物が、かかる〔ジョアン・ダルメイダの〕ナウ船または船舶《ナヴィオ》に乗船しているか、または前述の諸港の一〔港〕にいる場合は、前述のドン・ジョアンはそこに何ら関与しないこと。また、自分の資産を誰に託するか、遺言の中で明確に意思表示をしていない者たちについても、死者《デフントス》の遺産管理人《プロヴェドル》を務めること。この死者の遺産管理人の職務は、一五六五年一月二五日以前に作成された彼〔国王〕の勅令《プロヴィザン》によって、それ〔カピタン・モール〕に任じられた人物《プロヴィダ》がいなければ、上述の如く務めること。

ドン・ジョアンがかかる航海のために、かねであれ、これらの地域〔インディア領国〕の彼〔国王〕の倉庫のいかなる品物であれ、何らかのものを望むのなら、満足のいくだけのものを彼に貸与させるよう、副王または総督に彼〔国王〕は命じる。それらは、彼〔国王〕の王室資産《ファゼンダ》がそれらに費やした価格で、彼に与えること。彼がかかる航海の務めから戻ったらすぐに、貸与を受けたものに相当する価値のものを返済する義務を負う旨、彼は保証人《アボ》を立て《ナダ》て確実な保証を与えること。神がそれをお許しにならないことを願うが、それ〔航海〕において〔貸与したものが〕失われたら、そのような場合は彼の保証人たちが、かかる〔貸与を受けた〕ものに相当する価値のものを、完全に返済する義務を負うものとする。

彼〔国王陛下〕は、スンダ・シナ、および日本のかかる諸港に停泊または滞在しているかかるナウ船や船舶《ナヴィオス》のカピタンたち・舵手たち《ピロトス》・掌帆長たち《メストレス》、および乗組員たち《コンパニャ》(6)、さらにはすべての人々に、次のことを命じる。前述のドン・ジョアンが国王陛下《スア・アルテザ》に代わって彼らに要求し、命じることに対しては、彼らのカピタン・モールとして、そのすべてに服従すること。それを履行しない者は、彼〔国王〕の勅命を履行しない者たちが被る刑罰を受けるものとする。前述のドン・ジョアンがマラッカに行く際は、そこ〔マラッカ〕のカピタンは、彼〔ドン・ジョアン〕に対してあらゆる援助と恩恵とを与えること。リスボン、一五六八年二月二六日。(7)」

（1）文書19の註（1）と同。
（2）**D. Antonio d' Almeida.**
（3）**D. João d' Almeida.** インディアから（スンダ経由）シナ・日本へのカピタン・モール航海権の恵与は、一五六五年一月二五日になされた。現実はゴアで作成されたものであっても、一応形の上では本文書つまり一五六八年二月二六日付けリスボン発の勅令によって、その旨表明された。そのジョアン・デ・アルメイダは一五七二年にカピタン・モールとして日本に渡来した（補註1）。
　ジョアン・デ・アルメイダはその後一五八一～八二年にも、マカオでカピタン・モールを務めている。一五八一年四月二八日ゴアを発ち、途中マラッカに寄港して、七月二四日マカオに着いたという。丁度彼がマカオのカピタンであった時に、新たにポルトガル国王を兼ねることとなった、スペイン国王フェリペ二世（ポルトガル国王フィリペ一世）への忠誠を要求する使命を帯びて、イエズス会士アロンソ・サンチェスがスペイン領のフィリピンから派遣されて来た（第一回目の遣使でサンチェスがマカオに到着したのは、一五八二年五月末）。この件についてはボクサーが記述しており、拙訳書でも少し触れた（補註2）。

　サンチェスのマカオ遣使については、したがってここで再論することは避けるが、問題は、ジョアン・デ・アルメイダがこの時、マカオでカピタン・モールを務めていたことである。

　サンチェスの遣使の趣旨を受けたマカオ側の対応であるが、司教・巡察師ヴァリニャーノ・その他の教会聖職者たち・マカオのカピタン・モール、およびその他市の高官たちが集まって協議したという。カピタン・モールのジョアン・デ・アルメイダが「高潔にして理性的な」人物であったことに加え、その他の関係者も優れた人々に恵まれていたがために、無駄な混乱を来すことなく、直ちに新国王に臣従することを表明する運びとなったという（補註3）。

　マカオ側の対応に関する史料は多いが、その内の一点として、マカオのカピタン・モール、ジョアン・デ・アルメイダが、サンチェスを派遣したフィリピン総督ゴンサロ・ロンキリョ・デ・ペニャロサ **Gonzalo Ronquillo de Peñalosa** に送った一五八二年六月二四日付け書簡が、セビリアのインディアス総合文書館に伝存、コリンがその著書に載せている。

　長文の書簡の内ここでは、数値が見える重要な史料と思われるので、その一節のみ紹介しておく。

「この町《ポブラシオン》〔マカオ〕から、マラッカおよびインディアに向けてわれわれが行っている商業《コメルシオ》は、それらの地方〔マラッカ・インディア〕のために国王陛下《ス・マヘスタド》が有する主要な定収入《レンタス》・支援の一つである。というのは、当地〔マカオ〕からそこに渡航する諸船舶《ナヴィオス》は、国王陛下がマラッカに持つ税関《アドゥアナス》に、毎年五万ドゥカドの所得をもたらす。それによってそこにある要塞《フォルタレサ》を維持し、支えている。それ〔マラッカ要塞〕は、この東洋《オリエンテ》において国王陛下が持つ重要な武力《フエルサス》の一つである。ゴアの税関は、毎年六万クルザドの所得になる。これは神《ディオス》および国王陛下への奉仕にとって大変重要であるが故に、この貿易《コントラタシオン》を保持するのが極めて適切である。これらのシナ人たちとの友好関係と平和を維持せずには、それはなし得ない。（補註４）」

ジョアン・デ・アルメイダは、一五八一～八二年マカオでカピタン・モールを務めはしたが、その後日本航海を行った事実はないようである（補註５）。

本文書と、この時のジョアン・デ・アルメイダの二度目のマカオ・カピタン・モール就任との関わりについて触れる。本文書の文面による限り、インディアからマカオ・日本へ渡航する一回のカピタン・モール航海権を恵与し、マカオ停泊中そこのカピタン・モールたるべきことと規定している。そして一五七二年に現に日本にまで航海しており、その途中日本に向け出帆するまでのマカオ滞在中、そこのカピタン・モールを務めたのであるから、一五八〇年代初のマカオ・カピタン・モール就任を本文書と結びつけることは無理で、別途国王・副王から恵与を受けたか、あるいは同航海権を買得した、といった事情が考えられる。

（補註１）岡本良知『十六世紀日欧交通史の研究』四一五頁。Boxer, 1959, p. 37. Boxer, 1948, pp. 38, 39. Boxer, 1990, pp. 52, 53.

（補註２）Boxer, 1948, pp. 40, 41. Boxer, 1990, pp. 54, 55. Boxer, 1959, pp. 43, 44. Boxer, 1991, I, pp. 202, 203. Teixeira, 1981, p. 60. 拙訳『モンスーン文書と日本』一一三～一一八頁。

（補註３）Colín, I, p. 285, 286, 290.

（補註４）Ibid., I, pp. 294 - 296. 引用箇所はp.295. なおBoxer, 1948, p. 40. Boxer, 1990, p. 54. がこの記事に言及している。

（補註５）ボクサー、岡本両氏の著書による。

（4）Sunda. 文書19の註（5）。
（5）provedor dos defuntos. 文書16の註（6）。
（6）companha. 文書19の註（9）。
（7）APO, 5 - II, 668, 669. 岡本良知『十六世紀日欧交通史の研究』四一五頁。

26　一五六八年二月二六日付けリスボン発、ポルトガル国王の書簡（要旨）[1]

「王室《スア・カザ》の貴族《フィダルゴ》であるドン・フランシスコ・アンリケス[2]に、インディアからマラッカ経由でシナに渡航する一回のカピタン・モール航海権《ヴィアジェン・デ・カピタン・モール》を恵与《メルセ》する国王陛下《エル・レイ》の書簡《カルタ》。

彼は彼の負担と支出で艤装をした、彼のナウ船または船舶《ナヴィオ》でそれ〔同航海〕を行うこと。いかなる港に行こうと、そこに停泊あるいは滞在しているあらゆるナウ船、およびポルトガル国民のカピタン・モールたるべきこと。シナにおけるマカオ港においても、同様たるべきこと。その〔マカオ〕港から、または他のどこ〔の港〕からでも、日本に向け、彼の船舶《ナヴィオ》あるいはジャンク船《ジュンコ》に彼の商品《ファゼンダ》を積載して派遣することも、自ら渡航することも、出来るものとする。彼が日本の港に行く場合は、上述の如くそこのカピタン・モールたることを、彼〔国王〕は嘉納する。

日本の港からシナのそれ〔港〕に向けて彼が行う帰航については、彼〔国王〕の勅令《プロヴィザン》によってかかるカピタン《カピタニア》・モール職《モール》に任じられた者が誰か、シナの港にいたら、そこ〔同シナの港〕では彼はカピタン・モールではないものとする。この〔書簡〕以前に作成された彼〔国王〕の諸勅令《プロヴィゾンエス》によって、〔カピタン・モールに〕任じられた者《プロヴィドス》が空席《ヴァガンテ》の場合にして、しかも彼〔フランシスコ・アンリケス〕に恵与されたマラッカのカピタン職《カピタニア》の務めを終えていたら、彼がかかる航海を務めること。

遺言の中で、インディアにいる別の人物を指名して、自分の資産《ファゼンダス》を託する旨の意思表示をしている者たちについては、往路・復路ともに前述の航海中、およびマカオ・シナ、および日本の前述の諸港に停泊中、その者たちの死者《デフントス》の遺産管理人《プロヴェドル》(3)を務めること。というのは、彼らが遺言の中で自分の資産を託する旨指名した別の人物が、かかる〔フランシスコ・アンリケスの〕ナウ船または船舶《ナヴィオ》に乗船しているか、またはかかる諸港の一〔港〕にいる場合は、ドン・フランシスコはかかる〔死者たち〕には何ら関与しないことを、彼〔国王〕は嘉納する。また、自分の資産を誰に託するか、遺言の中で明確に意思表示をしていない者たちについても、死者《デフントス》の遺産管理人《プロヴェドル》を務めること。この死者の遺産管理人の職務は、この(4)〔書簡〕以前に作成された国王陛下《スア・アルテザ》の勅令《プロヴィザン》によって、それ〔カピタン・モール〕に任じられた人物《プロヴィダ》がいなければ、上述の如く務めること。

ドン・フランシスコがかかる航海のために、かねであれ、これらの地域〔インディア領国〕の国王陛下の倉庫のいかなる品物であれ、何らかのものを望むのなら、満足のいくだけのものを彼に貸与させるよう、彼〔国王〕は命じる。それらは、彼〔国王〕の王室資産《ファゼンダ》がそれらに費やした価格で、彼に与えること。彼が前述の航海の務めから戻ったらすぐに、それら〔貸与を受けたもの〕に相当する価値のものを返済する義務を負う旨、彼は保証人《アボナダ》を立てて確実な保証を与えること。神がそれをお許しにならないことを願うが、それ〔航海〕において〔貸与したものが〕失われたら、そのような場合は彼の保証人たちが、かかる〔貸与を受けた〕ものに相当する価値のものを、現金《ディニェイロ・デ・コンタド》で完全に返済する義務を負うものとする。

彼〔国王陛下〕は、マカオ・シナ、および日本のかかる諸港に停泊または滞在しているかかるナウ船や船舶《ナヴィオス》のカピタンたち・舵手《ピロトス》たち・掌帆長《メストレス》たち、および乗組員《コンパニャ》たち(5)、さらにはすべての人々に、次のことを命じる。ドン・フランシスコが国王陛下《スア・アルテザ》に代わって彼らに要求し、命じることに対しては、彼らのカピタン・モールとして、そのすべてに服従すること。それを履行しない者は、国王陛下の勅命を履行しない者たちが被る刑罰を受けるものとする。彼がマラッカに行く際は、そこ〔マラッカ〕のカピタンは、彼に対してあらゆる援助と恩恵とを与えること。

リスボン、一五六八年二月二六日。

一五六九年二月九日にアルメイリン[6]で覚書《ポスティラ》が発給された。というのは、たとい昨一五六八年に彼〔アンリケス〕がインディアに赴かなくても、前述の勅令《アルヴァラ》[7]によって彼〔ドン・フランシスコ〕に恵与したシナへのカピタン・モール航海権《ヴィアジェン・デ・カピタン・モール》を、前述のドン・フランシスコ・アンリケスが失うことなく、それが可能な時に、彼がそれを務めるのを国王陛下《スア・アルテザ》は嘉納するからである。

前述の地域〔インディア領国〕のための諸役職《カルゴス》に任じられた者たちはすべて、記載されている年《ディト・アンノ》にそこ〔インディア〕に赴かなければならず、違反したらそれら〔役職〕を失う罰を被る旨の勅令《プロヴィザン》をその時発給させて〔国王が〕命じはしたが、〔それにもかかわらず、上記の如く命じる[8]〕。」

註

(1) 文書19の註(1)と同。

(2) 翻刻本には Dom Francisco Anriques の綴りで記してあり、原文書にもそのように記してあるのであろうが、Henriques のことであろう。この人物については不詳である。カピタン・モールとしてインディアからシナ・日本に渡来した事実もないようである。ボクサー、岡本両氏の著書による。

なお、「貴族ドン・フランシスコ・アンリケス」と明記されていることでもあり、比較的ありふれた名前なので同名というだけで繋がりを求めるのは困難だということを承知で一言記すが、この当時インディアおよびポルトガルに、フランシスコ・エンリケス Francisco Henriques というイエズス会士が、少なくとも三人いたようである。

①一人は一五四五年イエズス会入会、間もなくインディアに派遣され、一五四七～四八年トラヴァンコル Travancor に滞在、一五五〇～五一年コチンのコレジオで活動、一五五二年からタナ Thâna（Taná）に滞在、そこで一五五七年一〇月三日に死亡した。パードレであった（補註1）。

②右に記した通り、一人目のイエズス会パードレ・フランシスコ・エンリケスは一五五七年一〇月三日インディアのタナで死亡したが、同名のイエズス会パードレである二人目のフランシスコ・エンリケスが、一五五八年四月五日付けでリスボンから、ローマにいる同会パードレに書簡を送っている（補註2）。

同パードレは、一五六一年八月八日付けでポルトガルからイエズス会総長に宛てた書簡に、ローマからの命令により、ポルトガル管区、およびインディア・エチオピア・ブラジル（アンゴラを含む）の海外三管区の総プロクラドール（補註3）の職務についている旨、記している（補註4）。一五六三年一月七日トリエント発、ポランコ Polanco のポルトガル管区長宛書簡により、フランシスコ・エンリケスは同じ職にあったことが分かる（補註5）。一五六五年一一月二九日ローマ発、イエズス会総長ボルハのポルトガル管区長宛書簡および編者の註記により、一五六五年に開催された管区代表《プロクラドール》たちによるイエズス会総会議（補註6）には、フランシスコ・エンリケスが同職で出席している（補註7）。一五六八年二月二日付けリスボン発、ポルトガル管区長のイエズス会総長宛書簡は、フランシスコ・エンリケスが記述したものだという（補註8）。その当時彼がリスボンにいたことは確かである。

しかし、一五六七年一月三日付けローマ発、イエズス会総長のポルトガル管区長宛書簡には、東インディア・イエズス会の統轄のために、ポルトガル管区からパードレを派遣して巡察させたい、としてフランシスコ・エンリケスおよび今一人のパードレの名を挙げ、二人の内のいずれを派遣するか、巡察師・管区長等ポルトガル管区の三人のパードレにその人選を任せた（補註9）。

一五六七年三月一二日付けリスボン発、イエズス会士オルガンティノ・ニェッキ・ソルド Organtino Gnecchi-Soldo のイエズス会総長宛書簡では、二人の内の一人をインディアに派遣する件について、ポルトガル管区長は、今年は誰も派遣しないことに決めた、と伝え、来年派遣することにしてもらいたい、と頼んでいる（補註10）。

一五七二年八月一二日付けポルトガルの聖フィンズ（補註11）発、イエズス会巡察師の総長宛書簡は、パードレ・フランシスコ・エンリケスが記述したものだという（補註12）。その当時彼がなおポルトガルにいたことは、確かである。一五七五年一〇月一八日付けリスボン発、イエズス会パードレ・ジョヴァンニ・バッティスタ・ディ・リベラのイエズス会総長宛書簡によると、当時フランシスコ・エンリケスが、リスボンのイエズス会盛式誓願司祭《カザ・プロフェサ》のカザ（補註13）に居住していたことが明らかになる（補註14）。

一五七七年九月一六日付けゴア発、イエズス会士ヴァリニャーノのイエズス会総長宛書簡および編者の註記によると、当時パードレ・フランシスコ・エンリケスはリスボンの聖ロッケ S. Rochi におり、「世俗的な事柄」つまりプロクラドールの職掌に熟達していたという（補註15）。ここで聖ロッケと見えるが、右の盛式誓願司祭のカザと同じであろう。

③一五五七年一一月二一日付けでインディアのタナ Thâna からイエズス会士ゴンサロ・ロドリゲスが、ポルトガルのパードレたち・イルマンたちに書き送った書簡に、三人目のフランシスコ・エンリケスが、登場する。すなわち、タナの都市にパードレ・フランシスコ・アンリケス P^{e} Francisco Anrriquez と自分〔ゴンサロ・ロドリゲス〕がおり、布教活動をしている、と記されている（補註16）。なお編者はこの人物に註記を付し、「パードレ」はおそらく「イルマン」の誤であろう、と記す。パードレ・フランシスコ・エンリケスは同じタナにいたが、右に記した通り一五五七年一〇月三日に死亡している。したがって、一五五七年一一月二一日当時タナにいた同名のイエズス会士は別人で、次に挙げる通り多くの史料に見える、イルマンのフランシスコ・エンリケスであろう。もっともこのイルマンも、後にパードレになる。

一五五七年一一月三〇日付けゴア発、イエズス会士ルイス・フロイスがコインブラの院長《レクトル》に宛てた書簡に、現在バサイン Baçaim にいるイエズス会士の一人として、イルマン・フランシスコ・アンリケス Irmão Francisco Amrriquez の名を挙げている（補註17）。

一五五七年一二月ゴアで作成されたイエズス会インディア管区の名簿に、同じくバサインにいるイルマンとして、フランシスコ・アンリケス Irmão Francisco Amriquez の名が見える（補註18）。

一五六一年九月エヴォラで作成された東洋布教の報告書には、次のように見える。バサイン島の内、バサインの要塞《フォルタレザ》から四レーグワ（補註19）のところであるが、タナ Taná という町《ポブラシオン》に、カーザ・教会《イグレシア》、および菜園《ウエルタ》があり、このカーザにイエズス会士が四人駐在している。司祭《サセルドテス》二人と平修士《ライコス》二人である、と。編者のヴィッキはこの四人の名前を註記しているが、二人の平修士の一人は、イルマン・フランシスコ・エンリケスだという（補註20）。

一五六一年一二月ゴアで作成された、インディア各地に駐在するイエズス会士の名簿には、タナにおける駐在者の一人として、イルマン・フランシスコ・アンリケス **Ir. Francisco Anriquez** の名が見える（補註21）。一五六二年一二月ゴアで作成された、インディア各地に駐在するイエズス会士の名簿には、バサインのコレジオ **collegio Baçaim** の駐在者の一人に、イルマン・フランシスクス・アンリケス **Fr. Franciscus Anriquez** の名が見える（補註22）。

一五六二年一二月五日付けバサイン発、イエズス会士フランシスコ・カブラルのリスボンにいるパードレたち・イルマンたち宛て、および一五六三年一月一日付けバサイン発、フランシスコ・カブラルのイエズス会総長宛て、バサインのコレジオとその周辺の事柄に関する報告書には、イルマン・フランシスコ・エンリケスがバサインのカーザの **soto - ministro**（補註23）であり、カーザの必需品の調達を担当している旨記されている（補註24）。

一五六四年一二月一一日付けバサイン発、フランシスコ・カブラルのイエズス会総長宛書簡には、イルマン・フランシスコ・エンリケスが、バサインのカーザで必要とする諸々の品物（の調達）を担当している、と見える（補註25）。

一五六五年一一月二六日付けゴア発、イエズス会士セバスティアン・ゴンサルヴェスのポルトガルにいるロウレンソ・メシア宛書簡に、バサインとその近隣にいるイエズス会士の名を挙げている（補註26）。これを一五六五年一二月ゴアで作成されたインディア管区の名簿に見える同じくバサインとその近隣にいるイエズス会士名（補註27）と対比すると、多少異同がある。前者（ゴンサルヴェス）の書簡には、そこにいるイルマンを列記して末尾に「これらの地域〔インディア〕の現地人のイルマン（補註28）」と、氏名を明記していないイルマンが一人いる。編者ヴィッキは、後者の名簿との異同を考え合わせ、この人物は、イルマン・フランシスコ・エンリケスのことであろう、と推定し註記している。

一五六五年一二月一日付けバサイン発、イエズス会士ベルシオル・ディアス **Belchior Diaz** がポルトガルにいるパードレたち・イルマンたちに宛てた書簡には、現在バサインのコレジオには院長（フランシスコ・カブラル）と司祭四人、およびイルマン七人がいる、として、まずイルマン・フランシスコ・アンリケス **Irmão Francisco Amrriquez** を挙げ、次のように記している。

「〔バサインの〕カーザで必要とする諸々の品物〔の調達〕を担当している。彼が忍耐強く、謙虚に、そして物静かに務める働きによって、われわれ〔イエズス会士一同〕を教化すること多大である。(補註29)」

一五六五年一二月三日付けバサイン発、フランシスコ・カブラルのイエズス会総長宛書簡に、現在バサイン・コレジオにいるイエズス会士の一人として、イルマン・フランシスコ・エンリケスを挙げ、やはり同様に、カーザで必要とする諸々の品物の補給や諸々の折衝を担当している、と記している(補註30)。

一五六九年一一月作成された、ゴアのコレジオにいるイエズス会士の名簿にもその名が見える。その名簿に、**soto ministro** であるイルマン・フランシスコ・アンリケス **Ir. Francisquo Anrriquez** の名が記されている(補註31)。一五七一年一一月一六日付けで作成された、ゴアのコレジオにいるイエズス会士の名簿に、ここでは財務担当者 **procurador**(補註32)という職名で、イルマン・フランシスコ・エンリケスの名が記載されている(補註33)。もちろん右の同名イルマンと、同一人物であろう。一五七一年一一月に作られた、ゴアのコレジオにいるイエズス会士の別の名簿には、イルマン・フランシスコ・エンリケス **H. Francisco Enrríquez** について「三五歳、イエズス会歴一五年、誓願 **votos** 後一二年半、財務担当パードレ **padre procurador** の同伴者 **compañero** であり、この方面の才能がある。」と記されている(補註34)。この史料による限り、彼は一五三六年頃生まれ、一五五六年二〇歳でイエズス会に入会したことになる。

一五七二年一一月に作成されたゴアのコレジオにいるイエズス会士の名簿にも、財務担当者 **procurador** イルマン・フランシスコ・エンリケスの名が見える(補註35)。

一五七四年一二月ゴアで作成されたイエズス会士名簿には、サルセテ **Salsete**(補註36)にいるイエズス会イルマンにフランシスコ・エンリケスがいる(補註37)。③に記してきたフランシスコ・エンリケスと同一人物であるという確証はないが、その蓋然性は高いというべきであろう。

一五七五年一〇月ゴアで作成されたインディア管区のパードレたち・イルマンたちの名簿には、非修学実務助修士(補註38)の一人として、イルマン・フランシスコ・アンリケス **Ir. Francisco Anrriques** の名が見える(補註39)。また同じ一五七五年一〇月にゴアで作られた、インディア管区会員たちの略歴・評価等を記した別の名簿には、フランシスコ・エンリケスについて、三七歳、一五五六年バサインで入会、一五五八年タナで単式誓願、コレジオの財務担当者 **procurador,**(諸々の事柄の)折衝に優れている、と記されている(補註40)。この史料によると、彼は一五三八年頃生まれ、一五五六年一八歳で入会したことになり、先の一五七一年一一月作成の名簿と少し異同がある。

一五七五年一一月一五日ゴア発、イエズス会士ゴメス・ヴァズ **Gomes Vaz** のイエズス会総長宛書簡に、バサインで働くフランシスコ・エンリケスの名を記している（補註41）。一五七六年一月二八日付けでゴアにおいて作成されたインディア管区のパードレたち・イルマンたちの名簿に、実務助修士 **coadjutores temporales** の一人として、イルマン・フランシスコ・エンリケスの名が見え、その職務として財務担当者 **procurador** と記されている（補註42）。一五七六年一一月一〇日ゴアで作成されたインディア管区パードレたち・イルマンたちの名簿には、サルセテのコレジオおよびそこの諸レジデンシア（補註43）に駐在するイエズス会士の一人としてイルマン・フランシスコ・エンリケスの名が見え、役職として「会計《ミニストロ》」と記されている（補註44）。

一五七七年一一月ゴアで作られたインディア管区のパードレたち・イルマンたちの名簿に、非正会員修学助修士（補註45）の一人として、イルマン・フランシスクス・アンリクス **F. Franciscus Anrriquus** の名が見える（補註46）。

一五七九年一一月一三日ゴア発、イエズス会ゴア管区長ルイ・ヴィセンテの同会総長宛書簡には、次のように記述されている。

「ムガル帝国に赴く者たち〔イエズス会士たち〕は、宮廷《コルテ》で話されているペルシア語、および民衆のヒンドスターニー語（補註47）を理解しなければならない。ペルシア語については、われわれにはパードレ・フランシスコ・アンリケス **P. Francisco Hanríquez** がいる。彼はすでにそれ〔ペルシア語〕が非常によく分かる。彼はその任務《ミシオン》のために指名されている。（補註48）」

ムガル帝国皇帝アクバルの招聘を受けて一五八〇年、三人のイエズス会パードレが同帝国に派遣されたが、その一人がフランシスコ・エンリケスであった。このことについては、すでに別の拙訳書で記した（補註49）。右のルイ・ヴィセンテの書簡に見える、ペルシア語が出来るパードレ・フランシスコ・アンリケスが、一五八〇年にムガル帝国皇帝の許に派遣されたイエズス会パードレ三人の内の一人であることは言うまでもないが、問題は、このパードレ・フランシスコ・エンリケスが、右の数多くの史料に見えたイエズス会士フランシスコ・エンリケスと、同一人物であるか否かという点である。

まず①の人物は、すでに死亡しているので論外である。次に②のフランシスコ・エンリケスは、その少し前までポルトガルにおける活動が確認出来、しかも彼とムガル帝国派遣とを結びつけるものが何一つとしてない。とすると、残るは③である。③のエンリケスの履歴を見ると、ムガル帝国派遣には適したイエズス会士であったことが分かる。右に記してきた通り、彼はインディアの現地人であり、バサインでイエズス会入会し、バサイン・タナに長く駐在し、後にはゴアやゴアのサルセテにも滞在し、職域は財務・物資調達の方面で、諸々の折衝に長けていた。バサインで入会したことからおそらくインディア北部出身者であったと思われることと、管区長ルイ・ヴィセンテの書簡に記述されているペルシア語を解するということが、重なるように思われる。

ところで、ルイ・ヴィセンテの書簡を翻刻する **Documenta Indica, XI** の編者ヴィッキは、引用文中のフランシスコ・エンリケスを、明らかに③のエンリケスと同一人物と解し、そして彼について、ペルシア人で、かつてはイスラム教徒であったが、一五五六年一八歳でイエズス会に入会した、現地の言語はほとんど忘れていた、と註記する（補註50）。

しかし、右のヴィッキの註記は、一五五六年一八歳でイエズス会に入会した、ということ以外は、右の③のエンリケス関係史料の記述によるものではなく――ペルシア人で、かつてイスラム教徒であった。母国語はほとんど忘れてしまっていた、などという記述は、それらの史料には見えなかった――E・マクラガンの著書によっているようである（補註51）。

確かに、③のフランシスコ・エンリケスは、ヴィセンテの書簡に見える、つまり一五八〇年ムガル帝国に派遣された三人のイエズス会士の一人であることを思わせるものはある。第一、もしもヴィセンテ書簡に見えるアンリケスが、③のエンリケスでないとすると、それまでどこにいたのか。インディア布教関係イエズス会史料、つまり **Documenta Indica** 収載文書には、外にそれに該当する人物は見えない。それ故に、編者ヴィッキは疑うことなく、これら両者を同一人物と見なしたのであろう。

しかし、両者の間には決定的な違いもある。③のエンリケスはイルマンであるのに対し――すくなくとも一五七七年一一月作成名簿にはイルマンとしてその名が見える――ルイ・ヴィセンテ書簡のアンリケス、つまりムガル帝国に派遣されたエンリケスはパードレであった。ウィッキが先の註記の中で、この点に触れていないのは不可解であるが、そのパードレかイルマンかという点のみに着目すると、それではパードレ・エンリケスとはどこから突然現れたのか、ということになる。

この問題は不可解で不思議な出来事であるが、右に縷々述べてきたのは、文書26の註（2）に対するものであった。つまり本文書すなわち一五六八年二月二六日付け国王書簡で一回のシナ・日本航海権の恵与をうけた貴族フランシスコ・エンリケスと、同時代にポルトガルおよびインディアに少なくとも三人いた同名の人物との間に、何らかの繋がりがないかを解明したいというのが主意で、ムガル帝国遣使に絡む疑問は副産物にすぎない。

こちらの主意の方であるが、①のエンリケスは、そのはるか以前に死亡しているから論外、②のエンリケスも、少なくとも一五七七年にはリスボンにいたことが確認出来るのであるから、これも当然問題外である。③のエンリケスにしても、一五五七年一一月二一日現在すでにインディアのタナにおり、その後常時インディアにいたことが確かであるばかりか、ペルシア人のエンリケスと、文書26の、「貴族フランシスコ・エンリケス」とは結びつけようもない。

右のような次第で、とくに②と③のエンリケスは財務担当 **procurador** の如き職務であったことでもあり、国王が航海権恵与の形でイエズス会に金銭的支援をしたのではあるまいか、との疑問に発した以上の作業は、結論的には無駄であったと言わざるを得ないようである。

（補註1）Documenta Indica, I, p. 47*; III, p. 704; IV, p. 123.
（補註2）Ibid., IV, pp. 69 - 71.
（補註3）procurador general. 拙訳『モンスーン文書と日本』五三五～五三七頁。
（補註4）Documenta Indica, V, p. 36*.
（補註5）Ibid., V, p. 705 および nota 1.
（補註6）O'Neill & Domínguez, I, pp. 911, 912.
（補註7）Documenta Indica, VI, p. 519.
（補註8）Ibid., VII, p. 497.
（補註9）Ibid., VII, pp. 177, 178.
（補註10）Ibid., VII, p. 230.
（補註11）S. Fins. 一五七五年八月二一日付けポルトガル発、ポルトガル管区長マノエル・ロドリゲスの総長宛書簡にS.

Finz の語が見え、編者の註記によると、コインブラ・コレジオに付属するカーザ Domus だという。
Ibid., IX, p. 673.
（補註12）Ibid., VIII, p. 559.
（補註13）Casa Professa. 拙著『キリシタン時代の貿易と外交』索引四頁。拙著『キリシタン時代対外関係の研究』索引三頁。拙訳『イエズス会と日本』二、索引九・一〇頁。
（補註14）Documenta Indica, IX, p. 706.
（補註15）Ibid., X, p. 877.
（補註16）Ibid., III, p. 691.
（補註17）Ibid., III, p. 715.
（補註18）Ibid., III, p. 788.
（補註19）leguas. 拙訳『モンスーン文書と日本』三七頁。
（補註20）Documenta Indica, V, p. 187.
（補註21）Ibid., V, p. 268.
（補註22）Ibid., V, p. 619.
（補註23）ポルトガル語辞書に、イエズス会士で厨房や支出等を担当する朋輩たちを監督する責任者、と説明されている。
Machado, VI, p. 1000.
（補註24）Documenta Indica, V, 625.
（補註25）Ibid., VI, p. 346.
（補註26）Ibid., VI, p. 514
（補註27）Ibid., VI, p. 629.
（補註28）原語（翻刻本）は outro Irmão natural destas partes である。
Ibid., VI, p. 514.

（補註29）Ibid., VI, p. 557.
（補註30）Ibid., VI, p. 591.
（補註31）Ibid., VIII, p. 95.
（補註32）拙訳『モンスーン文書と日本』五三五～五三七頁。
（補註33）Documenta Indica, VIII, p. 415.
（補註34）Ibid., VIII, p. 424.
（補註35）Ibid., VIII, p. 590.
（補註36）インディアにはサルセテという地名が二箇所あるが、これについては、拙訳『モンスーン文書と日本』一八〇・四七八・四七九頁。今ここに見えるサルセテであるが、同名簿に記載の順序がまずゴアにいるイエズス会士を列挙し、次いで北部地方 partes do norte についての記載に移っており、このサルセテはその前者のゴアについての記載に含まれるので、「ゴアのサルセテ」Salsete de Goa のことであろう。
（補註37）Documenta Indica, IX, p. 477.
（補註38）原語（翻刻本）は coadjutores temporales no formados である。coadiutores temporales を日本語でブラザー（実務助修士）と呼ぶことは、『新カトリック大事典』に記されている。no formados を日本語でどのように記すべきか確信が持てないが、一応表記の如く訳した。『新カトリック大事典』一、三四七頁。『カトリック大辞典』一、九〇・九一頁。ヨゼフ・ロゲンドルフ『イエズス会』一三六～一五〇頁。
（補註39）Documenta Indica, X, p. 28.
（補註40）Ibid., X, p. 39.
（補註41）Ibid., X, p. 73.
（補註42）Ibid., X, p. 500.
（補註43）原語（翻刻本）は Collegio de Salsette com suas residencias である。このサルセテであるが、インディアに二箇所あるサルセテの内、「ゴアのサルセテ」「サルセテ半島」のことであって、今一方の「バサインのサルセテ」「北部地方のサルセテ」「サルセテ島」ではない。

ゴアのサルセテにあったコレジオについては、ヴァリニャーノが『東インド巡察記』の中で記述している。サルセテの中央に位置するマルガン村にそのコレジオがあったという（a）。

（a）Ibid., XIII, pp. 159, 160. ヴァリニャーノ 高橋裕史訳『東インド巡察記』八〇・八一頁。サルセテおよびマルガンの位置については、次の文献にゴアとその近辺の地図が載っている。

Documenta Indica, VII, p. 50*. Portas & Gonçalves, p. 7.

（補註44）Documenta Indica, X, p. 694. なお「会計」の原語（翻刻本）は ministro である。『カトリック大辞典』に見える日本語役職名に従って「会計」とした。「財務担当者」procurador と同じような職掌と考えてよいであろう。

『カトリック大辞典』二、六二〇頁。

（補註45）原語（翻刻本）は Fratres Coad. non incorporati である。（補註38）に記した coadjutores temporales no formados と同じ階位を意味する。そのことを明らかにするために、両名簿ともイエズス会士を八階位に分けているが、その階位名を上から順に記してみる。フランシスコ・エンリケスが属するのは、両名簿とも⑦の階位である。

一五七五年一〇月作成名簿　① catálogo de los padres professos de 4 votos　② catálogo de los padres professos de 3 votos　③ padres coadjutores spirituales（a）　④ catálogo de los sacerdotes que ainda no son admittidos a algúm de los sobredichos grados　⑤ coadjutores temporales formados que hizieron públicamente los votos（b）　⑥ catálogo de los hermanos studiantes　⑦ catálogo de los coadjutores temporales no formados　⑧ catálogo de los novicios. (Documenta Indica, X, pp. 25 - 30)

一五七七年一一月作成名簿　①catalogus patrum professorum quatuor votorum　②catalogus patrum professorum trium votorum　③catalogus patrum coadiutorum spiritualium　④catalogus sacerdotum qui nondum sunt admissi in aliquem gradum supra dictorum　⑤ catalogus fratrum coadiutorum temporalium formatorum　⑥ catalogus fratrum scholasticorum　⑦ fratrum coad. non incorporati ⑧ catalogus novitiorum.

(Ibid., X, pp. 934 - 937)

（a）③まで、つまり単式三誓願を立てた者までが、「正会員」incorporati と認められる。

Ibid., X, p. 26, n. 5.

（b）⑤の coadjutores temporales formados は、少なくとも一〇年会で暮らした上で、「正会員」incorporati と認められる。

Ibid., X, p. 28, n. 11 なおこの件については、拙著『キリシタン時代対外関係の研究』一二〇頁。

（補註46）Ibid., X, p. 936.

（補註47）原語（翻刻本）は decaní である。デカン高原地帯で使用されているヒンドスターニー語のこと。

Dalgado, I, pp. 352, 353.

（補註48）Documenta Indica, XI, p. 711.

（補註49）拙訳『モンスーン文書と日本』四七六～四七八頁。

（補註50）Documenta Indica, XI, p. 711, n. 77.

（補註51）Maclagan, pp. 31, 235.

（3）provedor dos defuntos. 文書16の註（6）。

（4）原語（翻刻本）は antes deste であるが、「これ」este は「書簡」carta に代わる代名詞のはずであるから、antes desta と記すべきであろう。現に本文書中、先に antes desta の表現が見える。

（5）companha. 文書19の註（9）。

（6）Almeirim. リスボンの東北約七〇キロに位置する町であり、宮殿がある。ここからインディア領国に向けて発給された公文書の数は多い。一五八〇年一月ここアルメイリンの宮殿、王妃 Rainha の間で、エンリケ国王の継承者を決める重要な身分制議会 cortes が開催されたことがあった。

Serrão, Joel, I, p. 117.

（7）本文書は要旨であるが、その冒頭には、本文書について「国王陛下の書簡」と記されている。しかし文書16・文書19・（文書20）・文書21・文書23・文書24・文書25・文書35の同類文書と同じく、国王が航海権を恵与した文書は

「勅令《アルヴァラ》」であったと言ってよい。

（8） APO, 5 - II, pp. 670, 671.

27* 一五六八年二月二七日付けリスボン発、一般的規則《レジメント・ジェラル》(1)（副王ルイス・ダ・タイデ(2)携行）

「八、司法《ジュスティサ》に関する諸々の事柄が、キリスト教徒に対してであれモーロ人《モウロス》や異教徒《ジェンティオス》に対してであれ、すべての人々に、完全にそして等しく行われ遵守されることを、朕は貴下にとくに強く依頼する。というのは、それは朕の極めて重い義務であり、朕への大なる奉仕になる事柄だからである。

それ故、朕は貴下に対し、とくに次のことを知るために尽力をするよう、特別強く依頼する。すなわち、それ〔司法〕の高官《ミニストロス》たちはいかにそれ〔司法〕を行い、彼らの役職を務めているか。彼らにとっての義務を、完全に遵守しているか。彼らのために、受け取るべき額よりも多額の給与を受けたり、受けるべき刑罰よりも重い刑罰を受けることが行われてはいないか。そのために、またはその他いかなる事柄のためであれ、彼らによって躓きまたは理不尽なことがなされてはいないか。彼らが自らよき生き方をして、こうあるべきだという模範を示しているか。

また彼ら〔司法の高官〕がなすべきことを行わないか、または上述の事柄のうちの何か一つでも犯している旨、貴下が情報を得たら、その者たちに対しては、貴下は彼らの罪に応じてこれを罰するよう命じること。そしてもしもそれら〔罪〕のために、彼らの役職を剥奪するか、または停職処分にすべきだと貴下が考えるなら、貴下は、そうするのがよいし、またそれが朕への奉仕になると考える如くに、それを行うこと。そして常に、彼ら〔司法の高官〕が朕に対してよき奉仕をするか、またはその逆の行動をとるか、貴下が朕に報せてくれるのを喜ばしく思う。(3)」

註

（1）原語（翻刻本）は Regimento jeral である。ここでは第八節のみ文書27*として邦訳したが、全五八節にわたる長文である。第一節が始まる以前の冒頭七行（翻刻本）にわたり、このたびルイス・ダ・タイデをインディア副王として派遣するに当たり、商業・和平・戦い等諸々の事柄に関して、次のような規則を携行させ、執行させるのがよいと考えた、といった趣旨の前置きが見える。

（2）Dom Luís da Taíde.（翻刻本ではアクセントは付いていない。なお Luís de Ataíde とも綴る）。一五六八〜七一年インディア副王在任。（一五七八〜八一年インディア副王再任）。アトウギア伯爵 Conde de Atouguia。多数の艦隊・戦役に従軍した後、一五六八年三月二日付け国王セバスティアンの国王書簡 carta régia によって、インディア副王に任命された。文書11の註（12）に記した通りセバスティアン国王は、摂政による統治が終わって国王親政が行われるのは一五六八年一月二〇日からであるから、その直後に副王に任じられたわけである。

四月七日ポルトガルを発ち、九月一〇日ゴアに着いた。本文書は、この時のタイデのゴア行きに際して、国王が携行させたものである。

Delgado Domingues, pp. 120 - 122. Ferreira Martins, 1935, pp. 83, 84. Nobreza de Portugal e do Brasil, II, pp. 332, 333.

（3）APO, 3, pp. 5, 6.

28　一五六八年三月一八日付けアルメイリン発、ポルトガル国王の勅令

（1）

「朕国王は、この勅令《アルヴァラ》を見る者たちに知らせる。朕は次のような情報を得た。すなわち、何人かの者たちは、

われらの主および朕への奉仕、および彼らの良心への義務を忘れて、インディアの地域において、主《セニョル》の最後の晩餐《セア》の諸大勅書《ブラス》(2)の中で禁ぜられている武器《アルマス》・銅《コブレ》・硫黄《エンショフレ》、およびその他の素材《マテリアエス》や品物《コウザス》を取引している。彼らはそれらを、モーロ人《モウロス》たちや異教徒《ジェンティオス》たちの許にもたらして売る。そのために朕への奉仕にとって甚大な損害が生じ、また彼らの良心も同様に損なわれる。

朕はこれを是正したいと思い、次のことを嘉納し、それを命じる。いかなる地位・身分であれ何人《なんぴと》も、モーロ人《モウロス》たちあるいは異教徒《ジェンティオス》たちの許にもたらして売るために、上述の諸々の品物を取引してはならない。これに違反したら、死罪に処した上、彼の資産《ファゼンダ》をすべて没収する刑罰に処し、半分はそれを告発した者に、他の半分は洗礼志願者《カテクメノス》たちの住居《カザ》に与えるものとする。

朕はこれを、朕の現在および将来のインディア副王、およびすべての判事たち《ジュイゼス・エ・ジュスティサス》(3)に通告する。そして彼らに対し、この勅令《アルヴァラ》をその内容通りに履行し、遵守することを命じる。法典《オルデナサン》はそれとは異なることを謳ってはいるが、これ〔本勅令〕はそれ〔尚書職〕によって発給されたわけでないとはいえ、朕の名で作成され、朕が署名し、朕の尚書職《シャンセラリア》によって発給された書簡《カルタ》の如く、これ〔同勅令〕が効力と有効性を持つことを朕は望む。皆に周知徹底させるよう、ゴア市においてこの勅令《アルヴァラ》を公告させ、そして尚書職《シャンセラリア》の記録簿《リヴロス》にそれを筆写させること。

一五六八年三月一八日にアルメイリンにおいて、パンタレアン・レベロ(4)がこれを作成した。国王(5)。」

註

（1）Almeirim. 文書26の註（6）。

（2）原語（翻刻本）はbullas de Cea do Senhor. カトリック百科事典は、Bulla in Coena Domini について、次のように説明している。

これは、教皇の権限に留保されている破門の罪を挙げた大勅書であるが、毎年聖木曜日 Giovedi Santo（feria V in Coena Domini）に、ヴァチカン大聖堂の回廊で、教皇・枢機卿たち・教皇に仕える聖職者たちの面前で、読み上げられたので、このような名称となっている。同大勅書の起源は不確かであるが、クレメンス五世 Clemens V（一三〇五～一四年教皇在位）にまで遡るとする論者もいる。それのいくつかの章は、ウルバヌス五世 Urbanus V（一三六二～七〇年教皇在位）の教皇令（Constituzione（補註1））Apostolatus officium（一三六三年）、およびマルティヌス五世 Martinus V（一四一七～三八年教皇在位）の教皇令 Quod antidota（一四一八年）、ニコラウス五世 Nicolaus V（一四四七～五五年教皇在位）の教皇令 Olim（一四五一年）、その他の教皇文書に記述されている。

同大勅書の、伝存する最初の起草文書は、ユリウス二世 Julius II（一五〇三～一三年教皇在位）の教皇令Consueverunt（一五一一年）である。その最終的文書は、パウルス五世 Paulus V（一六〇五～二一年教皇在位）の教皇令 Pastoralis（一六一〇年）に載っている（補註2）。

『カトリック大辞典』によると、「イン・チェーナ・ドミニ」In coena Domini（「主の晩餐に」）は、一三六四～一七七三年間に聖木曜日に発せられた異端に破門を宣告する大勅書 Bulla in coena Domini を言うようになった、とある（補註3）。

ただ日本を含めこの頃の史料の中でこの大勅書に言及されるのは、異教徒を利する物資を提供するような商業を禁じる拠り所としてである。例を挙げる。

一五九九年二月二五日付け長崎発、イエズス会士ペドロ・デ・ラ・クルスのイエズス会総長宛書簡に、次のように記述されている。

「〔ポルトガル〕国王陛下に勧告すべき第四の事柄は、陛下に味方する者たちの〔領内の〕どこか適当な港に、ポルトガル人のナウ船が入港するよう命じてもらいたい、ということである。そこでは〔ナウ船が〕一層安全であるし、またこのように、われわれと同盟関係にある者たち以外には貿易を許さないようにすることによって、日本人領主たちと結束し、同盟関係を固めるためでもある。

私は、〔敵方の手に渡るのが〕禁じられている品物を、敵方に与えるのを避けることを言っているのではない。それはシナからもたらす鉛等の如き、主の晩餐の大勅書bula de la cenaが問題にしているケースである。そうではなくて、生糸やそれに類する品物を、彼ら〔敵方の殿〕や敵対する殿《トノス》たちの家臣たちには与えないようにする、ということである。これは妙案であろう。（補註４）」

（補註１）カトリック教会の立法は二種に分類される。一は一般教会法で、最高権威者より発せられ、全教会に適用されるものであるのに対し、二は特定教会法で、特定管轄区の長より発せられ、その管区にのみ適用される。一の一般教会法の立法権は、教皇と公会議（教会会議）Concilium とにある。したがって一般教会法は、教皇令 constitutio と公会議宗規聖省令から成る。
『カトリック大辞典』一、六一〇頁。

（補註２）Enciclopedia Cattolica, III, p.210.

（補註３）『カトリック大辞典』一、二〇八頁。

（補註４）Jap. Sin. 13 - II, f. 273. 拙訳『イエズス会と日本』一、二二三・二二四頁。Enciclopedia Cattolica, III, p. 210.

（３）原語（翻刻本）は juizes e justiças. 文書９の註（10）。

（４）Pantaleão Rebello. 同時代のポルトガル国王文書に、同様の役割で文書の文末にその名が記されている例は多い。国王政府の書記 escrivão であったという。
Documentação, Índia, Índice, p. 209.

（５）APO, 5 - II, pp. 684, 685.

29　一五六九年三月二二日付けアルメイリン発、ポルトガル国王のゴア市宛書簡

「ゴア市の聴訴官《オウヴィドル》・判事《ジュイズ》・市会議員《ヴレアドレス》たち、および代理人《プロクラドル》各位(1)。朕国王《エル・レイ》は貴下たちに深甚なる敬意を表する。朕の諸王国《レイノス》の統治に関するもろもろの事柄を知れば知るほど、ますます朕は、それら〔諸王国〕のためには、（万事

われらの主に頼らねばならないということ以外に）朕の家臣たちの助言《レンブランサス》・忠告《アヴィゾス》を極めて重視しなければならないことが分かる。とくに彼らがこのような、篤い信頼の置ける人々である時はそうである。それ故、朕は、貴下たちからとくに次のことを朕に報せてもらえるなら、深く感謝するであろう。

それはすなわち、これら諸王国《レグノス》の王《レイス》たち(2)の第一にして主たる義務であるキリスト教会《クリスタンダデ》の保全と伸展、およびその〔インディア〕領国の非信徒《インフィエイス》たちの土地の征服のため、さらには異教徒《ジェンティオス》たちおよびモーロ人《モウロス》たちの地域においても、(3)司法《ジュスティサ》が完全に遵守されるため、そして朕の役人《オフィシアエス》たちやいかなる身分であれその他の者から、いかなる侮辱・苦痛も彼ら(4)〔異教徒・モーロ人〕に加えられることがないようにするため、それもとくに、特別の配慮をする旨朕が決意している土地の兵士・貧者・キリスト教徒に対して、そのようなことがないために、貴下たちが必要だと考えることのすべてである。

キリスト教《レリジアン・クリスタン》や司法《ジュスティサ》に関するもろもろの事柄において、朕が補っていかなければならない義務がある以外にも、それらインディアの諸地域に存在した規範《クストゥメス》の改革を軌道に乗せることと、そこの古い〔規範〕を復興させることを、朕は強く望む(5)。それ〔教会・司法関係の義務、古規範復興の願い〕によって、それ〔インディア〕を獲得することが出来たのであり、またそれ〔の実現〕に朕は強い執着を持つ。それ故、朕は、これらの事柄が成就するための方法について貴下たちから提案を受け、朕に書き送ってもらえるなら、たといそれが、王室資産《ミニャ・ファゼンダ》の利益には反するものであっても、貴下たちに感謝するであろう。というのは、ポルトガル人のように勇敢にして忠実な〔国民を〕家臣として持っているということほど、確実なことはないと考えるからである。彼らは現にそうであり、また過去においても常にそうであったのだ。

朕が香料《エスペシアリアス》や、その他の禁じられている品物の取引をすべての人々に自由に解放し、負担可能な税金《デレイトス》を彼らに課すならば、それらの地域〔インディア領国〕やこれら〔の地域、つまりポルトガル本国〕のすべての人々が、それら〔インディア領国・ポルトガル本国〕をよりよく守るために富裕にして強力になるためのよき手段となるであろうとの、いくつかの覚書《レンブランサス》が朕のために作成されたのであるから、これに関して貴下たちの見解、および双方の立場に立ってそこに存在する諸理由を朕に書き送ってもらえるなら、これまた貴下たちに感謝するであろう。というのは、王室資産にとって何らかの損害となるとはいえ、万事につけ朕の家臣たちを支援し、彼らに恩恵を施すこと、および彼らが神《デオス》、そして主として朕を侮辱するかも知れない機会を彼らから除去することを、朕は非常に喜ばしく思うからである。それは、朕が信仰を植えつける義務がある、それらの地域〔インディア領国〕の多数の王国《レイノス》・領国《エスタドス》の征服のためにまさに必要な、騎士道精神《カヴァラリア》と努力とが信頼を得る一方、貪欲さを増し、卓越性《プリモル》を減じるのを常とする商業《メルカドリア》の信用を失墜させるように、この件を命じることによってである。

朕は、その〔ゴア〕市のカピタン(6)にも書き送る。それ故、元老院《カマラ》において貴下たちが彼と話し合う必要はないであろう。というのは、彼〔カピタン〕は彼の見解を、自ら朕に知らせるであろうと思われるからである。これ〔本書簡〕への返書は、これらのナウ船団(7)によってミゲル・デ・モウラ(8)に送付せよ。アルメイリン(9)において、一五六九年三月二二日。ヴァレリオ・ロペス(10)がこれを記述させた。国王(11)。

この〔右の〕書簡は、本日一五九五年八月二日ゴアにおいて、このゴア市の元老院《カマラ》の書記《エスクリヴァン》である私ことアフォンソ・モンテイロ(12)が、私自身で原文書《プロプリア》から写し、記録《コンセルティ》した。アフォンソ・モンテイロ(13)。」

註

（1）**procurador.** 文書12の註（1）。

（2）**Reis destes Regnos.** インディア領国内の諸国王のことであろう。

(3)原文（翻刻本）は両本とも justiça has partes imda que gentios …とあるが、下線箇所は nas partes の誤りか。

(4)原文（翻刻本）は両本とも detremino とあるが、determino の誤か。

(5)傍線箇所の原文（翻刻本）は次の通りである。desejo taõbem muito de pôr em ordem a reformaçaõ dos custumes, e restituir os antigos que ouve nessa parte da Imdia,… 解釈が難しい文章である。os antigos を os antigos custumes と解釈することが許されるとしても、然らばここに二度にわたって記されている custumes, つまり改革を要する現在のインディアにおける規範、および復興させたいそこの古い規範とは具体的に何を指しているのか、判然としない。costume は一般には慣習の意味であるが、辞書によると、その複数形 costumes には、様々な国で遵守されている規範・規則 regras という意味があるという（補註）。インディアの地は聖トマス等によって古くキリスト教の布教が行われたが、その後異教徒の支配するところとなったという基本認識が本書簡を認めたポルトガル国王の側にあり、そのため、インディア経営の基本理念はそこでの古い規範を再興させることだとして、ここに記述されたのではないか。

（補註）Machado, II, p. 703.

(6)Capitão. インディア領国の各要塞はそれぞれカピタンが統轄したが、ゴアにもカピタンが一人いた。一方インディア副王は「インディア副王兼カピタン・ジェラル」vizo-rey e capitão geral というのが改まった称号であった。ここでの capitão は、capitão geral の省略形、つまりインディア副王のことではなく、ゴア市のカピタンを指すのであろう。

Bocarro, 1992, II, p. 140. 拙訳『モンスーン文書と日本』四九頁。文書8の註（11）、文書132の註（6）。

(7)nestas naãos. 本文書をインディアに運んだナウ船団のポルトガルへの帰航時に、返書を積んで送ってくるようにとの指示である。

因みに、この時のナウ船団は、本文書の日付から、一五六九年春ポルトガルを出帆した船団であることは明らかであるが、この年は春二度にわたってナウ船団が発った。最初の船団（ナウ船四艘）の出帆は三月二五日であり、二度目の船団（ナウ船三艘）の出帆は四月一八日であったが、しかしこの二度目の船団は、インディア行きではなかった（補註1）。したがって、いささか時間的余裕が乏しい嫌いもあるが、最初の三月二五日出帆のナウ船団によって、本文書がゴアに運ばれたと考えざるを得ない。なおこの船団は九月三日にゴアに着いた（補註2）。

この船団がゴアを発って帰航の途に付いた月日は不詳であるが、冬季の一二月末か一月初めに出帆するのが通常であった（補註3）。

（補註1）Maldonado, p. 77. Castro & Paes, pp. 228, 229.

（補註2）Couto, década X, livro I, cap. XVI, p. 144.

（補註3）拙訳『モンスーン文書と日本』一二頁。

（8）**Miguel de Moura.**（一五三八～一六〇〇年）。ベジャ市元老院および王室資産の書記 **escrivão da Câmara de Beja e da Fazenda Real** であったマヌエル・デ・モウラ・サンパイオ **Manuel de Moura Sampaio** の子息。一〇歳で父親、一二歳で母親と死に別れ、孤児となったが、カスタニェイラ伯爵 **conde de Castanheira** のドン・アントニオ・デ・アタイデ **D. António de Ataíde** の支援で、教育を受けることが出来た。同伯爵は早くから、彼を宮廷に送り込み、ポルトガル国王ジョアン三世（一五二一～五七年在位）は、彼を青年貴族 **moço - fidalgo**（補註1）および王室資産の書記 **escrivão da fazenda** に任じた。

ジョアン三世の死後、セバスティアン（一五五七～七八年在位）が王位を継承した後も、彼の政庁における地位は上り、セバスティアンは彼を国務書記官 **secretário de Estado** にした。国王は、彼を最も信頼し、最高の機密事項にまで彼の関与を許したという。一五七四年八月、国王セバスティアンがアフリカ侵攻の意図をもって、居所をアルガルヴェ **Algarve** に移した時、国王はミゲル・デ・モウラに指示を与えて、ラゴス **Lagos** から同国王の大叔父に当たるエンリケ（一五一二～八〇年）を摂政に任ずる特許状 **patente** を送らせた。マルティン・ゴンサルヴェス・ダ・カマラ（一五三九～一六一三年）（補註2）が一五七六年、国王秘書官《エスクリヴァン・ダ・プリダデ》（補註3）の職を解任されて後は、国王はその後任を任命せず、ミゲル・デ・モウラにその任務を行わせた。

エンリケ国王（一五七八～八〇年在位）の後を嗣ぐ王位継承については、スペイン国王フェリペ二世の側に与し、そして同国王のポルトガル王位継承後、一五八二年一二月一五日付け書簡により、彼は国王秘書官《エスクリヴァン・ダ・プリダデ》に任じられた。フェリペ二世（ポルトガル国王フィリペ一世）の治世下、初代のポルトガル副王 **vice-rei de Portugal** となったアルベルト・デ・アウストリア（一五五九～一六二一年在世、一五八三～九三年ポルトガル副王在任）（補註4）の統治を助けた。一五九三年アルベルトがその地位を去った後、すぐに後任の副王が任じられたわけではなく、副王は空位で、五人の長官governadoresによってポルトガル王国が統治される時期があり（一五九三～一六〇〇年）、その後また副王が歴代任じられていった。この五人の長官の内の一人が、ミゲル・デ・モウラであった（補註5）。この長官たちによる統治が終わった年が、彼の死亡した年でもあった（補註6）。

（補註1）国王の登録簿に記載される貴族の、最下位に位置する者。
Machado, IV, p. 632.

（補註2）Martim Gonçalves da Câmara. Serrão, Joel, I, pp. 440, 441.

（補註3）escrivão da puridade. 高度の重要性を持った王室官僚で、統治に関わる機密の諸問題が、特別に彼の権限で処理されることがあった。時代の要求に応じて、その機能により、彼が事実上の首相として政治の実権を掌握することもあった。なおこの役職については、文書113*の註（12）。
Serrão, Joel, II, p. 429.

（補註4）Alberto de Áustria. Serrão, Joel, I, p. 74.

（補註5）Serrão, Joaquim Veríssimo, IV, pp. 41, 42. 拙訳『モンスーン文書と日本』二七三・二七四・三〇一頁。

（補註6）Serrão, Joel, IV, p. 351.

（9）Almeirim. 文書26の註（6）。

（10）Valerio Lopes. 文書11の註（4）の（補註11）。

（11）本書簡の最初からここまでは、次の二翻刻本に収載されている。APO, 1 - I, pp. 72 - 74. Documentação, Índia, 11, pp. 29, 30.

（12）Afonso Monteiro.

（13）註（11）以後の二行（原文〔翻刻本〕では四行）は、APO, 1 - I, p. 74には見えず、Documentação, Índia, 11, p. 30にのみ、記されている。

30　一五七〇年九月二〇日付けシントラ発、ポルトガル国王の勅令

「朕国王は、この勅令《アルヴァラ》を見る者たちに知らせる。朕は次のような情報を得た。すなわち、われわれの聖信仰に改宗した何人かの国王《レイス》や領主《セニョレス》、さらにはそれ〔聖信仰〕に恩恵を施す異教徒たちは、朕のカピタンたちにより、インディア・シナ・日本、およびモルッカ《マルコ》の地域における、海路《ポル・マル》の商業と航海が禁じられている。前述の朕のカピタンたちや、彼らにそれ〔カルタズ〕を与えることが出来る人々のカルタズ《カルタゼス》(1)を、携行していないからである。

これは異教徒の改宗にとって大きな障害であるから、朕は、次のことを嘉納し、それを喜ばしく思う。

朕の規則《レジメントス》によってそれを禁じなければならないような事態が生じない限り、前述のキリスト教徒国王たちや、彼ら〔キリスト教徒たち〕に恩恵を施す異教徒たちが、さまざまな海域を航海出来るようにすること。そして彼らにカルタズ《カルタゼス》を自由に与えること。というのは、キリスト教徒になることによって、そしてキリスト教会《クリスタンダデ》に恩恵を施すことによって何が得られるのか、朕がそれにいかに特別の配慮をしているのかということを、その他のすべての人々に分からせるために、彼らに出来る限りの恩恵を施すのが朕への奉仕になると考えるからである。

朕は、前述の地域〔インディア領国〕の朕の副王または総督《ゴヴェルナドル》、およびそこの諸要塞や朕の諸艦隊《アルマダス》のカピタンたち、およびその他あらゆる朕の役人《オフィシアエス》や、この件の裁判権が属する人々に次のことを命じる。前述の如く、彼らを自由に航海させるように。この勅令《プロヴィザン》をその内容通りに、完全に履行するように、と。

法典《オルデナサン》第二冊《リヴロ》第二〇項《ティトゥロ》は、一年以上効力が続くことになる事柄は書簡《カルタス》によって発給すること、勅令《アルヴァラス》によって発給しても効力を有しないものとする、と規定してはいるが、これ〔本勅令〕が朕の名で作成され、朕が署名し、

そして朕の尚書職《シャンセラリア》によって発給された書簡の如く有効であり、強制力と効力を有することを、朕は嘉納する。一五七〇年九月二〇日シントラ[2]においてアンドレ・サルディニャ[3]がこれを作成した。ジョルジェ・ダ・コスタ[4]がこれを記述させた。法典《オルデナサン》は異なることを規定してはいるが、これ〔本勅令〕は、尚書職《シャンセラリア》からは発給しないこと。国王。[5]」

註

（１）cartazes. 拙訳『モンスーン文書と日本』三〇六〜三〇八頁。
（２）Sintra. シントラ宮殿 Paço de Sintra のこと。
（３）Andre Sardinha. 国王政府における書記 escrivão である。Bethencourt & Chaudhuri, I, p. 476.
（４）Jorge da Costa. 文書12の註（14）。Documentação, Índia, Índice, p. 19.
（５）APO, 5 - II, p. 732. Documentação, Índia, 11, pp. 61, 62.

31　一五七〇年九月二二日付けシントラ発、ポルトガル国王の勅令

「朕国王は、われらの主イエズス・キリストの騎士団《オルデン》および団長職《メストラド》の騎士《カヴァラリア》たちの統轄者《ゴヴェルナドル》および終身の管理者《アドミニストラドル》として[1]、この勅令《アルヴァラ》を見る者たちに知らせる。インディア・シナ・日本、およびモルッカ《マルコ》の異教徒《ジェンティオス》と非信徒《インフィエイス》の改宗に恩恵を施すことを喜ばしく思う故に、朕は次のような措置をとることを嘉納し、それを喜ばしく思う。

すなわち、十分の一税《ディジイモス》[2]と初収穫《プリミシアス》[3]を支払うのが、全キリスト教会《クリスタンダデ》の普遍的義務であるが、今後われわれの聖信仰

に改宗する前述の異教徒たちは、労働収入にかける十分の一税《ディズィモス・ペソアエス》のおよび土地〔の生産物にかける十分の一税〕《〔ディズィモス・〕レアエス》、およびあらゆる種類・性格の初収穫《プリミシアス》のすべてについて、その支払いが免除されるものとする。これは彼らが改宗した日から、そして朕が本勅令《プロヴィザン》によって彼らに与えるこの恩恵が彼らに公布された日から始めて、向こう一五年間とする。

朕は、前述の地域〔インディア領国〕の朕の副王または総督、および朕のすべてのカピタンたち・役人《オフィシアエス》たち、およびこの件の裁判権が属する人々に対し、この勅令《プロヴィザン》をその内容通りに履行し、そして完全に履行・遵守させるよう、命じる。これ〔同勅令〕を、前述の異教徒たちの、その必要があるところに公布すること。全員に周知徹底させるためである。これ〔同勅令〕を、前述の十分の一税および初収穫《プリミシアス》が徴収される諸商館《フェイトリアス》または諸居館《カザス》の記録簿《リヴロス》に、筆写すること。朕は、これと異なることを命じるいかなる規則《レジメント》または勅令《プロヴィザン》が存在しようと、〔本勅令が〕朕の名で作成され、朕によって署名がなされ、前述の騎士団《オルデン》の尚書職《シャンセラリア》によって発給された書簡《カルタ》の如く有効であり、強制力と効力を有することを嘉納する。〔一〕五七〇年九月二二日シントラにおいて、アンドレ・サルディニャがこれを作成した。ジョルジェ・ダ・コスタがこれを記述させた。これと異なることを命じるいかなる規則《レジメント》または勅令《プロヴィザン》が存在しようと、これ〔本勅令〕は前述の騎士団《オルデン》の尚書職《シャンセラリア》によって発給されたものではないが、履行すること。(4)」

註

（1）本文書の冒頭からここ「管理者として」までの原文（翻刻本による）は、次の通りである。Eu ElRey como Governador e perpetuo administrador <u>que</u> <u>são</u> da ordem e cavalaria do Mestrado de nosso Senhor Jesus Christo… この書出しは、ポルトガル国王の勅令等に記される常套句である。文言は多少変化することもある。

拙訳『モンスーン文書と日本』五三九・五四〇頁。

(2) dizimos. 十分の一税である。個人の資産または産物の一〇分の一を進貢することは、政治的には徴税、宗教的には初収穫を神に捧げる行為と関連があるが、古代においては、世界中の各地で慣習として行われていた。バビロニア・ペルシア・アラビア・エジプト・ギリシア・ローマ・中国といった各地で見られたという。この税は、おそらくは征服者・支配者が服従者から貢物を徴収したのが起源であろうが、戦利品の一〇分の一を神に捧げた慣習から、もともと初収穫を神に捧げる行為であったこの語が、もっと広い意味で使用されるようになったものであろう、と考えられている(補註1)。

『聖書』では、アブラハムが戦利品の一〇分の一を、サレムの王メルキセデクに贈ったのが最初の例であるが、王の徴税の例もあり、『新約聖書』にも、律法の一条項として記述されている。

中世から近世にかけてのヨーロッパ・キリスト教世界においては、教会はその維持のために、原則として収入の一〇分の一相当額を信徒から徴収した。この税の起源は、『旧約』時代のユダヤ社会の律法に求められるという。教会の発展とともに財政的需要も拡大し、四世紀頃から十分の一税の納付は、信徒の道徳的義務と見なされるようになった(補註2)。この件に関して知られている初期の教皇の法令によると、おそらく一一世紀には、これは教会税として義務づけられた。

以下、ポルトガルの歴史事典によって、ポルトガルの十分の一税について記す。一二世紀にはスペインのキリスト教徒の間では、この支払いが一般化した。ポルトガルにおいても一二世紀には、それの納付が行われていたようである。ポルトガル王室の収入源は dízimos ではなかったが、国王アフォンソ二世(一二一一～一二二三年在位)は一二一八年四月一三日、王室の収入を dízimos に依存するものとした。

すなわち、ブラガ Braga, コインブラ Coimbra, ポルト Porto, リスボン Lisboa, ヴィゼウ Viseu, ラメゴ Lamego, イダニャ Idanha の各司教区、およびトゥイ Tui 司教区のポルトガル領地域(Tui はポルトガル北端に接するスペイン国内の町)(補註3)においては、王室の収入のすべてが dízimos に頼ることとなった。これらの地域は皆、リスボンの北に位置する。エヴォラ Évora 司教も同様のことを承認した。

これはポルトガル特有の事柄とは言えないであろうが、dízimosは納付する物によってその額が変動した。そしてそれは二種に分けられた。「土地の生産物にかける十分の一税」dízimos reais（dízimos prediais）および「労働収入にかける十分の一税」dízimos pessoais（conhecenças）である。前者は所有物に、後者は労働一般に対してかけられた。支払い方法について、統一的な基準はなく、司教区毎に、あるいは小教区毎に違いがあった。

しかし、ブラガ Braga 大司教の一三〇四年の規範は明快で、dízimos reais はすべての産物、すなわちパン・葡萄酒・麻布・鉄具・羊毛・子羊・蜂蜜・蠟・粉類等に対して課せられた。経費の控除はなかった。dízimos pessoais についても細かく規定され、主な公職 ofícios は年に六ソルド（補註4）、機織りやパン作りの女性は五ソルド、上等の織物 panos finos を売る商人は三二ソルド、普通一般の商品、粗悪な毛織物類（buréis, picotes, sargees）を商う者たちは一六ソルド、家畜飼育者は、雌雄を問わずらば一頭当たり一〇ソルドをそれぞれ支払った。チーズやバターについても、dízimos を支払った。雌雄を問わず豚を所有する者たちは、聖ヨハネのために dízimos を納めた。

一般に dízimos は直接納入されたわけではなく、競売者 arrematante や年貢徴収者 rendeiro に支払われ、彼らが所定の額を納めた。リスボン教区においては、その任に当たる者が徴収することになっていた。教会の年貢徴収者 priostes, 十分の一税徴収者 dizimeiros, 運送業者 acarretadores, および書記 escrivães 等であった。

通常 dízimos の三分の一は司教に、他の三分の一は司祭 clero に、そして最後の三分の一が教会建築に充てられた。しかし、十分の一税徴収者たち dizimadores と小教区住民たち paroquianos との間で、争いが起きるのは珍しくなかった。教会関係者にとって、その解決のための規範を定める必要があった。ディオゴ・デ・ソウザ D. Diogo de Sousa（一四六一?～一五三二年在世、ポルト司教、ブラガ大司教（補註5））が一四九六年ポルト司教区に対して、さらにはジョアン・ソアレス D. João Soares が一五四八年、コインブラ司教区に定めた規範がその例である。

またトリエント公会議（一五四五～六三年）においても、dízimos の納付について規定し、それを支払わなかったり、妨害したりした者たちは破門罪に処す。充分な補償をして初めてその罪が解かれる旨、命じた。

一八三二年までは、dízimos の納付については古い法令や慣習法が維持されてきた（補註6）。

なお、ポルトガル領のインディアにおけるこの dízimos の問題について取り上げた研究文献を、訳者は承知していない。ポルトガル海外発展に関する経済史を、広い視圏と詳細を極めた史料・文献の博捜の上に構築したゴディニョの大著でも、この問題はあまり触れられていないようである（補註7）。

（補註1）The Encyclopaedia Britannica, 14th ed., XXII, pp. 252 - 254.

（補註2）『新カトリック大事典』三、一八二・一八三頁。

（補註3）Oliveira Marques & Alves Dias, p. 57.

（補註4）soldos.「ソルド」は大きく分けて二つの意味があり、一つは兵士に対する給与の意味。今一つの意味は、古い貨幣の名称である。

後者の貨幣名についてであるが、①フランスの少額貨幣。②ローマ人の間で使用された古い金貨。③中世においてさまざまな貨幣、それもとくに銀貨について、地名やその由来を表す語を付して使用した一般的な称呼。あるいはその貨幣の金属の種類を付記した一般的称呼。④ポルトガル国家成立期に、計算にだけ使用された勘定貨幣・金貨・銀貨・銅貨。以上の如く多様な意味で用いられた（a）。

ポルトガルの文献に見えるソルドの使用例を示すと、一一八一年当時1 soldo = 12 dinheirosであった（b）。dinheiro はポルトガルの古い銅貨で、初期におけるその価値は不明であるが、アフォンソ五世（一四三八～八一年在位）の時代には、三分の一セイティル ceitil，または二メアリャ mealhas 相当の価値であったという（c）。

一一六五年 Celas 修道院において、農地 herdade が二モラビティノ morabitinos 二ソルド soldos で売られた（d）。モラビティノは、ポルトガル国家成立初期の諸国王が作ったさまざまな金貨のことで、maravedi と同（e）。一三世紀初頭カスティリャ・ポルトガル両国において、金貨で一八〇分の一モラビティノは、一五ソルドに相当したという（f）。

今ここでは、ポルトガル語辞書の記述の中の、④の意味で使用されたと見てよいであろう。

（a）Machado, VI, p. 957.

（b）Pimenta Ferro, pp. 54, 55.

（c）Machado, II, pp. 269, 1084; IV, p. 423.

（d）Pimenta Ferro, p. 55.

（e）Machado, IV, p. 692.

（f）Pimenta Ferro, p. 55.

（補註5）Serrão, Joel, VI, pp. 70 - 73.

（補註6）Ibid., II, pp. 328, 329.

（補註7）Godinho, 4 vols. dizimos についての記述が見えない点、Bethencourt & Chaudhuri, I. も同様である。

（3）primicias. 未加工の穀物に対して教会が徴収する年貢。十分の一税と類似性があるが、この賦課についてもポルトガルにおいて、すでに古く一三世紀の史料にその記録が見えるという。その税額は収穫高に比例した。一五オイタヴァ oitavas（補註）しか収穫出来ない者たちには、納付額を農民に任せ、一五～三〇オイタヴァを生産する者たちは、四分の一オイタヴァの納入を義務づけ、三〇～六〇オイタヴァの者は二分の一オイタヴァ、六〇オイタヴァ乃至それ以上を生産する、最高に位置づけされる者たちからは、教会は初収穫 primícias の名目で一オイタヴァを受納したという。つまり教会が徴収するこの税の税率は、一～二パーセントであったようである。

（補註）ポルトガルにオイタヴァ oitava という古い重量単位があったが、一オイタヴァ＝八分の一オンス＝三・五八六グラムで、ここではその意味ではありえない。別に、古く所得の八分の一を徴収する税を意味した。その意味を厳密に解したのでは、一五オイタヴァという表現は不可解なことになるが、ある種の徴税単位を意味したのであろう。

Machado, V, pp. 70, 71.

Serrão, Joel, V, p. 184.

（4）APO, 5 - II, p. 733. Documentação, Índia, 11, pp. 63, 64.

32　一五七一年一月一五日付けアルメイリン発、ポルトガル国王のインディア副王宛勅令

「朕国王は、インディアの地域の朕の副王であり総督《ゴヴェルナドル》である貴下(1)に対し、朕が次のような情報を得た旨知らせる。

すなわち、その地域の住民であったアントニオ・アフォンソ(2)の子息マルティン・アフォンソ(3)という者が、聖職売買《シモニア》(4)の罪を犯した。そのことのために大陸《テラ・フィルメ》(5)で捕らえられた。副王ドン・アンタン・デ・ノロニャ――神よ彼を赦し給え――は、前述の大陸《テラ・フィルメ》の王《レイ》との間で結ばれた講和条約の諸条項《カピトゥロス》(6)に従い、彼マルティン・アフォンソは島《イリャ》(7)においてその姿を見せてはならないと言明して、彼を赦した。(8)その後、彼が姿を見られたり、見つかったりしないようにするために、ゴア市のある修道院《モステイロ》から密かに乗船してセイロンに向かう許可を彼に与え、インディアから彼を追放した。(9)朕の法典《オルデナソンエス》に則した措置をとらなければならない以上、前述の罪故に、彼に対して別の宣告が与えられて然るべきであるが、それなしに〔右の如く処理した〕、と。

朕は、それ〔右の如き措置〕が神《デオス》と朕への奉仕になるとは考えない。それ故、朕は貴下に次のことを依頼し、そして命じる。貴下がこれ〔本勅令〕を披見したら直ちに、前述のマルティン・アフォンソに関する訴訟関係書類《アウトス》を、いかなるものでもあるだけのものすべてを、貴下の許に取り寄せること。それら〔訴訟関係書類〕によって、彼が聖職売買《シモニア》の罪を犯したことが立証される旨明らかになったら、貴下は、彼の父親である亡きアントニオ・アフォンソのすべての資産《ファゼンダ》を、安全にこの王国(10)〔ポルトガル本国〕に送付すること。すなわち動産《モヴェル》であれ、最高値で支払う者に彼の不動産《ファゼンダ・デ・ライス》を売却するか、競売に付して売るかして得たかねであれ、あるいはその他すべてのかねや宝石、さらにはその他彼の所持品として見出され、前述の〔アントニオ・アフォンソの〕資産に属する品物であ

れ、〔そのすべてを送付すること〕。

先に述べた如く、前述のマルティン・アフォンソは刑の宣告を受けてはいないが〔上記の措置をとること〕。というのは、それ〔刑の宣告を受けていないこと〕にもかかわらず、さらに彼に対しそれ〔刑宣告〕を手控えるいかなる事由にかかわらず、彼がかかる罪を犯したことは確かだからである。法典《オルデナサン》が定める手続きに従うなら、朕の王室資産《フィスクオ》に収めるために彼の資産《ファゼンダ》を没収する旨の宣告が未だなされていないことが明らかな時であるし、さらにそれ〔資産〕は、彼〔父親〕の子息であり相続人として今は彼〔マルティン・アフォンソ〕に属するものであるが、その当時は、彼の父親は存命で、彼はその資産を未だ所有してはいなかったとはいえ、朕はそれ〔如上の措置〕を嘉納する。それ故、朕は次のように命じる。

彼〔マルティン・アフォンソ〕からそれ〔資産〕をすべて没収すること。そしてその地域〔インディア〕において、前述の法典《オルデナサン》を履行すること。上に述べたような諸々の事情によって、前述のマルティン・アフォンソは聖職売買《シモニア》の罪の宣告を受けてはいないが、この事件は新奇なものであるし、また重大な出来事であることに鑑み、他の人々がこれを真似てそれ〔同じ聖職売買の罪〕を犯すことのないようにするためである。

朕は、前述の地域における朕の訴訟《フェイトス》の代理人《プロクラドル》[11]に命じる。この事件について、朕の側から彼に対する裁きを求める必要があるときは、いかなる司法関係者《ジュスティサス》や関係する役人《オフィシアエス》たちであれ、迅速にそれを要求すること。

貴下は、それ〔本事件〕について如上の通り裁判を行わせ、簡略に決定を下させるように。そして前述の〔アントニオ・アフォンソの〕資産《ファゼンダ》を有利に、しかも可能な限り迅速に取り立てるように。それ〔その資産〕の保管者《デポジタリオス》たち、あるいは何人《なんぴと》であれその他の、それ〔同資産〕がその権限の下に置かれている者たちから、それを受け取るためである。その上で、前述の〔アントニオ・アフォンソの〕資産《ファゼンダ》に属するかねやその他の品物があったらそれらの目録を添えて、それ〔同資産〕をこの王国〔ポルトガル本国〕に送付し、インディア館《カザ・ダ・インディア》[12]において、無事にそこの館長《フェイトル》と役人《オフィシアエス》たちに渡すように。法典《オルデナサン》は異なる規定をしてはいるが、尚書職《シャンセラリア》によって発給されたわけでないとはいえ、訴訟関係書類《アウトス》、およびこの勅令《アルヴァラ》によってそれらに対して下された宣告《センテンサ》の写しは、その内容通りに完全に履行・遵守させること。一五七一年一月一五日にアルメイリンにおいて、アンドレ・ヴィダル[13]がこれを作成した。私ことドゥアルテ・ディアス[14]がこれを記述させた。国王。

先に記した勅令《アルヴァラ》において、マルティン・アフォンソが聖職売買《シモニア》の罪を犯したというが、男色《ソドミア》[15]の罪を犯したのである。前述の勅令《アルヴァラ》に記されている通り、この一件のために彼は大陸《テラ・フィルメ》[16]において逮捕された。一五七一年三月七日にリスボンにおいて、アンドレ・ヴィダルがこれを作成した。これは尚書職《シャンセラリア》からは発給しないこと。私ことベルトラメウ・フロエス[17]がこれを記述させた。国王。

〔本勅令を〕履行すること。この勅令《プロヴィザン》に従って、国王陛下《スア・アルテザ》の代理人《プロクラドル》[18]がこの訴訟《カウサ》に当たること。一五七一年一一月二四日ゴアにおいて、副王[19]。」

註

（1）この「貴下」が誰を指すのかについて、まず明確にしておく。アンタン・デ・ノロニャ Dom Antão de Noronha は、一五六四〜六八年インディア総督兼副王在任。続くルイス・デ・アタイデ Dom Luís de Ataíde は、一五六八〜七一年インディア総督兼副王在任。さらに次いでアントニオ・デ・ノロニャ Dom António de Noronha が、一五七一〜七三年インディア総督兼副王在任であった。

本文書冒頭で、マルティン・アフォンソが起こした本事件に対して副王アンタン・デ・ノロニャがとった措置について、国王は不同意で、現副王つまり「貴下」に対して同事件についてとるべき処置を指示している。

り、この一五七一年が丁度副王更迭の年に当たっていたからである。

「貴下」が誰か紛らわしさがあるのは、本国王文書の日付が一五七一年一月一五日および一五七一年三月七日であり、この一五七一年が丁度副王更迭の年に当たっていたからである。

アントニオ・デ・ノロニャがインディア副王に任じられたのは一五七一年一月二八日であって、同年三月一七日にインディアに向け五艘のナウ船団のカピタン・モールとしてリスボンを発ち、同年九月六日に着任した。

したがって、一五七一年一月一五日付けおよび同年三月七日付けの本文書が記述された時は、インディア副王は未だルイス・デ・アタイデがその地位にあり、本書簡は次の副王に就任するアントニオ・デ・ノロニャがゴアに向かうその同じ船団で、インディアに運ばれたわけである。

本文書作成時点でのインディア副王はルイス・デ・アタイデであるとはいえ、現実に本勅令に従って問題を処理するのは、同じ船団でゴアに赴き副王に着任するアントニオ・デ・ノロニャであるわけで、したがって、ここで国王が「貴下」と呼び掛けている副王は、アントニオ・デ・ノロニャというべきであろう。

もっとも、インディア副王・総督更迭の年に、国王が副王に宛て勅令を発給する際は、同様の問題は常に発生するわけで、「貴下」は誰かとその固有名詞を詮索するのは、あまり意味のあることではないであろう。

Maldonado, pp. 78, 79. Castro & Paes, pp. 230, 231. Delgado Domingues, pp. 120 - 123.

（2） **Antonio Affonso.** ゴア政庁の役人であったようである。

Documentação, Índia, Índice, p. 21. Documentação, Índia, 10, p. 311.

（3） **Martim Affonso.** 本文に見える通り、アントニオ・アフォンソの子息ということ以外に、この人物については不詳である。

（4） **symonya.** 『新カトリック大事典』によると、トマス・アクイナスは、「聖職売買」とは霊的なもの、あるいは霊的なものと合体しているものを売買する故意の意志、と定義している。

また『カトリック教会法典』（ラテン語原文一九一七年公布、日本語版一九六二年）では「神法上の聖職売買」と「教会法上の聖職売買」とを区別する。前者は、物的対価をもって、①それ自体霊的なもの（例えば秘跡・教会の裁治権など）、②霊的なものと有体的なものが不可分に結合しているもの（例えば聖職禄など）、③霊的なものが売買の対象となるような形で存在しているもの（例えば聖杯における聖別など）と交換しようとする故意の意志。

後者は、同一水準の価値を持つものが交換される場合である。すなわち①霊的なものに結合している有体的なものを、他の、霊的なものに結合している有体的なものと（例えば聖遺物の容器を他の聖遺物の容器と）、②霊的なものを、他の霊的なものと（例えば聖遺物を他の聖遺物と）、③有体的なものを、他の有体的なものと（例えば教会所有の容器を、他の容器と）、教会が禁じているにもかかわらず交換する場合。

『新カトリック大事典』は、続けて聖職売買の歴史を縷々述べて、聖職売買は教会の歴史に執拗にこびりついた悪習であったが、近代社会に入り国家と教会の制度および経済上の区別が明瞭になり、かつ教会財産がとるに足らないものとなって初めて消滅した、と記す。

『新カトリック大事典』三、六三五〜六三七頁。『カトリック教会法典』七二七条。なお一九八三年にラテン語原文が公布された『カトリック新教会法典』の日本語版、一九九二年には、聖職売買についての規定は見えないようである。

（5）**terra firme.** ゴアは、ゴア市が位置する中心の島であるティスアリ島 **Ilha Tissuari (or Tissuadi, Tiswadi)** とそれに隣接する複数の小島、および大陸の周辺の地から成る。ここで大陸 **terra firme** と言うのは、この内島ではない大陸を意味する。

左の註（6）。拙訳『モンスーン文書と日本』三八〇〜三八二頁。

（6）傍線箇所の原語（翻刻本）は次の通りである。**capitulos das pazes feitas com o Rey da dita terra firme.**

この、大陸の王との間で結ばれた講和条約とは、一五四六年二月二六日にゴアにおいて副王ジョアン・デ・カストロ **Dom João de Castro**（一五四五〜四八年在任（補註1））とイダルカン **Idalcão**（補註2）との間で締結された条約 **Tratado**（条約文中では **estromento de conçerto de pazes**「講和条約文」と記されている）を指しているのであろう。

この条約は、イダルカン側がポルトガル国王やインディア統治者への友好を誓約し、**Salsete** と **Bardes** の地（補註3）をポルトガル国王に贈与し、それらの地を取り返したり、それらの地を巡って戦いを起こしたりしない旨を約束し、一方ポルトガルのインディア副王側は、海上同盟を受け入れ、今後ともイダルカンへの友好を誓い、イダルカンの敵方への支援は一切行わない旨を約し、ダケン **Daquem** の諸領主・ニザ＝マルコ **Niza Maluquo**（**Niza Maluco**）王・ビズナガ **Biznaguaa**（**Bisnaga, Narsinga**）王・マラバル **Malavar** の地の諸王・カンバヤ **Canbaya** の諸王国の王と交誼を結ぶことをしない旨約束したというのが趣旨である（補註４）。
なお文書39に「サルセテとバルデスの大陸」terras firmes de Salsete e Bardez の表現が見える。サルセテもバルデスもゴアの一部をなすわけであるが、ゴア島とは違い「大陸」と呼ばれたことが分かる。つまり本文書で、サルセテ・バルデスで捕らえられた聖職売買（実は男色）の罪を犯した犯人が、ゴア島に入ることを禁じるだけで処理しようとした副王の措置が問題になっているわけである。

（補註１）Delgado Domingues, pp. 101 - 106.

（補註２）条約文中では Idalxaa, Ydalxaa, Idalxa と記されている。文書33の註（７）。

（補註３）拙訳『モンスーン文書と日本』三八〇～三八二頁。

（補註４）Castro, João de, III, pp. 129, 130. Albuquerque, I, pp. 513 - 516.

（７）ilha. ゴア島 Ilha de Goa すなわちティスアリ島 Ilha Tissuari. 本文書の註（５）および文書15の註（３）。

（８）原語（翻刻本）は remettera であるが、文意から remitira と読んでおく。

（９）傍線箇所の原文（翻刻本）は degradára fóra da India, と記されているが、degradára は degredára「追放した」の誤か。

（10）原語（翻刻本）は Reyo であるが、Reyno の誤であろう。

（11）procurador dos meus feitos. 文書12の註（１）。

（12）casa da India. インディア館については、拙訳『モンスーン文書と日本』一九八～二〇〇頁。

（13）André Vidal. ポルトガル国王政府における書記 escrivão である。
Documentação, Índia, Índice, p. 19.

（14）Duarte Dias. ポルトガル国王政府における書記官 secretário である。アンドレ・ヴィダルともども、同様の役割で末尾にその名が記されている国王文書は多い。
Documentação, Índia, Índice, p. 87.

（15）sodomya. カトリックの規定する性道徳に含まれる事柄であるが、特別重い罪性があるとされる同性愛の神学用語が、ソドミアsodomiaである。ソドマの町の人々がこの罪を犯したが故に、神によって町が滅ぼされたという『旧約聖書』創世記の記載に由来する。
『カトリック大辞典』三、三八二・三八三・五五六頁。
（16）原語（翻刻本）は女性形の代名詞 esta であるが、これは男性名詞 alvará（勅令）に代わる代名詞のはずであり、現に直前、直後で André Vidal o fez... Bertolameu Fróes o fiz escrever...と男性形代名詞を用いているのであるから、ここでも este と男性形にすべきであろう。
（17）Bertolameu Fróes. ポルトガル国王政府における書記官 secretário である。なお次に挙げる文献では、Bartolomeu Fróis の綴りとなっている。
Documentação, Índia, Índice, p44.
（18）Procurador de Sua Alteza. 本文書の註（11）と同じか。
（19）APO, 5 - II, pp. 734, 735.

33　一五七一年三月二日付けベナスタリン発(1)、インディア副王の勅令（要旨）

「国王陛下《スア・アルテザ》の名で発する副王ドン・ルイス・デ・アタイデ(2)の勅令《プロヴィザン》は、次のことを知らせる。

前述の主君《セニョル》〔国王〕の侍従(3)であった亡きアントニオ・ペイショット(4)に対し、一五六九年一二月二四日付けバルサロル(5)において発給された彼〔副王〕の勅令《プロヴィザン》によって、シナからスンダへ、そしてスンダからシナへの一回の航海《ヴィアジェン》を恵与した。これは、それ〔同勅令〕以前に発給された彼〔国王〕の諸勅令《プロヴィゾンエス》によって〔同航海が〕給与された者たちがいない空席の時に、またはどの船便であれ空席が出来た際に、彼〔ペイショット〕の勘定で、ナウ船または船舶《ナヴィオ》で〔自ら〕行うか、または〔何人《なんびと》かに〕行わせるものとする。

これは、彼〔ペイショット〕がカナラの海岸(6)において彼の資産を多額消費・支出することによって行ってくれた奉仕を考慮してのことである。そこには彼は、何年か前にガレオン船団のカピタンとして行ったし、前述の〔一五六九〕年には、前述の海岸の守りと胡椒の取引のために行った。前述のアントニオ・ペイショットは、イダルカン(7)が現在この〔ゴア〕市と〔インディア〕領国《エスタド》に対して仕掛けている戦争に、前述の主君〔ポルトガル国王〕のために従軍し、ジョアン・ロペス島(8)において、優れた、勇敢な騎士《カヴァレイロ》であった彼が彼ら〔モーロ人〕と戦った際に、モーロ人《モウロス》たちが彼に負わせた多数の刀傷により、国王陛下《スア・アルテザ》のために戦死した。

彼は〔国王が〕恵与した前述の航海を行わなかったし、そこから利益を得ることもなかった。彼の死によって、三人の娘と二人の息子、および彼の妻であり、彼ら〔子供たち〕の母親であるドナ・フランシスカが後に残った。彼らは非常に貧しく、また多額の負債を抱えていた。また前述の通り、前述のアントニオ・ペイショットは、国王陛下《スア・アルテザ》のために戦死したのである。それ故、彼〔国王〕は次のことを嘉納し、そして喜ばしく思う。前述の事情から、前述の主君〔国王〕の名で、前述のドナ・フランシスカに対し、彼女と前述の彼女の子供たちのために、さらには前述の負債の返済を助けるために、前述のシナからスンダ、およびスンダからシナへの航海《ヴィアジェン》を恵与すること。つまり前述の彼女の夫に対してそれ〔同航海〕を恵与したのと、同様にすること。

それ〔同航海〕は、彼女の考え次第で、ナウ船・ジャンク《ジュンコ》船、または船舶《ナヴィオ》によって、彼女または彼女と結婚する人物が、〔自ら〕行うか、または〔彼女が〕命じる人物に行わせることが出来ものとする。これ〔本勅令〕以前に発給された彼〔国王〕の諸勅令《プロヴィゾンエス》によって、〔同航海の〕給与を受けた者たちの空席の時に、またはどの船便であれ空席が出来た際に、行ってもよい。往路であれ復路であれ、前述のシナのカピタン・モールも、スンダのそれ〔カピタン・モール〕も、他のどのカピタンも、いかなる方法であれ、彼女の前述の航海と前述の船舶《ナヴィオ》の積荷《カルガ》を、妨害したり邪魔をしたりしてはならず、それどころか、より有利に彼女がそれを遂行することが出来るように、彼女にあらゆる恩恵と支援を自らも与え、そして指示して与えさせること。ベナスタリン、一五七一年三月二日。(9)」

註

（1）Benastarim. ゴアのサンティアゴ宮殿 Paço de Sanctiago のことで、別名 Benestarim, Banasterim といった。旧ゴア Velha Goa の東五～六キロに位置した。
Bocarro, 1992, II, pp. 133, 134. Portas & Gonçalves, p. 7.

（2）D. Luiz de Atayde. 一五六八～七一年インディア副王在任。文書27*の（2）。

（3）原語（翻刻本）は moço da câmara である。moço - de - câmara で「国王の câmara で勤務する者」との意味だという。ここでいう câmara は元老院といった意味ではなく、もっと私的な居所を指す語ではないか。一応表記のように訳しておいた。
Machado, II, p. 79; IV, pp. 631, 632.

（4）Antonio Peixoto. 一五六六年一二月一七日付けゴア発、インディア副王アンタン・デ・ノロニャ（一五六四～六八年副王在任）のポルトガル国王宛書簡において、インディアにおける各朝臣の働きについて記述している中で、Antonio Peixoto について次のように見える。「国王陛下《ヴォサ・アルテザ》の家臣であるアントニオ・ペイショットは、昨年私は他の重要な諸河川の守りを命じたが、今年も〔同じくそれを〕命じた。それは彼が極めて信頼のおける人物であり、昨年この件を大変よく務めたからである。そのため、陛下が彼に恩恵を施すに値する。」
　ペイショットが、一五六九年一二月二四日付け勅令で国王から航海権の恵与を受けたのは、右の副王の推薦文が何らかの効力を発揮した結果というべきかも知れない。

Documentação, Índia, 10, p. 163. Delgado Domingues, p. 119, 120.

（5）Barçallor. Barcelor のこと。Braçalor の名でも文献に見える。一五六九年から一七世紀半ばまでポルトガル人が要塞を構えた。ゴアの南に連なる海岸に所在するポルトガル人の要塞の一つで、オノル Onor の南八〇キロ、マンガロル Mangalor の北六〇キロに位置する。今日の Basrûr 村に所在したとされる。
カナラ海岸 costa do Canará（ゴアの南、アンジェディヴァ島 ilha de Angediva〔14°46'N, 74°7'E〕から、カナノ

ル **Cananor** の北、エリ山 **monte de Eli**〔12°2'N, 75°12'E〕まで）に対するポルトガル人の支配を確保するための、役割の一部を担った。

ポルトガル人がインディアに到達した当時カナラ海岸は **Vijayanagar** によって支配され、同国はアラビア海方面と貿易を行い、オルムズから馬を輸入していた。

しかしカナラ海岸は肥沃な地域で、米・香料・鉄・木材・硝石等を豊かに産出し、これらを海外に輸出していた。ポルトガル人はインディアに進出するや、このヴィジャヤナガル王国 **Vijayanagar**（ナルシンガ王国 **Narsimgua** のこと）と紅海との間の貿易を我が物にすることを企図したが、その目的を達するためにはマラバルの住民がこの地域に来るのを遮断しなければならず、そのために彼らからの食糧の調達を困難にするという難題があった。一六世紀半ばまでは、ポルトガル人はこの問題の解決のために、多くの力を注いだ。

その後、**Barcelor** 側はポルトガル人に米の提供を約束し、一方インディア領国側は、港の安全を確保して彼らの船舶にカルタズを発給することを約束した。

一五六五年ヴィジャヤナガル王国が **Talicota** の戦に敗れたことにより、この地域の政治勢力が一変し、カナラ海岸におけるポルトガルの地位が強化された。一五六八年副王アンタン・デ・ノロニャ **D. Antão de Noronha**（一五六四～六八年副王在任）は、マンガロル **Mangalor** を征服し、その翌年の一五六九年には新副王ルイス・デ・アタイデが、オノル **Onor** とバルセロル **Barcelor** を征服した。

同副王はバルセロルに要塞を構築したが、それは河口とバルセロルの町の間に位置し、ポルトガル人が同町とその商業を統制することを可能とするものであった。一六一一年には、ポルトガル人が獲得する胡椒の五〇パーセントは、この地域で産出するものであったという。

オランダの進出により、一六五二～五四年カナラ海岸におけるポルトガルの四要塞、すなわちオノル・バルセロル・カンボリン **Cambolim**・マンガロルは陥落した。

本文書に、一五六九年一二月二四日付けバルサロルにおいて発給の副王勅令とあるので、この勅令が、新たに副王ルイス・デ・アタイデによって建造された要塞で発給されたものであることが分かる。

Albuquerque, I, pp. 120, 121. Documentação, Índia, Índice, p. 43. Bocarro, 1992, II, pp. 184 - 186. トメ・ピレス『東

方諸国記』一二一・一四九・五六八〜五七二頁。リンスホーテン『東方案内記』一四一・一四二頁・巻末地図。

（6）costa do Canará. 右の註（5）。

（7）Idalcão. アラビア語 adil（正義、正しい）およびペルシア語 khān（領主、王侯）の混成語である。リンスホーテンは次のように記している。

デカン地方を支配していたバフマーン朝 Bahmān のマフムード・シャーは Mahmūd Shāh（一四八二〜一五一八年在位）は、自分の領土である国々をフーフェルネウル（総督）、カピテーン（長官）らに分けてやった。その一人、イダルハーン（ポルトガル人はこれをヒダルカーンと呼ぶ）には、アンゲディナ Angedina（アンジェディヴァ Angediva, Anjidiv. インド西海岸、カルワール Karwar の南方海上にある小島群）の統治権を与えた。アンゲディナはゴアの南一二マイルからシファルダン Siffardan, Sifardim（ボンベイの南 Severndroog の地）と称する場所まで北へ伸びており、その長さは六〇マイルで、そこにゴアの町と島が含まれている、と。

このイダルハーン（つまり Idalcão）がユースフ・アーディル・ハーン Yūsuf Ādil Khān で、彼がその王統の初代である。リンスホーテンが記す如くバフマーン朝に仕え、ビジャープル Bijāpur 太守に任じられたが、一四八九年独立してアーディル・シャー Ādil Shāh（ビジャープル）王朝を建て、一六世紀中頃には、デカン地方の五スルタン国の中でも、最も強国であった。この国王のことは、インディア領国の不安定要因の一つとして、ポルトガル人の記録や文書に頻繁に登場する。

Albuquerque, I, pp. 513 - 516. Serrão, Joel, III, p. 214. Saldanha, I, pp. 21, 22. Dalgado, I, p. 462. Yule & Burnell, pp. 431, 432. トメ・ピレス『東方諸国記』一一九〜一二三・五六五頁。リンスホーテン『東方案内記』二六八・二六九・二七一〜二七四頁。文書32の註（6）。

（8）ilha de João Lopes.

（9）APO, 5 - II, pp. 768, 769.

34 一五七一年三月六日付けリスボン発、ポルトガル国王の勅令(1)

「朕国王は、われらの主イエズス・キリストの騎士団《オルデン》および団長職《メストラド》の騎士たち《カヴァラリア》の統轄者《ゴヴェルナドル》および終身の管理者《アドミニストラドル》として、この勅令《アルヴァラ》を見る者たちに知らせる。インディア・シナ・日本、およびモルッカ《マルコ》の異教徒《ジェンティオス》と非信徒《インフィエイス》の改宗に恩恵を施すことを喜ばしく思う故に、朕は次のような措置をとることを嘉納し、それを喜ばしく思う。

すなわち、十分の一税《ディジィモス》と初収穫《プリミシアス》を支払うのが、全キリスト教会《クリスタンダデ》の普遍的義務であるが、今後われわれの聖信仰に改宗する前述の異教徒たちは、労働収入にかける十分の一税《ディズィモス・ペソアエス》および土地〔の生産物にかける十分の一税〕《ディズィモス・レアエス》、およびあらゆる種類・性格の初収穫《プリミシアス》のすべてについて、その支払いが免除されるものとする。これは彼らが改宗した日から、そして朕が本勅令《プロヴィザン》によって彼らに与えるこの恩恵が彼らに公布された日から始めて、向こう一五年間とする。

朕は、前述の地域〔インディア領国〕の朕の副王または総督、および朕のすべてのカピタンたち・役人たち《オフィシアエス》、およびこの件の裁判権が属する人々に対し、この勅令《プロヴィザン》をその内容通りに履行し、そして完全に履行・遵守させるよう、命じる。これ〔同勅令〕を、前述の異教徒たちの、その必要があるところに公布すること。全員に周知徹底させるためである。これ〔同勅令〕を、前述の十分の一税《ヂジモス》および初収穫《プリミシアス》が徴収される諸商館《フェイトリアス》または諸居館《カザス》の記録簿《リヴロス》に、登録すること。朕は、これと異なることを命じるいかなる規則《レジメント》または勅令《プロヴィザン》が存在しようと、〔本勅令が〕朕の名で作成され、朕によって署名がなされ、前述の騎士団《オルデン》の尚書職《シャンセラリア》によって発給された書簡《カルタ》の如く有効であり、強制力と効力を有することを嘉納する。一五七一年三月六日にリスボンにおいて、ペロ・フェルナンデス(2)がこれを作成した。この〔勅令〕は尚書職《シャンセラリア》からは発給しないこと。ジョルジェ・ダ・コスタ(3)がこれを記述させた。国王。
マルティン・ゴンサルヴェス・ダ・カマラ(4)。

一五七一年一〇月一一日ゴアにおいて公告がなされた旨、証明がある。(5)」

註

（1）本文書は文書31と、勅令の趣旨に関わる事柄については、同文である。文書31に付した註を参照。
（2）Pero Fernandes. 文書11の註（10）。
（3）Jorge da Costa. 文書12の註（14）。
（4）Martim Gonçalves da Camara. 文書29の註（8）の（補註2）。
（5）APO, 5 - II, pp. 786, 787.

35　一五七一年三月八日付けリスボン発、ポルトガル国王の勅令(1)（要旨）(2)

「王室《スア・カザ》の貴族《フィダルゴ》であるドン・アントニオ・デ・ヴィリェナ(3)に対し、彼の負担と支出で艤装をした彼のナウ船または船舶《ナヴィオ》による、マラッカ経由インディアからシナへの一回のカピタン航海権《ヴィアジェン・デ・カピタン》を恵与《メルセ》する国王陛下《エル・レイ》の勅令《アルヴァラ》。

その航海は、彼がカピタン・モールの名で行うこと。また〔朕は〕、前述の航海中およびシナにおけるマカオ、および〔彼の船舶が〕入港する他のいかなる諸港においても、そこに停泊するいかなるナウ船《ナオス》または船舶《ナヴィオス》であれ、彼がそれら〔船舶〕のそれ〔カピタン・モール〕であることを朕は嘉納する。もしも彼が、前述のマカオ港から日本に行くか、または何らかのジャンク船《ジュンコ》または別の船舶《ナヴィオ》に彼の商品《ファゼンダ》を積んで〔日本に〕派遣することを望むなら、それを行ってもよい。それについても、前述の如く彼がカピタン・モールであること。

これは、彼〔アントニオ・デ・ヴィリェナ〕以前に彼〔国王陛下〕の勅令《プロヴィザン》によって前述のカピタン・モール職《カピタニア・モール》を恵与された他の何人《なんぴと》かが、前述の諸港にいない場合のことである。というのは、滞在中であれ航海中であれ、その〔者〕がいて、どこかの場所または港に両人が同時にいるような事態になったら、最初に〔カピタン・モール職を〕恵与された者がカピタン・モールであること。そして彼〔国王陛下〕の勅令《プロヴィザン》に従って、前述の〔カピタン・モールの〕役職《カルゴ》を務めること。彼〔国王陛下〕が彼〔アントニオ・デ・ヴィリェナ〕に対してこの恵与《メルセ》を行った一五六七年一二月一三日以前に作成された彼〔国王陛下〕の勅令《プロヴィゾンエス》によって〔カピタン・モール職を〕恵与された者が空席の場合は、前述のドン・アントニオがその航海を務めること。

往路・復路ともに前述の航海《ヴィアジエン》中、および前述のマカオ・シナ、および日本の諸港に滞在中は、彼ら〔死者〕の資産を引き渡すかまたは遺贈する者として、別の人物を彼らの遺言に明示しないまま、あるいは法律によってそれを明示することが出来るような状態で、前述の航海中または諸港において死亡した死者《デフントス》の資産《ファゼンダス》の遺産管理人《プロヴェドル》を、彼〔アントニオ・デ・ヴィリェナ〕が務めることを嘉納する。というのは、このような〔別の人物を遺言に明示している〕場合は、彼ら〔その人物〕が前述のナウ船《ナオス》または船舶《ナヴィオス》に乗船していようと前述の諸港にいようと、彼ら〔死者〕の資産はそれらの人物に渡されるべきこと。前述のドン・アントニオがかかる資産には一切関与することなく、死者がそれについて命令し、指示することを履行すること。彼〔アントニオ・デ・ヴィリェナ〕以前に、彼〔国王陛下〕の勅令《プロヴィザン》によってそれ〔カピタン・モール〕を恵与された別の人物がいない場合に、彼は死者《デフントス》の遺産管理人《プロヴェドル》の役職を務めること。

彼〔ドン・アントニオ〕が渡航する前述のナウ船または船舶《ナヴィオ》の準備のために必要故に、彼〔国王陛下〕の倉庫の何らかの品物を前述のドン・アントニオが望むならば、彼〔国王陛下〕の役人《オフィシアエス》がそれに費やした価格で、それらを彼に与えること。これは、それら〔の品物〕がそこ〔倉庫〕にあり、しかも彼〔国王陛下〕の諸艦隊《アルマダアス》にとって必要でない場合のことである。彼が前述の航海の務めから戻ったらすぐに、それら〔の品物〕の価値を返済する義務を負うように、彼は確実な、そして保証人を立てた《アボナダ》保証を与えること。神がそれをお命じにならないことを願うが、それ〔航海〕において遭難したら、そのような場合は、彼の保証人《フィアドレス》たちが、かかる品物の価値を完全に、そして実際に即金《エン・ディニェイロ・デ・コンタド》で返済する義務を負うものとする。

これ〔本勅令〕によって彼〔国王陛下〕は、前述のナウ船《ナオス》または船舶《ナヴィオス》のカピタン・舵手《ピロトス》・掌帆長《メストレス》・乗組員《コンパニャ》(4)、および前述のマカオ・シナ、および日本の諸港に滞在または居住しているいかなる人々であろうと、次のことを命じる。

前述のドン・アントニオが国王陛下《スア・アルテザ》に代わって彼らに要求し、命じることに対しては、彼らのカピタン・モールとして、そのすべてに服従すること。そしてもしもそれを履行しなかったら、彼〔国王陛下〕の命令を履行せず、それら〔命令〕に背いた行動をする者たちが被る刑罰を被るものとする。また前述のドン・アントニオがマラッカ市に行ったら、あらゆる支援と恩恵、および充分なる準備を供与するよう、その時のそこ〔マラッカ市〕の彼〔国王陛下〕の総督《ゴヴェルナドル》(5)に命じる。リスボン、一五七一年三月八日(6)。」

註

(1) 文書16・文書19・文書21・文書23・文書24・文書25・文書26と同類の文書である。この内、文書16は勅令の原文、その他の文書は勅令の要旨である。本文書も後者の文書群と同様の要旨である。これらの要旨はそれぞれ、文の趣旨とは関わりのない些細な点で異同がある。

(2) 文書19の註(1)。

(3) Dom Antonio de Vilhena. Dom António de Vilhena Manuel である。この人物はクリストヴァン・マヌエル Cristóvão Manuel の子息で、インディア副王ドン・コンスタンティノ・デ・ブラガンサ Dom Constantino de Bragança(一五五八～六一年在任(補註1))とともに一五五八年にインディアに渡来し、その翌年マラバルの住人たちによってカナノル Cananor（補註2）が攻囲された際に、際立った働きを見せたという。一五七一年に再度インディアに渡来した（補註3）。

マカオでは、彼（アントニオ・デ・ヴィリェナ）が費用を負担して、マードレ・デ・デウス教会の屋根を、それまでの木材から瓦に替えることが出来たという（補註4）。

彼は本勅令によってシナ・日本への航海権の恵与を受けたわけであるが、勅令は直ちに執行され、この人物による航海が行われたようである。すなわちゴアからマカオへの航海が行われ、そしてマカオから長崎へ渡航中の一五七三年七月二一日に彼のナウ船は遭難、沈没した。

同船は積荷を満載しすぎたためうまく航海出来ないほどであった。薩摩の沿岸まで来て、乗客の間でいずれの港に入るべきかをめぐって争論が起きた。豊かな商人二人は、豊後行きを主張した。その内の一人は、大友宗麟が強く望むエスペラ espera 砲を持ってきたからである。

その他の乗客の大多数は、たまたまそれに乗船していたイエズス会宣教師たちを含んで、七月末という時期からも、長崎または近くの肥前の港に入港した方がいいと言った。カピタン・モール（つまりアントニオ・デ・ヴィリェナ）がいずれとも決断し得ないまま、七月二一日、乗員・乗客・積荷のすべてとともに船は沈んだ。二人の水夫が助かっただけであった。イエズス会はこの船に多額の資産を積載していたので、大きな損失を蒙ることとなった（補註5）。

右の如き次第でアントニオ・デ・ヴィリェナは、折角国王からシナ・日本航海権の恵与を受けながら、同ナウ船が日本のすぐ近くまで渡来しながら不幸にして沈没する羽目になり、多額の負債を残したまま死亡した。国王はその負債を返済することを条件に、彼の兄弟ドン・ペドロ・マノエル D. Pedro Manoel にシナ・日本航海権を恵与し、アイレス・ゴンサルヴェス・デ・ミランダ Aires Gonsalves de Miranda がマノエルからその航海権を買い、一五八三年にカピタン・モールとして日本に渡来した（補註6）。

（補註1）Delgado Dominigues, p. 114.
（補註2）Albuquerque, I, p.185. Bocarro, 1992, II, pp. 188 - 192. 拙訳『モンスーン文書と日本』四五八頁。
（補註3）Frois, 1926, p. 430. フロイス　松田毅一・川崎桃太訳『日本史』九、三五五・三五六頁。Boxer, 1991, I, p. 201.

（補註4）Boxer, 1991, I, p.201. Pontos do que me alembrar, Biblioteca da Ajuda, 49 - V - 3, f. 3v. ; Pontos do que me lembra acerca deste collegio, 49 - V - 3, f. 20v.
（補註5）Boxer, 1959, pp. 37, 38. Fóis, 1981, II, pp. 371 - 374. フロイス 松田毅一・川崎桃太訳『日本史』九、三四九～三五二・三五五・三五六頁。岡本良知『十六世紀日欧交通史の研究』四一六～四一九頁。
（補註6）Couto, década X, livro II, capítulo IX, pp. 212, 213. Boxer, 1959, p. 45. 岡本良知、同右、四一六頁。
（4）companha. 文書19の註（9）。
（5）マラッカ要塞の「総督」governador とも「カピタン」capitão ともいった。なおこの当時のマラッカ総督（またはカピタン）は、フランシスコ・ダ・コスタ D. Francisco da Costa（一五七〇～七三年在任）であった。Teixeira, 1963, V, p. 208. Sousa Pinto, p. 229.
（6）APO, 5 - II, pp. 787, 788. なお文書37が関係する。

36　一五七一年三月九日付けリスボン発、ポルトガル国王の勅令

「神《デオス》の恩寵によって、内地《アケン》ではポルトガルとアルガルヴェスの国王であり、海外領《ダレン・マル》ではアフリカにおいてギネーの領主《セニョル》であり、エチオピア・アラビア・ペルシア、およびインディアの征服・航海・商業〔の支配者〕であるドン・セバスティアン云々。朕は次のことを知らせる。

ある時からこの方、朕の諸王国《レイノス》や支配権《セニョリオス》(1)の何人かの者たちが、男色《ペカド・ネファンド》(2)の罪を犯していることを知り、そのために朕は、かくも憎むべき罪の重大さを思い、極めて遺憾に思った。朕の諸王国は、神《デオス》の全善《ボンダデ》によって、それ〔その罪〕については長期にわたって潔白であった。前述の〔その罪を犯した〕人々については、法律によって

相当する刑罰の執行を受けたが、朕は、いかにしてかくも深刻にして嫌悪すべき罪を避け、その罪を犯した者たちを的確に告発して処罰し、われらの主への奉仕になるように対処すべきか、この件に改めて対応し、命令を与えたいと思う。

それ故、法典《オルデナサン》の第五巻《リヴロ》第一二項《ティトゥロ》の規定以外に、朕は次のことを嘉納し、それを命じる。今後は、証人たち《テステムニャス》が事件《カソ》において、もっと自由に証言が出来るようにするために、罪人たち《クルパドス》の訴訟《プロセソス》・決定《フェイトス》(3)には、開かれ公開された〔証言〕は行わないこととし、証人たちの名前は明かさないこと。しかしこれは常に、裁判官《ジュルガドル》の自由裁量によるものとする。丁度異端《エレシア》の罪に対して行われているのと同様にすること。また、前述の法典のため三分の一以上を取得してはならないことになっているが、公の告発者《デヌンシアドル》であれ内密〔の告発者〕であれ、罪人《クルパド》の資産《ファゼンダ》の半分を取得すること。罪人が資産を持たない時は、かかる告発人は、朕の負担によって一〇〇クルザドを取得するものとする。告発人は、内密〔な告発〕であっても、それを容認すること。前述の法典のために、前述の告発人が二〇クルザドを取得することになっている事件においては、今後は四〇〔クルザド〕を取得すること。

さらに朕は次のことを命じる。この事件《カソ》については、たとい別々の訴訟書類《アクトス》(4)であっても、二人の証人によって罪を立証すべきこと(5)。とにかく、この罪を犯した事件のすべてにおいて、または法律《ディレイト》に基づいて拷問にかけるのに充分な証拠があれば、罪人《クルパド》は拷問《トルメント》にかけること。そして同伴者たち《コンパニェイロス》または前述の罪を犯した誰か他の人々、または彼のことを知っている誰か他の人々によって尋問を受けること。前述の法典《オルデナサン》に基づいて告発人《デヌンシアドル》は、前述の罪を犯していてもそれが赦されるものとする。また前述の事件《カソ》について証言をする証人《テステムニャ》は、彼の証言《テステムニョ》のために、彼が損害を被ることがあってはならないし、彼が罪を負うこともあってはならない。

当事件の重大性に鑑み、裁判官たち《ジュルガドレス》は、かかる破廉恥にして嫌悪すべき容疑《トカメントス》(6)が、法律《ディレイト》に基づくなら、そして上に記したことによるなら、彼ら〔証人たち〕による立証により、その罪人たちが通常の刑罰を受けるに充分ではないような場合は、少なくともかかる容疑が、どのようにして罪が犯されたか、そして持続的であったか否かによって、ガレー船送りとするか、または他の刑罰を科すかなど、重罰に処すよう注意を払うこと。その他全面的に、前述の法典《オルデナサン》を遵守すること。

朕は、朕の諸王国および支配権《セニョリオス》の、控訴裁判所《カザ・ダ・スプリカサン》[7]の統轄者《レジェドル》[8]および民事裁判所《カザ・ド・シヴェル》[9]の長官《ゴヴェルナドル》[10]、二つの裁判所《カザス》[11]の控訴裁判所判事たち《デゼンバルガドレス》、すべての朕の行政長官たち《コレジェドレス》[12]、聴訴官たち《オウヴィドレス》、判事たち《ジュイゼス・エ・ジュスティサス》[13]に対し、それを履行・遵守し、完全に履行・遵守させるよう、命じる。さらに朕は尚書《シャンセレル》に対し、次のことを命じる。この法律《レイ》を尚書職《シャンセラリア》において公布すること。そして直ちに、それ〔同法律〕の写しを添えて、彼の署名と朕の印を付した書簡《カルタス》を、裁判区《コマルカス》の前述の行政長官たち《コレジェドレス》・聴訴官たち《オウヴィドレス》、および前述の行政長官たち《コレジェドレス》が査察《コレイサン》のために関与しない土地の聴訴官たち《オウヴィドレス》の許に送付すること。

朕は彼ら行政長官たち《コレジェドレス》および聴訴官たち《オウヴィドレス》に対し、次のことを命じる。彼らが駐在するところにおいて、それ〔同法律〕を公布すること。彼らの裁判区《コマルカス》および聴訴官管轄区《オウヴィドリアス》[14]のすべての場所において、公布させること。前述の裁判区《コマルカス》の尚書職《シャンセラリア》の記録簿《リヴロス》、および前述の土地の元老院《カマラス》のそれら〔記録簿〕に登録させること。皆に周知徹底させるためであり、完全に履行するためである。朕の控訴裁判所判事たち《デゼンバルガドレス・ド・パソ》[15]が審理する法廷《メザ》の記録簿《リヴロ》に、これ〔本法律〕を登録すること。また、前述の第二審部門《カザ・ダ・スプリカサン》、および民事部門《カザ・ド・シヴェル》の控訴裁判所《レラソンエス》の記録簿《リヴロス》に登録すること。そこには、同様の諸法律《レイス》および諸勅令《プロヴィゾンエス》が登録されている。われらの主イエズス・キリストの生誕後一五七一年の三月九日にリスボンにおいて、ガスパル・デ・セイシャス[16]がこれを作成した。ジョルジェ・ダ・コスタ[17]がこれを記述させた。国王[18]。」

註

(1) **senhorios.** この語が何を意味しているのか確言は出来ないが、例えば海上の貿易権の如きものもそこに含まれるのかも知れない。

（２）peccado nefando. Alonso, Martín, III, p. 2953.『邦訳 日葡辞書』四五〇頁。

（３）Machado, III, p. 258. Almoyna, p. 644. Barberán, p. 296.

（４）原語（翻刻本）は actos であるが、文意から autos のことか。

Machado, I, p. 773.

（５）傍線箇所の原語（翻刻本）は se haja por porovado であるが、下線の語は provado の誤記または誤植か。

（６）原語（翻刻本）は tocamentos である。各種辞書を調べてもここで的確な意味を突き止めることは出来なかった。一応、文書本文のように訳した。

（７）casa da suplicação. ポルトガルの第二審裁判所である。「宮廷の裁判所」tribunal da corte,「宮廷の司法裁判所」casa da justiça da corte,「控訴裁判所」tribunal da suplicação とも称した。同裁判所の長は「統轄者」regedor または「長官」governador であり、裁判所を構成するのは、「博士」doutores,「尚書長」chanceler - mor,「最高裁判所判事」desembargadores do paço,「国王の訴訟の判事」juiz dos feitos de el - rei,「宮廷の行政長官（補註１）」corregedor da corte, および三人の「聴訴官」ouvidores であった。二つの法廷を有して第二審裁判所としての機能を果たした。

すなわち、一つは最も主要な法廷で、「統轄者」regedor,「博士」doutores,「最高裁判所判事」desembargadores do paço,「国王の訴訟の判事および代理人」juiz e procurador dos feitos de el - rei によって構成され、今一つの法廷は、「宮廷の行政長官」corregedor da corte,「聴訴官」ouvidores, および権威ある人物が国王の指名によってそこに加わった。

特に重大にして困難な事件については、「統轄者」regedor が二つの法廷の何人かまたはその全員を集めることが可能であった。一つの法廷で判決に際して投票が同数であった場合は、両法廷が合同して決着をつけた。そこでも決まらない場合は、regedor の投票が優先した。もっとも最後に国王の意向で決まることもあった。

第一の法廷では、「最高裁判所判事」desembargadores は裁判以外にも、刑罰の赦免・減刑、国王への嘆願等もその職務とした。第二の法廷では、「聴訴官」ouvidores は民事および刑事のすべての上訴を審理した。ここでの判決に対して、「民事裁判所」casa do cível（補註２）は特に異を唱えることはしなかった。

これはあくまで一般的な話であって、国王の意向次第で、「民事裁判所」casa do cível が裁判権を有する訴訟の判断を、「宮廷の聴訴官」ouvidores da corte に委ねることもあった（補註3）。

（補註1）Serrão, Joel, II, p. 190, 191. 本文書の註（12）。

（補註2）右の註（9）。

（補註3）Serrão, Joel, VI, pp. 103, 104.

（8）Regedor.

（9）casa do civel. ポルトガル国成立の初期から一四世紀までは、国王の上級裁判所 tribunal superior は「国王の法廷」cúria Régia,「宮廷の裁判所」tribunal da corte,「王室の裁判所」tribunal da casa do rei と称し、その構成員は「上級判事」sobrejuízes あるいは「聴訴官」ouvidores と呼ばれていた。しかしながら、一三世紀半ばまでは、上級審も下級審も、その組織は史料上の制約のため極めて不明確である。

上級審の輪郭のみをいえば、アフォンソ四世（一三二五～五七年在位）の時には、「民事裁判所」casa do cível や「宮廷の裁判所」tribunal da corte さらには「王室の裁判所」tribunal da casa do rei が存在していた。つまり一三五五年には、王権と常に連携し重大な刑事上の控訴審を扱った裁判所とは別に、民事上の控訴審としての「民事裁判所」casa do cível が存在したようである。

当初 casa do cível はリスボンに所在し、一時サンタレン Santarém に移されたこともあったが、一三九二年には「宮廷の裁判所」tribunal da corte とは独立して機能するようになっており、リスボンに存在した。その後再度サンタレンに移されたこともあったが、一四三四年には casa do cível はリスボンに定着した。

その後 casa do cível と tribunal da corte との機能を明確にしてほしいとの要望に応えて国王は、リスボンを除き王国全土の刑事訴訟、および宮廷所在地およびその周囲五レーグワ（補註1）の地の民事訴訟の上訴は、tribunal da corte に対して行うこととし、一方 casa do cível に対しては、リスボンの刑事訴訟、および宮廷所在地の周囲五レーグワ以外の地の民事訴訟の上訴を行うものと定めた。

マヌエル国王の時代に制定された法令により、上級裁判所の機構が改められ、リスボンであれ他の土地であれ、casa do cível が国王または casa da suplicação の存在するところにあるなら、casa do cível が王国全土の上訴を審理し、国

王または **casa da suplicação** が **casa do cível** とは別のところに存在するなら、**casa da suplicação** がその所在地とその周囲五レーグワの地の上訴を審理するとした。ただしリスボンとその周辺は別で、そこは常に **casa do cível** が審理すべきものとした。

ジョアン三世は一五二九年、**casa do cível** の「上級判事」**sobrejuízes** を廃止し、**casa do cível** の控訴裁判所判事 **desembargadores dos agravos** が、「上級判事」**sobrejuízes** が担当すべき上訴をも審理するよう命じた。**casa do cível** における刑事の聴訴官 **ouvidores do crime** は、リスボンとその周辺のみでなく、エストレマドゥラの裁判区 **comarca da Estremadura** における、いかなる裁判官の判決に対してであれ、刑事関係のすべての上訴を審理した。ただし摂政である王妃 **rainha**（補註2）、騎士団団長 **mestrados**, その他の権勢の領土は別で、これらについては、上訴は **casa da suplicação** に対して行われた。エストレマドゥラと周囲五レーグワは、**casa da suplicação** に対して上訴が行われた。

casa do cível には「司法検事」**promotor de justiça** がおり、司法の可能な限り明確な説明、および国王の管轄権の維持に関わるあらゆる事柄を主張する任を帯びていた。

一五八二年スペインのフェリペ二世（ポルトガル国王フィリペ一世）は、リスボンの **casa do cível** を廃止し、ポルトに「ポルト控訴裁判所」**relação da casa do Porto** という名称の、別の機関を創設した。また **casa da suplicação** に対しても新たな規則を定め、リスボンに常置されることとなった。これらがそれぞれ、今日の「ポルト控訴裁判所」**relação do Porto** および「リスボン控訴裁判所」**relação de Lisboa** の前身である（補註3）。

（補註1）文書38の註（2）。

（補註2）文書11の註（12）。

（補註3）**Serrão, Joel, II, pp. 73, 74.**

（10）**governador.**

（11）**duas casas.**「二つの裁判所」とは、「控訴裁判所」**casa da suplicação** および「民事裁判所」**casa do cível** を指すのであろう。

（12）**corregedores.** 文書42の註（2）。

(13) juizes, e justiças. 文書9の註（10）。
(14) ouvidorias.
(15) desembargadores do Paço.
(16) Gaspar de Seixas. リスボンの国王政庁における書記 escrivão. Documentação, Índia, Índice, p. 113.
(17) Jorge da Costa. 文書12の註（14）。
(18) APO, 5 - II, pp. 735 - 737.

37　一五七一年三月一一日付けリスボン発、ポルトガル国王の勅令（要旨）

「次のことを嘉納する国王陛下の勅令《アルヴァラ》。彼〔国王〕の王室《カザ》の貴族《フィダルゴ》であるドン・アントニオ・デ・ヴィリエナ(1)は、彼〔国王〕が彼〔ヴィリエナ〕に恵与したシナ航海《ヴィアジェン・ダ・シナ》を行う前に死亡したなら、彼が遺言の中で、王室資産《ファゼンダ・デ・スア・アルテザ》に代わる前述の航海を行うために、一人の人物を指名することが出来るものとする。または彼の遺言執行者《テスタメンテイロス》たちが指名することが出来るものとする。副王に紹介されて、その人物がそのことに適格であること(2)が判明した上で、前述のドン・アントニオの勅令《プロヴィザン》の中で明らかにされている時期に、その勤務の仕方に従ってそれを務めるべく、前述のカピタン職《カピタニア》を所有するものとする。

また前述の航海から利益をあげることが出来たら、その中から、その死に至るまで国王陛下《スア・アルテザ》に対する奉仕の過程で彼〔ドン・アントニオ〕が負ったものであることを、前述のドン・アントニオの遺言執行者《テスタメンテイロス》たちが立証する負債のすべてを、彼〔その人物〕が返済する旨を明確にする。正しくこのような負債であることを立証しなければならないが、前述の航海から得られるその他すべてからかかる負債を返済して後に残ったものは、副王が徴収して王室資産《ファゼンダ・デ・スア・アルテザ》に入れるよう指示すること。そして、必要な事柄をすべて明確にした上で、これらの地域〔インディア〕の彼〔国王〕の誰か役人《オフィシアル》の収入欄に記入すること。一五七一年三月一一日、リスボン(3)。」

註

(1) **Dom Antonio de Vilhena.** この人物について、および一五七二年日本渡航を行って日本到着の直前に遭難して死亡したこと、彼がこの航海絡みで後に莫大な負債を残したために、国王がとった善後策等については、文書35の註(3)。

(2) 傍線箇所の原語（翻刻本）は **auta** であるが、**apta** のことであろう。

(3) **APO, 5 - II, pp. 793, 794.**

38　一五七一年三月一二日付けリスボン発、ポルトガル国王の勅令

「朕国王は、この勅令《アルヴァラ》を見る者たちに知らせる。朕は次のような情報を得た。

すなわち、インディアの地域の日本王国《レイノ》の異教徒《ジェンティオス》がこれまで囚われの身《カティヴェイロ》にあり、そのため多大な不都合が生じている。かかる囚われの身《カティヴェイロ》には正当な理由がないという。そしてそれが前述の異教徒たちの改宗にとって、妨げとなっていることが主たる理由であるが、朕は、今後はポルトガル人は何人《なんぴと》たりと、日本人を買うこと《レスガタル(1)》も、囚われ人《カティ》にする《ヴァアル》こともしてはならない旨決定し、それを命じる。彼ら〔ポルトガル人〕が前述の日本人の何人かを買《レスガテン》うか、または囚われ人《カティヴェン》にした場合は、買われる《レスガタドス》かまたは囚われ人《カプティヴォス》にされるかした者は自由にすること。その他、彼ら〔日

本人〕を囚われ人《カプティヴァレン》にするかまたは買《レスガタレン》う者たちは、彼らの資産《ファゼンダ》のすべてを没収され、半分は国庫および朕の王位《コロア・レアル》に納め、他の半分は彼を告発した者に与えられる刑罰を被るものとする。

朕はまた次のような情報を得た。取引をするために日本に行くポルトガル人たちは、売る時と買う時とで、分銅《ペゾス》や秤《バランサス》を替える。これはすべて、日本人たちに多大な損害を与えるものであるし、これがまた、彼らの改宗にとって重大な妨げとなっている。新たに改宗した者たちが、それによって大なる躓きをきたしている、と。

それ故、朕は次のことを命じ指令を発する。今後はポルトガル人たちは、同一の分銅と秤で売り、そして買うこと。それ〔分銅・秤〕は、前述のポルトガル人が取引をする土地において常に存在するものと、同じものであること。いかなるカピタンであれ、いかなる身分の他のポルトガル人であれ、これに違反したら、彼の資産のすべてを没収され、半分は朕の王位《コロア》に納め、他の半分は彼を告発した者に与えられる刑罰を被るものとする。前述の日本の地域に渡航するナウ船《ナオス》または船舶《ナヴィオス》のカピタンたちは、同一の分銅と秤で売りそして買う旨の、そこに居住するポルトガル人たちによって真正と認められた、取引をする土地の司法関係者《ジュスティサス》の証明書《セルティドンエス》をもたらす義務を負うこと。またもしもかかる土地にポルトガル人が居住していなかったら、一〇レーグワ(2)までの最も近いところにいる者たちによって、前述の証明書《セルティドンエス》についての前述の証明《ジュスティフイカサン》がなされること。前述の如き形式を備え手順を踏んだ前述の証明書をもたらさなければ、上記の如き刑罰を被るものとする。

前述の〔日本の〕地域に渡航するナウ船または船舶《ナヴィオス》がインディアに着いたら、彼〔聴訴官長〕が駐在しているところⓐにおいてはそこ〔インディア〕の聴訴官長《オウヴィドル・ジェラル》(3)が、また前述のナウ船または船舶が入港するところに彼がいない場合はその他の司法関係者《ジュスティサス》たちが、何人《なんぴと》かこの勅令《プロヴィザン》の内容に背いた行為をしなかったかⓑ、司法尋問《インキリル・デヴァサメンテ》を行う義務を負うものとする。前述の聴訴官長は罪人に対して、法の定める通り前述の刑罰を執行すること。また前述の司法関係者《ジュスティサス》たちはそのために、前述の事件《カゾス》について作成した調書《デヴァサス》を彼〔聴訴官長〕に送ること。

朕は、現職および今後その職に就く、前述のインディアの地域の朕の副王・総督・前述の聴訴官長《オウヴィドル・ジェラル》、および前述の地域のすべての司法関係者《ジュスティサス》に対し、この勅令《プロヴィザン》をその内容通りに履行・遵守し、そして完全に履行・遵守させるよう命じる。前述の聴訴官長は、彼の法廷《ジュイソ》の審問《アウディエンシア》においてそれ〔同勅令〕を公布すること。彼にそれ〔同勅令〕が与えられる時に彼が駐在しているところの、公共のいつもの場所に、全員に周知させるために公布させること。そしてただちに、彼の署名と朕の印《セロ》を押したそれ〔同勅令〕の写しを添えた書簡《カルタス》を、日本の諸々の土地のカピタンたちとポルトガルの役人たち《オフィシアエス》、および前述のインディアの地域の諸々の土地や諸要塞《フォルタレザス》のカピタンたちやその他の司法関係者たち《ジュスティサス》に、送付すること。朕は彼らに対し、すべての前述の土地と諸要塞において、それ〔同勅令〕を公布させるよう命じる。すべての人々、とくに日本人にそれを周知させるためであり、不知を言い張ったり、そう主張したりすることが出来ないようにするためである。

これ[4]〔本勅令〕は、前述のインディアの地域の控訴裁判所《レラサン》の記録簿《リヴロ》、および前述のゴア市および前述の地域のその他の諸々の土地と諸要塞の元老院《カマラ》のそれ〔記録簿〕に登録すること。法典《オルデナサン》第二冊《リヴロ》第二〇項《ティトゥロ》は、一年以上効力が続くことになる事柄は書簡《カルタス》によって発給すること、勅令《アルヴァラス》によって発給しても効力を有しないものとする、と規定してはいるが、これ〔本勅令〕が朕の名で作成され、朕が署名し、そして朕の尚書職《シャンセラリア》によって発給された書簡の如く有効で、強制力と効力を持つことを、朕は嘉納する。一五七一年三月一二日にリスボンにおいて、バルテザル・ファルカン[5]がこれを作成した。ジョルジェ・ダ・コスタがこれを記述させた。国王[6]。」

註

(1) 本文書には、邦訳にルビを振った通り、resgatar の語が繰り返し使用されている。翻刻本には、初出のここに、この語について次のような趣旨の脚註を付している。

resgatarとは、「かねまたはそれ相当の価値あるものと引き替えに、囚われ人の状態《カティヴェイロ》から解放して自由にする」という意味の動詞である。すなわちここではこの語が、本来の意味とは逆の意味で使用され、「かねを支払って、または他の商品との交換で、獲得する」という意味で用いられている。

したがって、ここの真の意味は、「囚われ人の状態にする」captivarという文意であって、「囚われ人の状態から解放する」libertar do captiveiroという意味ではない、と。

以上が翻刻本のresgatarについての註記の趣旨であるが、ただ、ここの傍線箇所の原文(翻刻本)はresgatar nem cativarであるから、右の註記にそのまま従うと、cativarを反復したということになってしまう。そこで、原語からは多少飛躍するが、そして「買う」とすると意味が限定されてしまう嫌いがあるが、本勅令の主意はどこにあったかなどを考慮して、本勅令で使用されたresgatarは「買う」と訳すことにする。

なおMachado, VI, p. 356には、resgatarは古くcomprar, comerciar, permutarの意味を有した旨、見える。

(2) legoas. 長さの単位レーグアは、ヨーロッパ各国で使用されたが、国により、また時代によってその長さが変わる。本ポルトガル国王勅令に見えるレーグアの正確な長さは不詳であるが、ポルトガル語辞典の記載により、おおよそ六キロメートルと見なす。

拙訳『モンスーン文書と日本』三七頁。

(3) ouvidor geral. 拙訳『モンスーン文書と日本』四二三頁。

(4) este. 本勅令を指す代名詞としてa, ella, a qual等の女性形と、ここのesteさらに文末に二度にわたって見えるoの如き男性形とが混在している。勅令の原語自体が、alvará(男性)、provisão(女性)の両語で記されていることによるものであろう。

(5) Baltezar Falcão. ポルトガル国王政庁の書記であろう。

(6) APO, 5 - II, pp. 791 - 793. Wicki, pp. 90 - 92.

ヴィッキは、インディア領国歴史文書館(今日のゴア歴史文書館)所蔵のCódice 9529, ff. 44v. - 46の原文書により翻刻している。APOと照合して、本文傍線ⓐの箇所がAPOはnos lugaresと複数形であるのに対し、ヴィッキはno lugarと単数形で、傍線ⓑはAPOがfizerãoと過去形であるのに対し、ヴィッキはfazemと現在形で記す。

39　一五七五年三月二日付けゴア発、インディア総督の勅令

「インディア総督《ゴヴェルナドル》云々。私はこの私の勅令《アルヴァラ》を見る者たちに知らせる。このゴア島とそれに隣接〔する島々〕、およびサルセテ(1)とバルデス(2)の大陸《テラス・フィルメス》にいる非信徒《インフィエイス》の孤児《オルファンス》たちは、イエズス会の古い聖パウロ・コレジオに連れて行って引き渡すのが、神と私の主君《セニョル》である国王陛下《エル・レイ》への奉仕になると考える。すなわち、サルセテの者たちは前述の大陸《テラス》〔サルセテ・バルデス〕のカピタン(3)の許に連れて行くこと。彼〔同カピタン〕が彼らをマルガンのコレジオ(4)に引き渡すよう、指示するためである。バルデスの者たちはカピタンに引き渡すこと。彼〔同カピタン〕が彼らをこのゴアのコレジオに引き渡すよう、指示するためである。またこのゴア島とそれに隣接〔する島々〕の者たちは、前述のコレジオに引き渡すこと。

彼らがキリスト教教理教育を受け、その指導を受けるためである。前述の孤児たちを隠すか、または彼らを大陸《テラ・フィルメ》に連れて行くが、上述のように彼らを引き渡すことをしない者たちは、私の恩恵〔による赦免〕までガレー船に送られ、さらに彼らのすべての資産《ファゼンダ》を没収する刑罰に処すものとする。その半分は洗礼志願者《カテクメノス》たち(5)に、他の半分は彼らのことを告発した者に与えることとする。小教区《フレゲジアス》の執行官《メイリニョス》(6)たちおよび村々《アルデアス》のperpatins(7)は、前述の孤児たちがどこにいるかを知り、前述の諸コレジオに彼らを連れて行くべく、極めて細心かつ入念に尽力すること。

私は前述の大陸《テラス》の聴訴官長《オウヴィドル・ジェラル》・カピタンたち、および関係するその他の司法関係者《ジュスティサス》たちと役人《オフィシアエス》たちにこのことを通告し、そして彼らに対し、次のことを命じる。この勅令《アルヴァラ》をその内容通りに、何ら疑義を差し挟むことも異議申立てをすることもなく、全面的に履行し、そして履行・遵守させること。それら〔刑罰〕に該当する者たちに対して、上述の刑罰を執行させること。

このことを、このゴア島と隣接〔する島々〕、および前述の大陸《テラス》において公告すること。裏面に、それについて記録すること。法典《オルデナサン》第二巻《リヴロ》第二〇項《ティトゥロ》は異なる規定をしてはいるが、〔本勅令は〕それ〔尚書職〕によって発給されたわけではないとはいえ、国王陛下《スア・アルテザ》の名で尚書職《シャンセラリア》から発給された書簡として、〔本勅令が〕効力を有することを私は望む。一五七五年三月二日にゴアにおいて、フランシスコ・フェルナンデス[8]がこれを作成した。アントニオ・モニズ・バレト[9][10]。」

註

(1) Sarcete.「ゴアのサルセテ」のことである。文書11の註(4)の〔補註6〕。拙訳『モンスーン文書と日本』三八〇〜三八二頁。

(2) Bardez. 拙訳、同右、三八〇〜三八二頁。

(3) バルデス Bardez には要塞 fortaleza があり、カピタン capitão が配置されていた。
Livro das Cidades, e Fortalezas, que a Coroa de Portugal tem nas Partes da Índia, e das Capitanias, e mais Cargos que nelas ha, e da Importância delles, f. 17.

(4) Collegio de Margão. マルガンはゴアのサルセテのほぼ中央に位置する村である。この当時この地にイエズス会のコレジオが存在した。ヴァリニャーノは『東インド巡察記』の中で、これを「サルセテのコレジオ」と呼んでいる。
ゴアには、イエズス会のコレジオが二つ存在した。ゴア市にあった聖パウロ・コレジオ、およびゴアのサルセテのマルガン村にあったコレジオである。〔聖パウロ・コレジオについては文書8の註(5)に、サルセテのマルガン村のコレジオについては文書26の註(2)の〔補注43〕で触れた。〕
ゴアの辺りの非信徒孤児たちを、出身地別にこれら二つのコレジオに分けて引き取らせるようにとの指示であるが、その記述の仕方が必ずしも明確ではない。
まずその出身地であるが、本文書には地名として次の語が見える。
「ゴア島とそれに隣接〔する島々〕、およびサルセテとバルデスの大陸《テラス・フィルメス》」nesta ilha de Goa e nas suas annexas,

e nas terras firmes de Salcete e Bardez. つまり、島々 ilhas と大陸 terras firmes に大別し、前者の島々としては、ゴア島とそれに隣接する島々、と記されている。ゴア島は、ゴア市が位置する中心の島であるティスアリ島 Ilha Tissuari（or Tissuadi, Tiswadi）のことであり、隣接する島々とは、Divar, Chorão, Jua を指すと見てよい。後者の大陸として「サルセテ」および「バルデス」の両地を挙げている。

この内、サルセテの非信徒孤児は、マルガンのコレジオに引き渡すよう指示している。マルガンのコレジオはサルセテ内に位置していたのであるから、これは当然の指示であろう。次にバルデスの孤児については、「このゴアのコレジオ」に渡すようにとの、指示がなされている。サルセテもゴアの一角を構成するが、本文書の冒頭の書出しの文章からしても、このゴアのコレジオとは、おそらくサルセテのマルガンのコレジオではなく、ゴア市の聖パウロ・コレジオのことであろう。第一、バルデスからは、ゴア市の方がはるかに近い。

最後に、ゴア島とそれに隣接〔する島々〕の者たちは、前述のコレジオに引き渡すこと、と指示されている。つまり、Tissuari, Divar, Chorão, Jua の島々の孤児の引渡し先のコレジオであるが、文章の意味だけからは、「マルガンのコレジオ」および「ゴアのコレジオ」ともに「前述のコレジオ」に該当するともいえようが、やはり直前に記されている「ゴアの〔聖パウロ〕コレジオ」を指すと見るべきではないか。Tissuari 島はゴアのコレジオが位置するゴア市のある島であるからいうまでもないが、その他の三島もサルセテとは反対方面に同島に隣接しており、地理的な便宜から見ても、同じことがいえる。

つまり本文書は、サルセテの非信徒孤児はマルガンのコレジオに引き取り、その他のバルデスおよびゴア島（Tussuari 島）外、隣接三島の孤児はゴア市にある聖パウロ・コレジオに引き取らせるように、と指示する趣旨であると推定する。

なお右の島々の位置は、左記文献の Documenta Indica, VII, p. 51* の地図に見える。

Documenta Indica, VII, p. 51* ; XIII, cap. 5., pp. 159 - 163. Portas & Gonçalves, p. 7. ヴァリニャーノ 高橋裕史訳『東インド巡察記』第五章。拙訳『モンスーン文書と日本』三八〇～三八二頁。文書8の註（5）。

（5）翻刻本には、モンスーン文書中の本文書の写し（Livro das Monções, no. 93, f. 365）では、この cathecumenos の語が captivos（囚われ人）となっている旨の脚註がある。

（6）meirinhos. 拙訳『モンスーン文書と日本』一六〇頁。
（7）perpatins. 不詳。
（8）Francisco Fernandes. ゴア政庁における書記 escrivão である。Documentação, Índia, Índice, p. 104.
（9）Antonio Moniz Barreto. 一五七三〜七六年インディア総督在任。Delgado Domingues, p. 124.
（10）APO, 5 - II, pp. 904, 905.

40　一五七五年一一月一四日付け、インディア総督の勅令

「インディア総督云々。私はこの私の勅令《アルヴァラ》を見る者たちに知らせる。

現地の人々の孤児《オルファンス》たちのかねが利子付きでポルトガル人たちに貸与されるか(1)、または前述のポルトガル人たちがそれ〔そのかね〕の保証人《フィアドレス》になると、彼らは力があるので、前述の孤児たちも、彼らの後見人《トゥトレス》たちも、彼ら〔ポルトガル人〕に対して恐怖心を抱いているため、前述のポルトガル人たちから前述のかねを返してもらうことが出来ず、改宗した者たちや改宗する予定の者たちが躓き、キリスト教会《クリスタンダデ》に対して悪意を抱くという不都合が生じていることを考慮して、私は良心の法廷《メザ・ダ・コンシエンシア》(2)の人々の見解を得て、次のことを嘉納し、それを命じる。

今後はもう現地の前述の孤児たちのかねを、利子付きでポルトガルたちに貸与してはならないし、彼らを保証人にしてもいけない。これまでに貸与されたものは、彼らに返済させること。私はこれを、ゴア島とそれに隣接する島々(3)、さらにはサルセテとバルデスの大陸《テラス》からなるその現地の人々の孤児たちの判事《ジュイゼス・ドス・オルファンス》(4)たち全員に対し、これ〔本勅

令〕をその内容通りに履行し、遵守するよう、通告する。また、法典《オルデナサン》第二巻《リヴロ》第二〇項《ティトゥロ》は異なる規定をしているが、これ〔本勅令〕は、国王陛下《スア・アルテザ》の名で発給された書簡としての効力を有すること。一五七五年一一月一四日に、良心の法廷《メザ・ダ・コンシエンシア》の書記官《セクレタリオ》であるペロ・カルデイラ・デ・レモス(5)がこれを作成した。総督アントニオ・モニズ・バレト(6)。」

註

（1）傍線箇所の原文（翻刻本）は次の通りである。se dar ao ganho a Portuguezes, …

（2）Mesa da Conciencia. Mesa da Consciência e Ordens「良心と騎士団の法廷」のことであろう。拙訳『モンスーン文書と日本』一八三・五四〇・五四一頁。

（3）傍線箇所の原語（翻刻本）は assy desta Ilha de Goa como das mais ilhas a ella adjacentes である。ゴア島に隣接の諸島については、文書39の註（4）。拙訳『モンスーン文書と日本』三八〇～三八一頁。

（4）juizes dos orfãos. 文書11の註（4）。

（5）Pero Caldeira de Lemos.

（6）APO, 5 - II, p. 909. Documentação, Índia, 12, p. 284.

41* 第二回管区教会会議記録（一五七五年ゴア開催）

「第一部《アクサン・プリメイラ》

〔決定事項《デクレト》一～決定事項七は省略〕

決定事項《デクレト》八
陛下《スア・アルテザ》〔ポルトガル国王〕の法令《レイ》に基づいて、管区教会会議《コンシリオ》(1)は次のことを命じる。家臣ではない非信徒《インフィエイス》商人たちが商《ヴェニアガ》(2)う奴隷《エスクラヴォス》たちは、改宗した上で売却すること。代価《プレソ》は、非信徒の主人《セニョレス》たちに与えること。もしも彼ら〔奴隷たち〕がその土地にいる間に、彼らを売ることが出来なければ、彼らを連れて行ってはならず、キリスト教徒であれ、非信徒《インフィエイス》であれ、閣下《スア・アルテザ》の家臣たちに彼ら〔奴隷たち〕を売却しなければならないものとする。(3)」

註

(1) Concilio. 管区教会会議 concilio provincial については文書22*の註(1)。

(2) veniaga. 正しくは beniaga と綴る。ポルトガル領インディア関係の文献では、この語は商業・商品・商業による利益、さらにそこから転じて詐欺・不正取引等の意味を持った。因みにキリシタン関係史料では、この後者の、悪い意味を込めた商業の意味で使用される場合が多い。
Dalgado, II, pp. 411, 412.

(3) APO, 4, p. 96.

42　一五七八年三月一八日付けリスボン発、ポルトガル国王の勅令

「朕国王は、この勅令《プロヴィザン》を見る者たちに知らせる。

朕の諸王国《レグノス》の高位聖職者《プレラドス》たち(1)が朕に対し、朕の控訴裁判所判事《デゼンバルガドレス》たち・行政長官《コレジェドレス》たち(2)、およびその他の司法《ジュスティサス》に対する不服を申し立ててきた。法律《ディレイト》およびトリエント公会議《サント・コンシリオ・トリデンティノ》に基づき、裁判権《コニエシメント》が彼ら〔高位聖職者たち〕に帰属するような多くの事件《カゾス》や事柄を、彼ら〔高位聖職者たち〕や彼らの役人《オフィシアエス》たちに任せようとしない。そのために教会の自由《リベルダデ・エクレジアスティカ》や教会《イグレジャ》のインムニタス《イムニダデ》(3)が損なわれ、罪の処罰を妨げた、との言い分である。

朕は、朕の控訴裁判所判事《デゼンバルガドレス》たちや司法《ジュスティサス》が教会《イグレジャ》のインムニタスや教会の自由《リベルダデ・エクレジアスティカ》を、いかなる事柄であろうと、損なったり侮辱したりすることや、高位聖職者《プレラドス》たちの裁治権《ジュリスディサン》(4)を妨げることが、決して朕の意向でも意志でもないということを示したいと願っている。いやそれどころか、朕はこれまで、当然のことであるが、朕の前任者であるこれら諸王国《レグノス》の歴代国王が常にそれを行ってきたのと同じ意志と情熱をもって、否、〔歴代国王〕以上にそれを行うことが可能ならば、彼ら以上に、それ〔教会の不入権・自由・裁治権〕を全面的に支援し、それに恩恵を施すよう努めてきた。

高位聖職者《プレラドス》たちが、彼ら〔控訴裁判所判事たち・行政長官たち〕の司法《ジュスティサス》に対する不満を言い立てて朕に書き送ってきたこの際、同様な事件《カゾス》と裁治権《ジュリスディサン》の疑義《ドゥヴィダス》の決定《デトレミナサン》に関して、彼ら〔控訴裁判所判事等〕が行ったやり方に、朕は同意見ではあるが、朕は前述の高位聖職者たちがこれらの事件に関して朕に向けて作成した覚書《アポンタメントス》について、朕は朕の顧問会議《コンセリョ》の何人かの学識者《レトラドス》たちに集合するよう命じた。彼らの学識と経験とに基づき、前述の覚書に含まれている事件《カゾス》と疑義に関する決定《デトレミナサン》に対して、当然信頼を寄せることが出来ると朕には思われた。

すなわち、彼ら〔学識者たち〕は幾度も会合を重ね、深い考慮を払って、前述の覚書に含まれた事件《カゾス》・問題点、および疑義を調べ、検討した上で、前述の事件と疑義に関して次のような裁決《アセント》・諸決定《デトレミナソンエス》を下した。法律《ディレイト》に従って、それ〔同裁決・決定〕を下さなければならないと彼らは考えた。彼ら〔学識者たち〕は、それを朕に報告した。そこに朕の国家顧問会議《コンセリョ・デ・エスタド》(5)の議員たちが居合わせたので、朕は彼らにもそれを伝えた。

朕はそれをすべて披見した上で、前述の諸決定《デトレミナソンエス》を履行するよう命じた。それらは以下の通りである。

第一の覚書《アボンタメント》において、彼ら〔高位聖職者たち〕はいう。罪人たちが身を寄せる場所が、教会内の敷地《アドロ》[6]か否かをめぐって、世俗の司法《ジュスティサス》は裁判権《コニェシメント》を持つ。つまり、教会内の敷地《アドロ》が、罪人たちがいる場所に達しているか否かについて、〔世俗の司法は〕裁判権を持つにすぎないという。それこそが、まさに論点《ケスタン・デ・ファクト》だと、彼ら〔高位聖職者〕はいう。

同じことであるが、それが霊的な事柄であるが故に、裁判権《コニェシメント》は教会の判事たち《ジュイゼス・エクレジアスティコス》だけに帰属するのである。かかる場所は教会内の敷地《アドロス》と考えられており、またこれまでも常にそのように考えられてきたと高位聖職者たち《プレラドス》がいったとしても、教会《イグレジャス》の敷地内《アドロス》に身を寄せた人々については、それとは別の問題である。

この覚書において、次のような決定が下された。それ〔教会のインムニタス〕に頼る人々にとってその教会《イグレジャ》のインムニタス《イムニダデ》が効力を持つか否かを決めるために、教会内の敷地《アドロ》か否かを問題にするのであるなら、裁判権《コニェシメント》は、教会の判事《ジュイズ・エクレジアスティコ》にも世俗のそれ〔判事〕にも帰属する。つまり、もしもインムニタスが効力を有するなら、それを裁く裁判権は彼ら〔教会の判事〕に帰属する。さもなければ、それは否である。その前提が必須であるから、それなしには、インムニタス《イムニダデ》の疑義に関して決定を下すことは出来ない。

教会の判事《ジュイズ・エクレジアスティコ》と世俗〔の判事〕との間で見解が異なり、インムニタスの効力があるか否かについて意見の違いがある時は、かかる疑義の決定《デトレミナサン》において、これら諸王国《レグノス》の法典《オルデナサン》第二巻《リヴロ》第三項《ティトゥロ》に規定されているのと同じことを遵守すること。〔インムニタス以外の〕その他のすべての件で、教会内の敷地《アド》か否かが問題になる時は、裁判権《コニェシメント》は法律《ディレイト》に従って教会の判事《ジュイズ・エクレジアスティコ》に帰属する。

第二の覚書《アボンタメント》において、彼ら〔高位聖職者たち〕は次のようにいう。世俗の者たちがもたらし、教会《イグレジャス》のものだと彼ら〔世俗の者たち〕が認めるか、あるいは永代借地権《エンプラザドス》を与えたはずだと主張する教会の資産《ベンス》の有用な所有権《ウティル・ドミニオ》に対し、法律に従えば彼ら〔教会の判事〕に裁判権があるはずであるにもかかわらず、教会の判事《ジュイゼス・エクレジアスティコス》たちが裁判権《コニェサン》を持つことに、世俗の司法《ジュスティサス》が同意しない、と。

この覚書において、次のような裁決が下された。教会《イグレジャ》が、それは自分たち〔教会〕のものだ、自分たちに帰属するというだけで、その他の特性は何も主張しないような何らかの資産《ベンス》を求めて〔教会から〕訴えを起こされた世俗人《レイゴ》が、教会《イグレジャ》の所有権《ディレイト・セニョリオ》を認めるが、利用権《ウティル》は彼にある、と主張するような場合は、裁判権《コニェシメント》は世俗の判事《ジュイズ・セクラル》に帰属する。その世俗人《レイゴ》は、それ〔世俗の裁判権〕によって、裁きを受けることになる。しかしもしも前述の事件において、訴えの対象となったものが、所有権《ディレイト・セニョリオ》に関してそれ〔教会〕のものであるばかりか、利用権《ウティル》も確実にそれ〔所有権〕とともにある旨を結論付けるような特性を有する旨を、教会《イグレジャ》がその告訴状《リベロ》において次のような理由を申し立てて主張するなら、裁判権は教会の判事《ジュイズ・エクレジアスティコ》に帰属する。

すなわち、世俗人《レイゴ》が根拠なしに力づくでそれを所有している場合。または、教会法《ディレイト・カノニコ》に従えば無効であるような根拠に基づいて所有している場合。あるいは、〔所有の〕期間《プラゾ》が終わったか、または違約金を払う羽目になった場合。あるいは、これに類する特性を持った別のいろいろな事例の場合。または、世俗人が主張する根拠に反する法律に基づいて、その返却を求める場合。

これに対し、世俗人《レイゴ》は回答をするであろうが、訴えられた側〔世俗人〕が、前述の諸々の特性を否定しても、教会の判事《ジュイズ・エクレジアスティコ》は、その訴訟《カウザ》を決着がつくまで進めること。そして前述の諸々の特性が証拠立てられたと認めたら、最後に、正当である旨宣告すること。またもしも、それら〔諸々の特性〕が証拠立てることが出来なかったと思ったら、理性(7)に基づくものではない、裁判権《コニェシメント》は彼〔教会の判事〕には帰属しない、と宣告すること。そして訴訟《カウザ》を世俗の判事《ジュイズ・セクラル》に委ねること。そして加害者《アウトル》を、その費用の点、および高位聖職者《プレラドス》たちの同意の下に、これら諸王国《レグノス》の昔の歴代国王によって制定された、法典《オルデナサン》第二巻第一項第一七節の刑罰により、有罪判決を下すこと。

世俗人《レイゴ》が、法律《ディレイト》により当然そうすべきだと思っている、教会の何らかの永代借地権《プラゾ》の土地の更新を求めるような場合は、もしも彼がそれをしてもらいたいと思っている教会人《ペソア・エクレジアスティカ》が通常の裁治権《ジュルディサン》を持ち、しかも王国に通常の上長がいるなら、彼〔その教会人〕は彼〔上長〕に対し、それ〔更新〕を要求しなければならない。世俗の司法《ジュスティサス》は、かかる事件には関与しないこと。しかし、もしもその教会人が通常の裁治権を持たず、しかも王国に上長もいないなら、法典《オルデナサン》第二巻《リヴロ》第一項《ティトゥロ》の冒頭によって、世俗の司法が、かかる事件について裁判権《コニェシメント》を持つこと。

第三の覚書《アポンタメント》において、彼ら〔高位聖職者たち〕は次のようにいう。世俗の司法《ジュスティサス》は、それ〔王位〕の資産《ベンス》だといって、王位《コロア》の保護《ディレイト・ドス・パドロアドス》権に基づく裁判権《コニェシメント》を行使する。教会の裁治権《ジュリスディサン・エクレジアスティカ》に帰属するのであるから、その教会《イグレジャス》の資産《ベンス》であるにもかかわらず、〔世俗の裁判〕は、それについても同じことを行う、と。

この覚書について、次のような決定が下された。保護《ディレイト・ド・パドロアド》権に関わる訴訟《カウザ》の裁判権《コニェシメント》は教会の裁判《ジュイゾ・エクレジアスティコ》に帰属する。しかし王位とそれ〔王位〕からそれ〔裁判権〕を得たいと思っている人々との間、または王位の二人の受贈者《ドナタリオス》の間、あるいはそれ〔王位〕の側で訴訟《カウザ》を抱えた他の人々、または武力に関して疑義が存在する時は、裁判権は世俗の裁判《ジュイゾ・セクラル》に帰属する。同様にもしも訴訟《カウザ》が、保護《ディレイト・ド・パドロアド》権が自らの付属物にしたいと望んでいる何らかの資産《ベンス》についてである場合は、裁判権は世俗の裁判《ジュイゾ・セクラル》に帰属する。それ〔同世俗の審判〕は宣言《デクララサン》によって、付属物であるか否かについて判決を下すこと。

第四の覚書において、彼ら〔高位聖職者たち〕は次のようにいう。高位聖職者《プレラドス》たちは、貧しい囚われ人《カティヴォス》たち、およびその他の敬虔な工事の必要のために、はるか昔から、教会《イグレジャス》の外で喜捨を受ける許可を与えることが出来た。これは法律《ディレイト》によって彼らに帰属するにもかかわらず、少し前から世俗の役人《オフィシアエス》たちが、彼らに対してそれに異を唱える。彼ら〔高位聖職者たち〕の許可をもって〔喜捨を〕求める者たちを妨害する。彼ら〔喜捨を求める者たち〕を捕らえ、彼らから喜捨を奪う、と。

この覚書について、次のような決定が下された。王国《レグノ》の法律《レイ》は、よき統治のため、〔権利の〕濫用《アブゾ》を除去するため、囚われ人たちの利益を図るために、〔喜捨の〕要請《ペティトリオス》を擁護する。その法律は、前述の諸理由により、常に遵守されてきたし、また遵守されるのが適切である。高位聖職者たちは、教会《イグレジャス》とその敷地《アドロス》の内において、彼らの判断によって、彼ら〔喜捨を求める者たち〕に対し、〔喜捨の〕要請に許可を与えることが出来るものとする。

第五の覚書において、〔高位聖職者たちによって〕次のような異議の申立て《セ・アグラヴァン》がなされている。税関《アルファンデガ》において、もしも一月中《ジャネイロ》にそれら〔品物〕の申告をしなければ、彼ら〔教会の人々〕が彼らの住まい《カザス》に運んでこさせる品物について、教会の人々《ペソアス・エクレジアスティカス》に対し税金《ディレイトス》が課せられる。それ〔税金〕は義務づけられているわけではないし、また〔品物の〕申告も義務づけられているわけではない旨、良心の法廷《メザ・ダ・コンシエンシア》(8)において、それの代議員《デプタドス》たちおよびその他の学識者《レトラドス》たちによって、決定が下されている、と。

この覚書について、次のような裁定が下された。この事件《カゾ》においては、一五六七年一一月にそのために開催した良心の法廷《メザ・ダ・コンシエンシア》の審理において、それ〔同法廷〕の代議員《デプタドス》たちとその他の学識者《レトラドス》たちによって決定された事柄を遵守すること。それはすなわち、教会の人々《ペソアス・エクレジアスティカス》が税関において、たとい〔品物の〕申告をしなくても、外から運んでこさせた品物は、彼らの住まい《カザス》と教会の人々《ファミリアス》のためであって、外部の者たちのためでも、商いをするためでもないということを税関の役人たち《オフィシアエス》に対して説明をすれば、税金《ディレイトス》を払うように彼ら〔教会の人々〕を義務づけてはならない、というものである。

第六の覚書において、次のような異議の申立て《セ・アグラヴァン》がなされている。税関において教会の人々は、彼ら〔教会の人々〕の住まい《カザス》に持ってこさせている旨を証明するために、誓約をするが、それ〔誓約〕を行うことが出来ないと、彼ら〔税関役人〕は、それに関して提出される彼らの高位聖職者たちの証明書《セルティドンエス》を、尊重しようとしない。そこ〔高位聖職者の証明書〕では、彼ら〔教会の人々〕が彼ら〔高位聖職者〕の前でそれを誓約し、前述の品物は彼ら〔教会の人々」にとって必要なものだということを保証した旨、確言している。

この覚書について、次のような決定が下された。それ〔本事件〕に含まれる事柄は、教会の自由《リベルダデ・エクレジアスティカ》に反するものではない。先の覚書に記されていることに従って、彼ら〔教会の人々〕は税関の役人《オフィシアエス》たちに対し、次のような誓約をしなければならない。税金《ディレイトス》を払う気がない品物は、彼ら自身が使用するためであり、彼らの住まい《カザス》や教会の人々《ファミリアス》のためのもので、それ以外の人々のためでも、商いのためでもない、と。というのは、そうするのが法律に即しているからである。

第七の覚書において、次のような異議の申立てがなされている。同じ〔税関での〕申告の規則《レジメント》を、教会の人々《ペソアス・エクレジアスティカス》に対し貯木場《パソ・ダ・マデイラ》(9)においても遵守させている。彼ら〔教会の人々〕は彼らに対して誓約を行う。彼ら〔教会の人々〕が提示する高位聖職者たちの証明書《セルティドンエス》には何ら考慮を払わず、別の審査《エザメス》を行う。彼ら〔教会の人々〕にはその義務がないにもかかわらず、前述の規則《レジメント》をすべて履行したが、それでも彼ら〔教会の人々〕に対しては、彼らの木材《マデイラ》を、皆に共通の波止場《カエス》に陸揚げすることには同意を与えず、他の場所に〔陸揚げさせ〕、そこから彼ら〔教会の人々〕の住まい《カザス》にそれ〔木材〕を運ばせる。このため万事大変な煩わしさを蒙っている。

この覚書について、次のような決定が下された。先の二つの覚書に記述されている事柄を遵守すること。それは、前述の良心の法廷《メザ・ダ・コンシエンシア》の決定に即したものである。

第八の覚書において、次のような異議の申立てがなされている。彼ら〔教会の人々〕が〔樽を〕新しくするために買い入れた樽職人《トネレイロス》たちの作品に対して、世俗の人々《レイゴス》が支払っている税金《ディレイト》を、教会の人々《ペソアス・エクレジアスティコス》にも支払わせている、と。

この覚書《アポンタメント》に関して、次のような決定が下された。〔一五〕(10)六七年に前述の良心の法廷《メザ・ダ・コンシエンシア》で下された判決において、樽職人《トネレイロス》たちや職人《オフィシアエス》たちから買う教会の人々によって半シザが支払われるのは、教会の自由《リベルダデ・エクレジアスティカ》が損なわれるものではない、という決定がなされた。前述の半シザは、関係者たちの一致する価格によって決められるものだからである。

第九の覚書において、彼ら〔高位聖職者たち〕は次のようにいう。度量衡器検査官長《アルモタセ・モル》(11)および諸地方の元老院《カマラス》が、教会《イグレジャス》の借地人《レンディロス》たちからパンを取得して、〔借地人たちは〕それが義務であるにもかかわらず、彼ら〔教会の人々〕にそれ〔パン〕を取得させない。そのために、前述の定収入《レンダス》〔年貢収入〕は大幅に減少し、損害を来す。すべてが法律違反《ディレイト》であるにもかかわらず、教会の人々《エクレジアスティコス》に対し、自力で集める定収入《レンダス》だけを強いる。

この覚書について、次のような決定が下された。食糧倉庫《セレイロス》からパンを取ったり、借地人《レンディロス》たちに帰属するものを抑えたりすることで、教会の自由《リベルダデ・エクレジアスティカ》が損なわれるものではない。共通善《ベン・コムン》のために、そうしなければならないということ以外にも、前述のパンは、何も教会の資産《ベンス》ではなく、世俗の人々《ペソアス・レイガス》の〔資産〕だからだ。賃貸ししていない彼らの定収入《レンダス》から取得している十分の一税《ディズィモス》(12)に関しては、彼ら〔教会の人々〕は彼らの意思に反してそれを取得しているわけでも、異議申立てをしているわけでもないと、了解すること。もしもそうであるなら、朕はそのような措置がよいとは考えないので、今後はもうそのようには行わないよう、朕は命じる。

第一〇の覚書において、彼ら〔高位聖職者たち〕は次のようにいう。賃貸しされる以前の教会の定収入《レンダス・エクレジアスティカス》に対して、シザとして知られている税が課税される。結局、教会の人々《エクレジアスティコス》は、シザを支払うことを義務づけられる。というのは、借地人《レンディロス》たちが彼ら〔教会人〕の定収入《レンダス》として彼ら〔教会人〕に与える額が少なければ少ないほど、〔教会の人々が〕シザとしての支払いに課せられる額が少なくなるからである。

この覚書について、次のように決定が下された。たとい賃貸しに付される以前に課せられようと、教会の資産《ベンス・エクレジアスティコス》の借地人《レンディロス》たちにシザを課したからといって、教会の自由《リベルダデ・エクレジアスティカ》が損なわれるわけではない。というのは、世俗の借地《レンディロス・》人《レイゴス》たち以外からは徴してはならないし、現に徴収していないからである。

第一一の覚書《アボンタメント》において、彼ら〔高位聖職者たち〕は次のようにいう。教会の裁判官《ジュルガドレス》たちと世俗〔の裁判官たち〕の間に生じる疑念において、朕の役人《オフィシアエス》たちが判事《ジュイゼス》たちとして、教会《エクレジアスティコス》の〔裁判官たち〕から聴取をする。もしも彼ら〔教会の裁判官〕が、彼ら〔役人たち〕が下す裁決を支持することを望まないのなら、法律に反して彼ら〔役人たち〕に背いた行動をとることになり、彼らを侮辱することになる、と。

この覚書について、次のような決定が下された。異議申立て人《アグラヴァンテ》が世俗人《レイゴ》である時は、裁判権《ジュリスディサン》が朕の司法《ジュスティサス》に帰属するか否かを判断する権限を有するのは、朕の訴訟《フェイトス》の判事《ジュイズ》である。というのは、その裁判権は共通法《ディレイト・コムン》に立脚しているからである。それ故、〔国王の訴訟の判事は〕教会の判事《ジュイズ・エクレジアスティコ》に対し、かかる事件《カゾ》の裁判権《コニェシメント》を有する根拠となる理由に応えるよう、通告することが出来る。それが法律に即している、またこれらの諸王国《レグノス》〔ポルトガル〕において常に行われているし、慣行となっているからである。

朕の訴訟《フェイトス》の裁判《ジュイゾ》において、裁判権《コニェシメント》は教会《エクレジアスティコ》の〔司法〕ではなく、朕の司法《ジュスティサス》に帰属する旨の決定が下される時は、朕の訴訟《フェイトス》の判事《ジュイズ》が行うことはといえば、このように言明し、彼の書簡によって、教会の判事たちに対し、裁判を行わないよう依頼し、そして朕の司法《ジュスティサス》に対して、彼ら〔教会の判事たち〕にはその権限がないから、彼らの命令は遵守しないように命じることだけである。

高位聖職者《プレラドス》たちと教会の判事《ジュイゼス・エクレジアスティコス》たちが、前述の〔国王の判事の〕書簡にもかかわらず、世俗人《レイゴス》たちに対する裁きをあくまでも止めず、またすでに裁いたことを撤回しようとしない時は、朕は国王および主君《セニョル》として、朕が署名した書簡によって彼ら〔高位聖職者・教会の判事〕を召喚し、何故に朕の裁判権《ジュルスディサン》を奪うのか、朕に説明させる。しかもそれについて、朕の最高裁判所判事《デゼンバルガドレス・ド・パソ》[13]たちの前で、彼らから聴取する。

第一二の覚書において、彼ら〔高位聖職者たち〕は次のようにいう。世俗の役人《オフィシアエス》たちが、彼ら〔高位聖職者たち・教会の判事たち〕の巡察《ヴィジタソンエス》[14]とその効果を妨害する。そのため、優遇された罪人《クルパドス》たちは、彼らの周知の罪を犯したまま黙認され、多大な躓きを来す。というのは、高位聖職者たちは、巡察によって周知の罪の状態にあるのを見つけた人々に対して、季節毎に三度譴責するという非常に古くからの慣習を踏襲している。彼らが与えた躓きに対し、償いをさせるためである。これが現在、彼ら〔世俗の役人たち〕が恐れる贖害のための苦行である。〔現在は〕刑罰が加重されなければならない。周知の罪が、〔人々に〕見られる状態にあるからである。それ故、彼ら〔世俗の役人たち〕はそれに同意せず、非常に古くからのこの慣習を妨げ、そして次のようにいう。

　内密に行わない限り、これら周知の罪人たちを季節毎に譴責してはならない。もしも彼ら〔罪人たち〕に対し、三度異なった譴責を行い、それでも彼らが悔い改めることがなければ、審問《アウディエンシアス》において彼らを誹謗したことをいわなければならない。巡察《ヴィジタソンエス》によらずに、そこにおいて、彼らは刑の宣告を受けるかも知れない。このため、指摘されるような多くの不都合が生じる、と。また彼ら〔世俗の役人たち〕は、これらの個別の譴責をするその仕方を査定する。後に再犯があっても、教会会議《コンシリオ》(15)に従って、彼らを捕らえて流罪に処すのに同意しない。それはすべて、教会の裁治権《ジュリスディサン・エクレジアスティカ》および霊魂《アルマス》の利益《ベン》に反している、と。

　この覚書について、次のような決定が下された。そこにおいて言及している慣習は、遵守すべきでない。それは自然法《ディレイト・ナトゥラル》に反するからである。何人《なんぴと》であれ、まずもって聴取を受け、彼らの告解により、または裁判によって、得心を得ることなしに、刑の宣告をすることも、公に誹謗することにも同意しない。朕の家臣たちに対してなされるかかる慣習・抑圧、および被害のために、国家《レプブリカ》において多大な躓きと混乱が生じるために、国王および主君《セニョル》として、朕はそれに対して対策を講じる義務がある。このためこれらの地域〔インディア領国〕では、高位聖職者《プレラドス》たちと彼らの司法官《オフィシアエス》たちは、不満をいう理由がない。彼らは彼らの巡察《ヴィジタソンエス》において、教会法《ディレイト・カノニコ》の定める仕方を遵守しなければならない。個別に譴責がなされねばならないその仕方を、朕の司法《ジュスティサス》が査定しているとの彼ら〔高位聖職者たち〕のいい分に関しては、朕はそうは思わないし、またそれを嘉納することもない。

しかし教会の司法官たち《オフィシアエス・エクレジアスティコス》は、トリエント公会議《コンシリオ》の規定《デクレト》の仕方を遵守しなければならない。すなわち、既婚者であれ独身であれ内縁関係の者たち《バレゲイロス》に対し、前述の規定《デクレト》の三度の譴責をまず最初に行うことなしに、投獄または流罪の刑に処してはならない。それら〔譴責〕は、霊魂の利益のために適切だと彼ら〔教会の司法官〕に思われるような間隔をとって、行わなければならない。これら以外の、懲戒罰《センスラス》[16]を避けるために前述の〔トリエント〕公会議《コンシリオ》が彼ら〔教会の司法官〕に、世俗人《レイゴス》を捕らえたり、差し押さえたりする権能を与えているその他の事件《カゾス》においては、彼らは、その方式を遵守しなければならない。もっとも、裁判を行う事件でなければ、捕らえたり差し押さえたりしてはならないものとする。しかし、もしも高位聖職者たち《プレラドス》が、法律に従って彼らが裁判権を有するこれらの罪またはその他〔の罪〕において、最終的な判決《フィナル・センテンサ》以前に、通常投獄・差押え・または流罪なしの裁判を行うのを望むなら、彼らはそれを行ってもよいものとする。朕の司法《ジュスティサス》は、彼ら〔高位聖職者たち〕に対しそれを妨げてはならない。

第一三の覚書において、彼ら〔高位聖職者たち〕は次のようにいう。教会《イグレジャス》の修理や建築のため、および聖職者たち《ミニストロス》〔の暮らし〕を支え、聖信仰《クルト・ディヴィノ》に関わる諸々の品物を〔調達する〕必要のために、臨時租税《フィンタス》[17]〔の徴収〕が行われるよう高位聖職者たちが命じる時は、彼ら〔高位聖職者たち〕は、前述の事柄〔臨時租税の徴収〕を行う必要性について審理する裁判権《コニェシメント》を有する。そしてそれら〔臨時租税〕に対して世俗人たち《セクラレス》が貢献しなければならないかどうかを、審理《コニェセ》し、決定を下す。この裁判権《コニェシメント》は、高位聖職者たち《プレラドス》と彼らの司法官たち《オフィシアエス》のみに帰属するからである。

それにもかかわらず、臨時租税についてこのように命じる権限は高位聖職者たち《プレラドス》にはないなどということによって、彼ら〔世俗の役人〕は、前述の工事《オブラス》の成就を全面的に妨げる。それは丁度、巡察《ヴィジタサン》によってリスボン市に老聖人たち《サントス》の教会《イグレジャ》[18]を作るよう命じ、朕が朕の勅令《プロヴィザン》によってそれを命じ、行政長官《コレジェドル》クリストヴァン・ボルジェス[19]に対してその執行を委ねても、これまでに四年経過して、この工事《オブラ》が未だに着手されていないのと同じである。その理由は、控訴裁判所《カザ・ダ・スプリカサン》(20)にある、と。

この覚書について、次のような決定が下された。朕の司法《ジュスティサス》がこれらの臨時租税《フィンタス》を徴収する必要性を審理する裁判権《コニエシメント》を有するとは、朕は理解していない。むしろ朕はそれ〔朕の司法〕に対し、そこには介入しないよう命じる。この覚書に関するその他すべてについて、朕は第二巻《リヴロ》第二〇項《ティトゥロ》、法律《レイ》第一三の追加法《レイ・エストラヴァガンテ》(21)によって朕が命じたことを遵守するよう、朕は命じる。朕はこれ〔臨時租税の徴収〕が、次のことを確認した上で、この法律に基づいてなされていることが分かっている。すなわち、もしも高位聖職者《プレラドス》たちが、トリエント公会議の決定《デクレト》に従って、十分の一税《ディジモス》では充分ではないということを明確に根拠にして、世俗人《レイゴス》たちに対し、教会《イグレジャス》の創建またはそれら〔教会〕の聖職者《ミニストロス》たちを支えるのを義務づけたいと思うなら、かかる事例《カゾ》については、朕の司法《ジュスティサス》はそこに関与すべきではない。なぜなら、世俗〔の判事〕が、十分の一税が充分ではないとのその特性《クワリダデ》を否定しようとも、その裁判権《コニエシメント》は教会の判事《ジュイズ・エクレジアスティコ》に帰属するからである、と〔いう点を確認した上のことである〕。

第一四の覚書では、彼ら〔高位聖職者たち〕は次のようにいう。それらが朕の直接の保護下にあるわけではないことは、追加法《レイ・エストラヴァガンテ》によって明らかであるにもかかわらず、教会の巡察師《ヴィジタドレス・エクレジアスティコス》たちがそのコンフラリア(22)の世話をしたり、それらを巡察したりするのを、世俗の司法《ジュスティサス》が妨げて、世俗の院長《プロヴェドレス》(23)がそれらを巡察する。そして朕の直接の保護下にあるそれら〔コンフラリア〕においては、至聖なる秘跡、挙式時の飾りつけ《オルナメントス》、その他の如き霊的なものを、彼ら〔高位聖職者たち〕が巡察することには同意しない、と。

この覚書について、次のような決定が下された。聖トリエント公会議の決定《デクレトス》は、その内容通りに遵守すること。というのは、それ〔トリエント公会議の決定の意図〕は過去・現在を通して常に朕の意図だからである。また、裁判区《コマルカス》の院長《プロヴェドレス》(24)たちが朕の特別の委任なしに、通常の手段による査察を行うコンフラリア・施療院《オスピタエス》、および宿泊所《アルベルガリアス》において、高位聖職者《プレラドス》たちが前述の〔トリエント公会議の〕決定《デクレトス》に従って、世話をしたり、巡察を行ったりすることが出来るものとする。というのは、かかる施療院・コンフラリア、および宿泊所について朕は、朕の直接の保護下にあるものだとは理解していない。

このことは、前述の施療院・コンフラリア、または宿泊所がすでにその年、裁判区《コマルカス》の院長《プロヴェドレス》たちによって巡察を受けたことがなければの話だと理解すること。しかし、前述の高位聖職者たちは、いつ何時でも挙式時の飾りつけ《オルナメントス》、および聖信仰《クルト・ディヴィノ》に献納されたさまざまな物を巡察することが出来るものとする。

第一五の覚書において、彼ら〔高位聖職者〕は次のようにいう。教会人《エクレジアスティコス》たちが裁判権《コニエセン》を有する旨、法典《オルデナサン》および追加法《エストゥラヴァガンテス》によって明確になっている混合の訴訟《カウザス・ミスタス》(25)において、世俗の役人《オフィシアエス》たちは、罪人たちが訴えるいかなる抗告《アグラヴォ》についても、裁判権《コニエシメント》を行使する、と。そして彼ら〔高位聖職者たち〕は次のようにいう。高位聖職者たちはそれに関して、守るべき命令を遵守していないのが実情である。罪人たちはそれについて不満を訴え、教会の上級《トリブナエス・スペリオレス・》裁判所《エクレジアスティコス》に控訴することが出来るにもかかわらず、それを行うことが出来ないからである、と。

この覚書について、次のような決定が下された。裁判権《コニエシメント》が彼ら〔教会の判事たち〕に帰属する事件《カゾス》については、自分たちのために教会の判事《ジュイゼス・エクレジアスティコス》たちによって〔審理が〕行われるのだと当事者《パルテス》たちが主張するいかなる抗告《アグラヴォ》についても、朕の司法《ジュスティサス》は裁判権《コニエシメント》を有しない。ただし彼らに加えられた明らかな抑圧または暴力について、または、彼らに対し自然法《ディレイト・ナトゥラル》が遵守されていないことについて抗告がなされた場合は別である。というのは前述の如く、これらの事件に関しては、朕は国王および主君《セニョル》として、対応する義務を有するからである。

第一六の覚書《アポンタメント》においては、彼ら〔高位聖職者たち〕は次のようにいう。これらの訴訟《カウザス》およびその他〔の訴訟〕においては、控訴裁判所判事《デゼンバルガドレス》たちは発給する書簡《カルタス》について、譴責《ケンスラス》が遵守されないようにとか、破門《エスコムン》罪に処せられた者たち《ガドス》を避けないようになどとと記すのが、文書様式だと思っている。彼らに対しては〔それが〕法律《ディレイト》で禁じられており、また前述の教会《イグレジャ》の譴責《ケンスラス》を妨げないよう、〔トリエント〕公会議《コンシリオ》によって明確に命ぜられているにもかかわらず、そのようにする、と。

この覚書について、次のような決定が下された。朕の訴訟《フェイトス》の判事《ジュイズ》が朕の司法《ジュスティサス》に対して、かかる人々を避けてはいけないし、彼らに破門罪の刑罰を科してもいけないなどと命じることで、教会の司法《ジュスティサ・エクレジアスティカ》に侮辱を加えているわけではない。それが慣行となっているだけだからである。裁判権《コニェシメント》は朕の司法《ジュスティサス》に帰属し、教会《エクレジアスティカス》〔の司法〕ではないとの判断がなされた後でなければ、そのような命令が下されることはない。朕の管轄権《ジュリスディサン》(26)が奪われないためには、これより他に手段がないからである。

第一七の覚書において、彼ら〔高位聖職者たち〕は次のようにいう。法律《ディレイト》・法典《オルデナサン》の期間が過ぎてしまった場合、遺産〔について遺言〕を履行し、遺言において明示されている負債の返済をするために、教会の判事たち《ジュイゼス・エクレジアスティカス》が、遺言の執行者たち《エグゼクトレス》の意向とは反対の行動をとること、およびその〔負債返済の〕ために必要な額を死者たち《デフントス》の資産《ファゼンダス》から割くことになる相続人たち《エルデイロス》の利益に反する行動をとることに、世俗《セクラレス》の司法《ジュスティサス》は同意しない、と。

また、やはり前述の期間が過ぎてしまった場合、彼ら〔高位聖職者たち〕の首席司祭《アルシプレスタドス》(27)の裁治権域において判事《ヴァラ》(28)の代理人たち《ヴィガリオス》が、彼らの裁判《ジュイソ》や審問《アウディトリオ》に際してそうするのが慣例になっているにもかかわらず、前述の〔遺言〕執行者たち《エグゼクトレス》を召喚して遺言の説明をさせることに、〔世俗の司法は〕同意しない。そしてそのいい分は、院長たち《プロヴェドレス》が行う如く、誤りを正すための場所に連れてくることは出来るが、彼らが暮らしているところから外に〔遺言〕執行者たち《エグゼクトレス》を連れ出すことは出来ない、という。

この覚書について、次のような決定が下された。法律《ディレイト》および朕の法典《オルデナソンエス》手続きにおいて、〔教会の司法〕により管轄権《ジュリスディサン》が阻まれる《プレヴェンタ》諸々の事柄に関しては、朕の司法《ジュスティサス》は、教会の司法《ジュスティサス・エクレジアスティカス》が遺言の執行をするのを妨げてはならない。

その地方判事たち《ペダネオス》(29)の代理人たち《ヴィガリオス》や首席司祭たち《アルシプレステス》が遺言に関して裁判権《コニェシメント》を行使しないよう、朕の司法《ジュスティサス》が彼らを妨げることについては、朕は、そのようなことは行わないよう、彼らがそれ〔裁判権を行使するの〕を妨げないよう、〔朕の司法に〕命じる。しかし前述の代理人《ヴィガリオス》たち・首席司祭《アルシプレステス》たち、さらには司教総代理《ヴィガリオス・ジェラエス》[30]たちや高位聖職者《プレラドス》たちも、法典《オルデナサン》の文言《フォルマ》を遵守しなければならない。そして彼ら〔遺言執行者〕が暮らしている[31]ところから外に連れ出して遺言について説明をするよう、遺言執行者《テスタメンテイロス》たちを義務づけてはならない。そのため、民衆に多大な迷惑を及ぼすからである。朕が裁判区《コマルカス》の院長《プロヴェドレス》たちに対しそれを行わないよう命じたのは、これが理由である。彼らは、同じ慣習および法典《オルデナサン》が規定することに、従わなければならない。

第一八の覚書《アボンタメント》において、彼ら〔高位聖職者たち〕は次のようにいう。世俗の司法《ジュスティサス》は、世俗の人々《ペソアス・レイガス》が教会《イグレジャス》の院長《レイトレス》たちや教会の司法《ジュスティサ・エクレジアスティカ》の司法官《オフィシアエス》たちに対し、彼らの職務をめぐって無礼《オフェンサス》と侮辱《インジュリアス》を働くのを止めさせる行動をとるのに同意しない。これはリスボン大司教《アルセビスポ》の命令《プロヴィザン》により、犯したら罰金刑《ペナ・ペクニアリア》、さらにはそのために《イプソ・ファクト》破門罪《エスコムニャン》を蒙るとして禁じられているにもかかわらず、〔世俗の司法はそうする〕。

この覚書において、次のような決定が下された。修道士《レリジオゾ》であれ聖職禄受領者《ベネフィカド》[32]であれ、もしも聖なる叙階《オルデンス・サクラス》を受けた司祭《クレリゴ》が、誰か世俗の者《ペソア・レイガ》から、傷つけられるか、殴打されるか、またはたとい言葉によるものであれ侮辱を受けるかしたら、彼の侮辱に対し、教会の判事《ジュイズ・エクレジアスティカ》または世俗《セクラル》〔の判事〕の内の好きな方を選んで、そちらの一方に申請する旨言明してそれを訴え、訴訟を提起し、矯正し、改善することが出来るものとする。ただしその変更をすることも、別の方に申請し直すことも出来ないものとする。しかし、もしもその事件《カゾ》が、朕の法典《オルデナソンエス》に従って朕の司法《ジュスティサス》が訴訟《ティラル・デヴァサ》を開始しなければならず、そしてそれを開始して、その結果何人かの世俗の人々《ペソアス・レイガス》が有罪の宣告を受けることになったら、彼らはそれら〔教会の司法〕に対しては罪を免ぜられるものとする。

教会人《エクレジアスティコス》たちは彼らに対する司法《ジュスティサ》・矯正、および改善について、彼ら〔世俗〕の裁判《ジュイゾ》に訴えることは出来るが、教会の司法《ジュスティサス・エクレジアスティカス》に対してはそれは出来ないものとする。裁治権《ジュリディサン》は、世俗においてすでに阻まれて《プレヴェンタ》いるからである。しかし、冒瀆《サクリレジオ》や破門《エスコムニヤン》の罪を犯した事件に関しては、法律《ディレイト》に従って、教会の裁判《ジュイゾ・エクレジアスティコ》において、その一件のすべてを裁くものとする。また、世俗人《レイゴス》たちを逮捕したり、彼らに対して差押えをしたりすることがあり得る事件《カゾス》において、高位聖職者《プレラドス》たちの執行吏《メイリニョス》たちと司法官《オフィシアエス》たちに対してなされた反抗《レジステンシアス》や侮辱《オフェンサス》に関しては、教会の司法《ジュスティサス・エクレジアスティカス》に恩恵を施すために、また彼らの命令が適切に履行されるために、朕は、かかる世俗人《ペソアス・レイガス》たちが朕の司法《ミニャス・ジュスティサス》によって処罰されることを嘉納し、朕の司法《ミニャス・ジュスティサス》に抵抗するか、または不服従である者たちに対して、法律《ディレイト》および朕の法典《オルデナソンエス》に従って裁かれる場合《セ・プロセデ》と同じ刑罰《ペナス》をもって、彼ら〔世俗人〕が裁されるのを嘉納する。

朕は、控訴裁判所《カザ・ダ・スプリカサン》の統轄者《レジェドル》・民事裁判所《カザ・ド・シヴェル》(33)の行政長官《コレジェドル》・前述の諸審《カザス》の控訴裁判所判事《デゼンバルガドレス》たち、朕の諸王国《レグノス》・支配権《セニョリオス》の朕のすべての行政長官《コレジェドレス》たち・聴訴官《オウヴィドレス》たち・判事《ジュイゼス》たち・司法《ジュスティサス》および司法官《オフィシアエス》たちと人々に対して、次のように命じる。前述の諸々の決定について、それに対しいかなる疑義も、異議申立ても、反対も差し挟むことなしに、それぞれの記述内容通りに、履行・遵守し、また完全に履行・遵守させること。というのは、それがわれらの主と朕への奉仕になると考えるからである。

また朕は尚書長《シャンセレル・モル》(34)に対し、次のことを命じる。この勅令《プロヴィザン》を尚書職《シャンセラリア》において公布すること。そして直ちに、朕の印《セロ》を押し彼〔尚書長〕が署名をした書簡《カルタス》に、これ〔本勅令〕の写しを添えて、裁判区《コマルカス》の行政長官《コレジェドレス》たちと聴訴官《オウヴィドレス》たち、および前述の行政長官《コレジェドレス》たちが査察《コレイサン》に入ってこない土地《テラス》の聴訴官《オウヴィドレス》たちに送付すること。それら行政長官《コレジェドレス》たちと聴訴官《オウヴィドレス》たちに対し、朕は次のことを命じる。彼らの駐在するところに、これ〔本勅令〕を公布すること。また、その他彼らの裁判区《コマルカス》と聴訴官職《オウヴィドリアス》〔管轄区〕のすべての土地において、公布させること。前述の査察《コレイソンエス》と聴訴官職《オウヴィドリアス》に関する尚書職《シャンセラリアス》の記録簿《リヴロス》に登録《レジスタル》させること。皆に周知徹底させるためである。

これを、朕の最高裁判所判事《デゼンバルガドレス・ド・パソ》たちの裁決《デスパショ》の法廷《メザ》の記録簿《リヴロ》、および控訴裁判所《カザ・ダ・スプリカサン》と民事裁判所《カザ・ド・シヴェル》の、控訴諸裁判所《レラソンエス》の記録簿《リヴロス》に登録すること。そこには類似の諸勅令《プロヴィゾンエス》が登録されている。法典《オルデナサン》第二巻《リヴロ》第二〇項《ティトゥロ》は、その効力が一年以上続く事柄は、書簡《カルタス》によって発給すること、勅令《アルヴァラス》によって発給しても効力を持たない、と謳っているが、それにもかかわらず朕は、これが効力を持ち、有効であることを嘉納する。一五七八年三月一八日リスボンにおいて、ガスパル・デ・セイシャス(35)がこれを作成した。ジョルジェ・ダ・コスタ(36)がこれを記述させた。国王。(37)」

註

（1）**Prelados.** 拙訳『モンスーン文書と日本』四六〇～四六五頁。

（2）**corregedores.** 裁判区 **comarcas** において管轄権を有する司法官で、司法行政に対する監査を行った（補註1）。

なお本勅令は、世俗の司法権とカトリック教会側の裁判権との間で生じた争論について、国王として指針を示して遵守を命じたものである。その争論は、カトリック教会の高位聖職者から訴えがなされた一八の事例（覚書第一～第一八）に纏められているが、それらに対して国王が裁決を下す形で勅令が構成されている。

翻刻本の本勅令に付された脚註（本文書の註（37）に記した）に記述されている通り、ポルトガル国王（セバスティアン）はインディア領国というより、むしろ本国において繰り返された世俗と教会の両裁判権をめぐる争論の解決を主眼に本勅令を発給し、それをインディア領国を含む全領域に適用しようとしたといってよい。

本勅令に記述されている教俗の間の争論とそれに対する国王の裁決の趣旨は、インディア領国における実相の理解にある程度は役立ち、この種の問題に臨み国王側がとった方針は、そのまま同領国にも適用されるものであったといえよう。ただ趣旨としては同方針がインディアでも適用されたとはいえ、さまざまな争論に登場する両者の司法関係の役職名等は、当然ながら本国のものがそのまま記され、同じ役職名はインディア領国には存在しない場合が少なくない。この **corregedores**（**corregedor** の複数形）もその一つで、例えばインディア領国の首都であるゴアの司法関係に **corregedor** という役職は見られないようである（補註2）。

（補註1）Serrão, Joel, II, pp. 190, 191.

（補註2）Bocarro, 1992, I, p. 133; II, pp. 138, 139. Livro das Cidades, e Fortalezas, que a Coroa de Portugal tem nas Partes da Índia, e das Capitanias, e mais Cargos que nelas ha, e da Importância delles, ff. 15v. - 16.

（3）**imunidade.** 単なる役職名の本国とインディアとの間の異同などといった問題とは違い、王権と教会との関係の基本に関わる問題である。

『カトリック大辞典（補註1）』『新カトリック大事典』ともに、訳語を示さず「インムニタス」immunitas とラテン語原語を表記して説明している。後者によると、公的任務・義務 munus からの免除・自由を意味し、ローマ法に由来する概念である。教会法上この語は、教会法によって防護され、場合によっては国家によって保証された人・場所などの世俗権力による管轄からの免除・自由を意味する。歴史的には、次の三つの種類のインムニタスに区別することが出来る。

①人に関するインムニタス。教会法上特定の身分の者、例えば聖職者・修道士の世俗的公職・公務（兵役を含む）に携わることの免除・禁止。法廷上の特権（教会の法廷でのみ裁かれる）等。

②場所に関するインムニタス。聖別された場所、例えば教会・礼拝堂等における世俗的行事・活動の禁止。それらの場所への世俗的権力の介入の排除。庇護権（教会・修道院に逃げ込んだ犯罪者・容疑者を世俗権から保護する権利）もこれに含まれる。

③物に関するインムニタス。教会財産が国家の課税対象から免除されることで、宗教改革・フランス革命後徐々に認められなくなった。しかし現代の国家法では、宗教上の財産に対して特別の配慮が払われている場合が多い。

さらに同事典では、現行および旧教会法典の規定を対比して、次のように、総じてインムニタスを制限する方向に修正されていることを指摘する。

例えば人のインムニタスに関しては、現行の法典では旧法典で規定されていた聖職者の法廷上の特権に関する条文がなくなり、聖職者の兵役・不相応な公職公務についても、「免責される」といった独断的な条文はなくなり、聖職者がその上長の許可なしに兵役を志願することなく、国家の法律等で認められた公務からの免除を行使するように、と修正されていることを指摘する。

また場所のインムニタスに関しては、国家権力の介入を積極的に排除する条文はなくなったが、聖なる場所の世俗的利用の禁止については数条にわたって規定している、とする（補註2）。

旧ならびに現行の教会法典にどう規定されているかということは、本勅令の解釈にあまり深い関わりがあるとはいえない。本勅令では、imunidade は世俗の司法と教会の司法との対立関係の中で登場するわけであるが、imunidade そのものは、王権と教権の関係に限られたことではない。

ポルトガルの歴史事典には、imunidades の語について次のような説明を与えている。

領主制にともなう諸々の特権で、おおよそ一〇世紀以後にスペインのアストゥリアス王国で始まり、ポルトガルを含むイベリア半島の他の諸王国に広がった。王国内に、程度の差はあるが、貴族領であれ教会領であれ、国王の役人の権限の及ばない領域が存在し、それぞれの領主が管轄権を行使し、これら「義務免除の地」terras imunes では国王への税が免ぜられ、国王の役人の立入りが禁じられ、行政・司法・財政の権限の由って来る淵源は領主にあった。

一方教会は独自の imunidades を享受した。教会法がポルトガルに導入されたことにより、教会の諸々の権限が聖なるものとして容認された。これにより教会聖職者は、多くの場合において世俗的権力の行使を免除されただけでなく、教会関係の訴訟は、世俗的司法に相当する教会法に基づいて裁かれるべしと要求する権利ありとまで、考えるようになった。

教会法の優位は、まず軍事的務めの免除において定着した。しかし、非信徒《インフィエイス》に対する戦い等については例外であった。一二一〇年発布の国王サンショ一世 D. Sancho I（一一八五〜一二一一年在位）の法律には、われわれの国土を侵攻したサラセン人に対するものでない限り、教会聖職者には兵役を免除する旨が記されている。

一二三二年サンショ二世（一二二三〜四八年在位）とポルト司教マルティニョ・ロドリゲス D. Martinho Rodrigues との間で締結された協定では、戦いに際しいかなる場合に、高位聖職者が国王に従って軍事的奉仕を提供するかを規定している。王国への責務全般への教会聖職者の貢献に関しては、税務上の免除が規則化された。国王領に教会・修道院・聖職者が土地を取得するのを国王が嫌ったことが関わる。

例外的に、逆の勅令が発せられたこともある。例えば、ジョアン一世 D. João I は、国防上の目的でその必要が生じ、シザ sisas（補註3）を課したことがあったが、その際、国王・王妃・王子・高位聖職者・聖職者・貴族その他いかなる特権を帯びた者といえども、これを免除されることはない旨、決定された。

教会の重要な特権としてはさらに、アジール権 direito de asilo や遺言の執行などがあった（補註4）。

なお imunidade やアジール権の問題は、キリシタン教会においても無縁ではなかった。アルバレス氏の翻刻書の註で触れている（補註5）。

（補註1）『カトリック大辞典』一、一二三七頁。

（補註2）『新カトリック大事典』一、五六六頁。『カトリック教会法典』一一二〇・一一二一・一一六〇条。『カトリック新教会法典』一一八九・一二一〇〜一二一三・一二二〇・一二二四・一二二九条。

（補註3）本文書の註（10）。

（補註4）Serrão, Joel, III, p. 273, 274.

（補註5）Valignano, 1954, p. 489.

（4）jurisdição. 文書4の註（12）。

（5）conselho de Estado. 拙訳『モンスーン文書と日本』一八三・一八四頁。

（6）adro. ポルトガル語の辞書にはこの語の意味として、「教会の前または周囲の地所」と記されている。
Machado, I, p. 209.

（7）原語（翻刻本）は juiz であるが、「判事」では文意が通らない。juizo または justiça の誤か。

（8）Mesa da Consciencia. Mesa da Consciência e Ordens 拙訳『モンスーン文書と日本』一八三・五四〇・五四一頁。文書40の註（2）。

（9）paço da madeira. 確信はないが、一応表記のように訳しておく。

（10）mea sisa. シザ sisa とは古く、高価な品の譲渡・売却・競売による売買や不動産の交換に際しての代物弁済に当たり支払われた税金のことである。
Machado, VI, p. 908.

（11）almotacé moor.
Machado, I, p. 347.

（12）dizimos. 文書31の註（2）。

（13）desembargadores do Paço. desembargo do paço は最高裁判所、その判事である。

Santos, p. 195. Machado, II, p. 945.

（14）「彼らの」の原語（翻刻本）は dellas と、代名詞の女性形を記しているが、この代名詞は、「高位聖職者・教会の判事」prelados,juizes eclesiásticos に代わる語と思われるので、男性形 delles の誤か。

（15）concilio. カトリック教会の各種の concilio については、文書41*の註（1）に記した。ここでいう concilio は、文書22*・文書41*・文書54*・文書88*・文書150*と同じ管区教会会議を指しているのであろう。

（16）censuras. 拙訳『モンスーン文書と日本』一一七八頁。

（17）fintas. 地方行政区域 concelho の歳入が不足した際、すでに決まった支出を埋めるために課された税で、時として強制的な徴収がなされた。徴税額は納税者の資産や必要とする額によって増減した。finta は主として、城壁・橋・道路・公共の建物等、その concelho における工事に充てられた。国王の命に従って、その課税がなされたこともあった。

国王マヌエル一世 D. Manuel I（一四九五〜一五二一年在位）以降は、これら課税に関する事柄については、市町村の役人を常に国王が監査するようになった。concelho の歳入が不足すると元老院 câmara が判断したら、最高裁判所判事 desembargadores do paço に対し finta 課税を必要とする理由やその金額を書き送り、国王側でそれを承認したら、国王が必要と判断する金額以内で finta 課税を容認する書簡を、国王が concelho に与えた。

同国王はまた、どのような人々がこれらの納税を免除されるかも規定した。それは、貴族、神学・教会法・法律・医学の博士・学士、判事 juizes, 市会議員 vereadores, concelho の訴訟代理人 procuradores, 当該年の財務官 tesoureiros, 喜捨によって暮らしているような貧者、その他 finta を納めない特権を有する者たちであった。一五世紀には、この最後の範疇の人々がかなりな人数になり、他の納税者の不満が募って身分制議会 cortes への訴えがなされることも頻繁にあった（補註1）。

右は、ポルトガルの歴史事典の説明によって、finta 本来の意味を記したが、キリシタン教会を含むインディアのカトリック教会において、この語がいささか別の意味で使用されていた。

キリシタン時代の日本イエズス会は、一六一一年に独立して管区に昇格するまでは、準管区としてゴア管区に従属していた。当初はゴア管区はそのような要求はしなかったが、一五八〇年代に入り、日本イエズス会の経済基盤も強化されるようになると、ゴア管区は日本準管区に対し、然るべき金額の分担金（あるいは管区負担金）の支払いを求めるようになる。ゴア管区が日本準管区のために要する支出も、当然ある。一例を挙げれば、日本準管区に所属するイエズス会士が日本とヨーロッパの間を行き来する際、暫くゴアなどに滞在する必要が生じるが、その場合の滞在費などである。そしてこの件は、ゴア管区と日本準管区との間で紛糾を来たしたさまざまな問題の一つであった。
この分担金（あるいは管区負担金）をイエズス会士は **finta** と呼び、関係史料にこの語で記述されている（補註2）。

（補註1）**Serrão, Joel, III, pp. 40, 41.**

（補註2）**Jap. Sin. 23, ff. 22-25v.; Jap. Sin. 31, f. 204, 204v.; Jap. Sin. 47, ff. 1-4.** 拙訳『イエズス会と日本』一、一九四〜一九八・三一二〜三一七頁。

(18) **Igreja de Santos o Velho.** インディア領国関係のいろいろな文献を見ても、この名称の教会は確認出来ない。

(19) **corregedor Christovão Borges. corregedor** については本文書の註（2）。またクリストヴァン・ボルジェスなる人物については不詳である。

(20) **Casa da supplicação.** 文書36の註（7）。

(21) **lei extravagante.** ポルトガル語辞書には、法典 **código, ordenações, corpo jurídico** の一部をなしていない法律をいう、とある。『新カトリック大事典』には、「追加集」**Extravagantes** の語について、次のように説明している。

『ヨアンネス二二世の追加集』**Extravagantes Joannis XXII** および『普通追加集』**Extravagantes communes** の二つの追加集がある。これらは、『クレメンス集』（一三一七年教皇ヨアンネス二二世 **Joannes XXII**〔一三〇六〜三四年教皇在位〕の勅令により編纂された、教皇クレメンス五世 **Clemens V**〔一三〇五〜一四年教皇在位〕発布の法規の集成）の後発布された法令の集成である。これらの追加集は新しい公的法令集ではなく、あくまで先行する法令集の追加集にすぎなかった、と。

本文書中に見える **lei extravagante** は、ポルトガル国王が命じた法令と記されているのであるから、もちろん『新カトリック大事典』が説明する教会法の意味ではない。

Machado, III, p. 185.『新カトリック大事典』三、一〇九五頁。

(22) **confrarias.** 拙訳『モンスーン文書と日本』一八六・一八七頁。

(23) provedores leigos. ミゼリコルディアの院長のことか。
拙訳『モンスーン文書と日本』一八六・一八七頁。

(24) provedores.

(25) 傍線箇所の原語（翻刻本）は causas mixtas である。文書136の註（9）の「混合事項」が関わる訴訟のことであろう。

(26) jurisdição. 文書４の註（12）。

(27) arciprestados. arciprestadoとは、首席司祭arcipresteの裁治権jurisdiçãoが及ぶ地域をいう。首席司祭arci-presteとは、一定数の小教区freguesiasの管轄を司教から委任された者である。archipresbyterと同。『カトリック大辞典』には、司教に出づる権をその権威下に執行する司教権の関与者として、本職名が見える。
Machado, I, p. 591.『カトリック大辞典』一、六〇四頁。

(28) vara. 判事juizの役職・任務。
Machado, VII, pp. 643, 644.

(29) pedaneos. さほど重要ではない地方の判事をいう。
Machado, V, p. 479.

(30) vigarios geraes. 文書22*の註（6）。

(31) 傍線箇所の原語（翻刻本）はviremであるが、vivemの誤か。

(32) 原語（翻刻本）はbeneficadoであるが、beneficiadoの誤であろう。聖職禄beneficioを受領する者のことである。
聖職禄beneficium ecclesiasticumとは、教会職と結びついて、教会財産である所領または奉納物から一定の収益を受け取る権利である。その起源については、都会から離れた小教区の聖職者への報酬から発展したとする説や、ゲルマンの私有教会制度に由来するとみる見解等がある。いずれにせよ、封建制度の実物経済を基盤にしていた。

なお旧『カトリック教会法典』ではbeneficium ecclesiasticumに「教会禄」という邦語を用い、その第五編（一四〇九～一四九四条）の大部分を割いて、これについて詳細に規定している。これに対し、第二ヴァチカン公会議では、聖職禄は廃止あるいは少なくとも改革する方針が出され、『カトリック新教会法典』においては、旧『カトリック教会法典』に比してこの扱いは簡略になり、聖職禄は司教協議会が教皇の承認を得て規則を作成して規整し、その他の収入も聖職者の生計維持のための制度に組み入れるよう規定している。『新カトリック大事典』三、六三七・六三八頁。『カトリック教会法典』第五編。『カトリック新教会法典』一二七二・一二七四条。

(33) casa do civel. 文書36の註(9)。

(34) Chanceler mor. ゴア政庁の司法関係にこの名称の役職が存在したことは、次の文献から明らかになる。Livro das Cidades, e Fortalezas, que a Coroa de Portugal tem nas Partes da Índia, e das Capitanias, e mais Cargos que nelas ha, e da Importância delles, f. 15.

(35) Gaspar de Seixas. 文書36の註(16)。

(36) Jorge da Costa. 文書12の註(14)。

(37) APO, 5 - II, pp. 934 - 946.

翻刻本には、本文書について次のような脚註が付してある。

本文書はすでにガブリエル・ペレイラ・デ・カストロ Gabriel Pereira de Castro の論著に、「この〔ポルトガル〕王国において歴代国王と高位聖職者たちとの間で結ばれた諸協定」Concordias que neste Reino se celebrarão entre os Reys e Prelados という表題で出版された。本文書は、かかる諸協定の最後のものである。本文書の翻刻に先だって、ガブリエル・ペレイラは次のように記しているという。

これらの協定の後も、国王セバスティアン(一五五七〜七八年在位)の時代に、高位聖職者たちはかつての争論と和解を繰り返した。同国王は彼の顧問会議の学識者たちの見解を聴いて、呈示された諸々の疑問点を解決した。その学識者は、教会側は Paulo Affonso, 世俗・国王側は Bartulo Portuguez, Pedro Barbosa, Antonio Francisco de Alcaçova で、皆学識・経験ともに豊かな人物ばかりであった、と。

ガブリエル・ペレイラの本の中での本文書の翻刻にはいくつかの誤りがあるので、ここにそれらを正したという(補註)。

(補註) APO, 5 - II, pp. 934, 935.

43　一五八一年二月二五日付けエルヴァス発、ポルトガル国王の勅令

「朕国王《エル・レイ》は、この勅令《アルヴァラ》を見る者たちに知らせる。朕は次のような情報を得た。これらポルトガル諸王国《レイノス》の朕の前任者である歴代国王《レイス》は、インディアの諸地域の異教徒《ジェンティリダデ》の改宗とキリスト教会《クリスタンダデス》の伸展、およびインディア征服に向けて尽力しなければならないという義務を果たしたいと望むが故に、彼らの書簡《カルタス》や勅令《プロヴィゾンエス》によって、前述の地域における異教の寺院《パゴデス》(1)・儀式《セレモニアス》・典礼《リトス》・祭り《フェスタス》を防ぎ、そして禁じた、と。

朕も同じ義務を果たすこと、および異教徒《ジェンティオス》たちが彼らの偽りの神々《デウゼス》に対して抱く崇敬の念を一掃することを望む故に、次のことを嘉納し、そして命じる。朕の支配下《セニョリオ》にある前述のインディアの地域や土地において、異教の寺院《パゴデス》・儀式《セレモニアス》・公の典礼《リトス》は許容してはならない、モーロ人《モウロス》たちのそれらも〔許容してはならない〕。また前述の地域のカピタンたちまたは副王たちは、そのための許可を与えてはならない。そうすることが、われらの主および朕への多大な奉仕になると考えるからである、と。

朕は、現在の副王および将来それに就任する副王たちと総督《ゴヴェルナドレス》たちに対してこれを通告し、そして彼らおよび前述のカピタンたちに対し、次のことを命じる。前述の許可を与えてはならない。朕の支配下《セニョリオス》にある前述の地域において、前述の異教の寺院《パゴデス》・儀式《セリモニアス》・公の典礼《リトス》を行うのに同意してはならない。そしてこの勅令《プロヴィザン》を、その内容の通りに、遵守・履行し、そして履行・遵守させるように、と。法典《オルデナサン》の第二巻《リヴロ》第二〇項《ティトゥロ》は異なる規定をしているとはいえ、〔本勅令は〕それ〔尚書職〕によって発給されたものではないが、朕の名で作成し、朕が署名し、そして尚書職《シャンセラリア》によって発給された書簡《カルタ》としての効力を有するのを嘉納する。一五八一年二月二五日にエルヴァス(2)において、ヴァレリオ・ロペス(3)がこれを作成した。国王(4)。」

註

（1） pagodes. 文書4の註（4）。
（2） Elvas. リスボンから東へ、スペイン国境に近い都市である。周囲を城壁で囲み、中には城を構え、その地理的位置からも、スペインへの備えとしてアレンテージョ地方で唯一の重要な要塞都市であった。一七世紀中頃に二度にわたって、スペイン軍による攻囲が行われた戦場である。またジョアキン・ヴェリシモ・セランは、同市についてのさまざまな面から記述をしている。Serrão, Joel, II, pp. 359, 360. Serrão, Joaquim Veríssimo, II; III.
（3） Valerio Lopes. 文書11の註（4）の（補註11）。
（4） APO, 5 - III, pp. 977, 978.

44　一五八一年七月四日付けゴア発、インディア副王の勅令

「インディアのカピタン・ジェラル(1)兼総督《ゴヴェルナドル》云々であるフェルナン・テレス・デ・メネゼス。(2) この私の勅令《アルヴァラ》を見る者たちに知らせる。当地のキリスト教徒たちに対し、私の主君《セニョル》である国王陛下《エル・レイ》の名で恵みを与えることを私は嘉納し、そうするのを喜ばしく思う。〔その恵みとは〕彼らの貧困、および陛下《スア・アルテザ》が彼らに恩恵を施すよう依頼したことを配慮して、恵みのそれら〔諸勅令〕以外に、尚書職《シャンセラリア》によって発給され、キリスト教徒たちの父《パイ・ドス・クリスタンス》(3)によって対応がなされる《デスパシャダス》諸勅令《プロヴィゾンエス》に記されている額である。

私は、このゴア市における前述の主君《セニョル》の財務官《テゾウレイロ》(4)であるトメ・ルイズ・デ・メロ(5)または前述の役職〔財務官〕を

務める者に命じる。前述の尚書職《シャンセラリア》の借地人《レンデイロ》については、前述の諸勅令《プロヴィゾンエス》に記されている額を〔年貢から〕差し引くこと。これ〔本勅令〕、前述の人々〔財務官〕の受領書《コニェシメント》、前述の尚書職《シャンセラリア》の書記《エスクリヴァン》の証明書《セルティドンエス》、および前述のキリスト教徒たちの父《パイ・ドス・クリスタンス》の〔証明書〕によって、会計士《コンタドレス》たちは前述の財務官《テゾウレイロ》に対し会計報告をすること。私は、陛下《スア・アルテザ》の王室資産管理官《ヴェドル・ダ・ファゼンダ》、その他すべての役人《オフィシアエス》たち、および関係する人々に対しこれを通告する。そして彼らに対し、いかなる疑義を差し挟むことも、異議の申立てをすることもなしに、これの記述内容通りに、履行・遵守し、また完全に履行・遵守させるよう命じる。一五八一年七月四日にゴアにおいて、マノエル・コエリョ[6]がこれを作成した。私はこの恵みを、毎年一〇〇パルダウ[7]の額まで彼らに対し行う。前述のキリスト教徒たちの父《パイ・ドス・クリスタンス》は、この喜捨《エスモラ》の分配は、最も貧しく寄る辺なき者たちに対して行うよう、配慮すること。総督フェルナン・テレス。[8]」

註

（1）Capitão geral. 文書8の註（11）。

（2）**Fernão Telles de Menezes.** 前任のインディア副王ルイス・デ・アタイデ **Dom Luís de Ataíde** は、一五七八年インディア副王に就任したが、その任期中にポルトガル国王エンリケの死亡によってポルトガルのアヴィス王朝が終わり、スペインのフェリペ二世のポルトガル国王即位に始まるフィリペ王朝に移った。この政変劇の一方の主役アントニオが、フェリペ二世のポルトガル国王即位に武力をもってあくまで抵抗したが、この本国における重大事を知った副王アタイデは、インディア領国において可能な限りの武力を糾合して、アントニオの支援に向かおうと意図したとの噂が流れた。この噂の真偽は不詳であるが、アタイデは一五八一年三月初めに（**Nobreza de Portugal e do Brasil** には、一五八〇年三月一〇日ゴアで死亡と記してある）ゴアで死亡し、インディア副王が、危殆に瀕した祖国救済のためインディア艦隊を率いてゴアを出発するという、ひょっとして展開したかも知れないドラマは、全くの幻に終わった。

副王アタイデの死にともない、一五八一年フェルナン・テレス・デ・メネゼスが後を継いで、インディア総督governadorとして領国を統治した。

新たにポルトガル国王に即位したフェリペ二世（ポルトガル国王としてはフィリペ一世）は、インディア領国全体から新国王への忠誠の宣誓を得ることが大きな課題であった。ルイス・デ・アタイデの次のインディア副王になったのは、フランシスコ・マスカレニャスDom Francisco Mascarenhasであった。彼はフェリペ二世の熱心な支持者で、一五八一年二月二二日付け同国王の書簡によって、インディア副王に任命され、一五八一年四月八日リスボンを発ってインディアに向かった。

すでにフェリペ二世がポルトガル国王に即位した後の一五八八年三月一四日付け、および一五八九年一月二四日付け同ポルトガル国王のインディア副王宛書簡を、拙訳『モンスーン文書と日本』の中で紹介した。

いずれも暗号混じりの文面で、かつてポルトガル国王の王冠をめぐってフェリペ二世と争い、フェリペ二世の同国王即位後すでに七年以上経過しているにもかかわらず、なお外国の武力に頼るまでして同国王にあくまで抵抗を試みていたアントニオに対する対策を命じた、副王への秘密指令である。

すなわち前者の一五八八年三月一四日付けの書簡は、アントニオはトルコ艦隊の支援を得てインディア領国に渡って抵抗しようと企んでいるとの情報を摑んだので、それに対する備えを怠らないようにと指示を与え、アントニオを捕らえたら即刻死刑に処すよう、命じている。

また後者の一五八九年一月二四日付けの書簡は、アントニオがイギリスを発ってコンスタンチノープルに行くとの情報を得たので、それを確かめるために、一人のヴェネツィア人をバビロニア、アレッポに派遣することにしたとのインディア副王の書簡を受け取った。極めて重要な本件に関して情報を収集して、朕に報告するようにとの指令である。

先に記した副王アタイデの動向に関する噂の真偽はともかく、インディア領国には相当な海軍力を擁しているだけに、フェリペ二世側としても、アントニオがそこを掌握するような事態に至ることを警戒した。先の一五八八年および一五八九年の同国王のインディア副王宛暗号混じりの書簡は、フェリペ二世が同領国の動静にいかに細心の注意を傾注していたかの、よき証といえる。

Delgado Domingues, pp. 120 - 122, 126 - 128. Serrão, Joel, I, p. 246. Nobreza de Portugal e do Brasil, II, pp. 332,

333. 拙訳『モンスーン文書と日本』一三三〜一四〇頁。
（3）Pay dos christãos. Hespanha, pp. 46, 47. 拙訳、同右、六三頁。
（4）thesoureiro. ゴア政庁の財務部門に、この名称の役職が存在した。Livro das Cidades, e Fortalezas, que a Coroa de Portugal tem nas Partes da Índia, e das Capitanias, e mais Cargos que nelas ha, e da Importância delles, f. 12v. Bocarro, 1992, II, p. 141. Santos, pp. 305 - 316.
（5）Thomé Luiz de Mello. ゴア政庁における国王の財務官 tesoureiro である旨、Documentação の索引に見える。Documentação, Índia, Índice, p. 241.
（6）Manoel Coelho. ゴア政庁における書記 escrivão. Documentação, Índia, Índice, p. 175.
（7）pardaós. 文書7の註（3）。
（8）APO, 5 - III, p. 981. Documentação, Índia, 12, p. 732.

45　一五八一年七月一〇日付けゴア発、インディア総督の勅令

「インディアのカピタン・ジェラル兼総督《ゴヴェルナドル》云々であるフェルナン・テレス・デ・メネゼス。私のこの勅令《アルヴァラ》を見る者たちに知らせる。これらインディアの諸地域のキリスト教会《クリスタンダデ》の改宗に従事しているイエズス会《コンパニア・デ・ジェズス》のパードレたちが、亡きドン・セバスティアン国王陛下《エル・レイ》が、前述のキリスト教会に関して彼らに発給した一通の書簡法令《カルタ・デ・レイ》を、私に提示した。一語一語克明に《デ・ヴェルボ・アド・ヴェルヴム》筆写したそれの写《トレスラド》しは、次の通りである。

（ここに一五五九年三月二三日付けの書簡法令《カルタ・デ・レイ》が載っている。それは、このFasciculo中にn.º 287[1]として掲載されている[2]。）

私は書簡《カルタ》法令の写しを披見し、神《デオス》と私の主君《セニョル》である国王陛下《エル・レイ》への奉仕のために、私の心をそこに向けさせる正当な理由により、私は次のことを嘉納し、それを喜ばしく思う。

すなわち、前述のキリスト教会《クリスタンダデ》で活動している前述のイエズス会《コンパニア》のパードレたちおよびイルマンたちが、理解力と理性を活用する能力を持たない前述の孤児たち《オルファンス》を収容すること。彼らに関しては、その当時の副王であったドン・アンタン・デ・ノロニャ(3)が、この〔ゴア〕市、ゴアとそれに隣接した島々、サルセテの地におり、国王陛下《スア・アルテザ》が命じ、理性が求めているような節度と平静さを身につけた一四歳以下の者たちとすべきことを言明した。また彼ら〔孤児たち〕に対する処遇は、前述の主君《セニョル》が前述の法令《レイ》において命じていることに従って、行うこと。このことは、孤児たちの判事《ジュイゼス・ドス・オルファンス》(4)に委ねられたが、彼らはそれを行うことは出来ないし、またそのような慣習でもないからである。

それ故、私は次のことを嘉納する。すなわち、孤児たちの判事《ジュイズ・ドス・オルファンス》がいないところでは、前述のイエズス会《コンパニア》のパードレたちが、親《パイス》がいない非信徒《インフィエイス》たちの子供《フィリョス》たちを収容してもよい。そして、前述の副王ドン・アンタン〔・デ・ノロニャ〕によって〔作成された〕管区教会会議《コンシリオ・プロヴィンシアル》(5)の法《レイス》の中で、国王陛下《スア・アルテザ》が許可したことに従って、キリスト教徒の後見人《トゥトレス》たちを彼ら〔孤児たち〕に与えること。また孤児たちの判事《ジュイズ・ドス・オルファンス》がいるところでは、前述の〔イエズス会〕パードレたちの情報に従って、彼ら〔イエズス会パードレたち〕が彼〔孤児たちの判事〕に求めるやり方で、〔同判事が〕これを行うよう、私は命じる。

私は、この〔ゴア〕市のカピタン(6)、サルセテのカピタン、死者たちの慈善供与責任者《プロヴェドル・モル》(7)、孤児たちの判事《ジュイゼス・ドス・オルファンス》たち、その他すべての司法関係者《ジュスティサス》たち、役人《オフィシアエス》たち、および関係する人々に対し、これを通告する。そして彼らに対し、いかなる疑義を差し挟むことも、異議申立てをすることもなしに、これを履行・遵守するよう、完全に履行・遵守させるよう、命じる。

この〔ゴア〕市、ゴアおよびその隣接の島々、(8) およびサルセテの地の、公共の、そしてそれを行う習わしになっている場所において、これを公告すること。たといすでにそれが行われていても〔公告すること〕。国王陛下《スア・アルテザ》がそこにおいて命じることが万般よき結果をもたらすような仕方で、かかる法を遂行すること。これ〔本勅令〕の裏面に、それ〔如上のこと〕について記録《アセント》すること。前述の諸々の場所においてこれをいかに反復公告してきたか、常に知ることが出来るようにするためである。法典《オルデナサン》第二巻《リヴロ》第二〇項《ティトゥロ》は異なる規定をしてはいるが、前述の主君《セニョル》の名で始まり、彼の垂下の印《セロ・ペンデンテ》を押した書簡《カルタ》法令としての効力を有するものとすること。一五八一年七月一〇日ゴアにおいて、マノエル・コエリョがこれを作成した。フェルナン・テレス。(9)」

註

（1）**APO, 5 - I, pp. 385, 386.** 文書11。
（2）この括弧内の記述は翻刻本のままである。
（3）**Dom Antão de Noronha.** 一五六四〜六八年インディア副王在任。**Delgado Domingues, pp. 119, 120.**
（4）**juizes dos orfãos.** 文書11の註（4）。
（5）**Concilio Provincial.** 文書22*の註（1）。
（6）**Capitão desta cidade.** ゴアにはゴア市カピタン **capitão da cidade** なる役職があった。因みに、一六三五年の記録によると、同カピタンの給与は二〇〇〇シェラフィン（＝一五〇〇クルザド）で、副王の給与が二万四四六五シェラフィン（＝一万八三四九クルザド）であったのに比べて一二分の一の額であった。**Bocarro, 1992, II, pp. 136, 140.** 拙訳『モンスーン文書と日本』四八・四九頁。
（7）傍線箇所の原語（翻刻本）は、**Provedor mór dos defuntos** である。この役職名は、次の文献の、ゴアの司法関係役職名の中に見える。

Livro das Cidades, e Fortalezas, que a Coroa de Portugal tem nas Partes da Índia, e das Capitanias, e mais Cargos que nelas ha, e da Importância delles, f.16.
（8）ilhas de Goa e suas annexas. 文書39の註（4）および文書40の註（3）。
（9）APO, 5 - III, pp. 982, 983. Documentação, Índia, 12, pp. 733, 734.

46　一五八二年二月二〇日付けリスボン発、ポルトガル国王の勅令

「　請願

イエズス会《コンパニア・デ・ジェズス》パードレたちおよびインディアの地域のキリスト教会《クリスタンダデ》のプロクラドール(1)は、次のようにいう。

陛下《ヴォサ・マジェスタデ》は昨年、勅令《プロヴィザン》——その写しを示す——によって、前述のパードレたちやキリスト教会《クリスタンダデ》が、過去の歴代国王《レイス》や、彼らが領有する前述の〔インディア〕領国《エスタド》の歴代副王《ヴィゾ・レイス》・歴代総督《ゴヴェルナドレス》の諸勅令《プロヴィゾンエス》と諸特権《プリヴィレジオス》を、最初に確認の手続きをしなくても、四年間行使するのを嘉納した。その諸勅令を作成するに当たって、前述のキリスト教会《クリスタンダデ》と前述の〔インディア〕領国の歴代副王《ヴィゾ・レイス》・歴代総督《ゴヴェルナドレス》の諸勅令《プロヴィゾンエス》にも同じくそれを及ぼさなくてはならないにもかかわらず、前述のパードレたちと過去の歴代国王の諸勅令《プロヴィゾンエス》に言及しただけであった。

それ故、彼〔プロクラドール〕は陛下《ヴォサ・マジェスタデ》に、次のことを要請する。これが許された理由、すなわちそれこそが、新たに改宗した人々に対してなされる恩恵を見て、前述の地域〔インディア〕の異教徒《ジェンティオ》が一層容易にわれわれの聖カトリック信仰に変わる理由であることを考慮して、大層遠距離であることに鑑み、最初に確認の手続きをしなくても、前述のパードレたちおよびキリスト教会《クリスタンダデ》が、過去の歴代国王《レイス》、および前述の〔インディア〕領国の

歴代副王《ヴィゾ・レイス》・歴代総督《ゴヴェルナドレス》であった人々の諸特権《プリヴィレジオス》と諸勅令《プロヴィゾンエス》を、ある年限の間行使するのを嘉納していただきたい。これによって彼〔プロクラドール〕は、恩恵を受けることであろう。

勅令《プロヴィザン》

朕国王は、この勅令《アルヴァラ》を見る者たちに知らせる。イエズス会《コンパニア・デ・ジェズス》パードレたちおよびインディアの地域のキリスト《クリスタン》教会《ダデ》のプロクラドールが、先に記した請願の中で述べていることを考慮して、朕は次のことを嘉納し、そして喜ばしく思う。

すなわち、前述のイエズス会《コンパニア》の諸コレジオ・諸カザ・諸レジデンシア、および前述の地域〔インディア〕のキリ《クリ》スト教会《スタンダデ》は、これらの諸王国《レイノス》〔ポルトガル〕の朕の前任者の国王《レイス》たち、および前述の地域〔インディア〕の歴代副王《ヴィゾ・レイス》・歴代総督《ゴヴェルナドレス》によって彼らに許され、そしていかなる方法であれ確認されたすべての諸特権《プリヴィレジオス》と諸勅令《プロヴィゾンエス》を、享受し行使すること、そして享受し行使し得るものとする。朕が最初に確認の手続きをしなくても、前述の諸特権と諸勅令を一四年間行使し得るものとする。

朕は、朕のすべての司法関係者たち《ジュスティサス》・役人たち《オフィシアエス》、およびこの勅令《アルヴァラ》または公の形でのそれの写しの提示を受け、それの裁判権《コニェシメント》が帰属する人々に命じる。前述の地域〔インディア〕の前述の〔イエズス会〕パードレたちとキリ《クリ》スト教会《スタンダデ》に対し、前述の諸特権と諸勅令を行使させること。この勅令《アルヴァラ》をその記述内容通りに履行し・遵守すること、また完全に履行し・遵守させること。

法典《オルデナサン》の第二巻《リヴロ》第二〇項《ティトゥロ》は異なる規定をしてはいるが、〔本勅令は〕そこ〔尚書職〕から発給されたわけではないが、これ〔本勅令〕があたかも朕の名で作成され、朕が署名し、尚書職《シャンセラリア》によって発給された書簡《カルタ》であるかの如く有効であり、強制力と効力とを備えていることを、朕は嘉納する。一五八二年二月二〇日にリスボンにおいて、ジョアン・ダ・コスタ(2)がこれを作成した。国王(3)。」

註

（1）**Procurador.** イエズス会にプロクラドールという役職は各種あるが、ここではポルトガル・ブラジル・東インディアのイエズス会諸管区を担当して政権との交渉に当たったプロクラドールを指したといってよい。年代が丁度ポルトガル・フィリペ王朝への移行期に当たるので微妙ではあるが、おそらくスペイン国王（ポルトガル国王を兼ねる）の政庁所在地に配置されたプロクラドールであろう。拙訳『モンスーン文書と日本』五三五～五三七頁。

（2）**João da Costa.** リスボン政庁における書記 **escrivão. Documentação, Índia, Índice, p. 137.**

（3）**APO, 5 - III, pp. 987, 988. Documentação, Índia, 12, pp. 747, 748.**

47　一五八二年二月二三日付けエルヴァス発、ポルトガル国王のインディア副王宛書簡

「わが友である副王ドン・フランシスコ・マスカレニャス閣下。朕国王は、貴下に深甚なる敬意を表する。そのインディアの地域の朕の領土《テラス》の〔現地人〕キリスト教徒たちから、前述の領土の統治《ゴヴェルナンサ》に従事するための資質《パルテス》や能力《スフィシエンシア》を備えている者たちが、ポルトガル人たちが勤務しているのと同じ公の職務《オフィシオス》や役職《カルゴス》に務めるのを容認する恵みを賜るのをよしとして戴きたい、との要請を朕は受けた。この恩恵によって、異教徒《ジェンティオス》たちの改宗が一層進むであろうというのが、その理由であった。

朕はそのことを考慮し、そして朕にはその地域〔インディア〕のキリスト教会《クリスタンダデ》に恩恵を施さなければならないという義務があるので、彼らがそのために必要な資質《パルテス》を備えているならば、前述の〔現地人〕キリスト教徒たちが前述の職務《オフィシオス》や役職《カルゴス》に選任されるのを嘉納する。一五八二年二月二三日(1)エルヴァスにおいて、ヴァレリオ・ロペス(2)がこれを作成した。国王《レイ》(3)。」

註

(1) 本文書の原文書は、インディア領国歴史文書館 Arquivo Histórico do Estado da Índia, Livro do Pai dos christãos f. 52v. であるが、別の写しが同文書館 Livro das Monções n.º 93, f. 351 に所蔵されており、それの日付は二月二八日となっている旨、翻刻本の APO に付記されている。

(2) Valerio Lopes. 文書11の註(4)の(補註11)。

(3) APO, 5 - III, p. 989. Documentação, Índia, 12, p. 749.

48　一五八二年四月三日付けリスボン発、ポルトガル国王の勅令

「朕国王は、この朕の勅令《アルヴァラ》を見る者たちに知らせる。インディアの地域のバラモン教徒《ブラミネス》(1)ⓐたちや異教徒《ジェンティオス》たちは、朕の定収入《レンダス》(2)の借地人《レンディイロス》たち・契約者《コントラタドレス》たちであり、また彼らの職務《オフィシオス》に関する諸々の事柄において、朕の役人《オフィシアエス》たちとして務めている。このことは、キリスト教会《クリスタンダデ》を大いに傷つけるものであり、教会法《ディレイト・カノニコ》に反することである。〔一〕五五七年にその当時の総督《ゴヴェルナドル》(3)は、彼の勅令《プロヴィザン》によってこれに対応をしたが、遂行されなかった。

朕には、われわれの聖なる信仰を前述の地域において広めなければならないという義務があるので、朕はこれに

対応したいと望むが故に、次のことを嘉納し、そして命じる。今後は、いかなる身分《クアリダデ》ⓑや地位《コンディサン》であれ異教徒《ジェンティオ》は何人《なんぴと》も、教会法《ディレイト・カノニコ》によって命じられている如く、公の職務《オフィシオ》に就いてはならない。朕は、前述の地域〔インディア〕における現職および将来その職に就く副王・総督《ゴヴェルナドル》・カピタン・聴訴官長《オウヴィドル・ジェラル》（4）ⓒ・司法関係者《ジュスティサス》たちに対し、いかなる身分・地位であれ異教徒は何人も、前述の公の職務《オフィシオス》に勤務するのを許可することも、同意することもしないように、これを通告する。皆に周知徹底させるよう、朕は次のことを命じる。

前述の地域〔インディア〕の主立った諸都市および諸町《ポヴォス》において、これを公布すること。公布の後に、朕の役人たち《オフィシアエス》の内の誰か異教徒《ジェンティオ》（5）がこれ〔本勅令〕に違反して〔職務を行って〕いるのを見つけたら、彼が務めているかかる職務《オフィシオ》や役職《カルゴ》を解き、もうこれ以上別の〔同様の〕務めが出来ないようにすることを嘉納する。また、その時の副王または総督の考え次第で、それ以上の刑罰を科すこと。いかなる疑義を差し挟むことも、異議申立てをすることもなく、皆がこれを、ⓓその内容通りに、完全に履行すること。法典《オルデナソンエス》は異なる規定をしてはいるが、これ〔本勅令〕は、それ〔尚書職〕によって発給されたわけではないが、朕はこれが、朕によって署名され、尚書職《シャンセラリア》によって発給された書簡《カルタ》であるが如きの如き効力を有することを望む。一五八二年四月三日にリスボンにおいて、ジョアン・ロドリゲス（6）がこれを作成した。これ〔本勅令〕は、別の便《ヴィア》でも送付される。ヴァレリオ・ロペス（7）がこれを記述させた。国王《レイ》（8）。」

註

（1）bramines. 文書4の註（5）。

（2）「朕の定収入」minhas rendas とは、国王に定収入をもたらす田畑等の土地やその他の不動産を意味するのであろう。

（3）Governador. 一五五七年当時のインディア総督はフランシスコ・バレト Francisco Barreto（一五五五～五八年在任）である。文書5の註（1）。

（4）ouvidor geral. 拙訳『モンスーン文書と日本』四八・一五四・一六四～一六六・四二三頁。なお本文書の註（8）に記す通り、翻刻本 Documentação, Índia, 12, p. 752 には ouvidor と記してあるので、これによるなら「聴訴官」と訳すべきである。

（5）傍線箇所の原文（翻刻本）は次の通りである。algum gentio <u>ou</u> dos meus officiaes, この文をそのまま邦訳することは難しいし、また無理に訳しても文意が通らない。おそらく下線を付した ou（「または」）が不要の語と思われるので、この語を除いて訳すこととする（Documentação, Índia, 12, p. 752 も同文）。

（6）João Rodrigues. リスボン政庁の書記 escrivão.
Documentação, Índia, Índice, p. 147.

（7）Valerio Lopes. 文書11の註（4）の（補註11）。

（8）APO, 5 - III, pp. 989, 990. Documentação, Índia, 12, pp. 752, 753.
なお Documentação, Índia, 12, p. 752 によると、本文書はインディア領国歴史文書館 Arquivo Histórico do Estado da Índia, Livro do Pai dos christãos, f. 49v. および同文書館 Leis a favor da Cristandade, ff. 19v., 20. の二通架蔵され、APO, 5 - III, pp. 989, 990 はその内 Livro do Pai dos christãos, f. 49v. の文書を翻刻し、Documentação, Índia, 12, pp. 752, 753. は Leis a favor da Cristandade, ff. 19v., 20 の文書を翻刻している。両者を対比すると、傍線箇所について若干の異同が認められる。異同は次の通りである。

	APO	Documentação, Índia	
ⓐ	bramines	bramanes	
ⓑ	ou	e	（APO の ou は、その数行下に同じ表現が再度見え、そこには e と記してある）
ⓒ	ouvidor geral	ouvidor	
ⓓ	o que	a que	（語法的に APO の o que が正しいように思われる）

49　一五八二年九月一五日付けゴア発、インディア副王の勅令

「ヴィラ・ドルタ伯爵(1)、国王陛下の護衛の騎士たち《ジネテス・ダ・グアルダ》(2)のカピタン・モール、彼〔国王〕の顧問会議《コンセリョ》(3)〔メンバー〕、インディア副王云々であるドン・フランシスコ・マスカレニャス。私は、この私の勅令《アルヴァラ》を見る者たちに知らせる。

私は正当な理由がある故にそのように決したので、次のことを嘉納し、そして命じる。

現在サルセテの地《テラス》の収税官《レセベドル》、および〔異教〕寺院《パゴデス》(4)の定収入《レンダス》の〔収税官〕、または何人《なんぴと》であれ、私の特別の委任によって、前述の〔異教〕寺院《パゴデス》の定収入《レンダ》の収税《レセビメント》に携わる者は、管区《プロヴィンシアル》長パードレ(5)または前述のサルセテの院長《レイトル》(6)によって配置されたイエズス会《コンパニア》パードレがその場に立ち会うことなくしては、前述の〔異教寺院の〕土地《テラス》や不動産《プロプリエダデス》について、賃貸をしてはならない。また、前述の土地《テラス》〔サルセテ〕からのすべての所得《レンディメント》を、前述のサルセテのコレジオの院長パードレに渡すこと。陛下《スア・マジェスタデ》の保護権《パドラン》(7)に基づいて、教会《イグレジャス》・歩兵《ピアンエス》(8)・執行官《メイリニョス》(9)・施療院《オスピタル》・洗礼《カテ》志願者たち《クメノス》・衣服《ヴェスティドス》の通常の出費のためである。

いつの時か、何らかの余分が出た時は、前述のサルセテの諸教会《イグレジャス》とキリスト教会《クリスタンダデ》のための給付金《オルディナリアス》を精算し、支払った上で、残りはすべて、前述の管区長パードレが、新たに何らかの出費をすることなく、このゴア市の洗礼志願者たち《カテクメノス》の家《カザス》で消費させること。これは陛下《スア・マジェスタデ》の意向と命令に従ったものであるが、それは、前述のサルセテのコレジオの院長《レイトル》パードレに渡されるものはすべて、〔同院長〕の受領書《コニェシメント》を添付して、前述の〔サルセテの〕収税官《レセベドル》の勘定とするように、というものである(10)。

私は、陛下の王室資産管理官《ヴェドル・ダ・ファゼンダ・デ・スア・マジェスタデ》・前述の〔異教寺院の〕土地《テラス》のカピタン(11)・それら〔定収入〕の収税吏《レセベドル》・前述の〔異教〕寺院《パゴデス》の定収入《レンダス》のそれ〔収税吏〕・その他のすべての役人たち《オフィシアエス》、および関係する人々に、これを通告する。

そして彼らに対し、いかなる疑義を差し挟むことも、異議申立てをすることもなく、その記述内容通りにこれを履行・遵守するよう、そして完全に履行・遵守させるよう、命じる。法　典《オルデナサン》第二巻《リヴロ》第二〇項《ティトゥロ》は異なる規定をしているが、これは、陛　下《スア・マジェスタデ》の名で始まり、ポルトガル王位の国王の紋章《アルマス・レアエス》の印《セロ》を押した書簡《カルタ》としての効力を有するものとする。一五八二年九月一五日にゴアにおいて、アンブロジオ・デ・ソウザ(12)がこれを作成した。ドン・フランシスコ・マスカレニャス。

副王ドン・ドゥアルテ(13)、総督マノエル・デ・ソウザ・コウティニョ(14)、および副王マティアス・ダルブケルケ(15)によって確認された(16)。」

註

（1）**Conde de Villa d'Orta.** フランシスコ・マスカレニャス**D. Francisco Mascarenhas**（一五八一～八四年インディア副王在任）は、ヴィラ・ダ・オルタ伯爵**Conde de Vila da Horta**であったが、後にこの称号と交換してサンタ・クルズ伯爵**Conde de Santa Cruz**の称号を得、その初代の伯爵となる。その経緯について、少し記す。

彼は一五三〇～三五年に生まれ、一六〇八年に死亡した。父親はジョアン・デ・マスカレニャス**D. João de Mascarenhas**で、ポルトガル国王マヌエル（一四九五～一五二一年在位）およびジョアン三世（一五二一～五七年在位）の騎士司令官**capitão dos ginetes**を務めており、息子のフランシスコ・マスカレニャスもその後を継いで、ジョアン三世およびセバスティアン（一五五七～七八年在位）の治世で、同じく騎士司令官**capitão dos ginetes**の役職についた。因みに**ginete**（**ginetes**の単数形）とは、「槍と革の盾で戦う騎士」とポルトガル語の辞書に見える（補註1）。

インディアにおける勤務が永く、シャウル**Chaul**の海上司令官兼総督**capitão-do-mar e governador**, ソファラ**Sofala**の総督**governador**等を務めた。一五七〇年には一六〇〇人の兵士と船舶を率いて、ニザ＝マルコ**Niza Maluco**

(補註2) によって行われたシャウル攻囲に抵抗し、翌一五七一年には敵の攻囲を退けることに成功した。

一五七八年セバスティアン国王がアフリカ遠征の準備をしていた時には、フランシスコ・マスカレニャスは本国におり、彼もそれに従軍することになった。

ポルトガル国王エンリケ没後の王位継承をめぐる争いに際しては、彼はスペイン国王フェリペ二世を強く支持し、同国王のポルトガル王位即位後、彼はインディア副王に任命され、一五八一年四月八日リスボンを発った。同年八月一八日にモザンビークに着き、そこでポルトガル国王フィリペ一世（フェリペ二世）に対し、忠誠を誓った。そして直ちにマスカレニャスは、先にフェリペ二世が、彼がインディア副王に就任した時のために与えたヴィラ・ダ・オルタ伯爵 **Conde de Vila da Horta** の称号を帯びることを始めた。

ゴアではすでに新国王への忠誠の誓いが行われており、新しい国王にとっての懸念は解消した。マスカレニャスは、フィリペ一世への忠誠に疑念がある都市・カピタン・貴族等に対し、あらゆる特権 **privilégios**・自由 **liberdades**・名誉 **honras**・恩恵 **mercês** を国王に代わって約束する、国王の署名入りの白紙の勅令 **alvarás** を多数携行していたというが、それを行使する必要がなくなったわけである。

マスカレニャスは、三年二ヵ月の副王の任期を無事に終えて、一五八四年一一月二五日、本国に帰った。フィリペ国王への忠誠に対して国王は、彼に対してさまざまな恩賞をもって報いた。

一五九三年一〇月三日付け国王の書簡により、マスカレニャスの称号はサンタ・クルズ伯爵に代わることになった。

(補註1) **Machado, III, p. 558.**

(補註2) ニザーム・シャー朝 **Nizām Shāh** の君主を指す。
Albuquerque, II, p. 802. トメ・ピレス『東方諸国記』一二四頁。リンスホーテン『東方案内記』二六八～二七一頁。

註（1）の文献

Nobreza de Portugal e do Brasil, III, pp. 290, 291. Delgado Domingues, pp. 127, 128.

（2）**ginetes da guarda.** 右の註（1）に記した通り、フランシスコ・マスカレニャスにとって「騎士司令官」は、父親以来の職務であった。

（3）**conselho.** 拙訳『モンスーン文書と日本』三一七・三一八頁。

（4）**Pagodes.** 文書4の註（4）に記した通り、この語はヒンドゥー教の寺院を意味するが、その対象を広げてイスラム教のモスクや仏教の寺院の意味でも使用された。複数ある語義の内、この意味で用いられることが多い。本文書においても、「**Pagodes** の定収入」という表現であるから、同様の意味で使用されたものと判断してよいであろう。

（5）**Padre Provincial.** イエズス会ゴア管区の管区長のことであろう。因みにこの当時の同管区長はルイ・ヴィセンテ **Rui Vicente**（一五七四～八三年在任）である。**Rodrigues, p. 24.**

（6）**Reitor do dito Salcete.** すぐ続いて見える **Padre Reitor do Collegio de Salcete** のことであろう。サルセテのコレジオについては、文書26の註（2）の（補註43）、文書39の註（4）。

（7）**padrão.** この語は **padroeiro** すなわち教会・修道院等の保護権 **padroado** を有する者を意味する。ここでは「保護権」と訳しておく。

（8）原語（翻刻本）は **piães** であるが、**peão**（歩兵）の複数形であろう。**Machado, V, p. 238.**

（9）**meirinhos.** これは司法関係の職員で、ゴア政庁にも、司法関係にこの名称の役職が確かに存在し、史料にも頻出する。本文書のここの用例は、教会関係の職名のようにも思われるが、しかしポルトガル語の辞書には、この語はあくまで司法関係の職名で、教会が関わる語義は見えない。拙訳『モンスーン文書と日本』一六〇頁。**Bocarrro, 1992, II, p. 138. Santos, p. 198. Machado, IV, p. 452.**

（10）ここの文意はつまり、サルセテのイエズス会コレジオの運営費は、サルセテの国王の収税吏 **recebedor** から給付するようにとの国王の勅命に従って、との意味であろう。

（11）**capitão das ditas terras.** 「前述の〔異教寺院 **Pagodes** の〕の土地のカピタン」とは具体的に何を意味するのか不詳である。もっとも、**Documentação, 12, p. 757** では、ここが **capitão das terras** となっており、「前述の」**ditas** の語がない。しかし、いずれにせよ疑義は残る。

（12）**Ambrosio de Sousa.** 一五六七年に作成された、本文書と同じくサルセテにおける **Pagodes** の所有地に関する裁定の文書に、「pagudes の資産からの所得の財務官 tesoureiro であるアンブロジオ・デ・ソウザ Ambrósio de Sousa」といった語が見える。

Documentação, Índia, 9, p. 616.
（13） Dom Duarte. Dom Duarte de Meneses, 一五八四～八八年インディア副王在任。
Delgado Domingues, pp. 128, 129.
（14） Manoel de Sousa Coutinho. 一五八八～九一年インディア総督在任。
Delgado Domingues, pp.130 - 31.
（15） Mathias d'Albuquerque. Matias de Albuquerque, 一五九一～九七年インディア副王在任。
Delgado Domingues, p. 131.
（16） APO, 5 - III, pp. 992, 993. Documentação, Índia, 12, pp. 756, 757.

50　一五八三年二月六日付けゴア発インディア副王の勅令、および一五九三年九月三日付けゴア発インディア副王の勅令

「国王陛下《スア・マジエスタデ》の護衛の騎手《ジネテス》たち（1）のカピタン・モールであり、彼〔国王陛下〕の顧問会議《コンセリョ》〔メンバー〕であり、インディア副王云々であるヴィラ・ドルタ伯爵ドン・フランシスコ・マスカレニャス（2）。私は、この私の勅令《アルヴァラ》を見る者たちに知らせる。私は次のことを嘉納し、これ〔本勅令〕によってそれを命じ、そして禁じる。そうするのが神《デオス》への奉仕になると思うからであり、さらにその他の正当な理由からでもある。

すなわち、モーロ人《モウロ》・異教徒《ジェンティオ》・ユダヤ人《ジュデウ》、その他何人《なんぴと》も、いかなる方法であれ、商務官《コレトル》（3）の職務に介入することも、それを務めることもしてはならない。それが見付かったら、一〇〇クルザド〔の罰金〕を徴収し、半分はこの〔ゴ

ア〕市の停泊地《リベイラ》の工事に充て、他の半分は、それを告発した者に与えるものとし、さらにその上、五年間ガレー船送りの刑罰に処すものとする。そして彼らは単に、この〔ゴア〕市の商務官長《コレトル・モル》(4)の命に服する数量の商務官《コレトレス・ド・ヌメロ》(5)の職務のみ務めること。

彼ら商務官《コレトレス》たちは、この市の税関《アルファンデガ》の前述の商務官長《コレトル・モル》に対し、彼らが売買をさせるすべての商品《ファゼンダス》の価格について、報告に行く義務を負うものとする。違反したら、それを行わなかった度毎に、一〇パルダウ〔の罰金〕を徴し、半分は前述の税関の工事に充て、他の半分は、それを告発した者に与えるものとする。このようにすることによって、またこの命令によって、国王陛下に対し一層の奉仕となり、人民の利益となるのであるから、私は、いかなる司法関係者《ジュスティサ》であれ前述の刑罰の執行を求められたら、可能な限りの尽力と迅速さをもって、それらを執行するよう命じる。

皆に周知徹底させるために、私はこの私の勅令《アルヴァラ》を、この〔ゴア〕市の公の場所において公告するよう、そして前述の税関《アルファンデガ》の登録簿《レジスト》に登録するよう命じる。それぞれの裏面に、それについて記載すること。私は、王室資産《ヴェドル・ダ・》管理官《ファゼンダ》(6)・聴訴官長《オウヴィドル・ジェラル》(7)・その他の司法関係者《ジュスティサス》たち・役人《オフィシアエス》たち、および関係する人々に、これを通告する。また彼らに対し、いかなる疑義を差し挟むことも、異議申立てをすることもなしに、これ〔本勅令〕をその内容通りに、履行・遵守するよう、そして完全に履行・遵守させるよう、命じる。法典《オルデナサン》第二巻《リヴロ》第二〇項《ティトゥロ》は異なる規定をしてはいるが、〔本勅令は〕国王陛下《スア・マジェスタデ》の名で始まる書簡《カルタ》としての効力を有すること。前述の法典〔の規定〕にかかわらず、これ〔本勅令〕は尚書職《シャンセラリア》から発給しないこと。〔一〕五八三年二月六日にゴアにおいて、アントニオ・ダ・クニャ(8)がこれを作成した。尚書職《シャンセラリア》から発給する。(9)伯爵ドン・フランシスコ・マスカレニャス。

国王陛下《スア・マジェスタデ》の顧問会議《コンセリョ》〔メンバー〕であり、インディア副王云々であるマティアス・デ・アルブケルケ(10)。私は、この勅令《アルヴァラ》を見る者たちに知らせる。私は、後に記す請願書《ペティサン》において、この〔ゴア〕市の商務官長《コレトル・モル》であるアダン・アルヴァレス[11]が述べている事柄を考慮し、また伯爵ドン・フランシスコ・マスカレニャスが、神への奉仕が履行されるようにとの理由、その他諸々の正当な配慮、および控訴裁判所判事《デゼンバルガドレス》たちの見解により発給した、ここに一緒に提示する勅令《プロヴィザン》[12]の写しに鑑みて、次に述べることを嘉納する。

前述の勅令《プロヴィザン》の写しを確認する。その〔勅令の〕内容通り、それ本来の進め方で全面的に履行され、それに何らかの異論を唱える者など一人もいないようにするためである。そのために、そしてまた前述の勅令《プロヴィザン》を私が確認したことが分かるように、それ〔同勅令〕の登録記録《レジスト》に、その旨を明記すること。私は、すべての司法関係者《ジュスティサス》たち・役人たち《オフィシアエス》、および関係する人々に、これを通告する。そして彼らに対し、何らの疑義を差し挟むことも、異議申立てをすることもなしに、ここに記述されている通りに、これ〔本勅令〕を履行・遵守するよう、完全に履行・遵守させるよう、命じる。一五九三年九月三日ゴアにおいて、ベルトラメウ・ヴェリョ[13]がこれを作成した。ルイス・ダ・ガマがこれを記述させた。副王[14]。」

註

（1）**ginetes da guarda.** 文書49の註（1）・註（2）。

（2）**Dom Francisco Mascarenhas, Conde da Villa d'Orta.** 文書49の註（1）。

（3）**corretor.** 本文書の註（4）に記す商務官長の配下で、その職務を行った人々であろう。

（4）**corretor mór.** ゴア政庁の、通商関係の役職の一つである。左記の文献には、この役職について、以下のように説明している。「商品《ファゼンダス》関係の **corretor mór** は、税関《アルファンデガ》において商品の価値の査定をする役職である。無給であるが、年におおよそ一〇〇〇クルザドの収入がある。終身任用される慣行となっている。勤務をする貧しい貴族を充てるのを適当とする。（補註1）」

なおサントスの著書には、当時のゴア政庁の財務関係の役職として、「馬の corretor - mor」corretor - mor dos cavalos なる役職名が見える（補註２）。

（補註１）Livro das Cidades, e Fortalezas, que a Coroa de Portugal tem nas Partes da Índia, e das Capitanias, e mais Cargos que nelas ha, e da Importância delles, f. 13, 13v.

（補註２）Santos, p. 199.

（５）corretores do numero. 複数いる商務官の内、商品の数量や価格等、数値に関する業務を担当する者か。

（６）vedor da fazenda. 拙訳『モンスーン文書と日本』一五八頁。

（７）ouvidor geral. 拙訳、同右、四八・一五四・一六四〜一六六・四二三頁。

（８）Antonio da Cunha. 文書18の註（５）。

（９）ここの文意には疑義があるが、一応記述されているとおりに訳す。

（10）Mathias de Albuquerque.

（11）Adão Alvares.

（12）前記一五八三年二月六日付け、副王フランシスコ・マスカレニャスの勅令を指す。

（13）Bertolameu Velho.

（14）APO, 6, Sup., pp. 714 - 716.

51　一五八三年三月一六日付けリスボン発、ポルトガル国王の勅令（1）

「朕国王は、この勅令《アルヴァラ》を見る者たちに知らせる。イエズス会《コンパニア・デ・ジェズス》のゴアの聖パウロ・コレジオ（2）の院長《レイトル》およびパードレたちが、朕に対し次のように書き送ってきた。ゴア島（3）において、大勢の異教徒《ジェンティオス》がその資産《ファゼンダス》を遺して死亡した。

彼らには息子《フィリョス・マショス》たちがいないので、それら〔資産〕は前述の〔ゴア〕市の特許状《フォラル》[4]のために、朕に帰属することとなったが、これについて彼ら〔イエズス会パードレ〕は、次のような措置をとるのを嘉納してほしいと朕に要請してきた。

すなわち、このような者たちの資産は、彼らの妻《モリエレス》たちや娘《フィリャス》たちがキリスト教徒になったら、彼女らに与えるものとする。もしも彼女らがそれ〔キリスト教徒になること〕を望まなければ、キリスト教徒になった最も近い他の親族《パレンテス》たちに与えることとする。というのは、このようにすることによって、神《デオス》に対してより大なる奉仕をすることになるし、異教徒《ジェンティオス》たちがわれわれの聖なるカトリック信仰を受け入れる気持ちになるからである。またその仕方に関しては、前述の〔イエズス会〕パードレたちは、異教徒たちが、その結果彼らに生じる利益よりも、むしろ彼らの霊魂《アルマス》の救いのためにそうするよう、導いていくつもりである、と。

朕は如上の点〔イエズス会パードレたちからの要請事項〕を考慮し、また朕は前述の地域〔インディア〕の異教徒たちを救済したいと願っているし、これによって、われわれの主である神《デオス》に対し多大な奉仕がなされるとの期待から、朕は次のことを嘉納し、それを喜ばしく思う。

すなわち、今後は前述のゴア島またはその他のいかなるところであろうと、何人《なんぴと》であれ異教徒《ジェンティオ》が死亡して後に遺し、そして彼に息子《フィリョ・マショ》がいないために、何らかの事情で朕に帰属するすべての資産《ファゼンダ》は、もしも後に残った彼の妻《モリエル》と娘たち《フィリャス・フェメアス》が、前述の聖パウロ・コレジオまたはその他いかなるところであれ、そこでキリスト教徒になるなら、彼女らに与えること。彼女らがそれ〔キリスト教徒〕になるのを望まなければ、死者《デフント》に最も近い親族《パレンテ》または親族たちがキリスト教徒になるなら、彼らが前述の資産を取得すること。あるいは、彼らの内の誰かがそれ〔キリスト教徒〕になるのを望まなければ、キリスト教徒になった別の彼の親族たちに与えること。朕は、前述の地域〔インディア〕の現職および将来その地位に就く朕の副王または総督《ゴヴェルナドル》に対し、これを履行・遵守するよう、そして完全に履行・遵守させるよう、通告する。

如上の点にさらに付け加えて、次のように言明すること。誰か異教徒が、子供がいないまま死亡したら、孤児たちの判事《ジュイズ・ドス・オルファンス》[5]は、キリスト教徒たちの父《パイ・ドス・クリスタンス》[6]立会いの上で、彼の死によって彼〔孤児たちの判事〕のもとに遺されたものの目録を作成すること。もしも前述の死者の死亡の日から六ヵ月以内に、彼の妻《モリエル》または娘たち《フィリャス》がキリスト教徒になっていないなら、かかる資産《ファゼンダ》は、六ヵ月後からさらに二ヵ月以内にわれわれの聖なる信仰に改宗した、最も近い親族たち《パレンテス》に与えること。これとは異なる内容の前述の特許状《フォラル》やその他の何らかの勅令《プロヴィザン》があろうとも、このように取り計らうこと。

法典《オルデナサン》の第二巻《リヴロ》第二〇および四九項《ティトゥロス》は異なる規定をしてはいるが、これ[7]〔本勅令〕はそこ〔尚書職〕によって発給されたわけではなく、またこれ〔本勅令〕の有効性は一年以上続くことになっているとはいえ、朕はこれ〔本勅令〕が、朕の名で作成され、朕によって署名され、そして尚書職《シャンセラリア》によって発給された書簡《カルタ》としての効力を有するのを、嘉納する。一五八三年三月一六日にリスボンにおいてペロ・ゴンサルヴェスがこれ[8]を作成した。これ[9]〔本勅令〕は、別の便《ヴィア》でも送られる。ヴァレリオ・ロペス[10]が、これ[11]を記述させた。国王《レイ》。

上で明らかにされた通り、陛下《ヴォサ・マジェスタデ》が、インディアの地域においては異教徒《ジェンティオス》の死者《デフントス》の資産《ファゼンダス》を、キリスト教徒になるのを条件に、彼らの娘たち《フィリャス》および親族たち《パレンテス》のものとするのを嘉納する勅令《アルヴァラ》。あわせて、これ[12]〔本勅令〕は、尚書職からは発給しないこと、および書簡《カルタ》としての効力を有するものとすることを〔嘉納している〕。司教アダイアム[13]。アントニオ・トスカノ[14]。

これ[15]〔本勅令〕の記述内容の通りに履行すること。〔一五〕八五年一月二三日。首席大司教《アルセビスポ・プリマス》フレイ・ヴィセンテ[16]。

私ことアフォンソ・ヴァズ(17)がこれ(18)に上書きをした。ここに署名した書記《エスクリヴァン》〔ジョゼ・コレア〕とともに、私〔アフォンソ・ヴァズ〕がこれ(19)を補正した。本日一五九〇年四月三日。ジョゼ・コレア(20)。アフォンソ・ヴァズ(21)。」

註

（1）翻刻本には、本勅令について次のような註記が付されている。
「この勅令《アルヴァラ》は、最近 **Felippe Nery Xavier** 氏によって、彼の著書 **Additamento ao Codigo dos Usos e Costumes dos habitantes das Novas Conquistas** の一八頁に印刷された。しかし、新しい写しから採ったために、いくつかの間違いを含む出版となった。ここでは同時代の登録記録、および他のもっと正確な写しによって正してある。」

（2）**Collegio de São Paulo.** 文書８の註（5）。

（3）**ilha de Goa.** 文書15の註（3）。

（4）**Foral.** 文書８の註（8）。

（5）**juiz dos orfãos.** 文書11の註（4）。

（6）**Pay dos Christãos. Hespanha, pp. 46, 47.** 拙訳『モンスーン文書と日本』六三頁。

（7）「これ」の原語（翻刻本）は esta であるが、本勅令 alvará（男性名詞）を指す代名詞のはずであるから、este と記すべきであろう。

（8）右の註（7）と同様、「これ」の原語（翻刻本）は a であるが、o と記すべきであろう。

（9）「これ」の原語（翻刻本）は esta. 右の註（7）。

（10）**Varelio Lopes.** 文書11の註（4）の（補註11）。

（11）「これ」の原語（翻刻本）は a. 右の註（8）。

（12）ここでは「これ」の原語（翻刻本）は este と男性形で記されている。

（13）**Bispo Adayam.** この司教については不詳である。

（14）**Antonio Toscano.**

（15）ここでも「これ」の原語（翻刻本）は elle と男性形で記されている。

（16）Frei Vicente, Arcebispo Primaz. ゴア首席大司教フレイ・ジョアン・ヴィセンテ・ダ・フォンセカ D. Frei João Vicente da Fonseca（一五八三～八六年在任）のことである。
Sá, pp. 78, 79. ゴア首席大司教については、拙訳『モンスーン文書と日本』一三六頁。

この人名について、翻刻本に次のような脚註が付してある。

「この大司教ドン・フレイ・ヴィセンテ・ダ・フォンセカ Arcebispo D. Fr. Vicente da Fonseca は、ヴィラ・ドルタ伯爵副王ドン・フランシスコ・マスカレニャス ViceRey D. Francisco Mascarenhas, Conde da Villa d' Orta の不在の時に統治を行った。」

この註記中に見えるヴィラ・ドルタ伯爵副王フランシスコ・マスカレニャス（一五八一～八四年インディア副王在任）については、文書49の註（1）。

（17）Affonso Vaz. 一五六〇年六月三〇日付けゴア発、インディア副王の勅令によって、異教徒の女性が、夫の死その他いかなる事情であれ、生きたまま焼かれることを厳禁し、それに関わった者は何人《なんぴと》たりとすべての資産を没収する刑罰に処す旨定めたことがあったが、この文書中に、聴訴官長 ouvidoria - geral の書記 escrivão として、アフォンソ・ヴァス Affonço Vas の名が見える（補註１）。
なおリンスホーテンは、マラバルにおける異教徒の一種族であるブラーメーン（ブラメネ）の間には、夫が死ぬと、その死体を焼く火中に妻が身を投じるのを美徳とする風習がある旨を、記述している（補註２）。
（補註１）Documentação, Índia, 8, pp. 40 - 42.
（補註２）リンスホーテン『東方案内記』三四九～三五一頁。トメ・ピレス『東方諸国記』一五六～一六〇頁。

（18）原語（翻刻本）は o.

（19）原語（翻刻本）は o.

（20）José Correa.

（21）APO, 5 - III, pp. 994 - 996.

52　一五八三年一一月二四日付けリスボン発、ポルトガル国王の勅令(1)

「朕国王は、この勅令《アルヴァラ》を見る者たちに知らせる。朕は次のような情報を得た。すなわち、この王国〔ポルトガル〕からインディアの地域に行く女性孤児《オルファース》たちは、しばしば結婚するのを止めてしまう。それは、彼女たちとの結婚が取り沙汰される者たちが、前述の地域〔インディア〕の朕の歴代副王《ヴィゾ・レイス》や歴代総督《ゴヴェルナドレス》が、前述の女性孤児たちとの結婚に当たって、彼ら〔その相手の男たち〕に贈り、そして与える役職《カルゴス》と職務《オフィシオス》に関する書簡《カルタス》について、朕から確認を受けるためにこの王国〔ポルトガル本国〕に来るのを懸念するからである、と。

朕はこの件を考慮し、そのような理由で前述の王国〔ポルトガル本国〕に来なければならないということで、彼らが蒙るであろう抑圧と難儀から逃れることが出来るように、そしてまた朕の心をそれに向けるその他の正当な諸理由のために、朕は次のことを嘉納し、そして喜ばしく思う。

すなわち、前述のインディアの地域の前述の歴代副王および歴代総督は、前述の女性孤児たちに、彼女らの結婚のために、すべての商館《フェイトリアス》(2)および彼らの好みのそれより下のその他の諸役職《カルゴス》を与え、贈ってもよいものとする。

そしてそのために、彼ら〔歴代副王・歴代総督〕は、彼女たちと結婚する前述の者たちに対し、前述の如く、商館《フェイトリアス》から下〔の役職・職務〕である限り、彼らに贈与するかかる役職《カルゴス》や職務《オフィシオス》についての、彼ら〔歴代副王・歴代総督〕によって署名された書簡《カルタス》や勅令《プロヴィゾンエス》を発給することが出来るものとする。それら〔書簡・勅令〕によって、彼女たちと結婚する前述の者たちは、それら〔の役職・職務〕に就任し得る時が来たら、かかる書簡や勅令についてこれ以上朕による確認を受ける必要なしに、それら〔の役職・職務〕を務めることが出来るものとする。というのは、朕はこれ〔本勅令〕によって、それら〔書簡・勅令〕についてそれ〔朕による確認〕は必要ないものと考えるからである。

前述の女性孤児《オルファース》たちの内のある者たちについて、彼女と結婚する者が、前述の商館《フェイトリアス》より優る役職《カルゴ》が相応しいような身分である場合は、前述の歴代副王や歴代総督が、前述の人物は、彼ら〔歴代副王・歴代総督〕が彼に与える役職《カルゴ》の書簡《カルタ》について、朕による確認を受けに来る義務がある旨言明して、彼にそれを与え、贈ってもよいとすることを、朕は嘉納する。その他のやり方では、彼はその務めをしてはならず、それ〔その役職〕に就任してはならないものとする。

朕は、前述のインディアの地域の現職および将来その地位に就く朕の副王または総督に、これを通告する。そして、朕は彼らに対し、この朕の勅令《アルヴァラ》を、上述の如き仕方で、その記述内容の通りに、履行・遵守するよう命じる。またこれとは異なる内容のいかなる勅令《プロヴィゾンエス》や規則《レジメントス》がそこに存在しようとも、上述の通りにすること。これ〔本勅令〕は、前述のインディアの地域の会計院《カザ・ドス・コントス》(3)にある登録簿《リヴロス・ドス・レジストス》に記録すること。いつ何時でも、それ〔本勅令〕によって朕が命じたことを、見て知ることが出来るようにするためである。

法典《オルデナサン》第二巻《リヴロ》第二〇項《ティトゥロ》はその効力が一年以上続くことになる事柄は、書簡《カルタス》として発給するように。勅令《アルヴァラス》として発給しても効力を有しない旨規定してはいるが、〔本勅令が〕朕の名で作られ、朕が署名し、尚書職《シャンセラリア》によって発給された書簡《カルタ》であるが如き強制力と有効性とを有することを朕は望み、それを喜ばしく思う。また同法典は異なる規定をしてはいるが、尚書職によって発給されなくても、同様に効力を有するものとする。朕は、他の便《ヴィア》で送られるように、別の同様の勅令《アルヴァラ》の発給をも命じた。これ〔本勅令〕は、インディア館《カザ・ダ・インディア》(4)の登録簿《リヴロ・ド・レジスト》にも記録すること。〔一〕五八三年一一月二四日にリスボンにおいて、ゴンサロ・リベイロ(5)がこれを作成した。私ことディオゴ・ヴェリョ(6)がこれを記述させた。国王(7)。」

註

（1）本勅令は、文書101が関係する。

（2）feitorias. 厳密に邦訳すれば「商館」であるが、ここでは商館の職員の意味であろう。商館については、文書1*の註（5）。

（3）casa dos contos. 拙訳『モンスーン文書と日本』四九・一五八・三八六頁。Bocarro, 1992, II, pp. 139, 140.

（4）caza da India. 拙訳、同右、一九八〜二〇〇頁。

（5）Gonçalo Ribeiro.

（6）Diogo Velho. その頃のポルトガル国王書簡の末尾に、同じ役割で「私こと書記官ディオゴ・ヴェリョ… Eu o Secretário Diogo Velho…」と記してある文書例が少なくない。一五七六年一〇月三〇日付けディオゴ・ヴェリョ名で、インディア領国統治に関する規則が発給された由である（補註）。ポルトガル国王フィリペ一世（スペイン国王フェリペ二世）の晩年の時期に当たる文書129*では、Diogo VelhoがSecretário de Estadoという肩書きで、インディア副王に対し、国王の意思を国王に代わって伝達する役割を果たしている。

（補註）APO, 5 - III, pp. 1278, 1280, 1281, 1283, 1285, 1288, 1290. Documentação, Índia, 12, p. 343. 拙訳『モンスーン文書と日本』二〇八頁。

（7）APO, 5 - III, pp. 999, 1000.

53* 一五八五年二月一一日付けリスボン発、ポルトガル国王のインディア副王宛書簡

「一、また前述の大司教《アルセビスポ》(1)は、朕に次のように書き送ってきた。ドミニコ会士《サン・ドミンゴス》たちの修道院《カザ》が非常に不健康な地域にあり、そこにおいて大勢の修道士《レリジオソス》が死亡しているので、学識《レトラドス》ある修道士たちを確保するためには、彼ら〔ドミ

ニコ会修道士〕が持つコレジオと学 習《エストゥド》〔の場〕を他の場所に移すのが適切である。この地域は、彼ら〔学識ある修道士〕に極めて不足している、と。

彼〔大司教〕は、朕の副王たちが与えるのを常としている、朕の名によるものではない喜 捨《アルヴィトレ》を朕に求めている。つまり彼〔大司教〕は、そのゴア島の〔異教〕寺院《パゴデス》の定収入《レンダ》を、前述の修道士たちのために求めている。それは、幼い孤児たち《ミニノス・オルファンス》や、改宗中の異教徒《ジェンティオス》たちのために充当された。それは現在、イエズス会《コンパニア》のパードレたちが所有している。彼らはその後、サルセテの地に移ってそこにキリスト教会《クリスタンダデ》を作った。彼ら〔イエズス会士〕がゴア〔島〕の〔異教〕寺院の前述の定収入を、前述の〔ゴア〕島のキリスト教会《クリスタンダデ》を彼ら〔イエズス会士〕から継承したドミニコ会《サン・ドミンゴス》の修道士《レリジオゾス》たちに譲り渡さないために、彼ら〔ドミニコ会修道士〕は多大な困窮に悩まされている。

そのため朕は貴下に対し、前述のイエズス会パードレたちからこの件について聴取し、そして彼らが所持している勅 令《プロヴィゾンエス》を検分することによって、これら〔異教〕寺院《パゴデス》の定収入《レンダス》についての情報を得るよう依頼する。貴下は、現在朕の書記官《セクレタリオ》であり、〔かつて〕その〔インディア〕領国《エスタド》において王 室 資 産 管 理 官《ヴェエドル・デ・ミニャ・ファゼンダ》(2)として朕のために務めていたディオゴ・ヴェリョ(3)が、朕の命令によって作成した規 則《レジメント》(4)を調べるよう、そして、前述の〔ゴア〕島において前述の収 入《レンディメントス》がいかに分配されたかを調べるよう、命じること。そのすべてについて、貴下の見解を添えて朕に報せること。神と朕への一層の奉仕となるよう、それについて朕が命令を与えるよう指示するためである。(5)

〔中略〕

一五、マカオ司教(6)は(7)朕に次のように書き送ってきた。すなわち、彼およびあの地域で彼を助ける教 会 聖 職 者《ミニストロス・エクレジ》たち《アスティコス》に対する彼らの俸 禄《オルデナドス》の支払い状態が悪い。このため、彼らは彼から離れてしまった、と。

貴下が持参した朕の指令によって朕は貴下に対し、その〔インディア〕領国の教会聖職者たちへの支払いを依頼したが、今朕は貴下に、再びそれを依頼する。そしてこの司教および彼の聖職者《ミニストロス》たちに対する支払いに関して、可能な限りあらゆる命令を与えて、彼〔司教〕が所定の〔俸禄〕を受け取ることが出来る措置を講じるよう、依頼する。また朕は彼〔司教〕に書き送り、貴下がすべてにわたって神と朕への奉仕となると貴下が考える如くに対応することが出来るよう、この件やその他の事柄について貴下に報告するよう指示する。(8)

〔中略〕

二七、朕は豊後および有馬の国王《レイス》たち、およびドン・ベルトラメウ(9)〔大村純忠〕に書簡《カルタス》(10)を認める。それらはこれらの便《ヴィアス》(11)で送られる。朕はそれらの写しを貴下に送る。それらの内の一便は、マラッカ行きのナウ船(12)で送られる。朕は貴下に対し、イエズス会《コンパニア》パードレたちを介して、または貴下が最善と考える方法で、彼らにそれらを無事に送り届けるよう依頼する。そしてまた、彼らを勇気づけるため、および貴下が朕の委任を受けていることを彼らに分からせるために、貴下からも彼らに書き送るよう依頼する。一五八五年二月一一日付けリスボン発、私ことディオゴ・ヴェリョがこれを記述させた。国王。ミゲル・デ・モウラ。(13)(14)」

註

（1）本書簡の冒頭に、大司教フレイ・ヴィセンテ・ダ・フォンセカ **arcebispo Dom Frei Vicemte da Fomsega** の名が見える。ゴア首席大司教フレイ・ジョアン・ヴィセンテ・ダ・フォンセカ **D. Frei João Vicente da Fonseca**（一五八三〜八六年在任）のことである。文書51の註（16）。

（2）**Veedor de minha fazenda.** 拙訳『モンスーン文書と日本』一五八頁。

（3）**Diogo Velho.** この人物については、本文中に記されている通りであるが、文書52の註（6）でも触れた。

（4）この「規則」**regimento** とは、文書52の註（6）に記した「規則」のことか。

（5）**APO, 3, p. 33.**

（6）**Bispo de Macáo.** レオナルド・フェルナンデス・デ・サ **Dom Leonardo Fernandes de Sá** のことであろう。

拙訳『モンスーン文書と日本』一三六・四〇三・四〇七頁。

（7）ポルトガル国王フィリペ一世（スペイン国王フェリペ二世、一五五六〜九八年在位）。

（8）APO, 3, p. 39.

（9）Dom Bertolameu.

（10）大友義鎮・有馬鎮貴・大村純忠の三人がそれぞれポルトガル国王宛書簡を認めて、天正少年使節に託したことはよく知られているが、それの書簡に対するポルトガル国王からの返信に関しては、話題になること少なく、況んやその文面は伝存していないといってよいであろう。

因みに三人のポルトガル国王宛書簡についてであるが、大友義鎮の書簡は一五八二年一月一一日付け、有馬鎮貴は一五八二年二月八日付け、大村純忠は一五八二年一月二七日付けである。少年使節一行がマドリードでフェリペ二世に謁見してこれら三大名の書簡を捧呈したのは、一五八四年一一月一四日である。

ルイス・フロイス原著　岡本良知訳註『九州三侯遣欧使節行記』一九〇〜一九五頁。『長崎市史　通交貿易編西洋諸国部』一六三〜一六七頁。『大日本史料』一一別巻之一、一〇二・一〇九・一三三〜一三八頁。松田毅一『天正遣欧使節』一三三〜一三七頁。

（11）nestas vias. 一五八五年二月一一日付けのポルトガル国王書簡を運んだというのであるから、一五八五年四月一三日にリスボンを発った五艘のナウ船からなる艦隊を意味することは間違いない。この内カピタン・モール座乗の一艘は往路で遭難し、今一艘も破損のため途中モザンビークに留まることを余儀なくされた。他の三艘がインディアに着くことが出来た。

Castro & Paes, pp. 250 - 253. Maldonado, pp. 88, 89.

（12）一五八五年には、右の註（11）に記したナウ船団とは別に、ナウ船が一艘マラッカに向けてポルトガルを発った。本書簡の写しの一通は、このマラッカ行きナウ船で送られたわけである。

Castro & Paes, p. 253. Maldonado, p. 89.

（13）Miguel de Moura. 文書29の註（8）。

（14）APO, 3, pp. 43, 44. 岡本良知「一六・七世紀日本関係公文書」一八八頁。

54* 第三回管区教会会議記録（一五八五年ゴア開催）

〔第 一 部《アクサン・プリメイラ》、および第二部の決定事項《デクレト》一～決定事項一九は省略〕

第 二 部《アクサン・セグンダ》

決定事項《デクレト》二〇　マラッカの非信徒《インフィエイス》の家臣たちの奴 隷《エスクラヴォス》について

この管 区《プロヴィンシア》の第一回管区教会会議《コンシリオ》は、決定事項《デクレト》一六において、一 般 法《ディレイト・コムン》(1)に基づき、われわれの聖なる信仰に改宗した非信徒《インフィエイス》たちの奴隷《エスクラヴォス》たちは全員、そこ〔一般法〕において言明されているように、解放すべきことを命じた。この管区教会会議《コンシリオ》は、すべて〔の奴隷〕についてそれ〔一般法〕を遵守するよう言明しているものであるが、ただマラッカのそれら〔奴隷〕に関しては、同管区教会会議の決定事項《デクレト》一八において、そこ〔同決定事項一八〕で指摘されている諸理由により、例外とすべきことが言明されている。というのは、たといかかる奴隷たちが彼らの改宗以前に、彼らの非信徒《インフィエイス》の主 人《セニョレス》によって、キリスト教徒たちに対して抵 当《イポテカドス》または担 保《エンペニャドス》にされていても(2)、一般法に基づいて彼らを解放する方が確実だと思われるからである。

第一回の管区教会会議《コンシリオ》がそのために挙げた諸理由は、もはやそれほど有効なものではないということも分かってきたし、とくにマラッカの奴隷たちに関して一 般 法《ディレイト・コムン》と同じことを命じている国王陛下《エル・レイ》ドン・ジョアン三世の勅 令《プロヴィザン》(3)もある。それ故、〔マラッカの奴隷の内〕何人かの者について、正当な意図をもって洗礼を受けに来たわけではないということが判明した時、または、後戻りして非信徒《インフィエイス》になる危険がある時は、彼らへの洗礼は延期すること。そして彼らに対して心遣いをしてくれて、信仰に関する事柄について彼らに教理教育を施し、よき慣習を教え、しかもあり得る最善の仕方で彼らが逃れる機会を最終的に彼らから奪う有徳の人々の家に、彼らを住まわせること。

われわれの土地に来る、家臣たちではない外国人非信徒《インフィエイス》の奴隷《エスクラヴォス》たちについては、この管区の第二回管区教会会議《コンシリオ》の決定事項《デクレト》(4)八に従って、故国王陛下《エル・レイ》ドン・セバスティアンの法令《レイ》(5)を遵守すること。

決定事項《デクレト》二一　非信徒《インフィエイス》たちがわれわれの土地を通って、彼らの〔土地〕に連れていく奴隷《エスクラヴォス》たちについて

非信徒《インフィエイス》の商人たち、それもとくにモーロ人《モウロス》たちが、われわれの土地を通って彼らの〔土地〕に連れていき、そこでモーロ人になる異教徒《ジェンティオス》の奴隷が夥しい数に上る。このようにしてキリスト教徒になりうる者たちを奪い、彼らを加えてわれわれに対して一層強力になる。それ故、第一回の管区教会会議《コンシリオ》は、それに関して定めた他の禁止事項とともに、まずその土地の高位聖職者《プレラド》または司教総代理《ヴィガリオ》に報せることなしに、彼らの内の何人《なんぴと》をも上陸するのに同意してはならないと命じ、これに違反したら破門罪に処し、また前述の奴隷たちを乗せていった船舶のカピタンたち・掌帆長《メストレス》たち、および舵手《ピロトス》たちから五〇パルダウを徴する刑罰を定めた。

また国王陛下《エル・レイ》は、彼の法令《レイ》によって次のことを命じた。前述の非信徒《インフィエイス》の商人たちは、彼の諸要塞《フォルタレザス》からかかる奴隷の内、そこでキリスト教徒たちに対して、また彼ら〔その奴隷たちを買うキリスト教徒〕がいない時は、彼〔国王陛下〕の非信徒の家臣たちに対して売却する以上の奴隷《エスクラヴォス》たちを連れ出してはならない、と。

とくにオルムズにおいて、これが遵守されていないという情報をこの管区教会会議《コンシリオ》が得ていたので、極めて重大な事柄故に、上述の決定事項《デクレト》および国王陛下の法令《レイ》を履行するよう命じ、違反したらその事実により《イプソ・ファクト》(6)直ちに破門罪に処し、かかる奴隷たちを運んだ船舶の前述のカピタンたち・掌帆長《メストレス》たち、および舵手《ピロトス》たちから五〇パルダウを徴収する刑罰を科すこととした。そして〔同管区教会会議は〕副王に対し、前述の法令《レイ》が遵守されるよう、命令を与

えることと要請する。極めて重要な事柄だからである。[7]」

註

（1） **direito commum.** 東ローマ帝国皇帝ユスティニアヌス一世 **Justinianus**（五二七～五六五年在位）の時に、『市民法大全』（『ローマ法大全』とも呼ばれる） **Corpus iuris civilis** が編纂されたが、一二世紀になって、基本的にローマ法の註解学者 **glossatori** 等が同大全に対して註解を加えて作った法律のことである。「一般法」はしたがって、基本的にローマ法の改良版であり、一般市民法 **diritto civile generale** になった。この法の利用に門戸を開いたすべての国々の法律学者が、これの作成に協力した。さまざまなヨーロッパ・キリスト教国にとって、一般法 **legge generale** としての価値を有した。近世に入り、同法の広まりの実績とその政治的影響から、ヨーロッパ以外の地域にまで導入され、法典編纂が行われる一九世紀に至るまで、一般法としての機能を持ち続けた。

ローマ法が、ローマ帝国の統治権の及ぶ地域にわたり、政治的分割を超えて拘束力を有する一般法 **diritto generale** たり得た理念は、一二世紀にこの新しい一般市民法が形成されるに至って、改めて認識されることになった。『市民法大全』の註解では、ローマ以来の伝統、というより古代において最高の一般法と考えられていた自然法 **ius naturale** および万民法 **ius gentium** に立脚して、一般法の目的と理念とを明らかにしようとしたように思われるが、その一方でローマ法を、ローマの政治的統一に基づく固有法 **ius proprium** と見なす考えにも固執した。

とにかく、さまざまな一般法 **diritti generali** の根本的統一に関しては、ローマ法に比して教会法 **diritto canonico** や封建制の法 **diritto feudale** が、それが形成される上で理念として主たる役割を果たしたとする理由には、異を唱えることが可能である。とくに教会法は、社会を統べるその超自然的目的を直視して、生命の地上における意味を考えるという意義を持つ法である。それは、本来の理念の面のみでなく、それが作られ解釈される上で主たる役割を演じるさまざまな権威の面でも、さらにはそれが適用される領域の面でも、世俗の法 **diritto secolare** とは決して結合することの出来ない法である。

さらに、世俗と教会という二つの権限の間の激しい対立については、歴史的証言があることも明らかである。少なくとも基本的内容の点で、教会法 **diritto canonico** からの市民法 **diritto civile** の分離は、一般法 **diritto comune** の作成に対して主導的役割を果たした註解者たち自身の言葉によって示されている。彼らは、法に則った生き方 vita giuridica の規定や法曹 giurista の構成にとって必要なものはすべて、『市民法大全』に含まれていると豪語する。

しかしそうはいっても、一般法 diritto comune 関係の一部の法曹の解釈に基づいても、ローマ法の諸規範の変容の要因として、教会法 diritto canonico の影響があったことは否定出来ない。信仰の原則の受容、個人の権利 diritti personali の改善、婚姻その他諸制度の規則の面でそれを指摘することが出来る。

同様の解釈により、封建的な権利付与 concezione feudale の何らかの要素が、一般法の諸原則や諸制度の改良に影響を与えたといえる。

Enciclopedia Cattolica, IV, 1950, pp. 1718 - 1720.『新カトリック大事典』二、一三〇〇頁。

（2）傍線箇所の原文（翻刻本）は次の通りである。**…estivessem hypotecados, ou empenhados aos Christãos por seus senhores infieis ;…** **hipotecar** は不動産、**empenhar** は動産をそれぞれ担保に入れることを意味する。つまり、奴隷の非信徒の主人がキリスト教徒から借金をして、そのキリスト教徒に担保として奴隷を渡した場合であっても、その奴隷がキリスト教に改宗したら解放しなければならない、といっている。

Machado,II, p. 1196; III, p. 777; V, p. 531.

（3）インディアの奴隷に関するジョアン三世の国王文書としては、次の三点を確認することが出来る。

①ジョアン三世のインディア総督エンリケ・デ・メネゼス（一五二四～二六年総督在任）宛書簡の一節。一五三三年三月四日付け同国王のインディア総督ヌノ・ダ・クニャ宛書簡に収載。**APO, 5 - I, pp. 153, 154.**

②文書3。

③文書5。

①②③はいずれも書簡であるのに反し、本文書中には「ドン・ジョアン三世の勅令《プロヴィザン》」と明記してあるので、それらは該当しないといわざるを得ない。ただ③文書5には、この書簡が認められる少し前に、インディアの奴隷の問題について、同国王が勅令 **provisão** を発給した旨が記されていた。文書5は、その勅令がインディアで遵守されていないとの情報を得たので、そこで命じられている通りに履行・遵守させるよう総督に指示しているものである。

（4）文書41*。

（5）文書13。
（6）ipso facto.
（7）APO, 4, pp. 135 - 137.

55* 一五八六年二月七日付けリスボン発、ポルトガル国王のインディア副王宛書簡

「三、ダマン市(1)の元老院《カマラ》は朕に次のような覚書《アポンタメントス》を送ってきた。すなわち、売却して〔その売却所得による〕助けを得てあの市の要塞化《フォルティフィカル》を完了したいので、一回の日本航海《ヴィアジエン・デ・ジャパン》を恵与してほしい。さらにそこ〔ダマン〕を市にして、しかもエヴォラ市と同じ権限をこれに与える書簡《カルタ》を発給するよう命じてもらいたい。ドン・フランシスコ伯爵(2)が、同市の孤児たちの判事《ジュイズ・ドズ・オルファンス》(3)の職務の任命をした。それは彼の推挙《アプレゼンタサン》によるものであった、と。

さらに彼ら〔同ダマン市元老院〕は朕に対し、あの市の住民たちの死によって遺された村《アルデアス》や土地《テラス》を、〔ダマンの〕カピタンたちが、朕に対する奉仕の中で死亡した者たちの妻子たちにそれらを与えないで、馬も武器も持たず、それら〔村・土地〕の義務を果たさない自分の従者たち《クリアドス》に与えているといった実情を伝え、朕によりそれら〔村・土地〕を推挙《プレゼンタサン》してくれるよう要請している。

またこの〔ダマン〕市は次のような不満を訴えている。すなわち、歴代副王があの要塞《フォルタレザ》に入るカピタンたちに、孤児たちのすべてのかねを奪うための勅令《プロヴィザン》を与えたために、〔同市住民たちは〕一二年前から今まで、多大な抑圧を被ってきた。それ〔勅令〕の施行(4)に当たって、多大な冷酷さと躓きとをともなって彼ら〔孤児たち〕に相対してきたからである。そのため〔同市元老院は〕、彼らのこのかねが奪われないように命じてもらいたい、そしてあ

の市の住民たちの窮状と貧困、および孤児たちが不幸な境遇になるのを救うために彼らに手を差し延べてもらいたいと、朕に要請している。

また彼ら〔ダマン市元老院〕は朕に対して次のようにいう。規則《レジメント》によって、前述の〔ダマン〕市の村《アルデアス》や土地《テラス》は、馬・鉄砲《エスピンガルダス》、およびそこに滞在する人々が果たさなければならない義務《オブリガサン》を伴って、貸借されなければならないことになっている。歴代副王《ヴィソ・レイス》は彼らの勅令《プロヴィゾンエス》によって、これらの義務の多くを除去した。バサイン・ゴア、およびその他の地域に居住している人々が、あの地域〔ダマン市〕の所得を食いつぶしている。これは朕への奉仕およびあの〔ダマン市〕の防衛にとって多大な損害である、と。最後に彼らは、前述の覚書の中で朕に次のことを要請している。あの地域の防御に関してドン・ルイス・デ・アタイデ伯爵と結んだ契約《コントラト》の履行を命じてもらいたい、と。朕は彼ら〔ダマン市元老院〕に、次のように回答するよう命じた。彼らの要望がよりよい形で執り行われるのを可能にするために、彼らは貴下〔インディア副王〕に対してそれらについて話すか、またはこれらの覚書を提示するかしなければならない、と。

それ故朕は貴下に依頼する。この〔ダマン〕市の住民たちの声を聞いてもらいたい。彼らが要請している諸々の事柄の内のいくつかについて命令を下すよう、すでに朕は貴下に命じているのであるから、貴下はそれに基づいて彼らに回答すること。そして、未だ決着を見ていない事柄については、貴下はそれについての情報を受け、貴下の見解を添えてそれ〔その情報〕を朕に送ってくること。万事につけ、朕への奉仕となるような対応を命じるためである。また、孤児たちのかね《ディニェイロ・ドス・オルファンス》に関しては、それについて朕が、貴下が携行する朕の書簡と指令《インストゥルソンエス》によって貴下に命じたことに基づいて、貴下が命じること。

村《アルデアス》の持主たちはそれら〔村〕に伴って馬を持たねばならないという義務に関しては、貴下は、それに関して朕が作成した規則《レジメント》を完全に履行させること。あの〔ダマン〕市の防御と防衛が破綻をきたさないことが極めて重要であるので、決して〔その義務を〕免除することのないようにするためである。[8]」

註

（1）**cidade de Damaõ.** 拙訳『モンスーン文書と日本』に頻出。同書索引参照。

（2）**Conde Dom Francisco.** ヴィラ・ダ・オルタ伯爵インディア副王フランシスコ・マスカレニャス **Dom Francisco Mascarenhas, Conde de Vila da Horta**（一五八一〜八四年副王在任）のことである。文書49の註（1）。

（3）**Juiz dos orfaõs.** 文書11の註（4）。

（4）原文書には **emxecução** と記してあるが、翻刻本の記載の通り **execução** の誤であろう。**Arquivo Histórico de Goa, Livro das Monções do Reino, n.º 3, f. 130.**

（5）傍線箇所は、原文書の欄外に同時代の書体で記されている旨、翻刻本に註記されている文である。その原文は **e se perderem os orfaõs** である。

（6）**Conde Dom Luis detaide.** アトウギア伯爵ルイス・デ・アタイデ **Conde de Atouguia, Dom Luís de Ataíde**，一五六八〜七一年、一六七八〜八一年インディア副王在任。文書27*の註（2）。

（7）傍線箇所の原語（翻刻本）は **naõ se <u>quebar</u>** であるが、下線の語は **quebrar** の誤か。

（8）**APO, 3, pp. 63, 64.**

56　一五八六年四月二六日付けゴア発、インディア副王の勅令

「ドン・フェリペ云々は、次のことを知らせる。去る〔一〕五八五年のナウ船団[1]で、朕が朕の領国顧問会議《コンセリョ・ド・エスタド》[2]〔メ

ンバー〕であり、朕のインディア副王であるドン・ドゥアルテ・デ・メネゼス(3)に書き送った指令《インストゥルクサン》の中に、一つの章《カピトゥロ》がある。それの写しは次の通りである。

朕は、次のような情報を得た。すなわち、その〔インディア〕領国《エスタド》の朕の家臣たちがシナの諸地域、およびモルッカ《マルコ》・アンボイノ・バンダの諸島(4)において行う商業によるそれ〔インディア領国〕の所得《レンディメント》は、同領国の朕の税関《アルファンデガス》の定収入《レンダス》の大部分をなす。またそれは、それらの地域〔インディア領国〕において朕に奉仕する商人たちや人々が、自らを支える主要な商業でもある、と。

それ故、朕は次のような措置をとるのが朕への奉仕になると考えた。すなわち、フィリピン《フェリピナス》を経由しようと他のいかなるところを経由しようと、カスティリャ人《カステリャノス》たちがノヴァ・エスパニャから前述のシナ・モルッカ《マルコ》・バンダ、およびアンボイノの諸地域には渡ってはならない。何人かのカスティリャ人兵士がモルッカ《マルコ》に渡る場合も、それはテルナテの要塞(5)を征服し、奪回するためであらねばならず、ノヴァ・エスパニャおよびフィリピン《フィリピナス》を経由して何らかの商業をするためであってはならない。そして現在行われている如き、その〔インディア〕領国を経由して前述の諸地域において取引する商品《メルカドリアス》の商業《コメルシオ》のみが行われ、今後もそれが行われていくこと。この件について朕は、これを履行するように、フィリピン《フィリピナス》総督《ゴヴェルナドル》に返事を送るよう命じた。

それ故、前述の章《カピトゥロ》および指令《インストゥルクサン》に従って、朕は朕の名で諸勅令《プロヴィゾンエス》を送付する。今まで行われてきた如く、フィリピン《フィリピナス》経由であれその他いかなる経路であれ、カスティリャ人たちがノヴァ・エスパニャからシナ・バンダ・アンボイノ、およびモルッカ《マルコ》の諸地域に渡らないようにするためであり、また朕のインディア領国を経由して前述の諸地域において取引されている、商品《メルカドリアス》の取引も商業も行わないようにするためである。

この禁令は、前述のすべての地域で公告すべきことであるので、そこ〔インディア領国〕の主要な港であり要衝《カベサ・プリンシパル》の地であるそこマラッカ市においても、いかなる身分・地位であれ、ポルトガル人は何人《なんぴと》も、その他いかなる朕の家臣も、船舶であれ人であれ、フィリピン《フィリピナス》にもノヴァ・エスパニャにも行ってはならない、前述のカスティリャ人たちと、取引や商業をしてはならない、と公告すること。というのは、いずれの側からであれ、朕はそれ〔取引・商業〕を行うことを禁じ、そして命じているからである。これに違反した者には、彼のすべての資産《ファゼンダ》を没収する刑罰を科し、三分の一はその告発者に、三分の二は前述の〔マラッカ〕市の要塞化《フォルティフィカサン》の工事に充てることとする。さらに悪質の事例においては、一層の厳罰を被るものとする。これを完全に執行すること。そうすることによって、前述の商業を防ぐためである。またマラッカからであれ、その地域〔インディア領国〕のその他のいかなる諸港からであれ、それ〔取引・商業〕が行われないようにするためである。

前述の〔マラッカ〕市の公の、その慣行となっている場所でなされる前述の公告については、それを記録《アセント》しておくこと。そしてそこ〔マラッカ市〕の商館《フェイトリア》(6)の記録簿《リヴロ・ドス・レジストス》、および元老院《カマラ》のそれ〔記録簿〕に登録すること。

それが朕への奉仕となると考えていること、朕がそれを禁じていることが常に分かるように、その主旨をすべて正しく伝えること。(7)

朕は貴下に対し、これを通告し、そして次のように命じる。異なった規定をしている法典《オルデナサン》があるとはいえ、尚書職《シャンセラリア》によって発給されたわけでなくても、いかなる疑義を差し挟むことも、異議申立てをすることもなしに、これをその記述内容の如く履行し、そして完全に履行させるように。四月二十六日に朕のゴア市において、ポルトガル王位《コロア》の王室の紋章《アルマス・レアエス》の印《セロ》を押して発給された。国王陛下《スア・マジェスタデ》は、彼の領国顧問会議《コンセリョ・ド・エスタド》〔メンバー〕であり、インディア副王云々でもあるドン・ドゥアルテ・デ・メネゼス(9)を介して、これを命じた。(8) われらの主イエズス・キリストの生誕以来一五八六年に、ジョアン・デ・フレイタス(10)がこれを作成した。ドン・ドゥアルテ・デ・メネゼス。

国王陛下《スア・マジェスタデ》が上記の指令によって次のことを命じる禁令を、マラッカにおいて公布するための書簡《カルタ》。すなわち、フィリピン《フィリピナス》経由であれ、その他何らかの経路によるものであれ、カスティリャ人たちはノヴァ・エスパニャから、シナ・モルッカ《マルコ》・バンダ、およびアンボイノの諸地域に渡ってはならないし、前述の諸地域で取引や商業を行ってもいけない。いわんやポルトガル人やその他の人々が、フィリピンやノヴァ・エスパニャに船舶で渡航してはならないし、彼らはマラッカからであれ、その他の諸港からであれ、前述のカスティリャ人たちと取引も商業もしてはならない。それは、この書簡にもっと詳しく記述されている通りである。披見に供するために。

そこ〔マラッカ市・要塞〕のカピタン兼総督《ゴヴェルナドル》であるジョアン・ダ・シルヴァ氏(11)の命令により、一五八六年六月二一日にマラッカの市および要塞において、チャルメラ(12)を鳴らして公告すべしとの証明書《セルティダン》を掲示する(13)。」

註

（1）一五八五年にポルトガルを発ってインディアに向かった艦隊については、文書53*の註（11）。

（2）**conselho do Estado.** 拙訳『モンスーン文書と日本』三一七・三一八頁。

（3）**Dom Duarte de Menezes.** 一五八四～八八年インディア副王在任。
Delgado Domingues, pp. 128, 129.

（4）**Ilhas de Maluco, Amboino, e Banda.** モルッカ諸島は元来ハルマヘラ島の西側のテルナテ・ティドル・マキアン・モウテル・バチャンの五島を指したが、後にそれ以外の諸島にも拡大し、アンボイノ（アンボン）島も含むようになった。バンダ（バンダン）諸島は六島からなり、その内五島は肉豆蔲《にくずく》を産した。
トメ・ピレス『東方諸国記』三四七～三六九頁。三五六頁にマルコ・アンボン・バンダンの位置関係を地図で示す。

リンスホーテン『東方案内記』二〇五～二一一・七四七～七五四頁。岡本良知『中世モルッカ諸島の香料』八九～一九二頁。拙訳『モンスーン文書と日本』二六九・二七〇頁。

（5）**fortaleza de Ternate.** 一五七五年ポルトガル人は、テルナテのスルタンに戦いで敗れ、テルナテ要塞を失った。同島から追放されたポルトガル人は、南隣のティドル島に逃れ、そこに新たに要塞を作った。その後ポルトガル人は、テルナテ要塞の奪回を図ることになる。スペイン人もそれに対し援軍を派遣した。

インディア副王ドゥアルテ・デ・メネゼスの統治時代、ティドルのカピタンはディオゴ・デ・アザンブジャ **Diogo de Azambuja** であったが、そこへアザンブジャの後を継いでティドルのカピタンになるべく、ドゥアルテ・ペレイラ **Duarte Pereira** がガレオン船に乗ってやってきた。未だカピタン職更迭の時期ではなかった。アザンブジャ側は武力を使ってペレイラの家を襲った。

そのような折に、マニラからスペイン兵四〇〇人が着いた。アザンブジャによるテルナテ要塞奪還を支援するためであった。しかし彼は、その間にペレイラにカピタンの地位を奪われるのを恐れ、すぐにそれに着手することをしなかった。結局アザンブジャはスペイン軍とともにテルナテ要塞を襲撃したが、城壁をよじ登ろうとして多数の兵を失い、またティドルに戻る羽目となった。

Faria e Sousa, V, pp. 50, 51. Saldanha, I, p. 130. Boxer, 1969, p. 63.

（6）**feitoria.** 文書1*の註（5）。

（7）傍線箇所の原文（翻刻本）は **estará a propria a todo bom recado...** である。いささか疑義も残るが、一応表記のように邦訳した。

（8）文書8の註（6）に記した如く、インディア副王（または総督）がゴアで発給する法令には、ポルトガル国王名で発する場合と、インディア副王（総督）名で発給するものの二通りある。本文書は、ゴアにおいてポルトガル国王名で発せられた勅令である。文書中では「書簡」**carta** と称している。本文書は、全体が動詞一人称で記されている内で、傍線を付した文章のみが三人称である。

（9）**João de Freitas.** この人物については不詳であるが、ゴア政庁に勤務する書記であろう。

（10）原語（翻刻本）は**o**と記してあるが、これは「勅令」**provisão**あるいは「書簡」**carta**に代わる代名詞のはずであるから、aと記すべきであろう。

（11）senhor João da Silva, Capitão e Governador della. ドン・ジョアン・ダ・シルヴァ、一五八四～八七年マラッカ要塞のカピタン・総督在任。（なお左記文献の内、ソウザ・ピントは、ジョアン・ダ・シルヴァ・ペレイラ João da Silva Pereira のマラッカ・カピタン在任期間を一五八五～八七年五月としている）。Teixeira, 1961, II, p. 411. Teixeira, 1963, V, p. 208. Sousa Pinto, p. 229.

（12）charamellas.

（13）APO, 5 - III, pp. 1117 - 1119.

57　一五八六年六月五日付けゴア発、インディア副王の勅令

「国王陛下《スア・マジエスタデ》の領国顧問会議《コンセリョ・ド・エスタド》〔メンバー〕であり、インディア副王云々であるドン・ドゥアルテ・デ・メネゼス。

私は、この私の勅令《アルヴァラ》および法令《レイ》を見る者たちに知らせる。

この領国では、奴隷たち《エスクラヴォス》が杖《ボルダン》（1）やその他の棒《パオス》を持って歩き、それでいろいろな悪事を犯すという深刻な無法行為が横行している。兵士たちやその他の人々も同様である。これは極めて由々しき無秩序であり、堕落である。

私はこれを避けたいと願い、次のような法令を制定した。

すなわち、黒人《カフレ》であれその他のいかなる囚われ人《カプティヴァ》の身であれ、どのような種類または品質であろうと、武器《アルマ》は一切携行してはならない。すなわち、小刀《ファカ》（2）・短剣《アダガ》（3）・杖《ボルダン》・竹の棒《バンブー》（4）・棒《リバ》（5）を携行してはならない。彼の主人《セニョル》に従う場合のみ、剣《エスパダ》を携えることが出来るものとする。上述の物であれ、そのような類の何かの物であれ、何らかの武器《アルマ》を携行している者がいたら、その者は罰金《カデア》（6）として二〇〇〇レイス（7）を没収され、つまりそれだけ支払わせ、その半

分は、彼らに対しそれら〔武器〕を取締り、没収する執行官《メイリニョ》(8)または司法の役人《ミニストロ・ダ・ジュスティサ》(9)に、他の半分は、敬虔な工事のために充てるものとする。彼の主人《セニョル》が罰金を支払わないのであれば、処刑台《ペロウリニョ》の側で鞭打ち《アソウテス》三〇回が科せられるものとする。

いかなる身分・地位であれ何人《なんぴと》たりと、彼の妻や娘たちに同伴して行く際以外は、昼夜を問わず、槍《ランサ》または矛槍《ラバルダ》(10)、または他の長い武器《アルマ・コンプリダ》または丸盾《ロデラ》を携行してはならない。というのは、そのような場合は、〔妻・娘たちや〕その同伴者たちは前述の武器を携行してもよいからである。これに違反したら、前述の武器《アルマス》を没収するほか、一〇クルザドを徴収するものとし、その半分は、彼らに対してそれら〔武器〕の取締りをする執行官《メイリニョ》または司法の役人《ミニストロ・ダ・ジュスティサ》に、他〔の半分〕は敬虔な工事に充て、しかも、二〇日間牢に繋ぐものとする。ポルトガル人と言い張る囚われ人《カプティヴォ》は誰であれ、その手を切断して、一〇年間ガレー船に送られるものとする。このゴア市、すなわち私の所在地、すなわち控訴裁判所《レラサン》の所在地を首都《コルテ》と考え、首都住民《コルテザンエス》たちや首都で発生した諸事件《カソス》について、それに関係する法令《レイス》や法典《オルデナソンエス》を施行すること。

いかなる奴隷《エスクラヴォ》(11)、その他の者であれ、市場《バザレス》または店舗《ボティカス》において、何らかの物をその売主から力ずくで取得する者は、捕らえられ、罰金《カデア》として一〇〇〇レイスを支払うものとし、その半分は司法の役人《オフィシアル・ダ・ジュスティサ》(12)に、他〔の半分〕は敬虔な工事に充てること。彼の主人《セニョル》がそれを支払おうとしなければ、処刑台《ペロウリニョ》の側で鞭打ち《アソウテス》二〇回が科せられるものとする。資産《ファゼンダ》を持たず、妻帯者《カザド》でもない者は、剣《エスパダ》と短剣《アダガ》を除き、このゴア島から武器《アルマス》を携えて出ることも、入ってくることもしてはならない。違反したら、それら〔武器〕を没収し、その上罰金《カデア》として一〇クルザドを支払う刑罰に処し、半分は彼らに対してそれら〔武器〕の取締りをする司法の役人《ミニストロ・ダ・ジュスティサ》に、他〔の半分〕は敬虔な工事に充てることとする。この刑罰は、聴訴官長《オウヴィドル・ジェラル》(13)または市の〔聴訴官〕のみが判決を下すことが出来、その他の判事《ジュルガドレス》たちはそれが出来ないものとする。

これ〔本勅令〕は、皆に周知徹底させ、何人《なんぴと》も不知《イグノランシア》を言い立てることが出来ないようにするために、この〔ゴア〕市の公の場所に公告すること。この法律《レイ》は、完璧に履行すること。容赦なく執行すること。私はこれを、刑《カウザ》事訴訟《ス・クリメス》の領国《エスタド》の聴訴官長《オウヴィドル・ジェラル》・その他の司法関係者《ジュスティサス》たち・役人《オフィシアエス》たち、および関係する人々に通告する。そして彼らに対し、これを履行・遵守するよう、完全に履行・遵守させるよう、そしていかなる疑義を差し挟んだり、異議申立てをしたりすることなしに、この私の法律《レイ》をその内容通りに、執行させるよう命じる。法典《オルデナサン》の第二巻《リヴロ》第二〇項《ティトゥロ》は、その有効性が一年以上続く事柄は書簡《カルタ》として発給すること、勅令《アルヴァラ》として発給しても効力を持たない旨謳ってはいるが、これ〔本勅令〕は、書簡《カルタ》としての効力を有すること。一五八六年六月五日にゴアにおいて、アントニオ・ダ・クニャ(14)がこれを作成した。ドン・ドゥアルテ・デ・メネゼス(15)。」

註

（1）**bordão**. ポルトガル語辞書には、「体を支えて歩くための杖」「先端が反転した棒」等の語義を示すのみで、武器を意味するような説明記事は見えない。

Machado, I, p. 1017.

（2）**faca**. ポルトガル語辞書には、「短刀 **punhal** より大きく、剣 **espada** よりは小さい武器で、斬首・攻撃に用いるが、平和的、実用的目的で使用することもある。」と説明されている。

Machado, III, p. 192.

（3）**adaga**. 「一、両刃または少なくとも先の尖った短い武器。二、主として中世において、蛮族の使用した短くて幅の広い古い剣。」

Machado, I, p. 179.

（4）**bamboo**. 「竹で作った杖 **bastão**, 棒 **vara**, 棒 **bengala**.」

Machado, I, p. 867. Dalgado, I, pp. 116, 117.

（5）ripa.「細長い木の棒。」
Machado, VI, p. 441.
（6）原語（翻刻本）は cadea である。疑義もあるが一応表記の如く邦訳した。
（7）reis. 文書11の註（4）の（補註17）。
（8）meirinho. 拙訳『モンスーン文書と日本』一六〇頁。
（9）ministro da justica . 本文書の註（12）に official da justiça の語が見える。ともに司法関係の役職にある者一般を指しているのであろう。
（10）labarda. ポルトガル語辞書によると alabarda と同。
Machado, IV, p. 6.
（11）傍線箇所の原文（翻刻本）は次の通りである。Qualquer escravo ou pessoa outra que nos bazares ou nas boticas tomar por força alguma cousa ás pessoas que venderem, ou nas boticas, seja preso, … この文の下線を付した箇所は文章の中で意味をなさず、しかも重複して記されていることでもあり、この箇所は誤記で、削除されるべきものであろう。
（12）official da justiça. 本文書の註（9）。
（13）Ouvidor geral. 拙訳『モンスーン文書と日本』四八・一五四・一六四〜一六六・四二三頁。
（14）Antonio da Cunha. 文書18の註（5）。ただし、文書18とはかなり時間差があり、同一人物であるのか疑問も残る。
（15）APO, 5 - III, pp. 1119 - 1121.

58* 一五八七年一月一〇日付けリスボン発、ポルトガル国王のインディア副王宛書簡

「一五、この王国《レイノ》〔ポルトガル本国〕に新キリスト教徒《クリスタンス・ノヴォス》(1)が来ること、および彼らの取引《トラト》やそこ〔インディア〕に

いるこの民族《ナサン》(2)の取引先《レスポンデンテス》(3)との〔取引〕を禁止する件に関して、朕が貴下に対し、昨年のナウ船団(4)によって貴下宛てに送った二通の異なる書簡にそれぞれ記述した事柄を、披見するよう依頼する。そして、それら〔の書簡〕および朕への奉仕のために適切と貴下が考えることに従って、この件において行動するよう依頼する。躓きも変更もなしに適切なことを達成出来るために、貴下の思慮分別を、朕は期待するからである。(5)

〔中略〕

二七、マカオの町《ポヴォアサン》にカピタンが駐在しないようにするために、貴下が貴下の書簡で指摘する諸々の理由を朕はよしとするので、朕は、今まで行われてきた如く、そして昨年のナウ船団で朕が貴下に書き送った如く、それ〔カピタン〕が駐在することなく、シナおよび日本航海《ヴィアジエン・ダ・シナ・エ・ジャパン》のカピタンたちによる統治が行われるのが、朕に対する奉仕になると考える。また、〔マカオは〕その〔インディア〕領国《エスタド》から非常に遠く離れているので、アレシャンドレ・ラベロ学士(6)を聴訴官(7)としてそこに派遣するのがよいと思った。朕が彼についてよき情報を有するからであり、またカスティリャ王位のインディアス(8)において、彼が同様の役職に就いて朕に奉仕をした経験があり、実践を積んでいるからである。(9)(10)」

註

(1) Cristaõs nouos.　新たにキリスト教に改宗したユダヤ人を「新キリスト教徒」**cristão - novo** と呼び、それ以外の一貫してキリスト教信仰を持ち続けてきた「旧キリスト教徒」**cristão - velho** と区別する。
中世を通してポルトガルにはユダヤ人がいたが、そこではユダヤ教信仰は容認され、またキリスト教に改宗したら真のキリスト教徒と見なされ、その民族 **nação** の名を失って、ポルトガル人となった。マヌエル一世（一四九五～一五二一年在位）の治世になるまでは、ポルトガルには「新キリスト教徒」「旧キリスト教徒」という言葉は存在しなかった。

一四九二年スペインがユダヤ人を追放したことにより、多数のユダヤ人がポルトガルに入国し、異端審問所の設置とあいまって、彼らに対しキリスト教への改宗を強制したことが「新キリスト教徒」、そしてそれにともなって「旧キリスト教徒」の語を生む転機となった。

マヌエル一世は、新キリスト教徒を旧キリスト教徒の社会に同化融合させる政策をとったが、次のジョアン三世の治世になると一転して新キリスト教徒を弾圧する政策を打ち出し、一五三六年異端審問所が設置され、悪名高いスペインの審問所以上に苛酷な運用が行われたと言っていいようである。一六世紀末になると教会・軍事・行政上の職から彼らは追放された。

このようにポルトガル本国において厳しい弾圧を受けた新キリスト教徒は、ポルトガルの海外領に活動の場を求めた。このことはポルトガルにとって、貴重な資本と商業活動のエネルギーを失う結果を招いた。海外領においてもその後、各地で新キリスト教徒の糾弾が始められた。一五六〇年ゴアに異端審問所が設けられたのが、その最初であった。

Serrão, Joel, II, pp. 232 - 235. Boxer, 1969, pp. 266 - 272. Saraiva. Azevedo. 金七紀男『ポルトガル史』一〇六～一一〇頁。『イエズス会と日本』一、一六七頁。

（2）**nação.** 本文の文脈によりこの「民族」は明らかに「新キリスト教徒」を指しており、右の註（1）と関連するが、ユダヤ民族・ヘブライ民族を意味する。本文書ではその必要がないから記していないが、**nação hebraica, nação hebrea** と明記してある文書もある。一六一三年三月二六日付けゴア発インディア副王の勅令などが、その例である（補註1）。その一方でもっと明確に、**judeu**「ユダヤ人」の語を用いた文書もある（補註2）。

（補註1）**APO, 6, p. 930.** 拙訳『モンスーン文書と日本』二二三頁。

（補註2）文書50。

（3）**respondentes. correspondente** と同義で、他の土地にいて取引関係がある者をいう。**Machado, VI, p. 368.**（なお、一五九一年二月二一日付けリスボン発、ポルトガル国王のインディア副王宛書簡（補註）、および文書78の註（10）にも、**respondentes** の語が見える。

（補註）**APO, 3, p. 309.**

（4）本文書は、一五八七年三月二六日にリスボンを発ったナウ船団（補註1）によって、ゴアに送付されたものと思われる。文中で言及されている、ユダヤ人の商業活動に関して昨年のナウ船団によってゴアに送付された、副王宛ポルトガル国王書簡二通についてであるが、問題の国王書簡を運んだナウ船団とは、一五八六年四月一一日（または一二日）にリスボンを発ったナウ船団（補註2）であろう。

APO, 3には、一五八六年のインディア副王宛ポルトガル国王書簡として、一月一五日付け（補註3）・一月三一日付け（補註4）・二月七日付け（補註5）・三月二日付け（補註6）の四通が収載されている。日付から判断して四通とも、上記一五八六年四月一一日（または一二日）にリスボンを発ったナウ船団で、ゴアに運ばれたと判断してよいであろう。しかし、これら四通すべて、今ここで取り上げているような内容ではない。

（補註1）Maldonado, pp. 90, 91. Castro & Paes, pp. 254, 255.
（補註2）Maldonado, pp. 89, 90. Castro & Paes, pp. 252 - 255.
（補註3）APO, 3, pp. 57, 58.
（補註4）APO, 3, pp. 58 - 61.
（補註5）APO, 3, pp. 61 - 66.（文書55*を含む）
（補註6）APO, 3, p. 66.

（5）APO, 3, p. 72.

（6）Licenciado Alexandre Rabello. ラベロ（またはレベロ）が聴訴官に任じられたのは、一五八六年三月二九日である。

Teixeira, 1976, p. 11.

（7）Ouvidor. 拙訳『モンスーン文書と日本』一五四・一六四〜一六六・二七二・二七三頁、その他随所。

（8）Indias da Coroa de Castella. 西インディアスつまりスペイン領インディアスのこと。

（9）本国王書簡にはこのように記述されているが、テイシェイラの著書によると、アレシャンドレ・レベロ Alexandre Rebelo がマカオに渡来した事実は、明らかではないという。

同氏著書によると、初代以来初期のころのマカオ聴訴官の氏名は、次の通りである。

Luís Gonçalves（一五八二年）、António Rebelo（一五八六年）、Baltasar Arnaldo Lobo（一五八八年）、Estêvão Barreiros（一五八九年）、João Ximenes Calderón（一五八九年）、Rui Barbosa Machado（一五八九年）、Alexandre Rebelo.

Teixeira, 1976, pp. 5 - 21.

（10）APO, 3, p. 75.

59* 一五八七年一月二一日付けリスボン発、ポルトガル国王のインディア副王宛書簡

「四、貴下(1)がモルッカ《マルコ》航海のカピタンであるアルトゥル・デ・ブリト(2)をテルナテ王(3)の許に、彼および近隣の諸王に贈る進物を持参させて、使節として派遣したのは、よい措置であった。この使節の成果について、貴下からよき報せが届くのを、朕は楽しみにしている。

〔一五〕八五年にその地域〔インディア領国〕に渡航した艦隊によって、朕は次のように貴下に書き送るよう指示した。カスティリャ人たちがシナやモルッカ《マルコ》の地域に渡航して商業を行うことも、ポルトガル人たちがフィリピン《フェリピナス》に〔渡航して商業を行うことも〕朕への奉仕になるとは思わない。そうするのが適切であることは貴下にも分かっている通りである。相互に有益な文通《コレスポンデンシア》のみに留めるように、と。

朕は、それが朕への奉仕になると考える旨を、かつてその地域〔インディア領国〕の副王に書き送るよう命じたが、朕はその領国にとってこれが極めて重要であるとの情報を得ているので、貴下に関わる事柄においてそれを完全に遵守させるよう、貴下に再び依頼する(4)。

〔中略〕

一五、その〔インディア〕領国《エスタド》の諸都市がそうであるように、マカオの町《ポヴォアサン》の住民たちが、元老院《カマラ》やそれ〔元老院〕の高官《メニストロス》たちの統治に対して服するのは、彼らが現状をよりよく維持するために適切なことだと朕は考える。それ故、貴下は、彼らにそのような行動をとらせることに同意しなければならない。彼らが不満を訴えている旨貴下が朕に報せる事柄(5)、および陸路で来着した(6)フェルナン・デ・アランダ(7)を介して、貴下が朕に書き送ってきた件については、この書簡で貴下に書き送る如く、さらには先年貴下に書き送るよう命じた他〔の諸々の書簡に認めた〕如く、すでに朕が指示を与えた通りである。それ故、貴下に対し、再度その件に触れる必要はない(8)。」

註

（1）インディア副王ドゥアルテ・デ・メネゼス **D. Duarte de Meneses**（一五八四〜八八年在任）である。文書49の註(13)。

（2）**Artur de Brito Capitaõ da viagem de Malluco.** 副王ドゥアルテ・デ・メネゼス統治下のことであるが、アルトゥル・デ・ブリトがガレオン船に乗ってマラッカからテルナテに着いた。テルナテのスルタンに敗れて一五七五年に同地の要塞を失ったので、同スルタンと和睦して要塞を回復する命を受けていた。ポルトガル国王とインディア副王の彼宛ての書簡および進物を携えていた。しかし、その書簡に無礼な文言が含まれたことなどあって、その時の和睦の交渉は成就しなかった。

Faria e Sousa, V, p. 74. 文書56の註（5）。

（3）**ElRey de Ternate.** 右の註（2）。

（4）**APO, 3, pp. 80, 81.** 序論の註（113）・文書56。

（5）マカオ側が不満を副王に訴え、それを副王が国王に伝えたというのが、どのような問題であったのか不詳である。マカオ側の言い分の詳細は不明であるが、しかし本文書の一五節の記述が、それに対する国王の回答であることは確かであろう。それは国王自身が同じ一五節で記している通りである。

それと、副王がフェルナン・デ・アランダなる者に書簡を託して陸路国王に報じたという事柄とが、別のことであったのはほぼ間違いない。陸路による交信は、機密を要する事柄について行われたように思われ、さらに高度の機密を要する件については、それに加えて書面を暗号文にすることが行われた。

一六一二年三月二七日付けリスボン発、ポルトガル国王のインディア副王ジェロニモ・デ・アゼヴェド **D. Jerónimo de Azevedo**（一六一二〜一七年副王在任）宛書簡には、インディア副王ルイ・ロウレンソ・デ・タヴォラ **Rui Lourenço de Távora**（一六〇九〜一二年副王在任）がポルトガルからインディアに赴任した際、暗号表が渡され、携行した。重要な事柄はそれを用いて、つまり暗号文にして、陸路国王に送付するためであった。副王アゼヴェドも同様にするように、との命令を与えている（補註1）。

もっとも、暗号文による交信や陸路を用いた書簡の送付が、この国王の書簡によって始められたわけでは決してない。陸路による交信の事実は、本文書がそれを明らかにするし、暗号文については、一五八八年三月一四日付けマドリード発、ポルトガル国王のインディア副王宛書簡（補註2）、および一五八九年一月二四日付けリスボン発、ポルトガル国王のインディア副王宛書簡（補註3）に暗号（補註4）が用いられている。そしてこれら二通の暗号書簡はいずれも、ポルトガル王位を争ったクラト修道院長アントニオの動静に関する内容であった。ポルトガル王位についたスペイン国王フェリペ二世（ポルトガル国王フィリペ一世）は、アントニオがインディアに渡って、相当の軍事力を保有する同領国を支配下に納める事態となることを恐れた（補註5）。これら二通の書簡がマドリードあるいはリスボンからゴアに送付されたのが、海路・陸路のいずれであったものかは不明であるが、本文書で言及されている副王がフェルナン・デ・アランダを介して陸路国王に送付した書簡は、時期的にもあるいはアントニオに関する内容であった可能性も否定できない。

機密を要する事情やその事柄は、もちろん時代によって異なる。スペイン国王フェリペ二世のポルトガル国王即位直後の、現実にアントニオが海外の軍事力に頼ってあくまでもフェリペ二世に抵抗する姿勢を見せていた時期故に、そして現にそれに関する書簡が暗号文で送られていたが故に、本文書に見える陸路による書簡もその関連であろう、との推測も可能である。しかし一七世紀に入ってからも、本国とインディアとの間の陸路による交信はかなり行われた（補註6）。オランダ・イギリス対策が、その主な理由の一つであったと言ってよい。

（補註1）拙訳『モンスーン文書と日本』二一八頁。

（補註2）拙訳、同右、二三四・二三五頁。

（補註3）拙訳、同右、二三五・二三六頁。

（補註4）ここで使用された暗号は、当然タヴォラが一六〇九年に赴任する祭にゴアにもたらした暗号とは、別のものであったわけである。

（補註5）拙訳『モンスーン文書と日本』二三六～二三八頁。拙著『キリシタン時代の貿易と外交』四三六～四四四頁。

（補註6）拙訳、同右、二九五・三一九・三二四・三二八・三三九・四二〇頁。

（6）ポルトガル本国とインディア領国との間の陸路（厳密に言えば陸路および海路というべきであるが）による交通については、拙訳、同右、二一一～二一八・三二一～三二六・三二八～三三九頁。

（7）**Fernaõ de Aranda.** この人物については不詳である。

（8）**APO, 3, p. 85.**

60* 一五八七年二月六日付けリスボン発、ポルトガル国王のインディア副王宛書簡

「一、ゴア市のミゼリコルディアの院長《プロヴェドル》と兄弟《イルマンス》たち(1)が、給与《プロヴィゾンエス》として毎年受け取るべき報酬《ソルド》(2)の一〇〇〇パルダウ(3)、および年間を通して金曜日毎に彼らに喜捨《エスモラ》として与えるのを常とする一一パルダウの支払いを行うよう命じてほしい、と朕に求めた。〔その喜捨は〕その〔ゴア〕市の泊地《リベイラ》で鋳造されているバザルコ(4)によって行われるものである。

先年朕は貴下に対し、これらの喜捨《エスモラス》の支払いを命じるよう依頼したが、改めて貴下にそれを依頼する。イエズス会《コンパニア》のパードレたちが〔ゴア〕市の中央に修道院《カーザ》(5)を一軒作るが、そのために、あのミゼリコルディアの家《カーザ》(6)が対応している貧者たちの暮しを支えている喜捨《エスモラス》が支障を来しているとの訴えがなされている。それ故、貴下は、前述のイエズス会パードレたちの管区長《プロヴィンシアル》(7)とこの件について話し合うこと。彼らにとってそれが必須のものでないならば、〔その建造を〕止めるためである。

この〔イエズス会の〕修道院《カーザ》が作られることに関しては、フランシスコ会《サン・フランシスコ》の副管区長《コストディオ》(8)もまた、朕に対し訴えを寄せてきた。このため朕は貴下に対し、この件を調べ、そしてそれについて関係者の満足のいくように裁断を下すことを依頼する。

また彼ら〔ミゼリコルディアの院長・兄弟たち〕は朕に対し、あのミゼリコルディアの家《カーザ》に〔養育〕義務がある女性孤児《オルファース》(9)たちを、功労ある人物《ベネメリタス》と結婚させることによって、〔その結婚相手をそれらの役職に就けることにより〕彼女たちにその〔インディア〕領国のいくつかの商館《フェイトリアス》〔の職務〕や諸要塞《フォルタレザス》の書記職《エスクレヴァニニャス》(10)を恵与するのを嘉納するよう、求めている。

これらの役職《カルゴス》が、この王国《レイノ》〔ポルトガル本国〕から行く女性孤児たちの結婚のためにだけ与えられるのを、朕は嘉納するものではあるが(11)、しかし、それらの地域〔インディア領国〕において朕のために奉仕してきた朕の家臣の娘である女性孤児の内のある者について、功労あり優れた人物と結婚させるのがよいとの判断がなされるのであるなら、貴下は朕にそれを書き送ること。貴下の情報と見解を得て、この件についてよいと思われる恩恵を彼女たちに施すよう、命じるためである(12)。」

註

(1) soldo. 文書2*の(9)、文書31の註(2)の(補註4)。

(2) prouedor e irmãos da Misericordia. 拙訳『モンスーン文書と日本』五四・一八六・一八七頁。

(3) pardáos. 文書7の註(3)。

(4) basarucos. バザルコ bazaruco はポルトガル領インディアにおける少額貨幣である。その価値は変動し、また貨幣の素材も銅・錫・鉛等さまざまであった。bazaruco の語源については諸説あり、bāzār-rukā (ruka de bazar「市場のルカ」、rukā, rukhā はインドの金銭 rial の、インド中央部の教養語であるマラタ marata 語の名称)が語源とする説、デカン地方の言語であるカナリン語 canarês の badaga - ruka (moeda baixa「少額貨幣」)が源とする説、ペルシア語の buzurq (grosso「大きい」)が元であるとの説等多様である。ダルガドは、もともと価値の低い素材で作られた「大きな、あるいは粗雑な貨幣」の意味で使用されたのではないか、と推測する。

アフォンソ・デ・アルブケルケ Afonso de Albuquerque は一五一〇年ゴアにおいて、バザルコ貨幣の鋳造を命じた。「リアル」lial とも称したという。一バザルコ＝二レイス réis であった(補註1)。

本文書の直前の、一五八二年九月七日付けゴア発、インディア副王フランシスコ・マスカレニャス D. Francisco Mascarenhas の勅令 alvará に次のように見える。

「私は、前述の主君〔ポルトガル国王〕の名で次のことを嘉納し、そして命じる。これ〔本勅令〕の発布以後は、銅および東洋の錫《カライム》(補註2)のバザルコ貨幣 bazarucos を、タンガ tanga 当たり七五の率で流通させること。(補註3)」

つまり、一タンガ＝七五バザルコの比率での、バザルコ貨幣の流通を命じている。タンガ tanga は、ポルトガル領インド・ペルシア・トルキスタンで用いられていた、さまざまな金属で作られ、価値も多様であった貨幣である。ゴアでは、古くは銀で作られていたが、後に銅になった。ともに六〇レイス réis に相当する価値を有した(補註4)。

本文書とは時間的に近いとは言えないが、ポルトガル人ドミニコ会士ガスパル・ダ・クルズはその『中国誌』の中で「一タンガは三ヴィンテンに等しい。(補註5)」と記している。三ヴィンテンの原語は três vinténs である。単数形は vintém で、二〇レイス reais または réis を意味する語である。マヌエル国王の治世(一四九五〜一五二一年在位)に、二〇reaisの銀貨を意味するのに使用されたのが最初で、これをrealまたはvintémと称した。二〇レイス

réis の価値の、古い銅貨を意味したこともあるという（補註6）。

要するに、一タンガ＝三ヴィンテン＝六〇レイスと言っている。ガルシア・ダ・オルタ Garcia da Orta も一五六三年、一タンガ tanga は六〇 reaes に相当する、と記しているという（補註7）。その他ダルガドは、数多くの用例を挙げている。

つまり右の副王マスカレニャスの勅令は、六〇レイス＝七五バザルコの比率でのバザルコ貨幣の流通を、命じたわけである。なおレイスについては、文書11の註（4）の（補註17）。

（補註1）Dalgado, I, pp. 109, 110.

（補註2）calaim. Dalgado, I, p. 179.

（補註3）APO, 6, p. 713. Dalgado, I, p. 109.

（補註4）Dalgado, II, pp. 355 - 357.

（補註5）ガスパール・ダ・クルス著 日埜博司編訳『クルス「中国誌」』一一二・一一五頁。Boxer, 1953, pp. 128, 129. Cruz, p. 152.

（補註6）Machado, VII, pp. 756, 757.

（補註7）Dalgado, II, p. 356.

（5）原語（翻刻本）は cassa であるが、casa の誤であろう。

（6）右の註（5）と同様、原語（翻刻本）は cassa であるが、casa の誤であろう。

（7）Provincial. 一五八三年一〇月から八七年九～一〇月までイエズス会ゴア管区長を務めた、アレッサンドロ・ヴァリニャーノのことであろう。

Schütte, 1968, p. 1025.

（8）原語（翻刻本）は costodio であるが、いうまでもなく custódio のことである。フランシスコ会副管区長については、拙訳『モンスーン文書と日本』四五六・四五七・四六〇～四六五頁。

（9）原語（翻刻本）は ás orfaãs.

（10）escreuaninhas. escrivaninha は書記 escrivão の役職のことで、escrivania と同。

Machado, III, p. 80.
（11）文書52。
（12）APO, 3, p. 90.

61　シナ地域におけるマカオ聴訴官の規則の条項《テイトゥロ》[1]（一五八七年二月一六日、マドリード、国王）

「一、前述のマカオの聴訴官《オウヴィドル》は、すべての民事訴訟《カウザス・シヴェイス》・刑事訴訟《カウザス・クリメス》の新たな請求権《アウクサン》に対して審理すること。また彼の裁判《ジュイソ》に提訴される民事の事実《フェイトス・シヴェイス》については、最終的に彼一人によって判決を下すこと。もっとも彼の裁判権《アルサダ》の及ばない事件《カゾス》については、控訴裁判所《レラサン》[2]に上訴《アペラサン》すること。朕の法典《オルデナソンエス》により、中間判決《センテンサス・インテルロクトリアス》に対して抗告《アグラヴァル》することが出来るが[3]、その抗告《アグラヴォ》の文書《エストロメントス》や証拠書類《カルタス・テステムニャヴェイス》は、これまで行われてきたように聴訴官長《オウヴィドル・ジェラル》[4]宛てではなく、控訴裁判所宛てとすること。

二、前述の聴訴官の裁判権《アルサダ》の及ばない、前述の如く〔控訴裁判所に〕上訴《アペラル》することになる民事訴訟《カゾス・シヴェイス》において、その判決を受けた者《コンデナドス》が不動産《ベンス・デ・ライス》を所有しないか、または判決〔の刑〕《コンデナサン》に対して充分なる保証金《フィアンサ》を与えないため、金銭またはいかなるものであれ動産《ベンス・モヴェイス》を没収する刑の判決を受けた場合、前述の判決《センテンサス》によって〔刑を〕執行すること。たといそれら〔の判決〕について、法典《オルデナサン》第三巻第七七項に従い最終審《グラオ・フィナル》への上訴《アペラソンエス》が行われるにしても、〔そのような措置をとること〕。たとい彼〔判決を受けた者〕が抗告《アグラヴォス》すると言っても、前述の上訴《アペラソンエス》においてもそれ〔同命令〕は遵守すること。

三、何らかの公の文書、または同じ効力と有効性を持つ裁判権《コニェシメントス》[5]、または承認された裁判権《コニェシメントス・レコニェシドス》によって前述の判決が下された場合は、原則《イン・プリンシピオ》として法典《オルデナサン》第三巻第一六項に従い、そしてこの法典《オルデナサン》の中で述べられている司《レフォルマ》法改《サン・ダ・ジュスティサ》(6)革の諸法《レイス》に従って、執行すること。

四、前述の聴訴官は、刑事の事実《フェイトス・クリメス》については彼一人で、最後まで審理を行う《プロセサラ》こと。それら〔刑事の事実の訴訟〕が結審したら、直ちにカピタンに知らせること。もしもそれ〔公共の家〕が前述のマカオの町《ボヴォアサン》にあるなら、どこか公共の家《カザ・プブリカ》に集まる日時を決めるためである。それら〔刑事の事実の訴訟〕を処理《デスパショ》するためである。また前述の公共の家がなければ、聴訴官とカピタンは、彼〔カピタン〕が宿泊している家《カザ》に集まること。

前述の聴訴官とカピタンとが同意見であったら、聴訴官が判決《センテンサ》を記述すること。そこに両名が署名すること。彼の裁判権《アルサダ》が及ぶ事柄なら、それ〔同判決〕を然るべく執行すること。もしも投票《ヴォトス》が〔両名の間で〕異なったら、判決は記述しないこと。第三者〔の見解〕を徴すること。それは、最年長の市会議員《ヴェレアドル》(7)であること。彼に宣誓《ジュラメント》をさせ、それによって同じ事実《フェイト》の訴訟に対して判決《アセント》を下すこと。二人が合意したことに基づいて、判決《センテンサ》を下すこと。それに三人全員が署名すること。それを、上述の如く然るべく執行すること。

五、前述の聴訴官の裁判権《アルサダ》の及ばない刑事訴訟《カウザス・クリメス》は、たといカピタンがいても、彼〔聴訴官〕一人で処理《デスパシャラ》をして、朕の法典《オルデナソンエス》に従って控訴裁判所《レラサン》に上訴《アペラサン》すること。そこ〔控訴裁判所〕では刑事聴訴官長《オウヴィドル・ジェラル・ド・クリメ》(8)が、彼の規則《レジメント》に従って処理《デスパシャラ》をすること。

六、前述のマカオの町《ボヴォアサン》にカピタンがいない場合は、前述の聴訴官は彼の裁判権《アルサダ》の及ぶ刑事の事実《フェイトス・クリメス》は彼一人で、正当と判断する通りに処理《デスパシャラ》をし、彼の判決《センテンサス》を、カピタンが下したものの如く執行すること。

七、前述の聴訴官は同時に、孤児たちの判事《ジュイゼス・ドス・オルファンス》(9)について規定している朕の法典《オルデナソンエス》や、その他の追《レイス・エ・エス》加《トラヴァガンテス》(10)法において言明されている規則《レジメント》の全体を遵守することによって、孤児たちの判事《ジュイズ・ドス・オルファンス》をも務めること。そしてこの規則によって聴訴官の職務について彼〔聴訴官〕に与えられている裁判権《アルサダ》を、前述の孤児たちの判事《ジュイズ・ドス・オルファンス》の職務に関して、行使すること。

八、前述の聴訴官に仕える二人の書記《エスクリヴァンエス》を抱えること。聴訴官職《オウヴィドリア》の事柄であれ孤児たち《オルファンス》の〔事柄〕であれ、彼ら〔書記〕は同時に公証人《タベリアンエス・ダス・ノタス》であること。前述の〔聴訴官・孤児・公証人の〕職務は、彼ら〔書記〕の間で均等に分割して勤めること。

九、前述の聴訴官に仕える執行官《メイリニョ》(11)を一人抱えること。彼は看守《カルセレイロ》を務めること。毎年二万四〇〇〇レイスの俸禄《オルデナド》(12)を受け、部下を四人持つこと。彼に対するその支払いは、マラッカの商館《フェイトリア》において行うこと。

一〇、裁判区《コマルカス》(13)の行政長官《コレジエドレス》たちがそれら〔刑事免責文書〕を発給することが出来る事件《カゾス》においては、刑事免責文書《カルタス・デ・セグロ》(15)を発給すること。政庁《コルテ》の行政長官たち《コレジエドレス》(14)がそれらを発給することが出来るすべての事件《カゾス》においても、同様にすること。彼らの規則《レジメント》に従えば、前述の政庁の行政長官たち《コレジエドレス》が控訴裁判所《レラサン》において、それら〔刑事免責文書〕を発給することになっている〔事件〕においては、前述の聴訴官がカピタンの見解を得て、それらを発給すること。〔聴訴官とカピタンとの間で見解が〕相違したら、第三者〔の見解〕を徴すること。彼は最年長の市会議員《ヴェレアドル》であること。〔刑事免責〕文書《カルタス》を与えるか拒否するかは、彼らの内の二人が合意すれば充分であること。彼らがそれら〔刑事免責文書〕を発給するその相手の人物の免責《リヴラメントス》は、前述の聴訴官に対して有効とすること。

それ〔如上の措置をとること〕を朕は嘉納する。この町《ポヴォアサン》〔マカオ〕から、控訴裁判所《レラサン》があるゴア市までの距離と、要請のためにかくも遠隔の地に行くことにより、当事者たち《パルテス》が被る多大な困惑を考慮してのことである。

一一、動産《ベンス・モヴェイス》については一二万レイス(16)まで、不動産《オス・デ・ライゼス》は八万レイス(17)までの民事訴訟《カウザス・シヴェイス》については、前述の聴訴官が裁判権《アルサダ》を有するものとする。彼の裁判権の及ばない前述の金額を超えるそれら〔民事訴訟〕については、前述の聴訴官は控訴裁判所《レラサン》に上訴《アペラサン》すること。

一二、刑事上の事実《フェイトス・クリメス》〔の訴訟〕においては、前述の聴訴官はカピタンとともに、ポルトガル人たちに関して、法《オルデ》典《ナサン》第二巻《リヴロ》第四七項《ティトゥロ》の中で言明されている、海外《ダレン》の朕の諸々の領土(18)のカピタンたちが有する裁判権《アルサダ》を持つこと。本規則《レジメント》および前述の法典《オルデナサン》に従って、彼らの裁判権が及ぶ事件《カゾス》について彼らが下す判決《センテンサス》を、彼らは効果的に執行すること。

一三、それ〔同法典〕に従い彼らが刑死《モルテ・ナトゥラル》(19)に至るまでの裁判権《アルサダ》を持つような、前述の法典《オルデナサン》が関わる何らかの事件《カゾス》が発生しても、有罪判決を受けた者たち《コンデナドス》が朕の王室《ミニャ・カザ》の盾持《エスクデイロス》(20)または騎士《カヴァレイロス》(21)、あるいはその他の一層身分の高い者であるなら、彼ら〔聴訴官とカピタン〕は、前述の事件のそれぞれについて彼らが下す判決《センテンサ》を執行しないこと。というのは、前述の判決を執行する前に、彼らは副王にそれを知らせなければならないからである。彼〔副王〕の見解を聴いた上でなら、前述の判決を執行することが出来る。

一四、前述の聴訴官は、司法《ジュスティサ》の費用のための二〇〇〇レイスまでについては、その〔判決の〕中で刑として科し、判決を下すことが出来、そして前述のその判決《センテンサス》については、上訴《アペラサン》も抗告《アグラヴォ》も許さないものとする。

一五、前述の聴訴官は、司法改革《レフォルマサン・ダ・ジュスティサ》の新法《レイ・ノヴァ》に従って、予め証人に対する略式手続《スマリオ》を行うことなしに、いかなる種類であれ告訴《ケレラス》をすることは出来ないものとする。それ〔新法〕は、その点もその他すべての点でも、その内容通りに履行すること。

一六、裁判区《コマルカス》の行政長官たち《コレジェドレス》が行う義務がある審問《アウディエンシアス》を行うこと。それは、前述のマカオの公の場所においてであるが、適切なそれ〔公の場所〕がなければ、彼〔聴訴官〕の家で〔審問を〕行うこと。

一七、裁判区の行政長官たちが、それら〔刑罰〕を適用することが出来る事件《カゾス》としてそれら〔法典等〕の中に明記されている刑罰を巡って(22)、これら〔ポルトガル〕諸王国の朕の法典《オルデナソンエス》・法律《レイス》、および追加法《エストラヴァガンテス》に従って行わなければならないすべての尋問《デヴァサス》を、行うこと。

一八、前述の聴訴官はさらに、副王にそれを知らせるまで、追加法《エストラヴァガンテ》のために空席《ヴァガレン》になる司法の職務の役職《セルヴェンティアス》を任じることが出来るものとする。彼〔副王〕は、朕が嘉納し、それとは異なることを命じない限り、それら〔職務〕に役職《セルヴェンティア》を任命すること。彼〔聴訴官〕の規則《レジメント》によって彼が行うことが可能な人々に、土地所有権《プロプリエダデ》を給与してもよい。その給与《プロヴィゾンエス》は、朕の家臣《クリアドス》またはその他の功労ある人々に対して行うこと。同じような功労があるならば、常に朕の家臣が優先すること。

一九、前述の聴訴官は、彼の裁判《ジュイゾ》の書記《エスクリヴァンエス》たちの一人一人に一冊の記録簿《リヴロ》を作らせ、そして各々に〔担当すべき事柄を〕割り当てて、司法《ジュスティサ》によって訴訟が提起された場合であれ、当事者間《パルテス》でなされた場合であれ、民事・刑事のすべての事実《フェイトス》〔の訴訟〕、抗告《アグラヴォ》の書類《エストロメントス》、および前述の聴訴官が審理するその他すべての訴訟《カウザス》を記入させる義務を負うこと。

二〇、前述の聴訴官は、番号を付し、彼が署名した別の記録簿《リヴロ》を持つこと。そこに、司法の出費や、追加法《エストラヴァガンテ》のためにその他の方面に充当するすべての罰金刑《コンデナソンエス・デ・ディニェイロ》を記載させること。

二一、それらの出費は、前述の聴訴官の命令によってなされるべきで、カピタンの〔命令〕ではない。聴訴官が〔カピタンに対して〕行う審査《レジデンシア》において、前述の罰金刑《コンデナソンエス》に基づく費用負担のかねについて、会計報告《コンタ》を受けること。前述の罰金刑《コンデナソンエス》〔のかね〕がその充当を受ける者たちに渡すよう命じられたかどうか、そして彼の命令によってなされた出費が適切に行われているか、知るためである。

二二、前述の聴訴官に対しては、彼の役職《カルゴ》の任期中は、副王または控訴裁判所《レラサン》の命令による場合以外は、いかなる刑事・民事事件《カゾ》のためであれ、逮捕したり召喚したりすることは、出来ないものとする。

二三、聴訴官たち《オウヴィドレス》が、朕が恵与する諸役職《カルゴス》に対して権限《アウトリダデ》を有するのが、よき司法行政《アドミニストラサン・ダ・ジュスティサ》のために極めて重要である。彼ら〔聴訴官たち〕がカピタンたちに服従することによって、多大な不都合を来した。また彼らは抑圧され、そのため神と朕への奉仕にとって適切な誠実さ《インテイレザ》と自由をもって、彼の義務を遂行することが出来なかった。

それ故、朕はこれを是正したいと願い、次のことを嘉納し、それを命じる。すなわち、日本航海《ヴィアジェンス・デ・ジャパン》のカピタンたちは前述のマカオの聴訴官に対して、何ら管轄権《ジュルディサン》も優位性《スペリオリダデ》も持たないこと。そして彼〔聴訴官〕の役職に関わるいかなる事柄にも関与しないこと。さらに、朕は次のことを嘉納し、それを命じる。すなわち、航海《ヴィアジェン》のカピタンが八月に〔ゴアからマカオに〕到着するまで、前述の聴訴官が、〔航海のカピタンの〕不在期間におけるカピタンとしてそこ〔マカオ〕の住民たちが選出する人物とともに、前述の町《ボヴォアサン》〔マカオ〕を統治すること。

二四、もしも聴訴官が、副王にそれを報せなければならないとカピタンが考えるような、何らかの犯罪《クリメ》を犯したり、過剰《エクセソ》な行為に及んだりしたら、彼〔カピタン〕の書簡によってそれを行うこと。副王は控訴裁判所に、それを調べるよう命じること。彼に対して正当な審理を行うためである。

二五、裁判区《コマルカス》の行政長官《コレジェドレス》たちが、彼らの規則《レジメントス》と朕の法典《オルデナソンエス》のためそれ〔署名〕をすることが出来るのであるから、同様に前述の聴訴官も〔規則・法典に〕署名をすること。

二六、前述の聴訴官が不在か、または彼自身が務めることが出来ないような支障がある時は、最年長の市会議員《ヴェレアドル》が彼の代わりを務めること。彼〔同市会議員〕には、前述の障害の期間中滞りなく誠実《ヴェルダディラメンテ》に務める旨、元老院《カマラ》(23)において宣誓させること。彼〔同市会議員〕は、全面的に本規則を行使すること。

二七、彼〔同聴訴官自身〕がその職務として審理するかも知れない事実《フェイトス》や訴訟《カウザス》について、前述の聴訴官が嫌疑《ソスペイソンエス》を掛けられた場合には、朕は、彼が次のように対処するのを嘉納する。

前述の聴訴官には疑われるような覚えがないにもかかわらず、いかなる身分・地位であれ誰か関係者から疑いをかけられたなら、直ちに前述の嫌疑《ソスペイサン》の訴訟書類《アウトス》を、宣誓をしたマカオの町《ボヴォアサン》の最年長の市会議員《ヴェレアドル》に送ること。彼〔同市会議員〕はそれ〔嫌疑〕に対し、正当に決定を下《デテルミナラ》すこと。前述の聴訴官は、かかる嫌疑《ソスペイサン》をかけられた訴訟《カウザ》については、最終的に決定《セ・デテルミナル》が下るまで別の市会議員《ヴェレアドル》を、その者に嫌疑がかかっていなければ補佐《アジュント》として、〔その市会議員と〕常に行動をともにすること。またもし〔嫌疑が〕かかっていれば、嫌疑のない別の〔市会議員〕を用いること。

このように行動することによって、訴訟書類《アウトス》は、彼に対して嫌疑《ソスペイサン》がかけられないような有効なものとすること。疑わしさはない旨判断されたら、嫌疑がかけられなければ行ったはずである如く、訴訟《カウザ》を彼一人で審理すること。またもしも疑わしいと判断されたら、そのような場合は、彼〔同聴訴官〕はそれ以上審理してはならず、判事《ジュイズ》が彼の代りを務めること。彼〔同判事〕は朕の法典《オルデナソンエス》に従って、前述の事件《カゾ》を審理すること。

二八、朕は次のことを喜ばしく思う。刑事・民事を問わずいかなる事件《カゾ》であれ、前述の聴訴官に嫌疑がかかり、それ〔嫌疑〕をかけた当事者《パルテ》が彼の供述《デポイメント》で満足せず、それを立証することを望む時は、それを立証する以前に、〔嫌疑をかけた者は〕四クルザドを預託すること。もしも疑わしいことはないと判断されたら、それ〔四クルザド〕は、前述のマカオの町《ボヴォアサン》の刑務所《カデア》に収容されている貧しい囚人たちのために、没収されるものとする。

二九、前述の聴訴官はマラッカの商館《フェイトリア》(24)において、クアルテル《クアルティス》(25)の形でそこの商館長《フェイトレス》(26)たちから支払われる年二〇万レイスの給料《オルデナド》を、毎年受けること。彼ら商館長は、常に順調に支払いが行われるよう、商館に存在する第一《プリメイロ・》のかね《ディニェイロ》(27)で彼に対し支払いをすること。これは、クアルテルの期間がどう経過しているか、彼〔聴訴官〕の役職の書記たち《エスクリヴァンエス》の証明《セルティダン》によって行うこと。前述の証明と聴訴官の証明書《コニエシメント》によって、前述のクアルテルのかねは、彼〔聴訴官〕にそれらを支払う商館長たち《フェイトレス》の許に、コント(28)で勘定してもたらすこと。この〔二九〕章《カピトゥロ》の写しは、マラッカの商館《フェイトリア》の登録簿《リヴロ・ドス・レジストス》に、そこの書記《エスクリヴァン》の手で記録すること。

そこ〔マカオ〕から渡来する船舶《ナヴィオス》がマラッカにおいて支払う商品《ファゼンダス》の税金《ディレイトス》によって、前述の聴訴官や、マカオの町《ボヴォアサン》において彼〔聴訴官〕の後を継承するその他の人々に、前述の俸禄《オルデナド》をいかに支払うのか、何らかの適切な命令を与えることが出来るなら、朕は現職および将来の副王に対し、それ〔その命令〕を与えるように命じる。というのは朕の意図は、前述の俸禄《オルデナド》が常に出来るだけ順調に彼に支払われることだからである。この俸禄《オルデナド》は、学識《レトラド》ある聴訴官のみが受け取ること。

三〇、前述の聴訴官は、彼に従い、彼とともに司法の諸々の事柄に勤務する二人のための生活費《マンティメント》を受け取ること。それ〔生活費〕は、これまでインディアの諸々の商館のその他の聴訴官たちに対して行われてきた如く、マラッカの商館《フェイトリア》において王室資産《ミニャ・ファゼンダ》の負担で、クアルテル《クアルティス》の形で彼〔聴訴官〕に支払うこと。彼〔聴訴官〕が前述の二人を〔配下に〕持ち、彼ら〔二人〕(29)は前述のような仕方で彼〔聴訴官〕とともに勤務している旨を明らかにする、前述の聴訴官に対して効力ある証明書によって、これを行うこと。

三一、朕は次のことを命じる。前述の聴訴官は、あの町《ポヴォアサン》〔マカオ〕のマンダリン(30)がシナ人たち《シイス》(31)や漳州《チン》〔または泉州《チエオス》〕(32)の住民に対して持つ管轄権《ジュルディサン》に、関与してはならない。〔マカオ〕住民《モラドレス》たちと彼ら〔シナ人たち・漳州〔泉州〕住民〕との間で生じる事件《カゾス》については、彼ら〔双方住民〕に対し、厳正に司法を履行すること。朕は、この規則《レジメント》をすべて、そこで言明されているような仕方で、今後履行すること、およびこれとは異なる内容の、他のいかなる規則《レジメントス》・法律《レイス》・勅令《プロヴィゾンエス》が発給され、慣習《コストゥメス》が存在しようとも、それ〔本規則〕を行使することを嘉納する。朕は、それら〔異なる内容の規則等〕は廃止されたものとし、そしてこれ〔本規則〕と対立することは履行されず、何らの効力も、有効性も持たず、遵守されないことを嘉納する。

このことは、インディア領国の控訴裁判所《レラサン》の記録簿《リヴロ》、書記《セクレタリオ》の規則《レジメント》、尚書職《シャンセラリア》のそれ〔規則〕、前述のゴア市の元老院《カマラ》の記録簿《リヴロ》に記録すること。同様に、前述の地域(33)のすべての要塞《フォルタレザス》の登録簿《リヴロス・ドス・レジストス》に記録すること。遍くそれ〔本規則〕の内容を、周知徹底させるためである。そして原文書《プロプリオ》は、前述のゴア市の元老院《カマラ》の金庫《アルカ》に保管すること。朕は、そこが常に最善の保管場所であろうと考える。朕は、現職および将来の朕のインディア領国の副王・そこ〔インディア領国〕の控訴裁判所《レラサン》の控訴裁判所判事《デゼンバルガドレス》たち・その他のカピタンたち・その他の司法関係者《ジュスティサス》たち・役人《オフィシアエス》たち、および前述のインディアの地域の人々の全員に対し、このことを通告する。そして彼らに対し次のことを命じる。

これをすべてにわたって履行・遵守し、そしてこの規則をその内容通りに、そこに何事であれ疑いを抱いたり、異議申立てをしたり、反対を唱えたりすることもなく、効果的に履行・遵守させること。というのは、このようにするのが、朕の恩恵だからである。すべてを確実にするために、朕は、朕が署名したこれ〔本規則〕を発給した。法典《オルデナソンエス》は異なる規定をしてはいるが、〔本規則は〕尚書職《シャンセラリア》から発給されたものではないが、全面的に有効性を持つものとする。一五八七年二月一六日にフランシスコ・デ・バロス[34]が、マドリードにおいてこれを作成した。ロケ・ヴィエイラ[35]がこれを記述させた。国王。

インディア領国の控訴裁判所《レラサン》の構成員《カザ》、およびその他の役人《オフィシアエス》たちのための規則《レジメント》。陛下《ヴォサ・マジェスタデ》披見のために[36]。」

註

（1）本文書は、翻刻本 APO, 5 - III, pp. 1124 - 1151 収載九一五番文書を構成する一文書である。九一五番文書は、「インディアの控訴裁判所《レラサン》、および司法関係諸役人《ミニストロス・ダ・ジュスティサ》の規則《レジメント》」と題する文書で、全部で一三点の、領国内各地の司法関係の規則から成る。マカオの司法関係の規則は、九一五番文書中本文書だけである。全文邦訳する。なおこの九一五番文書は、Gonçalves Pereira, I, pp. 364 - 397 にも翻刻されている。本文書はまた Hespanha, pp. 126 - 130 にも掲載されている。

（2）Relação. Hespanha, p.78. 拙訳『モンスーン文書と日本』四八・一五四・一六四～一六六頁。

（3）原文（翻刻本）には、この文中に dante elle の語が入るが、意味不詳である。

（4）ouvidor geral. 拙訳『モンスーン文書と日本』四八・一五四・一六四〜一六六・四二三頁。

（5）conhecimentos. ポルトガル語辞書には、「裁判官または裁判所が審理し、判決を下す権限」と見える。Machado, II, p. 577.

（6）一五八二年七月二七日。Hespanha, p. 126.

（7）vereador. 拙訳『モンスーン文書と日本』一四一頁。

（8）Ouvidor geral do crime. 拙訳、同右、一六五頁。

（9）juizes dos orfãos. 文書11の註（4）。

（10）原語（翻刻本）は mais leis e extravagantes とあるが、mais leis extravagantes の誤か。文書42の註（21）。

（11）meirinho. 拙訳『モンスーン文書と日本』一六〇頁。

（12）reis. レイスは、ポルトガルで古く使用された基本的な通貨単位である。公定換算率である四〇〇レイス＝一クルザドを基準にすると、二万四〇〇〇レイス＝六〇クルザドである。

文書11の註（4）の（補註17）、拙訳『モンスーン文書と日本』一二一・一三九・二三〇頁、その他。

（13）comarcas. 司法区画の内の、一人の判事 juiz de direito の裁判権 alçada の下にある各下位区画。Machado, II, p. 509.

（14）corregedores. 文書42の註（2）に記したことでもあるが、本国政府の許で作成されたこの種の、現地統治に関する規則類は、その現地の実情に必ずしも通じていない者が作成したと思われる節がある。文書42にも見えた語であるが、この corregedor（単数形）という役職は、マカオには存在しなかったようである。例えばスペイン国王フェリペ二世のポルトガル国王即位当時におけるインディア領国各地の現状を記録した文献（一五八二年）の、「マカオの諸役職」cargos de Machao の項には本職は見えない（補註1）。

アントニオ・ボカロが記述した同類の文献（一六三五年）についても、その点は同じである（補註2）。

さらに、マカオ史関係の諸々の文献にも、この corregedor なる役職名は見えないようである（補註3）。文書42同様、一応本文では「行政長官」という訳語を用いて表記したが、corregedor という役職は、当時のマカオには存在しなかったと言ってよいであろう。

（補註1） Livro das Cidades, e Fortalezas, que a Coroa de Portugal tem nas Partes da Índia, e das Capitanias, e mais Cargos que nelas ha, e da Importância delles, ff. 75 - 76.

（補註2） Bocarro, 1992, II, pp. 260 - 272.

（補註3） Ljungstedt. Jesus. Loureiro. Hespanha. Aresta & Oliveira. Souza, 1986. Souza, 1991.

（15） **cartas de seguro.** 刑事免責文書とは、何人《なんびと》かがある地域に入ることを可能にするため、あるいは上位の権力者の面前に行くために、市民法であれ軍法であれ、本来服すべき刑法の適用を免除する文書である。

Machado, VI, p. 733.

（16） 一二万レイス＝三〇〇クルザド。本文書の註（12）。

（17） 八万レイス＝二〇〇クルザド。

（18） **meus lugares dalem. dalem** は **de além** が結合した語形である。**além** とはポルトガルの海外領、それもとくにアフリカを意味するようであるが、ここではもちろんアフリカに限るものではない。

Machado, I, p. 310.

（19） **morte natural.** 直訳すれば「自然死」であるが、ポルトガル語で **morte natural** には、次の二つの意味があるという。一、「判決による死」を意味し、**morte civil**「民事死、すなわち民事上の権利の剥奪」に相対する意味。二、「病死」を意味し、**morte violenta**「事故・殺人による変死」に相対する意味。

因みにスペイン語の **muerte natural** は、「傷害ではない、病気による死」を意味するという。

Machado, IV, p. 712. Alonso, II, p. 2916.

（20） **escudeiros.** 文書12の註（4）。

（21） **cavalleiros.** 文書12の註（3）。

（22） 翻刻本には、「巡って」 **sobre** の後に、*sic*「原文のまま」と記してある。

（23） **camara.** マカオ元老院については、拙訳『モンスーン文書と日本』一三九・一四〇・二六五・二七二・二七三・三四七頁。

（24） **feitoria.** 文書1*の註（5）。

（25）quarteis. クアルテル quartel の複数形。クアルテルは三ヵ月単位の給与である。
Machado, VI, pp. 23, 24. 拙訳『モンスーン文書と日本』五七頁。

（26）feitores. 文書1*の註（5）、文書2*の註（1）。

（27）primeiro dinheiro.「第一のかね」の確たる意味は不詳であるが、支払いの優先順位が最も高い意味か。

（28）contos. 一コント＝一〇〇万レイスである。公定換算率により四〇〇レイス＝一クルザドであるから、一コント＝二五〇〇クルザドである。通貨単位のコントについては、拙訳『モンスーン文書と日本』一一二・一一三頁。

（29）傍線箇所の原文（翻刻本）は次の通りである。certidão que servem ante o dito ouvidor em que declarem… この文は、動詞の変化形も不可解であり疑義もあるが、一応表記の如き訳文にしておく。

（30）mandarim. 拙訳『モンスーン文書と日本』一三七・一三八頁。

（31）Chijs. この当時ポルトガル国王やインディア副王（総督）の文書で、「シナ人たち」をどのように表記したか、いくつか例示する。

Chinas（補註1）、Chinos（補註2）、Chins（補註3）

右のような表記を用いたようである。用例の数は、この場合あまり重い意味を持たせるべきではないであろうが、Chinas, Chins が一般的表記で、Chinos は少数派であった、ということ位は言えようか。そこで、この註（31）の Chijs であるが、これは右の Chins の表記の変形であろう。

なお、これを裏付ける文献と言えるであろうが、マカオの島と市の位置や成立ち等を記した一史料（一五八二年）にも、「シナ人たち」の意味で Chiis の語が見える（補註4）。

（補註1）Documentos, I, pp. 88, 335; IV, pp. 368, 369; V, p. 278; VII, p. 226. Boletim do Arquivo Histórico Colonial, I, p. 286.

（補註2）Documentos, III, p. 334.

（補註3）Documentos, I, pp. 93; III, pp. 276, 277, 332, 335; IV, p. 145; VI, pp. 26, 27, 28. APO, 6, p. 946. Boletim do Arquivo Histórico Colonial, I, p. 287.

（補註4）Hespanha, p. 107.

（32）Chincheos. 拙訳『モンスーン文書と日本』一七四・一七五頁。
（33）翻刻本に ditas paates とあるが、ditas partes の誤であろう。ditas partes da Índia のことであろう。
（34）Francisco de Barros. この人物と次の註（35）の人物については不詳である。マドリード政庁の書記官・書記といった役職の者であろう。
（35）Roque Vieira.
（36）APO, 5 - III, pp. 1144 - 1151. Gonçalves Pereira, I, pp. 389 - 397. Hespanha, pp. 126 - 130.

62　一五八七年一〇月二六日付けゴア発、インディア副王の勅令

「国王陛下《スア・マジェスタデ》の領国顧問会議《コンセリョ・ド・エスタド》〔メンバー〕でありインディア副王云々であるドン・ドゥアルテ・デ・メネゼス(1)。私は、この私の勅令《アルヴァラ》を見える者たちに知らせる。国王陛下《スア・マジェスタデ》および過去の亡き歴代国王は、これらの地域を征服した彼らの主要な意図がカトリック信仰の進展以外の何ものでもなかったので、極めて篤いキリスト教信仰の情熱をもって、キリスト教会《クリスタンダデ》の利益のために、いくつかの勅令《プロヴィゾンエス》を発給した。

過去の歴代副王や歴代総督は、一層その事業の近くにいるので、それら〔歴代国王の勅令〕を発展させ、それ〔同事業〕のためになるよう、そしてまたそれが進展するように、他の〔諸勅令〕を発給した。神の恩恵《ファヴォル・ディヴィノ》に浴してこれを前に進めるためには、これら〔の諸勅令〕を履行し遵守しなければならないので、国王陛下および過去の歴代国王が、キリスト教会に関する事柄の利益のため、それに恩恵を施すために発給したすべての諸勅令《プロヴィゾンエス》が、その内容の通りに履行されるのを私は嘉納し、それを喜ばしく思い、そして私はこれ〔本勅令〕によってそれを命じる。また歴代副王および歴代総督のそれら〔諸勅令〕についても、私はそれらを確認する。そしてそれら〔歴代副王・

総督の諸勅令〕をも、いずれもその内容の通りに履行・遵守するよう命じる。またキリスト教徒たちの父《パードレ・パイ・ドス・クリスタンス》パードレ(2)およびその他の聖職者《ミニストロス》たちや関係する人々は、前述の諸勅令によって彼らに認められたものであるから、それらを利用するよう命じる。

私はこれ〔本勅令〕を、私の主君《セニョル》である国王陛下《エル・レイ》のすべての司法関係者《ジュスティサス》、その他の役人《オフィシアエス》たちおよび関係する人々に通告する。そして彼らに対し、そこに何ら疑義をも差し挟むことなく、いかなる異議申立てをすることもなしに、これをその内容の通りに、履行・遵守するよう、履行・遵守させるよう命じる。というのは、私はそうするのが神《デオス》および国王陛下《スア・マジェスタデ》への大なる奉仕になると考えるからである。法典《オルデナサン》第二巻《リヴロ》第二〇項《ティトゥロ》は異なることを規定してはいるが、これ〔本勅令〕は、前述の主君の名で、彼の垂下の印《セロ・ペンデンテ》を押した書簡《カルタ》としての効力を有するものとする。一五八七年一〇月二六日ゴアにおいて、アントニオ・ダ・クニャ(3)がこれを作成した。ドン・ドゥアルテ・デ・メネゼス(4)。」

註

（1）Dom Duarte de Meneses. 一五八四〜八八年インディア副王在任。文書49の註（13）。

（2）Padre Pay dos Christãos. Hespanha, pp. 46, 47. 拙訳『モンスーン文書と日本』六三頁。

（3）Antonio da Cunha. 文書18の註（5）、文書57の註（14）。

（4）APO, 5 - III, pp. 1157, 1158.

63　一五八七年一〇月二七日付けゴア発、インディア副王の勅令

「国王陛下《スア・マジェスタデ》の領国顧問会議《コンセリョ・ド・エスタド》(1)〔メンバー〕であり、インディア副王云々であるドン・ドゥアルテ・デ・メネゼス。私は、この私の勅令《アルヴァラ》を見る者たちに知らせる。この地域のキリスト教徒たちの父《パイ・ドス・クリスタンス》に選ばれたイエズス会《コンパニア・デ・ジェズス》のパードレ・マノエル・テイシェイラ(2)が、私の許に次のように書き送ってきた。すなわち、過去の歴代副王と歴代総督が、キリスト教会《クリスタンダデ》の利益を図り、不信仰《インフィデリダデ》に反対した何通かの勅令《プロヴィゾンエス》を発給した。それらのすべてを私〔ドゥアルテ・デ・メネゼス〕が、他の私の別の勅令《プロヴィザン》によって確認した、と。

それ故、私は次のことを嘉納し、それを喜ばしく思う。キリスト教会《クリスタンダデ》の事業、およびこの〔ゴア〕市の洗礼志願者《カテクメノス》たちの家《カザ》のために充当される旨それら〔勅令〕に言明されているすべての罰金《ペナス》、および同じ目的のために発給された過去の歴代国王および国王陛下《スア・マジェスタデ》のそれら〔勅令〕をその内容通りに履行・遵守し、その〔キリスト教会・洗礼志願者の家の〕資産に充当する旨それら〔歴代国王の勅令〕に規定されている罰金《ペナス》を、私の考えに従って私が任意に使用出来るものとする。

私は、前述の主君《セニョル》のすべての司法関係者《ジュスティサス》、その他の役人《オフィシアエス》たちと関係する人々に、これを通告する。そして彼らに対し、何ら疑義を差し挟むことも、いかなる異議申立てをすることもなしに、それら〔諸勅令〕、およびこの私の勅令《アルヴァラ》の内容通りに、履行・遵守し、履行・遵守させることを命じる。法典《オルデナサン》第二巻《リヴロ》第二〇項《ティトゥロ》は異なることを規定してはいるが、これ〔本勅令〕は、前述の主君の名で、彼の垂下の印《セロ・ペンデンテ》を押した書簡《カルタ》としての効力を有するものとする。一五八七年一〇月二七日ゴアにおいて、アントニオ・ダ・クニャがこれを作成した。ドン・ドゥアルテ・デ・メネゼス(3)。」

註

（1） conselho do Estado. 拙訳『モンスーン文書と日本』三一七・三一八頁。

（2） Manoel Teixeira. 一五八五年一二月二五日付けゴア発、イエズス会ゴア管区長ヴァリニャーノのイエズス会総長宛書簡には、マヌエル・テイシェイラは盛式誓願を立てたパードレで、管区長の顧問を務めていたとある（補註1）。一五八七年一一月二〇日付けゴア発、インディア管区巡察師ヴァリニャーノのイエズス会総長宛書簡には、パードレ・マヌエル・テイシェイラが、キリスト教徒たちの父 Padre de los christianos に任じられた旨、見える（補註2）。一五八七年一二月ゴア作成のイエズス会士名簿（カタログ）にも、同パードレについて、同じ役職が記されている（補註3）。

なおマヌエル・テイシェイラには、「ザビエル伝」の著作がある。Vida del bienaventurado Padre Francisco Javier, Religioso de la Compañía de Jesús (1580).である。この伝記の邦訳（補註4）をしている岸野久氏は、シュルハンマー神父の研究（補註5）による旨を断って、その著者のテイシェイラと彼のザビエル伝について解説を記している。同シュルハンマーの研究においても、テイシェイラが老齢・病弱を押して、ゴアで padre de los cristianos の役職を務めた旨、記されている（補註6）。

（補註1） Documenta Indica, XIV, pp. 171, 194.

（補註2） Ibid., XIV, p. 708.

（補註3） Ibid., XIV, p. 788.

（補註4） 岸野久訳 マヌエル・テイシェイラ著「至福なるイエズス会士パードレ・フランシスコ・ザビエルの生涯（一五八〇年）」一、二。

（補註5） Schurhammer, 1992, III, pp. 594 - 597.

（補註6） Ibid., III, p. 595.

（3） APO, 5 - III, p. 1159.

64　一五八八年一月一日付けゴア発、インディア副王の勅令

「請願書《ペティサン》

キリスト教徒たちの父パードレ《パードレ・パイ・ドス・クリスタンス》(1)は次のように言う。ゴアの第一回管区教会会議《コンシリオ・プロヴィンシアル》(2)は、異教徒絵師《ピントレス・ジェンティオス》たちおよびその他の非信徒職人《オフィシアエス・インフィエイス》たちが、われわれの聖なる宗教キリスト教に対して憎悪を抱いているが故に、その画像《イマジェンス》と肖像《フィグラス》に対し、甚だしく不敬をこめて取り扱ったことを知って次のように命じた。

キリスト教徒は何人《なんぴと》も非信徒絵師に、画像や神聖なる礼拝《クルト・ディヴィノ》に関係するいかなる物をも、描くよう命じてはならない。非信徒の金銀細工師《オウリヴェス》たち・鋳物師《フンディドレス》たち、またはブリキ職人《ラトエイロス》たちに、聖杯《カリセス》・十字架《クルゼス》・蠟燭立《カスティサエス》、その他教会《イグレジャス》において使用されるいかなる品物をも作らせてはならない。前述のゴアの教会会議《コンシリオ》の第二部《アクサン》(3)の、決定事項《デクレト》(4)二八に見られる通りである。

キリスト教徒たちに対して定められた教会会議《コンシリオ》のこのすべての禁令をもってしても、前述の非信徒の職人《オフィシアエス》たちに対して、前述の諸々の品物を作らせないようにするには充分ではないので、〔キリスト教徒の父は副王〕閣下《ヴォサ・セニョリア》に対し、前述の非信徒たちはその〔国王陛下の〕管轄権《ジュリスディサン》に属するのであるから、国王陛下《スア・マジェスタデ》の名で、彼らに対し次のことを命じ、違反したら閣下の判断によって重い刑罰を科すよう要請する。

すなわち、前述の非信徒職人《オフィシアエス・インフィエイス》たちが、神聖なる礼拝《クルト・ディヴィノ》に関する前述の諸々の品物を、われわれの聖なる信仰に対して憎悪を抱いて、甚だしい不敬と冒瀆をもって取り扱っているのに鑑み、非信徒の絵師または彫刻師《エスクルトル》がわれらの主キリストや聖母マリア《ヴィルジェン・ノサ・セニョーラ》、あるいは誰であれその他の聖人の肖像を描いたり、その他何であれ、キリスト教徒たちの神聖なる礼拝や教会《イグレジャス》に関わる品物を作ったりしてはならない。また非信徒の金銀細工師《オウリヴェス》たち・鋳物師《フンディド》た

ち《レス》・ブリキ職人たち《ラトエイロス》、またはその他のいかなる職人たち《オフィシアエス》も、聖杯・十字架・キリスト磔刑像《クルシフィクソス》・聖人たちの像《イマジェンス》またはは肖像《フィグラス》・蠟燭立、その他神聖なる礼拝や教会《イグレジャス》で使用されるいかなる品物をも作ってはならない、と。

そこに前述の諸々の品物を作ることが出来るキリスト教徒の職人たち《オフィシアエス》がいることをも、考慮してのことである。

〔このようにすることによって〕正当なる行為と見なされ、喜捨、および恩恵を受けるものとする。

勅令《プロヴィザン》

国王陛下《スア・マジェスタデ》の領国顧問会議《コンセリョ・ド・エスタド》〔のメンバー〕であり、インディア副王云々であるドン・ドゥアルテ・デ・メネゼス。(5)

私は、この私の勅令《アルヴァラ》を見る者たちに知らせる。

先に記した請願書においてキリスト教徒たちの父《パードレ・パイ・ドス・クリスタンス》パードレが述べていること、およびそこでの彼の主張を考慮し、さらにこのゴア市で開催された管区教会会議《コンシリオ・プロヴィンシアル》の禁令に鑑み、また控訴裁判所《レラサン》の法廷《メザ》の控訴裁判所判事たち《デゼンバルガドレス》の見解も徴して、私は次のことを嘉納し、それを喜ばしく思うが故に、これ〔本勅令〕によって、私の主君《セニョル》である国王陛下《エル・レイ》の名で次のことを命じる。

前述の教会会議《コンシリオ》がそれを禁じた諸理由に鑑みて、何をいかなる期間作るかについて、特に彼らに与える高位聖職者《プレラド》(6)の書面による明確な許可なしには、いかなる非信徒《インフィエル》の絵師《ピントル》もその他の職人《オフィシアル》も、前述の請願書に含まれ、指摘されているいかなる品物をも作ってはならない。いかなる品物であれ、前述の請願書に含まれ言明されている物を作った場合は、初回は五〇パルダウ、(7)第二回目は一〇〇〔パルダウ〕を支払う刑罰を科すこととし、その半分はそれを告発した者に、他の半分はこの〔ゴア〕市の洗礼志願者たち《カテクメノス》の家《カザ》のために充てるものとすること。またさらに第三回目の者はガレー船に流刑されるものとし、私の意のままに、神への奉仕となると私が考えるようなそれ以上の刑罰に処すものとする。

これ〔本勅令〕は、前述の教会会議《コンシリオ》によってすでに公告され、言明されたが、その他に、この〔ゴア〕市の公の場所において公告すること。皆に周知徹底させるためである。それが前述のキリスト教徒たちの父《パイ・ドス・クリスタンス》のためになると思われるからである。またこれ〔本勅令〕の裏面に、前述の通告の期限を定めること。

私はこれを国王陛下《スア・マジェスタデ》のすべての司法関係者《ジュスティサス》・その他の役人たち《オフィシアエス》、および関係する人々に通告する。そして彼らに対し、これをその内容の通りに、いかなる疑義を差し挟んだり、異議申立てをしたりすることなしに、履行・遵守するよう、完全に履行・遵守させるよう命じる。法典《オルデナサン》第二巻《リヴロ》は異なることを規定してはいるが、国王陛下《スア・マジェスタデ》の名で、彼の垂下の印《セロ・ペンデンテ》を押して発給した書簡としての効力を有するものとする。一五八八年一月一日にゴアにおいて、アントニオ・ダ・クーニャがこれを作成した。ドン・ドゥアルテ・デ・メネゼス。

一五八八年一月八日、ゴア市の、公にしてその慣例となっている場所、および金銀細工師たち《オウリヴェス》および絵師たち《ピントレス》の街《ルアス》において公告した証明を有する。

総督マノエル・デ・ソウザ・コウティニョ(8)の確認《コンフィルマサン》

私は、異教徒の絵師は何人《なんぴと》も、われらの主なる神《デウス》や彼の聖人たちの像を描くことも、彫刻することもしてはならないという件に関して、副王ドン・ドゥアルテ・デ・メネゼスが、この〔ゴア〕市のキリスト教徒たちの父《パイ・ドス・クリスタンス》に発給して与えた上記勅令《プロヴィザン》を確認する。私は、いかなる疑義を差し挟むこともなしに、その内容通りにそれを履行するよう命じる。(9)法典《オルデナサン》は異なることを規定してはいるが、書簡として効力を有するものとする。〔一五〕八八年五月九日にレイスにおいて、アントニオ・ダ・クニャがこれを作成した。総督。」(10)(11)

(1) **Padre Pay dos Christãos.** Hespanha, pp. 46, 47. 拙訳『モンスーン文書と日本』六三頁。

(2) **Concilio Provincial.** 管区教会会議については、文書22*の註（1）。

(3) **Acção.** 文書22*・文書41*。

(4) **Decreto.** 文書22*・文書41*。

(5) **Dom Duarte de Meneses.** 本文書の註（10）。

(6) **Prelado.** 拙訳『モンスーン文書と日本』四六〇～四六五頁。

(7) **pardáos.** 文書7の註（3）。

(8) **Manoel de Sousa Coutinho.** 一五八八～九一年インディア総督在任。文書49の註（14）。

(9) **Reis.** ゴアあるいはその近辺の地名であろうが、ゴアのバルデス **Bardez** に **Reis Magos** という名称の所があり、ポルトガル人はそこに砦 **forte** を構築していた（補註1）。同地にはフランシスコ会修道院があった（補註2）。さらにこの **Reis Magos** には教会 **igreja** もあり、副王ドゥアルテ・デ・メネゼスが死亡したのは、この教会においてであった（補註3）。本勅令の発信地 **Reis** とは、この **Reis Magos** のことであろう。

（補註1） Portas & Gonçalves, p. 7. Documenta Indica, VII, p. 51*.

（補註2） Documenta Indica, XV, p. 873.

（補註3） Delgado Domingues, p. 129. Ferreira Martins, 1935, p. 97.

(10) 翻刻本には、次のような註記がある。信憑性の高い史料によると、副王ドゥアルテ・デ・メネゼスは一五八八年五月一五日に死亡した。他方、五月四日に死亡したとの記述もある。この末尾に記したコウティニョの確認文の日付（五月九日）は、後者の死亡日の方が正しいことを裏付ける、と。因みに、各文献に見えるメネゼスの死亡日を確認してみる。

一五八八年五月四日死亡（補註1）。一五八八年五月四日死亡（補註2）。一五八八年五月四日ゴアで死亡（補註3）。一五八八年四月四日ゴアで死亡（補註4）。

（補註1） Ferreira Martins, 1919, p. 313.

（補註2） Ferreira Martins, 1935, p. 97.

（補註3）Delgado Domingues, p. 129.
（補註4）Albuquerque, II, p. 730.
（11）APO, 5 - III, pp. 1160 - 1162.

65* 一五八八年一月二一日付けリスボン発、ポルトガル国王のインディア副王宛書簡

「一〇、大量のシナの銅を保有することが、その〔インディア〕領国《エスタド》にとって極めて重要である。必要な大砲《アルテリヤリア》の鋳造に供することが出来るし、またゴアの泊地《リベイラ》において貨幣《モエダ》を鋳造するためでもある。これはそこ〔ゴア泊地〕の、朕の諸艦隊で働く士官《オフィシアエス》たちへの支払いのためである。貴下もお分かりになるであろうが、それは朕の王室資産《ミニャ・ファゼンダ》に利するところ多大であるので、朕はこれまで毎年、次のように貴下に書き送るよう命じてきた。

すなわち、この銅について、それ〔銅〕をもたらすことを義務づける契約を人々と結ぶように。そしてシナから来る商人たちに対し、あの地域〔シナ〕から彼らがもたらす商品《ファゼンダス》について朕の税関《アルファンデガス》で支払わなければならない税《ディレイトス》金の支払いをするに充分足りるだけの量のそれ〔銅〕をもたらすよう、働きかけること。それはまた、このようにして一層多くの銅を確保出来るようにするためでもある、と。

このために朕は貴下に対し、次のことを依頼する。すなわち、可能な限りの手立てを講じて、そして貴下がアントニオ・カルデイラ(1)と結んだ旨朕に書き送ってきた契約《コントラト》を履行することによって、出来る限りその〔銅の〕すべてをもたらすよう尽力すること。王室資産管理官《ヴェドル・ダ・ファゼンダ》(2)ジャナルヴレズ・ソアレス(3)および何人かの修道士《レリジオソス》たちが、貴下が貴下の書簡の中で指摘している諸理由で、〔その契約履行を〕妨害するであろうが、それら〔の理由〕は、この契

約を毎年結ぶのを止めるには充分ではない。
イエズス会《コンパニア》パードレたちからの、一〇年間、毎年税金《ディレイトス》免除でシナから銅一二キンタル(4)をもたらすことを許してもらいたい、との要請に対して彼らにそれを容認することも、同〔ゴア〕泊地《リベイラ》内であれその外であれ、何人《なんぴと》であれ、たとい修道士たちであっても、彼らの勘定でそれ〔銅〕を貨幣《モエダ》に鋳造する許可を与えることも、朕に対する奉仕にはならないと考える。それというのも貴下は朕に対し、次のように書き送ってきた。その〔インディア〕領国の窮状は甚だしく、朕の王室資産《ミニャ・ファゼンダ》はそれに対応出来ない。この貨幣による利益は、諸々の関係者に与えるよりも、それ〔王室資産〕が確保するのが常に最も適切であろう、と(5)。

〔中略〕

一三、先年朕は貴下に対し、ゴアの施療院《オスピタル》の監督と管理を貴下がイエズス会《コンパニア・デ・ジェス》(6)パードレたちの手に委ねたのを満足に思う旨を書き送ったが、この度貴下の書簡によって、彼ら〔同会パードレ〕がそれを受け入れない諸理由、および貴下がそれ〔施療院の監督と管理〕を委ねた同〔ゴア〕市のミゼリコルディアの院長《プロヴェドル》と兄弟《イルマンス》(7)たちが、うまく運営しているということを知った。
朕は、彼ら〔ミゼリコルディアの院長と兄弟たち〕が前述の施療院の管理を担当するのを嘉納する。朕は、それ〔施療院〕に対して常に特別の配慮をするよう、貴下に依頼する。というのは、それらの地域〔インディア領国〕において病気になる貧しい兵士たちにとって、それは主たる救済機関だからである。また、〔ミゼリコルディアの〕院長《プロヴェドレス》たちについては、同施療院《オスピタル》、およびあのミゼリコルディアの家《カザ》(8)において行われるその他の諸々の仕事のよき管理のために、適切な人物が選出されるよう、貴下が尽力することを依頼する(9)。」

註

（1） Antonio Caldeira. この人物は、provedor da Índia という役職であり（補註1）、内容の点で本文書に関係の深い史料がある。ポルトガル国王がポルトガル副王（補註2）である大司教ドン・ミゲル・デ・カストロ（補註3）宛て送った書簡（一六一五年三月五日付けマドリード発）の要旨が、Filmoteca の機関誌に掲載されているが、そこには次のように見える。

国王はこの書簡で、アントニオ・カルデイラが書き送ってきた書簡の中で表明している、バザルコ貨（補註4）やその他のインディアの貨幣《モエダス》に関する意向を採り入れている。それはすなわち、貨幣のための銅について、王室資産《ファゼンダ・レアル》にのみ帰属する前述の貨幣鋳造〔権〕について、相手が何人《なんぴと》であれ副王（補註5）がこの特権《リベルダデス》を与えるのを禁じる件について、貨幣または大砲のための銅については、直ちに完全に代価を支払うべきことについて。シェラフィン貨（補註6）やサン・トメ貨（補註7）がこれに関係する（補註8）。

アントニオ・カルデイラがその職にあったという provedor da Índia についてであるが、provedor あるいは provedor - mor という役職は、会計院《カザ・ドス・コントス》（補註9）および司法関係に存在した（補註10）。司法関係は考えにくく、会計院の provedor であろう。

（補註1） Boletim da Filmoteca Ultramarina Portuguesa, 16, p. 958.

（補註2） vice - rei de Portugal. 拙訳『モンスーン文書と日本』一八三・二七三・二七四・三〇一頁。

（補註3） D. Miguel de Castro. 拙訳、同右、二七三・三四四・三六〇・三六六〜三六八・三七三・三七八・三八五頁。

（補註4） bazarucos. 文書60*の註（4）。

（補註5） vice - reis と記してある。インディア副王かポルトガル副王か、不明である。

（補註6） xerafins. 拙訳『モンスーン文書と日本』八一・一一二・一三九・一五〇・一五一・二三三・二四五・二四六・三五七頁。

（補註7） são tomés. サン・トメ貨はインディアで鋳造された貨幣で、金貨と銀貨とがあった。フィリペ一世（スペイン国王フェリペ二世）治世（一五八一〜九八年在位）においては、インディア副王はサン・トメ金貨の価値を八・五タンガ（tanga 銀貨は六〇レイス réis の値）に定めた。

サン・トメ銀貨（別名パタカン patacão）については、一五八四年の史料に、六タンガすなわち三六〇レイスに相当する旨、記されている。

Grogan, pp. 61, 77. Dalgado, II, pp. 289, 290, 355 - 357. 拙訳『モンスーン文書と日本』二四五〜二四七頁。

（補註8）Boletim da Filmoteca Ultramarina Portuguesa, 16, pp. 874, 875.

（補註9）Caza dos Contos. 拙訳『モンスーン文書と日本』四九・一五八・三八六頁。Bocarro, 1992, II, pp. 139, 140.

（補註10）Bocarro, 1992, II, pp. 139, 140. Livro das Cidades, e Fortalezas, que a Coroa de Portugal tem nas Partes da Índia, e das Capitanias, e mais Cargos que nelas ha, e da Importância delles, ff. 14v, 16.

（2）Veedor da fazenda. 拙著『モンスーン文書と日本』四九・一五八頁。

（3）APO, 3, p. 114 には Janalurez Soares と記してあるが、この APO から転載したと断っている Documenta Indica, XIV, p. 811 では、Jan'Alvrez Soares と改めている。

（4）quintaes. quintal の複数形。重量単位キンタルについては、拙訳『モンスーン文書と日本』八〇〜八三・五六〇頁。

（5）APO, 3, pp. 113, 114. Documenta Indica, XIV, p. 811.

（6）Companhia de Jessu. 本文書は、APO, 3 掲載の文書が Documenta Indica, XIV に転載されているが、その Documenta Indica の編者は、イエズス会士がゴアの施療院の管理をすることになった件について、同書 XIV, p. 812 に註 (n.11) を付している。

このゴアの施療院に関しては、多数の史料が伝存する。もっともゴアには、イエズス会が関わった施療院として、ポルトガル人の施療院（いわば王立施療院とでもいうべきもの）と、イエズス会が独自に経営した施療院の二つが存在したようで、このことが本件を紛らわしくしている。文書116*の註（8）に、このゴアの施療院に関する史料をまとめて示す。

（7）Provedor e Irmaõs da Misericordia. 拙訳『モンスーン文書と日本』一八六・一八七頁。

（8）原語（原文書および翻刻本）は cassa da Misericordia とあるが、cassa は casa の誤であろう。Arquivo Histórico

de Goa, Livro das Monções do Reino, n.º 3, f. 258.
（9）APO, 3, p. 115. Documenta Indica, XIV, p. 812.

66　一五八八年二月〔　〕日付けリスボン発、ポルトガル国王のインディア副王宛書簡

「朕国王は、貴下すなわち現在その職にあり、そして将来その職に就く朕の副王および総督に、以下のことを知らせる。〔　(1)　〕朕は次のことを嘉納し、それを命じる。

すなわち、シナから商品《ファゼンダス》を、彼の勘定でもたらすか、またはもたらすよう命じるカピタンたち・商人たち、およびその他いかなる人々であれ、今後は朕の税関《アルファンデガス》において、前述の商品についてそこで支払わなければならない税金《ディレイトス》の全額を、銅で支払うに足りるだけの量の銅をもたらす義務を負うものとする。朕は、船荷証券《コニエシメント》(2)が関わる朕の役人たち《オフィシアエス》に対し、前述の税関において前述の税金を前述の銅以外では受け取らないよう、命じる。それ〔銅〕は、ゴア市の財務官《テゾウレイロ》(3)の歳入とすること。それは、常になされてきた如く、そこ〔ゴア市〕の泊地《リベイラ》において貨幣《モエダ》を鋳造するためである。もっとも、貴下の命令によって、大砲鋳造のために必要な分はそこから確保すること。鋳造すべきその銅で作られたかね《ティニェイロ》もまた、貨幣《モエダ》となった一キンタル(4)に相当する〔銅〕毎に、前述の財務官の歳入とすること。

さらに朕は次のことを嘉納し、貴下に命じる。すなわち、いかなる身分・地位の者であれ、何人《なんぴと》に対しても、それらの地域〔インディア領国〕において銅であれ錫《カライン》(5)であれ貨幣《モエダ》を鋳造する許可を与えてはならない。鋳造される〔貨幣は〕すべて、王室資産《ミニャ・ファゼンダ》の会計処理によるものとすること。また何人《なんぴと》かが、彼のいくばくかの銅で貨幣を

鋳造してもよいという、朕または貴下の許可を得ている場合は、貴下が朕の書簡を見て了解した通り、それについて朕に報告し、そして朕がかかる許可について、いかなる措置をとるのがよいか朕の考えを申し送るまで、前述の許可の効力を停止すること。

朕は以上の通り貴下に通告する。そしてこれ〔本勅令〕の内容の通りに、それを完全に履行・遵守させるよう、貴下に命じる。これ〔本勅令〕は、それらの地域〔インディア領国〕の会計院《カザ・ドス・コントス》(6)、およびその〔ゴア〕市とコチンの〔両〕税関《アルファンデグアス》の記録簿《リヴロス》に記録すること。そしてそれら〔両市〕の公の場所に公告し、前述の〔両〕税関の門に、それ〔本勅令〕の正確な写しを掲示すること。全員に周知徹底させるためである。〔法典〕第二巻《リヴロ》第二〇項《ティトゥロ》は異なる規定をしているが、〔本勅令は〕尚書職《シャンセラリア》によって発給された書簡《カルタ》としての効力を有することを、朕は嘉納する。一五八八年二月〔 〕日にリスボンにおいて、ジェロニモ・デ・バロス(7)がこれを作成した。ディオゴ・ヴェリョ(8)がこれを記述させた。国王。ミゲル・デ・モウラ(9)。

銅について。国王陛下披見のために。第四便《ヴィア》(10)。」

註

(1) 原文書に欠損がある。その旨、翻刻本に表示されている。**Arquivo Histórico de Goa, Livro das Monçoes do Reino, n.º 1, f. 12.**

(2) **conhecimento.** この語は多様な語義を持つが、ここで該当すると思われるのは、表記の如き意味ではないかと思う。ポルトガル語辞書には、「何人《なんぴと》かが或る商品を、自分の管理下に置いている旨を明確にする受領書」「輸送のために商品を渡して船積みする者に、船舶側が与える受領書」と見える。**Machado, II, p. 577.**

（3）thesoureiro. 文書44の註（4）。
（4）quintal. 重量単位であるが、換算の基準となる数値もいささか多様で、あまり厳密を期することは出来ないが、およそ六〇キログラムに相当する。拙訳『モンスーン文書と日本』八〇～八二・八四・五六〇頁。
（5）calaim. 拙訳、同右、六七・八四頁。
（6）casa dos contos. 文書52の註（3）。
（7）Jeronimo de Barros. この人物については不詳であるが、リスボン政庁の書記官・書記の如き役職にあった者であろう。
（8）Diogo Velho. 文書52の註（6）。
（9）Miguel de Moura. 文書29の註（8）。
（10）APO, 3, pp. 128 - 130.

67* 一五八八年三月二二日付けリスボン発、ポルトガル国王のインディア副王宛書簡

「三、同じナウ船団で日本司教ドン・セバスティアン・デ・モラエス(1)が行く。それ〔日本キリスト教会〕の高位聖職者《プレラド》(2)はイエズス会《コンパニア・デ・ジェズス》に所属する者でなければならないというのが、朕の考えであった。あの地域〔日本〕に彼が駐錫することによって、神への多大な奉仕となり、あの〔日本〕キリスト教会《クリスタンダデ》が進展するものと朕は期待する。それ故、朕は貴下に対し、彼がその地《エサス・パルテス》〔ゴア〕に到着したら直ちに、次のような命令を与えるよう依頼する。

すなわち、日本に向かう彼〔モラエス〕の船舶に対し、可能な限り速やかに〔航海を行うこと〕、そしてそのために、彼が貴下に提示するであろう朕の勅令《プロヴィザン》に含まれる、同司教職《ポンテフィカル》のために朕が彼に恩恵を与えた諸々の事柄

が、多大な尽力を傾注して行われること。この司教職《ビスパド》関係の文書《レトラス》がローマから当地に届くのは、このナウ船団の出帆直前であるため、それらをここから運ぶための時間的余裕がないので、その地〔ゴア〕において〔文書が〕作成されるのを嘉納する。また船舶は彼〔モラエス司教〕のため、およびパードレたちや、彼が自分の職務のために連れて行き、日本において彼に同伴することになるその他の人々のためのものとすること。

彼の船中食糧《マタロタジエン》のために必要なものを与えるよう、指示すること。彼が貴下に提示するであろう朕の勅令《プロヴィザン》により、朕は、前述の〔日本〕司教職《ビスパド》に給付された俸禄《ドテ》(3)二〇万レイス(4)の外に、毎年彼が受け取るものを彼に対して明らかにするよう、命じた。それはすべて、支払い状態のよい、しかもそれが妥当なものであるなら、彼の支出のために毎年彼に送ることが出来るような、その〔インディア〕領国の定収入《レンダ》の一つに設定するよう指示すること。(5)」

註

（1）**Dom Sebastiaõ de Moraes, Bispo do Japaõ.** 日本カトリック教会は一五八八年二月一九日、マカオ司教区から分離独立する形で府内司教区が創設された。府内司教というより、日本司教と称することが多いが、その初代司教がイエズス会士セバスティアン・デ・モラエスである。拙著『キリシタン時代対外関係の研究』五〇九・五一〇頁。

（2）**prellado.** 拙訳『モンスーン文書と日本』四六〇～四六五頁。

（3）**dotte ordenado ao ditto bispado.** **dote** が **ordenado**（俸禄）と同義で使用されたことは、拙訳、同右、三五九頁に記した。ここでの **ordenado** は「俸禄」の意味ではなく、**ordenar** の過去分詞として使用された語であろう。

（4）**duzentos mil reis.** 四〇〇レイス＝一クルザド、したがって二〇万レイス＝五〇〇クルザドである。この日本司教の俸禄については、拙著に記した。

レイスについては、文書11の註（4）の（補註17）、日本司教俸禄については、拙著『キリシタン時代対外関係の研究』五一三～五一七頁。

（5）APO, 3, p. 159. 岡本良知「十六・七世紀日本関係公文書」一九一・一九二頁。

68* 一五八九年二月六日付けリスボン発、ポルトガル国王のインディア副王宛書簡

「六、フレイ・マルティニョ・イナシオ・デ・ロヨラ(1)がマカオの町《ポヴォアサン》において貴下が言う軽薄で放縦な振舞をして、それ〔同町〕を多大な難儀に突き落とし、イエズス会《コンパニア・デ・ジェズス》修道士《レリジオゾス》たちのシナ入国を危うくした旨、貴下が朕に書き送ってきたことを、朕は不愉快に思った。彼ら〔イエズス会士〕はあの地域〔シナ〕において、多大な実りを生みつつあるのだ。

昨年朕は、彼〔マルティニョ・イナシオ・デ・ロヨラ〕のシナ入国に同意してはならないこと、および彼をして彼の同伴者《コンパニェイロス》たちと一緒にマラッカに来させるようにということを貴下に書き送るよう、命じた。あの〔マラッカ〕市の司教(2)が彼ら〔マルティニョと彼の同伴者たち〕に対し、福音を説教する場所を制限するためであった。前述のフレイ・マルティニョは、昨年のナウ船団の〔ポルトガル〕到着後に、ペルー経由でこれらの王国〔ポルトガル本国〕に着くので、朕は、彼に関して別の書簡で貴下に報せようと思う。そこ〔インディア領国〕に留まった彼の同伴者たちに対しては、昨年朕が貴下に書き送るよう命じたような仕方で、規律正しく対処すること。

七、シナ司教(3)が〔一五〕八七年コチンで越冬し、その後ゴアに行って彼の俸禄《オルデナドス》の支払いを要請した。そのため貴下が彼に合わせて、彼が直ちにマカオに戻れるような措置をとった旨貴下が記述する件についてであるが、朕は貴下が彼のためにとった行動は適切なものであったと考える。また朕は、あのシナの地域においてイエズス会《コンパニア》の修道士《レリジオソス》たちが成果を収めている旨貴下が朕に書き送ってくること、およびこの王国〔ポルトガル〕に来た日本人

貴族《フィダルゴス》たちを貴下が、そこ〔日本〕に巡察師《ヴィシタドル》として赴くパードレ・アレサンドレ・デ・ヴァリニャーノ(4)と一緒に日本に送ったことに、満足を覚えた。

あの地域〔日本〕におけるそこの異教徒の改宗において、多大な成果を上げていることを朕は了解している。それ故、朕はこの改宗を、その全体と個別とを問わず、全面的に貴下に依頼したのであるから、それに即して可能な限りそのすべてにおいて、神と朕に対して多大な奉仕となるこの働きに従事している聖職者《ミニストロス》たちに恩恵を施し、支援するよう貴下に依頼する。

八、これらイエズス会の修道士たちがあの地域〔日本〕において行っている取引《トラトス》をめぐって非難を浴びており、シナ司教や何人かの他の人々がそれについての情報を貴下に与えた旨を、貴下が〔朕への書簡で〕取り上げているが、朕はそれについて不快の念を抱いた。

彼らが神への奉仕のために行動しているこの働きにおいては、彼らが一層順調にそれ〔布教〕を続けることが出来るように、恩恵に浴し、支援を受けるのが当然であるし、また彼らについて何らかの躓きを来して当然と思われるようなことは抑制し、阻止するのが適切である。それ故、朕は貴下に対し、これら二つの事柄について、一方では彼らが恩恵に浴し、他方彼らが注意を受けて、貴下が朕に書き送ってくるような非難が起きることのないように依頼する。(5)」

註

(1) **Frei Martinho Ynacio de Loyola**. **Fr. Martín Ignacio de Loyola** はスペイン北部、フランスとの国境に近いエイバル **Eibar** という町に生まれた。イグナティウス・デ・ロヨラの甥に当たる。サンティアゴ管区（ガリシア）でフランシスコ会に入会し、すぐに聖ホセ管区に移った。バリャドリドのアラエホス **Alaejos** の町で最初のミサを挙げた。

その後セゴビアの修道院で神学を講じた。

この聖ホセ管区から一六人のフランシスコ会士を、フィリピン布教のために派遣することになり、一五八一年五月一二日彼もこのグループに加わったが、乗船することが出来なかった。この時、彼はアビラのフォンティベロス **Fontiveros** 修道院にいた。翌一五八一年六月一三日、彼は改めてこのグループに参加し、三一人からなるフランシスコ会士派遣団に加わってスペインを発った。

フィリピンに着いてすぐにシナ布教を希望したが、総督に留められ、一五八二年にはフィリピンで布教活動をしていた。結局同年七月二一日に **Capsozón**（**Missionalia Hispanica, 28, p. 25.**『シナ大王国誌』三五頁）の港に着いたが、そこで捕らえられ、死罪を言い渡されたが、マカオのカピタン・モール、ゴンサロ・アリアス・デ・ミランダ **Gonzalo Arias de Miranda** が間に入って解放し（補註1）、フライ・マルティン等一行を、自分の管轄権の及ぶマカオに連れて行った。

マカオとマラッカにおけるフランシスコ会士の間でそれを求める要求が高まったので、同会遣外管区長《コミサリオ》はマラッカに副管区《クストディア》を創設した。そしてそこの副官区長《クストディオ》（補註2）にマルティンが任命された。彼は同会修道士と一緒に、一五八三年一月二七日マラッカに着いた。しかし、本国の関係者から反対が出て、帰国しなければならなくなった。東インディア経由で帰国し、一五八四年一月ゴアを発ってリスボンに向かった。このようなわけで、フライ・マルティン・イグナシオ・デ・ロヨラは、世界一周をした最初のフランシスコ会士である。プラテロによると、彼はこの経験を生かして、**Itinerario** を著述した。彼は一五八四年一一月にリスボンからローマに着いた。彼の著書は、ローマで出会ったアウグスチノ会士フアン・ゴンサレス・デ・メンドサ **Fr. Juan González de Mendoza** の著書（補註3）の一部として、一五八五年に同地で出版された。スペインからメキシコ・フィリピン・シナ・マラッカ、そして東インディア経由でのスペイン帰国に至る旅行記である。

ローマでフライ・マルティンは、教皇グレゴリウス一三世 **Gregorius XIII**（一五七二〜八五年在位）に謁見した。マルティンは教皇に対し、東インディアでの布教の必要を説き、教皇から、スペイン国王の許可を得た上で、何人かの修道士と一緒に再びシナに行くことについての認可を得た。そこでマルティンはスペインに行き、フェリペ二世とインディアス枢機会議《コンセホ》から計画に同意を取りつけようとした。同国王は、彼が二〇人の修道士と一緒に、リスボンから渡航するのを許可した。

フライ・マルティンは、一五八五年三月リスボンを発ち、同年一二月一五日マラッカに着き、さらにそこから修道士たちとともに広東に行った。彼はそこで、同市関係者に布教の許可を求めた。しかし、三人の修道士が虐待を受け牢に入れられた挙げ句に、それを拒否された。ポルトガル人たちの調停もあって、彼らは結局、シナ布教の計画を放棄することとマカオに行くことを条件に、解放された。そこで彼らは再びマカオに赴き、そこからメキシコに渡った。一五八九年フライ・マルティンは、スペインに帰った。結局彼はそれぞれ逆回りで、二度世界周航を行ったことになる。

マルティンはスペイン国王およびインディアス枢機会議に、極東での布教活動にともなう諸々の困難を伝えた後、聖ホセ管区のカダアルソ **Cadahalso** 修道院で暮らし、彼が望むシナ布教計画の実行を、インディアス枢機会議が決断するのを待った。しかしこれは、ポルトガル人宣教師の方が先に関心を持った企画であった。彼らは、ポルトガル王位に帰属する土地において、スペイン人宣教師が自由に活動するのを許可することには、強く抵抗した。フライ・マルティンの計画が進捗しなかった主な理由は、ここにあった。

彼はカダアルソ修道院にあって、司祭としての聖務に専念したが、一五九四年フライ・アロンソ・デ・ブエナベントゥラ **Fr. Alonso de Buenaventura** が、パラグアイ布教のための宣教師を募っていたのに対し、彼もその呼び掛けに応じた。その後彼はアスンシオン **Asunción**（パラグアイ）およびラ・プラタ **La Plata** の司教となった。マルティン司教は一六〇六年六月九日ブエノス・アイレスで死亡した（補註4）。

以上は、敢えて分類をするなら、主にスペイン側に立ってフライ・マルティン・イグナシオ・デ・ロヨラについて記述した文献によって、彼の足跡を辿ったが、ここで本文書の内容との関わりについて少し触れておく。本文書に、フライ・マルティンがマカオで軽率な行動をとったがために、ポルトガル人に迷惑をかけ、イエズス会士によるシナ布教の進捗の邪魔をした旨、インディア副王から国王に報告があったと記されている。

これは一五八六年フライ・マルティンが同会修道士たちと一緒に広東に行き、市の関係者にシナ布教の許可を求めたところ、手荒い処遇を受け、ポルトガル人が仲に入ってくれたお陰で、マカオ行きを条件に解放された出来事を指すのであろう。

この時のマルティンの極東行きは、国王の許可を得て、二〇人の同会宣教師たちとともにリスボンからポルトガル船に乗って、ポルトガル・ルートで渡航したものであった。それが、広東上陸後彼らに慎重を欠く行動があったためか、シナ人との間にトラブルを起こし、ポルトガル人の手を煩わせる羽目となったばかりか、今後の進展を期していたポルトガル系イエズス会士によるシナ布教にとって、支障となるかも知れないとあって、インディア副王として、国王フィリペ一世（スペイン国王フェリペ二世）に事の次第を報じたわけである。一行が国王の許可を得てリスボンから渡来したので、副王としては尚更国王に善処を求めたい気持ちがあったのであろう。国王も、副王から報せを受けた以上、表立ったところでは本文書の如く、フランシスコ会士一行に対して、厳しい姿勢で臨む素振りを見せないわけにはいかない。

なお本文書において、近くフライ・マルティンが西インディアス経由で帰国する旨見えるが、先に記した通り、事実彼はマカオからメキシコ経由で、一五八九年にスペインに帰国した。

フライ・マルティンは帰国後、スペインの国王やインディアス枢機会議がシナ布教の実行に向けて動き出すことを、待っていたようであるが、しかしポルトガルに対する配慮も必要で、国王政府の側が主導する形での同地布教は容易な話ではなかったというべきであろう。

なおマルティンの死亡時および教会内の地位等については、さまざまな記述が見られる。例えば（補註3）に挙げるゴンサレス・デ・メンドサの著書の邦訳『シナ大王国誌』の巻頭の解説の中にマルティンの紹介記事が見え、そこでは彼の死について「一六〇一年現在のパラグアイのアスンシオンの司教となり、一六一二年ブエノス・アイレスで昇天」と記す（三六頁）。これに対し、プラテロ **Platero** は、マルティンは一六〇五年リオ・デ・ラ・プラタ **Rio de la Plata** 大司《アルソビスパド》教に昇進し、一六一二年同大司教区で死亡したと記す（三八頁）。

しかし、マルティンの生涯に関するモリナ **Molina** の論文には、彼はリオ・デ・ラ・プラタの司教《オビスポ》として一六〇五年六月七日に死亡した旨、記述されている（五二頁）。もっともモリナの同じ論文の別の箇所では、彼の死を一六〇六年と記す（四五・四六頁）。イボット・レオンは、アスンシオン司教 **Obispo de Asunción** マルティンはブエノス・アイレスで一六〇六年六月九日に死亡したと記す（九七〇頁）。

（補註1）プラテロによると、一五八二年フライ・マルティンはチンチェウ（漳州または泉州）および広東で捕らえられ、虐待を受けたが、マティアス・ペネラ Matias Penella に救出され、マカオに行った、とある。なおカピタン・モール名はアイレス・ゴンサルヴェス・デ・ミランダとする文献もあり疑義がある。
Platero, pp. 37, 38. Boxer, 1959, pp. 45, 46. Boxer, 1991, p. 203.

（補註2）フランシスコ会の遣外管区長・副管区・副管区長については、拙訳『モンスーン文書と日本』四五六・四五七・四六〇〜四六五頁。同会マラッカ副管区については、文書109*の註（4）の（補註8）。

（補註3）Mendoça. 本書は邦訳もある。長南実訳 矢沢利彦訳・注『シナ大王国誌』、Fray Martín Ignacio de Loyola, Itinerario は『シナ大王国誌』の第二部第三巻に収められている。

（補註4）Molina, pp. 21 - 71. Ybot León, II, p. 410, 480 - 482, 897, 970. Teixeira, 1956 - 1961, III, pp. 422, 425, 427 - 431, 480, 535 - 537. Teixeira, 1978, pp. 309 - 375.

（2）ドン・ジョアン・リベイロ・ガイオ D. João Ribeiro Gaio（一五七九または一五八一〜一六〇一年在任）。
Teixeira, 1957, IV, pp. 66, 103. Teixeira, 1961, I, pp. 103, 141 - 190. 拙訳『モンスーン文書と日本』二六七頁。

（3）Bispo da China. シナ司教とはマカオ司教のことであるが、ここに記されているシナ司教とは、レオナルド・フェルナンデス・デ・サ D. Leonardo Fernandes de Sá である。シトー会 Ordem Cisterciense およびキリスト騎士修道会 Ordem Militar de Cristo に所属した。

本文書に、シナ司教レオナルド・フェルナンデス・デ・サが一五八七年コチンで越冬し、その後、つまり翌一五八八年にゴアに行って、シナ司教の俸禄の給付について要請した旨、副王から報せを受けたと記されている。

しかしマヌエル・テイシェイラ Manuel Teixeira によると、この間の彼の動静は次の通りである。彼は、ゴアで開催された第三回管区教会会議 Concílio Provincial に出席するために、一五八四年末〜八五年初マカオを発った。同会議は、ゴア大司教（補註1）フレイ・ヴィセンテ・ダ・フォンセカ（補註2）の主宰の下に一五八五年六月九日から同年一一月二四日（補註3）まで開催された。しかし、彼がゴアに着いたのは一五八七年であった。アチェー Achem（補註4）の捕虜になったからである。彼はおそらく翌八八年までゴアに居り、八九年にはすでにマカオに戻っていた。

したがって、マカオ司教レオナルド・フェルナンデス・デ・サの動静に関する本文の記述は正確さを欠いている。ということは、副王から国王への報告が正確ではなかったことを意味する。それが、司教が敵対するアチェーの捕虜になって会議に出席出来ない事態になるが如き不祥事を意図的に伏せたものか、その真相は不詳である。

（補註1） Arcebispo de Goa. ゴア大司教については、拙訳『モンスーン文書と日本』一三六頁。

（補註2） D. Fr. 〔João〕 Vicente da Fonseca. ゴア大司教、一五八三〜八六年在任。
Ferreira, p. 217. Sá, pp. 78, 79.

（補註3） APO, 4, pp. 112 - 114, 183.

（補註4） スマトラ島東北端に存在した王国。拙訳『モンスーン文書と日本』三六五頁。

〔註（3）の文献〕

Teixeira, 1940, II, p. 86 ; 1976, XII, p. 47. なお、マカオ司教および同司教区統轄者については、拙訳『モンスーン文書と日本』四〇二〜四〇九頁。

（4） Padre Alexandre de Valinhano. ヴァリニャーノは帰国途上の少年使節一行と同行して、インディア副王の使節として、副王の豊臣秀吉宛親書を携えて来日した。一五八八年四月二二日ゴア出発、同年七月二八日マカオ到着、一五九〇年六月二三日マカオ出発、同年七月二一日長崎到着、同年一一月末〜一二月初長崎出発、同年一二月京都到着、一五九一年三月三日（天正一九年閏一月八日）聚楽第で秀吉に謁見した。Schütte, 1968, pp. 1025. 拙著『キリシタン時代の貿易と外交』第三部第二章。

（5） APO, 3, pp. 179, 180. 七節は、岡本良知「十六・七世紀日本関係公文書」一九五・一九六頁。

69* 一五八九年二月六日付けリスボン発、ポルトガル国王のインディア副王宛書簡

「六、イエズス会《コンパニア・デ・ジェズス》の修道士《レリジオソス》たちがその〔インディア〕領国内の朕の王室資産《ミニャ・ファゼンダ》に有する定収入《レンダス》について、貴下が朕に書き送ってきた明細書《フォリヤ》を披見した。朕は貴下に対し、常にそれの順調な支払いが行われることを命じるよう、

依頼する。

それらの地域〔インディア領国〕で彼ら〔イエズス会修道士〕が所有するすべての資産《ファゼンダ》についての情報を得ることが出来るように、朕は貴下に対し、たとい朕の王室資産でなくても、遺産であれ購入したものであれ、あるいは遺言によって彼らに遺贈されたものであれ、いかなる方法〔で入手したもので〕あれ、前述の修道士たちが有するすべての定収入《レンダス》・村《アルデアス》・不動産について、別の明細書《フォリャ》を朕に送ってくるよう依頼する。さらに、前述の地域〔インディア領国〕において彼ら〔イエズス会士〕が有するすべてのカーザとコレジオについて、およびそこに駐在する修道士《レリジオソス》たちについて、貴下は朕に報告すること。

七、先年朕が貴下に対し、その〔インディア〕領国に来た前述の〔イエズス会〕パードレたちに贈物を渡すべく指示するよう命じたところ、この度、彼らはまず最初に話を聴いてもらわなければならないと言って、それらを受け取ろうとしない旨、貴下が朕に書き送ってきたので、朕は貴下に次のことを依頼する。

すなわち、それなら実際に彼らからそれらを返させること。そして彼らがそれらを受け取るのを望まない場合は、次のように彼らに言明するよう命じること。もしもそれらを受け取るのを望まなければ、もう決して彼らがそれらを手に入れることは出来ないし、それら〔贈物〕の代りに朕の王室資産《ミニャ・ファゼンダ》から彼らに与えた二〇〇〇パルダウ(1)をも得ることはない、と。貴下はその通り履行させること。

八、その〔インディア〕領国を統治しているドン・フランシスコ・マスカレニャス伯爵(2)が朕の名で、彼〔カストロ〕をそこの領主《ノメオウ》(3)としたサルセテ(4)のいくつかの村を、(5)ドン・ペドロ・デ・カストロ(6)がこれらの〔イエズス会〕修道士に贈与した旨、貴下が朕に書き送ってきた件についてであるが、貴下が貴下の書簡で指摘している諸理由により、かかる贈与は実行されないことを朕は嘉納す。

朕への奉仕となる他の多くの理由により、前述の修道士たちが前述の村々を所有すること、前述の伯爵がドン・

ペドロに対して行った贈与、さらには他の何人《なんぴと》に対してであれ前述の村々について行われたことが、朕の特別の許可と確認なしに効力を持つことは、すべて適切ではない。同ドン・ペドロがこれらの〔イエズス会〕修道士に対して、それら〔の村々〕の贈与を行うことは出来ないし、八〇〇〇～一万パルダウまで(7)の不動産《プロピエダデス》を所有し購入することが出来るために彼らが所持しているという勅令《プロヴィザン》は、国王の村々や借地料《フォロス》においては根拠とはなり得ない。

それ故、かかる勅令《プロヴィザン》は、朕に提示して、朕がそれを確認するまでは、または、一層朕への奉仕になると思われることを命じるまでは、効力を持たないことを嘉納する。貴下はこの旨彼らに通告させること。また前述の勅令《プロヴィザン》を貴下の許に取り寄せ、その〔インディア〕領国の書記官《セクレタリオ》(8)がその原文書《プロピア》から筆写して署名した、真正の写しを朕に送ってくること。(9)」

註

(1) **dous mil pardáos.** パルダウの通貨単位は、東インディアにおいてさまざまな使い方をしたので注意を要するが、ここに見える二〇〇〇パルダウ、および註(7)の八〇〇〇～一万パルダウは、パルダウ銀貨による価値表示と理解してよいであろう。公定換算率によると、**1 pardau＝300 réis** および **1 cruzado＝400 réis** である。つまり二〇〇〇パルダウは一五〇〇クルザドに等しく、註(7)の八〇〇〇～一万パルダウは六〇〇〇～七五〇〇クルザドに等しい。文書7の註(3)。

(2) **Conde Dom Francisco Mascarenhas.** 一五八一～八四年インディア副王在任。文書49の註(1)。

(3) 本文書の註(6)に訳載した、一五八五年八月五日付けゴア発インディア副王ドゥアルテ・デ・メネゼスが、ポルトガル国王名で発給した文書のことか。本文書には副王フランシスコ・マスカレニャスがカストロに三村を与えたように記されているが、註(6)に記した通り、ドゥアルテ・デ・メネゼスの誤であろう。

(4) **Salcete.** 本文書の註(6)の(補註3)に記した通り、ゴアのサルセテのことである。

(5) **alguãs aldeas.** 翻刻本の脚註によると、原文書欄外に註記あり、これらの村 **aldeas** が **Coculim** の村々である旨を明示しているという。本文書の註（6）の（補註3）。

（6）**Dom Pedro de Castro. Castro** は **Crasto** と記した史料もある。このドン・ペドロ・デ・カストロ（またはクラスト）はインディアに居住していたポルトガル人貴族で、一五八五年ポルトガル国王はインディアにおける彼の功業に報いるために、サルセテの三村を永久に賃貸した。カストロはその後この所得を、インディアのイエズス会に寄付したため、国王から貴族カストロへのこの報酬に、イエズス会が関わることとなる。この件については、**Documenta Indica** 収載文書によって事実関係のみを拙著に記したが（補註1）、今本文書によると、この時の国王からカストロへの贈与が、国王の意向というより、多分にインディア副王の意思によってなされたものであり、しかもこの件に関して副王がとった措置と国王の意向との間には、齟齬が見られたことなどが判明する。それ故、この贈与関係史料の中でもこの点の解明に最も重要と思われる、一五八五年八月五日付けゴア発、ポルトガル国王の文書を次に訳載する。長文故、要所を抜粋引用する。

「神の恩寵によって、ポルトガル国王ドン・フェリペ **Dom Phelipe** 云々。この朕の書簡《カルタ》〔法令〕（補註2）を見る者たちに知らせる。

朕の王室の貴族であるドン・ペドロ・デ・カストロ **Dom Pedro de Castro** が、インディアの地域において多年にわたり、彼の資産からの継続的出費と支出をともなう多大な奉仕を朕に対して行ってきたことを考慮して、〔中略（以下、インディア領国統治に関わるカストロの功績を具体的に列記）〕朕は、前述の諸理由により、諸債務の部分だけでもそのすべてを埋め合わせるために、次の措置をとるのを嘉納し、それを喜ばしく思う。

すなわち、前述のドン・ペドロ・デ・カストロに対し、彼と彼の相続人《エルデイロス》たち・継承者《スセソレス》たちに対し、朕〔の所有〕に帰属するサルセテ（補註3）の朕の土地の、**Ansoloná, Velli, Ambelli**（補註4）という名称の村《アルデアス》々を、それらの年貢徴収権《グアンカリアス》（補註5）およびそれらに関わるその他諸々のものとともに、永久に永代借地人《ファティオタ》（補註6）の権利を与える恩恵を施した。

そのわけは、それら〔の村〕の年貢徴収者《グアンカレス》たちが、朕の王位《コロア・レアル》に反逆的な態度をとったことにあった。アントニオ・ムニス・バレト（補註7）が〔インディア〕総督であった時に、彼らは反抗し、朕のゴア市のカピタンや、ラショル（補註8）のそれ〔カピタン〕に対しても反逆した。同じくアウグスティニョ・ヌネス（補註9）が前述のラショル要塞のカピタンであった時にも、彼に対して反逆的態度をとった。

　またイダルカン（補註10）がそれ〔ラショル要塞〕に攻撃を仕掛け、この〔インディア〕領国に対して行った戦争（補註11）に際し、指揮官《ナイケス》（補註12）・歩兵《ピアンエス》（補註13）、および守備隊長《ペルヴェゼス》（補註14）が前述の要塞に敵対し、彼ら〔インディア総督・要塞カピタン〕に対しても、朕の司法関係者《ジュスティサス》や役人《オフィシアエス》たちに対しても、当然そうすべきであるにもかかわらず服従しなかった。〔年貢徴収者たちは〕朕に借地料《フォロス》を納めず、前述の〔ラショル〕要塞の執行官《レイリニョ》（補註15）や指揮官《ナイケス》とともに襲い、朕への奉仕にとって適切な尽力をしていたにもかかわらず、彼ら〔インディア総督・要塞カピタン〕を傷つけ、彼らに対しその他の苦難を与え、〔異教〕寺院《パゴデス》（補註16）を武装した。そして最後にはゴメス・エアネス・デ・フィゲレド（補註17）およびドン・ジェリアネス・マスカレニャス（補註18）に対して反逆的行動に出て、新たにこの〔インディア〕領国に対し戦闘を始めた。そしてイエズス会《コンパニア》の何人かのパードレ、ラショルの地の書記官《エスクリヴァン》（補註19）、その他の人々を殺害した（補註20）。

　それ故朕は、前述の村々《アルデアス》と年貢徴収権《グアンカリアス》に関して朕の王室資産《ミニャ・ファゼンダ》が有する、そして有することが可能なすべての権利とその行使《アウサン》（補註21）、およびそれらに隣接したその他の諸々の事柄を、上述の如き方法か、またはその他のいかなる方法であれ、彼に恵与する。

　したがってそれら〔諸権利・諸々の事柄〕について、前述のドン・ペドロ・デ・カストロに所有権《ポセ》を与えること。彼がそれら〔村々・年貢徴収権・諸々の事柄〕を保有し、自分のものとし、そしてそこから利を得るためである。また彼や前述の彼の相続人たちや継承者たちが、それら〔村々・年貢徴収権・諸々の事柄〕について、彼自身のものに関して行うが如くに、望み通りにすべての善　行《ベンフェイトリアス》を自発的に行うためである。その要求があれば、彼は彼の費用でそれ（補註22）を行うものとする。

　それに関して、彼〔ドン・ペドロ・デ・カストロ〕や前述の彼の相続人たちや継承者たちは、前述の所有者《ポスイドレス》たちが朕に支払ってきた借地料《フォロ》を、土地貸借契約書《フォラル》の内容通り、前述の所有権《ポセ》〔獲得〕の日から以降それ〔土地貸借契約書〕の期間、支払う義務を負い、またそれら〔村々・年貢徴収権〕に関わるその他の義務を履行するものとする。

　〔中略（以下、カストロへの上述の村々譲与に関する細部にわたる規定等列記）〕

　八月五日朕のゴア市において、ポルトガルの王位《コロア》の王室紋章《アルマス・レアエス》の印を押して、発給された。国王陛下《エル・レイ》は、彼の領国《コンセ》顧問会議《リョ・ド・スタド》（補註23）〔のメンバー〕であり、インディア副王であるドン・ドゥアルテ・デ・メネゼス（補註24）を介して、それを命じた（補註25）。われらの主イエズス・キリスト生誕以後一五八五年、アントニオ・モウティニョ（補註26）がこれを作成した（補註27）。ジョアン・デ・ファリア（補註28）がこれを記述させた（補註29）。ドン・ドゥアルテ・デ・メネゼス。ファリア。（補註30）」

（補註1）拙著『キリシタン時代の文化と諸相』二一八・二一九頁。

（補註2）esta minha carta. この carta は、carta de lei「書簡法令」のことであろう。同類の文書に頻出する語である。

（補註3）Salcete. Coculim（a）, Assolná, Velim, Ambelim はすべて、ゴアのサルセテ内の地名である。Documenta Indica, VII, p. 51*に掲載されている Goa, Bardez, Salcete, および近隣の島々の地図にこれらの地名が見える。

（a）本文書の註（5）に見える。

Portas & Gonçalves, 巻頭の地図。Saldanha, I, p. 141.

（補註4）三村の内、Velli, Ambelli はそれぞれ、Velim, Ambelim と綴るのが正しいようである。なお Assolná, Velim, Ambelim の三村の永代借地権が Pedro de Castro に恵与され、それがまた Castro からイエズス会に譲与されたことは、サルダニャも記している。

Documenta Indica, XIV, p. 923. Saldanha, I, pp. 141, 142.

（補註5）guancarias. ダルガドによると、村の gancar たちの組合、あるいは村の gancar の権限を意味する。そして gancar とは、辞書によると、ポルトガル領インディアにおける年貢《レンダス》徴収者のことである。

Dalgado, I, 417. Machado, III, p. 490.

（補註6）fatiota. enfiteuta のこと、つまり enfiteuse（永代借地権）契約によって土地の使用権を有する者である。

Documenta Indica, XIV, p. 630, nota 7. Machado, II, p. 1246.

（補註7）Antonio Munis Barreto. António Moniz Barreto, 一五七三〜七六年インディア総督在任。

Delgado Domingues, p. 124.

（補註8）Rachol. ゴアのサルセテの、ズアリ Zuari 川寄りの村であり、そこにポルトガルの要塞があった。一七七三年に作成されたゴアの地図（Arquivo Histórico Colonial 所蔵）には Prasa de Raxol「ラショル広場」と見える。この地図は、次に挙げるBoletimおよびMatosに収載。

Boletim, 1950, I, pp. 266 - 267. Matos, 1982, p. 192. Bocarro, 1992, II, pp. 178 - 180. Documenta Indica, VII, p. 51*. Portas & Gonçalves, p. 7. 拙訳『モンスーン文書と日本』四二・四三頁。

（補註9）Augustinho Nunes. 彼がいつラショル要塞カピタンを務めたのか、不詳である。この人物の足跡に関しては詳細は不明であるが、シャウル要塞をムガル帝国の攻撃から守る戦いに加わった人物の中に、彼の名が見える。

Faria e Sousa, IV, p. 96.

（補註10）Idalcão. Hidalcãoとも綴る。文書33の註（7）。

（補註11）一五七八年の出来事である。一五七八年一〇月二〇日付けゴア発、イエズス会士ゴメス・ヴァズのイエズス会総長宛年報に記されている。Documenta Indica, XI, pp. 261, 262.

（補註12）naiques. ポルトガル領インディアで使用された語で、現地人歩兵隊のカピタン・指揮官を意味したが、一般に首長・カピタンの意味で用いられることもあった。一五八一年の記録によると、当時ラショル要塞には、指揮官nayques二人、歩兵piães（次の補註13）二二人おり、さらに執行官meyrinho（左の補註15）が一四人の歩兵piãesを持っていた。一六三五年の記録によると、当時ラショル要塞には、指揮官naiqueが二人、歩兵piãesが二二人いた。

Matos, 1982, p. 165. Bocarro, 1992, II, p. 178. Dalgado, II, pp. 91 - 93.

（補註13）原語（翻刻本）はpiãesであるが、peão（歩兵）の複数形であろう。

（補註14）perveses. pervesの複数形であろうが、この語は存在しないようである。Documenta Indica編者は、paraus（parauの複数形）のことであろう、と推測する。

parauとは、ダルガドによると、守備隊長を意味する語であろうという。

Dalgado, II, p. 172.

（補註15）meirinho. 一五八一年の記録によると、ラショル要塞には執行官meyrinhoが一人いた。

Matos, 1982, pp. 164, 165. 執行官については、拙訳『モンスーン文書と日本』一六〇頁。

（補註16）pagodes. 文書4の註（4）。

（補註17）Gomes Eanes de Figueredo. ラショルのカピタン。
Danvers, II, p. 52. Documenta Indica, XII, p. 977.

（補註18）Dom Jelianes Mascarenhas. Dom Gil Ianes Mascarenhas という綴りでも史料に見える。マラバル海岸 Malabar Coast のカピタン・モール。
Documenta Indica, XII, pp. 976, 977.

（補註19）escrivão das terras de Rachol. ゴンサロ・ロドリゲス Gonçalo Rodrigues のこと。
Documenta Indica, XII, pp. 928, 979 ; XIV, p. 924.

（補註20）サルセテにおける一連の騒動については、ダンヴァースも記している。
Danvers, II, p. 52.

（補註21）aução. acção と同義の古語。司法における権利の行使を意味する。
Machado, I, pp. 95, 760.

（補註22）原語（翻刻本）は a fará であるが、a は bemfeitorias（善行）に代わる代名詞だと思われるので、as と記すべきであろう。

（補註23）seu concelho do stado. 領国顧問会議 Conselho de Estado については、拙訳『モンスーン文書と日本』三二七・三二八頁。

（補註24）Dom Duarte de Meneses. 一五八四～八八年インディア副王在任。文書49の註（13）。

（補註25）傍線箇所の原文（翻刻本）は次の通りである。El - Rei o mandou por Dom Duarte de Meneses do seu concelho do stado e Vizo - Rei da India. この文章のみ、ポルトガル国王が三人称で記されている。

（補註26）Antonio Moutinho.

（補註27）傍線箇所の原文（翻刻文）は ho fez である。代名詞 ho は minha carta「朕の書簡〔法令〕」を指すはずであるから、ho ではなく、（補註29）の如く a と記すべきであろう。

（補註28）João de Faria. インディア領国書記官secretárioを務めていた人物であることは、他の国王書簡によって明らかになる。

APO, 3, pp. 70, 96, 112, 202. Documenta Indica, XIV, p. 925. インディア領国書記官については、拙訳『モンスーン文書と日本』一四五・一四六頁。

（補註29）傍線箇所の原文（翻刻文）は a fes escrever である。

（補註30）Documenta Indica, XIV, pp. 922 - 925.

右に訳載した一五八五年八月五日付けゴア発、ポルトガル国王の文書は、ゴアのサルセテ内三村のポルトガル貴族ペドロ・デ・カストロへの〝贈与〟に関するものである。カストロは贈与を受けた後も、その三村についてポルトガル国王に年貢を納入する義務を負っていたことが明らかになるが、同時に、カストロに贈与される以前これらの村の統治が乱れ、年貢徴収等が副王の意のままにならない状況であったことが分かる。三村がカストロに贈与され、そしてカストロはそれを間もなくイエズス会に寄付したわけである。それに対してポルトガル国王は、このイエズス会への寄付を咎め、そしてそのために遡って、副王がカストロに贈与したことをも問題にしたのが、本文書である。本文書には、副王フランシスコ・マスカレニャスがポルトガル国王の名でカストロに三村を与えた旨、記されている。しかし右に引用した一五八五年八月五日付け国王文書によって明らかな通り、国王名で村を与えたのはマスカレニャスではなく、ドゥアルテ・デ・メネゼスである。

ここに、副王が国王名でカストロに村を贈与し、後でその贈与自体を国王が問題としたという構図が鮮明になる。つまり国王名でなされた贈与が、国王の意思によるものではなかったわけである。

肝心の一五八五年八月五日付けゴア発、ポルトガル国王の書簡法令であるが、「国王は副王メネゼスを介して書簡法令発給を命じた。」と記されており、カストロへの贈与が国王の意思であるかの如く読めるが、書簡法令が一五八五年八月五日付けでゴアにおいて発給されるに先だって、この件で本国にいる国王の意向を確かめたとは考え難く、おそらく副王が独断で決定し、それについて、これが国王の意思であるかの如き文面の文書を作成して事を進めたと判断してよいであろう。ゴアにおいてこのような国王文書の作成方法がとられたのは、もちろんこの書簡法令だけではないであろう。

インディア領国の統治に関する法令の発給形式については、文書8の註（6）に記したが、そこに記したB1、つまりポルトガル国王がインディア副王（総督）を介して発給する法令（インディア副王〈総督〉が国王の名で発給する、という言い方も出来よう）であるが、おそらく多くの場合、事前に国王の了解を取った上でその文書を発したわけではないであろう。通常の場合はそれでとくに問題になることもなく運んだものが、今回のような、インディア領国における修道会への資産の行きすぎた集中という、国王にとって軽視出来ない事柄をめぐっては、それを看過するわけにはいかなかったのであろう。そして、通常の手順を踏んで副王がポルトガル国王名で発給した文書であるにもかかわらず、その後国王からそれは朕の意に非ずという国王文書が発せられて、副王の権威の失墜になりかねない事態になったわけである。インディア領国における修道会資産の集中が、国王にとっていかに重大な関心事であったかを物語っている。

（7）**oito ou dez mil pardáos.** 本文書の註（1）。

（8）**Secretario.** 本文書の註（6）の（補註28）。

（9）**APO, 3, pp. 194, 195.**

70* 一五八九年二月六日付けリスボン発、ポルトガル国王のインディア副王宛書簡

「三、〔一五〕八七年の便《ヴィアス》で、朕は朕の勅令《プロヴィザン》によって貴下に対し、次のことを命じた。すなわち、その〔インディア〕領国《エスタド》の聴訴官《オウヴィドル・ジェラル》長(1)であるディオゴ・ダルブケルケ学士《リセンシアド》(2)によって、コスモ・ド・ルアン(3)の問題に関して、ドン・ジョアン・ダ・ガマ(4)に対する詳細な取調べが行われるように。そして彼を捕らえて、昨年それらの地域〔インディア領国〕から〔ポルトガルに〕渡来したナウ船団で送ってくるように、と。それら〔昨年渡来したナウ船団〕を利用して貴下は、朕に次のように書き送ってきた。前述のディオゴ・ダルブケル

ケは、前述のドン・ジョアン〔・ダ・ガマ〕に対する取調べを継続している。彼は兄弟ドン・ミゲル(5)に代わって、シナ航海を行うために行ってしまった、と。

　貴下は朕に対し、前述のディオゴ・ダルブケルケが彼〔ジョアン・ダ・ガマ〕に対して提起《ティロウ》した訴訟関係書類《デヴァサ》を送ってきた。この事件《カソ》は極めて重大であり、前例になるので、朕は貴下が、貴下の義務を果たして、前述のドン・ジョアンが犯したような、かくも悪質にして公然たる、しかも長期にわたる犯罪行為に対する処罰について、貴下に書き送った指令に従った行動を貴下がとらなかったのは、まことに不可解と言わざるを得ない。また、これまで彼の行動を見逃すことによって、神と朕への奉仕に全く反する行為が犯されるようになる機会が与えられたのだ。〔神と朕への奉仕には〕司法《ジュスティサ》を守ることが適切であるが、それの威信は、訴訟手続きを完璧に進めるその仕方と、それの迅速さにある。

　このため朕は貴下に、次のように命じる。前述のドン・ジョアン〔・ダ・ガマ〕がシナから〔ゴアに〕着いたら直ちに、足枷《ブレンデル・エン・フェロス》をはめさせること。それ〔足枷〕をはめたまま、航海から上陸を許すことなく、この王国〔ポルトガル〕に向かうこの艦隊のナウ船団に乗せること。（昨年のそれら〔ナウ船団〕では行われなかったが）、それ〔今回のナウ船団〕によって、または彼がシナから到着した後の最初の〔ナウ船団〕で、彼が無事に渡来すること。そして、彼の商品をすべて押収し、確実で信用があり疑念のない人物に、目録に基づいて渡すよう、命じること。（貴下は船便《ヴィアス》によって、それ〔目録〕を朕に送って来ること）。いつ何時でも〔同商品〕を引き渡す際に、それに基づく経理処理が出来るようにするためである。

　一切異を唱えることなく、以上の通り履行すること。彼の逮捕とそれのやり方について、それらの地域〔インディア〕において周知徹底するよう、広く知らしめるように行うこと。一五八九年二月六日、リスボンにおいて認めた。

国王。ミゲル・デ・モウラ(6)。

副王宛。　国王陛下披見のために。　第三便《ヴィア》。

(上書き)

国王より。彼の領国顧問会議《コンセリョ・ド・エスタド》(7)〔メンバー〕であり、彼のインディア副王であるドン・ドゥアルテ・デ・メネゼス(8)閣下宛。第三便(9)。」

註

(1) Ouvidor geral. 拙訳『モンスーン文書と日本』四八・一五四・一六四〜一六六・四二三頁。

(2) Licenciado Diogo dalbuquerque.

(3) Cosmo do Ruão. 不詳。

(4) Dom João da Gama.

このジョアン・ダ・ガマが引き起こした事件については、文書74*も関わる。事件については、文書74*の註(2)にまとめて記述する。

(5) Dom Migel. 原語(原文書および翻刻本)の綴りのまま。Arquivo Histórico de Goa, Livro das Monções do Reino, n.º 2, f. 48.

(6) Miguel de Moura. 文書29の註(8)。

(7) conselho do Estado. 拙訳『モンスーン文書と日本』三一七・三一八頁。

(8) Dõ Duarte de Meneses. 一五八四〜八八年インディア副王在任。文書49の註(13)。

(9) APO, III, pp. 169, 170.

71* 一五八九年二月二二日付けリスボン発、ポルトガル国王のインディア副王宛書簡

「七、その地域〔インディア領国〕のイエズス会《コンパニア》修道士《レリジオゾス》たちのプロクラドール(1)は朕に覚書を提出し、次のことを朕に要請している。すなわち、シナと日本での改宗のためにそこに駐在する修道士たちに対し、何らかの然るべき定収入《レンダ》を与えるという喜捨《エスモラ》をすること、および自領に福音《エヴァンジェリョ》が入るのを許可しないような、それ〔福音〕の敵たちの港に、朕の家臣たちの船舶が〔商品を積載して〕行くのを禁じるよう命じることを嘉納されたい、と。この件に対して彼に回答することを命じる前に、朕は貴下に対し、次の点について極めて詳細に報せるよう依頼する。

すなわち、あの地域〔日本・シナ〕に〔イエズス会〕修道士《レリジオゾス》が何人駐在しているのか。彼らが要請するこれらの定収入《レンダス》なしに、自らを養うことが出来るだけの何らかの便宜がそこにあるのか。そこにおいて彼らに何らかの物を与えなければならないとすると、それはどれほどであるべきか。彼らはあの王国(2)の改宗において、それ〔改宗〕がよりよく維持され、進展するために、その〔インディア〕領国の副王に対して然るべき尊敬を払って行動しているか。彼ら〔イエズス会士〕が要請している、敵たちの領地に前述の船舶が行くのを禁止することについて、果たして不都合があるか、あるならそれはどのようなものか。以上のすべてについて、詳細に朕に報せること。貴下からの情報と見解を得て、彼ら〔イエズス会士〕にいかなる回答を与えるよう命じるのがよいか、決定するためである。(3)」

註

(1) **procurador.** イエズス会のポルトガル関係諸管区が、スペインの国王政庁に配置して政府側との折衝・連絡に携わった役職のイエズス会士。文書46の註(1)。

（2） aquelle Reino. 王国とはシナと日本を指すのであろうが、単数形で記してある。
（3） **APO, 3, pp. 210, 211.** 岡本良知「十六・七世紀日本関係公文書」一九三・一九四頁。

72* 一五八九年四月三日付けゴア発、インディア副王の国王宛書簡

「ファン・デ・ガマに対して不可解に思われる事柄の一つは、この（ヌエバ・エスパニャおよびペルーへの）航海について、副王ドン・ドゥアルテ（1）が国王陛下《ブエストラ・マヘスタド》の名による命令で、これを禁止する諸勅令《セドゥラス》が、シナとルソン《ルソエンス》において公告されているにもかかわらず、しかも彼はカピタン・モール《カピタン・マヨル》（2）として、それらを執行しなければならないにもかかわらず、逆にそれ〔禁じられている航海〕を行った。しかも、彼〔ファン・デ・ガマ〕より前に、日本航海のカピタンであるヘロニモ・ペレイラ（3）が、すでにそれ〔ゴアからシナへの航海〕を行っていたのである。それ故、国王陛下《ブエストラ・マヘスタド》の法律《レイエス》や命令を執行する義務がある要人たち《マエストロス・マヨレス》が、真っ先にそれらに背き、広く躓きを来した。

したがって私は、かかる混乱に対して速やかに対策を講じるよう命じた。そのために私は、手が空いていた何人かの控訴裁判所判事《デセンバルガドレス》（4）をそのために選んだ。しかし、海上を懸念したのか、ドン・ファンを恐れたのか私は知らないが、この一件は、次のような決着を見た。すなわち、あの〔マカオの〕聴訴官職《オイドリア》（5）に任じられて、今年王国〔ポルトガル〕から来たルイ・マシャド学士《リセンシアド》（6）を、モンスーンの季節外《フエラ・デ・モンソン》（7）に、ガレオタ船（8）で送ることを義務づける。同ガレオタ船のカピタンとして、イグナシオ・ヌニェス・デ・マンセロス（9）が、何人かの兵士とともに同行する。航海《プロ》〔権〕を恵与された者《ベイド・デル・ビアヘ》（10）がインディアから到着しない間、〔マカオ〕市《シウダド》のカピタンとしてそこに留まるためでもあった。

私は次のように了解している。すなわち、これら二人の要人《マエストロス》〔ルイ・マシャドとイグナシオ・ヌニェス〕は、ドン・フアンの〔ヌエバ・エスパニャへの〕航海を阻止することによって、この問題を完全に解決し、ヌエバ・エスパニャ航海に関して、その地〔マカオ〕に見られる不穏な雰囲気を沈静化させるであろう、と。また私は万事、国王陛下がこの奉仕によって彼らに多大な恩恵と名誉とを与えるという運びになるものと、期待している。(11)」

註

（1）**Vi Rey Don duarte.** インディア副王ドン・ドゥアルテ・デ・メネゼス、一五八四～八八年副王在任。文書49の註(13)。

（2）**capitan mayor.** ポルトガル語の **capitão - mor** である。文書70*および文書74*の註（2）に見える通り、フアン・デ・ガマ **Juan de Gama,** ポルトガル風に言えばジョアン・ダ・ガマは、兄弟ミゲルのシナ航海権を用いてシナ航海を行った。その航海のカピタン・モールであったことを言っているのであろう。

（3）**Jheronimo Pereira.** 文書74*の註（2）に記す通り、一五八九年のマカオから日本への定期航海のカピタン・モールに予定されていたが、マカオで死亡したためそれを果たせずに終わったジェロニモ・ペレイラ **Jerónimo Pereira** のことである。インディア副王は未だペレイラの死を知らずに、本文書のこの件を記述したのであろう。

（4）**desembargadores.** 拙訳『モンスーン文書と日本』四八・一五四・一六四～一六六頁。

（5）**aquella oydoria. oydoria** はポルトガル語の **ouvidoria**「聴訴官職」。**aquella** は「マカオの」の意味に解する。文書4の註（10）。

（6）**licenciado Ruy machado.**

（7）**fuera de monzon.** ゴアからマカオ方面に、モンスーンを利用する通常の航海を行うのであれば、四月初め～五月にゴアを出帆した。そのモンスーンの季節外にガレオタ船を派遣しようというわけである。岡本良知『十六世紀日欧交通史の研究』二一四頁。拙訳『モンスーン文書と日本』三一三・五二〇頁。

（8）**galeota.** 拙訳、同右、四二四頁。

（9）**Ignacio nuñez de mancelos.**
（10）**prouehido del viage.**　ジェロニモ・ペレイラの後の、シナ航海（権）の恵与を受けて（または買得して）カピタン・モールとしてマカオに渡来した者のことであろう。
（11）**Colin, II, pp. 202, 203.**　パステルスが本書に載せた文書はスペイン文である。本文書の原文書は、セビリアのインディアス総合文書館所蔵である（**Archivo General de Indias, 67 - 6 - 18**）。訳者は原文書は未見であるが、原文書はポルトガル文で記されているのを、パステルスがスペイン語訳して掲載したものかも知れない。**APO**, 3はこの当時のインディア副王文書を収載しているが、本文書は載っていない。

右の註（2）に関わるが、岡本氏は「ドン・ジョアン・ダ・ガーマはこの年の媽港のカピタン・モールであった。」と記す。「この年」とは、同氏著書の記述からは「一五八九年」のように読める。同氏が典拠とするアジュダ図書館所蔵写本 **capitães de Macao desde 1568 athe 1622.** には、「一五九〇年、ドン・ジョアン・ダ・ガマ」と見え、彼が一五九〇年マカオのカピタンを務めたように記されている（**Biblioteca da Ajuda, 49 - VI - 8, f. 175**）。

しかし、文書74*の註（2）に記す通り、ジョアン・ダ・ガマはおそらくは一五八九年夏には、メキシコに向けマカオを発ったものと思われる。文書70*の記述から、ジョアン・ダ・ガマは兄弟ドン・ミゲルのシナ航海の航海権を利用してシナ航海を行い、右のアジュダ写本の史料の記載がそのことに関わるとしても、一五九〇年に彼がマカオのカピタンを務めた旨の記事は、疑義ありとせざるを得ない。

岡本良知『十六世紀日欧交通史の研究』四九三・四九四頁。

73*　一五九〇年三月二日付けリスボン発、ポルトガル国王のゴア市市会議員《ヴレアドレス》および代理人《プロクラドレス》宛書簡

「四、そのゴアの市および島の（1）要塞化《フォルティフィカサン》に、歳入《レンディメント》の一パーセントを充てる件について、それがすべて完了するまでは、他のいかなる支出にも充当することなしに、その要塞化を終えるよう朕が命じた件に関してであるが、

朕は貴下たちに対し、当然のことであるが極めて信頼の置ける人物によってこの支出がなされることによって、然るべく迅速に〔同要塞化を〕終了すべく尽力するよう依頼する。

同要塞化のために朕から恵与を受けたい旨、貴下たちが要望している日本航海《ヴィアジェン・デ・ジャパン》に関してであるが、貴下たちはそれについて、および同〔要塞化〕工事の理由と必要性について副王[2]に伝えること。彼〔副王〕からの情報を得て、〔朕が〕朕に対して奉仕となるように貴下たちに返答をすべく指示するためである[3]。」

註

（1）**Cidade e Ilha de Goa.** ゴアは複数の島と大陸の地から成っていたが、ここで言うのは、ゴア市が位置する中心の島であるティスアリ島 **Ilha de Tissuari** のことであろう。拙訳『モンスーン文書と日本』三八〇～三八二頁。

（2）「副王」Viso Rey と記されているが、インディア総督 **Governador da Índia** のマヌエル・デ・ソウザ・コウティニョ（一五八八～九一年在任）のことであろう。文書49の註（14）。

（3）**APO, 1-I, p. 106.**

74* 一五九一年一月一二日付けリスボン発、ポルトガル国王のインディア副王宛書簡

「六、彼〔インディア総督マノエル・デ・ソウザ・コウティニョ[1]〕はさらに、朕に次のように書き送ってきた。すなわち、ドン・ジョアン・ダ・ガマ[2]がシナで引き起こした混乱のために、この〔ポルトガル〕王国でマカオ市の聴訴官《オウヴィドル》[3]に任命されたルイ・マシャド学士《リセンシアド》[4]を、あの地域〔マカオ〕に派遣した。

彼が統治規則《レジメント》として携えていった諸々の事柄の中には、世俗人であれ教会聖職者《エクレジアスティコス》であれ、あの〔マカオ〕市にいるすべてのカスティリャ人は、それらの地域《エサス・パルテス》〔インディア〕またはルソン《ルソンエス》に向けて乗船させることという項目があった。それは、マカオには古くからのポルトガル人住民以外はいないようにするためである。朕のポルトガル人家臣たち、ことにキリスト教《レリジアン・クリスタン》がこれによって被ってきた被害をくい止めるためである。彼ら〔カスティリャ人〕が、同〔キリスト〕教《レリジアン》を口実に朕の勅令《プロヴィゾンエス》を遵守せずに、気ままに行動することによって、あの〔シナ〕王国の福音への門戸が全面的に閉鎖されてしまう原因となることが、分かっているからである。

同時に、統治規則《レジメント》によって前述の聴訴官《オウヴィドル》に対し、フレイ・マルティン・イナシオ(5)と彼の仲間たち《コンパニエイロス》がマカオに持っていた修道院《カーザ》を、インディア副管区《クストディア》(6)の聖フランシスコ《サン・フランシスコ》〔会〕の修道士《レリジオゾス》たちに返すよう、〔総督マノエル・デ・ソウザ・コウティニョは〕命じた(7)。以前は、彼らのものであったからである。

またマラッカの司教(8)に対し、〔総督マノエル・デ・ソウザは〕次のように書き送った。すなわち、前述のフレイ・マルティンの仲間のこれら修道士たちがそこ〔マラッカ〕に着いたら、彼の司教区《ビスパド》の中で、彼らが福音を宣布する地域を指示するように、と。それは朕が、〔一五〕八九年のナウ船団で彼〔総督マヌエル・デ・ソウザ〕(9)にそのように書き送るよう、指示したことである。そうするのがよいと朕に思われるので、朕は貴下に対し、指摘されている諸理由によって前述の〔インディア総督〕マノエル・デ・ソウザが命じた通りに、この件について行動するよう依頼する(10)。

〔中略〕

一一、さらに彼〔インディア総督マノエル・デ・ソウザ・コウティニョ〕は、朕に次のように述べる。すなわち、イエズス会《コンパニア》巡察師《ヴィジタドル》(11)は、昨〔年の〕モンスーンのシナのナウ船団(12)を利用して、彼〔インディア総督〕に次のように書き送ってきた。あの地域〔日本〕に一人の暴君《ティラノ》(13)が台頭し、短時日の内に日本の諸島および諸王国全体の支配者《セニョル》となった。そしてあの地域の改宗に従事している修道士《レリジオゾス》たち全員に対し、直ちにそれら〔日本諸島・諸王国〕の領外に退去するよう、福音を宣布しないよう、通告させた。それが、彼らの先祖たちのそれ〔法〕に反する法《レイ》だからである。そして、彼らからコレジオ《コレジオス》を奪い、彼らが持っていた教会《イグレジャス》を焼却した、と。

〔イエズス会巡察師はさらに述べる。〕彼ら〔在日修道士〕はこの迫害の終息を見るまで、どこかキリスト教徒の王《レイス》や領主《セニョレス》の土地に身を隠している。あの地域に、カトリック信仰が絶えることはないとの希望がある。というのは、この艱難の嵐が最も猛り狂っている最中に、大勢の日本人が改宗したからである。巡察師アレサンドレ・デ・ヴァリニャーノは、彼〔インディア総督〕に対し、あの修道士たちを助けるための喜捨を要請した。彼〔同総督〕はその点で出来る限りのことを行うであろう、と。

それ故、朕は貴下に対し、あの〔日本〕キリスト教会《クリスタンダデ》再建のために、出来る限りあらゆる事柄において、それに恩恵を施すことを依頼する。朕は、最初の〔インディアからの〕ナウ船団によってか、または極めて速やかに、次のような伝言を受けるのを、われらの主において期待している。すでにそれ〔日本キリスト教会〕は平穏である。それ〔日本キリスト教会〕がかかる状況下にあるとはいえ、これほど繁栄の一途を辿ってきたあのキリスト教会の歩みにおいて、嵐はそれほどではないに相違ない。むしろ、われらの主は、それ〔日本キリスト教会〕を創建した後に、原始キリスト教会《プレメティヴァ・イグレジャ》に対してとった方法によって、それを育てることを望んでいるように思われる。

それ〔原始キリスト教会〕は迫害により、その後、以前に倍する実りを生むための一層太い根を張ることが出来たのだ。このような期待を眼前にし、そして一人一人が自分の義務にそれ〔日〕を据えることにより、神《デオス》のための光栄と人々のための功業とを彼ら〔在日修道士〕から引き出すことによって、その難儀は軽減するであろう、と。

この問題の性質から、朕は貴下に対し、それ〔日本キリスト教会〕に関して以上のことを少しばかり話せばよいと思った。それ〔日本キリスト教会〕について常々語られて当然の多くの事柄を、貴下がそこから推論出来るに相違ないと思うからである。

一二、さらに彼〔インディア総督マノエル・デ・ソウザ〕は、朕に次のように述べる。すなわち、朕は彼に対し、日本キリスト教会《クリスタンダデ》で活動しているイエズス会《コンパニア》修道士《レリジオゾス》の人数、および彼らが自らを養うためには何を彼らに与えるのがよいと思うかを、朕に報せるよう命じた。それについて彼は、あの暴君《ティラノ》の迫害が停止するまでは、朕にそれを書き送らないことに決めたが、これらの〔イエズス会〕修道士たちは貧しく、しかもその地域〔日本〕において彼らが生み出す実りは非常に豊かであるから、彼らはすべての恩恵と支援とを受けるに値するということを、朕に想起させてくれた。

〔インディア総督マノエル・デ・ソウザは述べる。〕彼〔同総督〕が、彼ら〔イエズス会士〕の管区長やイエズス会の他の何人かの修道士に対し、それは躓きを与えるからという理由で、彼らが日本航路《カレイラ》で行う取引を止めるよう警告を発したところ、彼ら〔イエズス会士〕は彼〔同総督〕に対し、次のように断言した。

彼らのプロクラドールがあの航海のナウ船で、なにがしかの生糸を彼らのために送付する〔ことによる収入の〕機会を別にすると、彼らが日本で生きていくには大変な困窮状態にある。しかしこれは、すでにはるか以前に、そのような理由から、多大な窮乏に耐えることによって、これ〔生糸取引〕は止めている。彼らはもう再びこの儲け《グランジェアリア》に頼ることをしない旨了解している、と。

現在その〔インディア〕領国は、〔修道士の〕俸禄《オルデナドス》を増加することが出来るような状況ではないので、朕は貴下に対し、その時々の必要に応じて、何らかの喜捨をもってこれらの〔イエズス会〕修道士を支援していくよう依頼する。これまで行われてきたように気前よく年金《テンサス》が与えられるよりは、この方が王室資産《ミニャ・ファゼンダ》にとって不都合が少ないと、朕は考えるからである。

一三、さらに彼〔インディア総督マノエル・デ・ソウザ〕は、朕に次のように書き送ってきた。すなわち、彼ら

〔イエズス会士〕が指摘するいくつかの理由により、同イエズス会修道士《コンパニアレリジオゾス》たちから要請されている如く、ポルトガル人の船船《エンバルカソンエス》が、日本で〔入港する〕慣例になっている諸〔港〕以外の港には入港しないことが、神と朕への多大な奉仕になるであろう、と。

この件について貴下に書き送るよう指示する前に、朕はあの地域〔日本〕に精通した人々から、何らかの情報を得なければならないと思った。それら〔情報〕によって朕は、個々の船舶の中には、あの〔日本〕航海の途中で発生する台風《トゥフォエンス》のため、定期航海のナウ船《ナオ・デ・ヴィアジェン》が入港する長崎港《ランガサキ》には、行き着けないこともあり得るということが分かった。そこで朕は、この件は貴下に委任するのがよいと思った。貴下がそれ〔この件〕に関して必要な情報を得て、貴下の見解を添えて、朕にそれらを送付するためである。これに関して、朕への奉仕となると思われる決定を下すよう〔朕が〕指示するためである。

一四、さらに彼〔インディア総督〕は昨年の便《ヴィアス》で、これら〔イエズス会〕修道士がその〔インディア〕領国に有する修道院《カサス》・コレジオ《コレジオス》・定収入《レンダス》・村々《アルデアス》・不動産《プロプリエダデス》のすべて、および前述の修道院・コレジオに駐在している者たちの人数を記した明細書《フォリャ》[14]を送ってきた。それは何年か前に、朕に送付してくるよう命じたものであるから、朕への奉仕になると考える。[15]」

註

（1）Manoel de Sousa Coutinho. 一五八八～九一年インディア総督在任。文書49の註（14）。

（2）Dom João da Gama. ガマが引き起こした事件については、文書70*・文書72*、および本文書が関わる。これらの文書によると、その事件は、主として二つの出来事から成っていたようである。

第一の出来事は次の通りである。文書69*によると、一五八七年の船便で国王が副王に対し、聴訴官長によりジョアン・ダ・ガマの取調べを行い、昨年つまり一五八八年ガマをリスボンに移送するよう命じた、とある。一五八七年のインディア航海はその年の三月二六日に、ナウ船団がインディアに向けリスボンを発った（補註1）。この船便を利用して、国王が先の命令を副王に送ったわけである。このインディア艦隊は、一五八七年末〜八八年初にゴアに着き、一五八八年末までにはリスボンに帰港するのが通常の航海のはずである（補註2）。国王は、一五八七年に送付した副王宛書簡に対する副王からの返書を見た上で、文書69*を記述している。国王はその返書を昨年、つまり一五八八年に受け取った旨記す。そしてその一五八八年の船では、ジョアン・ダ・ガマは本国に移送されてこなかった。

ところで、国王がジョアン・ダ・ガマを処罰しようという、彼の罪状が不明である。ガマはかつて一五七九〜八二年マラッカ・カピタンを務めていた（補註3）。同カピタン在職中に何らかの不祥事を起こし、それを国王が咎めることとなったのかも知れない。

しかし、文書70*から明らかなように、彼は兄弟のドン・ミゲルという者の代りに、シナ航海を行った。おそらく国王から逮捕ならびに本国移送の一五八七年の命令が発せられたのを知り、それを逃れる意図もあって、ドン・ミゲルの持つシナ航海権を買得したか借用したか、とにかくそれを用いて、おそらく一五八八年にシナに渡航したのであろう。

文書70*が問題にしているのは、ここまでであって、その後の彼の行動はまた別である。

文書72*は、マカオ渡航したジョアン・ダ・ガマに対して、インディア副王がとった措置に関する内容である。ガマがマカオから、さらにヌエバ・エスパニャ渡航を意図していたということは、すでにゴアを発つ時から分かっていたようである。そのため副王としては、そのガマの企図を阻止しなければならなかったが、そこでとられた措置は、本国からマカオ聴訴官長として送られてきた――ジョアン・ダ・ガマの事件とは無関係に送られてきたはずである――ルイ・マシャド、および彼を乗せていくガレオタ船のカピタンとしてイグナシオ・ヌニェス・デ・マンセロス、それに何人かの兵士をも派遣する、しかも通常のモンスーン季節外に緊急に派遣する、というものであった。

＊　＊　＊

ここから第二の出来事に移るが、ガマはマカオから日本に向け、カピタン・モールとして定期の航海を行うことは考えず、すでにゴアを発つときから、マカオからヌエバ・エスパニャに渡航する意図を持っていた。シナ航海（権）**viagem da China** は、インディア領国成立の初期にあっては、ゴア〜マカオ間の航海およびその先マカオ〜日本間航海を一体として扱われたが、その後ある時期からはこれら両航海が分断されたようだ、ということについてはすでに別の訳書に記した（補註4）。この時のガマの航海は、そのことを裏付ける一つの証拠になり得るかも知れない。

一五八九年は、マカオから日本への定期の航海は行われなかった。それは、カピタン・モールとして日本渡航を行う予定であった、文書72*に言及されていたジェロニモ・ペレイラ Jerónimo Pereira が、マカオで死亡したからである。

ジョアン・ダ・ガマはおそらくは一五八九年夏には、メキシコに向けマカオを発ったであろう。文書72*に記述されていた、それを阻止するためにガレオタ船でゴアからマカオに急行した聴訴官長とカピタン等は、それに間に合ったか否か不詳であるが、いずれにせよ、彼らはそのゴア副王から与えられた指令を遂行出来なかったわけである。

ジョアン・ダ・ガマはメキシコに渡航する途中、嵐のために船（サン・ペドロ号）を破損し、天草に避難することを余儀なくされた。ガマは一五八九年日本に来たが、それは右のような事情によるものであった。彼は船を修繕して同年一〇月に天草を発ち、航海を続けた。彼は、通常のマニラ・ガレオン船のメキシコ渡航よりも、はるか北の航路をとってメキシコに着いたが、このため蝦夷または千島列島を目視したに相違ないとされる。

右のような次第で、一五八九～九〇年に彼はポルトガル人として、最初に太平洋を横断した人物であるが、その行動は、東西インディア間の通交・貿易を禁じた国王勅令を犯すものであった。

彼のヌエバ・エスパニャ到着後のことに関する史料を挙げると、一五九一年二月二四日付けメキシコ発、ヌエバ・エスパニャ副王のスペイン国王フェリペ二世宛書簡には、次のような趣旨が記されている。

昨一五九〇年一二月二三日付け同副王の書簡で、ガレオン船サンティアゴ号が、大量の丁子《クラボ》をもたらした。このガレオン船は修繕の必要があるので、今年は航海は無理かも知れないが、ドン・フアン・デ・ガマの船舶を航海に利用出来るかも知れない旨を述べた。しかしその後、同ガレオン船は修理の上、三月初めには出帆出来るであろうということが分かった、と（補註5）。

太平洋横断を果たしたジョアン・ダ・ガマが、一五九〇年にヌエバ・エスパニャに到着したことが確認出来る。その後ガマは、ヌエバ・エスパニャからマニラに送られた。彼の船舶は担保として押さえられ、ヌエバ・エスパニャで丁子を売って得た銀――これはマカオの商人たちにものであったが――はすべて、差し押さえられた。それは一〇万ペソ以上（補註6）に上った。

結局のところ、ジョアン・ダ・ガマの船サン・ペドロ号、軍需品、ならびにマカオ商人たちのものは、国王から彼に返却された（補註7）。

もっとも、このガマのヌエバ・エスパニャ到着後については、シュルツの記述によると、一五九〇年アカプルコに着いたガマは副王政庁に捕らえられ、船の積荷は密貿易品として没収された。翌一五九一年国王の命令でセビリアに移送され、通商院《カサ・デ・コントラタシオン》（補註8）の法廷で審理を受け、スペイン領アメリカでの外国人の取引に対する禁令に違反したとの罪を負わされた、と記述されている（補註9）。

ボクサーの記述も確認すると、メキシコ到着後スペイン当局に捕らえられ、スペインに移送され、没収された彼の船荷もそこに送られた。彼は間もなく死亡したようであるが、押収された品物を巡る訴訟は長期に及び、彼の相続人たちはそれに対する補償を求めた。最後には、彼らの要求は受け入れられたが、これは彼がマラッカ・マカオで犯した重大な違法行為から見て驚くべきことだ、と記している（補註10）。

以上コリン、シュルツ、ボクサーの三者の記述のすべてに異同があるが、中でもコリンと他の二者との間には、大きな違いがあると言わなければならない。いずれもその記述に対して逐一克明な典拠の掲示はない。

*　*　*

なお、ジョアン・ダ・ガマが一五八九年、メキシコへの航海の途中天候のために天草への寄港を余儀なくされたことについては、何点かのイエズス会教会史料に見え、すでに紹介もされている。左記の内、一〜四は同じものである。

一、一五八九年一〇月七日付け加津佐発、一五八九年度イエズス会日本年報、Jap. Sin. 46, f. 261.

二、一五八九年度年報（フロイス）、Boxer, 1948, p. 43. Boxer, 1990, p. 56.

三、一五八九年一〇月七日付け加津佐発、一五八九年度年報、Copia di Dve Lettere Annve, p. 4. 松田毅一監訳『十六・七世紀イエズス会日本報告集』第Ⅰ期第一巻、一一五・一一六頁。

四、一五八九年一〇月七日付け加津佐発、一五八九年度年報、Cartas do Iapão, mimeographed copy, p. 1. 岡本良知『十六世紀日欧交通史の研究』四九一・四九二頁。

五、Fróis, 1984, V, pp. 102, 103. 岡本良知、同右、四九二・四九三頁。

（補註1）Maldonado, pp. 90, 91. Castro & Paes, pp. 254, 255. Paes, p. 81. Reis, p. 259.
（補註2）拙訳『モンスーン文書と日本』一一〜一三頁。
（補註3）Sousa Pinto, p. 229. Teixeira, 1961, II, p. 410.
（補註4）拙訳『モンスーン文書と日本』一四七〜一四九頁。
（補註5）Colín, II, p. 203.
（補註6）más de cien mil pesos. ペソについては、拙訳『モンスーン文書と日本』一二〇・一二一・四〇一・四〇二頁。
（補註7）Colín, II, p. 203.
（補註8）拙訳『モンスーン文書と日本』一一三・一九九頁。
（補註9）Schurz, pp. 131, 132.
（補註10）Boxer, 1948, pp. 43, 44. Boxer, 1990, p. 57. なお Boxer, 1959, pp. 52, 53.でも同事件に触れているが、Boxer, 1948 の記述を短く圧縮した内容である。
（3）Ouuidor. 聴訴官については、文書4の註（10)。
（4）Licenciado Ruy Machado.
（5）Frey Martim Inacio. フライ・マルティン・イグナシオ・デ・ロヨラ Fr. Martín Ignacio de Loyola については、文書68*の註（1)。
（6）Custodia da Índia. フランシスコ会副管区については、拙訳『モンスーン文書と日本』四五六・四五七・四六〇〜四六五頁。
（7）マカオのフランシスコ会修道院をポルトガル人フランシスコ会士たちの手に渡す件については、次の文献が取り上げている。

Teixeira, 1978, pp. 337 - 339.

（8）マラッカ司教在任の年代から、ジョアン・リベイロ・ガイオ João Ribeiro Gaio（一五七九〜一六〇一年在任）のことであろう。

Teixeira, 1961, I, pp. 141 - 190. Teixeira, 1957, IV, p. 66.

(9) インディア副王マティアス・デ・アルブケルケ **Matias de Albuquerque.** 一五九一～九七年副王在任。文書49の註(15)。

(10) **APO, 3, pp. 276, 277.**

(11) **Visitador da Companhia.** マカオからの船便で、日本キリシタン教会のことをインディア総督に報じたというイエズス会巡察師とは、ヴァリニャーノのことである。彼は一五八三年一〇月巡察師からゴア管区長に転任したが、その後一五八七年九～一〇月にゴア管区長職はペドロ・マルティンスに替わり、再度巡察師になった。一五九五年一〇月三一日インディアにおける巡察師の職を終えたが、極東での巡察師の職務には留まった。

つまり本文書で巡察師というのは、この二度目の巡察師職にあったヴァリニャーノのことである。彼は帰国途上の天正少年使節一行とともに、一五八八年四月二二日ゴアを発ち、同年七月二八日マカオに到着、そこで秀吉によりキリシタン禁令（所謂伴天連追放令）が発布されたことを知った。一五九〇年六月二三日マカオを発って、同年七月二一日長崎に着いた。

Schütte, 1968, pp. 1023 - 1027.

(12) **nãos da China da monção pasada.** 去るモンスーンで来航したシナ（つまりマカオ）からのナウ船団、とある。明らかに天正一五年六月一九日（一五八七年七月二四日）に秀吉が発したキリシタン禁令のことをいっているが、巡察師ヴァリニャーノがそのナウ船団によってゴアに報せたという。右の註（11）に記述したことを踏まえて読むならば、発信地はマカオ、発信時は一五八八年七月から一五九〇年六月までの間であったと言ってよい。ヴァリニャーノからの報せを受けたインディア総督が、ポルトガル国王にそれを報告し、それに基づいて同国王が一五九一年一月一二日付けリスボン発の本文書を認めた。

マカオからゴア方面へのポルトガル船の航海についてであるが、一六一五年二月二〇日付けリスボン発ポルトガル国王のインディア副王宛書簡には、ゴア方面に向かうポルトガル船は、「一月中にマカオを出帆するのを常とする。（補註1）」と記述されている。

岡本氏著書所引シュトルクの著書に、「毎年唯一艘の官許船がマカオから帰った。それは一月か二月に出帆し、夏

（五月か六月）ゴアへ着いた。（補註2）」と見える。

天正少年使節を乗せたポルトガル船がマカオを発ってインディアに向かったのは、一五八二年一二月三一日（ユリウス暦）であった。グレゴリウス暦では一五八三年一月一〇日である（補註3）。

すなわち、マカオを発ってゴア方面に向けて航海をするポルトガル船は、通常一月頃マカオを出帆したことが分かる。

とすると先程記した通り、ヴァリニャーノはマカオから一五八八年七月から一五九〇年六月までの間に報告を送ったのであるから、一五八九年一月頃または一五九〇年一月頃の二度の機会しかないことになる。さらに上に記した通り、ポルトガル国王が一五九一年一月一二日付け本文書でこの件を取り上げていることを考え合わせ、一五八九年一月頃にマカオを発信したことは間違いない。

ヴァリニャーノから届いた情報は、ゴアで約一年船便を待機して、おそらく一五九〇年初めにゴアを発った船団でリスボンにもたらされたものと思われる。

（補註1）**Documentos, III, p. 247.** 拙訳『モンスーン文書と日本』三一三頁。岡本良知『十六世紀日欧交通史の研究』二一四頁。

（補註2）岡本良知、同右、二一〇頁（**Wilhelm Storck, Vida e Obras de Luis de Camões, C. M. de Vasconcellos tr., Lisboa, 1898, p. 590.** 訳者未見）。

（補註3）ルイス・フロイス原著 岡本良知訳註『九州三侯遣欧使節行記』三七頁。松田毅一『天正遣欧使節』六七・九一頁。マカオからゴアへの航程については文書140*の註（4）にも記した。

（13）**tirano.** 豊臣秀吉を指す。「暴君」**tirano**と称される要件であるが、キリシタン教会史料で「暴君」は、多くの場合迫害者を意味する。秀吉の場合を見てみる。

羽柴秀吉は、天正一三年七月一一日（一五八五年八月六日）関白となり藤原姓を名乗る。同一四年一二月一九日（一五八七年一月二七日）太政大臣となり豊臣姓を名乗る。同一九年一二月二七日（一五九二年二月一〇日）関白職を秀次に譲り、自ら太閤の称を用いる。

秀吉は天正一五年六月一九日（一五八七年七月二四日）にキリシタン禁令を発するが、一五八八年二月二〇日付け有馬発、フロイスの一五八七年度イエズス会日本年報を見ると、禁令発布以前は彼は「関白殿」Quambacudonoと呼ばれ、「暴君」と記されることはないが、禁令以降は、「関白殿」に加えて「暴君」tirano, tyranoとも呼ばれるようになる。

（左の引用文献 Cartas, segunda parte,『十六・七世紀イエズス会日本報告集』のそれぞれの箇所に「暴君」tirano, tyranoの語が見える。「関白殿」Quambacudonoは頻出）

Cartas, segunda parte, ff. 210v., 219v., 223（本書の葉数表示には乱れがある）。松田毅一監訳『十六・七世紀イエズス会日本報告集』第Ⅲ期第七巻、二〇七・二二六・二三七頁。『史料綜覧』一二、一〇〇・一四七・三四二頁。

（14）文書69*で言及する明細書のことか。

（15）**APO, 3, pp. 279 - 281.**

75* 一五九一年一月〔　〕日付け(1)リスボン発、ポルトガル国王のインディア副王宛書簡

「四、シナの神の御名の市〔マカオ〕が、〔一五〕八八年一一月二〇日付けの書簡によって、朕に次のように書き送ってきた。すなわち、あの地域における聴訴官《オウヴィドル》であるルイ・マシャド学士《リセンシアド》(2)は、孤児たちの判事《ジュイズ・ドス・オルファンズ》(3)の役職をも兼ね務めている。〔しかし同職は〕その〔インディア〕領国のすべての都市において、適切な人物の中からそれら〔諸都市〕の指名によって任命されている(4)。それ故、あの〔マカオ〕市も同じことが行えるようにするのを嘉納されたい、と。

また彼ら〔マカオ市当局〕は、朕に対し次のような要請をしている。日本航海《ヴィアジェン・デ・ジャパン》のカピタンたちに対する利得付きのかねの貸与を禁じる勅令《プロヴィザン》(5)の発給を命じてもらいたい。その地〔マカオ〕の住民たちにとって、多大な

圧迫になるからである。また孤児たちのかねや孤児たち自身が、彼らの母親《マンイス》たちと一緒に、あるいは彼らの後見人《ティトレス》(6)たちの見解によって行く場合以外は、インディアに送られたり赴いたりすることを強制されることのないよう〔勅令を発給してもらいたい〕と。

この孤児たちのかねをその〔インディア〕領国の諸要塞《フォルタレザス》のカピタンたちにも、航海〔のカピタンたち〕にも与えないということに関しては、朕は一通の勅令《プロヴィザン》を発給するよう命じてある。それは、〔一五〕八九年の便《ヴィアス》で送られた。それ故、貴下はそれ〔同勅令〕にしたがって、貴下の司法《ジュスティサ》を遵守するよう、彼ら〔カピタンたち〕に命じること。

またその〔インディア〕領国のその他〔の市〕がそれを行っていると彼ら〔マカオ市当局〕が言う如く、あの〔マカオ〕市において彼らが孤児たちの判事《ジュイズ・ドス・オルファンス》を指名することが出来るようにするという件については、貴下は、この権限がすべて〔の市〕に普く与えられた勅令《プロヴィザン》が存在するか、または、特別にいくつか〔の市〕がそれ〔権限〕を有するのか、それはどの〔市〕か、与えられた理由は何かについて、情報を得て朕に報せること。

また、孤児たちの前述のかねや孤児たち自身が、インディアに送られたり赴いたりしないようにしてもらいたいと彼ら〔マカオ市当局〕が要請している今一つの件についても〔同様に情報を得て朕に報せること〕。すべての者たちにとって適切であるように、彼ら〔マカオ市当局〕に回答するためであり、またそれが朕への奉仕にもなると思われるからである。(7)」

註

（1）日付の数字欠損。

（2）Licenciado Ruy Machado. この人物の名は、文書72*の註（6）・文書74*の註（4）にも見える。

（3）Juiz dos orfaõs. 文書11の註（4）。
（4）傍線箇所の原文（原文書および翻刻本）は次の通りである。se prouiaõ por nomeaçaõ dellas… この文章の主語は語法的には関係代名詞の que であるが、それは Juiz dos orfaõs に代わる代名詞のはずで、つまり単数名詞である。したがってその主語に対応する述語が複数形になっているのは不可解である。Arquivo Histórico de Goa, Livro das Monções do Reino, n.º 3, f. 431.
（5）傍線箇所の原文（原文書および翻刻本）は次の通りである。prouisaõ pera se naõ dar dinheiro ao guanho… Arquivo Histórico de Goa, Livro das Monções do Reino, n.º 3, f. 431.
（6）原語（原文書および翻刻本）は titores. titor は tutor の古い語形。
（7）APO, 3, pp. 288, 289.

76　一五九一年一〇月一二日付けゴア発、インディア副王の勅令

「マティアス・ダルブケルケ(1)云々。私は、この勅令《アルヴァラ》を見る者たちに知らせる。

この〔ゴア〕市においては、国王陛下《スア・マジェスタデ》の施療院《オスピタル》(2)に通常多数の病人がいること、前述の主君《セニョル》が依頼する如く、彼らが充分治療を受けるのがいかに重要であるかということ、およびそこ〔ゴア市〕のミゼリコルディアの兄弟たち《イルマンス》(3)は、彼らの義務である他の敬虔な仕事の遂行に忙殺されるが故に、彼らが望む如くにはこれ〔ミゼリコルディア〕を遂行することが出来ないでいることを考慮して、私は、それ〔施療院〕の管理をイエズス会《コンパニア》パードレたちに委ねた。

彼ら〔イエズス会パードレ〕はそれを、神と国王陛下に奉仕を行うことだけを考えて受け入れた。病人たちが、清潔に、そして必要なものにはすべて満ち足りた状態でよき治療を受けるためには、前述の施療院が充分な給与を受けるのが適切である。それ故私は、私の主君である国王陛下の名で、この〔ゴア〕市の食糧《マンティメントス》・石鹸《サバン》・阿片《アンフィアン》(4)による定収入《レンダス》を、前述の施療院《オスピタル》の経費と支出に充てるよう命じ、指令を発する。これらはほとんど常に、一万一六三〇パルダウ(5)の所得になる。これは、前述の施療院の支出を賄うに充分足りると思われる額である。

併せて次のように言明する。もしも前述の定収入が、この金額からなにがしかが減額するか、または前述の施療院がそれ以上の支出をする場合は、私は国王陛下の王室資産《ファゼンダ》によって、その全額を満たすよう命じるつもりである。病人たちの治療のため、そこ〔施療院〕に不足を来すことのないようにするためである。そのため私は、王室資産管理官《ヴェドル・ダ・ファゼンダ》(6)やそれ〔王室資産〕のその他の役人《オフィシアエス》たちに対し、それ〔同定収入〕によって彼〔国王〕により多くの所得が得られるよう、そしてそれによる支払いが何ら減じることのないよう、国王陛下の定収入《レンダス》である旨公示してそれを賃貸に付すこと以外には、前述の定収入に対して関与しないよう命じる。

前述の如く私は、前述の定収入を前述の施療院に充当する故に、それら〔定収入〕は、賃貸に付した後徴収し、前述の施療院に収め、前述の〔イエズス会〕パードレたちの命令によって、治療・奉仕・清潔さ・暮し、その他前述の施療院と病人たちにとって必要な諸々の事柄のために消費すること。そして国王陛下の王室資産《ファゼンダ》の役人たちは、前述の定収入に対して命令権《マンド》・権限《ポデル》またはいかなる管轄権《ジュリスディサン》をも持たないものとする。というのは、もしも彼らがそれ〔同定収入〕においてそれら〔管轄権等〕を有するならば、国王陛下への奉仕と前述の病人たちへの恩恵のために、私はそれがいかなるものであれ彼らから奪い、それを無効にするからである。そして私は、彼ら〔パードレ〕が前述の目的を遂げるために、それ〔権限〕を行使して役立てるために、前述のパードレたちにそれを与え、譲り渡す。

私はまた、前述の施療院の奉仕、およびそれの支出に対する供給が一層よく行われるよう、次のことを嘉納し、命じる。すなわち、これまで薬屋《ボティクアス》の王室定収入徴収官《アヴェンサエス》(7)たちとの間で結んでいる契約《アヴェンサス》を、今後は前述の契約《アヴェンサス》の書記《エスクリヴァン》・市場検査官《カトアル》(8)・賃借人《レンデイロ》の手で結ぶこと。そしてパードレたちが選んだ前述の施療院の定収入《レンダス》の受領者《レセベドル》が、常にそれら〔契約〕に立ち会うものとする。このようにするのが神と国王陛下への奉仕のために適切であると、私は彼ら〔イエズス会パードレ〕を信頼しているからである。

前述の受領者《レセベドル》が立ち会うことなしには、かかる契約《アヴェンサス》は結ばないこと。前述の契約の金額をすべて、これまで行われたような帳面《カデルノ》ではなく、帳簿《リヴロ》に記入すること。前述の王室定収入徴収官《アヴェンサイス》たちから徴収するために文書《エスクリトス》を作る時《セ・ティラレン》は、前述の契約《アヴェンサス》の書記《エスクリヴァン》と前述の施療院の受領者《レセベドル》とが署名をすること。これなしには、いかなる証書《チト》(9)も文書《エスクリトス》も作ったり発給したりしないこと。このことは、前述の契約《アヴェンサス》の書記《エスクリヴァン》に通告すること。彼〔書記〕が王室定収入徴収官《アヴェンサエス》たちにそれを通告するためである。私はそれを望むものではないが、これと異なることがなされたら、私によってそれに相当する科を受けるものとする。

前述の定収入《レンダス》が一層よく徴収されるために、そして前述の施療院《オスピタル》において充分な奉仕がなされ、そこにおいて何ら不足がないようにするために、私は国王陛下《スア・マジェスタデ》の名で、司法《ジュスティサ》の執行官《メイリニョス》(10)たちおよび役人《オフィシアエス》たちに対し、前述の施療院の受領者《レセベドル》または管理人《プロクラドル》が彼らに求めるあらゆる尽力を、手早く行うよう命じる。というのは、もしも彼らが怠慢であるなら、私はそれを理由に、彼らの役職を剥奪し、そして彼らが前述の施療院の工事のために五〇パルダウを支払うものとする。これがすべてに優先すべき、われらの主である神への多大な奉仕となる事柄であるのを、認めてのことである。

私は、前述の施療院の薬《メイジニャス》(11)の古い価格表《パウタ》は少し不明確であるとの情報を受けているので、それ〔施療院〕の医師長《フィジコ・モル》(12)とその他の医師《フィジコス》たちに対し、各種下剤《プルグアス》がすべて同一の価格になるように、新しい価格表を作ることを命じる。さまざまなものからなる品物のすべてについても〔同様にすること〕。これは、それ〔会計〕を帳面につける時に、会計を一層明確にするためである。薬剤師《ボティカイロ》(13)または医師《メディコ》(14)以外は何人も、それ〔会計〕をつけることが出来ないという事情に鑑みてのことである。

私は、私の主君である国王陛下《エル・レイ》の王室資産管理官《ヴェドル・ダ・ファゼンダ》・前述の施療院の医師《メディコス》たち・契約《アヴェンサス》の書記《エスクリヴァン》・市場検査官《カトアル》・執行官《メイリニョス》たち・その他の司法関係者《ジュスティサス》たち・役人《オフィシアエス》たち、および関係する人々にこれを通告する。そして彼らに対し、一切疑義を差し挟むことも、何らの異議申立てをすることもなく、これ〔本勅令〕をその内容通りに履行・遵守し、そして履行・遵守させることを命じる。というのはそれが、われらの主なる神と国王陛下への奉仕になると私は考えるからである。法典第二巻《リヴロ》第二〇項《ティトゥロ》は異なる規定をしており、その効力が一年以上続く事柄は、勅令《アルヴァラス》として発給しても有効ではないとすると謳っているが、これ〔本勅令〕は、彼〔主君〕の垂下の印《セロ・ペンデンテ》を押した、前述の主君〔国王陛下〕の名で発給された書簡《カルタ》としての効力を有するものとする。〔一〕五九一年一〇月一二日ゴアにおいて、アントニオ・ダ・クニャ(15)がこれを作成した。ルイス・ダ・ガマ(16)がこれを記述させた。副王(17)。」

註

（1）**Mathias d' Albuquerque.** 一五九一～九七年インディア副王在任。文書49の註（15）。
（2）**hospital.** ゴアの施療院については、文書65*の註（6）および文書116*の註（8）。
（3）**Irmaõs da Misericordia.** 拙訳『モンスーン文書と日本』一八六・一八七頁。
（4）**anfiaõ.** インディアにおいて、阿片のことをこのように称した。**Dalgado, I, pp. 43, 44.**
（5）**pardáos.** 文書7の註（3）。
（6）**Védor da fazenda.** 拙訳『モンスーン文書と日本』一五八頁。

（7）avenças. ポルトガル語辞典によると数種の意味があるようであるが、その内から表記の如き訳語を選んだ。Machado, I, p. 791.
（8）原語（翻刻本）は catoal であるが、catual のことであろう。ダルガドによると、インディアにおいて、市の警察の長・市場の検査官・刑事判事・市の統治者といった機能を果たした人物を意味する語として使用されたという。Dalgado, I, pp. 237, 238.
（9）chito. ポルトガル領インディアにおける証書・通告・証明書。Dalgado, I, p. 277.
（10）meyrinhos. 拙訳『モンスーン文書と日本』一六〇頁。
（11）原語（翻刻本）は meyzinhas であるが、mezinha のことである。薬を意味する。Machado, IV, pp. 453, 545.
（12）fisico mór.
（13）botycairo.
（14）medico. 前出の fisico mór や fisicos との違いは不詳である。
（15）Antonio da Cunha. 文書18の註（5）。
（16）Luis da Gama. 同様の役割で文書の末尾にその名が記される例は、多数に上る。ゴア政庁の書記であろう。
（17）APO, 3, pp. 333 - 335.

77　一五九二年二月二七日付けリスボン発、ポルトガル国王の勅令

「朕国王は、これ〔本勅令〕を見る者たちに知らせる。朕は次のような情報を得た。すなわち、インディアの歴代副王や歴代総督は彼らの統治期間中に、高位聖職者たち《プレラドス》(1)・修道士たち《レリジオゾス》・教会関係の《ペソアス・エクレジア》

人々《スティカス》、その他あの地域〔インディア領国〕の世俗《セクラレス》の人々の要請を受けて、適切ではないか、または時とともに改めたり変えたりする必要があるような事柄について、多数の勅令《プロヴィゾンエス》を発給するのを常としている、と。朕はこの件に対処したいと思い、次のことを嘉納し、そして命じる。

すなわち前述の歴代副王や歴代総督によってこれまでに発給され、また今後発給されるすべての勅令《プロヴィゾンエス》は、それらを発給した副王や総督たちがその統治期間の務めを終えたら、朕によって確認された〔諸勅令〕、または前述の統治を継承する副王や総督が新たに発給する〔諸勅令〕でない限り、遵守しても、履行してもいけないし、それら〔諸勅令〕によってこれ以上工事《オブラ》をしてもいけない。またそれら〔継承した副王・総督発給の新勅令〕は、彼が務めている期間以上に継続も履行もしてはならず、有効性も有しないこと。

私は、前述の副王たちと総督たち、および前述の地域〔インディア領国〕の朕の王室資産管理官《ヴェドレス・デ・ミニャ・ファゼンダ》たち(2)、および裁判権《コニェシメント》が帰属するその他何人《なんぴと》であれすべての役人《オフィシアエス》たちに対し、これを通告する。彼らに対し、この朕の勅令《プロヴィザン》を履行・遵守するよう、そして履行・遵守させるよう命じる。というのは、そうするのが朕への奉仕となると考えるからである。これ〔本勅令〕は、この〔ポルトガル〕王国《レイノ》および前述の地域〔インディア領国〕の王室資産《ミニャ・ファゼンダ》の記録簿《リヴロス》、およびそこの会計院《コントス》(3)および商館《フェイトリアス》(4)に登録すること。さらに、あの〔インディア〕領国《エスタド》の諸都市《シダデス》と諸要塞《フォルタレザス》の元老院《カマラス》(5)の記録簿《リヴロス》にも登録すること。皆に周知徹底させるためである。法典《オルデナサン》第二巻《リヴロ》第二〇項《ティトゥロ》は異なることを規定してはいるが、朕の名で始まり、そして実際はそこから発給されたわけではないが、朕の尚書職《シャンセラリア》によって発給された書簡としての効力を、〔本勅令は〕有すること。一五九二年二月二七日リスボンにおいて、ジョアン・デ・トレス(6)がこれを作成した。私こと書記官《セクレタリオ》ディオゴ・ヴェリョ(7)がこれを記述させた。国王(8)。」

（1）Prelados. 拙訳『モンスーン文書と日本』四六〇～四六五頁。
（2）vedores de minha fazenda. 拙訳、同右、一五八頁。
（3）contos. 拙訳、同右、四九・一五八・三八六頁。Bocarro, 1992, II, pp. 139, 140.
（4）feitorias. 文書1*の註（5）。
（5）camaras. 拙訳『モンスーン文書と日本』一四一頁。
（6）João de Torres.
（7）Diogo Velho. 文書52の註（6）。
（8）APO, 5 - III, pp. 1287, 1288.

78　一五九二年三月一〇日付けゴア発、インディア副王の書簡法令

「ドン・フェリペ云々。朕は、この書簡法令《カルタ・デ・レイ》を見る者たちに知らせる。

商人たちによって、レアル貨(1)が非信徒《インフィエイス》たちの地にもたらされることによって、朕の税関《アルファンデガス》にとって、そしてインディア領国の共通の利益にとって、多大なそして顕著な損失・弊害を来している。彼ら〔同商人〕はそれら〔レアル貨〕を求めてやって来るが、持って来る商品《ファゼンダス》といえばパゴデ貨(2)だけで、彼らはそれら〔パゴデ貨〕に法外な価値を与えて、それら〔パゴデ貨〕と交換してそれら〔レアル貨〕を得る。かかる商人たちは現地人《ナトゥラエス》であれ外国人であれ、その大部分の者たちが、他の商品《メルカドリアス》を商うことを望まない。

朕はその〔右記の〕ことを考慮し、そして前述の混乱を避けることによってそのすべてに対応したいと思い、それのために朕が徴した控訴裁判所《レラサン》の判事《デゼンバルガドレス》たちの見解に従って、朕は次のことを嘉納し、それを喜ばしく思う。そ

れ故、これ〔本法令〕によって次のことを命じ、そして禁じる。それが朕への奉仕となり、朕の王室資産《ファゼンダ》の利益になり、しかも前述の〔インディア〕領国の住民たちの共通の利益《プロル》になると考えるからである。

すなわち、今後は、いかなる身分・地位であれ、ポルトガル人であれ、現地のキリスト教徒であれ、他の何人《なんぴと》であれ、朕のこの〔ゴア〕政庁《コルテ》の訴訟《フェイトス》の判事《ジュイズ》の面前でそれら〔レアル貨〕を登録する《レジスタル》ことなしに、この〔ゴア〕市から海路であれ陸路であれ、どこに向けてであれ、レアル貨を持ち出してはならない。彼〔レアル貨を搬出する者〕は登録《レジスト》の時に、前述のレアル貨は誰のものか、どこにそれらをもたらすのかを明確にする、聖福音の宣誓《ジュラメント》を彼〔同判事〕に提出すること。そしていかなるレアル貨であれ、前述の登録のないものが、この〔ゴア〕市および同市の城壁外の地区《アレバルデス》の外にもたらされるか、またはいかなる船舶であれ船積みされているのが見つかったら、それを没収し、半分は国王陛下《スア・マジェスタデ》の資産《ファゼンダ》とし、他の半分はそれを摘発した者のものとする。

前述の登録なしに、この〔ゴア〕市またはこの〔インディア〕領国の他のいかなる〔都市〕であれ、その域外にそれら〔レアル貨〕をもたらしたことが証明されれば、同様に了解すること。そこにおいても、ここ〔ゴア市〕の外の各都市や諸要塞における登録は、それら〔諸都市・諸要塞〕の聴訴官《オウヴィドレス》たちの面前で、また彼らがいないところにおいては、普通の判事《ジュイゼス・オルディナリオス》の面前で行うことを明確にした上で、この朕の法令《レイ》を実施し、遵守すること。そのために、〔聴訴官や普通の判事の〕全員が記録簿《リヴロス》を所持すること。

さらに朕は次のことを命じ、そして指令を与える。いかなる身分・地位であれ非信徒《インフィエル》は何人《なんぴと》も、登録《レジスト》済みであろうとなかろうと、前述のレアル貨を送ったり、搬出したりしてはならない。もしもそれに違反して前述の場所において、つまりこの〔ゴア〕市と同市の城壁外の地区《アレバルデス》の外にもたらされるか、または船積みされているのが見つかったら、前述の如くそれを没収し、そしてそれらをもたらす者は、五年間ガレー船送り(3)の刑罰に処すものとする。前述の〔ガレー船送りの〕刑罰は、前述のレアル貨の持ち出しに支援と恩恵を与えるすべての人々が、受けるものとする。また政庁《パソス》(4)の徴税官《タナダレス》(5)たちは、彼らの同意を得て、彼らによる持出しがなされたことが証明されたなら、朕の赦免《メルセ》まで、彼らの役職《カルゴス》を停止すること。

それが禁じられていない者たちは、まず上述の如き仕方でそれら〔レアル貨〕を登録した上で、カンバヤ(6)に向けそれら〔レアル貨〕をもたらしてもよいものとする。取引する者たち《コントラクタドレス》(7)は、彼らの取引《コントラト》のために、それら〔レアル貨〕をカンバイアに送ることが出来る。モンスーンでシナとマラッカに行くには、もしも登録をしなければならないとなると、前述の諸地域に行く者たちにとって、大きな支障となるであろう。それ故、朕は次のことを命じ、指令を与える。この場合においてのみ、つまり前述のシナとマラッカ向けについては、前述のモンスーンが続いている間に前述の地域に行く者たちには、〔ヘブライ〕民族《ナサン》(8)の者たちでない限り、それを義務づけられることはない、と。

というのは、これら〔ヘブライ民族の者たち〕はそれら〔レアル貨〕を、前述の地域であれ他のいかなる地域であれ、妻帯者《カザドス》(9)たちでしかも取引先《レスポンデンテス》(10)でない限り、搬出することも送ることもしてはならないからだ。しかし、前述の〔ヘブライ〕民族《ナサン》の妻帯者《カザドス》たちおよび独身者《ソルテイロス》たちは、まずそれら〔レアル貨〕を登録した上で、それらをシナにもたらしてもよい。また同妻帯者たちは、自分たちが住民である諸都市や諸要塞《フォルタレザス》に〔それらをもたらしてもよいが〕、やはりそこにそれら〔レアル貨〕をもたらす旨、登録をすること。

朕は、この〔ゴア〕市と、この〔インディア〕領国のその他の諸都市および諸要塞の、現職および今後その職に就くすべてのカピタンたちとタナダルたち、国王陛下《ヴォサ・マジェスタデ》の王室資産管理官《ヴェドル・ダ・ファゼンダ》(11)、彼の訴訟《フェイトス》の判事《ジュイズ》、刑事および民事の聴訴官長《オウヴィドレス・ジェラエス》(12)たち、その他すべての聴訴官たち、司法関係者《ジュスティサス》たち、役人《オフィシアエス》たち、および船荷証券《コニエシメント》(13)が関わる人々に、これを通告する。(14)そして彼らに対し、この法令《レイ》の内容通りに、いかなる疑義を差し挟むことも、異議申立てを行うこともなしに、これを履行・遵守すること、および完全に履行・遵守させることを命じる。これ〔本法令〕を、この

〔ゴア〕市の公の、そしてその慣例となっている場所に公告すること。そしてこの島(15)の政庁《パソス》に登録すること。すべての人々に周知徹底させるためであり、何人も不知を言い立てないようにするためである。

同じ尽力を、この〔インディア〕領国の他の諸都市や諸要塞においても行うこと。そこ〔インディア領国〕の尚《シャン》書職《セラリア》から発給され、尚書《シャンセレル》(16)が署名した真正の写しを、そこ〔諸都市・諸要塞〕に送付すること。三月一〇日に朕のゴア市において、ポルトガル王位《コロア》の王室紋章《アルマス・レアエス》の朕の印《セロ》を押して発給された。(17)われらの主君である国王陛下《エル・レイ》が、彼の顧問会議《コンセリョ》〔メンバー〕であり、インディアの彼の副王であるマティアス・ダルブケルケを介して、それを命じた。われらの主イエズス・キリストの生誕以降一五九二年、ルイス・ゴンサルヴェス(18)が(19)これを作成した。ルイス・ダ・ガマが(20)これを記述された。副王(21)。」

註

（1）Realles. レアル貨については、拙訳『モンスーン文書と日本』一三〇頁。

（2）**Pagodes.** 文書4の註（4）に記した通り、この語には四つの意味があるが、ここではその内の一つ、古くインド南部で通用した金貨を指す。ダルガドによると、次のような説明をしている。

インド南部で流通した古い金貨で、三六〇～三六〇〇レイス **réis** とその価値は変動した。他の語義と区別するために、しばしば「金のパゴデ」**pagode de ouro** と呼ばれた。ポルトガル語の **pagode** という名称は、**pardau** よりも遅く用いられるようになった。その名称の起源は、偶像が刻まれていたからである。そのことはリンスホーテンも記しており、同貨幣は二、三種類あり、いずれも八タンガ（補註1）（＝四八〇レイス）強の価値を持つとしている（補註2）。

ダルガドはさらに続けて、パゴデ金貨は、その種類や出所により、八～一二シェラフィン（補註3）（＝二四〇〇～三六〇〇レイス）とさまざまな価値を有したという。なおダルガドは、パゴデ貨の価値を伝える多くの史料の記事を掲載する。その数値と、史料の年代のみを、一部を紹介する。

一パゴデ＝三六〇レイス（一五九五年）。

一〇〇〇パゴデ＝一五〇〇クルザド（補註4）（＝六〇万レイス）（一六〇三年）。

一パゴデ＝四〇〇レイス以上（一六一一年）。

かつては一パゴデ＝七・五タンガ（＝四五〇レイス）、今日では一一・五タンガ（＝六九〇レイス）（一六一一年）。

一パゴデ＝九・五〜一〇タンガすなわち五七〇レイス〜六トスタン **tostões**（補註5）（＝六〇〇レイス）（一六一八年）。

一万パゴデ＝三万五〇〇〇シェラフィン（一六三一年）（＝一〇五〇万レイス）（一六三一年）（補註6）。


（補註1）一タンガ＝六〇レイス。拙訳『モンスーン文書と日本』二三三・二四六・三五七頁。

（補註2）リンスホーテン『東方案内記』三四一〜三四三頁。

（補註3）一シェラフィン＝三〇〇レイス。拙訳『モンスーン文書と日本』八一・一一二・一三九・一五〇・一五一・二三三・二四五・二四六・三五七頁。

（補註4）一クルザド＝四〇〇レイス。文書11の註（4）の（補註17）。

（補註5）トスタン **tostão** は古いポルトガルの銀貨で、一トスタン＝一〇〇レイスであった。

（補註6）**Dalgado, II, pp. 133, 134.**

Machado, VII, p. 331.

（3）**gallés.**
（4）**passos.**
（5）**Tanadares.** 文書18の註（4）。
（6）**Cambaya.** 拙訳『モンスーン文書と日本』三〇六〜三〇八頁。
（7）**contractadores.** 本文書で問題にしているのは、銀の差益のみを狙ってレアル貨を領外に持ち出す行為である。それに対し、カンバヤにおける商業活動の中での支払いのためなら、レアル貨をゴア市から搬出してもよいとの意味であろう。
（8）**nação.** 文書58*の註（2）に記した通り、ヘブライ民族 **nação hebraica** を意味する。

（9）**casados.** 拙訳『モンスーン文書と日本』四九四頁。
（10）**respondentes.** 文書58*の註（3）。
（11）**Védor da fazenda.** 拙訳『モンスーン文書と日本』一五八頁。
（12）**Ouuidores geraes.** 拙訳、同右、四八・一五四・一六四～一六六・四一三頁。
（13）**conhecimento.** 文書66の註（2）。
（14）原語（翻刻本）は**o**であるが、**ley**または**carta de ley**に代わる代名詞のはずであるから**a**と記すべきであろう。
（15）**desta Ilha.** ゴアのティスアリ島**Ilha Tissuari**（ゴア島**Ilha de Goa**ともいう）のことであろう。文書7の註（2）。
（16）尚書職**chancelaria**・尚書**chanceler**については、拙訳『モンスーン文書と日本』一六四～一六六頁。
（17）**Mathias d' Albuquerque.** 一五九一～九七年インディア副王在任。文書49の註（15）。
（18）**Luis Gonçalves.** ゴア政庁における書記**escrivão**.
　Documentação, Índia, Índice, p. 169.
（19）原語（翻刻本）は**a**である。本文書の註（14）同様、**ley**または**carta de ley**を指すものと思われる。
（20）原語（翻刻本）は**o**である。本文書の註（14）・註（19）同様、**ley**または**carta de ley**を指すと思われるので、註（19）の如く**a**と記すべきであろう。
（21）**APO, 3, pp. 348 - 350.**

　本文書の様式に触れておく。インディア領国の統治に関する法令の様式については、文書8の註（6）に記した通りであるが、本文書はその内のB1に属するもの、すなわちインディア副王がポルトガル国王名で発給した法令である。法令の内容部分はすべて一人称で記され、その主語はポルトガル国王である。末尾の傍線箇所で初めて「主君である国王陛下《エル・レイ》が、（中略）インディア副王マティアス・デ・アルブケルケを介して、それを命じた」と、国王が三人称で記されている。

79　一五九二年四月八日付け控訴裁判所（ゴア）の判決《アセント》

「控訴裁判所の法廷《メザ》において、副王閣下の臨席の下、次の判決が下された。

この〔インディア〕領国において行われるのを常とする航海《ヴィアジェンス》の恵与を、国王陛下から受けたカピタンたちが、それら〔航海〕を開始してそれらを務める際に、ある種の無法な振舞いに及び、それが国王陛下に多大な弊害となり、しばしば彼の家臣たちと〔インディア〕領国の共通善《ベン・コムン》を大きく損なっている。それ故、それら〔航海〕の務めが終わり次第、刑事の聴訴官長《オウヴィドル・ジェラル・ド・クリメ》(1)がそのために与えるであろう覚書《アポンタメントス》によって、彼らについて審査《レジデンシア》を行うこと。その審査は、彼らが前述の航海を行う地域に駐在する聴訴官《オウヴィドレス》たち、または副王閣下がそのために指名する人物が行うこと。

この判決《アセント》は直ちに執行すること。今務めており、そして昨年務めた日本のカピタンの航海(2)においても、現在務めているその他〔のカピタン〕の〔航海においても〕、実行に移し始めること。一五九二年四月八日、控訴裁判所において。副王。（控訴裁判所判事たち《デゼンバルガドレス》(3)の署名がある）。(4)」

註

（1）Ouvidor geral do crime. 拙訳『モンスーン文書と日本』四八・一五四・一六四～一六六・四二三頁。

（2）viagem do capitão de Japão と記してあるが、capitão de viagem de Japão と記した方が文意の通りがよい。

（3）desembargadores. 拙訳『モンスーン文書と日本』四八・一五四・一六四～一六六頁。

（4）**APO, 5 - III, p. 1293, 1294.**

80　一五九二年四月二〇日付けゴア発、インディア副王の法令

「ドン・フェリペ云々。朕は、この朕の永久的な書簡法令《カルタ・デ・レイ》を見る者たちに知らせる。朕のゴア市の元老院《カマラ》の市会議員《ヴレアドレス》たちと役人《オフィシアエス》たちが朕に対し、すべての人民《ポヴォ》の名による彼らの誓願書によって次のことを知らせた。

そこ〔ゴア市〕の妻帯者《カザドス》たちや住民《モラドレス》たちは、彼らが彼らのかねを託して送付した者が死亡するような事態が生じた時、多大な損失と、シナやその他の地域のカピタン・モールたちによる抑圧を被る。前述のカピタンたちが、死者たちの慈善供与者《プロヴェドレス》たち(1)として、それ〔そのかね〕を奪ってしまうからである。つまり、彼ら〔妻帯者・住民〕がその地に代理人《プロクラドレス》たちを持っていても、また前述のかねが、彼ら〔妻帯者・住民〕の署名《シナル》・標識《マルカ》・ラベル《レトレイロ》を付して送付されても、彼らにとって役に立たない。代理人《プロクラドレス》たちが死者たちの船荷証券《コニエシメントス》をも呈示しよう、というにもかかわらず、〔取り上げてもらえない〕。それら〔船荷証券〕は、その保護と安全のために、そのかねの持主自らの権限の下に確保しておくため、前述の地域〔シナやその他の地域〕には送付されないのを常とする。

〔ゴア市市会議員たち・役人たちは〕前述の死者の船荷証券《コニエシメント》または覚書《レンブランサ》によって、またはそのかねの袋の中のラベル《レトレイロ》によって、その分は、代理人《プロクラドレス》たちまたは代理人《プロクラドル》がその地に預かっている死者のかねだということが明らかになる場合は、前述の代理人《プロクラドレス》たちがそれ〔かね〕を受け取るのを許すよう、法律の作成を命じてほしいと朕に要請している。前述の朕の副王は、前述の請願が正当であると見て、朕の控訴裁判所《レラサン》の判事《デゼンバルガドレス》たちの見解を得て、次のような判決を下した。

もしもシナに行く者たちの内の何人《なんびと》かが死亡したら、見付かったかねが、船荷証券《コニエシメント》または覚書《リヴロ・デ・レンブランサ》の記録または袋の中に入れてあった証書《チトス》(2)、またはその外に貼付したラベル《レトレイロス》によって〔持主が〕明らかになった場合は、そのかね

の持主の代理人《プロクラドレス》たちに渡すこと。カピタンも死者たちの管理人《プロヴェドル》も、そして他の何人《なんぴと》も聴訴官《オウヴィドル》も、そこに関与してはならない。これに違反したら、利子《インテレセス》と元金《プロピオ》を別途返し、そして彼らが取得する額と同額を、朕のゴア市の泊地《リベイラ》のために支払わねばならない刑罰に処す、と。

前述の控訴裁判所判事《デゼンバルガドレス》たちの前述の見解と判決《アセント》、およびそれの論拠を見て、朕は次のことを嘉納し、それを喜ばしく思う。そしてこれ〔書簡〕によって法令《レイ》を作成し、命じ、指令を発する。今後は、上に言明したことを履行すること。前述のかねについては、同じ規則と仕方で効果的に対応すること。違反したら前述の刑罰を科すこと。〔同刑罰は〕異なる規定をしているいかなる勅令《プロヴィザン》・禁令《デフェザ》、その他どのような法令《レイ》が存在しようと、それら〔刑罰〕を受けるべき者たちに対して執行すること。というのは、朕はそれら〔異なる規定の勅令・禁令・法令〕はすべて廃止され、何らの効力も有効性をも持たないものと考えるからである。

これ〔本法令〕は、シナのマカオ市において公告すること。そしてそこ〔マカオ市〕の元老院《カマラ》と朕のゴア市のそれ〔元老院〕に、登録すること。関係する役人たちにより、それ〔同法令〕の裏面《コスタス》にそのすべてを記録すること。

朕は、シナ航海《ヴィアジェンス・ダ・シナ》のカピタン・モールたち、その他のカピタンたち、死者たちの管理人《プロヴェドレス》たち、前述の地域の裁判権《アルサダ》を帯びた聴訴官長《オウヴィドル・ジェラル》、その他の司法関係者《ジュスティサス》たち、役人《オフィシアエス》たち、および関係する人々にこれを通告する。そして彼らに対し、何らの疑義を差し挟むことも異議申立てをすることもなしに、上に言明されている通りに、これ(3)を履行・遵守するよう、そして完全に履行・遵守させるよう命じる。

四月二〇日に朕のゴア市において、ポルトガル王位《コロア》の王室紋章《アルマス・レアエス》の朕の印《セロ》を押して、発給された。われわれ主君である国王陛下《エル・レイ》が、彼の顧問会議《コンセリョ》〔メンバー〕であり、インディアの副王であるマティアス・ダルブケルケを介して、(4)これを命じ(5)た。われらの主イエズス・キリスト生誕以降一五九二年に、アントニオ・ダ・クニャ(6)がこれ(7)を作成した。ルイス・ダ・ガマがこれ(8)を記述させた。副王(9)。」

註

（1）**Prouedores.** 文書45の註（7）に、慈善供与責任者 **provedor mor dos defuntos** について記した。海外のポルトガル領におけるミゼリコルディア院長 **provedor** の職務の一つが、現地で死亡した者の遺産の管理、本国への送金であった。

拙訳『モンスーン文書と日本』一八六・一八七頁。

（2）**chitos.** 文書76の註（9）。

（3）原語（翻刻本）は **o** である。**carta de ley** または **ley** に代わる代名詞のはずであるから、**a** と記すべきであろう。

（4）原語（翻刻本）は **o** である。右の註（3）と同じく **a** と記すべきであろう。

（5）本文書は、インディア副王がポルトガル国王名で発給した法令である。傍線箇所のみ、同国王が三人称で記述されている。文書8の註（6）。

（6）**Antonio da Cunha.** 文書18の註（5）。

（7）原語（翻刻本）は **a** である。**carta de ley** を指すと思われる。

（8）原語（翻刻本）は **o** である。**carta de ley** を指すと思われるので、**a** と記すべきであろう。

（9）**APO, 3, pp. 355, 356.**

81　一五九二年四月二四日付けゴア発、インディア副王の法令

「ドン・フェリペ云々。朕は、この法令《レイ》と禁令《デフェザ》を見る者たちに知らせる。ゴア市の元老院《カマラ》の市会議員《ヴレアドレス》たちとその他の役人《オフィシアエス》たちは、彼らの請願書《ペティサン》によって朕に次のことを書き送ってきた。

前述の〔ゴア〕市・シャウル〔市〕(1)、およびインディアの地域のその他〔の諸都市〕の大勢のモーロ人《モウロス》たちと異教徒《ジェンティオス》たちが、ポルトガル人たちの手を介して、多くのかねと商品《ファゼンダス》をマラッカとシナに送っており、そのために、王室資産《ミニャ・ファゼンダ》が顕著な損失を被り、朕の家臣たちとそこ〔ゴア等インディアの諸都市〕の人民の共通善《ベン・コムン》に多大な損害を来している。

というのは、そこ〔シナ〕にもたらされる多額な富《カベダル》によって、シナにおいて商品《ファゼンダス》の価格が変動を来すこと以外にも、ポルトガル人たちによって〔商品が〕発送《デスパシャダス》された後に、モーロ人たちや異教徒たちがそれを買い、そのためこれら〔商品〕の輸出《ディレイトス・ダス・サイダス》税を、王室資産《ミニャ・ファゼンダ》が失うことになるからである。それは今は行われていない。彼ら〔ポルトガル人〕が彼ら〔ポルトガル人自身〕のものとして、それら〔商品〕を発送しているからである、と。

彼ら〔ゴア市市会議員等〕の請願と言い分、さらには朕の顧問《コンセリョ》〔領国顧問会議メンバー〕であり、インディア副王であるマティアス・ダルブケルケが、前述の状況に際しこの件について得た情報を朕が見て、朕への奉仕と朕の家臣たちの共通善にとって極めて弊害の大きい無秩序を阻止するために、朕は次のことを嘉納し、それを喜ばしく思う。それ故、この朕の法令《レイ》によって命じ、そして禁じる。

今後は、いかなる階級《エスタド》・地位《カリダデ》・身分《コンディサン》のポルトガル人であれ、他の何人《なんびと》であれ、異教徒《ジェンティオ》・モーロ人《モウロ》、またはユダ《ジュ》ヤ人《デウ》のかねも商品《ファゼンダス》もマラッカまたはシナにもたらしてはならない。違反したら、前述の商品《ファゼンダ》のすべてと五〇〇シェラフィン(2)を没収し、その半分は囚われ人《カプティヴォス》(3)に、他の半分は、彼らを告発した者たちおよび泊地《リベイラ》の工事のために充てる刑罰に処し、彼らはこれを、一切の容赦なしに支払うものとする。

皆に周知徹底させるように、そして何らかの時に、不知を言い張ることが出来ないように、朕は、前述のゴア市の、公の、その慣例となっている場所に公告することを命じる。そして、そこ〔同ゴア市〕の元老院《カマラ》の記録簿《リヴロス》に登録すること。またマラッカ市とマカオ〔市〕においてもこれを公告し、前述の如く登録すること。朕は、すべての司法関係者たち《ジュスティサス》・役人たち《オフィシアエス》、および関係する人々にこれを通告する。そして彼らに対し、いかなる疑義を差し挟むことも、異議申立てを行うこともなく、すべてにわたってこれを履行・遵守するよう、そして完全に履行・遵守させるよう、命じる。四月二四日に朕のゴア市において、ポルトガル王位《コロア》の王室紋章《アルマス・レアエス》の朕の印《セロ》を押して、発給した。われわれの主君である国王陛下《エル・レイ》が、彼の顧問会議《コンセリヨ》〔メンバー〕であり、インディア副王云々であるマティアス・ダルブケルケを介して、これを命じた。(4) われらの主イエズス・キリストの生誕以降一五九二年にルイス・ゴンサルヴェスがこれを作成した。ルイス・ダ・ガマがこれを記述させた。副王。(5)」

註

（1）Chaul. 拙訳『モンスーン文書と日本』の各所にさまざまな関わりで記載した。索引一六・一七頁。
（2）**xarafins**. 拙訳、同右、八一・一一二・一三九・一五〇・一五一・二二三・二四五・二四六・三五七頁。
（3）**captiuos**. 文書3の註（2）。
（4）本文書はインディア副王が、ポルトガル国王名で発給した法令である。傍線箇所のみ、同国王が三人称で記述されている。文書8の註（6）。
（5）**APO, 3, pp. 356, 357.**

82　一五九二年八月一日付けゴア発、インディア副王の書簡法令

「神の恩寵により、ポルトガル、内陸《ダケン》のアルガルヴェスの国王であり、海外《ダレン・マル》ではアフリカのギネーの支配者《セニョル》であり、エチオピア・アラビア・ペルシアの征服・航海・商業の〔支配者〕であり、インディアおよびモルッカ《マルコ》の諸《レ》

王国《イノス》の〔支配者〕云々であるドン・フェリペ。朕は、この朕の書簡法令《カルタ・デ・レイ》を見る者たちに知らせる。朕は次のような情報を得た。

朕のゴア島において、奴隷《エスクラヴォス》たちが対岸《オウトラ・バンダ》[1]に渡るという甚だしい放縦《デヴァシダン》に流れている。彼らはそこからモーロ《モウ》人《ロス》たちの土地に行き、そこでわれわれの聖なる信仰を棄てて、モーロ人《モウロス》たちになる。朕の家臣たちもまた、彼ら〔奴隷たち〕を失っていくことになり、これは神《デオス》と朕への奉仕にとって、多大な弊害である、と。朕は、これに対して対策を講じたいと思い、次のことを嘉納し、そして命じる。これ〔書簡法令〕の制定《フェイトウラ》以降は、いかなる身分《カリダデ》・地位《コンディサン》であろうと、どのような奴隷《エスクラヴォ》であれ対岸《オウトラ・バンダ》に渡したり、そのために船舶・援助、そして恩恵を与えたりする者はすべて、刑死《モルテ・ナトウラル》[2]に処せられ、その上前述の船舶を没収し、それは公開で焼却されるものとする。

朕は、刑事聴訴官長《オウヴィドル・ジェラル・ド・クリメ》[3]・その他の司法関係者《ジュスティサス》たち・役人《オフィシアエス》たち、および関係する人々にこれを通告する。そして彼らに対し、いかなる疑義を差し挟むことも、異議申立てをすることもなしに、これ[4]をその内容通りに、履行・遵守するよう、そして完全に履行・遵守させるよう命じる。そこ〔ゴア市〕の公の場所に公告すること。皆に周知徹底させるためである。八月一日に、朕のゴア市において、ポルトガル王位《コロア》の王室紋章《アルマス・レアエス》の朕の印《セロ》を押して、発給した。国王陛下《エル・レイ》がこれを、彼の顧問会議《コンセリョ》〔メンバー〕であり、インディア副王云々であるマティアス・デ・アルブケルケを介して命じた[5]。われらの主イエズス・キリストの生誕以後一五九二年に、アントニオ・ダ・クニャがこれ[6]を作成した。ルイス・ダ・ガマがこれ[7]を記述させた。副王[8]。」

註

（1）**outra banda.** ゴア島すなわちティスアリ島からマンドヴィ川・ズアリ川を渡った対岸の意味であろう。拙訳『モンスーン文書と日本』三八〇〜三八二頁。

（2）morte natural. 文書61の註（19）。
（3）ouvidor geral do crime. 拙訳『モンスーン文書と日本』四八・一五四・一六四〜一六六・四二三頁。
（4）原語（翻刻本）は o である。carta de ley に代わる代名詞のはずであるから、a と記すべきであろう。
（5）本文書はインディア副王が、ポルトガル国王名で発給した法令である。傍線箇所の文章のみ、同国王が三人称で記述されている。文書8の註（6）。
（6）原語（翻刻本）は o である。右の註（4）と同。
（7）原語（翻刻本）は o である。右の註（4）・註（6）と同。
（8）APO, 6, Sup., pp. 719, 720.

83　一五九二年一〇月二二日付けリスボン発、ポルトガル国王の勅令

「朕国王は、この勅令《アルヴァラ》を見る者たちに知らせる。

イエズス会修道士《コンパニア・デ・ジェズスレリジオゾ》であるルイス・セルケイラを、日本司教(1)の補佐司教《ビスポ・コアジュトル》に指名した(2)ことを考慮して、朕は、王室資産《ミニャ・ファゼンダ》の負担で毎年六〇〇クルザドの年金《テンサ》(3)を、前述の司教職《ビスパド》を継承する日まで彼〔補佐司教セルケイラ〕が受け取るのを嘉納し、それを喜ばしく思う。それ故、それ〔日本司教区継承〕以降は、彼は前述の〔日本〕司教が受け取っていた俸禄《ドテ・エ・オルデナド》(4)を受けることになる。前述の六〇〇クルザドは、この〔リスボン〕市を発った日――それは彼が乗船していくナウ船の乗組員《ジェンテ》(5)たちによって明確になるであろう――から受け取るのを開始すること。それ〔六〇〇クルザド〕は、ゴア島のサルセテの地の収入《レンディメント》に設定し、それによって支払うこと。

それ故朕は、前述の島の収税官《レセベドル》(6)に命じる。前述の如く、そこ〔サルセテ〕の収入《レンディメント》から、前述の補佐司教かま

たは彼の然るべきプロクラドール[7]に対し、毎年前述の六〇〇クルザドを彼のクアルテル[8]として、前述の司教職《ビスパド》を継承するまで与え、支給すること。前述の収税官《レセベドル》の支出の帳簿《リヴロ》に、彼の〔収税官としての〕役職の書記《エスクリヴァン》の手で、これ〔本勅令〕の写しを登録し、それによって、そして前述の司教または彼の然るべきプロクラドールの受領書《コニェシメントス》を添えて、前述の如く彼に支払った額を計上すること。

法典《オルデナソンエス》第二巻《リヴロ》第二〇項《ティトゥロ》は、その効力が一年以上続く事柄は書簡《カルタ》として発給すべきこと、勅令《アルヴァラ》として発給しても効力を持たないものとすべきことを謳ってはいるが、朕は、これ〔本勅令〕が朕の名で作成された書簡《カルタ》としての効力を持つこと、そして尚書職《シャンセラリア》によって発給されないことを希望する。〔一〕五九二年一〇月二二日にリスボンにおいて、フランシスコ・デ・アブレウ[9]がこれを作成した。ペロ・デ・パイヴァ[10]がこれを記述させた。国王[11]。」

註

（1）**Bispo de Japão.** ペドロ・マルティンス **Pedro Martins** である。拙著『キリシタン時代対外関係の研究』五〇九・五一〇頁。

（2）**ter nomeado.** ポルトガル国王がセルケイラを日本司教の補佐司教に **nomear** した、という文であるから、国王の布教保護権に基づく「指名」と訳すべきであろう。「任命」するのはあくまでローマ教皇である。

（3）**tença.** 国王が奉仕に対する報酬として、家臣の暮しのために与えた給付金。一時的なものも、終身の場合もあった。
Serrão, Joel, VI, p. 146.

（4）**dote e ordenado.** **dote** も **ordenado** も同義と解する。拙訳『モンスーン文書と日本』三五九頁。

（5）**Salcete da ilha de Goa.** 文書11の註（4）の（補註6）。

（6）**recebedor.** 税金の徴収を任された役人。
Machado, VI, p. 211.

（7）procurador. ゴアに府内司教区（日本司教区）関係の財務担当者たるプロクラドールがいて、司教の俸禄について政庁側と交渉し、かねを受け取り、マカオ・日本に向けて送金するなどのことを行っていた。拙著『キリシタン時代対外関係の研究』五四二・五四三頁。
（8）aos quarteis. quarteis はクアルテル quartel の複数形。文書61の註（25）に記した通り、クアルテルは三ヵ月単位の給与である。ここでこの語が用いられているが、ポルトガル国王が支給する日本の補佐司教セルケイラへの俸禄が、現実に三ヵ月単位で支給されたとは考え難く、それを伺わせる史料もないようである。
（9）Francisco de Abreu.
（10）Pero de Paiva.
（11）APO, 5 - III, p. 1296. 拙著『キリシタン時代対外関係の研究』五一四・五一五頁。

84　一五九二年一〇月二二日付けリスボン発、ポルトガル国王の勅令

「朕国王は、この朕の勅令《アルヴァラ》を見る者たちに知らせる。朕は、次のことを嘉納し、それを喜ばしく思う。すなわち、日本司教に選任された同イエズス会《コンパニア》のペ〔ド〕ロ・マルティンスの補佐司教《ビスポ・コアジュトル》に朕が指名し、いずれは同ルイス・セルケイラが同〔日本〕司教職《ビスパド》を継承し、そこに着座すべきものとしたイエズス会《コンパニア・デ・ジェズス》修道士《レリジオゾ》ルイス・セルケイラが、前述の司教職《ビスパド》〔叙階〕とともに、彼の生涯を通して毎年二〇万レイス（1）の俸禄《ドテ》（2）、および毎年さらに六〇万レイス（3）を、朕がよしと考え、異なることを命じない限り、彼が自らを養うのを助けるために、そして彼の司教職《ディグニダデ・ポンティフィカル》の務めをよりよく、またより品位を保って果たすことが出来るために、受け取り、受納すべきこと。この六〇万レイスは、朕は、前述の二〇万レイスの俸禄《ドテ》以外に彼が毎年受納するのを嘉納する。全額で八〇万レ

イス(4)になるためであるが、これは、前述のペ〔ド〕ロ・マルティンスが前述の〔日本〕司教職《ビスパド》〔叙階〕とともに受納しており、そして今後も受け取ることになるのと同額である。

ルイス・セルケイラがそれ〔日本司教職〕を継承したら、朕が朕の別の勅令《プロヴィザン》によって、彼に対して〔日本〕司教職を継承する日まで毎年恵与した六〇〇クルザドは、もう受納しないものとする。それ故、それ以降は、この勅令《アルヴァラ》のみによって、前述の通り二〇万レイスを、朕がそれをよしと考え、異なることを命じない限り、受納するものとする。そしてその時は、彼が補佐司教《ビスポ・コアジュトル》である間は受け取ることになっている六〇〇クルザドの勅令《プロヴィザン》は、破棄すること。彼〔セルケイラ〕に対する毎年の支払いの拠り所となっている前述の勅令《プロヴィザン》の登録《レジストス》において、前述の〔日本〕司教職《ビスパド》に着座することによって、もうそれら〔六〇〇クルザド〕を受納することはない旨の覚書を記録すること。これ〔本勅令〕の裏面に、これに関わる役人たち《オフィシアエス》が彼らの証明書《セルティドンエス》を[原文欠損]。

前述の八〇万レイスは、ゴア島のサルセテ(5)の地の定収入《レンダス》に設定して彼らに支給することを朕は望み、それを喜ばしく思う。それ故朕は、その時前述の収入《レンディメント》の収税官《レセベドル》である者に対し、次のように命じる。真正の証明書《セルティダン》によって彼ルイス・セルケイラが前述の日本司教職《ビスパド》を継承したことが確実な日から以後、彼または彼の然るべきプロクラドール(6)に対し、前述の八〇万レイスを、毎年クアルテル(7)として与え、支給すること。これは、朕のもの〔勅令〕であれ、朕のインディアの地域の副王または総督のものであれ、あるいはそこ〔インディア領国〕の王室資産管理官《ヴェドル・デ・ミニャ・ファゼンダ》(8)のものであれ、他の勅令《プロヴィザン》は不要で、この勅令《アルヴァラ》のみを拠り所とすること。

前述の収税官《レセベドル》の支出の帳簿《リヴロ》に、彼の〔収税官としての〕役職の書記《エスクリヴァン》の手で、これ〔本勅令〕の写しを登録し、それによって、そして前述のルイス・セルケイラまたは彼の然るべきプロクラドールの受領書《コニェシメントス》を添えて、朕は、前述の如く彼に支払った額を計上するよう、そして常に効果的に一切の遅滞なく、この支給を彼に対して行うように命じる。また朕は、前述のインディアの地域の前述の副王または総督、そこ〔インディアの地域〕における王室資産管理官《ヴェドル・デ・ミニャ・ファゼンダ》、およびこの朕の勅令《アルヴァラ》の受領書《コニエシメント》が関係する他のいかなる朕の役人《オフィシアエス》たちであれ、次のことを命じる。すなわち、それ〔本勅令〕をその内容通りに履行・遵守すること。そして完全に履行・遵守させること。

法典《オルデナサン》第二巻《リヴロ》第二〇項《ティトゥロ》は、その効力が一年以上続く事柄は書簡として発給すること、勅令《アルヴァラス》として出されても、効力を有しない旨謳っているが、〔本勅令が〕朕の名で作成され、朕が署名した、尚書職《シャンセラリア》によって発給された書簡《カルタ》としての効力があり、強制力・有効性を持つことを朕は嘉納する。法典《オルデナサン》はそれと異なることを規定してはいるが、〔本勅令は〕尚書職によって発給されたわけでないとはいえ、同様に効力を持つものとする。フランシスコ・ダブレウ[9]が〔一〕五九二年一〇月二二日にリスボンにおいてこれを作成した。ペロ・デ・パイヴァ[10]がこれを記述させた。国王《レイ》。伯爵《コンデ》[11][12]。」

註

（1）duzentos mil réis. 四〇〇レイス＝一クルザド。したがって二〇万レイス＝五〇〇クルザド。文書11の註（4）の〈補註17〉。
（2）dote. 文書83の註（4）。
（3）seiscentos mil réis. 六〇万レイス＝一五〇〇クルザド。
（4）oitocentos mil réis. 八〇万レイス＝二〇〇〇クルザド。
（5）Salcete da Ilha de Goa. 文書11の註（4）の〈補註6〉。
（6）procurador. 府内司教区〈日本司教区〉のゴア駐在プロクラドールについては、文書83の註（7）。
（7）aos quarteis. 文書61の註（25）・文書83の註（8）。
（8）Vedor de minha fazenda. 拙訳『モンスーン文書と日本』一五八頁。
（9）Francisco d' Abreu.
（10）Pero de Paiva.

（11）O Conde. 文書の末尾に署名するのは、ポルトガル副王またはその他の高位高官であろうが、この当時のポルトガル副王（補註）はアルベルト・デ・アウストリア Alberto de Áustria（一五八三〜九三年在任）であるが、彼は伯爵ではない。本文書のこの伯爵が誰であるか、不詳である。
（補註）Serrão, Joel, I, p. 74. Serrão, Joaquim Veríssimo, IV, pp. 32 - 41. 拙訳『モンスーン文書と日本』一八三・二七三・二七四・三〇一頁。
（12）APO, 5 - III, pp. 1298, 1299. 拙著『キリシタン時代対外関係の研究』五一五・五一六頁。

85　一五九二年一一月三日付けゴア発、インディア副王の勅令

「国王陛下《スア・マジェスタデ》の顧問会議《コンセリョ》〔メンバー〕であり、インディア副王云々であるマティアス・デ・アルブケルケ。私は、この勅令《アルヴァラ》を見る者たちに知らせる。私は、国王陛下が彼の勅令《プロヴィザン》によって、非信徒《インフィエイス》である囚われ人《カティヴォス》(1)の男女の奴隷《エスクラヴォス・エ・エスクラヴァス》たちが、キリスト教徒になれば解放される旨命じていることを尊重するが、一方で次のような情報をも得た。

すなわち、かかる男女の奴隷たちがキリスト教徒になって後、または前述の〔キリスト教徒になる〕目的のために彼らに教理教育を行っている最中に、その非信徒《インフィエイス》たちがあまり神《デウス》を畏れない何人かのキリスト教徒と結託して、大勢の異教徒《ジェンティオス》が行うが如く、かかる男女の奴隷たちが改宗し、キリスト教徒になった時にはすでに、彼らを売却してしまっていたのだ、と言って、偽りの受領書《コニェシメントス》を作る、と。

それ故、私の義務にしたがって、キリスト教会《クリスタンダデ》に恩恵を施したいと願い、かかる男女の奴隷たちには、国王陛下が前述の勅令《プロヴィザン》によって彼らに与えられていることを享受させてやりたいと思い、かかる異教徒たちがこういった

欺瞞を企むことや、キリスト教会《クリスタンダデ》を縮小させたいなどと願うのを避けるために、私は次のことを嘉納し、喜ばしく思い、そしてこれ〔本勅令〕によって命じ、法律として指令を与える。

すなわち、今後はいかなるキリスト教徒に対してであれ、男女の若者《モソ・オウ・モサ》を売り渡した非信徒《インフィエル》は、たといそれがいかなる非信徒であれ、かかる売却の時に、どのような事情でその者を売却したかについて、誰か審査員《ジュルガドル》の前で調書《アウト》を作成すること。たといそれを作らなくても、彼らが必ず解放されること、国王陛下が前述の勅令《プロヴィザン》によって彼らに与えた恩恵を享受することを確実なものとすること。これは彼〔国王陛下〕の家臣たちについてのことだが、正当なこと、妥当なことは、その他の者たちに対しても行うこと。

これ〔本勅令〕は、この領国《エスタド》において公告すること。皆に周知徹底させるためである。私はこれを、国王陛下《スア・マジェスタデ》の司法関係者《ジュスティサス》たちに通告する。そして彼らに対し、いかなる疑義を差し挟むことも、異議申立てをすることもなしにこの内容通りに、これを履行・遵守するよう、そして完全に履行・遵守させるよう命じる。法典《オルデナサン》第二巻《リヴロ》第二〇項《ティトゥロ》は異なること規定をしてはいるが、これ〔本勅令〕は書簡としての効力を有すること。一五九二年一一月三日にゴアにおいて、アントニオ・ダ・クニャ(2)がこれを作成した。ルイズ・ダ・ガマ(3)がこれを記述させた。副王(4)。」

註

（1）cativos. 文書3の註（2）。
（2）Antonio da Cunha. 文書18の註（5）。
（3）Luiz da Gama. 文書76の註（16）、文書91の註（11）にも、同様の役割でこの人物名が見えた。
（4）**APO, 5 - III, pp. 1300, 1301.**

86　一五九二年一一月三日付けゴア発、インディア副王の勅令

「国王陛下《スア・マジェスタデ》の顧問会議《コンセリョ》〔メンバー〕であり、インディア副王云々であるマティアス・デ・アルブケルケ。私は、この私の勅令《アルヴァラ》を見る者たちに知らせる。

この領国《エスタド》の異教徒たちに関してであるが、彼らはより一層自分たちのことに目を向けさせ、自分たち言い分を通し、そして信用を博するために、あらゆる事柄をとらえてはすぐに暴動に及び、とくにキリスト教会《クリスタンダデ》に関する諸々の事柄を巡って、そのような行動に出る。彼らは、それ〔キリスト教会〕や改宗活動に従事している者たちの信用を失墜させようと務め、それを企図している。私はこのような事情を考慮し、そしてわれらの主なる神《デオス》への奉仕を希望し、こういった事柄や彼らの悪しき熱情を阻み、信仰が前進することを願うが故に、次のことを嘉納し、それを喜ばしく思う。そして国王陛下《スア・マジェスタデ》の名で命じる。

かかる異教徒《ジェンティオス》たちや非信徒《インフィエイス》たちが、そこ〔インディア〕で活動しているキリスト教会《クリスタンダデ》や修道士《レリジオソス》たちに関して、何らかのことを要求する時は、これらの者たち〔異教徒・非信徒〕の悪意をより一層払拭するために、それに関係する当事者《パルテス》たち以外は、それを行わせないこと。それも二、三人、多くて四人までで、それ以上の者が審査員《ジュルガドル》の門前にいたら、私が恩恵を施すまで、捕らえておくこと。

これ〔本勅令〕は、この〔ゴア〕市の公の所、およびそれが可能なその他の場所に公告すること。皆に周知徹底させ、何人も不知を主張することのないようにするためである。私はこれを、国王陛下《スア・マジェスタデ》の司法関係者《ジュスティサス》たちに通告する。そして彼らに対し、いかなる疑義を差し挟むことも異議申立てをもすることもなしに、その内容の通りに、これを履行・遵守するよう、そして完全に履行・遵守させるよう命じる。法典《オルデナサン》第二巻《リヴロ》第二〇項《テイトゥロ》は異なる規定

をしてはいるが、これ〔本勅令〕は書簡《カルタ》としての効力を有すること。一五九二年一一月三日にゴアにおいて、アントニオ・ダ・クニャがこれを作成した。ルイス・デ・ガマがこれを記述させた。副王。[1]」

註

（1）APO, 5 - III, pp. 1303, 1304.

87　一五九二年一一月三日付けゴア発、インディア副王の勅令

「国王陛下《スア・マジェスタデ》の顧問会議《コンセリョ》〔メンバー〕であり、インディア副王云々であるマティアス・デ・アルブケルケ。私は、この勅令《アルヴァラ》を見る者たちに知らせる。

国王陛下はこれらの地域〔インディア領国〕のキリスト教会《クリスタンダデ》および改宗に恩恵を施すために、一通の法律の勅令《アルヴァラ・デ・レイ》を発給した。その中で彼は言う。

現地《テラ》の人々は、四つの事件《カゾス》以外は互いに他人を告訴することは出来ない。これら〔の事件〕の場合は、まず二〇〇パルダウの保証金《フィアンサ》を与えた上で、刑事聴訴官《オウヴィドル・ジェラル・ド・クリメ》[1]長に対して行うこと。他の司法関係者《ジュスティサス》たちに訴えると不満を言うかも知れないような別の事件《カゾス》が生じたら、当事者たちを召喚して裁きを下すこと。しかし、最終的決《フィナル・センテンサ》によらない限り彼らを逮捕してはならない、と。

また私は次の情報を得た。すなわち、何人かの判事《ジュイゼス》や審査員《ジュルガドレス》は、国王陛下《スア・マジェスタデ》がキリスト教徒たちに好意を持って彼らに施したこのあまりにも過大な恩恵を、私の主君である国王陛下《エル・レイ》の意図に反して、現地《テラ》の人々を介して異教《ジェン》

徒《ティオス》たちにも広げたいと思っている、と。〔国王陛下は〕改宗によって受ける恩恵と、異教徒《ジェンティリダデ》のままでいることへのそれ〔恩恵〕とを、同じにしようと思っているわけではないし、またそのために、非信徒《インフィエイス》たちが彼らの土地で公職《オフィシオス》を務めるを禁じたのである。そのために、私は次のことを嘉納し、それを喜ばしく思う。私は彼〔国王陛下〕の名で、これ〔本勅令〕によって、この〔インディア〕領国《エスタド》における現職および将来その職に就くすべての審査員たちに対し、次のことを命じ、かつ禁じる。

すなわち、かかる法律《レイ》は異教徒《ジェンティオス》たちに関わるものではなく、単にキリスト教徒たちのみに関わることとし、もしもこれに違反したら、〔その審査員は〕その事件《カゾ》に相当する咎を受けるものとする。前述の法律、およびそれ〔同法律〕を追認する(2)この私の勅令《アルヴァラ》に違反して何が行われても、それはキリスト教会《クリスタンダデ》にとって害になるし、何の効力も有しないからである。

私は、国王陛下《スア・マジェスタデ》の司法関係者《ジュスティサス》たち・審査員《ジュルガドレス》たちに対し、いかなる疑義を差し挟むことも、異議申立てをすることもなしに、その内容通りに、これを履行・遵守するよう、そして履行・遵守させるよう通告する。法典《オルデナサン》第一巻《リヴロ》第二〇項《ティトゥロ》の規定にかかわらず、書簡《カルタ》としての効力を有すること。一五九二年一一月三日ゴアにおいて、アントニオ・クニャがこれを作成した。ルイス・ダ・ガマがこれを記述させた。副王(3)。」

註

（1）ouvidor geral do crime. 拙訳『モンスーン文書と日本』四八・一五四・一六四〜一六六・四二三頁。
（2）原語（翻刻本）は retificação と記されているが、ratificação の誤か。
（3）APO, 5 - III, pp. 1301, 1302.

88* 第四回管区教会会議記録（一五九二年ゴア開催）

「第二部《アクサン・セグンダ》(1)

〔決定事項一省略〕

決定事項《デクレト》二

管区教会会議《コンシリオ》はこの管区《プロヴィンシア》(2)の高位聖職者《プレラドス》(3)たちに対し、第一回管区教会会議《コンシリオ・プロヴィンシアル》の第二部《セグンダ・アクサン》決定事項一七(4)を履行させる尽力をするよう、注意を喚起する。

そして改めて次のことを命じる。キリスト教徒は何人《なんぴと》も、非信徒《インフィエル》の奴隷《エスクラヴォ》を他の非信徒に売却してはならない。これに違反したら、奴隷の代価《プレソ》を没収する刑罰に処す。その上、高位聖職者《プレラド》の判断による〔刑罰が〕加わる。もしもそれが異教徒《ジェンティオ》の奴隷《エスクラヴォ》であって、彼をモーロ《モウロ》人またはユダヤ《ジュデオ》人に売るとなると、さらに重い〔刑罰〕となる。またもしも誰かが、キリスト教徒の奴隷を非信徒《インフィエル》に売ろうとするならば、かかる売手の行為を妨げるような行動をとること。すなわち囚われの身の、売却された奴隷を高位聖職者の許に連れて行くことを彼に義務づけること。このような重罪に対する刑罰として、管区教会会議《コンシリオ》は、その奴隷を解放するよう命ずる。その上前述の売手を、厳罰に処すこと。

決定事項《デクレト》三

この管区の第一回管区教会会議《コンシリオ》の、第四部《アクサン・クワルタ》決定事項《デクレト》一(5)において、次のことが言明された。五理由《ティトゥロス》の内の一つによるものでない限り、正当な囚われ人《ベン・カプティヴォス》の(6)奴隷《エスクラヴォス》ではありえない。それら〔五理由〕は、そこに掲示している。〔同会議第四部決定事項一〇は〕同時に、彼ら以外は、いずれの地域からであれ連れて来てはならない、と命じている。

次のような情報を得ている。前述の〔第一回〕管区教会会議《コンシリオ》の趣旨《テオル》に反して、未だにシナ・日本・ベンガル(7)、およびその他の地域から大勢の奴隷《エスクラヴォス》を連れて来る。いささかも神を畏れることなく、良心を傷つけて、彼ら〔奴隷〕を所有し、売却している、と。

それ故、これに対して適切な対策を講じたいと願うが故に、この〔第四回〕管区教会会議《コンシリオ》は、高位聖職者たち《プレラドス》がこの不服従および不正義の矯正に向けて行動することを信頼して、次のように命じ、そして指令を発する。今後はこの管区《プロヴィンシア》においては、前述の五理由《ティトゥロス》以外には奴隷《エスクラヴォス》たちを連れてきたり、所有したり、売却したりしてはならない、と。

また、〔同管区教会会議は〕前述の高位聖職者たちに対し、ベンガルの宦官たち《エウヌショス》（このように理解されている）は皆解放されており、キリスト教徒になって後は、信仰面で不安定で、容易にモーロ人の許に行き、そこで彼らは厚遇され、尊重されるということに特に警戒するよう注意を喚起する。(8)」

註

（1）翻刻本に次のように注記されている。「われわれ〔翻刻者〕が有するこの〔第四回〕管区教会会議記録の写本には、序文 Preambulo と第一部 Acção Primeira を欠いている。おそらく序文の記述内容はそこに含まれたのであろう。」

第四回管区教会会議記録は APO, 4, pp. 185 - 200 に収載されているが、その頁数は他の管区教会会議記録に比して極端に少ない。何らかの事情で序文と第一部の記録が欠損したことを思わせる。

（2）Provincia. ここで管区というのは、管区教会会議 Concilio Provincial の統轄地域を指す語であろう。ゴア管区大司教の主宰する一連の管区教会会議の統轄地域は、すなわちインディア領国と言い換えることが可能であろう。
（3）Prelados. 拙訳『モンスーン文書と日本』四六〇～四六五頁。
（4）第一回管教会会議第一部決定事項一七の誤か。先に文書22*の中で訳出。第一回管教会会議記録は、翻刻本 **APO, 4, pp. 1 - 75** に収載されているが、第一部 **Primeira Acção** は **pp. 3 - 33**, 第三部 **Acção Terceira** は **pp. 33 - 49**, 第四部 **Acção Quarta** は **pp. 49 - 75** にそれぞれ掲載されている。つまり第二部を欠いている。註（1）に記した原註にも関わる重要な点であるが、これが何を意味するのか不詳である。
（5）第一回管区教会会議、第四部、決定事項一〇の誤である。
（6）**bem captivos.** **captivo**「囚われ人」については、文書3の註（2）。
（7）**Bengala.**
（8）**APO, 4, pp. 186, 187.**

89* 一五九三年(1)二月一五日付けリスボン発、ポルトガル国王のインディア副王宛書簡

「一二九、何年か前から、シナからの(2)便《ヴィア》で次のことが書き送られてくる。すなわち、日本諸島に一人の暴君《ティラノ》(3)が台頭し、短時日の内にあの諸王国《レイノス》全体の支配者《セニョル》となった。そしてあの地域で福音の宣布に従事しているイエズス会《コンパニア》修道士《レリジオソス》たちに対し、直ちにそれら〔日本諸島〕の領外に退去するよう、彼らの先祖たちの法《レイ》に背いてそれ〔福音〕を説教しないよう、通告させた、と。

それ故、朕は貴下に対し、極めて重要なあの〔日本〕キリスト教会《クリスタンダデ》に対して、可能な限りすべての面で恩恵を施すよう依頼した。そこでは、〔キリスト教会の〕復興のために大変な労苦が傾注され、豊かな実りを生んでいる。

その地域の同イエズス会管区長ペ〔ド〕ロ・マルティンス[4]、およびこの〔ポルトガル〕王国に来訪した日本人たちとともに〔日本に〕行ったアレサンドレ・デ・ヴァリニャーノ[5]の書簡により、この暴君は彼ら〔イエズス会士〕に前述の改宗事業を続けさせてくれるであろうとの期待を抱いて、イエズス会修道士たちがそこに留まっているということが、朕は分かった。それ故朕は、こういった事柄のすべてに朕が覚えることだが、それによって極めて深い満足を抱いた。朕は貴下に対し、過去何年にもわたって朕が貴下に書き送ってきたような仕法で、万般対応するよう、改めて強く依頼する。[6]」

註

（1）**Boletim da Filmoteca Ultramarina Portuguesa, 2, p. 198** には、本文書の日付を一五九四年二月一五日と記す。しかしここでは **APO** により、表記の日付とする。

（2）**China.** マカオのこと。

（3）豊臣秀吉のこと。文書74*の註（13）。

（4）**Pero Martins.** 一五八四～九四年ゴア管区長在任。**Rodrigues, p. 24.**

（5）**Alexandre de Valinhano.** 文書74*の註（11）。

（6）**APO, 3, pp. 381, 382.** 岡本良知「十六・七世紀日本関係公文書」一九七・一九八頁。なお本文書は、文書74*の一節と趣旨は同じである。

90　一五九三年二月一七日付けリスボン発ポルトガル国王の勅令、一六〇二年一月一六日付けゴア発インディア副王の補則、および一六一〇年三月一一日付けゴア発インディア副王の補則

「朕国王は、この勅令《アルヴァラ》を見る者たちに知らせる。朕にそのような行動をとらせるいくつかの理由により、朕は次のことを嘉納し、それを喜ばしく思う。

すなわち、インディアの地域の聖ドミニコ会《オルデン・デ・サン・ドミンゴス》の修道士《レリジオゾス》たちが王室資産《ミニャ・ファゼンダ》から受けている俸禄《オルディナリアス》を、これまで彼らがそれを受け取ってきたのと同じように、今後も彼らが、前述の地域において受け取ること。朕がそれを嘉納し、異なったことを命じない限り、それについていかなる改変を加えることもあってはならない。そのため朕は、インディアの地域の朕の副王または総督、そこ〔インディア地域〕における王室資産管理官《ヴェエドル・デ・ミニャ・ファゼンダ》(1)、およびすべての役人《オフィシアエス》たちとこの勅令《アルヴァラ》の裁判権《コニェシメント》が帰属する人々に、その内容の通りに、これ〔本勅令〕を完全に履行・遵守するよう命じる。

法典《オルデナサン》第二巻《リヴロ》第二〇項《ティトゥロ》は異なる規定をしてはいるが、これ〔本勅令〕は書簡としての効力を持つものとし、そして尚書職《シャンセラリア》からは発給しないこと。これ〔本勅令〕は、五便《ヴィアス》によって、彼らに送付された。これはその内の第一〔便〕である。一〔便〕のみを履行すること。〔一五〕九三年二月一七日にリスボンにおいて、ルイズ・フィゲイラ(2)がこれを作成した。ペロ・デ・パイヴァ(3)がこれを記述させた。枢機卿《カルデアル》(4)。伯爵《コンデ》(5)。

インディアの地域において聖ドミニコ会の修道士たちが受けている俸禄《オルディナリアス》を、今後も上述の如く、これまで前述の地域において彼らが受けていたのと同じように、受け取ること。これ〔本勅令〕は、書簡としての効力を持つ

こと。および尚書職から発給しないことを嘉納する勅令《アルヴァラ》。五便により送付され、これはその第一〔便〕であった。

補則《ポスティラ》(6)

〔インディア〕領国《エスタド》の書記官《セクレタリオ》(7)の記録簿《リヴロ》の登録から先に書き取った国王陛下《スア・マジェスタデ》の勅令《アルヴァラ》の写しを、私は確認する。私は次のことを命じる。いかなる疑義をも差し挟むことなく、それ〔同勅令〕の内容通りに履行・遵守すること。またモザンビークの商館《フェイトリア》(8)の記録簿《リヴロ》に登録すること。以後は、歴代副王《ヴィゾ・レイス》の履行命令《クンプラ・セ》(9)が必要なくなるようにするためである。そのような措置をとるようにとの、国王陛下《スア・マジェスタデ》の命令に鑑みてのことである。法典《オルデナサン》第二巻第二〇項《ティトゥロ》は異なる規定をしてはいるが、〔本勅令は〕書簡《カルタ》としての効力を持つこと。一六〇二年一月一六日にゴアにおいて、アントニオ・デ・クニャがこれを作成した(10)。アントニオ・デ・モラエス(11)がこれを記述させた(12)。副王(13)。

この補則《ポスティラ》により、前述の日〔一六〇二年一月一六日〕に別の〔補則〕がダマン向け(14)に発給された。

別の補則《ポスティラ》

〔インディア〕領国《エスタド》の書記官《セクレタリオ》の記録簿《リヴロ》の登録から先に書き取った国王陛下《スア・マジェスタデ》の勅令《アルヴァラ》の写しを、それ〔同勅令〕の内容の通りに、何らの改変もなしに確認することを私は嘉納し、それを喜ばしく思う。商館長《フェイトレス》(15)たちおよび国王陛下《スア・マジェスタデ》のその他の役人《オフィシアエス》たちは、これ〔本勅令〕を完全に履行すること。国王陛下《スア・マジェスタデ》の王位と資産の代理人《プロクラドル・ダ・コロア・エ・ファゼンダ》(16)であるゴンサロ・ピント・ダ・フォンセカ学士《リセンシアド》が、そのような見解であることに鑑みてのことでもある。法典《オルデナサン》第二巻第四〇項《ティトゥロ》は異なる規定をしてはいるが、この補則《アポスティラ》(17)は、国王陛下の名で発給され、彼〔国王〕の垂下の印《セロ・ペンデンテ》を押した書簡《カルタ》としての効力を有するものとする。また、アイレス・デ・サルダニャ副王の補則《ポスティラ》(18)を履行すること。〔一〕六一〇年三月一一日ゴアにおいて、ルイス・ゴンサルヴェスがこれを作成した。私こと書記官《セクレタリオ》フランシスコ・デ・

ソウザ・ファルカン[19]がこれ[20]を記述させた。ファルカン。[21]」

註

（１）Veedor de minha fazenda. 拙訳『モンスーン文書と日本』一五八頁。
（２）Luiz Figueira.
（３）Pero de Paiva.
（４）Cardeal. ポルトガル副王アルベルト・デ・アウストリア Alberto de Áustria（一五八三〜九三年在任）のことである。彼は枢機卿であり、大公 cardeal - arquiduque であった。arquiduque とは、他の公爵以上の権威を帯びた公爵で、オーストリア皇子などに与えられた称号であった。Serrão, Joel, I, p. 74. Machado, I, pp. 621, 622. 文書84の註（11）。
（５）Conde. 文書84の註（11）に記した通り、この伯爵が誰か不詳である。
（６）Postilla. 文書91の註（14）。インディア副王アイレス・デ・サルダニャ Aires de Saldanha（一六〇〇〜〇五年副王在任）による、前記勅令 alvará に対する補則である。
（７）Secretario. 拙訳『モンスター文書と日本』一四五・一四六頁。Machado, I, p. 559; V, p. 920. Delgado Domingues, pp. 133, 134.
（８）feitoria de Moçambique. 商館については、文書1*の註（５）。
（９）Cumpra - se.
（10）原語（翻刻本）は o である。Postilla を指すと思われるので、左の註（12）の如く a と記すべきであろう。
（11）Antonio de Moraes.
（12）原語（翻刻本）a である。Postilla を指すと思われる。
（13）Viso Rey. 副王アイレス・デ・サルダニャ。本文書の註（６）。
（14）Damão. カンベー湾岸、スーラト Surate の南、グジャラート Guzerate におけるポルトガル人の重要拠点の一つ。拙訳『モンスーン文書と日本』に頻出。

（15）feitores. 文書1*の註（5）、文書2*の註（1）。
（16）**Procurador da Coroa e Fazenda de Sua Magestade.** 文書12の註（1）。
（17）翻刻本では、本文書の他の箇所は Postilla と記されているが、ここのみ Apostilla と綴られている。
（18）前出一六〇二年一月一六日にゴア発、副王アイレス・デ・サルダニャの補則を指す。
（19）**Francisco de Sousa Falcão.** ゴア政庁の書記官 secretário である。領国書記官 secretário d'Estado として、文書に記されることもある。
拙訳『モンスーン文書と日本』一〇〇・一四六・三九五・三九八頁。
（20）原語（翻刻本）は o である。Postilla を指すと思われるので、a と記すべきであろう。
（21）**APO, 5 - III, pp. 1306 - 1311.**

91　一五九三年三月三〇日付けゴア発インディア副王の書簡法令、および一五九五年四月一一日付けゴア発インディア副王の補則

「ドン・フェリペ云々。朕は、この朕の書簡法令《カルタ・デ・レイ》を見る者たちに知らせる。朕は次のような情報を得た。すなわち、日本航海《ヴィアジエンス・デ・ジャパン》を行う何人かのカピタンが、自分の個人的な利益のために、自分の義務および共通善《ベン・コムン》を忘れ、前述の日本に行った後に、そこに留まって越冬する。(1) これが、前述の〔日本〕航海の恵与を受けた者たち《プロヴィドス》が、出帆するのが可能な時期にそれを行うことが出来ない原因となっている。そのために、シナにおいて(2)要する多大な経費や出費のために、莫大な損失となるだけでなく、その他にも、自分たちのかねによる利益を失う〔マカオ〕住民《ポヴォ》や、朕がそれ〔日本航海〕を恵与したいと思っている者にとって、甚大な損害を来している、と。

朕は次のことを嘉納し、喜ばしく思う。

すなわち、この朕の法令《レイ》の制定以降は、前述の〔日本〕航海のカピタンは何人《なんぴと》たりと、たとい彼らの商品《ファゼンダス》をすべて売り尽くしていなくても、前述の日本で越冬をしてはならない。常々それが慣行となっている如く、シナへのモンスーンの時期となったら直ちに帰航すること。そしてこれに違反した者は、五年間セイロン(3)に流刑(4)とする。また前述の〔日本〕航海の運賃収入《フレテス》(5)を王室資産《ミニャ・ファゼンダ》に没収するものとする。その上、〔航海の〕恵与《プロヴィド》を受けた者に対し、それ〔日本での越冬〕のために彼に与える損失のすべてを、支払うこと。

朕は、インディア領国の、現在その職にあり、また将来それに就任する、刑事聴訴官長《オウヴィドル・ジェラル・ド・クリメ》(6)・その他の司法関係者たち《ジュスティサス》・役人たち《オフィシアエス》、およびそれに関わる人々に対して、この通り通告する。朕は彼らに対し、そこに何らの疑義を差し挟むことも、異議申立てをすることもなしに、これ(7)をその内容通りに履行・遵守し、そして完全に履行・遵守させるよう命じる。それ〔本書簡法令〕は、ゴア市およびシナのそれ〔マカオ市〕において、公告すること。すべての人々に周知徹底させるためであり、前述の理由で朕がこれを命じたことを、分からせるためである。ポルトガル王位《コロア》の王室紋章《アルマス・レアエス》の朕の印を押して、朕のゴア市において三月三〇日に発給した。われらの主君である国王陛下《エル・レイ》が、彼の顧問会議《コンセリョ》〔メンバー〕であり、インディア副王云々である、マティアス・ダルブケルケを介してそれを命じた(8)。われらの主イエズス・キリストの生誕以後一五九三年に、ルイス・ゴンサルヴェス(9)がこれ(10)を作成した。ルイス・ダ・ガマ(11)がこれ(12)を記述させた。副王(13)。

補則《ポスティラ》(14)

上記の〔書簡〕法令において言明されている〔違反者に対する〕刑罰とともに、朕は以下のことを嘉納し、命じる。すなわち、前述のカピタン・モールたちは、そのために申し立てることが出来るようないかなる支障があろうと、彼らの航海を行わなければならない時期に、シナにおいて越冬してはならない。そのために、共通善《ベン・コムン》および国王《スア・マ》陛下《ジェスタデ》の資産《ファゼンダ》に甚大な損害を来すからである。

上記〔書簡〕法令に対するこの補則は、このゴア市およびマカオのそれ〔市〕の、その慣行となっている公の場所に公布すること。また、その公布に当たっては、それ〔書簡法令〕の裏面に証明《セルティダン》を記すこと。われらの主君である国王陛下《エル・レイ》が、彼の顧問会議《コンセリョ》〔メンバー〕であり彼のインディア副王である、マティアス・ダルブケルケを介してそれを命じた。(15) われらの主イエズス・キリストの生誕後一五九五年の四月一一日にゴアにおいて、エステヴァン・ヌネス(16)がこれ(17)を作成した。ルイス・ダ・ガマがこれ(18)を記述させた。副王。(19)」

註

（1）**ficar invernando.** 海事用語としての越冬 **invernar** の語は、冬か否かに関わりなく、次の航海シーズンまで港で待機する意味である。夏に長崎に渡来するポルトガル船の〝越冬〟問題は、この越冬の語義を含め、かつて糸割符制定時の諸問題を巡って論争が行われた際に、一つの論点となった。しかしその時取り上げられたのは、一六〇〇年夏に渡来したポルトガル船が長崎で〝越冬〟したか否か、という点に限定された。あくまで日本側のそれへの対応のみが、問題になった。

本文書は、長崎でのポルトガル船越冬問題をポルトガル側の利害から取り上げたもので、越冬してさらに一年先の冬季まで長崎に停泊して商品の高値売却を図ることは、その船の荷主にとっては有利であるが、それに続く日本航海を予定している者やマカオ市等、他に多大な損害を及ぼすことを指摘して、日本での越冬を禁じているものである。

拙著『キリシタン時代の貿易と外交』二二三〜二三〇頁。拙著『キリシタン時代対外関係の研究』第一五章。

（2）**China.** マカオのこと。

（3）**Ceylaõ.**

（4）翻刻本には **será degradado** と記してあるが、**será degredado** の誤であろう。

（5）**fretes da dita uiagem.** マカオ〜長崎間のポルトガル船貿易における、商品の売買による利ざや以外の、カピタンや税関等による徴収については、拙訳『モンスーン文書と日本』七一～七五頁で触れた。しかし史料上の制約、用語の意味する対象の不統一、年代による違い等々あり、明確化されているとは言えない。マカオ～長崎間の日本航海カピタンの、同職にともなう所得は基本的に運賃収入であった。日本で越冬したカピタンは、その所得である運賃収入が没収される刑罰を受ける、といった趣旨である。

（6）**Ouuidor geral do crime.** 聴訴官長については、拙訳『モンスーン文書と日本』四八・一五四・一六四～一六六・四二三頁。

（7）原語（翻刻本）は o であるが、**carta de ley**（書簡法令）に代わる代名詞のはずであるので、a と記すべきであろう。

（8）傍線箇所の原文（翻刻本）は次の通りである。**ElRey nosso Senhor o mandou por Mathias d' Albuquerque do seu conselho, Viso Rey da India etc.**

本文書は、文書8の註（6）に記した通りインディア領国統治に関する法令の様式の一つ、インディア副王がポルトガル国王名で発給した法令で、この傍線箇所のみ、国王が三人称で記してある。

（9）**Luis Gonçalvez.** 文書78の註（18）。

（10）原語（翻刻本）は a である。**carta de ley** を指す。

（11）**Luis da Gama.** 文書76の註（16）にも、同じ役割でその名が見えた。

（12）原語（翻刻本）は o である。右の註（10）と同様 **carta de ley** を指すはずであるから、a と記すべきであろう。

（13）**Viso Rey.** この副王はもちろんマティアス・デ・アルブケルケである。

（14）**Postilla.** apostila と同義で、法令・公文書への註記・付加条項である。

（15）傍線箇所の原文（翻刻本）は次の通りである。**ElRey nosso Senhor o mandou por Mathias d' Albuquerque do seu conselho, e seu Viso Rey da Indid.** 本文書の註（8）とほとんど同文であり、この文章のみ、国王は三人称である。つまりこの補則も同じく、インディア副王アルブケルケが国王名で下した命令である。

（16）**Esteuaõ Nunez.** 不詳であるが、ゴア政庁の書記であろう。

（17）原語（翻刻本）は a である。**postilla**（補則）を指す。

（18）原語（翻刻本）は o である。右の註（17）と同様 postilla を指すはずであるから、a と記すべきであろう。

（19）**APO, 3, pp. 404, 405.**

本文書は、Ⓐ一五九三年三月三〇日付けゴア発副王の法令（国王名）、Ⓑ一五九五年四月一一日付けゴア発副王の補則（国王名）、以上二つの法令から成る。

Ⓐは、マカオ～長崎間のポルトガル船による日本航海において、長崎で越冬してマカオへの帰航が次の北風シーズンまで延期する事態になるのを禁じたものである。生糸等の積載商品を長崎で売却するに当たって、売れ行き次第で越冬して有利な商いを図ることは分かりやすい話である。

しかしⒷは、シナすなわちマカオにおける越冬を禁じているものである。このⒷの補則に関連して、拙訳『モンスーン文書と日本』収載の本文篇文書16（一六一〇年一一月一〇日付けリスボン発、ポルトガル国王の勅令）も、マカオにおける越冬、つまりマカオから日本への渡航を次の南風シーズンまで延期するのを禁じ、違反した者の処罰を定めている。このマカオにおいて越冬が行われるのは、前年のポルトガル船が長崎で未だ越冬、停泊しているから、マカオから渡航するのを控えるというのが、一つの重要な理由である。ただし、マカオでの越冬がすべてこのような事情であるならば、マカオで越冬する側には非はないはずである。それにもかかわらずⒷの補則や拙訳書文書16の如き勅令が発せられたのには、長崎でポルトガル船が停泊中であるか否かに関係なく、マカオ側の事情あるいは思惑で、日本渡航を一年先送りにすることもあり、それにともなう損害を防ぐために、禁止措置を講じる必要があったのであろう。

この点に関連するが、かつて糸割符論争の過程で、一六〇一年夏にポルトガル船が欠航したことが一つの論点として取り上げられた。一六〇〇年夏に渡来した船は長崎で越冬することなく、一六〇一年三月頃そこを出航してマカオに帰ったにもかかわらず、一六〇一年夏にはマカオから渡来しなかったわけである。その年の夏の欠航の理由としては、史料により、「シナのマンダリンとの間の対立」「生糸不足」等の事情が挙げられている。さらに一六〇一年に限らず、マカオで日本向けの生糸が不足する事態は珍しくなかったことも、いくつかの史料が明らかにしている。

拙著『キリシタン時代の貿易と外交』二〇四～二〇七頁。

92* 一五九四年二月三日付けマドリード発、ポルトガル国王のインディア副王宛書簡

「一一、〔貴下[1]は次のように言う。〕その地域〔インディア領国〕の異教徒《ジェンティオス》たちが彼らの祭式《セリモニアス》を行わないために発給された勅令《プロヴィザン》が、証人によって証明出来るようには遵守されていない旨、イエズス会修道士《コンパニアレリジオソス》たちが不満を述べている。貴下はそれが完全に遵守されるよう、尽力している。と。

その〔インディア〕領国において開催された教会会議《シノドス》[2]で、この件について決定されたことを、貴下がその通り実行するのは確かだと思い、そう信じている。朕は貴下に対し、それ〔勅令〕が履行されないことによって、新たにわれわれの聖信仰に改宗した者たちが多大な被害を受けるかも知れないので、この勅令《プロヴィザン》の履行を依頼する。異教徒《ジェンティオス》たちと交際《トラテン》したり、彼らと交渉を持ったりしないようにと貴下が注意させていること、および彼ら〔異教徒〕が以前に支払った〔税金〕以上の税金《ディレイトス》を新たに彼らに課すことのないよう、貴下がその地域〔インディア領国〕における王室資産管理官《ヴェエドル・ダ・ファゼンダ》[3]および朕の訴訟《フェイトス》の代理人《プロクラドル》[4]に注意を与えているのは、よいことである。[5]」

註

（1）マティアス・デ・アルブケルケ、一五九一～九七年インディア副王在任。文書49の註（15）。
（2）Sinodos. 文書22*の註（2）。
（3）Veedor da fazenda. 拙訳『モンスーン文書と日本』一五八頁。
（4）Procurador dos meus feitos. 文書12の註（1）。
（5）APO, 3, p. 417.

93* 一五九四年三月一日付けリスボン発、ポルトガル国王のインディア副王宛書簡

「一二、貴下がルイス・ダ・シルヴァ(1)を聴訴官《オウヴィドル・ジェラル》長としてシナの地域に派遣したのは、よい措置であった。それは、マカオ市において、司法関係者《ジュスティサス》たちや前述の〔マカオ〕市に駐在している日本航海《ヴィアジェン・デ・ジャパン》のカピタンに対して服従しない罪を犯した罪人たちがいるかどうか、もしいたらその罪人たちをインディアに移送するために、取り調べるためであった。というのは、もしもそこ〔インディア領国〕の諸都市と諸要塞《フォルタレザス》の司法関係者《ジュスティサス》たちおよびカピタンたちに対し、然るべき敬意が払われないようであるなら、その〔インディア〕領国《エスタド》を維持することは出来ないであろうと思われるからである。

一三、朕はカスティリャのナウ船がマカオ島に渡航したことを知り、不快に思った。それについて貴下は、次のように朕に報じた。そのカピタンは、ドン・ロドリゴ・デ・コルドヴァ(2)という者で、商人たちの多額のかねをもたらした。シナの商品《ファゼンダス》を仕入れるためであった。カスティリャ王位から発給した朕の勅令《プロヴィゾンエス》によって、西インディアス《インディアス・オクシデンタエス》からシナへの商業を、朕はすでに禁じているが、朕は改めてそれを繰り返す。この商業の結果、あの地域〔インディアおよびインディアス〕において両王位《コロアス》にとって、多大な損害を蒙ることが分かっているからである。

朕は貴下に対し、貴下が関わる事柄において、前述の商業を全面的に避けるために必要と思われるあらゆる防止措置を講じるよう依頼する。また前述のドン・ロドリゴに対して差し押さえたかねは、没収したものであるし、またカピタンは朕の諸勅令《プロヴィゾンエス》に反して、それ〔そのかね〕を保証することは出来ないし、またしてはならないのであるから、返却しないこと。

一四、彼〔マニラ総督〕の書簡を持たずに一艘の小さな船舶でマラッカ要塞《フォルタレザ》に赴いたマニラ総督《ゴヴェルナドル》の家臣に

対して、貴下が返書を送らなかったのは、極めて的確な措置であった。そこ〔同総督の書簡〕では、四つ爪錨《ファテシャス》(3)および錨《アンコラス》を貴下に求めていると言う。というのは、貴下が朕に書き送る如く、それら〔錨〕を入手するように装って、マラッカからセイロン(4)に行き、さらにそこから漁夫海岸《コスタ・ダ・ペスカリア》(5)やコチンに行くのは、これらの港に来て商業を行おうとする、まことに大がかりで迂遠な手段をとろうとしているのは確かだと思われるからである。

このため朕は貴下に対し、西インディアス《インディアス・オクシデンタエス》からその〔インディア〕領国《エスタド》に向けてそれ〔商業〕が行われることには決して同意しないよう、依頼する(6)。

〔中略〕

三六、朕は貴下の書簡《カルタス》によって、次のことが分かった。イエズス会修道士《コンパニアレリジオゾス》たちの助けを得た何人かの者たちが、彼ら〔イエズス会士〕がゴア市に持つ盛式誓願司祭のカザ《カザ・ドス・プロフェソス》において、新しいコンフラリアを組織して、他の何人《なんびと》でもなく、それらの地域〔インディア領国〕において朕に対する奉仕をしているすべての兵士たちを、会員としてそこに登録させようとしている。ミゼリコルディアの兄弟《イルマンス》(7)たち、および同〔ゴア〕市の元老院《カマラ》の役人《オフィシアエス》たちがこれを知って、貴下に対し、〔貴下の朕宛〕同書簡に記述されているのと同じ諸理由を指摘することによって、このコンフラリアを作ることに同意しないでほしいと要請した、と。

そこ〔同書簡〕において主張していることを考慮して、朕は次のことを嘉納する。すなわち、それ〔コンフラリア〕の結果生じるかも知れない不都合の故に、このコンフラリアは全面的に解散すること。そして今後貴下は、他の同様〔なコンフラリア〕が作られるのに同意しないこと。

貴下は朕に代わって、前述のイエズス会修道士たちに対し、次のような注意を与えること。たといこれらの事柄における彼らの意図が、朕が彼らについて信じる通り善であっても、貴下の命令なしに、彼らがそれら〔コンフラリア〕に関与するのは適切ではないから、そのことを配慮して行動するように、と(8)。

〔中略〕

三九、また貴下は朕に次のように書き送ってきた。ゴアの施療院《オスピタル》(9)の建物《カザ》を増築する必要性が大である。通常そこで治療を受ける、大勢の病人たちのためである。そのために貴下は、一回のシナ航海(10)を売却して得たかねを、それのために充当するよう命じてほしい。それ〔施療院増築〕のために、それ〔一回のシナ航海〕を恵与してもらいたい、と朕に要請している。

それ故、朕は万般その件を重視していることでもあり、前述の航海をそれに恵与するのを嘉納する。それ〔同航海〕の売却所得《プロセディド》によって、それらの地域〔インディア〕の病人たちや、王国〔ポルトガル本国〕から行ったナウ船がそこに着いた際に、それに乗って行った〔病人たち〕をすべて、そこで治療するのに充分な病室を備えた、前述の施療院を新たに作ったり、再建したりするためである。病室は、病人たちが満足に治療を受け、霊的にも世俗的にも恵みを受けることが出来るように整える。今ある病室は、前述の施療院に助けを求める病人のすべてを治療するためには、小さいことに加え、快適ではないという報せを受けているからである。

この工事で余ったかねは、ゴアの税関《アルファンデガ》の工事に充てること。これについては、朕は貴下に対し、後の章《カピトゥロ》で回答する。前述の諸工事を行って後に何らかの残余があった時は、それを、より一層重い責務のあることから始めることによって、他の同様の事柄に支出させること。(原註)(11)」

93* 1594年3月1日 (原註)

註

(原註) 原文書(翻刻本)には、ここに次のごとき脚註がある。

「国王陛下《スア・マジェスタデ》は、一五九七年二月五日にリスボンで作成された勅令《アルヴァラ》によって、このシナ航海が、それら〔シナ航海〕の恵与《プロヴィドス》を受けた者たち全員に優先して行われることを嘉納した。彼らに与えられた勅令《プロヴィゾンエス》〔にいかなる規定がなされて」いようとも。そしてまた、彼ら〔恵与を受けた者たち〕がそのために、彼らが損害を受ける羽目になる旨言い張るかも知れないが、〔それでも右記の通り行うこと〕。前述の勅令《アルヴァラ》がこの付帯事項《ヴェルバ》〔の記載〕を求めているので、私はそれを付記した。一六〇〇年八月末日、ゴアにおいて。勅令の原本《プロプリオ》は、伯爵提督副王閣下《コンデ・アルミランテヴィソレイ》（補註1）の権限の下に置かれた。ルイス・ダ・ガマ（補註2）。」

（補註1）Senhor Conde Almirante VisoRey. フランシスコ・ダ・ガマ、一五九七〜一六〇〇年インディア副王在任。文書109*の註（1）。

（補註2）Luis da Gama. 文書76の註（16）。

（1）Luis da Silua. Teixeira, 1976, p. 21. Boletim da Filmoteca Ultramarina Portuguesa, 2, p. 207.

（2）Dom Rodrigo de Cordoua.

（3）fatexas. fateixa（単数形）が正しい綴り。âncoraとの違いは、小型の船舶に使用される点である。ガレー船でも使用されたが、それは大型のfateixaであったという。なお「四つ爪錨」の名称は『西和中辞典』（小学館）のarpeoに対する訳語による。

（4）Ceillaõ.

Leitão & Lopes, p. 260.

（5）Costa da Pescaria. 拙訳『モンスーン文書と日本』五一・六三頁。

（6）APO, 3, pp. 423, 424.

（7）Irmaõs da Misericordia. 拙訳『モンスーン文書と日本』一八六・一八七頁。

（8）APO, 3, p. 432.

（9）hospital. 当時ゴアには、ポルトガル王立施療院とイエズス会経営の施療院とが存在した。王立施療院はイエズス会が経営を委ねられたが、この施療院経営の問題をめぐってイエズス会との間でいささか事態が紛糾した。その経緯等については、文書116*の註（8）および本書序論に記した。なお本文書に見える「ゴアの施療院」は、王立施療院のことであろう。

拙訳『モンスーン文書と日本』五二・四五三頁。

（10） huã uiagem da China. 拙訳、同右、一四七〜一五四頁。

（11） APO, 3, p. 433.

94* 一五九四年三月三日付けリスボン発、ポルトガル国王のインディア副王宛書簡

「一一、ゴアの会計院《コントス》院長《プロヴェドル・モル》（1）フランシスコ・パエス（2）について貴下が書き送ってきた報告によって知ったが、北部《ノルテ》地方（3）の諸要塞《フォルタレザス》において王室資産《ミニャ・ファゼンダ》について彼が尽力をしてくれて、朕のためによく務めてくれたと思っている。それについては、貴下が貴下の書簡《カルタス》で朕に報告してくれた。イエズス会《コンパニア・デ・ジェズス》修道士《レリジオソス》たちのために、同諸要塞に広がっている何らかの無秩序について〔貴下の書簡が〕取り上げているので、朕は貴下に対し、貴下が適切だと考える措置を講じるよう依頼する。王室資産《ミニャ・ファゼンダ》に属する土地《テラス》と定収入《レンダス》について、貴下が作らせている土地台帳《トンボス》については、それを続けること。とくに、ゴア・サルセテ（4）・バルデスのそれら〔土地と定収入〕、およびその〔インディア〕領国《エスタド》の諸要塞において王室資産が持つその他の定収入《レンダス》の土地台帳《トンボ》を作らせること。

前述のフランシスコ・パエスは、朕に次のように書き送ってきた。すなわち、ゴアの会計院《コントス》において会計士《コンタドル》（5）として勤務するためにこの王国〔ポルトガル本国〕から赴いた会計士アイレス・デ・メンドンサ（6）は、彼の任務において優れた勤務状態である、と。それ故、朕は貴下に対し、その機会があり次第、それもとくに彼の給与《オルデナド》の支給において、彼に恩恵を施すよう、そして彼のために、確実にそれが支払われるところにそれを指定することを指示するよう依頼する。そうすることによって、前述の彼の任務をよりよく果たすことが出来るためである。これは、〔一

五〕九〇年の便《ヴィアス》で朕が貴下に命じたことである。

一二、またそれ〔フランシスコ・パエスの書簡〕は、朕に次のように述べる。前述のイエズス会修道士《コンパニアレリジオソス》たちは、朕が彼らに与えた二〇〇〇パルダウ(7)の贈与が、そのまま彼らの所得にならないどころか、それよりはるかに少額にすぎないと不満をもらしている、と。〔一五〕八九年に便《ヴィアス》で送られた書簡の内の一通の、第七章(8)において朕は、この件でいかなる措置を講じれば朕に対する奉仕となると考えるかを書き送らせた。それ故、これについてとられた措置についての貴下の返事を待つのみで、それ以上再びそれについて取り上げて記すべき事柄はない(9)。」

註

（1）**Provedor mór dos Contos de Goa.** 会計院および会計院院長については、拙訳『モンスーン文書と日本』四九・一五八・三八六・四三五頁。**Bocarro, 1992, II, pp. 139, 140.**

（2）**Francisco Paes.** 次の文献には、**Provedor mór dos contos** であるフランシスコ・パエス **Francisco Paes** が一五九五年に作成した **Salcete**（ゴアのサルセテ）についての総合的財務報告 **Tombo Geral** が収載されている。**Documentação, Índia, 9, p. 617.**

（3）**norte.** 北（北部地方）については、拙訳『モンスーン文書と日本』三二六・三二七頁。

（4）**Salcete.** ゴアのサルセテおよびバサインのサルセテと二箇所のサルセテの内、前者であろう。

（5）**Contador.** 拙訳『モンスーン文書と日本』四九頁。

（6）**Aires de Mendonça.**

（7）**dous mil pardáos.** 二〇〇〇パルダウ＝六〇万レイス **réis**＝一五〇〇クルザド **cruzados**。拙訳『モンスーン文書と日本』一三三頁。

（8）翻刻本に脚註があり、この第七章とは、**APO, 3** 収載五九番の文書を指す旨記されている。本書文書69*の七節である。

（9）APO, 3, PP. 444, 445.

95　一五九四年三月九日付けマドリード発、ポルトガル国王の勅令

「朕国王は、この朕の勅令《アルヴァラ》を見る者たちに知らせる。神と朕への奉仕、およびポルトガルとカスティリャの両王《コロ》位《アス》の朕の家臣たちの利益のためを慮っての多くの正当な理由により、朕は、ポルトガル王位に属する東インディアおよびその諸地域から、カスティリャ王位の西インディアスおよびそれら〔西インディアス〕に属するその他の地域への、さらには、それら〔西インディアス〕から東〔インディアの諸地域〕への航海と商業を禁じるよう命じた。前述の両王位によって発給された前述の禁令の諸勅令《プロヴィゾンエス》において、すべてにわたって一層事細かに言明されているのであるから、そしてまた、前述の諸勅令《プロヴィゾンエス》を遵守することが朕への奉仕にとっていかに重要であるかが今分かったので、朕はそれら〔諸勅令〕を改めて確認し、強化することを嘉納する。そして次のことを命じる。

〔前述の諸勅令を〕完全に履行すること。この商業を全面的に停止すること。カスティリャ人たちの統治と行政の下にある地域のどこからも、ポルトガル人たちのそれら〔地域〕に向け、およびそのいずれからであれ、朕の副《ヴィゾ・》王《レイス》または総督《ゴヴェルナドレス》ではなく朕が署名した勅令《プロヴィザン》による特別の許可なしには、それ〔商業〕を行わないこと。というのは、彼ら〔副王・総督〕はかかる許可を与えることが出来ないのがよいと思うからである。

同様に、いかなる船舶《エンバルカサン》であれ、カピタン・掌帆長《メストレ》・舵手《ピロト》が前述の朕の許可を得て、前述の西インディアスの一部であるフィリピン諸島《イリャス・フェリピナス》に向け航海する時は、そこからマカオやマラッカの諸都市にもインディアにも、カスティリャ人修道士《レリジオゾ》を連れてくることは出来ないことを嘉納し、そうするのを喜ばしく思う。かかる修道士または修道士

たちが、前述の地域〔マカオ・マラッカ・インディア〕に行くことについて、前述のポルトガル王位《コロア》の高官《ミニストロス》たちによって発給された、朕の明確な許可を得ていない限り〔このように定める〕。

もしもこれに違反したら、前述の船舶《エンバルカソンエス》とそれに積んできた商品《メルカドリアス》・財《ファゼンダス》は没収されて、三分の二《ドゥアス・パルテス》は朕の王室資産《ミニャ・ファゼンダ》に入れ、三分の一《オウトラ》は彼らを告発した者に与えるという刑罰に処されるものとする。

朕は、前述のインディアの地域の副王または総督、および同地の朕のすべての司法関係者《ジュスティサス》たちに対し、この朕の勅令《アルヴァラ》をその内容通り完全に履行・遵守し、そして履行・遵守させるよう命じる。

ゴア・コチン・マラッカ、およびマカオの公の場所に、これ(1)を公告すること。前述の諸都市の所定の場所に、これ(2)の写しを掲示すること。そこにおいて朕が命じていることを、皆に周知徹底させるためである。いついかなる時も不知を申し立てることが出来ないようにするためである。また前述の諸都市の元老院《カマラス》に、これを登録すること。法典《オルデナサン》第二巻《リヴロ》第二〇項《テイトゥロ》は異なることを規定してはいるが、〔本文書は〕そこ〔尚書職〕によって発給されたわけではなく、しかもその効力は一年以上続くにもかかわらず、朕が署名し、朕の尚書職《シャンセラリア》によって発給された、朕の名で作成された書簡としての効力と有効性とを有することを嘉納する。一五九四年三月九日マドリードにおいて、トメ・デ・アンドラデ(3)がこれ(4)を作成した。国王《レイ》。

本勅令《プロヴィザン》は、何らの疑義を差し挟むことなく、原文から忠実に写し、副王閣下臨席の場で下に署名した控訴裁判《デゼンバ》所判事《ルガドレス》たちの合意を得たものである。彼〔副王〕はシナに送付するために、その原文を回収した。控訴裁判所《レラサン》において、〔一五〕九五年四月一一日。副王。

デ・モウラ　マシエル　パイス　カルドゾ　マシャド　モラエス　モンテイロ(5)

私とインディアの聴訴官長職《オウヴィドリア・ジェラル》の書記《スクリヴァン》ジョゼ・コレイア(6)は、次の通り証言する。前述の法令《レイ》が言明している如く、一五九五年四月一二日に、先の法令《レイ》はこの〔ゴア〕市の公の場所に公告した。またそれの写しは、この市の諸港《ポルトス》に掲示した。私は、真実如上の通り行われたことを証言する。〔一五〕九五年四月一二日にゴアにおいて、ジョゼ・コレア(7)が署名した。ジョゼ・コレア(8)。」

註

（1）原語（翻刻本）は a であるが、alvará（男性名詞）を指す代名詞と思われるので、男性形の o と記すべきか。
（2）原語（翻刻本）は delle である。こちらは正しく男性形で記してある。
（3）thomé de Andrade.
（4）原語（翻刻本）は o である。註（2）同様、ここでも男性形で記してある。
（5）De moura Maciel pais Car.^{zo} Machado Moraes Montejro.
（6）Jose coReia.
（7）Jose coRea.
（8）Gonçalves Pereira, I, pp. 480 - 482.

96　一五九四年三月一八日付けゴア発、インディア副王の書簡法令

「ドン・フェリペ云々。朕は、この朕の書簡法令《カルタ・デ・レイ》を見る者たちに知らせる。

朕の顧問会議《コンセリヨ》〔メンバー〕であり、現在朕のインディア副王であるマティアス・ダルブケルケ(1)が、そこ〔インディア〕の控訴裁判所《レラサン》の判事《デゼンバルガドレス》たちの見解によって、何人《なんびと》たりと〔ヘブライ〕民族《ナサン》(2)の者がシナ・マラッカ・オルムズ・ベンガル、およびその他どこであれ南《スル》(3)の要塞《フォルタレザ》に行くのは、神や朕へのいささかの奉仕にもならないとの考えであること、および前述の控訴裁判所判事《デゼンバルガドレス》たちがそのように決定したことを考慮して、朕は次のことを嘉納し、それを喜ばしく思う。これ(4)〔本書簡法令〕によって次のように命じ、指令を発する。

すなわち、この朕の法令《レイ》の公布以降は、民族《ナサン》の者は何人も、上に挙げた、つまり本書簡《カルタ》で明示した諸地域に行ってはならない。それによって、神と朕への奉仕にとって、多大な弊害が生じるからである。さらに、朕〔の関心〕をこの問題に向けさせる、その他の多くの正当な理由の故である。そしてこれに違反したら、その者の財産《ベンス》のすべてを没収し、六年間セイロンに流刑に処すものとする。

朕はさらに、現在その職にあり、また将来それに就く南《スル》の諸地域のカピタンたち・聴訴官《オウヴィドレス》たち、およびその他の司法関係者《ジュスティサス》たちが、そこに滞在している〔民族の〕者たちに対し、乗船して朕のゴア市に来るよう義務付け、違反したら同じ刑罰に処すことを嘉納する。この朕の書簡法令《カルタ・デ・レイ》によって朕は、これと異なる内容のいかなる勅令《プロヴィザン》が別に発給されていても、そのすべてを廃止し、廃止ずみとみなす。そしてそれは無効であり、何の効力をも有しないものとする。朕はこれ〔本法令書簡〕のみが有効で、効力を有し、他は一切〔効力を〕有しないことを望む。

これ〔本書簡法令〕を、朕のゴア市において公告すること。皆に周知徹底させるためである。そして、そこ〔同市〕の元老院《カマラ》において、登録すること。これ〔本書簡法令〕の裏面《コスタス》にそれを記載すること。領国《エスタド》の尚書《シャンサレル》が、それの写《トレスラドス》しを南《スル》の諸要塞《フォルタレザス》に送付させること。朕は、インディア領国の刑事聴訴官長《オウヴィドル・ジェラル・ド・クリメ》(5)、その他南《スル》の地域のすべての司法関係者《ジュスティサス》たち・役人《オフィシアエス》たち、および関係する人々にこれを通告する。そして彼らに対し、いかなる疑義を差し挟むことも、異議申立てを行うこともなく、これ(6)をその〔書簡法令〕の内容通りに、履行し、遵守するよう、履行・

遵守させるよう命じる。三月一八日に朕のゴア市において、ポルトガル王位《コロア》の朕の王室紋章《アルマス・レアエス》の朕の印《セロ》を押して発給した。われわれの主君《セニョル》である国王陛下《エル・レイ》が、彼の顧問《コンセリョ》〔領国顧問会議メンバー〕であり彼のインディア副王云々であるマティアス・ダルブケルケを介して、これ(7)を命じた。一五九四年アントニオ・ダ・クニャがこれ(8)を作成した。ルイス・ダ・ガマがこれ(9)を記述させた。副王(10)。」

註

（1）**Mathias d' Albuquerque.** 一五九一～九七年インディア副王在任。文書49の註（15）。

（2）**nação.** 文書58*の註（2）に記した通り、ヘブライ民族 **nação hebraica** を意味する。

（3）**sul.** ヴァリニャーノ著『東インド巡察記』の第一章で、インディア管区の地理を説明しているが、そこには次のように記述されている。

「〔この管区の〕分割についてであるが、この管区はわれわれの分け方により、厳密に言って二つの地域に分割される。すなわち、ガンジス河のこちら側と向こう側《シトラ・エト・ウルトラ・ガンジェム》とである。というのは、ガンジス河のこちら側の地域は、ダマン **Damán**（補註1）からサン・トメ **Santo Thomé**（補註2）までの間にわれわれが擁するすべてのカザを包含する。この地域をわれわれは一般にインディア **India** と呼ぶ。

もっとも厳密に言えば、インディアはディウ **Dio** 市（補註3）からコモリン **Comorin** 岬までしか広がっていない。

しかしわれわれは、ガンジス河のこちら側全域をインディアと呼ぶ。

いま一方の、ガンジス河の向こう側の地域は、われわれは通常南《スル》の地域と呼び、そこはマラッカ・モルッカ《マルコ》・シナ、および日本を包含する。（補註4）」

同書一二章・二〇章でも、同様の地理説明をしている。二〇章では、インディア管区を分割して、ガンジス何のこちら側と向こう側（すなわち南の地域）とに分ける問題を取り上げている。

右はインディア管区の地理を説明するのが趣旨であり、ポルトガル人が「南」と言う場合海域も含むので、全面的に重なるわけではないであろうが、参考になる記事である。なおポルトガル人の間での「南」の地理概念については、拙訳『モンスーン文書と日本』二二〇～二二二頁。

（補註1）拙訳『モンスーン文書と日本』三一六・三二七・三四一・三六九頁。

（補註2）拙訳、同右、四二・一五〇・二六三・二六四・三五七・三五八・四五九・四七二・五六一頁。

（補註3）ciudad de Dio. 拙訳、同右、四一・四三・五八・一五九・二一一・二二一・三〇六～三〇八頁。

（補註4）**Documenta Indica, XIII, pp.143, 189, 191, 231 - 234.** ヴァリニャーノ『東インド巡察記』三〇・一四〇・一四三・二三一～二三四頁。

（4）原語（翻刻本）は este であるが、本代名詞が指すと思われる「書簡法令」carta de ley あるいは carta, ley を切り離しても、三語すべて女性名詞であるので、代名詞男性形を用いているのは不可解である。註（8）では女性形で記している。

（5）Ouuidor geral do crime. 拙訳『モンスーン文書と日本』四八・一五四・一六四～一六六・四二三頁。

（6）原語（翻刻本）は o であるが、本文書註（4）に記したのと同じ理由で、a と記すべきであろう。

（7）文書8の註（6）に記したが、本文書は、インディア領国統治に関して副王（総督）がポルトガル国王名でゴアにおいて発給した法令である。ポルトガル国王は一人称で記されているが、ただ傍線箇所のみ、同国王は三人称で記述されている。

（8）原語（翻刻本）は a である。carta de ley を指す。

（9）原語（翻刻本）は o であるが、註（8）同様 a と記すべきであろう。

（10）**APO, 3, pp. 464, 465.**

97　一五九四年一〇月二一日付けゴア発、インディア副王の勅令

「国王陛下《スア・マジェスタデ》の顧問会議《コンセリョ》〔メンバー〕であり、彼〔国王〕のインディア副王であるマティアス・デ・アルブケルケ[1]

云々。私は、この私の勅令《アルヴァラ》を見る者たちに知らせる。

私の主君である国王陛下《エル・レイ》は、この紙葉《フォリャ》の他の半分に記した先の勅令《プロヴィザン》(2)によって、現在日本司教であるドン・ペドロ・マルティンスの補佐《コアジュトル》であり将来の継承者《スセソル》である司教ドン・ルイス・セルケイラが、そこ〔勅令〕で言明されている六〇〇クルザドの年金《テンサ》(3)を、サルセテの土地(4)の収税官《レセベドル》(5)から受け取ることを命じた。しかし前述の主君は、前述の土地〔サルセテ〕の収入《レンディメント》を他の支給に充当し、(6)前述の勅令《プロヴィザン》を実践する余地がなくなってしまった。またそこ〔勅令〕から、次のことも分かる。現在この〔ゴア〕大司教区《アルセビスパド》の統轄者《ゴヴェルナドル》であるコチン司教(7)に与えた如く、彼〔国王〕の王室資産《ファゼンダ》の役人《オフィシアエス》たちがそれ〔支給〕に関与することなく、前述の司教〔セルケイラ〕が充分にして迅速な支給を受けることが、彼〔国王〕への奉仕になると国王陛下は考えている。

私は以上の事柄を考慮して、私の主君である国王陛下の名で彼〔セルケイラ〕に対し恩恵を施すのをうれしく思うので、私は次のことを嘉納し、それを喜ばしく思う。

すなわち、前述の司教ドン・ルイス・セルケイラが毎年前述の六〇〇クルザドの年金《テンサ》を、リスボンを発った日——それは、前述の勅令《プロヴィザン》によって明らかになるであろう——から始まって、未だ前述の日本司教区《ビスパド》を継承しない期間、年間のクアルテル(8)として、このゴア市の金《オウロ》の税収《レンダ》(9)の徴税官《レンデイロ》から受け取ること。現在前述の税収《レンダ》の徴税官《レンデイロ》である者、および将来それ〔税収〕のそれら〔徴税官〕になる者たちは、他に朕や、王室資産《ファゼンダ》のいかなる役人の命令もなしに、ただ単に登録簿《マトリクラ》・会計簿《コントス》・財務官《テゾウレイロ》(10)の記録簿《リヴロ》・賃貸借《アレンダメントス》のそれ〔記録簿〕に記録されることになるこれ〔本勅令〕の写しのみによって、彼〔セルケイラ〕に対し、前述の支給を行うこと。

それにともなって、総合登録簿《マトリクラ・ジェラル》の書記《エスクリヴァン》が彼〔セルケイラ〕の項目《ティトゥロ》を減額《デスコント》し、彼〔セルケイラ〕または彼のプロクラドール(11)から受領書《コニェシメントス》を受け取ること。この〔ゴア〕市の国王陛下の財務官《テゾウレイロ》または商館長《フェイトル》(12)は、前述の受領書《コニェシメントス》および減額《デスコント》に基づいて、前述の年金《テンサ》として前述の司教〔セルケイラ〕に支給する額について、前述の徴税官《レンデイロ》に報告をすること。そして会計士《コンタドレス》(13)たちが彼〔司教セルケイラ〕に〔支給すること〕。これと異なる内容のいかなる規則《レジメントス》または勅令《プロヴィゾンエス》が存在しようとも、〔前記の措置をとること〕。

国王陛下《スア・マジェスタデ》の〔王室資産〕管理官《ヴェドル》(14)・会計院院長《プロヴェドル・モル・ドス・コントス》(15)・財務官《テゾウレイロ》・商館長《フェイトル》・会計士《コンタドレス》たち、およびその他のすべての役人《オフィシアエス》たち、およびこれ〔本勅令〕の提示を受け、これの受領書《コニェシメント》が関係する人々に対し、朕は、このことを通告する。そして、彼らに次のことを命じる。いかなる疑義を差し挟むことも異議申立てを行うこともなく、これ〔本勅令〕を履行・遵守し、そして完全に履行・遵守させること。法典《オルデナサン》は異なる規定をしてはいるが、それ〔本勅令〕の有効性は一年以上続くこととなるとはいえ、〔本勅令〕は書簡《カルタ》としての効力を持つこと。一五九四年一〇月二一日ゴアにおいて、エステヴァン・ヌネス(16)がこれを作成した。ルイス・ダ・ガマ(17)がこれを記述させた。副王(18)。」

註

（1）Mathias de Albuquerque. 一五九一～九七年インディア副王在任。
（2）文書83。
（3）tença. 文書83の註（3）。
（4）Salcete. 文書11の註（4）の（補註6）、文書83の註（5）。
（5）recebedor. 文書83の註（6）。
（6）一六三五年当時のゴアのサルセテの定収入は、アントニオ・ボカロの記録に、収入がその種別に記載されており、総額八万七五四シェラフィン（＝六万五六六クルザド）であったと見える。Bocarro, 1992, II, p. 159. 拙訳『モンスーン文書と日本』五九頁。
（7）Bispo de Cochim, governador que ora he deste arcebispado. カトリック教会における階位はコチン司教であるが、本勅令が作成された当時、ここゴア大司教区の統轄者を務めていた、という意味であるが、該当するのは、フレイ・アンドレ・デ・サンタ・マリアD. Frei André de Santa Mariaである。一五九三～九五年ゴア大司教区の統轄governo

を託された。なおサ Sá の著書によると、この人物はゴア大司教になったわけではなく、あくまでもコチン司教であって、前任者フレイ・マテウス・デ・メディナ D. Frei Matheus de Medina（一五八八〜九二年ゴア大司教在位）が辞去した後、フレイ・アレイショ・デ・メネゼス D. Frei Aleixo de Meneses（一五九五〜一六一一年ゴア大司教在位）が次のゴア大司教に就任するまで、同大司教区統轄を託された。彼のような例、つまり他の司教区の司教が一時ゴア大司教区を統轄したことは、他に幾例もある。

Sá, pp. 57 - 60, 80 - 83. 文書138の註（1）、文書148*の註（19）。

（8）aos quarteis do anno. クアルテルは、文書61の註（25）・文書83の註（8）に記述した通り、三ヵ月単位で支給される給与のことであるが、文書83の註（8）に記したように、日本の補佐司教の俸禄が現実に三ヵ月単位で給付されたとは考えられない。

（9）ポルトガル国王はセルケイラに対する年金を、ゴアのサルセテの収入から支払うよう命じたが、インディア副王はサルセテにはその余裕がないとして、ゴア市の金の税収から支給するよう指示したわけである。ゴア市の収入は各種あったが、シナから帰港したポルトガル船が税関で支払う税が、重要な収入の一つであった。しかも金はマカオからの重要な輸入品であった。

拙訳『モンスーン文書と日本』五九・六八頁。

（10）thesoureiro. 文書44の註（4）。

（11）procurador. 文書83の註（7）。

（12）feitor. 文書1*の註（5）、文書2*の註（1）。

（13）contadores. 拙訳『モンスーン文書と日本』四九頁。

（14）Veedor. vedor da fazenda のことか。拙訳、同右、一五八頁。

（15）Provedor mór dos contos. 拙訳、同右、四九・一五八・三八六・四三五頁。Bocarro, 1992, II, pp. 139, 140.

（16）Estevão Nunes. 文書91の註（16）。

（17）Luiz da Gama. 文書76の註（16）。

（18）APO, 5 - III, pp. 1296 - 1298.

98* 一五九五年二月一八日付けリスボン発、ポルトガル国王のインディア副王宛書簡

「一五、シナの地域のマカオの町《ポヴォアサン》に居住する人々が朕の司法《ジュスティサス》に服従していない点を貴下(1)が取り上げ、貴下が聴訴官長《オウヴィドル・ジェラル》(2)フランシスコ・デ・カンポス学士《リセンシアド》(3)を介して彼ら〔マカオ住民〕に対し、その廉《かど》の罪人たちをその家族《カサ・エ・ファミリア》(4)とともにゴアに送致するよう命じるつもりだということについては、朕は妥当な措置だと考えた。

朕は貴下に対し、あの町〔マカオ〕の平安とよき統治をとくに依頼する。

また神と朕への奉仕のために、そのために貴下が指摘する諸理由により、そこ〔同町〕には、イエズス会《コンパニア》とフランシスコ会《カプショス》(5)の二つの修道会《レリジオエンス》以外には存在しないことに関しては(6)、これらの便《ヴィアス》によってもたらされる別の朕の書簡によって、この点で朕への奉仕になると考えることを貴下に書き送るよう、命じるつもりである(7)。」

註

（1）インディア副王マティアス・デ・アルブケルケ **Matias de Albuquerque** 一五九一～九七年副王在任。

（2）**Ouvidor geral.** 拙訳『モンスーン文書と日本』四八・一五四・一六四～一六六・四二三頁。

（3）**Licenciado Francisco de Campos.** フランシスコ・デ・カンポス・タヴァレス **Francisco de Campos Tavares** である。一五九四年二月三日付けマドリード発、ポルトガル国王のインディア副王マティアス・デ・アルブケルケ宛書簡には、次のように記されている。

「〔昨年のナウ船団で届いた書簡により〕貴下は朕に次のようにいう。貴下は、ゴアの聴訴官《オウヴィドル》として勤めていたフランシスコ・デ・カンポス学士《リセンシアド》に対し、持参金《ドテ》として、同〔ゴア〕市の税関《アルファンデガ》の判事《ジュイズ》の役職を与えた。朕の命令によって〔ポルトガル〕王国から〔インディアに〕赴いた女性孤児《オルファァズ》たちの一人と結婚したからであった。朕はそのこと

や、朕に奉仕するための彼の行動について貴下が送って来る朗報を考慮し、朕は、貴下が彼について発給した勅令《プロヴィザン》に基づく彼に対する前述の役職〔恵与〕を承認することを嘉納する。〔その役職は〕女性孤児たちの結婚のために通常与えられるのを常とするものよりも、価値の高いものではあるが。（補註1）」

文書52・文書60・文書101は、ポルトガル本国からインディアに渡航する女性孤児や、インディアにおいて孤児となった女性と結婚する男性には、インディア領国において然るべき役職を与えるように命じた国王の勅令であるが、それが現実に遵守実行されていたことが判明する。同時に、フランシスコ・デ・カンポスがポルトガルから渡来した女性孤児と結婚したために恵与された税関の判事という役職が、類似のケースで男性に通常与えられる役職よりも、上位の職であったということも分かる。

なおテイシェイラは、ベント・デ・フランサ Bento de França がその著書 Subsídios para a História de Macau において、この時期のマカオにおける混乱と紛争と、国王フェリペ二世の対応等について論述している内容（訳者は未見）を批判的に紹介している（補註2）。

（補註1）APO, 3, p. 438.

（補註2）Teixeira, 1976, pp. 21 - 25.

（4）cassa e familia.

（5）Capuchos. 大航海時代東洋布教関係史料に capuchos または capuchinhos として登場するのはフランシスコ会修道士 franciscanos のことで、厳密に言って「カプチン・フランシスコ修道会士」capuchos, capuchinhos はポルトガル領アジアには存在しなかった。文書109*の註（4）の（補註8）。

（6）当該時期にマカオで布教活動をした諸修道会について述べると、イエズス会が日本布教とほぼ同時並行してマカオ布教を進めたことは論ずるまでもなく、また Teixeira, 1956 - 1961, III, pp. 111 - 405; 1577, XIII にも纏めて記述されている。D' Elia, I, II. マッテーオ・リッチ『中国キリスト教布教史』一、マッテーオ・リッチ、アルヴァーロ・セメード『中国キリスト教布教史』二その他。

それ以外の修道会についてであるが、フランシスコ会のマカオ布教については、拙訳『モンスーン文書と日本』四六〇頁に掲示した文献。およびPérez, 1916, pp. 69 - 95. Teixeira, 1978. Teixeira, 1979. Abad Pérez & Sánchez

Fuertes, pp. 483 - 490, 513 - 749.
アウグスチノ会のマカオ布教については、拙訳『モンスーン文書と日本』四八一頁の記述、およびそこに掲示した文献。
ドミニコ会のマカオ・シナ布教については、拙訳、同右、二六〇～二六四・四七三～四七五頁の記述、およびそこに掲示した文献。
本文書に記述されている、この時期マカオにはイエズス会とフランシスコ会の二修道会しか存在しないというのは、事実ではない。

（7） APO, 3, pp. 481, 482.

99* 一五九五年二月一八日付けリスボン発、ポルトガル国王のインディア副王宛書簡

「三、また貴下は朕に次のように言う。（1） 神学者《テオロゴス》たち・学識者《レトラドス》たち、およびそこ〔インディア領国〕の王室資産《ミニャ・ファゼンダ》の役人《オフィシアエス》たちの見解に基づくゴア市の要請により、すべてのシェラフィン銀貨を廃止するために、レアル貨《レアレス》の両替《サラファジェン》（2）についての法令《レイ》が作られた。それ〔シェラフィン銀貨〕はいくつかの不都合があり、好結果をもたらさなかった、と。

朕は、この件で貴下が朕に書き送ってきたことや、その地域〔インディア領国〕について経験豊かな人々から、それ〔両替〕について得るよう命じた情報を披見して、このレアル貨の両替が存在するのは、朕への奉仕にとって適切ではないように思う。それによって王室資産《ミニャ・ファゼンダ》にとって、さらには胡椒をもたらす貿易業者《コントラタドレス》たちにとって、多大な損害が及ぶからである。それはすでに、貴下に対して書き送るよう命じてある通りである。

朕は貴下に対し、朕の指令によって貴下が了解している通りに、これらシェラフィン貨が全面的に廃止されるよう、尽力することを依頼し、命じる。(3)

〔中略〕

七、また貴下は朕に次のように言う。(4)〔一五〕九三年貴下は朕に対し、次のことを報じた。イエズス会《コンパニア・デ・ジェズス》修道士たち《レリジオソス》の盛式誓願司祭《カザ・プロフェサ》のカザにおいて、何人かの者たちが、新しいコンフラリアを組織して、それらの地域〔インディア領国〕において朕への奉仕に従事しているすべての兵士たちを、そこに会員として登録させようとしている。その領国《エスタド》の控訴裁判所判事《デゼンバルガドレス》たちの見解により、貴下は、この件についてなすべきことを朕に報じるまでは、このコンフラリアにおいて行動しないよう命じるつもりである、と。

それは極めて的確な措置であった。このようなコンフラリアの運営の仕方の結果、いくつかの不都合が生じるかも知れないし、また昨年指摘され、この度貴下が朕に書き送ってきた諸理由により、朕は同じ年〔昨年〕の便《ヴィアス》によって貴下に対し、このコンフラリアはすべて解散させるよう命じた。(5)それ故、朕は貴下に対し、もはやそれが存在することのないよう、再度それを命じる。(6)」

註

（1）本書簡冒頭の記述により、一五九三年一二月二〇日付けインディア副王のポルトガル国王宛書簡を指す。
（2）**sarrafagem.** アラビア語の **sarrãf**「両替商人」を語源とし、インディア語 **línguas indianas** に入った **sarrafo, xarrafo** からの派生語である。
Dalgado, II, pp. 296, 297.
（3）**APO, 3, pp. 483, 484.**
（4）本文書の註（1）と同。

(5) 文書93*の三六。
(6) APO, 3, p. 485.

100* 一五九五年二月二四日付けリスボン発、ポルトガル国王のインディア副王宛書簡

「一〇、また、その〔インディア〕領国《エスタド》の大砲《アルテリャリア》鋳造のための銅を買い付けるために、王室資産《ミニャ・ファゼンダ》の勘定で、貴下がシナにかねを送るのを承認するよう指示するのがよいと、朕は考えた。マカオにおいてこの銅についていかなる取引をすべきかについての命令が、ドン・フランシスコ・デサ[1]のナウ船で失われたことによる。貴下が理解している如く、そして経験が示す通り、そこ〔インディア領国〕に大量の銅が存在することは、同領国の維持のために極めて適切である。それは、朕の諸艦隊のための大砲を鋳造するためであり、またそれら〔諸艦隊〕で働く士官たち《オフィシアエス》への給与のためである。

それ故、朕は貴下に対し、毎年あの地域〔シナ〕から、取引《コントラト》によりそして王室資産《ミニャ・ファゼンダ》の勘定により、〔銅を〕もたらすことを命じるよう、貴下にとって可能なあらゆる方法を講じて尽力することを依頼する。[2]」

註

(1) **Dom Francisco d'Eça.** 一五九四年は、マカオから長崎への定期航海は行われなかった。それは、シナ航海カピタン・モールに任じられていたこのフランシスコ・デ・サ Francisco de Sá が、アチェーで遭難したからである。歴史的にポルトガルに強い敵意を抱く同国スルタンから優遇を受けて、結局釈放された。

Boxer, 1959, p. 58. Boxer, 1991, I, p. 206. 一五九六年ゴア市のポルトガル国王宛書簡、APO, 1 - II, pp. 34, 35.
（2）APO, 3, p. 492.

101　一五九五年二月二五日付けリスボン発、ポルトガル国王の勅令

「朕国王は、この勅令《アルヴァラ》を見る者たちに知らせる。インディアの地域《パルテス》には、朕に対し奉仕をしている間に死亡した貴人たち《オメンス・ノブレス》の娘で孤児《オルファンス・フィリャス》となった者が、大勢いるとの情報を得た。彼女たちは全く寄辺なく、貧しく、彼女たちを支えるために救いの手を差しのべるのは、正当なことである。朕は前述の諸理由や、それに向けて朕を駆り立てるその他〔の諸理由〕のために、これに対して救済措置を講じたいと思い、次のことを嘉納し、それを喜ばしく思う。

すなわち、今後インディアの副王たちや総督たちは、朕が彼女たち〔前述の孤児〕について〔一〕五八三年一一月二四日に発給を命じた朕の勅令《アルヴァラ》(1)に従って、この王国〔ポルトガル本国〕から赴いた女性たちと同様に、前述の孤児〔となった娘〕たちを結婚させ、持参金を持たせる《ドタル》ことが出来るものとする。その際、このようにして結婚させ持参金を持たせる女性の孤児たちは、前述の地域〔インディア領国〕において朕への奉仕の最中に死亡した名誉あり高貴な人々の娘であって、余人にあらずということを明確にすること。

また彼女たち〔女性孤児〕を、男系の血筋《エスティルペ・マスクリナ》としての〔ヘブライ〕民族《ナサン》(2)の人々とは結婚させてはならず、朕への奉仕のために務めていて、その面で功労ある人々と結婚させるよう尽力すること。それは、彼女たちに幸せな結婚をさせるためであり、また役職《カルゴス》にはそれに値する人々(3)を就けるためでもある。前述の副王たちおよび総督たちが、

持参金贈与《ドテ》および結婚に際して彼ら〔結婚相手〕に与える役職《カルゴス》や仕事《オフィシオス》に関して彼らに発給する書簡《カルタス》と勅令《プロヴィソンエス》の中に、前述の勅令《アルヴァラ》(4)、およびこの朕の勅令《プロヴィサン》を書写すること(5)。

これ〔本勅令〕はそのすべてにわたって、その内容通りに完全に履行すること(6)。これは、インディア館《カザ・ダ・インディア》(7)の記録簿《リヴロス》、および前述の地域〔インディア領国〕の会計〔院〕《コントス》(8)のそれら〔記録簿〕に登録すること。いつ何時でも、朕がそれを嘉納したことが分かるようにするためである。法典《オルデナサン》第二巻第二〇項は異なることを規定してはいるが、これ〔本勅令〕はそれ〔尚書職〕によって発給されたものでないとはいえ、朕は、〔本勅令が〕朕の名で作成され、朕が署名し、尚書職《シャンセラリア》によって発給された書簡《カルタ》の如く有効で、効力と有効性を持つのを望む。一五九五年二月二五日付けリスボンにおいて、アンブロジオ・ダギラル(9)がこれ(10)を作成した。私こと書記《セクレタリオ》ディオゴ・ヴェリョ(11)がこれ(12)を記述させた。国王(13)。」

註

（1）文書52。

（2）**naçaõ**. 文書58*の註（2）に記した通り、ヘブライ民族 **nação hebraica** を意味する。

（3）傍線箇所の原語（翻刻本）は **pessoas dinos deles** と記してある。**dinos** は **dinas** と記すべきであろう。

（4）本文書の註（1）と同じく文書52のこと。

（5）前述の勅令（つまり文書52）、および本勅令をもそこに書写するようにとの指示であろうが、その動詞が **se tresla-dará** と単数形で記されている。

（6）原語（翻刻本）は **ella**（代名詞女性形）である。本文書の註（10）・註（12）では同じく「本勅令」を代名詞男性形 **o** で表している。本文書中で本勅令のことを、**alvará**（男性名詞）、**provisão**（女性名詞）と両語で記しているので、このようなことになったものか。

（7）**casa da Imdia.** 拙訳『モンスーン文書と日本』一九八～二〇〇頁。

（8）contos. ゴアの会計院 casa dos contos のことであろう。拙訳『モンスーン文書と日本』四九・五八・三八六頁。Bocarro, 1992, II, pp. 139, 140.
（9）Ambrosio d' Aguillar.
（10）原語（翻刻本）は o である。本文書の註（6）。
（11）Diogo Velho. 文書52の註（6）。
（12）原語（翻刻本）は o である。本文書の註（6）。
（13）APO, 3, pp. 499, 500.

102* 一五九五年二月二六日付けリスボン発、ポルトガル国王のインディア副王宛書簡

「一二、すでに多年この〔日本〕キリスト教会《クリスタンダデ》で働いているイエズス会修道士《コンパニア・デ・ジェズスレリジオゾス》以外は、福音の宣布とわれわれの聖信仰の種を撒いたあの〔日本〕諸王国の土地を耕すために、日本諸王国《レイノス》に行かないようにすることについては、朕はすでに、このポルトガル王位《コロア》およびカスティリャのそれ〔王位〕経由で命じた。

この件について貴下が朕に書き送ってくる諸理由により、朕は重ねてそれについて措置を講じるよう命じようと思う。それ故、朕は貴下に対し、〔イエズス会以外の〕他の修道士がその〔インディア〕領国を経由してあの地域〔日本〕に行くのは、何人《なんぴと》たりと同意しないよう依頼する。リスボンにおいて〔一〕五九五年二月二六日に認めた。

国王。

副王閣下宛。　第三便《ヴィア》。（1）」

註

（1） APO, 3, p. 505. 岡本良知「十六・七世紀日本関係公文書」二〇二・二〇三頁。

103* 一五九五年二月二六日付けリスボン発、ポルトガル国王のインディア副王宛書簡

「二、さらに貴下は朕に次のように言う。(1) あの〔日本〕王国《レイノ》において彼ら〔イエズス会士〕が宣布した福音、および彼らがすでに育てたキリスト教徒たちを守り、そして支えているがために、七年前からこれまでイエズス会《コンパニア》の修道士《レリジオソス》たちは日本において大規模な迫害を被っている。彼らが作った彼らの主要な修道院《カザス》八、レジデンシア一六、および教会《イグレジャス》一四六が破壊された。それにもかかわらず彼らは、あくまであのキリスト教会《クリスタンダデ》を切り拓くのを断念しようとしない。今なお主要な修道院《カザス》六、レジデンシア一八、および教会二〇七を維持している、と。

さらに貴下は朕に次のように言う。これらの修道士が自らを養うのを援助するために、朕はマラッカにおける王室資産《ミニャ・ファゼンダ》から、毎年一〇〇〇クルザドを彼らに給付させており、またサルセテ(2)の地の収入《レンディメント》からさらに一〇〇〇〔クルザド〕が彼らに与えられた。これは五年間にわたるもので、〔一五〕九三年八月に終わったが、これに関する朕の貴下への下命を見るまでは、貴下は彼らにそれを与え続ける、(3) と。さらに貴下は朕に次のように言う。あのシナと日本の地域のキリスト教会《クリスタンダデ》について貴下に判明した事柄により、貴下は、マカオ市に一軒のコレジオを組織《オルデナル》するよう命じるのが、神と朕への奉仕となると思った。現在彼らが被っているこのような迫害の際に、これらの修道士《レリジオソス》がそこに避難することが出来るためであり、またあの〔日本〕諸王国《レイノス》〔のキリスト教会〕を守るために、時宜の到来までそこに待機するためでもある、と。

貴下がこれについて朕に書き送ってきた事柄を披見して、朕は前述のイエズス会修道士たちに次の恩恵を施すことを嘉納する。これまでマラッカとサルセテにおいて取得していた前述の二〇〇〇クルザドを、彼らがそれらを得ていた年が終わった日から始めて、さらに五年間取得すること。また、貴下が指摘するマカオにコレジオを作ることについては、この件についてどのようにすれば朕への奉仕となると考えるかを、朕の別の書簡によって貴下に書き送るよう、指示するつもりである(4)。

〔中略〕

八、さらに貴下は朕に次のように言う。日本司教(5)は〔一五〕九三年四月のモンスーンによって、大司教《アルセビスポ》ドン・マテウス(6)の指令《プロヴィゾンエス》と命令《オルデン》を持参して、あの地域に向け出発した。神がそれをお許しになるなら、〔航海の〕持主《プロピエタイロ》が空席《リヴレ》でない間(7)、また日本の戦争が彼に通航を許さない間(8)、マカオに滞在するためである、と。この件について、的確な措置がとられたと朕は考える(9)。

〔中略〕

一一、ゴア市のミゼリコルディアの家《カザ・ダ・ミゼリコルディア》(10)が、朕がそれに与えるよう命じた給付金《オルディナリアス》の支払いを受けるよう貴下が命じたこと、および貴下が、そこ〔ゴア市〕の施療院《オスピタル》の管理をイエズス会修道士《コンパニアレリジオゾス》たちに委ねたことは、適切な措置であった。前述の施療院を拡大させ、建造するために、貴下が朕にシナ航海《ヴィアジェン・ダ・シナ》を求めている件に関しては、それを実現するために、それ〔シナ航海〕を恵与するのを嘉納する旨、朕は昨年の便《ヴィアス》で貴下に書き送るよう指示した。それ〔シナ航海〕によって取得するかねは、金庫《コフレ》に収め、この工事《オブラ》についての監督《スペレンテンデンシア》権を持つことになるはずの、前述の〔イエズス会〕修道士たちの命令によって支出するよう、朕は貴下に依頼する。その〔インディア〕領《エス》国《タド》の諸施療院《オスピタエス》に対して貴下が配慮をしていると朕に言ってくれることについて、貴下に感謝している。

一二、また貴下は、朕に次のように述べる。何人かの死者がそれら〔施療院・ミゼリコルディア〕に遺した、古い債務や兵士の給与の未払分《ソルドス・ヴェンシドス》について、その〔インディア〕領国の諸施療院《オスピタエス》と諸ミゼリコルディア《ミゼリコルディアス》に支払いを行うよう朕が貴下に命じた件について、貴下が朕に次のように書き送った、と。すなわち、それを行うのは不可能である。というのは、ゴアの倉庫《アルマゼンス》と泊地《リベイラ》が直面する不足・窮乏を救済する方が、より一層朕への奉仕になると貴下は考えるからである、と。

朕はそれを的確な措置と考えるが、しかしこれらの債務を返済していくための何らかの対策を講じる努力をするよう、朕は貴下に依頼する。[11]」

註

（1）一五九五年二月一八日付けリスボン発、ポルトガル国王のインディア副王宛書簡に、昨年インディアからポルトガルに副王の書簡が複数届いた旨、記されている。また文書99*の註（1）も関連がある。

（2）**Salcete.** スペイン国王フェリペ二世がポルトガル王位に就いた時に、日本イエズス会に年一〇〇〇クルザドの追加支給を決めたが、それはゴアのサルセテの所得からであった。
拙訳『モンスーン文書と日本』一六八・一八〇頁。
APO, 3, p. 473.

（3）傍線箇所の原文（原文書および翻刻本）は **lhos ys dando té uerdes o que sobre isto uos mandaua;** であるが、**ys** は誤記であろう。本文書の二節は文書114の一節と、文の趣旨は同じである。そして文書114の一節の、この傍線箇所に該当する件は **lhe o dito Matias d' Albuquerque hia damdo até sobre isso ter recado meu,** と記述されている。つまり、本文書傍線箇所の **ys** は、**ia**（または **hia**）の誤記と見なしてよいであろう。**Arquivo Histórico de Goa, Livro das Monções do Reino, n.º 3, f. 515.**

（4）**APO, 3, p. 523.**

（5）**Bispo de Japaõ.** ペドロ・マルティンス **Pedro Martins** のことである。一五九二年二月一七日枢機卿会議 **Consisto-**

rium でゴア管区長のペドロ・マルティンスの日本司教就任が決定し、同一五九二年ゴアで司教叙階が行われ、一五九三年四月インディアを発ち、同年八月マカオに着いた。一五九六年八月一三～一四日（補註）から一五九七年三月まで日本に駐錫した。三月に日本を発ち、翌一五九八年二月マラッカの近くで遭難、死亡した。

（補註）シュッテはマルティンスの日本到着を一五九六年八月一三～一四日と記すが、ボクサーはマルティンスが乗ったカピタン・モール座乗ポルトガル船は、この年の八月一三日に長崎に入港した旨記す。

Boxer, 1959, p. 59. Schütte, 1975, I, p. 1230.

（6）Arcebispo Dom Mateus. ゴア大司教フレイ・マテウス・デ・メディナ D. Frei Matheus de Medina（一五八八～九二年同大司教在任）のことであろう。

Sá, pp. 58, 80, 81.

（7）propietairo（持主）は、おそらく proprietário de viagem（航海の持主）なる語の de viagem を省略したものであろう。マカオ～長崎間のポルトガル船の航海については、dono da viagem, senhorio da viagem つまり「航海の持主」なる語が関係史料に見える（補註1）。これらはすべて同義であろう。日本航海のカピタン・モール（またはカピタン）を別の機能から呼んだ語で、要はカピタン・モールのことであろう。それを裏付けるものとして、②の史料には、Capitão Senhorio da Viagm（航海の持主であるカピタン）と記されている。

なお「〔日本航海の〕持主が空席でない間」とは、考えられるケースとして例えば、定期のマカオ～長崎間航海のポルトガル船が長崎で越冬している場合（つまり、夏季にマカオから長崎に渡航した船が、その直後の冬季にマカオに帰航せず、さらに次の冬季まで長崎に滞留した上で帰航すること）、マカオから日本に渡航することが出来ない。カピタン・モールは長崎におり、空席ではない。このような場合は、司教は日本に渡航出来ず、マカオで待機せねばならない（補註2）。

（補註1）一例であるが、dono da viagem については次の①の史料、senhorio da viagem は②の史料に見える。

① Bocarro, 1992, II, p. 268. 拙訳『モンスーン文書と日本』七〇頁。

② Das cousas que vão neste caderno apontadas so o que toca a mercancia ordena Sua P.de que se veja estude e resolva e começa Ao Art. 21, Acerca da mercancia, Archivum Romanum Societatis Iesu, Fóndo Gesuitico

721 - II - 7, f. 3. 拙稿「日本イエズス会の生糸貿易について」一七四頁。

（補註２）文書91がこの問題に関わる。ボクサーも次の文献でこの件に触れている。Boxer, 1959, p. 57.

（８）傍線箇所の原文（翻刻本）は as guerras de Japaõ lhe naõ desem lugar para pasar, である。註（７）の問題とともに、もう一つ日本への渡航を妨げるかも知れない事情として、豊臣秀吉の朝鮮出兵（文禄の役）があった。天正二〇年（一五九二）三月小西行長等第一陣が名護屋を出港して戦いが始まり、文禄二年（一五九三）四月講和交渉が開始、文禄五年（一五九六）九月秀吉が大坂城で、来日した明の冊封使を引見して初めて行違いを知り、再戦を決意した。

本文書の註（５）に記した通り、司教マルティンスは一五九三年八月にマカオに着き、一五九六年八月来日した。つまり司教がマカオから日本に渡航しようとしていたのは、まさに右記の如く文禄の役にともなう講和交渉が進行していた時であった。それではこの間の、マカオ～長崎間のポルトガル船航海はどうであったか。

一五九二年夏季	ポルトガル定期船欠航
一五九三年夏季	渡来
一五九四年夏季	欠航
一五九五年夏季	渡来
一五九六年夏季	渡来（司教マルティンス来日）

『国史大辞典』一二、四二九～四三二頁。『史料綜覧』一二、三四四頁　一三、一六～一二二頁。Boxer, 1959, pp. 56 - 59. 柳田利夫「文禄・慶長の役とキリシタン宣教師」二四～二六頁。

（９）APO, 3, p. 525.

（10）Casa da Misericordia. 拙訳『モンスーン文書と日本』五四・一八六・一八七頁。

（11）APO, 3, p. 526.

104* 一五九五年二月二七日付けリスボン発ポルトガル国王の、ゴア市市会議員《ヴレアドレス》たちおよび代理人《プロクラドレス》たち宛書簡

「二一、貴下たちがそれについて指摘する諸理由により、その〔インディア〕領国《エスタド》の維持と発展には、カスティリャ王位《コロア》の朕の家臣たちがシナにおいて取引も商業も行わないよう命じるのが重要だと、貴下たちが朕に書き送ってきた件に関してであるが、朕はすでにこの商業に対しては何度も禁令を発してきたが、新たに前述の〔カスティリャ〕王位を経由して、それを命じることにする。またマニラ《マニリャス》に渡るかも知れない漳州《チン》（または泉州《チェオ》）《ス》(1)の人々について貴下たちが朕に述べることに対して注目するよう、命じるつもりである。その件において、すべての人々の利益のために適切なことが、行われるためである。(2)」

註

（1）Chincheos. 拙訳『モンスーン文書と日本』一七四・一七五頁。

（2）**APO, 1-I, p. 108.**

105* 一五九五年二月二七日付けリスボン発、ポルトガル国王のインディア副王宛書簡

「二七、〔日本司教が〕昨年シナに行った旨貴下が朕に書き送ってきたが、(1)その日本司教(2)が朕に対して、彼の俸禄《オルデナドス・エ・ドテ》(3)が支給されていないと言ってきた。朕は貴下に対し、未だ彼に対してそれが滞っているのなら、彼

に対してそれ〔延滞分の俸禄〕、および彼の前任《アンテセソル》者(4)の俸禄《ドテ》で滞っている分の支給を命じるよう、依頼する。というのは、高位聖職者《ペルラドス》(5)に対して、朕が彼らに与えるよう命じ、それによって彼らが自らを養っていかねばならない俸禄《オルデナドス》が支給されないのは、適切ではないからである。(6)」

註

（1）文書103*の八。

（2）**Bispo de Japão.** ペドロ・マルティンス。文書103*の註（5）。

（3）**ordenados e dotte. dote** は **ordenado** と同じ意味で使用された。拙訳『モンスーン文書と日本』三五九頁。

（4）**antecessor.** 一五八八年二月一九日に、マカオ司教区から独立して、府内司教区（つまり日本司教区）が設置された（それまでは日本教会は、マカオ司教区に包含）。その当時のマカオ司教はレオナルド・フェルナンデス・デ・サ **Leonardo Fernandes de Sá** であり、彼はその後も一五九七年マカオで死亡するまで、マカオ司教職に在職した。

一五八八年二月一九日に創設された府内司教区の初代司教は、イエズス会士セバスティアン・デ・モラエスであったが、日本に渡来する途中の一五八八年八月にモザンビークで死亡した。二代目の府内司教が、同じイエズス会士であるペドロ・マルティンスであった。

俸禄支給が延滞し、そのためインディア副王が司教マルティンスに債務があったという問題については左記の拙著に記した。また前任者の俸禄延滞のことにも言及しているが、マルティンスの前任者というなら、やはりセバスティアン・デ・モラエスのことと考えざるを得ない。日本司教モラエスの俸禄のついては、文書67*が取り上げている。毎年二〇万レイス **reis**（＝五〇〇クルザド）の俸禄を給与する旨、記されている。

Teixeira, 1940, II, pp. 85 - 88. Schütte, 1975, I, pp. 226, 1230, 1242. 拙著『キリシタン時代対外関係の研究』五〇九・五一〇・五一三・五一四・五一七〜五二四頁。

（5）**perlados.** 拙訳『モンスーン文書と日本』四六〇〜四六五頁。

（6）**APO, 3, p. 513.**

106　一五九五年三月一一日付けゴア発、インディア副王の法令

「ドン・フィリペ云々。朕は、この書簡法令《カルタ・デ・レイ》を見る者たちに知らせる。朕は次のことを考慮した。

すなわち、マカオおよびインディア領国《エスタド》の諸要塞《フォルタレザス》と諸都市に滞在する朕の家臣のポルトガル人たちが、シナ人たちを買ったり、勾引《かどわ》かしたり、彼ら〔シナ人〕を捕まえて彼ら〔ポルトガル人〕の家に連れてきて、彼らを使役したり、他の地域に彼らを売却したりすることに対し、シナの諸王国《レイノス》および諸港におけるシナ人の現地人《シンス・ナトゥラエス》たち・住民《モラドレス》たちが、強い不満を抱いている。そしてそのために、前述の朕の家臣たちが多年にわたって、前述のシナの諸王国・諸港において極めて平穏かつ親密に行ってきた商業が、危険に晒されるという点である。それ〔同商業〕によって、朕の税関《アルファンデガス》にとっても、前述の朕の家臣たちにとっても、多大な利益がもたらされているのだ。〔これによって商業が危険に晒されることは〕経験によって分かる通りであり、また朕の顧問会議《コンセリョ》〔メンバー〕であり、現在インディア副王であるマティアス・ダルボケルケ[1]が、その旨の情報を得た。それ故、朕は神と朕への奉仕になるように、これに対して措置を講じたいと思い、同じように平穏に、そして前述のシナ人たちの躓きなしに、前述の商業が永続し、前進するために、そしてまた前述の朕の副王臨席の法廷《メザ》で、インディアの控訴裁判所《レラサン》の判事《デゼンバルガドレス》たちがかかる判決を下したことでもあるので、朕は次のことを嘉納し、それを喜ばしく思う。これ〔本書簡法令〕によって、次のことを命じそして禁じる。

これ〔本書簡法令〕の公布以降は、いかなる身分《カリダデ》・地位《コンディサン》であれ何人《なんぴと》たりと、男であれ女であれ誰かシナ人《シン》を、シナから連れてくることも、買得することも、その他いかなる方法であれ〔シナ人を〕意のままにしてはならず、捕らえて彼らの船舶で連れてきてはならない。それに違反したあらゆる行為に対し、一〇〇〇クルザドを徴する刑

罰に処し、その三分の一はそれを告発した者に、三分の二は前述のインディアの控訴裁判所の支出に充てるものとする。加之《しかのみならず》、逮捕されて二年間ダマン(2)の要塞に流刑に処する。これらの刑罰は、罪人たちに対して極めて厳正に執行すべきこと。

朕は、現職および将来その職に就く前述のインディア領国の刑事の聴訴官長《オウヴィドル・ジエラル・ド・クリメ》(3)・シナの港〔マカオ〕のカピタン・モール、そこ〔マカオ〕の聴訴官《オウヴィドル》、およびその他すべてのカピタンたち・司法関係者《ジュスティサス》たち・役人《オフィシアエス》たち・関係する人々にこれを通告する。そして彼らに対し、いかなる疑義を差し挟むことも、異議申立てを行うこともなしに、これ〔本書簡法令〕の内容通りに、これ(4)を履行・遵守するよう、完全に履行・遵守させるよう、命じる。これ〔本書簡法令〕は、ゴア市の公の場所において公告すること。そこ〔ゴア市〕の尚書職《シャンセラリア》(5)の記録簿《リヴロス・ドス・レジストス》に登録すること。マラッカおよびシナ〔マカオ〕においても、そこの元老院《カマラス》(6)と商館《フェイトリアス》(7)において、登録すること。皆に周知徹底させるためであり、またいつ何時たりと、前述の諸理由によって朕が命じること、朕が嘉納することが分かるようにするためである。

前述のゴア市において三月一一日に、ポルトガル王位《コロア》の朕の王室紋章《アルマス・レアイス》の印《セロ》を押して発給した。国王陛下《エル・レイ》は彼の顧問会議《コンセリョ》〔メンバー〕であり、インディア副王云々であるマティアス・ダルブケルケ(8)を介してこれ(9)を命じた(10)。われらの主イエズス・キリストの生誕後一五九五年にアントニオ・バルボザ(11)がこれ(12)を作成した。ルイス・ダ・ガマ(13)がこれ(14)を記述させた。副王(15)。」

註

(1) Mathias d'Alboquerque. 一五九一～九七年インディア副王在任。文書49の註（15）。

(2) Damaõ. 文書90の註（14）。

（3）Ouvidor geral do crime. 拙訳『モンスーン文書と日本』四八・一五四・一六四～一六六・四二三頁。
（4）原語（翻刻本）は o であるが、carta de ley に代わる代名詞のはずであるから、a と記すべきであろう。
（5）Chancelaria. 拙訳『モンスーン文書と日本』一六四～一六六頁。
（6）camaras. 拙訳、同右、一三九・一四〇・二七二・二七三頁。
（7）feytorias. 文書1*の註（5）。
（8）Mathias d'Albuquerque.
（9）原語（翻刻本）は o である。註（4）と同じ理由で a と記すべきであろう。
（10）文書8の註（6）他で記した通り、インディア統治に関する各種法令の内、本文書は、インディア副王（総督）がゴアにおいてポルトガル国王名で発給した法令である。ポルトガル国王は一人称で記されているが、ただ傍線箇所のみ、同国王は三人称で記述されている。
（11）Antonio Barbosa. ゴア政庁における書記 escrivão.
Documentação, Índia, 12, pp. 281, 285. Documentação, Índia, Índice, p. 22.
（12）原語（翻刻本）は a である。carta de ley を指す。
（13）Luis da Gama. 文書76の註（16）他、同様の役割でこれまでにも頻出。
（14）原語（翻刻本）は a である。carta de ley を指す。
（15）APO, 3, pp. 537, 538.

107　一五九五年四月一四日付けゴア発、インディア副王の法令

「ドン・フェリペ云々。朕は、この朕の書簡法令《カルタ・デ・レイ》を見る者たちに知らせる。朕のインディア副王の前で、控訴裁判所《メザ・ダ・レラサン》(1)の判事《デゼンバルガドレス》たちによって下された判決《アセント》を考慮し、さらにシナの地方の神の

御名の市の住民たちの共通善《ベン・コムン》を適切に考慮した上で、この朕の法令《レイ》によって、朕は次のことを命じ、そして禁じる。これ〔法令〕の公布以降は、いかなる身分《ソルテ》・地位《コンディサン》であれ何人《なんぴと》も、前述の〔マカオ〕市において結ばれる契約《コントラト》以外には、一切生糸を日本にもたらすことも送ることもしてはならない。そこ〔同市〕の住民たちが、それによって被る多大な損害のためである。これに違反したら、前述の契約外のすべての生糸を没収する刑罰を科す。

さらに朕はマカオの聴訴官《オウヴィドル》(2)に命じる。この朕の禁令を犯した者たちに対し、毎年特別の刑事訴訟《ティレ・パルティクラル・デヴァサ》を提起すること。彼ら〔罪人〕に対しては、最終の判決まで裁判を進めること。ただし、二〇クルザドを超えるすべての金額については、上訴《アペラサン》および抗告《アグラヴォ》を行うものとする。この〔二〇クルザド以内の〕訴件《カゾ》の罪に対してのみ、朕は彼〔マカオ聴訴官〕に裁判権《アルサダ》を与えるからである。糾問《デヴァサ》によって没収されることが確定した生糸は、すべてゴア市の朕の泊地《リベイラ》〔の支出〕に充当すること。また前述の糾問《デヴァサ》以外に、告発《デヌンシアサン》によって彼に対する〔没収が〕確定した場合は、〔その生糸の〕三分の一は囚われ人《カティヴォス》たちのために、三分の一は朕の泊地のために、他の三分の一は前述のマカオ市のためおよび告発者《アクザドル》のために、充当すること。

この朕の書簡法令《カルタ・デ・レイ》は、前述のマカオ市の公の場所に、公告すること。皆に周知徹底させるためである。それについて元老院《カマラ》(3)の記録簿《リヴロス》に記載し、そこに登録すること。朕は前述の〔マカオ〕聴訴官《オウヴィドル》・その他の司法関係者《ジュスティサス》たち・役人《オフィシアエス》たち、およびそれに関わる人々に対し、これを通告する。朕は彼らに対し、そこにいかなる疑義を差し挟むことも、異議申立てをすることもなく、その内容通りに履行・遵守し、そして完全に履行させ、然るべく執行させるよう命じる。ポルトガル王位《コロア》の朕の王室紋章《アルマス・レアエス》の印を押して、朕のゴア市において四月一四日に発給した。われわれの主君《セニョル》である国王陛下《エル・レイ》が、彼の顧問会議《コンセリョ》(4)〔メンバー〕であり、彼のインディア副王云々であるマティアス・ダルブケルケを介して、これを命じた。一五九五年アントニオ・ダ・クニャ(5)がこれを作成した。ルイス・ダ・ガマ(6)がこれを記述させた。副王(7)。」

註

（1）**mesa da Relaçaõ. mesa** の語が記してあり、控訴裁判所法廷とでも訳すのであろうが、ここではその語の有無にかかわらず、同様に訳しておく。ゴアの控訴裁判所については、**Hespanha, p. 78.** 拙訳『モンスーン文書と日本』四八・一五四・一六四〜一六六頁。

（2）**Ouuidor. Hespanha, pp. 72 - 75. Teixeira, 1976.** 拙訳、同右、一三九・一四〇・一五四・二七二・二七三頁。

（3）**Camara.** 拙訳、同右、一三九・一四〇・二七二・二七三頁。

（4）文書8の註（6）他で記した通り、インディア統治に関する各種法令の内、本文書は、副王（総督）がゴアにおいてポルトガル国王の名で発給した法令である。ポルトガル国王は一人称で記されているが、ただ傍線箇所のみ、同国王は三人称で記述されている。

（5）**Antonio da Cunha.** 文書18の註（5）。

（6）**Luis da Gama.** 文書76の註（16）。

（7）**APO, 3, pp. 545, 546.**

108* ゴア市のポルトガル国王宛書簡（一五九五年）

「一一、イエズス会《コンパニア・デ・ジェズス》パードレたちは、彼らが副王に提示した諸理由により、彼らに委託されていた施療院《オスピタル》の職務を手放した。それら〔理由〕は、国王陛下《ヴォサ・マジェスタデ》に写しが送付されるに相違ない。それ〔その職務〕のために、副王は難儀な命令を意図したが、それはこの〔ゴア〕市において悪く受け取られた。というのは彼〔副王〕は、〔彼らイエズス会パードレを〕看護師長《エンフェルメイロス・モレス》の称号を持つ貴族《フィダルゴス》として何ヵ月間か処遇したいと望んだ。そして貴人《ノブレス》たち(1)

をして、この職務における部下として彼らを助けさせた。

彼ら〔イエズス会士〕はこれに同意するのを望まなかった。そのために彼らは、胴体を鎖で縛《アグリリョアダス》られて牢に繋がれる刑を受けた。というのは副王は、必要な際は彼ら〔イエズス会パードレ〕にこの優越性を与えることも出来るとはいっても、それは戦争行為においてであって、宗教や信仰行為についてではなく、とくにこの施療院《オスピタル》の管理がミゼリコルディア(2)の命令によって行われていた際には、貴族《フィダルゴス》であれ貴人《ノブレス》であれ、それ〔ミゼリコルディア〕の兄弟《イルマ》たち《ンス》が交代で、それ〔施療院〕の奉仕を完全に行っていたことが分かっているからである。

この投獄について、それが過酷なものであるので、われわれは副王に話し、もっと穏やかな別の方法をとってくれるよう彼に頼んだ。しかし彼はそれに耳をかさないどころか、事態を一層悪化させた。というのは、彼はわれわれに対し、彼の意図は、それ〔ミゼリコルディア〕やその他の事柄において、貴族《フィダルゴス》と貴人《ノブレス》の間の区別が分かるようにすることである、と言明したからである。このような次第で、施療院の仕事は現在管理人《モルドモス》たち(3)によって強制的に行われており、したがってそこには愛徳《カリダデ》がない。これ〔愛徳〕こそが、そこ〔施療院〕の病人たちのよき治療のために、最も重要なものなのだ。

これに関しては、この命令に反する他の不都合がある。それは、経費はますます嵩んでいき、しかもモンスーン中の、都合のよい時に購入することが出来ないので、必要な物資の補給には多額の出費を要する。このことは薬についても該当し、彼らにあの徳〔愛徳〕が備わっていて、仕入れるべき時に仕入れていたら、それら〔薬〕が残ることはない。それ故、乱暴とも思われるこの命令が、永く続くことがあり得ないことは分かってはいるが、われわれは国王陛下《ヴォサ・マジェスタデ》に対し、この施療院《オスピタル》およびその職務を、ミゼリコルディアまたは同イエズス会《コンパニア》パードレたちに戻すよう、御下命下さることを要望する。というのは、前者の〔ミゼリコルディアの〕兄弟《イルマンス》たちによろうと、後者の〔イエズス会〕修道士《レリジオゾス》によろうと、この施療院とそこの病人たちは、精神的にも物質的にも、よき奉仕を受けることが出来ると思われるからである。[4]」

註

（1）nobres. 本文書では、nobre を fidalgo と区分して記している。

（2）Misericordia. 拙訳『モンスーン文書と日本』五四・一八六・一八七頁。

（3）mordomos. irmandades またはコンフラリア confrarias 等の資産を管理し、その諸々の事柄に携わる者。なお irmandade とは、辞書に「信仰を深めるために組織された信徒の団体」と見える。
Machado, III, p. 989; IV, p. 699.

（4）APO, 1 - II, pp. 29, 30.

109* 一五九六年一月二日付けリスボン発、ポルトガル国王のインディア副王[1]宛書簡

「三、さらに前述のマティアス・ダルブケルケ[2]は、朕に次のように書き送ってきた。[3] 日本司教ドン・ペドロ・マルティンス[4]は、彼が育った修道会《レリジアン》〔イエズス会〕から期待されているのとは異なる行動の仕方をした、と。

朕は貴下に、次のことを依頼する。これについて情報を得ること。というのは、マティアス・ダルブケルケが有したそれ〔情報〕は、あまり確実ではないかも知れないからである。そして、注意を与える必要があるような事柄があれば、ゴア大司教《アルセビスポ》[5]の見解を徴して、イエズス会《コンパニア》管区長[6]を介して、またはより一層適切と考えられる方法で、彼に対し必要な措置が講じられるよう、命じること。[7]

〔中略〕

七、さらに前述のマティアス・ダルブケルケは、朕に次のように書き送ってきた。イエズス会修道士《コンパニアレリジオソス》たちは、ゴアにおいて施療院《オスピタル》の世話をしている。建物《カザ》は小さく、そこで病人たちが難儀をしているので、彼ら〔イエズス会修道士〕に、一回のシナ航海《ヴィアジェン・ダ・シナ》の売却所得《プロセディド》を恵与した。(8) 別のもっと広い建物を建造するためである、と。

このため朕は、貴下に依頼する。もしも前述の〔シナ〕航海が未だ行われていないならば、〔カピタン・モール に〕任じられた者たち《プロヴィドス》にかかわらず、それ〔シナ航海給付〕の勅令《プロヴィザン》に従ってそれが行われるよう、下命すること。それ〔同勅令〕は、これらの航海が公の工事や〔公の〕事柄のために与えられる時に、下される命令だからであり、これ〔同勅令〕は、それ〔同勅令の文面〕によって分かる如く、すべての人々の共通善《ベン・コムン》への恵みになる極めて有益かつ必要なものだからである。(9)

〔中略〕

三六、さらに彼〔マティアス・デ・アルブケルケ〕は、朕に次のように言う。彼はマニラ経由で次のことを知った。日本の暴君《ティラノ》(10)はいくらか穏和になり、イエズス会修道士《コンパニアレリジオソス》たちに対し、長崎《ナンガサキ》の教会《イグレジャ》を再建すること、およびあの〔長崎〕港に自由に居住することを許可した。イエズス会巡察師《ヴィジタドル》(11)が彼〔暴君〕に贈るよう託された進物を持って彼の政庁《コルテ》を訪ねることによって、これらの修道士があの地域の異教徒の改宗についてかつて享受していたような自由を、彼〔暴君〕が全面的に回復させることが期待される。それは、この大変偉大な仕事にとって、非常に効果的だろう、と。

これと同じ手段により、そしてまたその他のすべて〔の手段〕によって、貴下がこの暴君を軟化させるべく尽力するのがよいであろう。貴下はこのことに、すべての配慮と巧知を傾注し、適切な仕方《ボン・モード》で対処すること。そしてこの日本キリスト教会《クリスタンダデ》においてどのように事が運んでいるか、常に朕に報せること。(12)」

註

（1）フランシスコ・ダ・ガマ**Dom Francisco da Gama**である。彼はヴァスコ・ダ・ガマの曾孫に当たる。インディア提督**Almirante da Índia**およびヴィディゲイラ伯爵**Conde da Vidigueira**の称号を継承した。伯爵提督**Conde Almirante**の称号で呼ばれ、自らそのように署名もした。一五九七〜一六〇〇年および一六二二〜二八年と二度にわたってインディア副王に任じられた。本文書は、本書には訳載しないがその冒頭の記述から、彼が最初のインディア副王就任のためリスボンを発ってゴアに向かうのと同じ船団で、インディアにもたらされたものと分かる。

　彼は一五九五年一二月二日にインディア副王に任じられ、一五九六年一月二日付けの本文書を受け取り、同年インディアに向かったわけである。

　この年のインディア航路ナウ船団は、フランシスコ・ダ・ガマをカピタン・モールとして一五九六年四月一〇日にリスボンを発ち、翌一五九七年五月二二日にゴアに着いた。彼の副王の任期は右に記した通りである。

　本文書は一五九六年一月二日付けであるから、その時点では未だマティアス・デ・アルブケルケ（一五九一〜九七年副王在任）の副王在任中であるが、現実に本文書の指示内容を執行するのは、次のフランシスコ・ダ・ガマであるから、次期副王のガマ宛の書簡となっている。

Delgado Domingues, pp. 132, 133. Maldonado, p. 100. APO, 3, p. 568. 拙訳『モンスーン文書と日本』一五九・一六〇頁。

（2）**Mathias d'Albuquerque.**

（3）本書簡の冒頭に、昨一五九五年の便で副王アルブケルケが複数の国王宛書簡を送ってきた旨見える。

APO, 3, pp. 568, 569.

（4）**Bispo de Japaõ Dom Pedro Martins.** 文書103*の註（5）。

　日本司教マルティンスが、イエズス会の期待に反する行動をとった旨、副王アルブケルケが国王に報じたという。右の註（3）に記した通り、アルブケルケは一五九五年の便で国王に複数の書簡を送り、その中に記されていたわけである。つまり一五九五年初めにゴアを発った船団で、書簡が運ばれたことになる。

　一方マルティンスは、文書103*の註（5）に記した如く、一五九二年ゴアで司教叙階を受け、一五九三年四月インディアを発ち、同年八月マカオに着き、一五九六年八月来日した。したがって、マルティンスの問題の行動は、未だインディアにいる間のこと、あるいはマカオ到着後の同地における出来事ということになる。

マカオにおける出来事であるなら、ゴアへの船便のことを考慮しなければならない。一五九三年末マカオ発、一五九四年初ゴア着、または翌一五九四年末マカオ発、一五九五年初ゴア着の二つの可能性があった、と言ってよい。

日本司教マルティンスの足跡というと、スペイン系托鉢修道会との抗争に関する事柄が真っ先に思い浮かぶ。同司教はすでに日本に渡来する以前から、スペイン系フランシスコ会士への激しい対抗心を露わにした。

すなわち一五九四年半ばに、フィリピン・フランシスコ会の聖グレゴリオ管区管区長《プロビンシアル》パードレ・フライ・パブロ・デ・ヘスス（補註1）が、フライ・フランシスコ・デ・ベリェリノ **Fray Francisco de Vellerino**, フライ・アンドレス・デ・ノチェブエナ **Fray Andrés de Nochebuena**, フライ・ロレンソ・デ・ソト **Fray Lorenzo de Soto** の三人をマカオに派遣して、司教マルティンスに対し、司祭にしたいので聖叙階 **órdenes sagradas** を授けてもらいたいと要請したのに対し、彼らを叙階しなかったばかりか、彼らとの対話の中で、歯に衣着せず次のように言ったという。自分は日本に行ったら、フランシスコ会士を全員マニラに送り返すつもりだ。なぜなら、日本での司牧のためには彼らは不要だからだ、と（補註2）。

この件については、一五九七年六月七日にマニラで作成されたものであるが、日本司教が未だマカオにいる時に、日本にいるフランシスコ会士たちに対して脅しの言辞を弄したことを、司祭叙階のためにマニラからマカオに送られた右の三人が証言した文書がある。三人とも、司教がフランシスコ会士たちに対していかに冷ややかな応対をして、彼らを日本から排斥する強い意向を表明したかを述べているが（補註3）、中でも最後に証言をしているフライ・フランシスコ・デ・ベリェリノの証言が、史料として最も重要と思われるので、次に紹介する。

「この聖グレゴリオ管区の修道士《レリヒオソ》である私ことフライ・フランシスコ・デ・ベリェリノは、私に課せられた服従《オベディエンシア》〔の誓願〕を履行するために、私の高位聖職者《プレラード》（補註4）から尋ねられた事柄について、以下のことを承知している旨申し述べる。

すなわち、おおよそ三年前に私は、前任のわれわれの〔聖グレゴリオ管区〕管区長フライ・パブロ・デ・ヘススの命令によって、同じく叙階を受ける修道士たちと一緒にマカオに渡航した。前述の〔マカオ〕市において〔司祭〕叙階をしてもらうためであった。

そこ〔マカオ〕に着き、マカオでイエズス会《オルデン・デ・ラ・コンパニア・デ・ヘスス》のドン・ペドロ・マルティンス日本司教猊下《セニョル・ビスポ・デ・ハポン》（補註5）に会い、われわれは叙階を受けるために渡来したのだと話した。

彼はそれに答えるに、幾度となく全く理性を失った有様で、われわれが求めたことを行ってやろうというような気はほとんどなく、再三にわたって無礼な言い逃れをした。すなわち聖職者祭式者会《カビルド》（補註6）の許可なしに叙階は出来ないとか、その他このようなことを繰り返し言った。

結局、われわれの修道会の副管区長《クストディオ》（補註7）であり修道士《レリヒオソ》であるフライ・ディエゴ・デ・ラ・コンセプシオン（補註8）のような、善良な第三者の懇願にも応じることなく、遂に彼には、頼んだことをしてもらうことが出来ず仕舞であった。

これ以外にも、彼〔司教マルティンス〕は幾度かわれわれと、日本についていろいろなことを話し合ったが、ある日彼は次のように言った。ドミニコ会《オルデン・デ・サント・ドミンゴ》のパードレ・フライ・ファン・コボ（補註9）は、一体何しに日本に行ったのか。彼は何もしなかったし、彼の日本行きは何の成果も生まなかった、と。

さらに彼は、次のようなことも語った。われわれの〔フランシスコ会〕修道会《オルデン》の四人の修道士《レリヒオソス》（補註10）は、何が目的で日本に行ったのか。一体誰が彼らに、他人の家《カサ・アヘナ》に入り込むよう命じたのか、と。

私はこれに対して、彼にいくつかの理由を答えた。猊下《ス・セニョリア》よ、次のことに着目していただきたい。主《セニョル》は布教のために使徒たち《アポストレス》を送り出すに当たり、彼らに、全世界に行きなさい（補註11）、と言われた。日本を保留したわけではなく、全世界に行きなさい、と言われたのだ。すべての修道会《レリヒオネス》が、それを実行している、と。

それに対し彼〔司教マルティンス〕は答えた。彼ら〔フランシスコ会士〕は、〔それを許可する〕文書《レカウドス》なしに〔日本に〕行った、と。

これに対して私は答えた。彼らはありあまるほど〔の文書を〕携えている。すなわち、シクストゥス五世（補註12）の小勅書《ブレベ》（補註13）、その他多数の小勅書や、学識豊かな人々の見解を得ている。イエズス会が日本のために得た小勅書（補註14）は、インディアス枢機会議《コンセホ・デ・インディアス》（補註15）によって承認されていない、と。

彼は答えた。それを得たのはすでに古く、彼ら〔イエズス会士〕にとっては、それで充分である。自分は日本に行って、そこに托鉢修道士《フライレ》が一人もいないようにするつもりだ、とか、その他にもこういったようなことを言った。したがって私は、彼〔司教マルティンス〕は日本に行って、何らかの混乱を起こすものと思う。（補註16）」

本文書には、司教マルティンスが、イエズス会の期待とは異なる行動の仕方をした、と記述されていた。そのマルティンスの行動が、右に縷々記してきたことを指すものと断定は出来ないが、その蓋然性は高い。ただその場合であっても、国王が言うように、それがイエズス会の期待とは異なる行動であったと決めつけることが出来るのか、イエズス会士の中も、スペイン系托鉢修道会に対して一糸乱れぬ対応をしたわけでもないということは、念頭に置かなければならない。国王の言がイエズス会全体の意思とは異なる行動を司教がとったという意味なら、その国王の記載をそのまま受け容れるわけにはいかないであろう。

（補註1）**Padre Fray Pablo de Jesús.** パブロ・デ・ヘススは、一五九四年九月一五日に聖グレゴリオ管区長の職を辞した。つまり三人のフランシスコ会士は、それ以前にマニラを発ってマカオに向かったことになる。一方司教マルティンスは一五九三年八月にマカオに着き、一五九六年夏季までそこに滞在したのであるから、司教と三人との間のマカオでの接触という点で、矛盾するところはない。

Pérez, AIA, XIII, p. 43.

（補註2）**Ibid., AIA, XIII, p. 42.**

（補註3）**Ibid., AIA, XIII, pp. 42 - 44.**

（補註4）**Prelado.** ここで高位聖職者とは、フランシスコ会聖グレゴリオ管区長を指すのであろう。拙訳『モンスーン文書と日本』四六〇～四六五頁。

（補註5）**señor obispo de Japón, Don Pedro Martínez.**

（補註6）**Cabildo.** 拙訳『モンスーン文書と日本』三五九・三六〇頁。

（補註7）**Custodio.** 拙訳、同右、四六〇～四六五頁。

（補註8）**Fray Diego de la Concepcion.** ポルトガル風に言うと**Diogo da Conceição**である。マラッカのフランシスコ会副管区の初代副管区長であった。関連するので、フランシスコ会およびマラッカ副管区創設の歴史について、少し触れる。

一五、一六世紀になって、アッシジのフランチェスコの如き生き方に回帰しようというさまざまな試みがなされた。失敗した場合もあるが、抵抗を克服して信仰心の高揚を感得し成果を上げた例もあった。フライ・ジョアン・デ・グアダルペ Fr. João de Guadalupe は、最初にスペインにおいて、聖福音 Santo Evangelho と称する改革運動を起こしたが、その後ポルトガルに移り、一五〇〇年ブラガンサ公爵ドン・ジャイメ D. Jaime, duque de Bragança の支援の下に、ヴィラ・ヴィソザ Vila Viçosa の近くに敬虔修道院 Convento da Piedade を建てた。

フライ・ジョアンの継承者はフライ・ペドロ・デ・メルガル Fr. Pedro de Melgar であったが、修道院の数も増え、一五一八年敬虔管区 província da Piedade と称する管区も設置された。それらの修道院に暮らす修道士たち frades のことを、人々はその生き方から「跣足者」descalços と呼び、後に「厳格な修道士」frades do capucho あるいは単に「厳格な者」capuchos とも呼ぶようになった。

フライ・マルティニョ・デ・サンタ・マリア Fr. Martinho de Santa Maria が、一五三九年ポルトガルのアラビダ Arrábida 山脈で同じような活動を始め、アヴェイロ公爵 duque de Aveiro の後援もあり、アルフェララ Alferrara（セトゥーバル Setúbal の近く）からレイリア Leiria（コインブラの南南西約六〇キロ）に至るまでの各地に九つの修道院を建て、これらを中心にしてその他のものも含めて、アラビダ管区 província de Arrábida を構成した。同管区の修道士たちのことを、arrábidos（アラビダ管区の修道士）または capuchinhos と称することもあるが、人々は常に capuchos と呼んだ(a)。

今ここで取り上げている問題に直接関わる、マラッカにおけるフランシスコ会の布教開始について触れると、マカオ・マラッカにフランシスコ会修道院が創建されたことを知ったポルトガル国王は、一五八三年フランシスコ会総長フライ・フランシスコ・デ・ゴンサガ Fr. Francisco de Gonzaga に書き送り、それらの修道院にはポルトガル人修道士を配するよう求めた。

総長は自らポルトガルに行き、それらの修道院を、ポルトガルのフランシスコ会アラビダ管区 província de Arrábida の副管区 custódia とした。一五八四年三月一三日総長ゴンサガは、マカオ修道院をマニラ副管区に所属することとし、マラッカ修道院はコチンシナおよびその周辺の同会教会とともに、フランシスコ会副管区を構成し、ゴアの聖トマス副管区に所属するものとした。

総長ゴンサガはアラビダ管区のフライ・ディエゴ・デ・ラ・コンセプシオンを、マラッカの初代副管区長 prelado da Custódia に任じた。(ペレスは一五八四年三月一三日に任命された、と記すが(b)、テイシェイラは任命の時期は記さず、コンセプシオンは一五八四年一〇月五日マラッカに着いた、と記す)(c)。にアラビダ管区を発ち、一五八四年一〇月五日マラッカに着いた、と記す)(c)。

なお、フランシスコ会 O. F. M.,(d) カプチン・フランシスコ修道会 O. F. M. Cap.,(e) コンベンツアル聖フランシスコ修道会 O. F. M. Conv. (f) は、聖フランチェスコの精神と規律を守ることを基本理念とする独立的分派の修道会として現存するものであるが、大航海時代における東洋布教関係の史料に Capuchos または Capuchinhos として登場するのは、フランシスコ会士 Franciscanos のことである。厳密に言って Capuchos, Capuchinhos は、ポルトガル領アジアには存在しなかった(g)。

(a) Serrão, Joel, I, pp. 206, 477 - 479.
(b) Pérez, AIA, XIII, p. 44.
(c) Teixeira, 1961, II, p. 112. Teixeira, 1957, IV, p. 379.
(d)『新カトリック大事典』四、四〇三〜四一二頁。
(e)『新カトリック大事典』一、一一八四・一一八五頁。
(f)『新カトリック大事典』二、一〇〇五〜一〇〇七頁。
(g) Teixeira, 1957, IV, p. 369.

(補註9) Padre Fray Juan Cobo. 天正一九年九月一五日(一五九一年一一月一日)〔または天正一九年九月一九日(一五九一年一一月五日)〕付けで豊臣秀吉がフィリピンに入貢を促す書簡(a)を送ったのに対して、フィリピン総督ゴメス・ペレス・ダスマリニャス Gómez Pérez Dasmariñas (一五九〇年五月〔または六月一日〕〜一五九三年一〇月二五日フィリピン総督在任)(b)が一五九二年六月一一日付けの秀吉宛返書(c)を認め、それを携えて、日本に派遣されたのが、このドミニコ会士フアン・コボである。一五九二年七月頃薩摩に上陸、次いで名護屋で秀吉に謁見した。

秀吉は再度、一五九二年八月二八日付けフィリピン総督宛返書(d)を認め、この書簡を得てコボは同年一一月薩摩を発って帰途についたが、途中台湾沖で遭難し、土民に殺害された。

コボは、左の（補註10）に記すフランシスコ会士ペドロ・バウティスタ等とともに、揺籃期日西交渉史上に足跡を遺した修道士であるが、キリシタン布教史の暗部に目を遣るなら、彼らが来日した頃から、ポルトガル系イエズス会とスペイン系托鉢修道会との間の抗争が、布教の足を引っ張ったことも事実である。

（a）村上直次郎訳註『異国往復書翰集 増訂異国日記抄』二九～三四頁。村上直次郎『日本と比律賓』一四頁。パブロ・パステルス著 松田毅一訳『一六～一七世紀日本・スペイン交渉史』三七～三九・三八五頁。奈良静馬『西班牙古文書を通じて見たる日本と比律賓』四一・四二頁。

（b）**Blair & Robertson, XVII, p. 287.**

（c）村上直次郎訳註『異国往復書翰集 増訂異国日記抄』三四～四一頁。村上直次郎『日本と比律賓』一八～二一・二八～三二頁。パブロ・パステルス著 松田毅一訳『一六～一七世紀日本・スペイン交渉史』三九～四二頁。奈良静馬『西班牙古文書を通じて見たる日本と比律賓』五四～五八頁。

（d）村上直次郎訳註『異国往復書翰集 増訂異国日記抄』五一～五四頁。村上直次郎『日本と比律賓』一三五～一三七。

Aduarte, I, c. XXXIII. Alvarez - Taladriz, 1969. Muñoz, pp. 55 - 57. 村上直次郎訳註『異国往復書翰集 増訂異国日記抄』五七頁。ディエゴ・アドゥアルテ著 ホセ・デルガード・ガルシーア編注 佐久間正・安藤弥生共訳『日本の聖ドミニコ ロザリオの聖母管区の歴史（一五八一年～一六三七年）』第一〇章。松田毅一『太閤と外交』第七～八章。

（補註10）一五九三年に来日した、次の四人のフランシスコ会士を指す。

一、フライ・ペドロ・バウティスタ・ブラスケス・イ・ブラスケス **Fr. Pedro Bautista Blazquez y Blazquez.**

二、フライ・バルトロメ・ルイス **Fr. Bartolomé Ruiz.**

三、フライ・フランシスコ・デ・サン・ミゲル・アンドラデ・イ・アルコ・デ・パリリャス **Fr. Francisco de San Miguel Andrade y Arco de Parillas.**

四、フライ・ゴンザロ・ガルシア Fr. Gonzalo Garcia.（ゴンザレズ Gonzalez と記す文献もある。）
最初に挙げたペドロ・バウティスタはフランシスコ会遣外管区長 comissario の役職にあった。バウティスタは、一五九三年五月二〇日付けマニラ発、フィリピン総督ゴメス・ペレス・ダスマリニャスの豊臣秀吉宛て書簡（a）を持参した。同総督が秀吉に送る、二度目の書簡である。
あわせて特記すべきは、四人の内二のバルトロメ・ルイスを除く三人は一五九七年二月五日長崎で殉教した二六聖人のメンバーである。
（a）村上直次郎訳註『異国往復書翰集　増訂異国日記抄』五四～五八頁。村上直次郎『日本と比律賓』一三八・一三九頁。Ribadeneira, 1947, pp. 330, 331. Ribadeneira, 1970, II, pp. 330, 331, 663, 664.
トマス・オイテンブルク著　石井健吾訳『十六～十七世紀の日本におけるフランシスコ会士たち』三六二・三六三頁。Ribadeneira, 1947, pp. 331 - 343, 539 - 551, 571 - 588. Ribadeneira, 1970, II, pp. 331 - 343, 539 - 551, 571 - 588, 664 - 672, 791 - 797, 807 - 815. Archivo Ibero-Americano, año LIX, n.o 234, p. 668. Platero, p. 71. 拙訳『モンスーン文書と日本』四六〇～四六五頁。

（補註11）マルコ、一六ノ一五。

（補註12）Sixto V. 一五八五～一五九〇年教皇在位。『新カトリック大事典』二、三二九頁。

（補註13）一五八六年一一月一五日付けシクストゥス五世 Sixtus V の小勅書を指す。聖グレゴリオ副管区 custodia de San Gregorio を管区 provincia に昇格させる小勅書であるが、その中に、異教徒改宗のために効果的な働きが可能なところであるなら、フィリピンのみでなく、インディア全域のどこにでも居住し布教活動をしてもよい、との文言が見える。Pontificia Nipponica の編者マグニノは、このような記載により、イエズス会による日本布教独占を認めたグレゴリウス一三世の小勅書（一五八五年一月二八日付け、左の（補註14）に記す）の規定を暗黙裏に改めたものだと記している。オイテンブルクも同様のことを記述している。Magnino, I, pp. 35 - 39. Uytenbroeck, p. 7. トマス・オイテンブルク著　石井健吾訳『十六～十七世紀の日本におけるフランシスコ会士たち』三二一頁。

（補註14）一五八五年一月二八日付けグレゴリウス一三世の小勅書 Ex pastorali officio を指す。イエズス会による日本布教の独占を許可した、あまりにも有名な小勅書である。ポルトガル系イエズス会とスペイン系托鉢修道会との間の、激しい抗争の渦の中心に位置した文書といってよい。

Magnino, I, pp. 24 - 27. 拙稿「フランシスコ会のグレゴリオ十三世小勅書廃止運動」。

（補註15）Consejo de Yndias. 拙訳『モンスーン文書と日本』五〇三頁。

（補註16）Pérez, AIA, XIII, pp. 43, 44.

（5）Arcebispo de Goa. フレイ・アレイショ・デ・メネゼス D. Frei Aleixo de Meneses（一五九五～一六一一年ゴア大司教在任）のことか。文書138の註（1）。

（6）Provincial da Companhia. ゴア管区長のことであろう。文書103*の註（5）に記した如く、同管区長であったペドロ・マルティンスが日本司教に転任した後のゴア管区長は、フランシスコ・カブラル Francisco Cabral が務めていた。マカオ修道院《カザ》の院長《スペリオル》を務めていたカブラルは、一五八七～九二年ゴア盛式誓願司祭《カザ・プロフェッサ》カザの院長、その後一五九二～九七年ゴア管区長を務めた。

Schütte, 1975, I, p. 1143.

（7）APO, 3, p. 569.

（8）原語（原文書および翻刻本）は fiz merce であるが、主語は副王アルブケルケのはずであるから、fez と記すべきであろう。Arquivo Histórico de Goa, Livro das Monções do, Reino, n.º 4, f. 672.

（9）APO, 3, pp. 570, 571.

（10）豊臣秀吉のこと。文書74*の註（13）。

（11）Visitador da Companhia. イエズス会巡察師とはヴァリニャーノのことである。彼はインディア副王の豊臣秀吉宛書簡と進物を携え、帰国途上の天正少年使節一行と一緒に、一五九〇年七月二一日長崎に上陸、一五九一年三月三日聚楽第で秀吉に謁見した（補註1）。本文書には、副王からの報せとして、暴君すなわち秀吉がキリシタンに対していくらか穏和になり、長崎教会の再建とイエズス会宣教師の長崎滞在を許可したことが記され、そして巡察師が秀吉を訪問することで、イエズス会士がかつての教会活動の自由を回復するかも知れないとの期待が表明されている。

秀吉がイエズス会士に長崎教会の再建と同地滞在を許可したのは、ヴァリニャーノの謁見や、その後イエズス会士が豊臣政権側に懸命な働きかけをした結果である。折から一五九一年夏渡来したポルトガル船積載金の取引を巡りトラブルが発生したことも、イエズス会側に幸いした（補註2）。つまり、秀吉のキリシタン禁令（伴天連追放令）以後のキリシタン迫害が多少緩和されたのは、一五九〇年副王使節ヴァリニャーノの来日が重要な契機となったと言ってよい。

ただ本文書によると、巡察師の政庁訪問により、イエズス会士がかつての布教の自由を完全に回復することが出来るかも知れないと副王が期待したことが、国王に報じられたようである。本文書の註（4）に記した通り、副王がそれを国王に報じる書簡を発送したのは一五九五年初であろうが、ヴァリニャーノが対日遣使およびイエズス会巡察師としての任務を終えて、日本を発ったのは一五九二年一〇月九日、マカオには同年一〇月二四日に着き、その後一五九四年一一月半ばまでマカオに滞在し、その後インディアに向かい、一五九五年三月四日ゴアに着いた（補註3）。

右の日程を考えれば、副王が国王に書簡を認めた時には、すでに巡察師日本遣使の首尾については承知していたはずだとも思われるが、しかし本文書を信じるなら、ヴァリニャーノが一五九五年三月四日ゴアに着いた時は、副王の国王宛書簡を積んだ船は、すでにゴア出帆後であったと考えねばならない。それに、副王はわざわざマニラ経由で得た情報と断っているのであるから、やはり副王は、ヴァリニャーノ遣使の首尾をヴァリニャーノ本人から知らされる前にこの書簡を認めたのであろう。

（補註1）拙著『キリシタン時代の貿易と外交』四〇九・四一〇・四一五頁。

（補註2）拙著、同右、四一九〜四二七頁。

（補註3）Schütte, 1968, p. 1026.

（12）APO, 3, pp. 580, 581.

110* 一五九六年一月二八日付けリスボン発、ポルトガル国王のインディア副王(1)宛書簡

「一一七、朕は次のような個別の情報を得た。大勢のイエズス会《コンパニア》修道士《レリジオゾス》がインディアにおいて、単にあらゆる事柄の統轄《ゴヴェルノ》と管理《メネオ》に介入するだけでなく、人々に対し内的および外的に介入し、その判事《ジュイゼス》であろうとする。彼らの内の何人かは、彼らの管区長《プロヴィンシアル》（徳と思慮分別を備えた修道士と見なされている）の命令に反して、シャウル(2)のある住民たちに対して、密かに次のような意見を述べた。良心に恥じるところなく、税関《アルファンデガ》の決定に抵抗することが出来るし、また彼らに対する新たな賦課《トリブト》と呼んでいる以上、彼らがそれに同意しない限り、彼らにとってそれ〔税関〕に対して支払わなければならない税金《ディレイトス》ではあっても、支払い義務を免れる《ソネガル》ことが出来る（しかも、そのために前述の〔シャウルの〕住民たちが、今後強情になることもあり得よう）、と。

さらに次のように言われている。バサイン(3)とタナ(4)においても、彼ら〔イエズス会修道士〕は、それ〔ナウ船〕のかねと商品《メルカドリアス》は王室資産《ミニャ・ファゼンダ》のものではないという理由付けをすることにより、イスラム教の統治者《メリケ》(5)のナウ船を強奪した者たちと、まるで同じことを行った。彼ら〔イエズス会修道士〕は、王位代理人《プロクラドル・ダ・コロア》(6)の要求によってコチン司教(7)が発令した破門罪(8)に処せられることもなしに、戦いにおいてすべての者たちが被ったであろう損失を、これによって補塡することが出来た。これは、王室資産が甚大な損失を受ける原因となった。というのは、多額に上ることは確かだと言われているあのナウ船の富が、ほとんど無きに等しいものとなってしまったからである、と。

朕はまた前述の個別の情報によって、次に記すごとき事実を知った。前述の〔イエズス会〕修道士たちの何人かが、次のようなことを断言している。すなわち、シャウルの丘陵《モロ》の要塞《フォルタレザ》(9)の中にある大砲と軍需品《モニソンエス》は王室資産に帰属するものではなく、もともとこれらのものを所有している者たちには、破門罪は及ばない。したがって、朕の

役人《オフィシアエス》たちによって徴収されたものは、司法の権力《フォルサ》と冷酷さによってなされたことである、と。

こういったことのすべてによって、単に現在の損失を来しただけではなく、将来にわたって常に〔損失が〕続いていくことがあり得るし、またこのような意見に庇護されて人々が誤りを犯すという一層大きな損失を来すかも知れないし、さらにそれ〔それらの損失〕を知った他の諸修道会《レレジオエンス》や、学識者《オメンス・レトラドス》たちには躓きを与えることにもなろう。これこそ朕が驚いた一件であった。もしも朕がこの情報を得た経路が、それ〔その情報の信憑性について〕疑う余地がないような〔経路〕でなかったならば、朕はそれ〔情報〕を信じなかったであろう。

朕は、ローマに駐在するイエズス会総長《ジェラル》にそれを報せて、彼〔インディア副王〕(10)が求める厳格さでその件に対して善処してもらうようにとの指摘を受けたが、今は、前述の〔イエズス会〕修道士たちの名声が保たれるように、別の方法でそれに臨むのがよいと思った。それ故、朕は貴下に対し、次のことを強く依頼する。貴下がインディアに着いたら直ちに(11)、貴下が何を調べているか知られることなく、とくにこの件について細心かつ慎重に情報を得て、ゴア大司教《アルセビスポ》(12)にそれ〔この件〕を伝え、そして両者がそれを話し合った後に、その件の経緯について承知した上で、彼〔ゴア大司教〕もまた、彼の立場で尽力すること。

貴下は、大司教も同席の上で、イエズス会《コンパニア》管区長《プロヴィンシアル》を呼び、〔本書簡の〕この〔一七〕章《カピトロ》で朕が貴下に述べることを、彼に対して語るか、または彼に読んで聞かせること。そして次のように伝えること。朕は、かかる軽率にして無分別な事件を正し、処罰するよう指示する命令を彼〔イエズス会管区長〕が与えるものと、彼を信頼している。もしもそこ〔同領国〕においてこれ〔この罪科〕が存在するなら、もうこの罪科が生まれないようそれを根絶すること。彼〔イエズス会管区長〕の部下たちは、彼らの務めである〔聖〕職務《ミニステリオ》だけに専念し、修道士《レリジオゾス》としても分別ある者としても、彼らが関与するのは適切ではないようなその他のさまざま〔な職務〕には介入してはならない、と。

朕が前述の〔イエズス会〕管区長《プロヴィンシアル》に宛て書き送るよう命じる書簡の中では、朕はそれに関して何がしかの事柄に触れるに止め、貴下に委ねる。今は彼ら〔イエズス会士〕の総長《ジェラル》にはこれらの事柄については知らせないでおいて、むしろ管区長によってそれらに対して対策が講じられたり、処罰がなされたりするのを朕が望むことにより、朕がイエズス会《コンパニア》に恩恵を施しつつ、貴下がこの件で〔管区長に〕注意を与えるのがよいであろう。一五九六年一月二八日に、リスボンにおいて認めた。この指令《インストゥルサン》は、朕の用紙八葉に、その各々に朕の国王秘書官《エスクリヴァン・ダ・プリダデ》(13)であり、朕の国家顧問会議《コンセリョ・ド・エスタド》(14)〔のメンバー〕であり、これらの王国《レイノス》の統治者《ゴヴェルナドレス》の一人であるミゲル・デ・モウラ(15)が、これ〔この国王の署名〕とともに署名して、記述された。私こと書記官《セクレタリオ》ディオゴ・ヴェリョがこれを記述させた。国王。ミゲル・デ・モウラ。

国王陛下《ヴォサ・マジェスタデ》が、この度インディア副王として派遣する伯爵提督《コンデ・アルミランテ》に与えるよう命じた指令《インストゥルソンエス》の一つ。国王陛下披見のため。第二便《ヴィア》(16)」

註

（1）フランシスコ・ダ・ガマ **Dom Francisco da Gama**（一五九七〜一六〇〇年インディア副王在任）に宛てたものである。文書109*の註（1）。

（2）**Chaul.** 本文書の註（9）。

（3）**Baçaim.** 拙訳『モンスーン文書と日本』四五七頁。

（4）**Tanaa.** 拙訳、同右、四三・二〇九・二一二頁。

（5）**Melique.** アラビア語の **malik**（「国王」）に由来する。インディアにおける、イスラム教徒の統治者 **governador** または小国王 **régulo** を意味する。**Dalgado, II, pp. 48, 49.**

（6）**Procurador da Coroa.** 文書12の註（1）。

（7）**Bispo de Cochim.** ゴア大司教区の下に従属する司教区の一つが、コチン司教区である。一五五八年二月四日付けパウルス四世の大勅書 **bula** により、コチン司教区が設置された。ゴア司教区が大司教区に昇格したのと同時であった。同大勅書は、ゴア大司教区、および新たに設置されたコチン司教区とマラッカ司教区の境界を定めているが、コチン司教区は、マラバル海岸 **Costa do Malabar**（補註1）およびインディア東海岸 **Costa oriental** 全域からビルマ **Birmânia** に至るまでの地域であった。

なおマラッカ司教区が設置された年について、文献により一五五七年二月四日とするもの、および一五五八年二月四日とするものの、両様の記述に分かれる。それは同司教区の設置を定めた、パウルス四世大勅書の日付の記載が理由と言ってよいであろう。同大勅書の末尾の日付の箇所は、ジョルダン編纂の文献によると、次のように記されている。

Datum Romae apud Sanctum Petrum, anno Incarnationis Dominicae MDLVII, pridie nonas Februarii, Pontificatus nostri anno tertio (**4 de fevereiro de 1557**).（補註2）

末尾括弧の中のポルトガル語による「一五五七年二月四日」との記述は、編纂者の註釈であって、もちろん原文書にはない。**nonas** は三月・五月・七月・一〇月においては七日、それ以外の月（本文書は二月であるから、それ以外の月に該当する）は五日を意味する。**pridie** はその前日を意味するから、二月四日付けであることについては、疑義はない。

問題の年であるが、右の記述は「われわれの教皇の即位第三年、主の受肉 **incarnatio** 以来一五五七年」と見える。西欧では、年始の期日についてさまざまな慣行が見られた。教会暦の影響が認められるところでも、国によって違いがあった。イタリアでは三月二五日（神のお告げの祭日）が年始であった（補註3）。本大勅書はしたがって、三月二五日を年始として一五五七年二月四日付け、ということである。つまり本大勅書が使用する暦では、二月四日は未だ旧年中であるが、今日の暦によれば当然新年（すなわち一五五八年）となる。

したがって、ジョルダン編纂の文献の、大勅書末尾のポルトガル語註釈の日付は誤りと言わなければならない。

本文書に記されているコチン司教とは誰のことかという問題であるが、一五九三〜九五年のゴア大司教が不在であった期間、その大司教区の統轄を委ねられたコチン司教フレイ・アンドレ・デ・サンタ・マリア **D. Frei André de**

Santa Maria のことか（補註4）。

（補註1）拙訳『モンスーン文書と日本』四五八頁。Zinadím.

（補註2）Jordão, I, p. 195.

（補註3）K・-H・ビーリッツ著 松山與志雄訳『教会暦 祝祭日の歴史と現在』六八頁。チースリク「外国古文書の年月日について」。『新カトリック大事典』一、一二二五頁。

（補註4）文書97の註（7）。

Silva Rêgo, p. 16. Santos Abranches, p. 145. Farinha, p. 201. Aguiar, p. 2.

これらの文献の内、Santos Abranches; Farinha; Aguiar は「一五五八年二月四日」と正しく記している。

（8）excomunhões. 拙訳『モンスーン文書と日本』二七八頁。

（9）fortaleza do morro de Chaul. シャウルの港口 barra に入る際に、右手に伸びた丘陵に建造した要塞故に、このように呼ばれた。

Bocarro, 1992, II, p. 119; III, estampa XXV. Matos, 2000.

（10）本文書の冒頭に、副王マティアス・ダルブケルケから複数の書簡が届いた旨、記されている。

APO, III, p. 583.

（11）文書109*の註（1）。

（12）Arcebispo de Goa. 文書109*の註（5）。

（13）escriuaõ da puridade. 文書29の註（8）の（補註3）、および文書113*の註（12）。

（14）comselho do estado. 拙訳『モンスーン文書と日本』一八三・一八四頁。

（15）Miguel de Moura. 文書29の註（8）。

（16）APO, 3, pp. 593 - 595.

111　一五九六年二月二九日付けリスボン発、ポルトガル国王の勅令

「朕国王《エル・レイ》は、この勅令《アルヴァラ》を見る者たちに知らせる。朕は、この度朕が朕の副王としてインディアに派遣する、朕の顧問《コンセリョ》〔領国顧問会議メンバー〕である伯爵提督《コンデ・アルミランテ》ドン・フランシスコ・ダ・ガマ(1)に対し、前述の役職《カルゴ》を務める間、これらの〔ポルトガル〕王国《レイノス》に向け六箱《カイシャス》の商品《メルカドリアス》を、毎年の艦隊に積載してもよいとの恩恵を与えることを嘉納する。それ〔六箱の商品〕を彼のかねで買い入れるのを、禁じてはならない。つまり、〔艦隊が本国に〕渡来する際に、これらの商品を一二箱を持ってきてよい。

それ故朕は、前述の地域〔インディア領国〕の王室資産管理官《ヴェエドル・デ・ミニャ・ファゼンダ》(2)に、次のことを命じる。前述の伯爵提督が朕の副王を務めている間は、毎年の艦隊のナウ船団に前述の六箱を船積みさせること。またインディア館《カザ・ダ・インディア》(3)の王室資産管理官《プロヴェドル》と役人《オフィシアエス》たちに対しては、朕のナウ船団が帰航したら、それら〔六箱〕を処理して、それら〔六箱〕について四分の一(4)も二〇分の一(5)も五パーセント(6)も、そしてさらに運賃《フレテ》をも支払うことなしに、それのために前述の伯爵〔提督〕の委任を受けた人物に無税《リヴレメンテ》で渡すこと。前述の税金《ディレイトス》について、いかなる勅令《プロヴィザン》が発給されようと、〔上記のような措置をとること〕。法典《オルデナサン》第二巻《リヴロ》第二〇項《ティトゥロ》は異なる規定をしてはいるが、これ〔本勅令〕は、書簡《カルタ》としての効力を持つこと(7)。そして尚書職《シャンセラリア》による発給をしないこと。〔一五〕九六年二月二九日にリスボンにおいて、ディオゴ・デ・ソウザがこれを作成した。ペロ・ゴメス・ダブレウ(8)が、これを記述させた。国王(9)。」

註

（1）Conde Almirante Dom Francisco da Gama. 文書109*の註（1）。

（2）veedor de minha fazenda. 拙訳『モンスーン文書と日本』一五八頁。
（3）casa da India. 拙訳、同右、一九八～二〇〇頁。
（4）quarto. 不詳であるが、四分の一の税の意味か。なおポルトガル語辞書によると、quarto は、一七世紀ポルトガルにおいて使用されたいくつかのスペインの貨幣の総称でもあったという。またスペイン百科事典には、cuarto は、四マラヴェディ 4 maravedises の価値の、古いスペインの銅貨である旨、記されている。Machado, VI, p. 25. Enciclopedia Vniversal Ilvstrada, XVI, p. 775.
（5）vintena. 二〇分の一税。古く所得の二〇分の一（つまり五パーセント）を納めた税であったという。Machado, VII, p. 757. Godinho, IV, pp. 169, 170.
（6）cinco por cento. 不詳。
（7）Diogo de Sousa.
（8）Pero Gomes d'Abreu.
（9）APO, 5 - III, pp. 1466, 1467.

112* 一五九六年三月七日付けリスボン発、ポルトガル国王のインディア副王宛書簡

「一一、朕は、この〔ポルトガル〕王位《コロア》〔の国〕の生まれの朕の家臣たちの利益を図って、インディアの取引《トラト》と商業の維持のために重要にして必要な、朕への多大な奉仕となるいくつかの理由により、次のような決定をした。それはすなわち、フィリピンと前述のインディア領国《エスタド》との間で行われ始めた取引を、全面的に避け、そして根絶させることである。朕はすでに先年、カスティリャの王位《コロア》によって作成された朕の諸勅令《プロヴィソンエス》(1)によって、それを命じたので、今改めて、同じ経路《ヴィア》(2)で、別の〔諸勅令〕を発給するよう命じる。この件については、厳格にそれらが

履行されるのが適切だからである。

それら〔諸勅令〕は、五艘のナウ船(3)のすべての便《ヴィアス》で送付される。それらの内の一便〔の勅令〕が、この指令《インストゥルサン》(4)とともに、貴下に渡されるであろう。朕は、ポルトガル人たちの側が前述の禁令を完全に履行するように、貴下が大規模な監視をさせることを強く依頼する。朕は、またカスティリャ人たちがこの件でどのような行動をするか、朕に報せること。それは、万般朕への奉仕にとって適切なように、対処するためである(5)。」

註

（1）スペイン国王フェリペ二世（一五五六～九八年在位）が同国王として発した東西インディア間貿易の禁令としては、文書93*の一三や文書104*で言及されている勅令・法令等を指すのであろう。

（2）**pela mesma via.** 同じポルトガルのインディア航路の船便によって、同一人物がポルトガル国王として、あるいはスペイン国王として、同じ趣旨の勅令をインディアに向け発給したわけである。

（3）**cimco náos.** 一五九六年四月一〇日、インディア艦隊がリスボンを出帆した。たしかに五艘の船団ではあったが、ナウ船四艘とガレアン（ガレオン）船 **galeão** 船一艘からなるものであったようである。
Maldonado, p. 100. Paes, p. 90. Reis, p. 261.

（4）本文書の一一のこと。

（5）APO, 3, p. 604.

113* 一五九六年三月九日付けリスボン発、ポルトガル国王のインディア副王宛書簡(1)

「五、また朕は貴下に対し、次のことを強く依頼する。イエズス会修道士たち《コンパニアレレジオゾス》がゴアの施療院《オスピタル》（朕がそれ〔同施療院〕を彼らに委ねるよう命じた故に、神と朕への奉仕のために、彼らはそれの管理を引き受けた(2)）のために、王室資産《ミニヤ・ファゼンダ》に負っている債務について、貴下は彼らに対し、常に所定の期限内に実際にそれの返済をさせること。何らかの定収入《レンダ》を、それ〔施療院〕のために分離して、彼らに給与《アプリカル》するよう命じること。

彼ら〔イエズス会修道士〕の管区長《プロヴィンシアル》に対し、貴下がこの命令を携えていく(3)ことを伝えること。そしてそれは、彼らが喜んでそれ〔施療院〕の世話をするように、そしてこの任務について、彼らが言うほどそれを厄介なものだと思わないように、前述の施療院に関する事柄において、貴下が彼らに恩恵を施すため〔の命令〕であることを、彼に言うこと(4)。

〔中略〕

一八、日本司教(5)は〔一五〕九四年一月六日付け書簡によって、朕に次のように書き送ってきた。そこ〔シナ司教区〕本来の高位聖職者《ペルラド》(6)が不在のため、彼がシナ司教区の統轄《ゴヴェルノ》(7)をしている。マカオの孤児たちの判事《ジュイズ・ドス・オルファンス》(8)の職務は、あの町《ポヴォアサン》〔マカオ〕の聴訴官《オウヴィドル》の兼務とせずに、そこ〔マカオ〕の住民の一人の専任とするのがよいとする、いくつかの理由を指摘している。朕はその件を最高裁判所《メザ・ド・デゼンバルゴ・ド・パソ》(9)において調べ、そして審理するよう命じた。そこでの判断に従って朕は貴下に対し、次のような命令を下すよう依頼する。

今後とも朕がこれを嘉納する限り、そしてこれと異なることを命じない限り、前述の孤児たちの判事《ジュイズ・ドス・オルファンス》の職務は、前述の町〔マカオ〕の妻帯者《カザド》(10)住民にして、それ〔同職務〕を理解していて、立派な勤務が可能な資質を備えた者が務めるものとする。そしてこれまで行われてきた如く聴訴官《オウヴィドル》の職務の兼務とはしないこと。そしてこれ〔が行われるの〕は、貴下がよしと判断する年月の間とするが、しかし今は貴下がそうするのがよいと判断してその通りにしても、それ〔同職務〕を帯びる者が、それに関して果すべき事柄を遂行しない時は、それを剥奪して他人を任じることが出来るという付帯条件を常に付けておくこと。

この指令《インストゥルサン》は、朕の国家顧問会議《コンセリョ・ド・エスタド》[11]のメンバーであり、またこの王国《レイノス》の統治者《ゴヴェルナドレス》の一人でもあり、そしてさらに朕の国王秘書官《エスクリヴァン・ダ・プリダデ》[12]であるミゲル・デ・モウラ[13]によって各葉の下方に署名を入れて、朕の文書《フォリヤス》六葉に記述する。〔一〕五九六年三月九日にリスボンにおいて記述した。私こと書記官《セクレタリオ》ディオゴ・ヴェリョ[14]がこれを記述させた[15]。」

註

（1）フランシスコ・ダ・ガマ。文書109*の註（1）・文書110*の註（1）。

（2）本文の括弧内の文章は、原文書・翻刻本とも同文であるが、翻刻本に記されている括弧の記号は、原文書にはない。**Arquivo Histórico de Goa, Livro das Monções do Reino, n.º 4, f. 642v.**

（3）文書109*の註（1）。

（4）**APO, 3, p. 612.**

（5）日本司教ペドロ・マルティンスのことである。文書103*の註（5）に記した通り、彼は一五九四年一月六日当時マカオにいた。

（6）**prellado.** 高位聖職者については、拙訳『モンスーン文書と日本』四六〇頁～四六五頁。ここではマカオ司教を意味する。

（7）「シナ司教区」bispado da China と記されているが、厳密に言えばマカオ司教区である。キリシタン時代におけるマカオ司教区については、拙訳『モンスーン文書と日本』四〇二～四〇八頁に記したが、日本司教マルティンスは、ゴアから日本に渡来する途中マカオに滞在した一五九三～九六年に、マカオ司教区統轄者 **governador do bispado** を務めた。

（８）Juiz dos orfaõs.　文書11の註（４）。

（９）mesa do Desembargo do Paço. Desembargo do Paço すなわちポルトガルの最高裁判所である。
Serrão, Joel, II, pp. 289, 290. Machado, II, p. 945.

（10）casado.　拙訳『モンスーン文書と日本』四九四頁。

（11）comselho do estado.　拙訳、同右、一八三・一八四頁。

（12）escriuaõ da puridade. 歴史的に初めは単に特権的な公証人あるいは書記にすぎず、その能力によって国王の特別の信任を得ていたものが、ペドロ一世 D. Pedro I の治世（一三五七～六七年在位）において、最も国王に近く、行政面で最も大きな権限を有したゴンサロ・ヴァスケス Gonçalo Vasques が escrivão da puridade を称した。それ以来永続的な職となり、重要性と独立性を増し、反面、尚書 chanceler の職権が制限されていった。escrivão da puridade の最初の規則 regimento として知られているのは、アフォンソ五世 D. Afonso V（一四三八～八一年在位）がヌノ・マルティンス・ダ・シルヴェイラ Nuno Martins da Silveira に与えたものである。

セバスティアン D. Sebastião の治世（一五五七～七八年在位）において、escrivão da puridade の職は無くなった。ジョアン四世 D. João IV（一六四〇～五六年在位）は同職の復活を考えたが、それを断念し、同職権のいくつかを国務書記官職 Secretaria de Estado に集中させた。

アフォンソ六世 D. Afonso VI の治世（一六五六～八三年在位）に、政治の実権を握ったカステロ・メリョル Castelo Melhor 伯爵が escrivão da puridade に就任したことはあったが、その後はこの職は廃止された。

以上はジョエル・セランの事典の記述であるが、これによると escrivão da puridade の職は、本文書が記述された当時は存在しなかったはずである。しかし、本文書に「朕の国王秘書官《エスクリヴァン・ダ・プリダデ》であるミゲル・デ・モウラ」と明記されている。それだけではなく、文書29の註（８）に記す如く、同事典でも、ポルトガル国王フィリペ一世 Filipe I（スペイン国王フェリペ二世）が一五八二年一二月一五日ミゲル・デ・モウラを escrivaõ da puridade に任じた旨、記述されている。つまり上記の、ポルトガル政治史における escrivaõ da puridade 職の廃止や復活に関する Serrão, Joel の事典の記述は、フィリペ王朝は除外してのことと判断してよさそうである。

Serrão, Joel, II, p. 429; IV, p. 351.
（13） Miguel de Moura. 文書29の註（8）。
（14） Secretario Diogo Velho. 文書52の註（6）。
（15） APO, 3, p. 618.

114　一五九六年四月二日付けリスボン発、ポルトガル国王のインディア副王宛書簡

「わが友副王《ヴィソレイ》、伯爵提督閣下《コンデ・アルミランテ》[1]。〔一〕五九四年のナウ船団によってもたらされた副王マティアス・デ・アルブケルケ[2]の書簡《カルタス》によって、次のことが分かった。すなわち、何年か前からこれまで日本での改宗に従事してきたイエズス《コンパニア・デ・ジェズス》会の修道士《レリジオソス》たちが、あの〔日本〕王国において彼らが宣布した福音、およびそこ〔日本王国〕においてすでに彼らが育てたキリスト教徒たちを支え、守っているために、大規模な迫害を被っている。それにもかかわらず彼ら〔イエズス会士〕は、あくまであのキリスト教会《クリスタンダデ》を切り拓いている、と。

それ故、朕は昨年のナウ船団によって、次のように彼〔副王アルブケルケ〕に書き送ることを命じた。すなわち、この〔日本での〕改宗に従事している〔イエズス会〕修道士たちが自らを養うために、一〇〇〇〔クルザド〕はマラッカにおいて、一〇〇〇はサルセテ[3]の地の所得《レンディメント》からと、五年間にわたって彼らに喜捨《エスモラ》がなされた二〇〇〇クルザドを、王室資産《ミニャ・ファゼンダ》から受け取っていた。これは〔一五〕九三年八月に終わったが、前述のマティアス・ダルブケルケは、それに関する朕の伝言が届くまでは、彼らにそれを与え続けている。前述の修道士たちに対し、彼らが給付を受けていた最初の五〔年〕が終わる日から始めて更に五年間、前述の二〇〇〇クルザドを受給する恩恵を施

すのをよしと考えた、と。[4]

それ故朕は、貴下に対し依頼する。この喜捨に関する朕の勅令《プロヴィザン》または書簡に従って、そこで言明されている期間、前述の金額を彼らにきちんと支給させること。

二、前述の修道士たちは、（すでに先年要請した如く）朕に要請している。彼らが今回被ったこのような迫害に際して避難するために、朕への奉仕のためにマカオにおいて修道院《カザ》[5]を一軒創建するよう、命じてもらいたい。彼らは前述のマカオの町《ボヴォアサン》において、喜捨によってすでに一軒の避難所を作っている、と。副王マティアス・デ・アルブケルケもまた〔一五〕九四年に、これらの〔イエズス会〕修道士に対し彼らが求めていることを許すのが、神と朕への奉仕になると考える、と朕に書き送ってきた。

しかし朕は彼〔副王アルブケルケ〕に対し、次の事柄について特別の情報を得るよう命じた。すなわち、あの〔日本〕キリスト教会《クリスタンダデ》の維持に実効あらしめるために、この修道院《カザ》が必要なのか、またそれ〔その修道院〕が存在するのが適切であると朕が考えたとしたら、何人の修道士がそこに駐在しなければならないか、彼らを支えるために王室資産《ミニヤ・ファゼンダ》から毎年彼らにどれほど給付することになるのか、についてである。[6]

朕は貴下に対し、次のことを依頼する。インディアに到着したら直ちに、[7]この件に関して特別に情報を得て、これについて判明したことを、貴下の見解を添えて朕に報せること。

また朕は、この度あの地域のイエズス会《コンパニア》巡察師として赴くニコラオ・ピメンタ[8]に、次のように伝えるよう命じた。そうするのがよいと朕が考える旨の朕の返事を受け取るまでは、このコレジオの工事に同意しないように、と。それ〔その返事〕は、貴下からの情報を受け取った後に、彼に与えられるであろう。[9]一五九六年四月二日に、リスボンにおいて認めた。私こと書記《セクレタリオ》ディオゴ・ヴェリョ[10]がこれを記述させた。国王。ミゲル・デ・モウラ。[11]

日本の改宗に従事しているイエズス会修道士《コンパニアレリジオゾス》たちに対し、陛下《ヴォサ・マジェスタデ》が五年間にわたって喜捨《エスモラ》をした二〇〇〇クルザドの支給について、およびマカオ・コレジオについて。陛下《ヴォサ・マジェスタデ》披見のために。第二便《ヴィア》。

（上書き）

国王《エルレイ》より、ヴィディゲイラ伯爵にして提督、およびインディア副王である彼の顧問会議《コンセリョ》〔メンバー〕であるドン・フランシスコ・ダ・ガマ閣下宛。(12)」

註

（1）**Conde Almirante.** インディア副王フランシスコ・ダ・ガマ（一五九七～一六〇〇年在任）。文書109*の註（1）。

（2）**Vissorrey Matias de Albuquerque.** 一五九一～九七年インディア副王在任。文書49の註（15）。

（3）**Salsete.** ゴアのサルセテのことである。文書103*の註（2）。

（4）昨年のナウ船団でポルトガル国王がインディア副王マティアス・デ・アルブケルケに送った書簡とは、文書103*の二一のことである。

（5）文書103*の二でも、マカオに一軒のコレジオを創設する件が取り上げられている。なおここでの casa が「コレジオ」を意味することは、本文書中の以下の記述から明らかである。

（6）この、マカオにおける修道院（またはコレジオ）建設についてのイエズス会士からの要望に関して、ポルトガル国王がインディア副王マティアス・デ・アルブケルケに与えた回答（諸々の関係情報の収集依頼）は、どの書簡を指すのか確認出来ない。

（7）文書109*の註（1）に記した通り、次のインディア副王に就任する伯爵提督フランシスコ・ダ・ガマがカピタン・モールを務めた船団は、一五九六年四月一〇日リスボンを発った。本文書も、同じ船団で送られたのであろう。

（8）**Nicoláo Pimenta.** 一五九六～一六〇二年および一六〇九～一三年と二度にわたってインディア管区巡察師を務めた。第一回目の同巡察師就任の際は、一五九六年インディアに着いた。ここではその時のことを言っている。**Rodrigues, p. 33. Schütte, 1975, I, pp. 341, 1271.**

（9）本文書の註（6）に記した通り、国王は副王アルブケルケに対して、マカオの修道院（またはコレジオ）創建に関して情報を集めて報告するよう指示したが、次の副王である伯爵提督ガマに対しても同様の情報を求めている。

（10）Secretario Diogo Velho. 文書52の註（6）。

（11）Miguel de Moura. 文書29の註（8）。

（12）APO, 3, pp. 640, 641.

115* 一五九七年二月五日付けリスボン発、ポルトガル国王のインディア副王宛書簡

「八、また彼は朕に対し、次のように書き送ってきた。[1] マカオの住民たちは、彼らの間では争いや不和が見られ、これは絶えることがないのを常とするが、今は以前にまして平穏に暮らしている。四月のモンスーンで、西インディアス《インディアス・オシデンタエス》およびフィリピン《フィリピナス》と、東のそれら〔インディア〕[2]との間の商業を禁じる朕の勅令《プロヴィサン》を、〔彼はマカオに〕送付した。あの商業は無益だからである、と。

それ故、朕は貴下に対し、次のことを依頼する。これに関して朕が発給した勅令が遵守されるように、厳しい監視をすること。貴下が赴く時に、持って行った[3]はずであるそれら〔書簡〕によれば、同じ件でカスティリャ王位《コロア》から発給された朕の別の諸勅令《プロヴィソンエス》[4]も、これらの便《ヴィアス》[5]で送られるであろう。それは、朕の別の書簡または指令《インストゥルサン》によって、貴下が知る通りである。[6]」

註

（1）本書簡の冒頭で、インディア副王マティアス・デ・アルブケルケ（一五九一～九七年副王在任）が、いろいろな事柄について書き送ってきた旨が記されている。APO, 3, p. 668.

（2）essas orientaes.「西インディアス」はIndias ocidentaesと複数形で記しており、このように記すのが一般であるが、それに対する「東インディア」はIndia Orientalと単数形で記すのが通例である。しかしここではessas orientaesと記してある。essasはIndiasに代わる代名詞であり、複数形をとっている。Arquivo Histórico de Goa, Livro das Monções do Reino, n.º 4, f. 780.

（3）本文書は、インディア副王ヴィディゲイラ伯爵フランシスコ・ダ・ガマ（一五九七～一六〇〇年在任）に宛てたものである。彼が一五九六年四月一〇日にリスボンを発ち、翌一五九七年五月二二日にゴアに着いたことは、すでに記した。文書109*の註（1）。

（4）文書112*の註（1）。

（5）nestas vias. 本文書は、一五九七年四月二五日にリスボンを発ったナウ船団によってゴアに送付されたものと思われる。「これらの便」とは、本文書と同じ船便で送られる、という意味であろう。Maldonado, p. 101.

（6）APO, 3, p. 670.

116*

一五九七年二月五日付けリスボン発、ポルトガル国王のインディア副王宛書簡

「一六、さらに前述の副王（1）は朕に対し、次のように言う。日本司教《ビスポ・デ・ジャパン》の補佐《コアジュトル》兼将来の継承者《ソセソル》である司教ドン・ルイス・セルケイラ（2）は、あの年の四月のモンスーンでシナに向けて発った（3）。かかる高位聖職《ディニダデ》に相応しい威儀を整え

てそこ〔日本〕に行くのが極めて的確であると朕は考えるが、そうするのには支障がある間は、一個人の修道服《アビト・デ・レリジオソ》を着て、司教の秘跡《サクラメントス・ポンティフィカエス》(4)によってあの地域のキリスト教会《クリスタンダデ》を救済するために渡航した、と。

彼らの高位聖職の故であり、またこの改宗の聖務に従事している故であるが、これらの司教たちの俸禄《オルデナドス》に事欠くことのないようにするのが適切であるので、朕は貴下に対し、彼らが彼らの務めをよりよく続けることが出来るように、それら〔俸禄〕によって彼らを充分に救済する命令を与えるよう、依頼する。(5)

〔中略〕

一九、また彼〔同副王マティアス〕は朕に対して、次のように言う。ゴアの施療院《オスピタル》の工事《オブラス》のために朕が恵与したシナ航海《ヴィアジェン・ダ・シナ》が直ちに行われるためには、勅令《プロヴィサン》を送る必要がある、と。それは、それらの地域〔インディア領国〕において朕のために勤務をしている兵士たちの治療のために、大いに必要なものであるから、朕はそれ〔その勅令〕を発給するよう命じることを、嘉納した。(6)それは、これらの便《ヴィアス》(7)で送られるが、それの実現のために一層効果的な内容であることは、それ〔同勅令〕を披見することによって貴下に分かる通りである。

さらに彼〔同副王マティアス〕は朕に対して、次のように書き送ってきた。イエズス会《コンパニア》修道士《レリジオソス》たちが前述の施療院について担っていた管理を手放したので、(8)そのために毎月ゴア市の貴族《フィダルゴ》一人と妻帯者《カサド》一人を任命することによって、〔両〕管理人《モルドモス》によって運営していくように命じた、と。それ故、朕は、前述の修道士たちが前述の管理《アドミニストラサン》を手放した原因について、情報を得るよう〔彼に〕命じた。前述の施療院《オスピタル》のために充当された定収入《レンダス》の徴収権を彼らから奪ってしまい、病人たちのための出費のために必要なものを、彼らに給与しなかったのがその原因と言われているからである。

そのため朕は貴下に対し、次のことを依頼する。この件についてとくに詳細な情報を得ること。そしてそれ〔施療院〕のために必要なものを彼ら〔イエズス会修道士〕に与えることによって、同施療院の管理を、以前彼らが担っていたように、再びこれらの修道士たちの手に戻すように尽力すること。というのは、彼らは肉体の治療という世俗的恩恵以外に、より一層重要である霊魂の治療をも行っているからである。(9)」

註

(1) マティアス・デ・アルブケルケ **Matias de Albuquerque.** 本文書の冒頭で、同副王が昨年の船便で、何通かの書簡を国王の許に書き送ってきた旨、記されている。

APO, 3, p. 683. 文書115*の註(1)。

(2) **Bispo Dom Luis Cerqeira, coadjutor e futuro socessor do Bispo de Japaõ.** イエズス会士ペドロ・マルティンス **Pedro Martins** は一五九二年二月日本司教に任じられたが、一五九三年一月イエズス会士ルイス・セルケイラが、同司教の補佐兼継承者に任じられた。一五九三年ポルトガルのエヴォラで司教に叙階され、インディアに向かった。日本司教マルティンスの死（一五九八年二月）にともない、セルケイラが同司教になり、一五九八年八月に来日、着座した。

拙著『キリシタン時代対外関係の研究』五一〇頁。

(3) セルケイラは一五九四年九月二二日ゴアに着き、一五九五年八月七日マカオに到着した。つまり彼は、一五九五年四月のモンスーンでゴアを発ち、マカオに向かったわけである。

Schütte, 1975, I, pp. 1151, 1152.

(4) **sacramentos pontificaes.** 司教が執行する秘跡で、現行の教会法典によると、秘跡に関わる司教の権限は次の通りである。堅信の秘跡、叙階の秘跡、洗礼の秘跡（司祭・助祭とともに）、ゆるしの秘跡・聖体の秘跡・病者の塗油の秘跡（司祭として）、婚姻の秘跡（立ち会う）。

『カトリック新教会法典』八四〇～一一六五条。『新カトリック大事典』二、一一六六頁。

(5) **APO, 3, pp. 688, 689.**

(6) 文書117。

（7） **nestas vias.** 文書115*の註（5）。

（8） いささか紛らわしさをともなうが、この時代ゴアにはイエズス会が関わった施療院が二つあったようである。その内一つは今本文書で問題になっているいわばポルトガル王立施療院《オスピタル》とでもいうべきものである。文書93*・文書108*・文書113*・文書117・文書124*も、この施療院に関するものであろう。これの管理運営がイエズス会に委託されていた（仮にA施療院と呼ぶ）。

それとは別にイエズス会が独自に施療院《オスピタル》を経営していた。最初はゴア市に所在したが、後にサルセテ（ゴアのサルセテ）に移された（仮にB施療院と呼ぶ）。以下両施療院に関する史料を、主に**Documenta Indica**に拠って挙げる。中にはＡＢいずれの施療院か紛らわしいケースもあるが、一応分類して記してみた。

＊　　＊　　＊

まずA施療院に関する史料を訳載する。

イエズス会がA施療院の管理を引き受けるか拒否するかといった問題は、すでに一五七五年一二月六日～一八日にショラン島（補註1）で開催されたイエズス会インディア管区協議会で取り上げられていた。協議会議事録のその箇所を次に邦訳する。

「諮問第二一、サルセテの施療院《オスピタル》を放棄すべきか。

全員が次の点で一致した。すなわち、あの施療院の世俗的な管理を放棄する方途を探るべきであるが、今は、われわれが担っている務めの理由から、それを実行に移すのは適当ではないし、またそれは不可能である。

というのは、ゴアのコレジオへの寄付金《ドタティオン》の内には、この施療院に要する経費に言及した〔寄付を含む〕からであり、公明正大に行動するためには、国王陛下《ス・アルテサ》の勅令《プロビシオン》を得て、それ〔勅令〕によって、副王の同意も得て、〔同施療院の〕ゴアからサルセテへの移転を、認めてもらわなければならないからである。

つまり、われわれがわれわれのコレジオ〔に所属する〕それ〔施療院〕のために消費するのを常としていたのと同額の定収入《レンタ》を、総督《ゴヴェルナドル》（補註2）が国王陛下の資産《アシエンダ》からそれ〔施療院〕に給付することによって、われわれがそれ〔施療院〕を支えなければならないという義務から、解放してもらわなければならない。

または、コレジオがこの施療院のために消費するのを常としてきた額を、それ〔施療院〕の基金《フンダシオン》が完成するために費し、われわれが良心の呵責を受けないようにしなければならない。(補註3)」

つまり、イエズス会はゴアにある施療院の管理から手を引きたいが、同施療院の運営のための基金が同地のイエズス会コレジオと共有の如き状態になっていて、区別が困難であったので、管理を放棄するにはまず、施療院をサルセテに移し、基金の面でも、王室資産からそれの必要経費分の定収入を別途給付してもらうか、またはイエズス会コレジオがその基金から施療院の経費分として支出してきた額を積み立てて、あるいは分割して施療院の基金とした上でなければならない、としている。

このインディア管区協議会にすぐ続いて、一五七五年一二月二八日に同じショラン島において、第一回イエズス会インディア管区会議が開催され、それぞれの問題について、イエズス会総長の裁決を求めている。施療院問題に関しては、次のように記述されている。

「三一、サルセテの施療院において、霊的救済や病人たちの治療に尽力することは、放棄すべきではないとの管区会議の見解ではあるが、外面的な事柄の管理は、機会があれば他に委ねるのがよいと願っている。洗礼志願者たちの家に対するわれわれによる管理についても、同様にしたいと望んでいる。そこでこの管区のプロクラドールは、この施療院をこの市からサルセテの地に移転させることについて、国王から承認を得るべく尽力すること。というのは、あのゴアのコレジオの経営が一つになっていたからである。(補註4)」

右の管区会議により見解を求められたイエズス会総長メルキュリアンは、一五七七年一月三一日付けローマ発の文書で、逐一回答をしている。三一の施療院の件については、管区会議の見解をそのまま是認している(補註5)。

また巡察師ヴァリニャーノは、一五七五年一二月三〇日付けショラン島発のイエズス会総長宛書簡で、先のイエズス会インディア管区協議会で協議の結果答申された見解に対して、自分の意見を表明している。第三一の施療院の問題については、協議会の見解を是とし、インディアのプロクラドールに命じて、この施療院移転の件についてポルトガル国王から裁断を下してもらうように、と記述している(補註6)。

一五七九年一一月一三日付けゴア発、イエズス会ゴア管区長ルイ・ヴィセンテ Rui Vicente のイエズス会総長宛書簡には次のように見える。

施療院《オスピタル》で短期間に三〇〇人以上ものポルトガル人が死亡する現実、それはそこを管理している者たちの管理の仕方が悪いからだということ、修道士たちが病人たちの改宗のために奉仕するだけでは、この現状を改善することは出来ないこと、パードレたちが頼んでも、役人たちはこのことを大して重視していないこと、そして彼ら〔役人〕は彼ら〔病人〕の悲しみの涙を見るのは気がかりで、この仕事を担当することが出来ないでいるのを見て、インディア副王は、この仕事をイエズス会に託すことに決めた。

副王は永久的にイエズス会士にそれを委ねようと考え、それに固執した。私〔管区長〕は、イエズス会会憲《コンスティトゥティオネス》（補註7）によってイエズス会士たちにはそれが不可能であるばかりか、そのような仕事には慣れていないことを説明したが、副王は国王に代わって、そしてまた総長に代わって、それを粘り強く要請した。

私は、その仕事が今大いに必要であること、もしもそれを受諾しなかったら副王は大変立腹するであろうと考え、事情によっては《アド・テンプス》それを引き受け、助けることに決した、と（補註8）。

つまり同管区長は、副王からの強い要請を受けて、「事情によっては」それに従事することもある、といった程度の応諾の仕方ではあったが、一応承知した旨総長に知らせた。

しかしその後、総長メルキュリアン Mercurian（一五七三～八〇年在任）および同アクワヴィヴァ Aquaviva（一五八一～一六一五年在任（補註9））から、それに反対する強い意思表示があり、一旦はこれを断念するにいたる。つまり一時イエズス会は、同施療院の管理運営から離れた。

以下、さらに関係史料の記述を確認する。

同じイエズス会ゴア管区長ヴィセンテは、一五八二年一〇月二一日付けゴア発イエズス会総長宛年報の中で、この問題について次のように記している。

これまで、副王の命令で、わが仲間たちが国王の施療院《オスピタル》を管理してきた。それにより、大変〔ゴア〕市の教化となり、病人たちには益するものであった。国王はそれの管理に、一万三〇〇〇～一万四〇〇〇パルダウを費やしたが、それでも必要な経費をすべてまかなうことは出来なかった。そのため、この度イエズス会は、七〇〇〇〔パルダウ〕を提供するが、これによって充分に足りる。

このため、総長メルキュリアンの命令通り、副王に頼んでイエズス会をその管理から外してもらうのは、非常に難しかった。しかし主は、これを可能にして下さり、それ〔施療院〕をミゼリコルディア（補註10）の兄弟たちに委ねることをお望みになった。しかしそれは、主として病人たちの深い悲しみをともなうものであり、また〔イエズス会からの出金がなくなったために〕出費が増え、そのために常にイエズス会が恨まれている、と（補註11）。

　つまり、右の書簡の日付の時点では、イエズス会はすでに、本部の総長からの指示通り、ゴア施療院の管理運営から離れていたことが分かる。

　さらに趣旨は同じであるが、右の管区長の書簡が書かれた直後の一五八二年一一月一一日付けゴア発、イエズス会のゴア・コレジオ院長ヌノ・ロドリゲス Nuno Rodrigues の総長宛書簡により、この管区長書簡だけでは判明しない事情が明るみに出る。

　施療院《オスピタル》については、管区長パードレが総長猊下に書き送ったことと思う。伯爵の副王閣下（補註12）がわれわれ〔イエズス会士〕からあの務めを解放し、以前そうであったように、ミゼリコルディアにそれ〔施療院〕を戻す旨の約束を、彼〔管区長〕に与えた。

　この件についてのこれまでの経緯は、次の通りである。施療院を手放すようにとの総長猊下の裁定が一五八一年九月に届いたので、その旨を副王に申し出た。それに対し、副王は決して承諾しようとはしなかったばかりか、強く抵抗した。このため管区長パードレは、北部地方《ノルテ》（補註13）の巡察に出掛けるまで、副王に対して惚けていて、出掛ける際に私に、どうしても施療院を手放すようにとの、伝言を残した。私は顧問のパードレたちの意見も参考にして、最善を尽くした。

　しかしながら副王は、このことでわが仲間たちのことを非常に怒り、行動と言葉の両方でそれを示した。イエズス会士たちはこれに悩み苦しむに相違ない。イエズス会は副王に対して、大変不快なことをしてくれた、と言った。

　彼は永い間そのような態度をとりつづけたが結局、管区長パードレが戻ってきて、副王がそれ〔施療院〕の務めからわれわれ〔イエズス会士〕を解放するとして、先に与えてくれた期待と約束とを、再び副王から受けることが出来た。

　彼〔管区長〕は如上の如くこれまで語っているし、また私がコチンに向けて出発するまで、このような状態であった、と（補註14）。

　すなわち、一五八一年九月に総長からの指令が届いて以後、本書簡の日付以前（正確に言うなら、先に挙げた管区長の書簡の日付である一五八二年一〇月二一日以前）に、副王が同施療院の運営の役目からイエズス会を外すことを、渋々ながら承諾したことが分かる。

Documenta Indica の編者は、同書 XIV, p. 812, n.11 において、右に挙げた書簡に基づいて、イエズス会総長からの指令を受けたゴア・イエズス会は、一五八三～八四年に同施療院の管理から離れた旨を記す。しかし、右の管区長と院長の書簡を厳密に読むなら、おそらく一五八二年にイエズス会がその役目から離れることを副王が承諾した、と解すべきであろう。

ただし、ことがそれで決着したわけではなく、その直後に、施療院の運営をイエズス会に委ねたいとのポルトガル国王の意向が伝えられた。

一五八五年一二月一七日付けゴア発、イエズス会ゴア管区長ヴァリニャーノのイエズス会総長宛書簡に、次のように記述されている。

本年国王は、施療院《オスピタル》の件について私に再度書き送ってきて、それの管理をまた引き受けてくれるよう依頼してきた。というのは、国王が書き送ってきてそのような命令を〔ヴァリニャーノに〕与えるように言ってきた旨、総長猊下から指令が来たからである。彼〔国王〕はさらに副王にも、同じことを書き送った。

この問題について総長猊下は、私宛の書簡の中では何も言っていないが、マドリードの院長パードレ〔ディエゴ・デ・アベリャナダ Diego de Avellanada, 一五八〇～八五年在任、フランシスコ・デ・ポレス Francisco de Porres, 一五八五～九一年在任〕およびパードレ・ガブリエル・アフォンソ Gabriel Afonço が、私に次のように書き送ってきた。

すなわち、総長猊下の命令で、国王とこの件を話し合った。総長猊下は彼ら〔二人〕に、それに関して国王が下す裁断を私に書き送るよう命じた。国王の裁断とはすなわち、われわれに再度それを担当させようというものであった、と。

私はそれについて、副王と話し合った。彼の意見は次の通りであった。

彼と私はすでに昨年、それぞれの立場からこの件について国王に書き送り、多くの理由を挙げて、この施療院の運営をミゼリコルディアの兄弟たち《コンフラデス》から奪うのは適切ではないということを説明した。今年は国王の返事を待ち、その上で彼〔副王〕が再度この件について彼〔国王〕に書き送ろうと思う、というものであった〔以上が副王の意見〕。

国王が再度それを命じてきたら、この役目を引き受けざるを得ないであろう。私はなお、われわれをそれから解放して下さるよう、主に期待する。というのは、真実われわれにはそのような重荷は適切ではないし、また不可能でもあるからだ（補註15）。

一五八五年一二月一七日付け管区長ヴァリニャーノの書簡の大意は、以上の通りである。

右のヴァリニャーノの書簡によれば、一旦ポルトガル国王の意向が示されたが、イエズス会側の強い希望を国王に呈示し、再考を求め、国王からの回答を待つ状態であったことが分かる。このヴァリニャーノや副王が待っていた国王からの回答がすなわち、文書65*の一三節であったと言ってよいであろう。

ところでおそらく一五八二年に、イエズス会が施療院の管理から離れるのを副王フランシスコ・マスカレニャスが不承不承ながら承諾したことと脈絡が付きかねる感があるが、次のような史料がある。

ゴアの王室施療院には規則《レジメント》（一五八四年五月二八日付けゴア）（補註16）が作成されたが、その末尾に、インディア副王ドン・フランシスコ・マスカレニャスの勅令（日付は規則と同）が付記されている。問題はその副王勅令の文面である。勅令特有の常套句等はすべて省略し、その趣旨のみを記す。

この私の勅令を見る者たちに知らせる。

同〔ゴア〕市のミゼリコルディア院長《プロヴェドル》であるゴンサロ・オメン Gonçalo Homem の要請を受けて、ゴア市にある国王の施療院を管理しているイエズス会パードレたちが作成した、上記の〔施療院〕規則を、私は読んだ。

そしてそれ〔同規則〕は、神《デオス》と国王への大なる奉仕となるし、同施療院の運営と病人たちの治療にとっても極めて有益・適切であるので、私は国王の名で、それ〔同規則〕を確認するのを嘉納する。同規則全体をその内容通りに、完全に履行・遵守することを嘉納し、それを命じる（補註17）。

右の副王勅令によれば、その日付の時点でイエズス会が同施療院の管理運営を担当していたことになるが、そうなると前出イエズス会管区長ヴィセンテ、およびコレジオ院長ロドリゲスの書簡の内容と齟齬を来すと言わざるを得ない。おそらくこの点は、ゴア・イエズス会と副王とのやりとりの中で、副王がイエズス会の要望を容れるような発言をしたということと、現実に施療院の管理運営がイエズス会からミゼリコルディア関係者に移ったこととの間には、少しの時差があったのであろうという解釈が可能かも知れない。

ヴァリニャーノは、「インディア管区の統轄に関する諸々の事柄の摘要」(一五八八年四月)と題する文書でも、この施療院の問題に触れている。この文書は、イエズス会総長アクワヴィヴァの命により同管区の管区長への指令として、彼が作成したものであるが、施療院問題について、先のインディア管区会議で決定された内容と同じ趣旨のことを記述している(補註18)。

一五九〇年八月付けローマ、イエズス会プロクラドール・フランシスコ・デ・モンクラロ Francisco de Monclaro の覚書にも、ゴアの施療院に関する一項が見える。次の通りである。

「六、ポルトガル人たちのものであるゴアの施療院《オスピタル》には、何年にもわたって〔イエズス会の〕一人のパードレと一人のイルマンとが駐在し、そこで寝食をともにして治療と礼拝堂付き司祭《カペラン》の務めを果たしている。そのことは、あまりイエズス会《コンパニア》本来〔の務め〕ではないように思われる。この務めは、放棄すべきかと思われる。

ミゼリコルディアを管理している者たちが、常々そうしているように、そこ〔同施療院〕に一人の礼拝堂付き司祭《カペラン》を配置し、わが仲間たち《ロス・ヌエストロス》〔イエズス会士たち〕は、病人が大勢いる時には今でもそうしているが、適宜そこに行って奉仕をするようにすべきだと思われる。(補註19)」

右の覚書に対して、同じ一五九〇年八月に、フランシスコ・モンクラロは総長アクワヴィヴァから回答を受け取ったが、その中で総長は、第六の件について次のように記述している。

「第六については、もしも〔ポルトガル〕国王の怒りを買うことなしにそれが出来るならば、わが仲間たちは〔施療院から〕引き上げ、施療院職員《オスピタレロス》であるのを止めるよう尽力すること。

今一点は、とくに船舶が着いた時などに、適宜助けに行くということであるが、これを止めるのは適切ではない。(補註20)」

一五九三年一一月一五日付けゴア発、インディア管区長フランシスコ・カブラル Francisco Cabral が記述したインディア管区の年報には、次のように見える。

「〔ポルトガル〕国王《エル・レイ》の施療院《オスピタル》(このカザ(補註21)が経費を負担している)には、〔イエズス会〕パードレ一人とイルマン二人がいる(補註22)。

〔中略〕

〔ポルトガル〕国王《エル・レイ》の施療院には、このカザ（補註23）所属のパードレ一人とイルマン二人が常駐している。その他に、修練院《カザ・ダ・プロヴァサン》から修練者《ノヴィーソ》すなわち三年目の者が一人駐在する。彼らは、そこに行って体験を積んでいる。彼らは、深い愛徳をもって聖務に専念している。すなわちパードレは告解《コンフェサンド》を聴き、至聖なる聖体《サンクティッシモ・サクラメント・ダ・エウカリスティア》の秘跡をとり行い、（治癒した者だけが来ることが出来るための集会《コムニダデ》がない場合は）病人たちに対し終油《エストレマ・ウンサン》のそれ（補註24）〔秘跡〕を行って、彼らを慰め、彼らが安らかな死を迎えられるように助ける。

イルマンたちもまた、病人たちを慰めたり、食事の際には彼らに付き添ったりして助け、〔施療院を〕清潔にして、万般きちんと整えるよう尽力している。また、新たに施療院に入院する者たちの足を洗い、土曜毎に〔入院者〕全員を洗う。

このことは非常な教化を及ぼし、すべてにわたって更に一層〔これらのことを〕行ったので、施療院は、施療院というよりむしろ、修道士たちの修道院《コンヴェント》の病室《エンフェルマリア》かと思われるほどであって、そこには深い愛徳・清潔さ、必要な品物のすべてが備わっている。それは、数日前に副王がそこの病人たちを見舞った際に、語った通りである。（補註25）」

一五九三年一二月一五日付けコチン発、イエズス会インディア管区長フランシスコ・カブラルの総長宛書簡に、次のように見える。

「総長猊下の許に送られた盛式誓願者《プロフェソス》たちに関する情報では、パードレ・ジョルジェ・ゴメス（補註26）について、交渉事《ネゴシオス》の仕事には不向きな人物だと言われていた。〔しかし〕その当時から今までの経験では、彼はその逆であることを示してきた。

というのは、彼はそこ〔の仕事〕を担当するために、ゴアの施療院において、兵士たちや手に負えない者たちと付き合ってやっていくのに非常に苦労したが、常に多大な満足と思慮深さをもってそれを処理し、彼が交渉事の仕事に長けた人物であることを示した。（補註27）」

右の史料により、一五九三年にはイエズス会はゴアの国王の施療院の管理運営を行っていたことは明確であるが、しかしその直後、一五九六年一二月一日付けゴア発イエズス会士ヴァリニャーノのイエズス会総長宛書簡（補註28）、および一六一八年九月一九日付け日本発イエズス会士フランシスコ・ヴィエイラ **Francisco Vieira** の総長宛書簡には、ヴァリニャーノが巡察師の時（一五七三年アジア布教の巡察師に任命、一五九五年九月二四日東インディア巡察師を辞任、一五九五年一〇月三一日日本・シナ巡察師に就任、一六〇六年一月二〇日マカオで死亡（補註29）に、同施療院の管理からイエズス会が離れ、そのためにインディア副王とイエズス会との関係が悪くなったように記述されている。ということは、一五九六年以前にイエズス会はゴアの同施療院の管理を止めたことになる。右の二通の書簡の内一六一八年九月一九日付けヴィエイラの書簡には、巡察師ヴァリニャーノが、同施療院管理をイエズス会が止めた直接の理由にも言及しているので、その箇所を引用しておく。

「彼〔インディア副王マティアス・ダルブケルケ（補註30）〕はわれわれ〔イエズス会士〕にあまり好意を持たず、しかもパードレ・アレッサンドレ〔・ヴァリニャーノ〕の仇《イミゴ》であることは明白であった。それ故、同副王が国王陛下の命令に背き、国王《エル・レイ》の施療院《オスピタル》に必要なものを供給しなければならない義務を果たさなかったからという原因であったが、前述のパードレが巡察師《ヴィジタドル》であった当時、前述の施療院から〔イエズス会〕パードレたちを引き上げさせたという、ただそれだけの理由だけで、彼〔同副王〕は、上述のような商品の仕入れ《エンプレゴ》が行われた（補註31）のを好機にパードレ・アレッサンドレに対して復讐をし、インディアにおける彼の商業活動について、国王陛下の他の高官《ミニストロス》たちに大げさに吹聴した。（補註32）」

すなわち、インディア副王マティアス・デ・アルブケルケが王室施療院への必要な支援を怠った――つまり同副王は、それをイエズス会に負担させようとしたのであろう――という理由で、巡察師ヴァリニャーノはイエズス会として同施療院の管理から手を引いた。そのため、もともとイエズス会やヴァリニャーノに好意を抱いていなかった同副王は、法を犯してマカオに渡来したスペイン船に積載され、マカオでイエズス会教会施設に陰匿した多額の銀をヴァリニャーノが商品仕入れのために流用して、インディア貿易を行ったのを機に、ヴァリニャーノの商業活動を大いに吹聴して彼に復讐したという。

アルブケルケは一五九一～九七年副王在任、ヴァリニャーノの右のインディア貿易は一五九三年以降（補註33）であった。先に記した通り、一五九六年一二月一日付けゴア発ヴァリニャーノの書簡に、イエズス会が同施療院の管理から離れたことが見えることも考え合わせると、そのヴァリニャーノの書簡の日付けをあまり遡らない時期に、彼がそのような措置をとったと考えてよいであろう。さらに言えば、これは推測の域に留まるが、一五九五年九月二四日ヴァリニャーノは東インディア巡察師の職を辞し、同年一〇月三一日日本・シナ巡察師に就任したこと（補註34）が、同施療院管理の問題をめぐってインディア副王とイエズス会・巡察師ヴァリニャーノとの間に確執が生じたことと何らかの関わりがあるとするならば、ヴァリニャーノの巡察師としての担当地域の変更が決した一五九五年九～一〇月の直前頃が、施療院の経営責任が替った時期であったと言えるかも知れない。

＊　＊　＊

次にB施療院に関する史料を示す。

在インディア・イエズス会士からポルトガル国王ジョアン三世に対する要請事項を列記した覚書（一五五三年一月ゴア、イエズス会士ガスパル・バルゼオ **Gaspar Barzeo** カ）には、次のように記述されている。

「〔インディア〕総督マルティン・アフォンソ（補註35）以後今に至るまで、バルデス（補註36）とサルセテの定収入《レンタス》から、前述の〔ゴア〕市の土地の人々の施療院《オスピタル》のために、三〇〇パルダウ（補註37）が与えられている。これはその他のすべての歴代総督によって、確認されている。彼ら〔イエズス会パードレたち〕は、前述の施療院のこの永久の定収入《レンタ》を確認するよう、国王《ス・アルテサ》に対して要請する。（補註38）」

一五八八年一一月付けゴア発、イエズス会イエズス会管区長ペドロ・マルティンス **Pedro Martins** の総長宛覚書には、次のように記されている。

「一九、われわれ〔イエズス会士〕がサルセテ **Salcete** に持つ施療院《オスピタル》では、一人のわれわれのイルマンが、医師《メディコ》として、そしてまた〔修道会員としての〕務めによって、病人たちを治療している。彼は、熱病《フェブレス》のみでなく、外科《シルルジア》の治療をもしている。これ〔治療活動〕は拡大の一途で、〔ゴア〕市からも人々がこのイルマンから治療を受けるために、彼を招くほどである。」と、このように記して、治療に携わる要員と経済面での窮状を訴えている（補註39）。

右の史料に見える施療院は、イエズス会所有の施設として記されているのであるから、B施療院のことであろう。

右の管区長マルティンスの覚書に対して、イエズス会総長アクワヴィヴァは、一五九〇年八月付けローマ発の回答を送っているが、その内右の一九に対する回答として、次のように記している。ここに見える施療院も、右の覚書への総長の回答であるから、当然同じ施療院（つまりB施療院）を指す。

「世俗の医師を得るのは不可能であっても、あくまでそれを探さなくてはならないであろう。コレジオがその費用を負担してでも、そうすべきである。というのは、施療院は貧しいからである。

さもなければ、治療に当たっているそのイルマンが、誰か世俗の者に対しこのことを教育していくべきである。そして同イルマンは施療院の病人の治療のみ可能とし、その他〔の病人たち〕に対しては、稀に、管区長またはサルセテの院長《レクトル》の特免《ディスペンサシオン》を得て行う場合でない限り、それをしてはならないものとする。（補註40）」

一五九四年一一月七日付けゴア発、イエズス会インディア管区長フランシスコ・カブラルが記述したインディア管区年報には、サルセテのマルグアン（補註41）にある聖霊のコレジオ Collegio do Spiritu Sancto に関する記載の中で、次のように記されている。

「このコレジオに隣接した施療院《オスピタル》では、病人たちの治療に対する尽力により、多大な実りを収めている。ここでは病人たちが愛徳《カリダデ》をもって迎えられ、処遇されているのを見て、大陸《テラ・フィルメ》（補註42）から何人かの非信徒《インフィエイス》が、郷里《セウ・ナトゥラル》を棄てて、そこ〔同施療院〕で治療を受けるためにやって来るほどであった。そこでは、洗礼の聖水《サルティフェラ・アゴア》で彼らの汚れ《マクラス》を洗うことによって、身体の病気だけではなく、霊的な面でも健全になる。（補註43）」

一五九五年一一月二五日付け（ゴア・サルセテの）マルガン発、イエズス会士院長《レクトル》トマス・エステヴァン **Thomas Estevão** の総長宛書簡には、マルガンの施療院《オスピタル》にイエズス会イルマン一人が常駐している旨、記されている（補註44）。

イエズス会院長トマス・エステヴァンの総長宛、同地の異教寺院《パゴデス》や偶像《イドロス》の定収入《レンタス》所得に関する報告（一五九五年一一月二五日（サルセテの）マルガンカ）には、次のように記述されている。

「施療院《オスピタル》に関しては、これまた貧しいキリスト教徒たちにとって極めて必要で、有益なものである。もしもそれがなかったら、治療してくれる者たちがいないために、大勢が死亡するであろう。モーロ人たちにもこのことが分かっていたために、彼らがこの地とすべての教会を奪い、見付け次第それらを破壊したにもかかわらず、施療院だけは許した（補註45）。皆の治療《レメディオ》〔場所〕だということが、分かっていたからである。

ポルトガル国王はかつては、この施療院があるために神への多大な奉仕がなされている旨の情報を得て、彼自身の定収入《レンタス》から給与するよう命じた。その後、異教寺院《パゴデス》や偶像《イドロス》の定収入《レンタ》をサルセテのキリスト教会《クリスタンダデ》に充てることによって、歴代副王《ヴィスレイエス》は、以前はゴア市にあったこの施療院《オスピタル》を、この地〔サルセテ〕に移した。

わが仲間たち《ロス・ヌエストロス》〔イエズス会士たち〕の要請によって、彼ら〔歴代副王〕は異教寺院《パゴデス》の定収入《レンタス》によって、病人たちを養うよう命じた。このようにすれば、支払い状態が〔それまでより〕よくなるであろうと、彼らが考えたからである。

（補註46）」

（補註1）Chorão. ゴアのマンドヴィ川 Rio Mandovi に浮かぶ島である。
Portas & Gonçalves, p. 7. および Documenta Indica, VII, p. 51* に掲載されているゴアの地図。

（補註2）インディア総督アントニオ・モニズ・バレト António Moniz Barreto（一五七三～七六年総督在任）を指すのであろう。彼は副王 vice - rei の称号は得ていない。
Delgado Domingues, p. 124.

（補註3）Documenta Indica, X, p. 279. ヴァリニャーノ著 高橋裕史訳『東インド巡察記』八九頁。

（補註4）Documenta Indica, X, pp. 340, 341.

（補註5）Documenta Indica, X, p. 341.

（補註6）Documenta Indica, X, p. 377.

（補註7）Documenta Indica の編者によると、これはイエズス会会憲の次の件とのことである。「肉体的な慈悲の行為においても、それもとくに施療院《オスピタレス》において、彼ら〔病人〕を見舞ったり、彼らに奉仕する者たちを提供したりすることによって、病人を助けるが如き行為においては、より重要な霊的行為が許す限り、そしてまた体力が充分それに耐えられる限り、その仕事に従事すること。」
Monumenta Ignatiana, II, p. 603. Documenta Indica, XI, pp. 700, 701, nota 49.

（補註8）Documenta Indica, XI, pp. 700, 701.

（補註9）Rodrigues, p. 11. O' Neill & Dominguez, II, pp. 1611 - 1621.

（補註10）Misericordia. ゴアのミゼリコルディアについては、拙訳『モンスーン文書と日本』五四・一八六・一八七頁。

（補註11）Documenta Indica, XII, p. 608.

（補註12）サンタ・クルズ伯爵後にヴィラ・ダ・オルタ伯爵インディア副王ドン・フランシスコ・マスカレニャス Dom Francisco Mascarenhas, Conde de Vila da Orta（Conde de Santa Cruz）（一五八一～八四年在任）のこと。文書49の註（1）。

（補註13） Norte. ゴアから見て北方の意味で、漠然とした地理概念であり、おおよそグジャラート辺を指すことが多かったようであるが、常にそうであったわけではない。拙訳『モンスーン文書と日本』三二六・三二七頁。
（補註14） Documenta Indica, XII, p. 643.
（補註15） Documenta Indica, XIV, pp. 115, 116.
（補註16） Documenta Indica, XIII, pp. 867 - 873.
（補註17） Documenta Indica, XIII, p. 873.
（補註18） Documenta Indica, XIV, pp. 885, 886.
（補註19） Documenta Indica, XV, p. 55.
（補註20） Documenta Indica, XV, p. 55.
（補註21） 「このカザ」 esta casa とは、直前に記されている盛式誓願司祭のカザ casa professa のことである。名称は、本文書には casa professa de Jesu と見えるが、ボカロの記録には、Caza Prophessa de Bom Jesus と記されている。Bocarro, 1992, II, p. 148. 拙訳『モンスーン文書と日本』五一・五二頁。
（補註22） Documenta Indica, XVI, p. 294. 二九七頁にも同様の記事。
（補註23） 右の（補註21）と同。
（補註24） o da extrema - unção. 旧教会法では「最終の塗油」extrema unctio の秘跡、『カトリック大辞典』では「終油」estrema unctio の秘跡、現行教会法および『新カトリック大事典』では「病者の塗油」unctio infirmorum の秘跡。『カトリック教会法典』九三七～九四七条。『カトリック新教会法典』九九八～一〇〇七条。『カトリック大辞典』二、六五八・六五九頁。『新カトリック大事典』三、一三五九・一三六〇頁、四、一八八・一八九頁。
（補註25） Documenta Indica, XVI, p. 308.
（補註26） P. Jorge Gomez. Documenta Indica, XVI, pp. 929, 930.
（補註27） Documenta Indica, XVI, pp. 552, 553.

（補註28）Jap. Sin. 13-I, f. 35, 拙著『キリシタン時代対外関係の研究』一九一頁。
（補註29）Schütte, 1951, I-I, p. 45. Schütte, 1980, I-I, p. 38. Schütte, 1968, pp. 46, 57, 106, 173, 1023-1027.
（補註30）Visorrei da India Mathias dAlbuquerque. 一五九一～九七年インディア副王在任。
Delgado Domingues, p. 131.
（補註31）一五九一年ペルーからマカオに渡来したスペイン船に積載されていた銀を、イエズス会が自分たちの資金に流用して商品を仕入れ、ゴアに送付して収益を図った出来事を指す。
拙著『キリシタン時代対外関係の研究』第三章。
（補註32）Jap. Sin. 17-f. 154v. 拙著『キリシタン時代対外関係の研究』二二一頁。拙訳『イエズス会と日本』一、四七五頁。
（補註33）拙著『キリシタン時代対外関係の研究』一八一～一八四頁。
（補註34）ゴアに戻ったヴァリニャーノの、巡察師の職域の変更に関しては、ヴァリニャーノとゴア管区長カブラルとの間でいささか紛糾をみたことが、シュッテ神父の著書に記されているが、詳細は不明である。
Schütte, 1951, I-I, p. 45. Schütte, 1980, I-I, p. 38.
（補註35）Martim Afonso de Sousa. 一五四二～四五年インディア総督在任。
Delgado Domingues, pp. 96-101.
（補註36）Bardés. 拙訳『モンスーン文書と日本』三八〇～三八二頁。
（補註37）pardaos. 文書7の註（3）。
（補註38）Documenta Indica, II, p.607.
（補註39）Documenta Indica, XV, p.47.
（補註40）Documenta Indica, XV, p.47.
（補註41）Marguão（または Margão）. ゴアのサルセテのほぼ中央に位置する地名である。
Portas & Gonçalves, p. 7 および Documenta Indica, VII, p. 51* の地図。
（補註42）terra firme. ゴアはインド大陸の一部と島々とから成っている。拙訳『モンスーン文書と日本』三八〇～

三八二頁。厳密にポルトガル領内か否かはとにかく、その大陸から病人が治療を求めて、このイエズス会施療院に来たという。

（補註43）Documenta Indica, XVI, p. 720.

（補註44）Documenta Indica, XVII, p. 295.

（補註45）一五七八年一〇月二〇日付けゴア発、イエズス会士ゴメス・ヴァズ Gomez Vaz が記述した年報には、次のように見える。

「モーロ人たちは先の戦いで、サルセテの教会とカザをすべて破壊したが、この施療院まで来た際に、これは神と愛徳の家だと言って、それには手を触れなかった。」

Documenta Indica, XI, p. 267.

（補註46）Documenta Indica, XVII, 311.

（9）APO, 3, pp. 689, 690.

117　一五九七年二月五日付けリスボン発、ポルトガル国王のインディア副王宛勅令

「朕は、朕の顧問《コンセリョ》〔領国顧問会議メンバー〕であり、インディア提督《アルミランテ》にしてあの地域〔インディア領国〕の副王である貴下ヴィディゲイラ伯爵閣下（1）に知らせる。朕は副王マティアス・ダルブケルケの書簡《カルタス》によって、次のような情報を得た。

すなわち、それらの地域〔インディア領国〕において病気になった者たちや、王国〔ポルトガル本国〕からナウ船団で赴く者たち〔で病気になった者〕といった、通常前述の施療院で治療を受ける大勢の病人《ドエンテス》や長期療養者《エンフェルモス》を収容することが出来るようにするために、そして霊的にも世俗的にも彼らが充分補給を受けることが出来るように、

ゴアの施療院《オスピタル》の建物《カサ》およびそれ〔施療院〕の病室《エンフェルマリアス》を増築する必要性が大きい、と。

それ故、朕は〔一五〕九四年三月一日に、前述の施療院に対し、前述の工事のために一回のシナ航海《ヴィアジェン・ダ・シナ》を恵与するのを嘉納した。(2) そして朕は同年、前述の副王マティアス・デ・アルブケルケに書き送って次のことを明確にするよう指示した。それは、前述の工事が終わって後に残った前述の航海の売却所得《プロセディド》の残余は、同じく増築する必要があるゴアの税関《アルファンデガ》の工事《オブラ》に支出するようにということである。

またこの度朕は、前述のシナ航海は未だ行われていない。それが行われる時を明確にする必要があるという情報を得た。朕は、前述の工事を進捗させて、出来るだけ速やかに終わらせる必要が大きいことを知っているので、次のことを嘉納し、それを喜ばしく思う。

すなわち、彼らのための勅令《プロヴィゾンエス》が存在しようとも、またそれによって損害を受けると言い張る者がいようとも、それら〔諸航海〕の恵与《プロヴィドス》を受けたすべての者たちより以前に、前述のシナ航海を行うべきこと。(3) それ〔その損害〕は、前述の施療院《オスピタル》の全員にもたらされるような、全体的かつ共通の恩恵を考えれば、さしたるものではない。それ故、この度は、朕はそれがよいと考える。前述の航海の売却所得《プロセディド》によって、前述の施療院の工事を続けていくこと。そしていかに必須であり、必要不可欠なものであろうと、それによって他の新たな支出をしてはならないものとする。というのは今これ〔本工事〕を、すべて〔の諸工事〕に優先させるのが妥当だからである。

この〔売却所得残余はゴア税関工事に充てる旨〕明確にした上で、関係する役人《オフィシアル》向けの収入とすること。それ〔施療院の工事〕の記録簿《リヴロ》に、この勅令《プロヴィサン》を登録すること。前述の〔施療院の〕工事がすべて終わった後の残余分は、前述の如く前述の税関の補修《コンセルト》に支出すること。それ〔税関〕の帳簿《リヴロス》にも、登録すること。それ故、朕は貴下に次のように命じる。それ〔勅令〕の記述内容通りに、完全にそれ〔勅令〕を履行し、遵守すること。上に言及した、〔一五〕九四年三月一日付け前述の書簡に、その〔インディア〕領国《エスタド》の書記官《セクレタリオ》(4)が〔本勅令〕付帯事項《ヴェルバ》を記入すること。法典《オルデナサン》第二巻《リヴロ》第二〇項《ティトゥロ》は異なる規定をしてはいるが、〔本勅令は〕それ〔尚書職〕によって発給されたわけではないが、朕の名で始まり、朕の尚書職《シャンセラリア》によって発給された書簡《カルタ》としての効力を有するものとすること。〔一〕五九七年二月五日リスボンにおいて、マノエル・デ・トレス(5)がこれ(6)を作成した。私こと書記官《セクレタリオ》ディオゴ・ヴェリョ(7)がこれ(8)を記述させた。国王。ミゲル・デ・モウラ(9)。

〔一五〕九四年国王陛下《ヴォサ・マジェスタデ》がゴア市の施療院《オスピタル》の工事《オブラス》のために恵与し、その残余はそこ〔同市〕の税関《アルファンデグア》のために充てるべきものとしたシナ航海を、それ〔シナ航海〕を恵与された者たち《プロヴィドス》のすべてに優先して行うべきこと。国王陛下披見のために。第二便(10)。」

註

（1）インディア副王フランシスコ・ダ・ガマ **Francisco da Gama**, 一五九七～一六〇〇年在任。文書109*の註（1）。

（2）文書93*の三九。

（3）ゴアの施療院の増築工事のために、一回のシナ航海が恵与されたわけであるが、この場合同航海の贈与を受けたゴア施療院は、もちろん自らカピタン・モールとしてシナ航海を行うわけではなく、同航海を売却してその売却所得を得るという段取りになる。ここに、同航海が未だ行われていない故、他のすべてのシナ航海よりも先行してこの航海を行うべきことを命じる旨の記述が見える。これは、売買の対象になっている航海が、順番待ち等で現実にいつ航海を実行出来るか分からないというのでは、売却が困難になるし、また売却価格も買い叩かれることになる。

それは例えば、スペイン国王フェリペ三世（ポルトガル国王フィリペ二世）王妃マルガリダ・デ・アウストリアがマドリードに修道院を創建する経費を調達するために、国王が複数回のシナ航海を贈与したが、その際それらの航海と他の航海との間で、航海を行う順番を巡り、いずれに優先権を与えるかが問題になった。それが航海の売価に大きな影響を与えたからである。『モンスーン文書と日本』収載文書64・文書89には、その航海が後回しにされることによって、同航海の売価が大幅に値引きされることになるといった事情が記されている。拙訳『モンスーン文書と日本』四一五・五〇五～五〇八頁。

（4）Secretario desse estado. インディア領国書記官職については、拙訳『モンスーン文書と日本』一四五・一四六頁。

（5）Manoel de Torres.

（6）「これ」の原語（翻刻本）は **o** であるが、本文書は勅令《プロヴィザン》 **prouissaõ** であり、本文書中、女性形代名詞で代替されてきたのであるから、左の註（8）の如く、**a** と記すべきであろう。

（7）**secretario Diogo Velho.** 文書52の註（6）。

（8）「これ」の原語（翻刻本）は **a** である。右の註（6）。

（9）**Miguel de Moura.** 文書29の註（8）。

（10）**APO, 3, pp. 692, 693.**

118* 一五九七年二月一二日付けリスボン発、ポルトガル国王のインディア副王宛書簡[1]

「一六、貴下が携えていった指令《インストゥルソンエス》[2]において、およびこれらの便《ヴィアス》[3]の朕の別の書簡によって、貴下は次のことを了解するであろう。朕がマラッカ司教ドン・ジョアン[4]・リベイロから得た情報に関しては、貴下が対応するのがよいと考える。彼が手中に所持していると言われている、彼がその執行役《コミサリオ》[5]であった十字軍大勅書《ブラ・ダ・クルザダ》[6]による二〇〇〇クルザドを、彼から受領すべく尽力すること。先年の艦隊によって、朕は彼の一通の書簡を受け取ったが、その中で彼はこの王国〔ポルトガル本国〕に来る許可を朕に求めている。また、フィリピン経由という経路をとることが出来るようその許可を求めている。

朕は、彼〔マラッカ司教〕の継承者が行くことが出来るよう、彼の〔マラッカ〕司教職《ビスパド》辞任をまず命じ、その後で彼が意図するこの新しい〔フィリピン経由の〕経路について、彼に回答するよう指示するつもりでいる旨、彼に書き送ることを命じる。

朕は貴下に対し、次のことを依頼する。貴下に対してそれを指示する朕の命令に従って、貴下が彼の行動について情報を得たら、朕にそれを報告すること。ただしまずゴア大司教(7)に対し、とくに次のように知らせた上でそれを行うこと。すなわち、彼〔マラッカ司教〕がこの王国〔ポルトガル本国〕に渡来する一方、彼の継承者を派遣するためには、そして彼が望むフィリピン経由で来るためには、朕が彼〔マラッカ司教〕に許可を与えなければならない。そしてさらに、それ〔その許可〕に加えて、一層神《デオス》と朕への奉仕となると思われるようなさまざまな事柄を彼に回答するよう、命じなければならない、と。(8)」

註

（1）本国王書簡は **APO, 3, pp. 695 - 703** に収載されているが、その最初の頁である **p. 695** には、**p. 955**（巻末 **indice**）が印刷されるという誤植がある。

（2）文書109*の註（1）に記した通り、インディア副王ヴィディゲイラ伯爵フランシスコ・ダ・ガマ（一五九七〜一六〇〇年副王在任）は、一五九六年四月一〇日リスボンを発ってインディアに向かった。

（3）文書115*の註（5）に記した、一五九七年四月二五日リスボンを発ってインディアに向かったナウ船団の便のことであろう。

（4）**Dom Joaõ Ribeiro, Bispo de Malaca.** 文書74*の註（8）。

（5）**Comissario.** 左の註（6）。

（6）**Bula da Cruzada.** 十字軍勧説の目的で発せられた教皇の公開勅書である。一一世紀以来繰り返された十字軍の終結後も、教会擁護のために各種の戦いに準用された。第一回十字軍の発動時に、ウルバヌス二世 **Urbanus II**（一〇八八〜九九年教皇在位）がクレルモン教会会議 Concilium Claromontanum（一〇九五年）で行った演説の内容が規準とされ、一一四五年一二月一日エウゲニウス三世 Eugenius III（一一四五〜五三年教皇在位）が発布した大勅書 Quantum praedecessores が、最も典型的である。

まず十字軍遠征の成果をたたえ、イスラム側の反撃による危機を訴え、全キリスト教徒に決起を呼び掛けている。イスラムとの戦争への従軍者とその家族および間接的貢献者への物心両面での報酬を約束し、各種の特権授与を明記している。霊的特権として罪の赦しと全免償（補註1）があり、戦士とその妻子を教皇権の保護下に置くとし、経済的には遠征費の調達の援助、負債利子の支払猶予や免除が認められた。

イベリア諸王に関して言うなら、十字軍大勅書は、まず上記の如きエルサレムのイスラムに対する戦いにおいて、次いでレコンキスタから大航海時代へと続くイスラム・異教徒との戦い、航海と征服の事業において、カトリック教会が諸王を支援するための有力な方法であった。

ポルトガル関係では、十字軍大勅書がその輪郭を見せ始めたのが、パスカリス二世 Paschalis II（一〇九九〜一一一八年教皇在位）が発給した二つの大勅書（一一〇〇年一〇月一四日付け）だとされる。そこにおいて同教皇は、イベリア半島のキリスト教徒たちに対し聖地 Terra Santa（パレスチナ）に行くのを禁じ、すでに出発した者たちに対しては帰国することを命じた。そして半島でのレコンキスタの戦いに従軍する者たちに対し、諸聖地 Lugares Santos の場合と同じ免償を許した。同教皇はさらに別の大勅書により、ポルトガルの聖職者に対し、キリスト教徒たちを鼓舞してモーロ人との戦いを続けさせるようにと勧説し、それにより、彼らのために教会の保護と罪の赦しを得ることが出来ると説いた。

アレキサンデル三世 Alexander III（一一五九〜八一年教皇在位）は一一七九年五月二三日付け大勅書により、アフォンソ・エンリケス D. Afonso Henriques（一一四三〜八五年国王在位）およびその継承者たちの征服事業を承認し、モーロ人たちに対する勝利により教会に多大な奉仕をしたとして彼を賞賛し、彼に国王の称号とポルトガルの独立とを認めた。そして、彼が征服するキリスト教徒諸侯の権力の及ばない隣接の異教徒の領土を、彼に与えた。これは、クレメンス三世 Clemens III（一一八七〜九一年教皇在位）によって一一九〇年に、インノケンティウス三世 Innocentius III（一一九八〜一二一六年教皇在位）によって一二一二年に、ホノリウス三世 Honorius III（一二一六〜

二七年教皇在位）によって一二一八年に再確認、更新された。

教皇がポルトガル国王に与えた十字軍大勅書として、判明する限りでの初例は、ケレスティヌス三世**Coelestinus III**（一一九一～九八年教皇在位）がサンショ一世**D. Sancho I**（一一八五～一二一一年国王在位）に与えた、一一九七年四月一〇日付け大勅書であり、同大勅書により、イベリア半島内でイスラムと戦う者たちや、エルサレムへの十字軍に従軍した者たちに許した免償を、イスラムと同盟を結んだレオン**León**王と戦う、サンショおよびすべての王たちにまで広げた。

その後、その種のポルトガル関係の十字軍大勅書は繰り返し発せられ、同じ趣旨が反復確認され、あるいはその適用対象が拡大されていった。

大航海時代に入って後も、ポルトガル国王に向け十字軍大勅書は頻繁に発せられた。例えばエウゲニウス四世**Eugenius IV**（一四三一～四七年教皇在位）は、一四四二年一二月五日（補註2）付け大勅書により、セウタ**Ceuta**での戦いに従軍する者たち、およびそれのために貢献をした者たちに、全免償を許した。アフリカでの戦いを続けるために、インノケンティウス八世（一四八四～九二年教皇在位）は一四八六年二月一八日（補註3）付け十字軍大勅書をジョアン二世**D. João II**（一四八一～九五年国王在位）に発給し、それに参戦した者およびそのために喜捨をした者たちのために、全免償およびいろいろな特権を与えた。アレキサンデル六世（一四九二～一五〇三年教皇在位）は一四九六年九月一三日付け、一五〇一年一〇月二三日付け、ユリウス二世**Julius II**（一五〇三～一三年教皇在位）は一五〇五年七月一二日（補註4）付け、一五〇六年七月六日付けの各大勅書により、マヌエル一世**D. Manuel I**（一四九五～一五二一年国王在位）に対して同様の許可を与えた。レオ一〇世**Leo X**（一五一三～二一年教皇在位）も、同様の十字軍大勅書をポルトガル国王に下している。

グレゴリウス一三世**Gregorius XIII**（一五七二～八五年教皇在位）も、セバスティアン**D. Sebastião**（一五五七～七八年国王在位）に対しそのアフリカ遠征のために、二年間にわたり、一五七八年一月三一日付け十字軍大勅書を与え、キリスト教徒諸侯をその遠征に勧誘した。

グレゴリウス一四世（一五九〇～九一年教皇在位）は、一五九一年四月六日付けの大勅書で定例通りの特権を与え、三年毎に更新されることになった。パウルス五世**Paulus V**（一六〇五～一六二一年教皇在位）の、一六〇九年一二月一六日付け大勅書によって六年毎となった。

これら大勅書による現金収入（つまり信徒が免償のために提供したかね）は、アフリカやインディアの領域の維持、異教徒との戦い、艦隊のための経費等に充てられた。十字軍大勅書による収入は、国家財政の上でいろいろな方面で重要な意味を有した。この十字軍大勅書に関わる喜捨の受領や、その他すべての事柄を管理する役職として一五九一年、十字軍評議会 **Tribunal da Junta da Cruzada** が設置された。これは教会関係および民政に関わる管轄権を持ち、大勅書執行役代表 **comissário - geral** が統轄した。一六三四年五月一〇日付けで、同評議会の規則 **Regimento** が定められた。

この規則は、その後小さな改変はあったが、一八五一年九月二〇日の命令 **Decreto** に至るまで効力を持った。十字軍大勅書本来の目的はすでに消滅したが、信仰的意義という点では同一路線上にあると言えようが、その後もポルトガルに向け大勅書が発せられ、そして同評議会が機能し続けた（補註5）。

（補註1）免償 **indulgentia** は、かつては贖宥といった。現行教会法（一九八三年公布）九九二条では、免償を次のように定義する。「免償は、罪科としては既に赦免された罪に対する有限の罰の神の前におけるゆるしであって、キリスト信者はこれにふさわしい心構えを有し、一定の条件を果たすとき、教会の介入によって獲得する。教会は救いの奉仕者として、キリストおよび諸聖人のいさおしの宝を権威をもって分配し付与する。」

この免償は、この罰の赦しが部分的か全面的かによって、部分免償 **indulgentia partialis** と全免償 **indulgentia plenaria** に分けられる。

信者はこれを自分自身のために受けることが出来るが、また代禱により死者に付与することも出来る。免償を付与することが出来るのは教皇か、または法により権限が認められた者、教皇によってその権限を付与された者のみである。

教会は罪人に対する死後の罰を説き、その場合大罪 **peccatum mortale** と小罪 **peccatum veniale** を区別する。免償が関わるのは、大罪に対する罰である「永遠の苦しみ（罰）」つまり神との断絶、すなわち永遠の命をうけるのが不可能な状態ではなく、小罪等のすべての罪に対する「有限な苦しみ（罰）」である。

したがって、免償はカトリック教会のゆるしの秘跡（a）が関わる。罪を犯した者は、これを痛悔し、決して再犯しないとの決意を固め、そしてその念いが、神に対する完全な愛より出たものであるなら、その罪から解放される。ゆるしの秘跡を受けることが可能な時は、それを受けなければならないが、その秘跡を受けることが出来ない時は、それだけで赦罪に充分である。

（a）**sacramentum paenitentiae.** 日本の教会用語としては長く「告解の秘跡」と呼ばれたが、第二ヴァチカン公会議後、「ゆるしの秘跡」という名称を用いている。なお旧教会法（一九一七年公布）では「悔悛の秘跡」と呼んだが、現行教会法では「ゆるしの秘跡」である。

『カトリック教会法典』八七〇〜九三六条。『カトリック新教会法典』九五九〜九九七条。『カトリック大辞典』一、三五九〜三六二頁。『新カトリック大事典』四、一一〇三〜一一〇七頁。

ゆるしを得て神との交わりが回復されても、なおその結果としての有限の苦しみ（罰）が残り、これはこの世または死後においても清められる必要がある（死後については、その状態を「煉獄」と呼ぶ）。信者はこの有限の苦しみ（罰）を、恵みとして受け入れ、その試練に耐えなくてはならず、そのために愛の実践や種々の償いに励むことが望まれる。

信者は、すべての信者・天にいる人々・煉獄にいる人々とも結ばれており、この交わりの力によって、有限の苦しみから解放されることが可能である。キリストの贖いと功徳、マリアやすべての聖人の祈り、善行などの功徳がすべてそれに関わり、含まれる。

中世初期（六〜一〇世紀）には西方教会全体にわたり、個人的回心の制度が広まる。すなわち、司祭の前で罪を告白し、ゆるしの秘跡を受けた後に、当人がその罪を償う業を行い、またその信者のために、司祭や共同体が代禱（赦免代禱）を行うことが慣行となった。そのために、六世紀以降さまざまな『償いの規定書』**libri poenitentiales** が作られ、告白された罪の種類に応じた償いの業が規定されたが、その一方で、規定された本来の償い業を他の業、例えば個人的な祈り・断食・施し・巡礼等に代えたり、当人に代わり他の人が償いを果たすのでも、充分だとする慣行も生まれた。

免償とは、ゆるしの秘跡とは別個の、右に記した如き、赦免代禱と償いの代替履行とが結びついたところに、成立する。赦免代禱の中でも教皇や司教の代禱は、有限罰を免除させるものとされ、また償いの代替行為は、免償を得るための不可欠な条件と考えられるようになった。

　厳密な意味での免償は、一一世紀初頭のフランス南部やスペイン北部の教会で始まる。最初はいろいろな呼び方をしたが、一三世紀から一般にindulgentiaというようになった。一一世紀を通して、免償の条件となる業が多様化していったが、この免償の成立には、同世紀末の十字軍の開始が大きな関わりを持つ。まず出征者に対し、次いで十字軍のためになされた施物や助力に対して、教会は罰の全免、つまり全免償を与えた。

　同時に免償の是非やその根拠をめぐる神学的論議も行われるようになり、次第に肯定的議論が優位に立ち、スコラ学者によって確かな理論的基盤を得た。免償の普及は一方で、その濫用や逸脱を生んだ。聖堂・修道院の建設・改築、学校・大学の創立、病院の維持、土木工事等のための、便利な資金集めに濫用される傾向が生じ、そのために免罪符が発行されて、不当な金額で取引された。ルターが免償批判を展開して、これが宗教改革の始まりとなったことはよく知られている。

　『カトリック大辞典』二、七三〇～七三二頁。『新カトリック大事典』四、九八三～九八五頁。

（補註2）Serrão, Joel, II, p. 242 および Santos Abranches, p. 40 には「一四四二年一二月三日」、Santarem, X, pp. 26, 27 には「一四四二年一二月五日」と記されている。Santarem によれば、同文書の文末の日付が、1442, nonas de Dezembro と記されているので、「一二月五日」とすべきであろう。

（補註3）Serrão, Joel, II, p. 242 および Santos Abranches, p. 47 には「一四八五年二月一八日」、Santarem, X, p. 103 - 105 には「一四八六年二月一八日」と記されている。Santarem によれば、同文書の文末の日付が、anno da Encarnação de 1485 と記されており、文書110*の註（7）に記した教会暦の年紀の表記法によっているものと思われるので、「一四八六年」とすべきであろう。

（補註4）Serrão, Joel, II, p. 242 には「一五〇五年七月一七日」、Santarem, X, pp. 146, 147; Santos Abranches, p. 58; Caldas, pp. 53, 54 には「一五〇五年七月一二日」と記されている。Santarem によれば、同文書の文末の日付が、4 dos idos de Julho と記されているので、「七月一二日」とすべきであろう。

（補註5）Serrão, Joel, II, pp. 241 - 243. Santarem, IX, pp. 16 - 439; X; XI; XII; XIII. Costa Lobo. Jordão, I. Santos Abranches. Caldas. Erdmann.

（7）Arcebispo de Goa. フレイ・アレイショ・デ・メネゼス D. Frei Aleixo de Meneses（一五九五〜一六一一年ゴア大司教在任）。文書109*の註（5）、文書138の註（1）、および文書148*の註（19）。

（8）APO, 3, pp. 701, 702.

119*

一五九七年二月一三日付けリスボン発、ポルトガル国王のインディア副王宛書簡

「一一、日本司教(1)の書簡によって、朕は次のことが分かった。すなわち、副王マティアス・ダルブケルケはそのために勅令《プロヴィソンエス》を発給することによって、シナの地域におけるカスティリャ人たちの商業を阻止すべく尽力したが、司法《ジュスティサ》の役人《オフィシアエス》たちがこの件で不承不承であるために、それら〔勅令〕は遵守されていない、と。

そのため朕は貴下に対し、この件に関して朕が発給した〔諸勅令〕を完全に遵守させるよう、依頼する。この商業を全面的に阻むためである。朕はまた、それ〔同商業(2)〕をフィリピンにおいても禁じるよう命じた。そのことは、朕の諸々の指令《インストゥルソンエス》や書簡《カルタス》によって貴下に分かる通りである。貴下は、あの地域〔マカオ〕においてマカオの住民たちと航海のカピタン《カピタン・ダス・ヴィアジェンス》との間に存在する多くの混乱(3)に対して、対策を講じさせるように。朕はそれに関して、情報を貴下に与えるよう指示する書簡を司教(4)に送ることを命じる。それ〔司教からの情報〕を得て、貴下がこれら諸々の事柄について対応するためである。それら〔の事柄〕の性質が、それを求めているからである。

一三、また朕は貴下に対し、カスティリャ人であれポルトガル人であれ、その他何国民であれ、修道士《レリジオソス》が同じフィリピン経由でシナや日本に入国して、そこの改宗に従事するのに同意してはならないと命じるよう、依頼する。というのは、イエズス会修道士《コンパニアレリジオソス》たちが行っている〔改宗〕が邪魔されるのは適切ではないからである。それに今は、

暴君《ティラノ》の関白殿《カブカンドノ》(5)がキリスト教会《クリスタンダデ》の諸々の事柄を抑圧している時でもある。今後日本のあの地域に何人かの修道士が入国して、他〔の修道士たち〕と互いに助け合うことが必要になったら、マラッカ副管区《クストディア》(6)のフランシスコ会修道士《レリジオソス》たちがそのために赴くよう、命令を与えること。(7)」

註

(1) ペドロ・マルティンスのことである。文書103*の註(5)。

(2) フィリピンにおける、カスティリャ人とポルトガル人との間の商業のことであろう。

(3) ここで、マカオ住民たちと航海のカピタンとの間の多大な混乱というのは何を指すのか、明確には分からないが、文書93*の一二に、マカオにおいて日本航海のカピタンに服従しない者がいるので、その取調べにゴアから聴訴官長がマカオに派遣されたことが記されていた。あるいはそのことに、関係があるのかも知れない。同文書93*には、マカオに限らず諸都市・諸要塞のカピタンに対して然るべき敬意が払われないようでは、インディア領国の維持は出来ない、と記されている。

(4) 文書103*の註(5)に記した通り、日本司教マルティンスは一五九三年八月から、一五九六年七～八月までマカオに滞在した。マカオにいるマルティンスに国王が書簡を送って、副王に情報を提供するよう指示を与えたわけである。

(5) Tirano Cabucandono. 豊臣秀吉のこと。文書74*の註(13)。

(6) Custodia de Malaca. フランシスコ会の副管区Custodiaについては、拙訳『モンスーン文書と日本』四五六・四五七・四六〇～四六五頁。マラッカ副管区については、文書109*の註(4)の(補註8)。

(7) APO. 3, pp. 707, 708. 岡本良知「十六・七世紀日本関係公文書」二〇四～二〇六頁。

120　一五九七年三月八日付けリスボン、ポルトガル国王の法令

「神の恩寵により、内陸《ダケン》のポルトガルおよびアルガルヴェス、アフリカにおける海外領《ダレン・マル》の国王であり、ギネー(1)の領主《セニョル》であり、エチオピア・アラビア・ペルシア、およびインディアの征服・航海、および商業の支配者《セニョル》云々であるドン・フェリペ。朕は、この朕の法令《レイ》を見る者たちに知らせる。

商人たちが海上で海賊たちから受ける、多大な略奪・損害を阻止するため、さらには当〔リスボン〕市の大規模な取引と商業、および商人たちにとって必要な最も重要な財産《カベダル》である信用と正直とを保持し、増大させるために、当〔リスボン〕市に諸商会を持つ外国人《エストランジェイロス》たちや現地人《ナトゥラエス》たちが取引をする際に守らなければならない取引の仕方に関する規則《レジメント》を添えて、朕は商務評議会《コンスラド》(2)を設けた。

それ〔規則〕を、保証書《セグロス》・為替手形《カンビオス》(3)・会計《コンタス》と、一緒にしておかなければならない。商館長《フェイトレス》(4)たちは、彼らの首長《マヨレス》たちにそれ〔規則〕を与えなければならない。またこの〔リスボン〕市の港や〔ポルトガル〕王国のその他の諸港から出帆するはずのナウ船やその他の船舶《ナヴィオス》は、これ〔規則〕を積んでいかなければならない。また前述の規則の中で、信用を失墜させた商人たちに対して、および他人の商品《ファゼンダ》またはかねを詐取する《セ・アレヴァンタン・コン》者たちに対して、いかに行動しなければならないか、命令が与えられてはおり、またこのことは、法典《オルデナサン》第五巻《リヴロ》第六五項《ティトゥロ》第一節によってある程度規定されてはいるが、それではこの極めて重要な事柄のために、充分に適切であるとは言えない。

また、朕は次のような情報も得た。すなわち、それ〔同規則〕にもかかわらず、何人かの商人は、掛けで売ってもらった商品《メルカドリアス》や、利子付きで借りた(5)多額のかねを詐取することによって、〔信用を〕失墜させている。彼ら自ら姿を消すだけでなく、彼らの商品《ファゼンダ》を隠してしまって、それが分からないようにしてしまう。

さらに彼らは、他人の脳裏に自己の信用を焼き付けた上で、〔遭難して〕失われたと言い立てるために、インディアやその他の地域に向けて荷を積み出したように偽装する。どれかナウ船が遭難したとの報せが届いた後でなければ、彼らはそのようなことは言明しない。そして、実際はそうでないにもかかわらず、他人に対して巨額の債務者になりすます。この〔ポルトガル〕王国の外で或る家が破産した時に、その種の偽装と共謀《コンルイオゾス》による方法で彼らの詐取《アレヴァンタメント》を取り繕うために、〔その破産の〕利害関係者のふりをする。このような事情があれば処罰を受けずにすむであろう、それどころか彼ら〔詐取した者たち〕の債務の大部分について、〔返済の〕猶予や帳消しを彼ら〔債権者たち、すなわち詐取された者たち〕に求めても、彼らの債権者たち《アクレドレス》〔詐取された者たち〕との間でもっと容易に合意に至ることが出来るであろう、などと考えてのことである。

このようなわけで、彼らの処罰の理由となるはずのこういった不正なる手段が、しばしば彼らに儲け・利益をもたらしている。朕は、まず必要な尽力をして、商業の実務に精通し経験豊かな人物から情報を得るよう命じた上で、かかる欺瞞や不正行為を避け、そしてそのような行為を犯す者たちが処罰されるよう善処したいと思い、朕の最高《デゼン》裁判所判事《バルガドレス・ド・パソ》(6)たちの見解を徴して、次のことを嘉納し、そして命じる。

それは、前述の法典《オルデナサン》の規定や、領事職《コンスラド》の規則《レジメント》において言明されていること以外に、次のような事柄である。

他人の商品《メルカドリアス》または利子付きで(7)借りたかねを詐取する商人たち・両替商《カンビアドレス》たち、または彼らの商館長《フェイトレス》たちが、市《シダデ》・町《ヴィラ》その他、住民たちが居住していて、彼らの根拠となる帳簿(8)を隠している場所から姿を消し、彼らが所持するかねを自らが持って行くか、または手形《レトラス》(9)によって他の地域にそれ〔かね〕を送ることによって、この〔ポルトガル〕王国内であれ同〔王国〕外であれ、前述の資産《ファゼンダ》を分からないところに隠したり、あるいは他のいかなる方法であれそれ〔資産〕を隠したりしたら、公衆《プブリコス》にとっての盗人泥棒《ラドロンエス・ロウバドレス》と見なして、朕の法典《オルデナソンエス》および民法《ディレイト・シヴィル》によって公衆《プブリコス》にとっての盗人《ラドロンエス》が罰せられるのと、同じ刑罰によって処罰すること。

〔すなわち同法により、公衆にとっての盗人は〕もしもそれを持っているなら、貴族身分《ノブレザ》と自由《リベルダデ》を失い、かかる不正行為に科せられるのを常とする、恥ずべき刑罰を免れることは出来ないものとする。彼らの中には、証拠を欠いたり、またはその他何らかの正当な理由により、前述のような事件《カソス》では言い渡さなければならない通常の刑罰を執行することが出来ない場合もあろうが、そのような時は、その事件《カソ》に関して裁判権を持つ判事たち《ジュイゼス》は、分かっている彼らの欺瞞あるいは悪意のいかんによって、彼らに対し、ガレー船送り、または他の土地への流刑を宣告すること。上述のような手法で詐取するが如き犯罪を犯したがために、彼ら〔商人〕も彼らの商館長たち《フェイトレス》も、生涯商人としての職務《オフィシオ》を果たすことは出来ないものとする。

それ故、彼らはかかる職務を行うことも、両替《カンビオ》や商品《メルカドリア》を扱うことも、その資格なしと朕は判断する。それ〔同職務〕を行ったら、〔その者たちは〕朕の法典《オルデナソンエス》により、そのための朕の認可・許しを受けることなしに、諸々の公の職務《オフィシオス》を行う者たちが蒙る刑罰を受けるものとする。この法律《レイ》の中に明記された刑罰以外にも、彼らの財産《ベンス》・商品《ファゼンダ》の譲与《セサン》は出来ないものとする。それ〔譲与〕は無効とすること。それ故、朕の法典《オルデナソンエス》によって、財産《ベンス》を譲与する人々に与えられる恩典《ベネフィシオ》には、彼らは値しないと朕は判断する。彼らは、たとい契約書《エスクリトゥラス・プブリカス》によって彼らにそれが許されていても、債権者たち《アクレドレス》〔詐取された者たち〕が彼らに与える借金帳消《キタ》しまたは猶予《エスペラ》は、享受出来ないものとする。

それ故、それら〔契約書〕の中にいかなる条項《クラウスラス》や条件が規定されていても、それら〔契約書〕は無効であり、何らの効力も有効性も有しないものと、朕は判断する。債権者たち《アクレドレス》〔詐取された者たち〕は、〔債務者たち、すなわち詐取した者たちが〕彼ら〔債権者たち〕に負っている債務について、彼ら〔債務者たち〕の身体《ペソアス》および資産《ファゼンダ》に対して、完全に執行することが出来るものとする。〔その資産は〕今彼らの許にあるものだけでなく、後にいかなる名目であれ彼ら〔債務者たち〕が取得するものも対象となる。

前述の詐取《アレヴァンタドス》した者たちの何らかの財産《ベンス》が、どこかの教会《イグレジャス》・修道院《モステイロス》・施療院《オスピタエス》・要塞《フォルタレザス》・ナウ船あるいは船舶《ナヴィオス》(10)、またはその他いかなる種類であれ船舶《エンバルカソンエス》(11)、またはいかなる地位・身分であれ誰か有力者の家にあるとの報せを、司法《ジュスティサ》の役人《オフィシアエス》たちから受けたら、そこに何ら疑義や異議申立てを差し挟むことを許さず、彼ら〔債権者、すなわち詐取された者たち〕はそこから取り立てることが出来るものとする。それら〔同財産〕について目録を作り、預けておくこと。債権者《アクレドレス》たち〔詐取された者たち〕、および何人《なんぴと》であれ〔その者に対し〕確実な債務《ディヴィダス》を負っているか、または〔その旨の〕契約書《エスクリプトゥラス》を所持する者への返済のために、〔そこから〕支障なく取り立てが出来るようにすること。

また、何らかの意味で前述の詐取《アレヴァンタドス》した者たちに帰属するその他の資産《ファゼンダ》については、それがいかなるものであれ、それ〔その資産〕を受け取って預かったり、保管していたとしても、債務〔詐取された額〕の返済には充てないこと。それ〔債務〕の一部分の返済にも充てないこと。しかし、どこを介してであれ何人《なんぴと》かの商人が詐取した旨を知ったら、この事件《カゾ》についての裁判権《コニエシメント》が帰属する司法《ジュスティサ》の役人《オフィシアエス》たちに対し、一五日以内にそれを申告すること。詐取された後で、かかる人々〔詐取した者たち〕が彼ら〔債権者、すなわち詐取された者たち〕に何がしかを渡した、すなわち何がしかの債務を返済したことが証明されても、彼ら〔詐取した者たち〕は再度これを返済すること。また〔資産を〕隠匿した者たちは、その隠匿したすべての資産《ファゼンダ》を債権者《アクレドレス》たち〔詐取された者たち〕に渡し、彼らへの返済とすること。

朕は、朕の〔ポルトガル〕諸王国《レイノス》、および〔朕の〕支配権《セニョリオス》が及ぶ、いかなる身分・階級・地位であれすべての人々に対し、次のことを禁じ、そして命じる。彼らの家・要塞・ナウ船、または他のいかなる船舶《エンバルカソンエス》であれ、詐取《セ・アレ》し《ヴァンタル》て信用を失墜させたような人物も、その資産《ファゼンダ》も、迎え入れたり保管したりしてはならない。そのような要請があり次第、必ずそれら〔人や資産〕を司法《ジュスティサ》に引き渡すこと。もしもそれらを引き渡さなければ、前述の詐取《アレヴァンタド》した者が彼ら〔債権者たち、すなわち詐取された者たち〕に負っている全額を、彼ら〔詐取者やその資産を受け入れ保管した者たち〕の資産から、債権者《アクレドレス》たちに返済する義務を負うものとする。そしてさらに彼らは、盗品《フルトス》や罪人《マルフェイトレス》たちを保管したり匿ったりする者たちが朕の法典《オルデナソンエス》によって処罰されるような、さらなる重い刑罰を蒙るものとする。

また、前述の商人たちに勧告・支援、あるいは恩恵を与えて破産に至らしめた者たち、または彼ら〔詐取者たち〕の身柄《ペソアス》や資産《ファゼンダス》を助けたり隠蔽したりするのを支援した者たちは、彼ら〔詐取した者たち〕が債権者たち《アクレドレス》〔詐取された者たち〕に負っている負債を、返済すること。そして彼ら〔身柄・資産の援助・隠蔽者たち〕は、立証される罪の程度に応じて、同詐取行為《アレヴァンタメント》の加担者として処罰されるものとする。また取引をしている誰かが彼ら自身の信用を失墜させ、取引を破綻させ、彼らの債務を返済することが出来ないために身を隠すか、または〔ポルトガル〕王国外に出国してしまったような場合は、遊びや節度のない浪費をしたといったような、彼ら自身の責任でその資産を失ったことが立証されれば、悪意で他人のかねや資産を詐取した者たちが受けるのと同じ刑罰を蒙るものとする。

ただし、公衆にとっての盗人《プブリコス・ラドロンエス》とは見なさず、また刑死《モルテ・ナトゥラル》の罰《ペナ》(12)を宣告することもせずに、彼らが犯したと判断される罪の性格や、彼らの破産や詐取にともなって発生した債務の額に応じて、その他の流刑を宣告することがあり得るものとする。しかし、彼らの責任ではなく、海上の遭難、または陸における彼らの正当な取引や商業において莫大な損失を蒙ったために窮乏に陥り、その行為に何らの犯意または悪意もないことが明白な場合は、いかなる刑罰をも受けないものとする。そしてこの事件《カソ》について作成される一件記録《アウトス》は、商務評議会《コンスラド》の民事行政長官《プリオル》(13)および民事行政官《コンスレス》(14)たちに送付すること。彼らは彼らの規則《レジメント》に従って、その債権者《アクレドレス》たちとともに、それらを整えて作成すべく尽力すること。

前述の諸事件《カソス》について一層容易に知ることが出来るために、そして罪人たちが彼らの罪および節度を欠いた振舞に応じた処罰がなされるために、民事行政長官《プリオル》と民事行政官たち《コンスレス》は、彼らの規則《レジメント》により、この事件に関して尽力をしなければならないが、それ以外にも朕は、朕の政庁《コルテ》の刑事の行政長官たち《コレジエドレス》[15]、このリスボン市の刑事の行政長官《コレジエド》たち《レス》と判事たち《ジュイゼス》、裁判区《コマルカス》[16]のその他の行政長官たち《コレジエドレス》、騎士団長職《メストラドス》[17]の聴訴官たち《オウヴィドレス》、および行政長官たち《コレジエドレス》が査察《コレイサン》のために入らない地域の聴訴官たち《オウヴィドレス》、さらにはこの〔ポルトガル〕王国の諸都市・諸町《ヴィラス》以外の判事たち《ジュイゼス》に対し次のことを命じる。

いかなるルートからであれ、誰か商人が姿を消したとか、破産したとかの情報が入ったら、直ちに彼の家に行き、一件記録《アウトス》、およびそこにある物の目録を作成すること。彼から、彼の根拠となる帳簿《リヴロス・デ・スア・レザン》を接収すること。また彼の債権者たち《アクレドレス》〔詐取された者たち〕から、彼が詐取したかねと商品《ファゼンダ》の額、および彼ら〔債権者たち〕が彼〔詐取した者〕にそれ〔かね・商品〕を与えた時期についての情報を得ること。そして、破産したことが真実であることとその原因とが分かるように、訴訟を提起《ティレン・デヴァサ》すること。そして罪人たちの捕縛に務めること。

彼ら〔罪人たち〕には、司直《ジュスティサ》の如く対処すること。またその犯罪行為のために身を潜めている罪人たち《マルフェイトレス》に対しては、公告《エディトス》によって対処するよう、法典《オルデナサン》が命じているのであるから、姿を消している者たちに対してはそのように行動すること。

朕は、朕の顧問《コンセリョ》であり、また朕の〔ポルトガル〕諸王国《レイノス》および支配権《セニョリオス》〔が及ぶ領域〕の尚書長《シャンセレル・モル》であるシマン・ゴンサルヴェス・プレト博士[18]に、次のことを命じる。尚書職《シャンセラリア》において、本法令《レイ》を公布させること。公布後は、朕の印《セロ》を押し、彼〔S・G・プレト博士〕が署名した上で、この〔ポルトガル〕王国の諸都市と諸町以外のすべての行政長官たち《コレジエドレス》・聴訴官たち《オウヴィドレス》・判事たち《ジュイゼス》、朕の最高裁判所判事たち《デゼンバルガドレス・ド・パソ》の法廷《メザ》の司教長官《ビスポ・プレジデンテ》[19]、控訴裁判所長官《カザ・ダ・スプリカサンレジエドル》[20]、および控訴裁判所《レラサン》ポルト支部長官《カザ・ド・ポルトゴヴェルナドル》[21]にそれを送付すること。同様の法令《レイス》を登録するのを常とする記録簿《リヴロス》に、これ〔本法律〕を登録させること。一五九七年三月八日リスボンにおいてルイズ・デ・メロ[22]がこれ〔本法令〕を作成した。

私ことロドリゴ・サンシェス[23]がこれを記述させた。国王[24]。」

註

（1）**Guiné.** 拙訳『モンスーン文書と日本』五三八・五三九頁。

（2）**consulado. Machado, II, p. 599.**

（3）**cambios.** 拙著『キリシタン時代対外関係の研究』第六章。拙著『キリシタン時代の文化と諸相』六二七～六三六頁。

（4）**feitores.** 文書1*の註（5）、文書2*の註（1）。

（5）傍線箇所の原語（翻刻本）は **tomarão a cambio** である。**tomar a cambio** の表現については、拙著『キリシタン時代の文化と諸相』六二七～六三六頁。

（6）**Desembargadores do Paço.** 文書42の註（13）。

（7）傍線箇所の原語（翻刻本）は **tomarem a cambio** である。本文書の註（5）と同。

（8）傍線箇所の原語（翻刻本）は **livros de sua rezão** である。不詳であるが、取引を証明する帳簿の如きものを指すか。

（9）**letras.** この時代における、キリシタン教会の布教活動の過程で行われた手形送金については、拙著『キリシタン時代対外関係の研究』第六章。

（10）**navios.** 左の註（11）を含め、**nãos, navios, embarcações** と、三種の船舶を意味する語が記されている。この内 **não** あるいは **nau** は特定の船型を指すのに対し、**navio** および **embarcação**（すべて単数形で記した）は船舶一般を意味する。辞書によると、**navio** は大型で、沿岸・大洋横断・大河・大きな湖での航海に適する船舶、とある。**Leitão & Lopes, p. 371 - 373. nau** については、拙訳『モンスーン文書と日本』四〇九・四一〇頁。

（11）**embarcações.** 右の註（10）に記した通り、船舶一般を意味する語ではあるが、辞書には、小型で、**navio** に搭載されて港内で運搬に利用される船などを指す、とある。**Leitão & Lopes, p. 221.**

（12）pena de morte natural. morte natural については、文書61の註（19）。

（13）原語（翻刻本）は Prior（sic）と記されている。原文書のまま、という表示であるが、ポルトガル語辞書によると、prior は第一義的には修道院長であるが、古い語義として、商務評議会 consulado の民事行政長官 primeiro magistrado civil の意味を有したという。

Machado, V, pp. 1006, 1007.

（14）consules. 本文書の註（2）・註（13）。

（15）corregedores. 文書42の註（2）。

（16）comarcas. 文書61の註（13）。

（17）Mestrados. grão - mestre あるいは mestre の称号を帯びた騎士団 ordens militares の団長を Mestrado das Ordens と言った。ポルトガルの騎士修道会であるキリスト騎士団 Ordem de Cristo（Ordem de Nosso Senhor Jesus Christo）の団長も同様 Mestrado である。

Silva, Pedro, pp. 102 - 106. Machado, IV, p. 513. 拙訳『モンスーン文書と日本』五三九・五四〇頁。

（18）Doutor Simão Gonçalves Preto.

（19）Bispo Presidente da Mesa dos meus Desembargadores do Paço.

（20）Regedor da casa da Supplicação. 文書36の註（7）。

（21）Governador da Relação da casa do Porto.

（22）Luiz de Mello. セランの著書にこの名前の貴族が登場するが、本文書との関わり等、詳細は不明である。

Serrão, Joaquim Veríssimo, IV, pp. 128, 298.

（23）Rodrigo Sanches.

（24）APO, 5 - III, pp. 1484 - 1489.

121　一五九七年四月一六日付けゴア発、インディア副王の勅令

「ドン・フェリペ云々。朕は、この朕の書簡法令《カルタ・デ・レイ》を見る者たちに知らせる。朕は次の事柄を重視する。すなわち、朕はすでに朕の諸勅令《プロヴィゾンエス》と諸禁令《デフェザス》とによって、何人《なんびと》たりと、胡椒《ピメンタ》を取引することも、インディアの朕の諸要塞向け《フォルタレザス》以外の、他の諸港に運ぶこともしてはならない旨命じ、違反したら重罰に処す旨を定めた。〔それら朕の諸要塞に胡椒をもたらすのは〕そこ〔諸要塞〕の秤《ペソ》でそれらを売却して、〔インディア航路の〕ナウ船団に積載するためである。

それにもかかわらず、何人かの人々が前述の禁令の規定に反し、それら〔禁令〕に定められている刑罰を恐れることなく、マラッカの要塞と市およびそこ〔マラッカ〕の諸港から、シナに大量の胡椒を送り、そして運んでいる。朕の顧問会議《コンセリョ》〔メンバー〕であり、現在インディア副王であるマティアス・ダルボケルケ(1)はこのような事実を知って、王室資産《ミニャ・ファゼンダ》にとって極めて損害になる取引を全面的に禁じるのに適当な何らかの方法を講じるために、前述の地域〔インディア領国〕の控訴裁判所《レラサン》の法廷《メザ》において、それ〔控訴裁判所〕の判事たち《デゼンバルガドレス》にそのことを知らせた。

朕は、彼ら〔控訴裁判所判事たち〕が前述の朕の副王の臨席のもと、この件について下した決定を考慮して、次のことを嘉納し、そのような措置を喜ばしく思い、これ〔本書簡法令〕によって次のことを命じ、そして禁じる。これ〔本書簡法令〕の公布以降は、いかなる身分・地位の者であれ何人《なんびと》も、前述のマラッカ要塞とそこの諸港からシナに、一切胡椒を運んだり、送ったりしてはならない。あるだけすべて〔の胡椒〕を、インディアまたはコチンに向け船積みすること。前述の朕の副王〔マティアス・デ・アルブケルケ〕がそれ〔胡椒〕に関して発給した

勅令《プロヴィザン》に従って、そこ〔インディア・コチン〕において、自由にそれ〔胡椒〕を売却出来るものとする。これに違反したら、シナに向けて送ったり運んだりした胡椒と、船中にそれが見つかった船舶《エンバルカサン》とが没収される刑罰のみでなく、さらに法律によってそれに相当し、前述の諸勅令《プロヴィゾンエス》と諸禁令《デフェザス》に記されているその他の刑罰をも被るものとする。罪人に対しては〔諸勅令と諸禁令の〕すべてを完全に遂行すること。

その効果あらしめるために、朕はさらに、前述のマラッカ要塞の聴訴官《オウヴィドル》およびマカオのそれ〔聴訴官〕に対し、次のことを命じる。この〔書簡〕法令《レイ》を犯して、シナに胡椒を運ぶか送るかした者たちについて、毎年訴訟を提起《ティレ・デ》すること《ヴァサ》。それ〔本書簡法令〕および前述の諸禁令の規定通りに、罪人たちに対して裁きを行う《プロセダ》こと。没収される胡椒と船舶《エンバルカサン》とは、半分はゴアの朕の泊地《リベイラ》の支出に充て、他〔の半分〕は、それを告発した者に与え、そして囚われ人《カティヴォス》(2)たちの身代金《レスガテ》に充てること。

朕はこのことを、インディア領国の刑事および民事の聴訴官長《オウヴィドル・ジェラル》(3)、前述のマラッカ要塞のカピタン、シナ〔マカオ〕のカピタン・モール、あの諸都市〔マラッカ・マカオ〕の聴訴官《オウヴィドレス》たち、その他すべての司法関係者《ジュスティサス》たち、役人《オフィシアエス》たち、および関係する人々に、通告する。また朕は彼らに対し、それに対していかなる疑義を差し挟むことも、異議申立てをすることもなしに、そこ〔本書簡法令〕に記されている通りに、それを履行・遵守するよう、そして完全に履行・遵守させるように命じる。そうするのが、朕への大なる奉仕となると考えるからである。これ〔本書簡法令〕は、前述のマラッカ市およびマカオ〔市〕の公の街路に公告すること。それら〔の市〕の元老院《カマラス》(4)、商館《フェイトリアス》(5)、聴訴官職《オウヴィドリアス》の記録簿《リヴロス・ドス・レジストス》に登録すること。前述の理由で朕がそれを命じ、指令を発したということを、皆に周知徹底させ、常にそれが分かるようにするためである。

四月一六日に朕のゴア市において、ポルトガル王位《コロア》の朕の王室紋章《アルマス・レアエス》の印を押して発給された。国王陛下《エル・レイ》が、彼の顧問会議《コンセリョ》〔メンバー〕であり、インディア副王云々であるマティアス・ダルボケルケを介して、このことを命じた。[6] われらの主イエズス・キリストの生誕後一五九七年に、ジョアン・デ・フレイタス[7]がこれ[8]を作成した。ルイス・ダ・ガマがこれ[9]を記述させた。副王[10]。」

註

（１）**Mathias d' Alboquerque.** 一五九一～九七年インディア副王在任。文書49の註（15）。
（２）**catiuos.** 文書3の註（２）。
（３）**Ouuidor geral do crime e ciuel.** 拙訳『モンスーン文書と日本』四八・一五四・一六四～一六六・四二三頁。
（４）**Camaras.** マカオ元老院については、拙訳、同右、一三九・一四〇・二六五・二七二・二七三・三四七頁。マラッカ元老院については、詳細は分からないが、**Sousa Pinto, cap. 5** に少し言及している。
（５）**feytorias.** 文書1*の註（５）。
（６）文書８の註（６）に記した分類により、本文書は、インディア副王がゴアにおいて、ポルトガル国王名で発給した法令である。この傍線箇所の文章のみ、国王が三人称で記されている。
（７）**Joaõ de Freitas.**
（８）原語（翻刻本）は **a** である。**carta de ley** を指す。
（９）原語（翻刻本）は **a** である。右の註（８）と同。
（10）**APO, 3, pp. 762, 763.**

122　一五九七年四月一六日付けゴア発、インディア副王の法令

「ドン・フェリペ云々、朕は、この書簡法令《カルタ・デ・レイ》を見る者たちに知らせる。神と朕への奉仕、およびシナにおけるマ

カオ市の住民たちの平安、さらにはそこ〔マカオ〕において犯されている多大な混乱と侮辱的言動の阻止という、正当な理由から朕はこれを命じるのであり、また朕の顧問会議《コンセリョ》〔メンバー〕であり現在そこ〔インディア〕の副王であるマティアス・ダルボケルケ臨席の法廷《メザ》で、インディアの控訴裁判所《レラサン》の判事《デゼンバルガドレス》たちがこれを決定したからでもあるが、朕は次のことを嘉納し、それを喜ばしく思う。朕はこれ〔本書簡法令〕によって次のことを命じ、そして禁じる。

これ〔本書簡法令〕の公布以後は、いかなる身分・地位であれ、前述のマカオ市に居住していようと、そこに赴く者であろうと日本人は何人《なんぴと》も、そしてまた自由な民《フォロ》であれ囚われ人《カティヴォ》であれ(1)他のいかなる国民の奴隷《エスクラヴォ》も、たといその主人《セニョル》の供をしていようとも、大であれ小であれ刀《カタナ》をもたらしてはならないし、もたらすことが出来ないものとする。

もしもこれに違反したら、この朕の法令《レイ》の規定《フォルマ》に反してそれ〔刀〕を所持していることが分かった者はすべて、主《セニ》人《ヨル》がいるなら、囚われ人《カティヴォ》としてインディアの朕のガレー船(2)で永久に使役され、また自由《リヴレ》の身であるなら、一〇年間同じガレー船に送られる(3)ものとする。またその者が所持していた刀《カタナ》は、それ〔刀〕と一緒にその者を捕らえる執行官《メイリニョ》(4)によって、没収されるものとする。罪人たちに対してはこのいずれも、極めて厳正に、容赦なく執行すること。

朕がこれを命じそして禁じる旨を、皆に周知徹底させ永久に知らしめるために、これ〔本書簡法令〕を前述のマカオ市の公の街路《ルアス・ププリカス》に、公告すること。そこ〔マカオ市〕の聴訴官職《オウヴィドリア》の登録簿《リヴロ・ドス・レジストス》に登録すること。朕はこれを、インディアの刑事聴訴官長《オウヴィドル・ジェラル・ド・クリメ》(5)、マカオのカピタン・モールと聴訴官《オウヴィドル》、その他すべての司法関係者《ジュスティサス》たち、役人《オフィシアエス》たちや関係する人々に通告する。そして彼らに対し、いかなる疑義を差し挟むことも、異議申立てをすることもなしに、これ(6)の記述内容通りに、履行・遵守するよう、また完全に履行・遵守させるよう命じる。

四月一六日に朕のゴア市において、ポルトガル王位《コロア》の王室紋章《アルマス・レアエス》の朕の印を押して発給した。国王陛下《エル・レイ》は彼の顧問会議《コンセリョ》〔メンバー〕であり、インディア副王云々であるマティアス・ダルボケルケを介してこのことを命じた。(7)われらの主ジェズ・キリストの生誕以来一五九七年に、アントニオ・バルボザ(8)がこれ(9)を作成した。ルイス・ダ・ガマがこれ(10)を記述させた。副王(11)。」

註

（1）**forro ou catiuo.** **cativo** の語については、文書3の註（2）。**forro** は **cativo** の対照語である。例えばポルトガル国王マヌエル一世は、マデイラ島 **ilha da Madeira** における砂糖生産を進める過程で、**forros** は全員同島から追放し、**cativos** のみを留めることに決したという。**Serrão, Joel, II, p. 421.**

（2）**galés.** ガレー船送りの刑罰については、**Coates, pp. 59 - 63, 85 - 96.** 拙訳『モンスーン文書と日本』二〇・四九・五一・五五・三〇七・四二四頁。

（3）翻刻本には **ser degradado por dez annos** と記されているが、**ser degredado por dez annos** の誤か。

（4）**meirinho.** 拙訳『モンスーン文書と日本』一六〇頁。

（5）**Ouuidor geral do crime.** ゴアの控訴裁判所判事の内の一人である。拙訳、同右、四八・一五四・一六四～一六六・四二三頁。

（6）原語（翻刻本）は **o** であるが、**carta de ley** を指す代名詞のはずであるから、左の註（9）・註（10）と同様、**a** と記すべきであろう。

（7）文書8の註（6）に記した分類により、本文書は、インディア副王がゴアにおいて、ポルトガル国王名で発給した法令である。この傍線箇所の文章のみ、国王が三人称で記されている。

（8）**Antonio Barbosa.** 文書106の註（11）。

（9）原語（翻刻本）は **a** である。**carta de ley** を指す。

（10）原語（翻刻本）は **a** である。**carta de ley** を指す。

（11）APO, 3, pp. 763, 764.

123　一五九七年一一月二一日付けゴア発、インディア副王の勅令

「ヴィディゲイラ伯爵にして提督《アルミランテ》、およびインディア副王云々であるドン・フランシスコ・ダ・ガマ(1)。私は、この私の勅令《アルヴァラ》を見る者たちに知らせる。

神《デオス》と私の主君《セニョル》である国王陛下《エル・レイ》への奉仕のためという正当な理由に動機付けられて、私は次のことを嘉納し、そうするのを喜ばしく思う。すなわち、私の前任者の歴代副王《ヴィゾ・レイス》や総督《ゴヴェルナドレス》たちによってキリスト教会《クリスタンダデ》とその聖職者《ミニストロス》たちの利益のために発給されたすべての勅令《プロヴィゾンエス》を、彼〔国王陛下〕の名において確認する。それら〔諸勅令〕は、私がそれを嘉納し、異なることを命じない限り、それらの記述内容の通りに、すべてにわたって履行すること。

私は、この〔インディア〕領国《エスタド》のすべての要塞《フォルタレザス》のカピタンたち(2)、その他のカピタンたち・聴訴官《オウヴィドレス》たち・司法《ジュ》関係者《スティサス》たち、および関係する役人《オフィシアエス》たちに、これを通告する。そして彼らに対し、いかなる疑義を差し挟むことも、異議申立てをすることもなしに、これ(3)を完全に履行・遵守するよう、そして前述の諸勅令《プロヴィゾンエス》と前述のごとくそれらを確認するこの私の勅令《アルヴァラ》とを、履行・遵守させるよう、命じる。法典《オルデナサン》の第二巻《リヴロ》第二〇項《ティトゥロ》は異なる規定をしてはいるが、彼〔国王〕の垂下の印《セロ・ペンデンテ》を押して、国王陛下《スア・マジェスタデ》の名で発給した書簡としての効力を有するものとする。一五九七年一一月二一日にゴアにおいて、ゴメス・ロドリゲス・デ・サンタ・クルズ(4)がこれを作成した。ジョアン・デ・アブレウ(5)がこれを記述させた。伯爵副王(6)。」

註

（1）Dom Francisco da Gama, Conde da Vidigueira, Almirante e V. Rey da India etc. 一五九七～一六〇〇年副王在任。文書109*の註（1）。
（2）capitães. 文書4の註（9）・文書8の註（11）。
（3）原語（翻刻本）はoである。alvaráを指す。
（4）Gomes Rodrigues de Santa Cruz.
（5）João de Abreu.
（6）APO, 5 - III, p. 1499.

124* 一五九八年一月八日付けリスボン発、ポルトガル国王のインディア副王宛書簡

「六、前述のマティアス・ダルブケルケは次のように言う。(1)すなわち、朕がその旨彼〔副王マティアス〕に書き送るよう指示した通り、そのゴア市・コチン・マラッカの聖職者祭式者会《カビドス》(2)への支給を続けるよう命じることに、特別の配慮をしている、と。

朕は貴下(3)に対し、この支給が常にきちんと行われるよう、同様の配慮をすることを依頼する。また、シナと日本の司教《ビスポス》たち(4)、および彼の補佐司教(5)への支給についても、これと同じように行動することを依頼する。また彼らの処遇の面で、当然そうあるべきであるが、貴下は彼らに対して尊敬を払うよう依頼する。使徒《アポストロス》たちの地位に代わる高位聖職者《プレラドス》たち(6)に対しては、そのようにしなければならないからだ。

朕は次のことを知って、喜ばしく思った。すなわち、あの地域〔日本〕の暴君《ティラノ》(7)が比較的穏やかになった。そし

てインディアのキリスト教会《クリスタンダデ》が、ますます進展しつつある。そこ〔インディ・アキリスト教会〕において聖務についている(8)聖職者《メニストロス》たちは、彼らの務めを果たしている。それは正しく朕の〔務め〕でもあるので、朕は朕の指令によって貴下が了解している通りに、貴下がそれ〔務め〕を〔遂行してくれるよう〕依頼する(9)。

〔中略〕

一〇、さらに彼〔副王マティアス〕は、朕に次のように言う。イエズス会修道士《コンパニアレリジオソス》たちは、彼らが担っている務めを果たしている。同修道士たちが駐在しているサルセテ(10)の地においてゴア大司教《アルセビスポ》(11)が行った巡察《ヴィシタサン》は、多大な実りを生んだ。彼ら〔同修道士たち〕は分別あり学識豊かな高位聖職者《プレラドス》たちを擁しているので、彼〔副王マティアス〕は朕に代わって、彼らの務めの諸々の事柄における彼らの立派な行動に対して、彼ら〔イエズス会高位聖職者〕に対し謝意を表した。

これらの〔イエズス会〕修道士たちは、ゴアの施療院《オスピタル》(12)の病人たちの世話を献身的に務めていることが分かったので、朕は貴下(13)に対し次のことを依頼する。彼らがそれ〔施療院〕の管理をするのは、神と朕への大なる奉仕になると朕が考えている旨、朕に代わって彼らに伝えてもらいたい。そのために必要なら、彼らの総長《ジェラル》の許可を〔彼らのもとに〕送ること。もっとも、未だそれが届かない間も、これほど敬虔にして必要な事業を、必ず彼らに引き続き行わせること。前述の施療院に必要なものをすべて補給するよう、貴下としても、尽力すること。補給状態が悪いために、彼ら〔イエズス会修道士たち〕がそれ〔施療院〕を再び手放す契機とならないようにすること(14)。」

註

（1）本書簡の冒頭に、昨年のナウ船団で、インディア副王マティアス・デ・アルブケルケ（一五九一～九七年副王在任）の書簡が何便か届いた旨、記されている。

APO, 3, p. 801.

（2）**Cabidos.** 聖職者祭式者会については、拙訳『モンスーン文書と日本』三五九・三六〇頁。

（3）インディア副王フランシスコ・ダ・ガマ、一五九七～一六〇〇年副王在任。

（4）日本司教は、次の註（5）に記す通りペドロ・マルティンスであるが、シナ司教つまりマカオ司教とは、レオナルド・フェルナンデス・デ・サのことであろう。司教任命は一五七七～七八年、マカオ着座は一五八〇～八二年で、一五九七年マカオで死亡した。なおこの間、彼が自分の司教区を留守にしたこともあり、アントニオ・ロペス・ダ・フォンセカや、日本司教ペドロ・マルティンスがマカオ司教区統轄者を務めた。しかし、マカオ司教の継承者が決められていたわけではなかった。

拙訳『モンスーン文書と日本』四〇三・四〇七頁。

（5）**Bispo seu coadjutor.** 一五九二年イエズス会士ペドロ・マルティンスが日本司教に任じられ、同年インディアで司教の叙階を受け、一五九六年八月来日着座した。マルティンスの日本司教任命にすぐ続いて、一五九三年一月イエズス会士ルイス・セルケイラが、日本司教の補佐兼継承者に任じられた。一五九三年ポルトガルのエヴォラで司教の叙階を受け、インディアに向かった。一五九八年二月マルティンスが死亡したのにともない、セルケイラがその跡を継承して日本司教となり、一五九八年八月来日着座した。

　この場合、その固有名詞の詮索は文書の趣旨からは逸れるであろうが、右の註（4）・註（5）の記述から、本文書で俸禄支給を問題にしている当該司教および補佐司教とは、シナ司教（つまりマカオ司教）のレオナルド・フェルナンデス・デ・サ、日本司教のペドロ・マルティンス、および日本の補佐司教ルイス・セルケイラのことであろう。

拙著『キリシタン時代対外関係の研究』五〇九・五一〇頁。文書103*の註（5）。

（6）**prelados.** 高位聖職者の語は、ここでは明らかに司教の意味で使用している。なお高位聖職者については、拙訳『モンスーン文書と日本』四六〇～四六五頁。

（7）豊臣秀吉のこと。文書74*の註（13）。

（8）傍線箇所の原文（原文書および翻刻本）は **se acupaõ nela...** である。**se ocupão nela...** の誤か。**Arquivo Histórico de Goa, Livro das Monções do Reino, n.º 2, f. 430.**

(9) APO, 3, pp. 803, 804.
(10) Salsete. ゴアのサルセテのことであろう。ゴアのサルセテは、イエズス会にとってコレジオをそこに有するなど、重要な布教拠点であった。文書39の註(4)。
(11) Arcebispo de Goa. フレイ・アレイショ・デ・メネゼス D. Frei Aleixo de Meneses(一五九五〜一六一一年ゴア大司教在位)のことであろう。頻出。
(12) Ospital de Goa. 文書116*の註(8)。
(13) 副王フランシスコ・ダ・ガマ。本文書の註(3)。
(14) APO, 3, p. 805.

125* 一五九八年一月二六日付けリスボン発、ポルトガル国王のインディア副王宛書簡

「わが友、伯爵提督《コンデ・アルミランテ》(1)副王閣下。朕国王は朕が愛する者として、貴下に対し深甚なる敬意を表する。ゴア大司教(2)は朕に、次のように書き送ってきた。すでに先年、朕がそれをしてはならないと命じた(3)にもかかわらず、フランシスコ《サン・フランシスコ》会の何人かの修道士《レリジオソス》がフィリピンから日本に入国した、と。

それだけでなく、この度前述の大司教が同時に次のように朕に書き送ってきたのを披見した。かの地〔日本〕で彼ら〔フランシスコ会士〕は暴君《ティラノ》(4)から暖かく迎えられた。彼らはイエズス会《コンパニア・デ・ジェズス》修道士《レリジオソス》たちに対し、聖福音を宣布する地域を彼らとの間で分割しようと働きかけた、と。

朕は次のように考える。すなわち、日本に入国する者たちは、マラッカの副管区長《クストディオ》(5)に服さなければならない。今後はもうこれ以上、他の者がフィリピンから〔日本に〕行ってはならない。行く場合は、前述のマラッカの副管区《クストディア》

から派遣すべきである、と。また朕は、彼〔教皇〕の小勅書《ブレヴェ》によってこのことを命じてくれるよう、教皇《サント・パードレ》に要請することを指示する。というのは、彼の修道会《オルデン》の全管区の最高の高位聖職者《プレラド・スプレモ》として、フランシスコ会《サン・フランシスコ》の総長《ジェラル》を介してこれを命じることも出来ようが、教皇の小勅書《ブレヴェ・アポストリコ》によることが出来れば、それが一層確かなものになると思われるからである。(6)」

註

(1) **Conde Almirante.** フランシスコ・ダ・ガマ、一五九七～一六〇〇年インディア副王在任。頻出。
(2) **Arcebispo de Goa.** フレイ・アレイショ・デ・メネゼスのことか。頻出。
(3) 一例を挙げるなら、文書119*の一三。
(4) 豊臣秀吉のこと。文書74*の註(13)。
(5) **Custodio.** フランシスコ会の副管区・副管区長については、拙訳『モンスーン文書と日本』四五六・四五七・四六〇～四六五頁。マラッカ副管区については、文書109*の註(4)の(補註8)。
(6) **APO, 3, p. 825.**

126* 一五九八年二月一〇日付けリスボン発、ポルトガル国王のインディア副王宛書簡

「二、前述の〔マラッカ〕市の元老院《カマラ》(1)は朕に対し、その〔インディア〕領国《エスタド》とフィリピン《フェリピナス》との間の商業を禁じる禁令《デフェザ》の撤廃《レヴァンタル》を命じる件について、書き送ってきた。この件についての朕の回答は、そこ〔マラッカ市〕の意に添うものではない。というのは、前述の禁令を実効のないものにしようとしてはならないからである。それ〔同禁令〕

は、神と朕への奉仕、およびその〔インディア〕領国の利益のために重要であるという、明確な根拠があって施行されたものである。

このため、朕は改めて貴下に対し、前述の禁令を厳正に履行させるよう依頼し、命じる。禁令にもかかわらず、マラッカのカピタンたち(2)が前述の商業を行っている旨、同元老院が朕に書き送ってきたので、朕は勅令《プロヴィザン》を発給するよう命じた。それ〔同勅令〕はこれらの便《ヴィアス》(3)で送付される。それ〔同勅令〕に基づいて、この件について毎年訴訟《デヴァサ》が提起されるようにするためである。それに関して貴下は特別の配慮を傾注すること。この件で行われた事柄を、毎年朕に書き送ること(4)。」

註

（1）Camara da ditta cidade sobre. 文書121の註（4）。
（2）マラッカ・カピタンの名簿は次の文献に載っている。Teixeira, 1961, II, pp. 409 - 411. Teixeira, 1963, V, pp. 207 - 209. Sousa Pinto, p. 229.
（3）nestas uias. 一五九八年四月四日に、四艘からなるナウ船団がリスボンを出帆し、インディアに向かった。Maldonado, p. 102. Castro & Paes, pp. 276, 277.
（4）APO, 3, p. 828.

127* 一五九八年三月一〇日付けリスボン発、ポルトガル国王のインディア副王宛書簡

「わが友、伯爵提督副王閣下。朕国王は朕が愛する者として、貴下に対し深甚なる敬意を表する。日本司教ドン・

ペドロ・マルティンス(1)は、昨年の便《ヴィアス》で送られてきた〔一五〕九六年一月四日付けでマカオにおいて記述された書簡(2)により、朕に次のように書き送ってきた。

すなわち、長崎を除きあの〔日本の〕すべての地域において、そこにいるイエズス会修道士《コンパニアレリジオソス》たちは公然と説教をし、ミサが挙行されている。暴君《ティラノ》(3)はそれを見逃していると思われている。その年〔一五九五年か〕には、新たに五〜六〇〇〇人のキリスト教徒が生まれた。あの地域〔日本〕の主立った人々の多くは、すでに密かにそれ〔キリスト教徒〕になっているのであるから、この暴君の死亡(4)によりそれになるであろう、と思われている。彼〔暴君〕はすでに、民衆《ポヴォ》がキリスト教徒になることに対しては許可を与えているが、貴人《ノブレス》については否である。彼らは破壊された多くの教会を建造した。彼は、すべての人々を恐れたがために、高麗の戦(5)を断念した、と。

二、さらに彼〔司教マルティンス〕は、朕に次のように言う。すなわち、インディアにおいては皆が、全面的に平穏になった後でなければ、彼〔日本司教〕は日本に入国すべきではないという意見である。しかし彼は、あの羊たち《オヴェリャス》(6)を救いに行く途上にある。司教の名誉も壮麗さもなく、質素な装いで行くであろう。彼の補佐《コアジュトル》である司教は、その翌年に行くであろう。二人が一艘のナウ船に乗って行く危険を、冒さないためである、と。

三、また彼は言う。日本には、他の修道会《オルデン》の〔修道士たち〕がいる土地に修道士《レリジオソス》たちが入ることを禁じている教皇《サンクト・パードレ》の諸小勅書《ブレヴェス》や朕の諸勅令《プロヴィゾンエス》に違反して、フランシスコ会修道士《フラデス・カプショス》(7)が八人いる。彼らは一人の婦人に対し、もしもそれを与えないと来世《オウトラ・ヴィダ》で重い罰を受けると脅して、一万クルザド(8)の喜捨《エスモラ》を求めた。彼らは他にも、多大な混乱の原因となるようなことを言った。

シナ航海《ヴィアジェン・ダ・シナ》を恵与されたカピタンたちが、新キリスト教徒《クリスタンス・ノヴォス》(9)たちや彼ら〔マカオ住民〕にとって弊害になると思われるその他の人々を、あの町《ポヴォアサン》〔マカオ〕から追放するための諸勅令《プロヴィゾンエス》をマカオに持って行く。しかし彼ら〔カピタンたち〕は、これをすべて賄賂に替えてしまって、それを受け取る、と。

四、さらに〔彼は次のように言う〕。もしもカピタンたちの職務の勤務状況が悪いようならば、それは彼らの〔勤務の〕審査《レジデンシア》を行う者たちが、あまり信用の置けない、貧しい人々であって、何であれもらいさえすれば、行うべきそれ(10)〔審査〕をしないからである、と(11)。」

註

（1）日本司教ペドロ・マルティンス Pedro Martins については、文書103*の註（5）。

（2）この一五九六年一月四日付けマカオ発マルティンスの国王宛書簡は、その大部分は日本キリスト教会の現状報告であり、それに一部マカオの事情を報じたものである。同書簡の要旨を次に記してみる。

日本におけるキリスト教会は、いくらか平穏になりはじめた。長崎を除きすべての地域で公然と説教をしたり、ミサを挙行したりしている。暴君《ティラノ》〔豊臣秀吉〕はこれをすべて承知していながら、見逃している。今年〔日付から一五九五年のことであろう〕新たに五～六〇〇〇人のキリスト教徒が生まれた。多数の領主《セニョレス》がキリスト教徒になろうと思い、何人かは密かに信徒になった。暴君が死亡すれば、大勢の改宗が期待出来る。破壊された教会四〇軒以上が再建された。暴君は、京都に潜伏していた一人のパードレに、修道院《カザ》を建ててそこに公然と住まうことを許可した。彼は、民衆《ジェンテ・ド・ポヴォ》をキリスト教徒にするのはよいが、領主《セニョレス》は不可であると言明した。彼は体力衰弱し、死も間近と思われるので、高麗 Chorai の戦いを断念し、全軍を日本に帰還させた。彼はすでに後継者に指名してあった甥〔豊臣秀次〕を殺害したので、多くの領主《セニョレス》を動揺させた。彼は恐怖心が強く、同じところに寝ないほどだ。

インディアでは皆が、全く平穏になるまでは日本に行くべきではないという意見であったが、日本からの如上の情報から、日本教会を混乱させることなしに司教が入国できると判断されるので、一五九六年六月のモンスーンで日本に向けて発つ決心をした。司教の補佐兼継承者であるセルケイラは、二人が一艘のナウ船で行く危険を避けて、来年に日本に赴く。

自分は司教としての華美・盛儀をともなわず質素に、一イエズス会パードレとして行こうと思う。

教皇の諸小勅書《ブレヴェス》と国王陛下の諸勅令《プロヴィゾンエス》が発せられているにもかかわらず、フランシスコ会士《フラデス・カプショス》八人がマニラから日本に入国している。彼らは日本キリスト教会に益するというより、むしろそれを妨害している。彼らはスペイン王位に属し、日本布教に経験が乏しく、そこに分裂を来している。彼らは一人のキリスト教徒の婦人に五〇〇タエル、すなわち一〇〇〇クルザドの喜捨を求め、教会建造のためのこの喜捨を与えなかったら、死後大変な罰が加えられよう、と彼女に告げた。他にも彼らはこういった浅はかなことを語った。陛下は、彼らをマニラ《マニリャ》に引き揚げさせるのがよい。日本布教のために他の修道会士の入国を必要とする時は、ポルトガル人であり、しかも東インディア経由でなければならない。日本は東インディアに属するからだ。

マカオに渡来するカピタンたちは、新キリスト教徒《クリスタンス・ノヴォス》や、彼らにとって害があると思う人々を追放するための勅令をもたらす。しかし実際はこれらの勅令を脅しに使って、これらの人々から賄賂を取ったり、かねを借りたりするだけで、何人《なんぴと》も追放されない。

カピタンや聴訴官の職務が終了した時、その審査に際して大変な悪弊が見られる。信頼の置けない貪欲な人々が彼らに対する審査《レジデンシアス》を行い、四クルザドをもらうだけで出鱈目な証人に証言をさせて、水増しした審査結果を出す（補註）。

右に記した司教の書簡の要旨と対比させて、本文書は、マカオにいる日本司教から寄せられた日本教会とマカオの状況報告を、そのままインディア副王に書き送って情報提供をし、それへの対処を指示したものであることが分かる。多人数に上るキリシタン宣教師の中でも、ポルトガル国王に送付した現地報告が、国王のインディア副王への書簡の中にほとんどそのまま転記され、指令に利用されるというのは、やはり司教という権威ある教会聖職者の書簡故のことと言ってよいであろう。

（補註）**Jap. Sin. 20-II, ff. 45 - 46.** 拙訳『イエズス会と日本』一、一六三〜一六七頁。

（3）豊臣秀吉のこと。文書74*の註（13）。

（4）豊臣秀吉の死は慶長三年八月一八日（一五九八年九月一八日）。

（5）**guerra de Choray.** 本文書に高麗の戦とある場合、慶長二年（一五九七年）二月に始まる慶長の役のことではあり得ず——秀吉の死後に家康ら五大老が朝鮮在陣の諸大名に撤退を指示——、明らかに文禄の役を指す。文書103*の註（8）

に記した通り、この戦いは文禄二年（一五九三年）四月講和交渉が開始、文禄五年（一五九六年）九月秀吉が大坂城で、来日した明の冊封使を引見して行違いを知り、再戦つまり慶長の役を決意した。

本文書には、日本国内に遍く厭戦気分が充満し、それを恐れて秀吉が戦い続行を断念したように記されている。ポルトガル国王はこれを、一五九六年一月四日付けマカオ発、日本司教マルティンスの書簡によって記述している。文書103*の註（5）・註（7）に記した通り、日本に赴くべくインディアを発ったマルティンスは、一五九三年八月マカオに着いたが、文禄の役その他の事情が障害になって、すぐに日本に渡ることは出来ず、一五九六年八月一三〜一四日に来日するまでマカオで待機することを余儀なくされた。

つまり司教がポルトガル国王宛てにこの書簡を記述したのは、マカオにおいて日本行きの機会の到来を待っていた時であった。その日本行きを阻む大きな障害の一つである秀吉の朝鮮出兵の帰趨には、強い関心を寄せていたはずである。

（6）**Bispo seu coadjutor.** ルイス・セルケイラ **Luís Cerqueira** のこと。文書116*の註（2）。

（7）**frades capuchos.** 文書109*の註（4）の（補註8）。拙訳『イエズス会と日本』一、一六六頁。

（8）**dez mil cruzados.** クルザドについては、文書11の註（4）の（補註17）。

（9）**cristaõs nouos.** 文書58*の註（1）。

（10）原語（翻刻本）は **as** である。翻刻本の **residencia** に代わる代名詞であろうが、こちらは単数形で記してある。註（2）に記した通り、本文書は一五九六年一月四日付けマカオ発マルティンスの書簡の趣旨を転記して、インディア副王に指示を与えているものである。そのマルティンスの書簡の当該箇所は **residencias,** その語を指す代名詞は **as** と記されている。おそらくそれに引きずられて、翻刻本の **residencia** に代わる代名詞なら **a** と記すべきところを **as** と記したのであろう。

（11）**APO, 3, pp. 861, 862.** 一〜三節は、岡本良知「十六・七世紀日本関係公文書」一九九〜二〇一頁。

128　一五九八年三月一二日付けリスボン発、ポルトガル国王の勅令

「朕国王は、この勅令《アルヴァラ》を見る者たちに知らせる。朕は次のような情報を得た。すなわち、神と朕への奉仕、およびインディア領国の利益を大いに重視するが故に、そこ〔インディア領国〕からフィリピン《フェリピナス》向けの商業、および前述のフィリピンから同〔インディア〕領国の他の地域への〔商業〕を禁じるよう命じた後も、この朕の禁令がそこ〔同禁令中〕に言明されている通りに完全には遵守されていない、と。朕はそれを信じたわけではないが、もしもそうなら、それは極めて朕への奉仕にはならないと考える。したがって朕は、現在それに就任しており、さらには将来それに就任する朕のインディア副王および総督に対し、次のことを命じる。

前述の商業について罪を犯した者たちに対して、毎年刑事訴訟《ティラル・デヴァサ》を提起させること。しかもそれが裁きである以上、彼らに対し簡潔に略式に訴訟を開始《プロセデル》させること。彼ら〔罪人〕に対して下された判決による刑罰を、罪人に実効的に執行すること。とくに前述の訴訟《デヴァサ》において、前述の禁令〔発布〕の後にマラッカのカピタンたちが前述の罪を犯したか否かを尋問すること。彼らの任期が終わっていようと、現に未だ前述のカピタン職に就いていようと、あるいは将来それ〔同職〕を務める際であろうと、〔右の措置をとること〕。彼らの審査《レジデンシアス》の項目《カピトロス》にこれ〔この件〕を加えること。この勅令《プロヴィザン》に従って毎年提起するよう朕が命じる訴訟《デヴァサス》以外にも、それ〔審査〕において、とくにこの事件《カソ》について尋問をするためである。

ゴアの控訴裁判所《レラサン》(1)と会計院《コントス》(2)の記録簿《リヴロス》、さらには王室資産《ミニャ・ファゼンダ》およびインディア館《カサ・ダ・インディア》(3)のそれ〔記録簿〕にこれを登録す《セ・レジ》(4)ること《スタラ》。法典《オルデナソンエス》第二巻《リヴロ》第二〇項《ティトロ》は異なる規定をしてはいるが、〔本勅令は〕それ〔尚書職〕によって発給されたものではないとはいえ、朕の名前に始まり、朕の尚書職《シャンセラリア》によって発給された書簡《カルタ》としての効力を有するものと

すること。一五九八年三月一二日にリスボンにおいて、マヌエル・デ・トレス(5)がこれ(6)を作成した。私こと秘書官《セクレタリオ》ディオゴ・ヴェリョ(7)がこれ(8)を記述された。皇太子《プリンシペ》(9)。ミゲル・デ・モウラ(10)。

国王陛下《ヴォサ・マジェスタデ》が、上述の事件についてインディアにおいて毎年提起するよう命じる訴訟《デヴァサ》について。国王陛下披見のため。第二便《ヴィア》(11)。」

註

（1）Relação. Hespanha, p. 78. 拙訳『モンスーン文書と日本』四八・一五四・一六四〜一六六頁。

（2）contos. Bocarro, 1992, II, pp. 139, 140. 拙訳、同右、四九・一五八・三八六頁。

（3）cassa da India. 拙訳、同右、一九八〜二〇〇頁。

（4）原語（翻刻本）は esta である。本文書のことを指しているのであろうが、本勅令は aluará（男性名詞）とも prouisaõ（女性名詞）とも記されている。

（5）Manuel de Torres.

（6）原語（翻刻本）は o である。本文書を指す代名詞であろうが、男性形である。先の註（4）に記した esta が女性形であることとの整合がとれていない。

（7）Diogo Velho. 文書52の註（6）。

（8）原語（翻刻本）は o である。註（6）と同。

（9）Principe. フィリペ一世（スペイン国王フェリペ二世）は一五九八年九月一三日、スペインのエスコリアルにおいて死亡した。同日フィリペ二世（スペイン国王フェリペ三世、一五九八〜一六二一年在位）がポルトガル国王に即位した。本文書に Principe と署名しているのは、半年後にフィリペ二世として即位する皇太子のことである。なおフィリペ一世（フェリペ二世）は、一五九四年に皇太子フィリペ príncipe D. Filipe に宛て遺言を作成している。
Serrão, Joaquim Veríssimo, IV, p. 48. Olival, pp. 87, 92, 93.

（10）Miguel de Moura. 文書29の註（8）。

（11）APO, 3, pp. 869, 870.

129*　一五九八年三月三〇日付けリスボン発、インディア副王宛書簡(1)

「四、国王陛下《スア・マジェスタデ》は次のような情報を得た。イエズス会《コンパニア》は、彼ら以外の他の修道会《オルデンス》の修道士《レリジオソス》たちが日本に行かないために、要請して小勅書《ブレヴェ》を取得した。フランシスコ会修道士たちがそこ〔日本〕に行くことが、国王陛下の書簡の形で許可されるなら、神《デオス》および彼〔国王〕への奉仕となると思われる旨、国王陛下《スア・マジェスタデ》がこれらの便《ヴィアス》(2)で、閣下《ヴォサ・セニョリア》〔インディア副王〕およびゴア大司教《アルセビスポ》(3)に書き送ったのであるから、(4)前述の小勅書は行使してはならないというのが、彼〔国王〕の考えである。その〔インディア副王・ゴア大司教宛書簡の〕中で彼〔国王陛下〕は、〔小勅書が〕取得された時には、それについて国王陛下に報告すべきであるが、それがなされたのかどうかについて知るよう、尽力せよと命じている。この点もまた、重要である。

また彼〔国王陛下〕は私に、次のように命じた。このことを彼〔国王〕の書簡で伝達する時間がないので、(5)上述の通りこの件で行わなければならないことを、〔私から〕閣下《ヴォサ・セニョリア》〔副王〕に報せるように、と。神よ閣下を護らせ給え。リスボンより、一五九八年三月三〇日。ディオゴ・ヴェリョ。

（上書き《ソブレスクリプト》）

伯爵提督《コンデ・アルミランテ》インディア副王閣下。第二便《ヴィア》(6)。」

註

（1）本文書はポルトガル本国からインディア副王への指令であるが、通常の国王文書の形をとっておらず、差出人が明記されていない。本文書はゴア歴史文書館所蔵のモンスーン文書であるが、同文書群のマイクロフィルムを所蔵するポルトガル海外領土史研究所フィルモテーカの紀要によると、本文書は、一五九八年三月三〇日付けリスボン発、国務書記官 Secretário de Estado の、伯爵提督インディア副王フランシスコ・ダ・ガマ（一五九七～一六〇〇年副王在任）宛書簡《カルタ》と記されている（補註1）。

そこには固有名詞は記されていないが、同じくモンスーン文書中の一文書である一五九七年四月二日付けリスボン発、国務書記官 Secretário de Estado の伯爵提督インディア副王フランシスコ・ダ・ガマ宛書簡については、同紀要に「国務書記官ディオゴ・ヴェリョ」Secretário de Estado, Diogo Velho と、同職に就いていた人物名を明記している（補註2）。この人物は、文書52の註（6）に記した通り、文書末尾に「私こと書記官ディオゴ・ヴェリョが云々」Eu o Secretário Diogo Velho…と記された例は多数に上り、かなり長期にわたって同じ、あるいは同類の職務に就いていたことが分かる。

（補註1）Boletim da Filmoteca Ultramarina Portuguesa, 2, pp. 233, 234.

（補註2）Ibid., 2, p. 224.

（2）nestas vias. 一五九八年四月四日、四艘からなるナウ船団がリスボンを出帆してインディアに向かった。文書126*の註（3）。

（3）Arcebispo de Goa. フレイ・アレイショ・デ・メネゼス D. Frei Aleixo de Meneses, 一五九五～一六一一年ゴア大司教在位。頻出。

（4）インディア副王宛書簡は、文書125*を指すのであろう。

（5）本文書の註（2）。

（6）APO, 3, p. 880.

130　一五九八年七月四日付けゴア発、インディア副王の書簡法令

「神の恩寵により、内陸《ダケン》のポルトガルおよびアルガルヴェス、海外領《ダレン・マル》ではアフリカにおいてギネーの支配者《セニョル》であり、エチオピア・アラビア・ペルシア、インディア、およびモルッカ《マルコ》の諸王国《レイノス》の征服・航海、および商業の支配者《セニョル》云々であるドン・フェリペ。朕は、この朕の書簡法令《カルタ・デ・レイ》を見る者たちに知らせる。

朕の主君《セニョル》にして祖父でもある故ドン・マヌエル国王陛下《エル・レイ》(1)が、インディアの地域の発見において抱いていた意図は、そこ〔インディアの地域〕において彼の聖なるカトリック信仰の発展の面で、われらの主に多大な奉仕をすることにあり、またあの〔インディアの〕地域の人々にそれ〔カトリック信仰〕についての真実の知識を植え付けるためであって、それのために過去において、そして現在も日々多大な労苦がなされている。朕はこの点を考慮して、万般われらの主に奉仕し賞賛することに専念するのがよいと思っている。また朕は今や、朕の義務であるこの新たな土地での大規模な信仰の種の散布《ノヴィダデ・エ・セメンテイラ・タント》が後戻りしないどころか、むしろ増大し、灯がともり、すべての信徒《フィエイス》たちが希求する義務である目的を達成するために存在し得る不都合を阻止することが、いかに重要であるかを考慮している。

朕の心を動かすこういった理由から、そしてさらに、あの地域〔ゴア〕の控訴裁判所判事《デゼンバルガドレス・ダ・レラサン》(2)たちの見解を添えて、ゴア市におけるキリスト教徒たちの父《パイ・ドス・クリスタンス》(3)であるイエズス会士パードレ・ゴメス・ヴァズが、朕に要請したことでもあるので、朕は次のことを嘉納し、それを喜ばしく思う。この〔書簡〕法令《レイ》の発布以降は、非信徒《インフィエル》・モーロ人《モウロ》・異教徒《ジェンテイオ》である者はいかなる職能《オフィシオ》の師匠《メストレ》、職人仕事場《テンダ》の職人《オフィシアル》も、キリスト教徒になって一〇年にならない徒弟《アプレンディゼス》たち、または一四歳以下のキリスト教徒の若者《モソス》たちを抱えてはいけない。これに違反したら、一〇〇パルダウ〔の罰金を

徴して〕囚われ人たち《カプティヴォス》(4)および告発者《アクザドル》に与え、その上一年間領国《エスタド》のガレー船に送られる刑罰を被るものとする。かかる若年者に対しては、常にその機会があり次第、配慮をしているからである。

　彼らは、〔カトリック〕信仰を知ってから未だ日が浅いので、彼らの異教的慣習《コストゥメス・ジェンティリコス》に戻ってしまうかも知れないし、または少なくとも、それ〔信仰〕に対して重大な誤りを犯してしまうからである。しかし、キリスト教徒になって一〇年経過し、そして前述の如く一四歳を超えていれば、前述の非信徒《インフィエイス》の師匠《メストレス》たちの下で自由に習得してよいものとする。また現在修行中であるが、一四歳になっていないし、キリスト教徒になってから一〇年経っていない者たちに対しては、朕は、これ〔本書簡法令〕の公布の日から六ヵ月〔の猶予〕を与えることに定めるが、それはその間に、前述の師匠《メストレス》たちから彼らを引き離し、前述の刑罰を被らないようにするためである。前述の期間を過ぎたら、彼らは前述の如く、それら〔の刑罰〕を被るものとする。

　朕はこれを、領国《エスタド》の尚書《シャンセレル》(5)・前述のインディアの地域の刑事聴訴官長《オウヴィドル・ジェラル・ド・クリメ》(6)・聴訴官たち《オウヴィドレス》・判事たち《ジュイゼス》・司法関係者たち《ジュスティサス》・役人たち《オフィシアエス》、およびこの〔件〕が提示され、その裁判権《コニエシメント》が法に基づいて帰属する人々に通告する。

　そして朕は彼らに対し、いかなる疑義を差し挟むことも、異議申立をすることもなしに、これをその(7)〔本書簡法令の〕内容の通りに履行・遵守するよう、そして完全に履行・遵守させるように命じる。これ(8)〔本書簡法令〕は、ゴア市および領国《エスタド》のその他の諸都市と諸要塞の広場と公の場所に、公告すること。それら〔諸都市・諸要塞〕には前述の尚書《シャンセレル》が、彼が署名したこれの写しを送付すること。皆に周知徹底させ、不知を主張することが出来ないようにするためである。またこれの公布に関しては、それが真正なものであることの証に、証明《セルティダン》を発すること。朕のゴア市において七月四日に、ポルトガル王位《コロア》の王室紋章《アルマス・レアエス》の朕の印を押して、発給した。

　われわれの主君《セニョル》である国王陛下《エル・レイ》が(9)、ヴィディゲイラ伯爵インディア提督《アルミランテ》にして副王云々であるドン・フランシスコ・ダ・ガマを介して、これを命じた。われらの主イエズス・キリストの生誕以降一五九八年に、エスタヴァン・

ヌネス[10]がこれ[11]を作成した。ルイス・ダ・ガマ[12]がこれ[13]を記述させた。伯爵提督副王《コンデ・アルミランテ・ヴィゾ・レイ》[14]。」

註

（1）文書128の註（9）に記した通り、ポルトガル国王フィリペ一世（スペイン国王フェリペ二世）は一五九八年九月一三日に死亡し、フィリペ二世（スペイン国王フェリペ三世）は同日即位した。本書簡法令が発せられた時のポルトガル国王はフィリペ一世であるが、ポルトガル国王マヌエル一世は彼の祖父に当たる。

イサベル（カスティリャ女王）
＝
フェルディナンド（アラゴン王）
　―マリア
　＝
　マヌエル一世（ポルトガル国王）
　　―イサベル
　　＝
　　カルロス一世（スペイン国王）
　　　―フィリペ一世（フェリペ二世）

（2）**Desembargadores da Relação**. Hespanha, p.78. 拙訳『モンスーン文書と日本』四八・一五四・一六四〜一六六頁。金七紀男『ポルトガル史』二九五頁。

（3）**Pay dos christãos**. Hespanha, pp. 46, 47. 拙訳、同右、六三頁。

（4）**captivos**. 文書3の註（2）。

（5）**chanceller**. 拙訳『モンスーン文書と日本』一六〇・一六五頁。

（6）**Ouvidor geral do crime**. 拙訳、同右、四八・一五四・一六四〜一六六・四二三頁。

（7）原語（翻刻本）は **o** であるが、**carta de ley** に代わる代名詞のはずであるから、**a** と記すべきであろう。

（8）ここでは原語（翻刻本）は、**a qual** と女性形をとっている。

（9）インディア副王がポルトガル国王の名で発給した法令である。傍線箇所のみ、国王が三人称で記述されている。文書8の註（6）。

（10）**Estevão Nunes**. 文書91の註（16）。

（11）ここでも原語（翻刻本）は **a** と記されている。
（12）Luis da Gama. 文書76の註（16）。
（13）原語（翻刻本）は **a** である。
（14）**APO, 5 - III, pp. 1525 - 1527.**

131　一五九八年七月七日付けゴア発、インディア副王の書簡法令

「神の恩寵により、内地《アケン》ではポルトガルとアルガルヴェスの国王であり、海外領《アレン・マル》ではアフリカにおいてギネーの支配者《セニョル》であり、エチオピア・アラビア・ペルシア・インディア、およびモルッカ《マルコ》の諸王国《レイノス》の征服・航海、および商業の支配者《セニョル》云々であるドン・フェリペ。朕は、この朕の書簡法令《カルタ・デ・レイ》を見る者たちに知らせる。朕は、神への奉仕、およびインディアの地域のキリスト教会《クリスタンダデ》の利益と名声を正当に尊重したいという気持ちに動かされ、さらにはそこ〔インディアの地域〕の控訴裁判所《レラサン》の控訴裁判所判事《デゼンバルガドレス》たちの見解をも得て、次のことを嘉納し、それを喜ばしく思う。

朕は、これ〔書簡法令〕によって次のように命じ、そして禁じる。すなわち、それ〔控訴裁判所〕の判決《デクレト》によってガレー船送りの刑を宣告された非信徒《インフィエル》は何人《なんぴと》たりと、彼〔身代り〕により自らが送られないため、自由な身分《フォロ》であれ囚われ人《カプティヴォ》であれ、自分の代わりにキリスト教徒を差し出すことなどあり得ないし、それをしてもいけない。彼自身が宣告を受けた刑罰に服する義務を負う、と。

また朕は、司法《ジュスティサ》の高官《ミニストロス》たちおよびこれに関わるその他の役人《オフィシアエス》たちに、次のことを命じる。誰であれキリスト教徒が前述の非信徒《インフィエル》より下位に立つのを、容認してはならない。違反したら、一〇〇パルダウ[1]を徴収し、これを囚わ《カティ》

れ人《ヴォス》たちと告発者《アクサドル》に与える刑罰を被るものとする。また反対に、[2]彼らが、自分たちが奉仕を受ける者〔の要望〕を容認した方がよいと思うのなら、そのような場合は、彼〔ガレー船送りを宣告された非信徒〕は自らの代りに、他の非信徒《インフィエイス》たちを差し出してもよいものとする。それ以外は不可である。

朕はこれを、領国《エスタド》の尚書《シャンセレル》・刑事聴訴官長《オウヴィドル・ジェラル・ド・クリメ》・その他の司法関係者《ジュスティサス》たち・役人《オフィシアエス》たち、および関係する人々に通告する。そして彼らに対し、いかなる疑義を差し挟むことも、異議申立てをすることもなしに、これ〔本書簡法令〕の内容の通りに履行・遵守するよう、そして完全に履行・遵守させるよう、命じる。これ〔本書簡法令〕を、ゴア市の広場《プラサス》および公の場所に公告すること。この公布について、これ〔本書簡法令〕の裏面《コスタス》に証明《セルティダン》を発すること。朕のゴア市において七月七日に、ポルトガル王位《コロア》の王室紋章《アルマス・レアエス》の印《セロ》を押して、発給された。われわれの主君《セニョル》である国王《エル・レイ》陛下が、ヴィディゲイラ伯爵インディア提督《アルミランテ》にして副王云々であるドン・フランシスコ・ダ・ガマを介して、これを命じた。[3]われらの主イエズス・キリストの生誕以降一五九八年に、エステヴァン・ヌネス[4]がこれ[5]を作成した。ルイズ・ダ・ガマ[6]がこれ[7]を記述させた。伯爵提督副王《コンデ・アルミランテ・ヴィゾ・レイ》[8]。」

註

（1）**cem pardáos. 1 pardau = 5 tangas = 300 réis.** つまり一〇〇パルダウ＝七五クルザドである。文書7の註（3）。

（2）傍線箇所の原語（翻刻本）は **para o contrario** であるが、その後に編纂者が（**sic**）「原文のまま」と付記している。

（3）インディア副王がポルトガル国王の名で発給した法令である。傍線箇所のみ、国王が三人称で記述されている。文書8の註（6）。

（4）**Estevão Nunes.** 文書91の註（16）。

（5）原語（翻刻本）は **a** である。**carta de ley** に代わる代名詞である。

（6）Luiz da Gama. 文書76の註（16）。
（7）原語（翻刻本）oである。右の註（5）と同様aと記すべきであろう。
（8）APO, 5, III, pp. 1527,1528.

132　一五九八年七月八日付けゴア発、インディア副王の書簡法令

「神の恩寵により、内陸《ダケン》ではポルトガルとアルガルヴェスの国王であり、海外領《ダレン・マル》ではアフリカにおいてギネーの支配者《セニョル》であり、エチオピア・アラビア・ペルシア・インディア、およびモルッカ《マルコ》の諸王国《レイノス》の征服・航海、および商業の支配者云々であるドン・フェリペ。朕は、この朕の書簡法令《カルタ・デ・レイ》を見る者たちに知らせる。朕は次のような情報を得た。

何人かのポルトガル人商人たち・現地《テラ》のその他のキリスト教徒たち・異教徒《ジェンティオス》たち、およびモーロ人《モウロス》たちが、ゴア市やインディア領国のその他の諸都市や諸要塞《フォルタレザス》から、馬を連れてモーロ人たちや非信徒《インフィエス》(1)たちの土地《テラス》に行く。その際、それら〔馬〕の世話をさせるために、キリスト教徒の馬夫《ファラゼス》(2)たちを連れて行く。彼らは、われわれの聖なるカトリック信仰や、彼ら自身の救いを全く疎かにして、その地にそのまま永住してしまう、と。

これらの不都合、およびその他の神《デオス》や朕への奉仕に反するさまざまな事柄を避けるために、朕は次のことを嘉納し、そうするのを喜ばしく思う。朕はこれ(3)〔本書簡法令〕によって次のことを命じ、かつ禁じる。現地《テラ》のキリスト教徒は何人《なんぴと》も、馬夫《ファラズ・デ・カヴァロス》としてであれ、何らかの商人としてであれ、対岸《オウトラ・バンダ》(4)に渡ってはならないし、他の何人《なんぴと》も彼ら〔キリスト教徒の馬夫〕を連れて行ってはならない。もしもこれに違反したら、〔キリスト教徒の馬

夫を〕一人連れて行く毎に一〇〇パルダウを徴収し、これを囚われ人《カティヴォス》たちや告発者に与える刑罰を被るものとする。モーロ人《モウロス》たちまたは異教徒《ジェンティオス》たちの馬夫《ファラゼス》たちは、連れて行ってもよいものとする。

朕はこれを、ゴア市のカピタン・そこ(5)〔ゴア市〕の諸宮殿《パソス》のその他のカピタンたち(6)・領国の尚書《シャンセレル》・聴訴官長《オウヴィドル・ジェラル》・その他の聴訴官《オウヴィドレス》たち・判事《ジュイゼス》たち・司法関係者《ジュスティサス》たち・役人《オフィシアエス》たち、およびこれ〔本書簡法令〕が提示され、そしてそれの裁判権《コニェシメント》が帰属する人々に通告する。そして彼らに対し、いかなる疑義を差し挟むことも、異議申立てをすることもなしに、これ〔本書簡法令〕をその内容通りに履行・遵守するよう、そして完全に履行・遵守させるよう、命じる。

皆に周知徹底させ、不知を言い立てる事が出来ないようにするために、これ〔本書簡法令〕を、ゴア市の公の場所に公告すること。前述の尚書《シャンセレル》は、領国のその他の諸都市および諸要塞《フォルタレザス》において、それ〔本書簡法令〕を公告させること。それについて、真正なものであることの証に、証明《セルティドンエス》を発すること。七月八日に朕のゴア市において、ポルトガル王位《コロア》の王室紋章《アルマス・レアエス》の印《セロ》を押して、朕のゴア市において発給した。われわれの主君《セニョル》である国王陛下《エル・レイ》が、ヴィディゲイラ伯爵インディア提督《アルミランテ》にして副王云々であるドン・フランシスコ・ダ・ガマ(7)を介して、これを命じた(8)。一五九八年にアントニオ・ダ・クニャがこれを作成した。ルイス・ダ・ガマがこれを記述させた。当地から海路カナラ(9)に行く者たちも、同じ事柄が該当するものとする。伯爵提督副王《コンデ・アルミランテ・ヴィソ・レイ》(10)。」

註

(1) 翻刻本には infies と記してある。誤記か誤植であろう。

(2) **farazes.** 単数形は **faraz.** 今日では、ゴアの二つの最下層のカーストの一つで、墓掘り人など卑しい仕事に従事する者を意味するが、古くは、馬・敷物・筵の係を意味したという。

Dalgado, I, pp. 390, 391. ダルガドはこの語の用例として、本文書を挙げる。

（3）原語（翻刻本）は este である。carta de ley を指す代名詞のはずであるから、女性形 esta と記すべきであろう。

（4）outra banda. おそらく「大陸」terra firme（例えば文書116*の註（8）の（補註42））といった表現と同義で、ゴア島（ティスアリ島）から見て、マンドヴィ川 Rio Mandovi・ズアリ川 Rio Zuari の対岸を意味するのであろう。拙訳『モンスーン文書と日本』三八〇〜三八二頁。

（5）ゴア市にはカピタンが一人いた。

Bocarro, 1992, II, p. 140. 拙訳『モンスーン文書と日本』四九頁。

（6）mais capitães dos passos della. ポルトガル語辞書によると、一、passos は paços と同じで、単なる綴りの問題。二、「小宮殿」paço pequeno, pacinho, palacíolo の語義の、二つの場合があるという（補註1）。この点は本文書の邦訳上、大きな意味があるとも思われないが、それよりも重要なのは、ゴア市には、その長を capitão と称したその種の施設として、どのようなものがあったかという点である。

「ポルトガル王室がインディア各地に有する諸都市・諸要塞、そこにおけるカピタン職その他の諸役職、およびそれらの経費に関する記録」（一五八二年）、アントニオ・ボカロ編「東インディア領国のすべての要塞・都市・町の地図に関する記録」（一六三五年）によると、「宮殿」passo,「城」castelo,「砦」forte の語が、明確に区別されて記されてはいないようである。

前者史料には、capitão が駐在するものとして、次の施設名が記されている。

capião do castello de Pangim（ティスアリ島内）（補註2）、capitão do castello e passo de Noroa（ディヴァル島 Ilha Divar 内）（補註3）、capitão do castello do passo seco（補註4）。

後者史料には、同じく capitão が駐在するものとして、次のような施設名が記されている。

capião deste forte de Pangim（補註5）、capitão do passo de Naroa（補註6）、capitão do Passo Sequo（補註7）、capitão do passo de Daugim（補註8）、capitão do paço de Sanctiago（補註9）、capitão do paço de Sam João Bauptista（補註10）、capitão do paço de Sam Lourenço（補註11）

なおこれらの各施設は、Documenta Indica, VII, p. 51* ; Boletim do Arquivo Histórico Colonial, I, pp. 266 - 267 ;

Portas & Gonçalves, p. 7 のゴアの地図上でその地点を確認出来る場合もあるが、それが不可能なものも少なくない。

（補註1）Machado, V, p. 419.

（補註2）Livro das Cidades, e Fortalezas, que a Coroa de Portugal tem nas Partes da Índia, e das Capitanias, e mais Cargos que nelas ha, e da Importância delles, f. 11. 文書15の註（3）。

（補註3）Ibid., f. 11.

（補註4）Ibid., f. 11.

（補註5）Bocarro, 1992, II, p. 131.

（補註6）Ibid., II, p. 132, 158.

（補註7）Ibid., II, p. 133.

（補註8）Ibid., II, pp. 132, 133.

（補註9）Ibid., II, pp. 133, 134.

（補註10）Ibid., II, p. 134.

（補註11）Ibid., II, p. 134.

（7）Dom Francisco da Gama, Conde da Vidigueira, Almirante, Viso Rey da India. 一五九七～一六〇〇年インディア副王在任。文書109*の註（1）。

（8）インディア副王がポルトガル国王の名で発給した法令である。傍線箇所のみ、国王が三人称で記述されている。文書8の註（6）。

（9）Canará. 文書33の註（5）・註（6）。

（10）APO, 6, Sup., pp. 722, 723.

133　一五九八年一〇月二七日付けゴア発、インディア副王の書簡法令

「神の恩寵により、内陸《ダケン》ではポルトガルとアルガルヴェスの国王であり、海外領《ダレン・マル》ではアフリカにおけるギネーの支配者《セニョル》であり、エチオピア・アラビア・ペルシア・インディア、およびモルッカ《マルコ》の諸王国《レイノス》の征服・航海、および商業の支配者云々であるドン・フェリペ。朕は、この朕の書簡法律《カルタ・デ・レイ》を見る者たちに知らせる。朕は次のような情報を得た。

ゴア市の島(1)およびそれに隣接する〔島々〕に、大陸《テラス・フィルメス》(2)から異教徒《ジェンティオス》やモーロ人《モウロス》の踊り手《バイラドレス》たちが大勢やって来て、彼らの仕事《オフィシオ》を行い、稼いだものをもってそこ〔大陸〕に戻っていく。これは常に大変注目を集めている。前述の彼らの踊りやその稽古の中には、多くの嫌悪すべきもの、有害な歌《カンティゴス》(3)、その他悪魔の技《アルテ・ディアボリカ》によってのみなし得る事柄が入っている。歌詞《カンティガス》の中には彼らの寺院《パゴデス》(4)や偶像崇拝《イドラトリアス》が入っている。

これはすべて、キリスト教社会《レプブリカ・クリスタン》の共通善《ベン・コムン》に反し、よき育成を阻害するものである。福音の耕し手《クルティヴァドレス》たちは、新たにわれわれの聖なるカトリック信仰に改宗したばかりの者たちから、これを除去し、一掃すべく非常に努力し、そしてそれを望んでいる。インディアの地域にはすでに多くのキリスト教徒がおり、同じ仕事《オフィシオ》をしながら、それでいて純潔さ《リンピエザ》を備えよき模範となるような男女がいるからである。神と朕への奉仕とキリスト教会《クリスタンダデ》の利益にとってかくも有害な、このような乱脈を避けたいと思うが故に、朕は次のことを嘉納し、それを喜ばしく思う。これ〔本書簡法令〕によって次のことを命じ、そして禁じる。

この朕の法令《レイ》の公布以降は、大陸《テラ・フィルメ》からゴア市、またはそれに隣接した島々に来る踊り手《バイラドル》から、男であれ女であれ、初回は二〇パルダウ、二回目は四〇〔パルダウ〕を徴収し、その半分は囚われ人《カティヴォス》たちに、他〔の半分〕は告

発者に与えるものとする。三回目になったら、男は二年間領国《エスタド》のガレー船送りとし、また女は王室資産《ミニャ・ファゼンダ》のための囚われ人《カティヴァス》となり、公の競売で最高値を付けた者に売却されるものとする。このことは、大陸《テラ・フィルメ》から来るモーロ人《モウロス》または異教徒《ジェンティオス》の踊り手《バイラドレス》たちが該当し、前述のゴア市の島、およびそれに隣接した〔島々〕における朕の家臣である住民たちは、たとい異教徒《ジェンティオス》であってもその対象ではないものとする。

この朕の法令は、前述の〔ゴア〕島の前述の〔ゴア〕市と諸宮殿《パッソス》(5)、およびサルセテとバルデス(6)の地において一ヵ月公告した後でなければ、効力を有しないものとする。

朕はこれを、領国《エスタド》の尚書《シャンセレル》に通告する。これ〔本書簡法令〕を公告させ、裏面に〔真正なものであることの〕証明を発行させるためである。さらに刑事聴訴官長《オウヴィドル・ジェラル・ド・クリメ》・その他の司法関係者《ジュスティサス》たち・役人《オフィシアエス》たち、および関係する人々〔に通告する〕。朕は彼らに対し、いかなる疑義を差し挟むことも、異議申立てをすることもなしに、これの内容(7)の通りに履行・遵守するよう、そして履行・遵守させるよう、命じる。一〇月二七日に朕のゴア市において、ポルトガル王位《コロア》の王室紋章《アルマス・レアエス》の印《セロ》を押して発給した。われわれの主君《セニョル》である国王陛下《エル・レイ》が、ヴィディゲイラ伯爵インディア提督にして副王云々であるドン・フランシスコ・ダ・ガマを介してこれを命じた(8)。一五九八年にアントニオ・ダ・クーニャ(9)がこれを作成した。ルイス・ダ・ガマ(10)がこれを記述させた。伯爵提督副王(11)。」

註

(1) ilha da cidade de Goa. ティスアリ島 Ilha Tissuari (or Tissuadi, Tiswadi) のことで、ゴア島 Ilha de Goa ともいった。文書15の註(3)。

(2) terras firmes. 文書116*の註(8)の〔補註42〕。

(3) cantigos. cântigo は cântico と同義で、宗教的な歌、賛歌などを意味する。Machado, II, p. 124.

（4）pagodes. 文書4の註（4）。

（5）passos. 文書132の註（6）。

（6）Salcete e Bardez. 文書11の註（4）の（補註6）。拙訳『モンスーン文書と日本』三八〇～三八二頁。

（7）原語（翻刻本）は este であるが、carta de ley に代わる代名詞のはずであるから、esta と記すべきであろう。

（8）インディア副王がポルトガル国王の名で発給した法令である。傍線箇所のみ、国王が三人称で記述されている。文書8の註（6）。

（9）原語（翻刻本）は a である。

（10）原語（翻刻本）は o であるが、carta de ley に代わる代名詞のはずであるから、右の註（9）同様、a と記すべきであろう。

（11）APO, 6, Sup., pp. 725, 726.

134　一五九八年一一月二〇日付けリスボン発、ポルトガル国王の勅令

「朕国王は、この勅令《アルヴァラ》を見る者たちに知らせる。朕は、朕にとっての多大な奉仕となる情報に基づき、正当な理由に動機付けられて、次のことを嘉納し、そして命じる。

インディアにおいてこの朕の勅令《プロヴィザン》を公布して以降は、朕の規則《レジメントス》により、司法《ジュスティサ》または王室資産《ミニャ・ファゼンダ》または公益《レプブリカ》の諸役職《カルゴス》の任務《セルヴェンティアス》を任命することが出来る次の諸役たち、すなわち諸要塞《フォルタレザス》のカピタン、あの地域〔インディア領国〕の朕の他の高官《メニストロ》、そこ〔同地域〕のさまざまな場所や町《ポヴォアソンエス》の元老院《カマラス》の役人《オフィシアエス》たちは何人《なんぴと》たりと、新キリスト教徒《クリスタンス・ノヴォス》の民族《ナサン》(1)の人々に対しては、その期間の長短を問わず、決してかかる任務《セルヴェンティアス》を与えてはならない。

これに違反することを行ったカピタンたちや役人たちは〔朕は、彼らがそのようなことをするとは信じないが〕、朕の禁令《デフェサス》や命令《マンダドス》を履行しない者たちが被る刑罰を受けるものとする。それら〔禁令と命令〕は彼らに対しては、上訴《アペラサン》も控訴《アグラヴォ》もなしに、執行すること。朕の歴代インディア副王や歴代総督は、いかなる事件《カソ》であれ、決して前述の刑罰を赦免してはならない、その一部分たりと〔赦免してはならない〕、この勅令《プロヴィザン》のいかなる事柄をも免除してはならないものとする。

朕は次のことを命じる。前述のカピタンたち〔の任期が終わり、彼ら〕に対して行う審査《レシデンシアス》において、〔審査〕項目《カピトロス》にこの件を加えて、とくにこの点について問い質すこと。その外の高官《オウト〔ロ〕ス・メニストロス》(2)たちや役人《オフィシアエス》たちについては、この件で罪を犯したならば、訴訟を提起《セ・ティレ・デヴァサ》すること。

朕は、前述の歴代副王と歴代総督に命じる。この朕の勅令《プロヴィザン》を、その内容通りに完全に履行・遵守し、そしてそれを履行・遵守させること。この件に関わりがあることが判明したカピタンたち・高官《メニストロス》たち、および役人《オフィシアエス》たちについては、朕への報告に心を配ること。前述の刑罰以外に、朕が嘉納するそれ以上〔の刑罰〕をもって、彼らに対する訴訟を行うよう命じるためである。

これ〔本勅令〕は、この王国《レイノ》〔ポルトガル本国〕の王室資産《ミニャ・ファゼンダ》およびインディア館《カサ・ダ・インディア》(3)の記録簿《リヴロス》、さらにはゴアの控訴《レラ》裁判所《サン》および前述の地域〔インディア領国〕の諸商館《フェイトリアス》(4)のそれ〔記録簿〕に登録すること。それ〔同勅令〕の諸便《ヴィアス》の内の一通は(5)、ゴアのトーレ・ド・トンボ(6)に保管すること。法典《オルデナソンエス》第二巻《リヴロ》第二〇項《ティトロ》は異なる規定をしてはいるが、〔本勅令は〕それ〔尚書職〕によって発給されたわけではないとはいえ、朕の名で始まり、尚書職《シャンセラリア》によって発給された書簡《カルタ》としての効力を有するものとする。一五九八年一一月二〇日(原註)リスボンにおいて、マヌエル・デ・トレス(7)がこれを作成した。私こと書記官《セクレタリオ》ディオゴ・ヴェリョ(8)がこれを記述させた。国王。ミゲル・デ・モウラ(9)。

インディアの諸要塞《フォルタレザス》のカピタンたち・あの地域〔インディア領国〕の高官《ミニストロス》たち、および役人《オフィシアエス》たちは、司法関係者《ジュスティサ》・〔王室〕資産《ファゼンダ》、および公益《レプブリカ》の事柄の諸役職《カルゴス》の任務《セルヴェンティア》に、民族《ナサン》の人々を一切任じてはならない。違反したら上述の如き刑罰を科すとした規定について。

国王陛下《ヴォサ・マジェスタデ》の披見のために。第二便《ヴィア》(10)。」

註

（原註）翻刻本には、本文書のこの日付について次の如き趣旨の脚註が見える。

本三六三番文書とこれに続く三六四番・三六五番文書は、当初は月日が空白で、一五九九年と記されていた。しかしその後、文書のテキストとは異なる文字によって空白の月日が記入され、一五九九年は一五九八年に改められた。テキストのいくつかの箇所から、真実一五九九年に入ってからそれが記述されたことが分かる。今日、月日が空白であったことと、年が訂正されたことの理由を知るのは容易ではないが、しかしそれらは、文書が有用で真正なものであることには、何ら影響を与えるものではない。

（1）**nação dos Cristãos nouos.** 文書58*の註（1）・註（2）に記した通り、ヘブライ民族・ユダヤ人を意味する。

（2）原語（翻刻本）は、**outos menistros** であるが、**outros menistros** の誤であろう。

（3）**cassa da India.** 拙訳『モンスーン文書と日本』一九八〜二〇〇頁。

（4）**feitorias.** 文書1*の註（5）。

（5）傍線箇所の原語（翻刻本）は、**huãs das vias dela** である。しかしそれに対応する動詞が **se lançarà** と単数形であるから、**huãs** は **ũa** の誤か。**ũa** は **uma** の古形。

（6）**torre do tombo de Goa.** ゴアの文書保管所であるトーレ・ド・トンボについては、拙訳『モンスーン文書と日本』五〇・一五八・一五九頁。

Machado, VII, p. 535.

(7) Manuel de Torres.
(8) Diogo Velho. 文書52の註（6）。
(9) Miguel de Moura. 文書29の註（8）。
(10) APO, 3, pp. 910 - 912.

135* 一五九八年一一月二一日付けリスボン発、ポルトガル国王のインディア副王宛書簡

「一七、さらに貴下は、朕に次のように言う。[1] シナの諸々の事柄に関しては、あの地域〔シナすなわちマカオ〕に駐在している聴訴官《オウヴィドル》の行動がよくないということが分かっているだけである。[2] 貴下は、彼〔同聴訴官〕のインディア召還を命じる旨決めた。西インディアスとその〔インディア〕領国《エスタド》との間の商業を全面的に禁じるために、朕が送付するつもりであった諸勅令《プロヴィソンエス》[3]は、未だ貴下のもとに届いていない、と。

しかしそのことは、朕が貴下に命じたことを貴下が履行しないための理由にはならない。というのは、〔この商業が〕行われれば行われるほど、その地域〔インディア領国〕の王室資産《ミニャ・ファゼンダ》および朕の家臣たちの利益がますます損害を被ったからである。この件については、すでに発給されているそれら〔諸勅令〕で充分だと考えるので、朕は、このポルトガル王位《コロア》およびカスティリャ〔王位〕として、それら〔諸勅令〕を完全に履行させるよう、貴下に依頼する。また朕はそれを信じないが、もしもこの件でカスティリャの高官たち《メニストロス》の側に何らかの不履行《ファルタ》があるなら、それについて特別に朕に報せること。[4]」

註

（1）本文書はヴィディゲイラ伯爵提督インディア副王フランシスコ・ダ・ガマ（一五九七～一六〇〇年副王在任）宛ポルトガル国王書簡であるが、その冒頭、昨年の便で同副王から何通かの書簡が届いた旨記されている。文書109*の註（1）。

（2）文書119*の註（3）。

（3）文書112*・文書119*の一二節が関連する。

（4）**APO, 3, pp. 926, 927.**

136　教会の司法の結果提起される抗告における裁判に関する命令(1)

「以下の命令は、ポルトガルにおいて行使されているのと同じである。訴訟裁判《ジュイゾ・ドス・フェイトス》の書記《エスクリヴァン》であるペロ・ダルミランテ(2)が記述して与えたものである。次の通りである。いかなる教会の司法《ジュスティサ・エクレジアスティカ》に対してであれ、ある当事者《パルテ》が異議《アグラヴァ》を唱える抗告《アグラヴォ》の請求《ペティサン》がなされる時は、控訴裁判所《レラサン》においてその請求に対して処理《デスパショ》がなされる。そこには、次のように記されている。

＝控訴裁判所において、次のように合意した《アコルダン》。司教総代理《ヴィガリオ》がこの請求《ペティサン》を披見し《アジャ・ヴィスタ》、それ〔請求〕に対して回答すること。何年何月何日。＝

書記《エスクリヴァン》がこの請求《ペティサン》を、司教総代理《ヴィガリオ・ジェラル》(3)、または控訴裁判所判事職《デゼンバルゴ》において指名された教会聖職者《ペソア・エクレジアスティカ》の許に、調書《アウトゥア》(4)書とする回答《レスポスタ》を添えて持参する。そして結審《コンクルソ》の訴訟書類《アウト》を作成する。抗告がなされない事件であるなら、控訴裁判所の処理により、請求《ペデ》の件および異議《セ・アグラヴァ》を唱える件について、請求者《スプリカンテ》に対し裁定書《プロヴィザン》を与えないことになる。しかし大部分の、前述の回答《レスポスタ》をもって結審する時には、控訴裁判所判事職《デゼンバルゴ》によって、請求者《スプリカンテ》が異議《セ・アグラヴァ》を唱える教会問題《エクレジアスティコ》(5)を取り上げている訴訟書類《アウトス》のみを集めることとなる。そして司教総代理《ヴィガリオ》・教区管理者《プロヴィゾル》(6)・巡察師《ヴィジタドル》(7)、またはその他何人《なんぴと》であれ、異議《セ・アグラヴァ》を唱える対象の人物向けに、請求書《プレカトリオ》が発給される。審理《ヴェル》のために訴訟書類《アウトス》の原文書を提出させるためである。

たとい異議《セ・アグラヴァ》を唱える対象の司教総代理《ヴィガリオ》・教会聖職者《ペソア・エクレジアスティカ》、または書記《エスクリヴァン》が、原文書ではなく、写しをそれ〔控訴裁判所判事職〕に提出するよう指示したとしても、原文書が提出されなければならない。もしも何らか〔の文書〕を写すことを希望するなら、抗告人《アグラヴァンテ》がその費用を負担するのではなく、訴訟書類《アウトス》の書記《エスクリヴァン》(8)の負担とすること。というのは、控訴裁判所《レラサン》においてそのように決められているからである。したがって、常に私の許に、私が裁判権《コニェシメント》を与える〔事件の〕原文書がもたらされる。訴訟《カウザ》が終わったら、私は彼ら〔司教総代理・教区管理人・巡察師その他〕にそれら〔訴訟書類原文書〕を返却する。

教会の訴訟書類《アウトス》の原文書、またはそれの、書記の費用負担による正しい写しが届いたら、前述の抗告《アグラヴォ》の請求《ペティサン》によって作られた訴訟書類《アウトス》と一緒に紐で止め、結審《コンクルゾ》に移る。もしも裁定が下されないような事件《カソ》であれば、控訴裁《デゼ》判所判事職《ンバルゴ》によって、請求者《スプリカンテ》に裁定書《プロヴィザン》が与えられることはないし、それ〔控訴裁判所判事職〕が抗告を受けることもない。それ故、それ〔同事件〕に裁定を下すことはない。もしも抗告を受けたら、次の判決文が下される。

=控訴裁判所《レラサン》において、次のように合意《アコルダン》した、云々。請求者《スプリカンテ》の請求書《ペティサン》、この大司教区《アルセビスパド》の司教総代理《ヴィガリオ・ジェラル》の回答、集めるよう命令された訴訟書類《アウトス》を披見し、そして世俗の裁判《ジュイゾ》においては、前述の請求書《ペティサン》の中で述べられている訴訟《カウザ》が、どのような内容のものであるか、混合事項《ミクスティ・フォリ》(9)であるかが調べられ、最初に、請求者《スプリカンテ》に対する加害者《アウトル》ジョルジェ・フェルナンデス(10)の申出《インスタンシア》がなされる。

そこにおいて、前述の主君《セニョル》〔国王〕の管轄権《ジュリスディサン》(11)には慎重を期した。前述の裁判《ジュイゾ》において、彼ら請求者たち《スプリカンテス》の利益を損なう判決《センテンサ》が下されたので、それ〔同判決〕について彼らが上訴する《アペラレン》旨説明がなされ、上訴《アペラサン》がこの首都《コルテ》(12)および控訴裁判所《カザ・ダ・スプリカサン》(13)にもたらされ、提起されたら、〔同判決を〕無効にして、前述の請求者たち《スプリカンテス》の利益になるような別の〔判決〕が下される。なぜなら、彼ら〔請求者たち〕は絶対であり、また紛争《コンテンダ》の裁判管轄《フォロ》と訴件《カゾ》の契約書《コントラト》は有効と判断されたからである。

たとい前述の〔控訴裁判所による〕直近の判決《ウルティマセンテンサ》について、上訴《アペラサン》または抗告《アグラヴォ》がなされようとも、そしてそれ〔同判決〕を下した控訴裁判所判事たち《デゼンバルガドレス》の裁判権《アルサダ》は、そこに及ばないものであろうとも、彼ら〔控訴裁判所判事たち〕について、ローマ教皇庁《コルテ》に上訴する《アペラル》ことは出来ず、教皇聖下《スア・サンティダデ》も前述の訴訟《カウザ》の裁判権《コニェシメント》を、前述の司教総代理《ヴィガリオ》に委ねることは出来ない。教会の裁治権《ジュルディサン》は世俗のそれとは異なった、別のものだからであり、また彼〔司教総代理〕は彼に対して発せられた委任状《コミサン》によっても、かかる訴訟《カウザ》の裁判権《コニェシメント》を行使することが出来ないからである。教皇聖下《スア・サンティダデ》の意向は、国王陛下《スア・マジェスタデ》の国王としての管轄権《ジュルディサン・レアル》を損なうことやそこに介入することを、望むものではないからである。

それ故、前述の司教総代理《ヴィガリオ》が、彼らからの異議申立て《エンバルゴス》を受け付けるのを望まず、そのため彼〔司教総代理〕が前述の訴訟《カウザ》の提起をしないことにより、請求者たち《スプリカンテス》に対し損害《アグラヴォ》を与えたことは周知の通りである。彼〔司教総代理〕は、それ〔同訴訟〕の裁判権《コニェセル》を持たず、そしてそれにもかかわらず、彼〔司教総代理〕が法の手続き《フォルマ・ド・ディレイト》に反し、また教皇《スンモ・ポンティフィセ》の意向にも背いて、世俗の管轄権《ジュルディサン》を不当に行使し、その邪魔をすることを望むものではない。

それは主として、前述の控訴裁判所《カザ・ダ・スプリカサン》において国王陛下《スア・マジェスタデ》の控訴裁判所判事たち《デゼンバルガドレス》によって下された判決《センテンサス》に関する管轄外《インコンペテンテジュイゾ》の裁判において、このようなやり方で裁判権《コニェシメント》を行使するなど、極めて慣例に反した事柄だからである。それについては、いかなる裁判所《トリブナル》に対しても、上訴《アペラサン》も抗告《アグラヴォ》も存在しない。

もしもそのことについて、教皇聖下が充分な情報を得ていたのなら、また真実〔　〕(14)。否むしろ、前述の〔加害者〕ジョルジェ・フェルナンデスから何も聴いておらず、そしてかかる委任状《コミサン》を発していなかったのではないかと推測される。それとともに、前述の最終的判決《センテンサ・フィナル》が下された訴訟書類《アウトス》から成るその他〔の書類〕も発せられなかったことになろう。そしてこの訴件《カソ》についての、国王陛下《スア・マジェスタデ》の王位代理人《プロクラドル・ダ・コロア》(15)による陳述《アレガド》を見た上で、〔控訴裁判所判事たちは〕書簡《カルタ》の発給を命じる。それ〔同書簡〕によって、前述の主君《セニョル》は、前述の司教総代理《ヴィガリオ》に対し、もうこれ以上前述の訴訟《カウザ》を提起しないように、そしてそれを断念するように要請し、依頼する。前述の委任状《コミサン》を無効かつ虚偽《ソレティシア》(16)のものと考えてのことである。

また彼〔司教総代理〕から期待出来ないことを、したいとは思わないので、世俗の司法関係者たち《ジュスティサス》に対して、前述の司教総代理《ヴィガリオ》の命令《マンダドス》や訴訟手続《プロセディメントス》を、こちら〔世俗〕の側で履行しないよう、また前述の訴件《カソ》について彼〔司教総代理〕が下す判決《センテンサス》は遵守しないよう、請求者たち《スプリカンテス》の間でも、彼ら〔世俗の司法関係者たち〕に対しても、破《ペナス・》門《デスコムンガドス》(17)罪を科せられることがないよう、〔控訴裁判所判事たちは〕命じる。前述の主君〔国王〕の代理人《プロクラドル》が、彼の側の諸々の道理によって求め、要請するその他すべての事柄に対して、このような解決がなされるよう命じる。＝

この書簡《カルタ》は、訴訟《プロセソ》の判決《センテンサ》として発せられる。そして尚書職《シャンセラリア》を介して発給される。発給されたら、書記《エスクリヴァン》に戻し、彼〔書記〕がそれ〔同書簡〕を、抗告を受けている《セ・アグラヴァ ア》教会聖職者《ペソア・エクレジアスティカ》に示し、通告する。もしも彼〔同教会聖職者〕がそれ〔同書簡〕を履行することを望むなら、これ以上なすべきことはない。彼〔同教会関係者〕は当事者《パルテ》の無罪放免《アブソルヴェル》を命じ、これ以上彼〔当事者〕(18)に対し、訴訟を進めない。またもしも彼〔同教会聖職者〕が、それに服することを望まないなら、彼〔同教会聖職者〕が彼の回答を添えて、前述の書簡《カルタ》とは別に、もう一つ訴訟書類《アウト》を作成する。そしてそれを、第一の〔訴訟書類〕と一緒に〔紐で〕止める。教会聖職者の回答をもって結審《コンクルソ》に移る。控《レ》訴裁判所《ラサン》において、次の裁定《デゼンバルゴ》が下される。

＝控訴裁判所《レラサン》において、次のように合意《アコルダン》した、云々。このリスボン大司教区《アルセビスパド》の司教総代理《ヴィガリオ・ジェラル》が、彼に対して発給された書簡《カルタ》を履行しないばかりか、なぜに履行すべきでないのかというその理由を陳述することも、示すこともしないのを見て、第一の〔書簡の〕書式《フォルマ》により第二の書簡《カルタ》を、彼〔司教総代理〕に対して発給するよう、〔控訴裁判所判事たちは〕命じる。何年何月何日。＝

かくして第二の書簡が作成され、それを上述の如く教会聖職者《ペソア・エクレジアスティカ》に再度通告する。もしも彼〔同教会聖職者〕が、それ〔第二の書簡〕を履行するのを望まないなら、彼の回答を添えて、同〔当事者〕の訴訟書類《アウト》がまた作られる。〔第一および第二の〕二度の抗告《アグラヴォス》〔の訴訟書類〕を、それ〔今回の第三の訴訟書類〕と一緒に〔紐で〕止め、そして結審《コンクルソ》に移る。控訴裁判所《レラサン》において、次の裁決《デゼンバルゴ》が下される。

＝控訴裁判所《レラサン》において、次のように合意《アコルダン》した、云々。前述の司教総代理《ヴィガリオ》が、彼に向け発せられた第一および第二の書簡《カルタ》を履行しなかったのを見て、〔請求者が〕それ〔同証明書〕と一緒に国王陛下《スア・マジェスタデ》に要請するために、請求者《スプリカンテ》に対して証明書《セルティダン》を発給するよう、〔控訴裁判所判事たちは〕命じる。＝

かくして、国王陛下の訴訟判事《ジュイズ・ドス・フェイトス》(19)が署名した証明書《セルティダン》が、すべての裁定《デゼンバルゴス》の写しとともに、彼〔請求者〕に発給される。それ〔同証明書〕を添えて、教会聖職者《ペソア・エクレジアスティカ》への異議の申立て《ケイシャンド・セ》をすべく、最高裁判所判事たち《デゼンバルガドレス・ド・パソ》に対し請求《ペティサン》を行うためである。第一の書簡《カルタ》が発せられる以前に、国王陛下の代理人《プロクラドル》は、教会関係《エクレジアスティコス》の訴訟書類《アウトス》とともにそれ〔第一の書簡〕を披見しておくようにとの命令が、控訴裁判所判事職《デゼンバルゴ》によって幾度も命じられたことを、(20)私は覚えている。またもしも、抗告《アグラヴァンテス》人当事者《パルテス》たちが〔同訴訟書類の〕披見を求めれば、彼らに〔それらを〕与えるよう命じられている。

＝控訴裁判所《レラサン》において、次のように合意した《アコルダン》、云々。この〔リスボン〕大司教区《アルセビスパド》の司教総代理《ヴィガリオ・ジェラル》に対して提起したこれら抗告《アグラヴォ》の訴訟書類《アウトス》、および彼〔司教総代理〕の回答を披見した上で、取り上げられている訴訟《カウザ》がいかに立証されているか、〔調べること〕。十分の一税《デシマル》(21)関係は、国王陛下《スア・マジェスタデ》の世俗の通常の司法関係者たち《ジュスティサス》〔の裁判権〕に帰属するからである。前述の十分の一《デシモス》税(22)を得るのは、封建制《フェウダタリオ》の事柄としてではなく、聖職者《クレロ》を養う義務としてであることは周知だからである。

これ〔右の事柄〕を披見した上で、〔控訴裁判所判事たちは〕次のことを命じる。前述の総代理《ヴィガリオ・ジェラル》に対して、前述の訴訟《カウザ》について裁判権《コニェシメント》を行使しないよう前述の主君《セニョル》〔国王〕が要請し依頼する書簡を発給するように、と。それ〔同書簡〕によって世俗の司法関係者たち《ジュスティサス》〔の裁判権〕に帰属するからである。また〔総代理が〕前述の主君《セニョル》の家臣たちに対して、訴訟を起こさないよう〔要請・依頼する〕。また、彼〔総代理〕が懲戒罪《センスラス》(23)よって訴訟を提起した《テン・プロセディド》ことが明らかな時は、彼に対する懲戒罪《センスラス》および破門《エスコムニョンエス》(24)罪を解くよう、〔総代理に〕指示すること。もしもこれと異なること、彼〔総代理〕に期待されていないことをしたら、世俗の司法関係者たち《ジュスティサス》に対し、前述の命令《マンダドス》や訴訟手続《プロセディメントス》に従うことも、履行することもないよう〔控訴裁判所判事たちは〕命じる。また彼ら〔世俗の司法関係者たち〕に破門《エスコムンガドス》の刑罰を科さないよう、〔命じる〕(25)。」

註

（1）本文書には日付はないが、原文書（翻刻本）には、この文書は控訴裁判所《レラサン》の赤色記録簿一五九八年の所に登録されている旨註記されている。その年に発せられた命令と判断してよいであろう。

（2）**Pero d' Almirante.** 本文書の註（10）の **Jorge Fernandes** も同様であるが、これらは特別意味のある人物名ではないであろう。

（3）**vigario geral.** 文書22*の註（6）。

（4）原語（翻刻本）は autua であるが、acta のことか。

（5）原語（翻刻本）は ecclesiatico であるが、ecclesiastico の誤か。

（6）**Provisor.**　この名称の役職は『カトリック教会法典』『カトリック大辞典』『新カトリック大事典』には見えないようである。『キリスト教用語辞典』には、この語について「教区管理者」と記し、administrador と同義のように記述されている。

『カトリック新教会法典』に、「教区管理者」administrator dioecesanus に関する規定が見える。要するに司教座が空位となった場合に、新司教が着座するまで教区を統治する暫定統治者のことである。

なおポルトガル語辞書には、provisor について「教区の高位聖職者が訴訟関係の裁治権を委ねる教会の裁判官」と説明されている。

Machado, V, p. 1083.『カトリック新教会法典』四一八〜四三〇条。『キリスト教用語辞典』一一七頁。

（7）**Visitador.**『新カトリック大事典』には、「聖座や教区長の認可のもとに、信仰・道徳・規律などに関して共同体や施設などを公式に視察する教会の上長者。」と説明されている。修道会にも同様な役職名があるが、ここではその意味ではない。

（8）原語（翻刻本）は me である。本文書の註（20）も同様であるが、本文書は発給者名が記されていないので、一人称が誰を意味するのか不詳であるが、おそらくはインディア副王であろう。

『新カトリック大事典』三、一二六四頁。

（9）**mixti fori.**『羅和辞典』は res misti fori の語について、「国家と教会とが関係する訴訟事件」と説明する。

それぞれに権限を有する独立した教会と国家の内、その本性上神への奉仕と救霊に向けられるものはすべて教会の管轄下にあり（純教会事項）、純国民的・純政治的事項はすべて国家が権限を握る（純国家事項）。

しかしこの他に、自然的歴史的なさまざまな原因から、教会事項と国家事項の両方に属するものがあり、これがすなわち「混合事項」である。歴史的に国家と教会との間で結ばれてきたコンコルダート（政教協約）は、この種の事柄を巡って両者の間で緊張や衝突が生じるのを避けるために、結ばれた契約である。

ポルトガル領インディアの統治に関して、ポルトガル政府と教会との間で結ばれたものとしては保護権あるいは布教保護権は存在したが、コンコルダート（政教協約）と呼べるような契約は存在しなかったはずである。保護権・布教保護権は、インディア統治のすみずみにまで目配りをした、契約的性格をともなうものではなかった。

　本文書は、インディア領国において、この「混合事項」に属する事柄を巡って訴訟事件が発生した場合にいかに処理するか、副王政庁が法的規定をしたもので、重要な史料といえる。

　『カトリック大辞典』二、三三五〜三三八頁。『新カトリック大事典』三、五九三〜五九五頁。田中秀央『羅和辞典』三四三頁。

（10）**Jorge Fernandes.** 本文書の註（2）に記した通りである。
（11）**jurisdição.**
（12）**esta corte.** リスボンを指すのであろう。
（13）**casa da supplicação.** 文書36の註（7）。
（14）原文書にはこの箇所に欠損があるようで、翻刻本では空白になっている。
（15）**Procurador da Coroa.** 文書12の註（1）。
（16）原語（翻刻本）は **sorreticia** である。**sub - reptícia** のことか。
（17）**penas d'exommungados.** 拙訳『モンスーン文書と日本』二七八頁。
（18）「彼」の原語（翻刻本）は **ella** と女性形をとっているが、それは **parte**（「当事者」、女性名詞）に代わる代名詞であることによる。一応「彼」と訳した。
（19）**juiz dos feitos.** 一五八七年二月一六日にマドリードで作成された「控訴裁判所の規則」**Regimento da Relação** の中に、「王位および王室資産の訴訟判事の項目」**Titolo do iuiz dos feitos da coroa e fazenda** と題する規定が含まれる。冒頭の一部を邦訳すると、次の通りである。
「王位《コロア》および王室資産《ファゼンダ》の訴訟判事《ジュイズ・ドス・フェイトス》は、ゴア市と周囲五レーグワ――そこには控訴裁判所庁舎《カザ・ダ・レラサン》がある――については、新たな訴訟《アウサン》および抗告《アグラヴォ》の請求《ペティサン》により提起された、王位《コロア》および王室資産《ファゼンダ》に関するすべての訴訟《フェイトス》について、裁判権《コニェセラ》を有するものとするする。

またゴアの外のインディア全域については、上訴《アペラサン》、抗告《アグラヴォ》の文書《エストロメント》、または前述のすべての訴訟《フェイトス》の証拠文書《カルタ・テステムニャヴェル》により、たとい当事者間《パルテス》のことであっても、裁判権を有するものとする。
さらに、法典《オルデナソンエス》のために、〔訴訟判事《ジュイズ・ドス・フェイトス》は〕控訴裁判所《カザ・ダ・スプリカサン》の、王位および王室資産《ファゼンダ》に関する訴訟判事《ジュイズ・ドス・フェイトス》が裁判権を有するその他すべての事件《カゾス》について、裁判権を有するものとする。前述の控訴裁判所《カザ・ダ・スプリカサン》の王位および王室資産の訴訟判事に対して、朕が朕の法典《オルデナソンエス》および追加法《エストラヴァガンテス》によって与えた命令《オルデン》に従って、控訴裁判所《レラサン》において前述の訴訟《フェイトス》を処理すること。〔以下略〕」

Gonçalves Pereira, I, p. 376. APO, 5 - III, pp. 1133, 1134.

（20）本文書の註（8）。

（21）decimal.

（22）decimos. 文書31の註（2）。

（23）censuras. 拙訳『モンスーン文書と日本』二七八頁。

（24）excommunhões. 本文書の註（17）。

（25）APO, 5 - III, pp. 1530 - 1534.

137* ゴア市のポルトガル国王宛書簡（一六〇〇年）

「四、歴代副王《ヴィゾ・レイス》が、国王陛下《ヴォサ・マジェスタデ》への奉仕という口実をもって、個人的激情により市民たちを投獄《メテン・エン・フェロス》する牢がこれ[1]に関係する。彼ら〔副王〕は、彼らに罪科を告げることなしに、望むだけの期間彼らをそこに拘留する。そこにおいて彼ら〔副王〕は、王国《レイノ》〔ポルトガル本国〕のすべての司法慣行《フォロ・ダ・ジュスティサ》と法典《オルデナソンエス》に反し、陛下の前任者である過去の歴代国王《レイス》によって与えられたわれわれの諸特権《プリヴィレジオス》を侵す統治方法《モド》を、優先させている。同様に彼ら〔副王〕は、前述の諸特権の他の項目《カピトゥロ》をも許可しない。つまり、そこにおいて国王陛下は、このわれわれの市会議員《ヴェレアサン》職の法廷《メザ》において新たに提起されるすべての訴訟《カウザス》の内、抗告《アグラヴォ》〔の裁判権〕は王室の人物《レアル・ペソア》のみに帰属するものとする旨、明確に命じている。

しかし歴代副王はこれとは全く異なる意向を持ち、それら〔訴訟〕について違った理解をして、これらの訴件《カソス》を控訴裁判所《レラサン》の法廷《メザ》に従わせる。彼ら〔副王〕に荷担する者たち《アシステンテス》は、これによってわれわれ〔市会議員等〕の諸特権を全面的に廃止することを望んでいる。それ〔同諸特権〕に優位して、国王陛下が司法によってわれわれに対し裁断を下すよう命じることを、彼らは望んでいる。この〔ゴア〕市の商務官長《コレトル・モル》(2)であるアダン・アルヴレス(3)に対して彼ら〔副王の荷担者たち〕が下した判決《センテンサ》は、それを完全に証明するものである。昨年われわれはその写しを、国《ヴォサ》王陛下《・マジェスタデ》に送付した。それは、リスボン市に与えられた特権に反するものである。これ〔この特権〕や、〔リスボン市が〕有するすべて〔の特権〕は、当〔ゴア市〕が過去の歴代国王から与えられた特別の特権として、享受しているものである。商務官《コレトル》(4)たちの任命権がわれわれに属するということは、彼〔アダン・アルヴレス〕によって立証されたのだ。

副王ドン・アンタン・デ・ノロニャ(5)および大司教ドン・ガスパル(6)の決定と判決《アセント》に反して、彼ら〔副王の荷担者たち〕が国王陛下《ヴォサ・マジェスタデ》の王室資産《ファゼンダ》の利益を図って下したそれ〔判決《センテンサ》〕も同様である。それ〔副王ノロニャと大司教の決定・判決〕は、故ドン・セバスティアン国王陛下の命令によって、当時の学識者たち《レトラドス》および神学者たち《テオロゴス》の見解を得て、異教徒たち《ジェンティオス》の手中に入るこの〔ゴア〕市の定収入《レンダス》の詳細について下された。彼ら〔異教徒〕は通常、人民《ポヴォ》の損害になるように、新たな諸条件を画策する。というのは、そうすることによって彼らはそれ〔定収入〕を増やし、今ではかつて彼らが得ていたものの二倍の収入になるからだ。すでに当〔ゴア〕市はこの人々〔異教徒〕の横暴《ティラニア》を訴えたが、彼らは国王陛下《ヴォサ・マジェスタデ》の王室資産《ファゼンダ》の高官たち《メニストロス》によって恩恵を施されている。彼ら〔高官〕は、新たな年貢《トリブトス》・課税《インポジソンエス》によって大いに悩まされているこの人民の抗議の声に対して正当に耳を傾けるよりも、新たなそして極めて損害の大きい諸条件によって、彼ら〔高官〕の契約を彼ら〔異教徒〕に対して遂行する方が、より正当だと考えている。

共通善《ベン・コムン》ではなく、個人的理由を問題にすることなので、われわれは国王陛下に対し、この〔インディア〕領国の住民たちは決して、次のような状況の現在ほど、抑圧と侮辱を受け、悲しみと難渋とに満ちたことはない、と断言する。それ故〔　　　〕(7)。それだけでなく、国王陛下《ヴォサ・マジェスタデ》の諸規則《レジメントス》の秩序が乱れ、また歴代副王が前述の諸規則に従ってわれわれのために発給した諸勅令《プロヴィゾンエス》が遵守されていない。統治において現行の〔諸勅令〕であり、また彼ら〔歴代副王〕によって確認された〔諸勅令〕であるにもかかわらず〔遵守されていない〕。それら〔勅令〕が機能するのは裁量《アルヴィトレス》を濫用した後であり、共通善《ベン・コムン》を守るのに役立っていない。

民族《ナサン》(8)の人々の問題に関しては、マティアス・ダルボケルケ(9)がわれわれに最初の〔勅令〕を発給し(10)、伯爵提督《コンデ・アルミランテ》(11)がそれを確認した(12)。しかし彼らの時代全般にわたって、それは遵守されなかった。それどころか、すべての地域に向けてのこれらの人々の取引、その〔取引の〕結果国王陛下《ヴォサ・マジェスタデ》の王室資産《ファゼンダ》に生じる不都合、税関《アルファンデガス》〔で徴する〕税《ディレイトス》金の面で被る損失、彼らが弄するその他の才知・狡知はますます嵩じ、国王陛下《ヴォサ・マジェスタデ》の家臣たちにとって、彼らの僅かばかり〔の資産〕を投資《エンプレガル》出来る先がない。これら〔ヘブライ民族〕の人々が、すべてを独占してしまうからであり、また常にわれわれの取引の宝庫《テゾウロ》であったシナやその他の南《スル》(13)の地域の商業は、マニラやノヴァ・エスパニャのスペイン人たちによって侵食されているからである。海岸《フラルダス・ド・マル》に居を据えるわれわれには、すでに獲得したものを維持する以上に、〔新たに〕土地を征服することなど出来ない。

われわれは昨年、この法律《レイ》の写しを国王陛下《ヴォサ・マジェスタデ》に送付した。国王陛下が良心の法廷《メザ・ダ・コンシエンシア》(14)において、それを披見させるためである。国王陛下がこの件で最終的な決断、決定的な裁定をわれわれに送付することを、われわれは期待している。これほど正当な事柄について、われわれがもうこれ以上要求しないでもよいようにするためである。王国《レイノ》

〔ポルトガル本国〕の取引関係《レスポンデンシアス》と商業の自由だけを、これら〔ヘブライ民族〕の人々に任せることが、国王陛下の王室資産《ファゼンダ》にとって非常に重要だからである。[15]」

註

（1）本文書の本節以前では、現在ゴア市においては従前の市民の自由あるいは司法が守られず、そのため皆が副王に対し強い不満を抱いているといった趣旨が記述されている。その記述を受けての本節の「これ」という文脈になっている。

（2）**corrector mór.** 文書50の註（4）。

（3）**Adão Alvres.** 文書50の註（11）には、**Adão Alvares** の綴りでその名が見える。

（4）**corretores.** 文書50の註（3）・註（5）。

（5）**Dom Antão de Noronha.** 一五六四～六八年インディア副王在任。文書17の註（1）。

（6）**Arcebispo Dom Gaspar.** ゴア大司教ガスパル・デ・レアン・ペレイラ **Dom Gaspar de Leão Pereira** のことである。彼は二度にわたって同大司教を務めた。第一回は一五六〇～六七年、第二回は一五七四～七六年在任であった。本文書には、インディア副王アンタン・デ・ノロニャの統治時代のこととして記されているので、第一回のゴア大司教在任中のことであろう。**Sá, pp. 58, 72, 73, 76.** 文書14の註（5）。

（7）この箇所の原文（翻刻本）は **de modo que vai tudo cabo por mão;** であるが、文意不明である。

（8）**nação.** 文書58*の註（2）に記した通り、ヘブライ民族 **nação hebraica** を意味する。

（9）**Mathias d' Alboquerque.** 一五九一～九七年インディア副王在任。文書49の註（15）。

（10）文書50。

（11）**Conde Almirante.** ヴィディゲイラ伯爵提督インディア副王フランシスコ・ダ・ガマ（一五九七～一六〇〇年副王在任）のことである。文書109*の註（1）。

（12）インディア副王マティアス・デ・アルブケルケがユダヤ人問題で発給した勅令（文書50）を確認した、インディア副王フランシスコ・ダ・ガマの文書については、不詳である。APO, 3, pp. 767 - 910; 6, Sup., pp. 720 - 733 収載のフランシスコ・ダ・ガマの文書には、これに該当すると思われる文書は見当たらないようである。

（13）Sul.「南」の地理概念については、文書96の註（3）。

（14）Mesa da conciencia. Mesa da Consciência e Ordens「良心と騎士団の法廷」のことであろう。拙訳『モンスーン文書と日本』一八三・五四〇・五四一頁。

（15）**APO, 1 - II, pp. 76 - 78.**

138　一六〇〇年九月一二日付けゴア発、ゴア大司教フレイ・アレイショ・デ・メネゼス(1)の命令《プロヴィザン》(2)

「ゴアの管区大司教《メトロポリタノ・アルセビスポ》(3)云々であるドン・フレイ・アレイショ・デ・メネゼス。このわれわれの命令《プロヴィザン》を見る者たちに知らせる。

バラモン教僧侶《ブラグマネス》(4)たち・バラモン教信徒《バニアネス》(5)たち・異教徒《ジェンティオス》グジャラート住民たち(6)、およびこのわれわれの〔ゴア〕大司教区《アルセビスパド》のその他の非信徒《インフィエル》の人民《ポヴォ》は、異教徒《ジェンティオス》の親《パイス》の死後に遺された孤児《オルファンス》たちに関する、領国《エスタド》の法律《レイス》やインディアの諸管区教会会議《コンシリオス・プロヴィンシアエス》の決定事項《デクレトス》(7)を遵守しなければならないという義務に当惑し、それに疑問を抱いているということが、われわれの許に伝わってきた。それら〔法律・決定事項〕は、モーロ人《モウロス》たちの土地に行っても、身を隠してもいけない。もしもこれに違反したら、彼らの資産を没収し、ガレー船送りの刑罰に処す旨命じているものである。

それというのも、非信徒《インフィエイス》たちの子供である前述の孤児《オルファンス》たちの内、父親はいないが母親はいるか、または母親も父親もいないが祖父か祖母がいる場合は、何歳までなら孤児と呼ぶのか彼らには分からないし、また彼ら〔その孤児たち〕がイエズス会《コンパニア》のパードレたちに引き渡されて、教理教育を受けて洗礼を授けられ、そして孤児たちの判事《ジュイゼス・ドス・オルファンス》たち(8)に引き渡されるということも、彼らには分かっていないからである。

こういった疑問(9)が彼らに生まれ、もしも彼らの内の何人《なんぴと》かが、不知により前述の法律《レイス》や決定事項《デクレトス》を破り、それらの刑罰を受けるなら、彼らは多大な混乱に陥り、損害を被ることになる。それ故、彼らはわれわれに対し、これらの不都合に対応して、彼らに対する司法《ジュスティサ》を補充してもらいたいと、司牧者《パストル》・高位聖職者《プレラド》として求めている。われわれは彼らの要請を検討した。異教徒《ジェンティオス》たちの子供である孤児たちについての、上述の法律や布告がよりよく理解されればされるほど、履行状況もよくなるであろうと思われる。それならば、それら〔法律・決定事項〕の重要性に従い、一層の特例《エクゼイサン》(10)を設けて執行させることも可能であろう。彼らと争うことにより、われわれの司牧の職務に対する不知よりも、むしろそれに対する悪意《プロヴェル》によって〔法律・決定事項の〕違反が行われるといった事態になる。

キリスト教会《クリスタンダデ》の諸々の事柄に対して命令を下し、非信徒《インフィエイス》たちの改宗が信仰と忠誠心を呼び起こすことが、如上の事柄に関わる(11)。また国王陛下《スア・マジェスタデ》の法律《レイス》、帝国の法と教会法《ディレイト・インペリアル・エ・カノニコ》、われわれの諸教皇令《コンスティトゥイソンエス》(12)と諸管区教会会議《コンシリオス・プロヴィンシアエス》(13)が定める諸々の奉仕を尊重して、われわれは何人かの修道司祭《レグラレス・レリジオゾス》たちと学識者《レトラドス》たちの見解を徴して、次に挙げる者たちに以下のことを言明し、そして命じる。その者たちとはすなわち、この〔ゴア〕大司教区《アルセビスパド》のわれわれの司教総代理《ヴィガリオ・ジェラル》と教区管理者《プロヴィゾル》(14)、それ〔当領国〕の諸要塞《フォルタレザス》・諸都市・諸地方のその他すべての小教区主任司祭《ヴィガリオス》(15)、および異教徒《ジェンティオス》たち・モーロ人たち、またはユダヤ人たちといった非信徒《インフィエイス》たちの子供である孤児たちに関して、国王陛下《スア・マジェスタデ》の法律《レイス》および諸管区教会会議《コンシリオス・プロヴィンシアレス》によって、このように参集するよう命じられているすべての司法官《ジュスティサス》たちと聖職者《ミニストロス》たちである。

言明・下命は以下の通りである。

父親も母親も、そして祖父も祖母もいない孤児《オルファンス》たちで、男子なら一四歳かそれ以下、女子なら一二歳およびそれ以下の者は、収容して、キリスト教徒《パイ・ドス・クリスタンス》たちの父[16]であるパードレに引き渡すこと。聖パウロ・コレジオ[17]、または洗礼志願者《カテクメノス》たちの家[18]、あるいはもっといいと思われるところで、養育し、教理教育をして洗礼を授け、その後彼らが救いの内に、人生を送ることが出来るようにするためである。また母親・祖父または祖母がいる、女子なら一二歳以上、男子なら一四歳以上の者は、年少の者ほど、死亡した彼らの父親の資産をより多く取得するように、目録にして孤児たちの判事《ジュイズ・ドス・オルファンス》またはそれを任務とする者に与えること。それは彼ら〔孤児たち〕が規律正しくよき慣習を身に付けて人生を歩むように、彼〔孤児たちの判事〕が彼ら〔孤児たち〕に、キリスト教徒の後見人《トゥトレス》[19]たちを付けるためである。

これらの場合《カソス》以外は、誰であれ異教徒《ジェンティオ》の子供に関わることも、彼を利用することもしてはいけない。というのは、これ〔如上の事柄〕こそまさに、ポルトガルの法律《レイス》によって聖なる命令として命じられたことだからである。またインディアの教会会議《コンシリオス》によって、自然の正義《ナトゥラル・ジュスティサ》と理性《ラザン》に立脚した法《ディレイト》によって導かれて命じられたことであった。信仰の宣布および領国《エスタド》の家臣たちの利益を尊重するが故でもある。孤児たちを対岸《オウトラ・バンダ》[20]に送るか、または彼ら〔孤児たち〕を隠すのに納得するという罪を犯した異教徒たちは、本件《カソ》の重大さに即して、前述の法律《レイス》およびわれわれの〔ゴア〕大司教区《アルセビスパド》の諸教皇令《コンスティトゥイソンエス》の刑罰によって罰せられること。

われわれは、この問題に関して第二回管区教会会議《コンシリオ・プロヴィンシアル》[21]によって決定された事柄に従って、服従の徳によって孤児たちの判事《ジュイズ・ドス・オルファンス》に対し、次のことを命じる。われわれの小教区主任司祭《ヴィガリオス》たちによって、またはその他誰であれ改宗の聖職者《ミニストロス・ダ・コンヴェルサン》たちによって要請されているので、一四歳以上の男の孤児たち、および一二歳以上の女の孤児たちに後見人《トゥトレス》たちを付け、そしてもっと年少の者たちは、キリスト教徒《パイ・ドス・クリスタンス》たちの父であるパードレ、またはそれを任務とする者、あるいは改宗の聖職者《ミニストロ・ダ・コンヴェルサン》に引き渡すか、引き渡すようにさせることによって、〔彼ら孤児たちに対し〕彼〔孤児たちの判事〕の支援と恩恵、およびこれら孤児たちを改宗する刑罰〔ママ〕[22]と権限とを与えること。本件では同じような問題が生じるので、同学識者《レトラドス》たちの見解により、領国《エスタド》の家臣たちの平穏・平安を考慮し、またわれらの主へのより大なる奉仕を重視して、不都合を避けるために、われわれは次の措置をよしとする。

すなわち、ゴア・サルセテ・バルデス、および隣接の島々においては、非信徒《インフィエイス》たちに対するわれわれの教会《ジュイゾ・エクレ》の裁判《ジアスティコ》において、このわれわれの命令《プロヴィザン》以前にすでにモーロ人たちの土地に移った孤児《オルファンス》たちを巡る告訴《ケレラ》は、受理しないこと。また、今までにこの件で罪を犯した者たちが、それのために侮辱を受けたり、抑圧されたりしないようにすること。それというのもわれわれの裁判《ジュイゾ》に関して言えば、われわれは彼らのことを自由な立場で赦しており、彼らがそれ相当の刑罰を受けるのを免じているからである。

しかしわれわれは、このわれわれの〔ゴア〕大司教区《アルセビスパド》の他の諸都市や諸要塞《フォルタレザス》のその他の非信徒《インフィエイス》たちが、過去の罪および今後彼らが犯す罪、さらには当地ゴアおよび隣接の土地や諸島において、今後孤児たちを他の土地に行かせたり、彼らを隠したりする罪を犯した者たち〔非信徒たち〕に対しては、前述の法律《レイス》や諸教会会議《コンシリオス》、およびわれわれの良心の義務に従って、訴訟を起こすものとする。

また、そうする義務があるところに彼ら〔孤児〕を連れて来ることが出来るにもかかわらず、今もって孤児たちを抱えている者たちに対しては、われわれは訴訟を起こすものとする。たとい彼ら〔孤児たち〕が〔そこに〕行ったのが、このわれわれの命令《プロヴィザン》以前であったとしても、〔この措置をとる〕。というのはわれわれは、彼らが彼ら〔孤児たち〕を連れて行った罪は赦すが、今なお彼らをそこに留めている〔罪〕は赦さないからである。一六〇〇年九月一二日ゴアにおいて、われわれの印《セロ》のもとに。(23)」

註

（1） Arcebispo D. Fr. Aleixo de Menezes. アウグスチノ会士、一五九五〜一六一一年ゴア管区大司教　東洋首席大司教

Arcebispo Metropolitano de Goa e Primaz do Oriente 在任。一六〇七～〇九年インディア総督在任。本文書はゴア管区大司教として記述したものである。

Delgado Domingues, pp. 135, 136. Sá, pp. 58, 82, 83. Faria e Sousa, V, pp. 276 - 283. Alonso, Carlos. 拙訳『モンスーン文書と日本』一三六・一七四・三四四・四八四～四八七頁。

（2）Provisão. この語は、ポルトガル国王あるいはインディア副王（または総督）が発給した、alvará と同義と言ってもよい機能を持った文書として使用される例が多く、これまではこれを「勅令」と訳してきた。本文書の発給者メネゼスは註（1）に記したとおり、本文書を発した時は未だ総督には就任しておらず、あくまで表題の如くゴア管区大司教として発したものである。したがって「勅令」の訳語を当てるのは適当ではなく、一応表記の如く記しておいた。

（3）Metropolitano Arcebispo. 拙訳『モンスーン文書と日本』一三六頁。

（4）bragmanes. 文書4の註（5）。

（5）原語（翻刻本）は banianes であるが、辞書によると banianos と同義で、バラモン教と輪廻を信じるインディア住民のことだという。

Machado, I, p. 876.

（6）guzarates gentios. グジャラートについては、『モンスーン文書と日本』三〇六～三〇八頁。

（7）decretos dos Concilios Provinciaes. 文書22*の註（1）。

（8）Juizes dos orfãos. 文書11の註（4）。

（9）傍線箇所の原語（翻刻本）は des y outra duvida である。疑義があるが、一応表記のように訳しておく。

（10）原語（翻刻本）は em mais exeição である。exeição は exceção, excepção「特例」のことか。

Barberán, p. 370.

（11）傍線箇所の原文（翻刻本）は次の通りである。ao qual pertence prover as cousas da christandade e conversão dos infieis tirar a fé e lealdade,…

翻刻本にはこの文章について、「原文には明らかに誤りがあるが、われわれにはそれを正すことが出来ない。」との脚註が付されている。つまり、誤記の箇所を特定出来ないという。誤記を含むというこのポルトガル文は邦訳不能とすべきであろうが、おおよその文意を示す意味で、本文のごとき邦訳文を記しておいた。
(12) constituições.『カトリック大辞典』一、六一〇頁。
(13) concilios provinciaes. 本文書の註（7）。
(14) Provisor. 文書136の註（6）。
(15) vigarios.
Machado, VII, p. 742.
(16) Pay dos christãos. 拙訳『モンスーン文書と日本』六三頁。
(17) collegio de São Paulo. 文書8の註（5）。
(18) casa dos cathecumenos. 拙訳『モンスーン文書と日本』六三頁。
(19) tutores christãos. Coates, p. 201.
(20) outra banda. 文書132の註（4）。
(21) segundo Concilio Provincial. 第二回管区教会会議（ゴア）は、一五七五年に開催された。文書22*の註（1）。
(22) 原文（翻刻本）には、penna (sic) と記されている。
(23) APO, 5 - III, pp. 1547 - 1549.

139　一六〇一年三月二〇日付けゴア発、インディア副王の勅令

「日本司教の補佐司教《ビスポ・コアジュトル》に〔国王陛下が〕指名したイエズス会《コンパニア・デ・ジェズス》修道士《レリジオゾ》のルイス・セルケイラが、前述の〔日本〕司教区《ビスパド》を継承したら、彼の生涯を通して毎年二〇万レイス(1)の俸禄《ドテ》(2)を受け取り、受納すること、その上さらに毎

年六〇万レイスを国王陛下《ヴォサ・マジェスタデ》がよしと考え、逆のことを命じない限り、上記の如く受納すること、そしてこれ〔本勅令〕は書簡《カルタ》として効力を有すること、尚書職《シャンセラリア》によって発給されないことを国王陛下《ヴォサ・マジェスタデ》が嘉納する勅令《アルヴァラ》。

国王陛下《スア・マジェスタデ》の先の勅令《アルヴァラ》(3)を、その内容の通りに履行すること。前述の勅令に従って、現職のサルセテの収税官《レセベドル》および今後彼を継承する者たち〔収税官たち〕が、日本司教ドン・ルイス・セルケイラに対し、彼が毎年クアルテル(4)として受納するように、その〔勅令の〕内容通り八〇万レイスを支給をすること。そのためには、この件に対して権限《ポデル》を持つ国王陛下《スア・マジェスタデ》の資産《ファゼンダ》の役人《オフィシアル》の他の命令《オルデン》や文書《デスパショ》を何ら必要としない。それは、前述の主君《セニョル》が前述の勅令《アルヴァラ》によって命じる通りである。彼〔主君〕の命令により、彼〔セルケイラ〕に支給する額を計算して前述の収税官《レセベドル》に知らせること。フランシスコ・ダ・コスタ(5)がゴアにおいて〔一〕六〇一年三月二〇日に、これ(6)を作成した。アントニオ・デ・モラエス(7)がこれ(8)を記述させた。副王(9)。」

註

(1) **duzentos mil réis.** 四〇〇レイス＝一クルザド。したがって二〇万レイス＝五〇〇クルザド。文書11の註（4）の（補註17）。
(2) **dote.** 拙訳『モンスーン文書と日本』三五九頁。
(3) 文書84。
(4) **aos quarteis.** 文書61の註（25）・文書83の註（8）。
(5) **Francisco da Costa.**
(6) 原語（翻刻本）は **a** である。**alvará** に代わる代名詞のはずであるから、**o** と記すべきであろう。
(7) **Antonio de Moraes.**

（8）原語（翻刻本）はａである。右の註（6）と同。

（9）APO, 5 - III, pp. 1299, 1300.

140* ゴア市のポルトガル国王宛書簡（一六〇一年）

「一〇、さらにわれわれは、次のように考える。すなわち、国王陛下《ヴォサ・マジェスタデ》への奉仕、および彼の家臣たちの共通の利益のためには、控訴裁判所《レラサン》が年間において守っている多数の聖日《ディアス・サントス》(1)について、思い起こしてもらうのが適切である。簡潔に言うと、それ〔聖日〕は一一三日のみであるが、これに休息の日《フォルガ》を加え、二二五日になる。ここには控訴裁判所が開かれない月曜《セグンダス・フェイラス》が入っている。さらに、本年王国《レイノ》〔ポルトガル本国〕からナウ船団が渡来する以前に**espemaue**(2)のために彼らがとった一〇日は、ここには入っていない。それが〔休日として〕既得権となることを、われわれは恐れる(3)。

この件で、訴訟当事者がこれが原因で受ける多大な不利益については、われわれは良心の呵責を覚える。というのは、これらの地域〔インディア領国〕においては、モンスーンによらなければ航海が出来ず、しかもこの〔ゴア〕政庁《コルテ》には、モルッカ《マルコ》・日本・シナ、およびその他多くの地域の如き、極めて遠く離れた諸王国《レイノス》の司法のすべての訴訟《カウザス》が、上訴《アペラサン》あるいは抗告《アグラヴォ》のために持ち込まれるにもかかわらず、そのために年に一度しか往き来がないので、控訴裁判所《レラサン》が守っている〔聖日の内の〕、〔訴訟が〕処理されるただ一日の聖日《ディア・サント》のために、人々が航海を逃して異境の当地に翌年まで留まり、憔悴してしまうことがしばしばあるからである(4)。このため国王陛下は、控訴裁判所は教会《イグレジャ》が掟としている日以外は守らないよう、そして休日《フェリアス》は、モンスーンが終わる時期である五月以降、および冬に入ってから始まるよう、命じなければならない。このようにすれば彼らは、充分安堵することであろう。(6)」

註

（1）ゴアの控訴裁判所の休日について、他の文献で確認することは出来ない。

（2）翻刻本はこの語について、**espemaue**（sic）と記す。どの語の誤記か推定出来ない。

（3）傍線箇所の原文（翻刻本）は **de que arreceamos se chamem á posse ; …** である。直前の、註（2）の **espemaue** が意味不明であることが尾を引いており、文意不明確であるが、一応表記のように訳した。

（4）**monções.** 本文書の趣旨から、ここでモンスーンというのは、ゴアとモルッカ・日本・シナその他の地域との間を結ぶ季節風を指しているといってよい。つまりゴアから南に向けて発つ航海（補註1）、および南からゴアに到着する航海のゴア発着の時期が、ここで問題にされている。そこでその航海のゴア発着の時期のみを、以下各種史料・文献により月名で摘記する。

〔ゴア発〕四月（ザビエル、コチン発）（補註2）・四月（補註3）・四月初（補註4）・四月（補註5）・五月（補註6）・五月（補註7）・四月（補註8）・四月（補註9）・四月（補註10）・四月（補註11）・四月（補註12）・四月（補註13）・五月（補註14）・五月（補註15）・四月（補註16）・五月（補註17）・五月（補註18）・四月（補註19）・四月（補註20）

〔ゴア着〕一月（ザビエル、コチン着）（補註21）・四月（補註22）・四月（天正少年使節・ヴァリニャーノ、コチン着）（補註23）・三月（補註24）・四月（補註25）・五月か六月（補註26）

右に記した通りで、ゴアから南に向けて発つ航海、および南からゴアに到着する航海ともに、ゴア発着は四月が多かったと言ってよい。すなわち、本文書の如き記述となったわけである。

（補註1）拙訳『モンスーン文書と日本』三一四頁。

（補註2）**Schurhammer, 1992, IV, p. 3.** 河野純徳『聖フランシスコ ザビエル全生涯』三五一頁。

（補註3）**Schurhammer, 1992, IV, p. 727.** 河野純徳、同右、三一五・三五二頁。

（補註4）岡本良知『十六世紀日欧交通史の研究』二一四頁。拙訳『モンスーン文書と日本』三一三・三一四頁。

（補註5）拙訳、同右、三八八・三八九頁。

（補註6）拙訳、同右、四九〇頁。

（補註7）拙訳、同右、五二〇頁。

（補註8）拙訳、同右、五五六頁。

（補註9）拙訳、同右、五五七頁。

（補註10）文書103*。

（補註11）Boxer, 1991, I, p. 202.

（補註12）Ibid., p. 211.

（補註13）Ibid., p. 212.

（補註14）Ibid., p. 213.

（補註15）Ibid., p. 216.

（補註16）Ibid., p. 223.

（補註17）Ibid., p. 236.

（補註18）Ibid., p. 238.

（補註19）Ibid., p. 252.

（補註20）Schütte, 1975, I, p. 1280.

（補註21）Schurhammer, 1992, IV, pp. 552, 563. 河野純徳『聖フランシスコ ザビエル全生涯』二九三・三五二頁。

（補註22）Schütte, 1975, I, p. 1179.

（補註23）Schütte, 1968, p. 1025. Pinto & Okamoto & Bernard, p. 19. ルイス・フロイス原著 岡本良知訳註『九州三侯遣欧使節行記』五〇頁。

（補註24）Schütte, 1968, p. 1026.

（補註25）拙訳『モンスーン文書と日本』四三二頁。

（補註26）岡本良知『十六世紀日欧交通史の研究』二一〇頁（Storck, Wilhelm, Vida e Obras de Luis de Camões, C. M. de Vasconcellos tr., Lisboa, 1898, p. 590. 訳者未見）。

（5）傍線箇所の原文（翻刻本）は depois de Maio, que he o tempo, em que se acabão as monções, e entrada do inverno ; … である。
（6）APO, 1 - II, pp. 90, 91.

141* ゴア市のポルトガル国王宛書簡（一六〇二年）

「九、大多数〔の異教徒〕が自分たちの家を持つこの大陸《テラ・フィルメ》(1)に、彼らの異教的儀礼《セリモニアス・ジェンティリカス》を行う目的で異教徒たち《ジェンティオス》が行くのが、この地の非常に古くからの慣習である。この〔ゴア〕市では、彼らにそれが許可されていない。イエズス会《コンパニア》パードレたちは、われわれの土地に暮らしていながら、かかる目的のために彼らにこの通行を許すのは不当なことだと考え、彼らのそれ〔通行〕を妨げた。もっともそれは、悪しき祭式《リト》を全面的に撲滅するためではなく、彼ら〔イエズス会士〕が課した新たな税《トリブト》のためである。国王陛下《ヴォサ・マジェスタデ》がこれに対処しないなら、これは彼らにとっての莫大な定収入《レンダ》となるであろう。というのは彼ら〔イエズス会士〕は異教徒の各民族《ナサン》(2)に対し、彼ら〔イエズス会士〕にこれこれのものを納める代りに、一定期間それを許可しているからである。彼らはキリスト教会《クリスタンダデ》の情熱をもって、それ〔異教祭式〕を禁じたが、それ〔キリスト教会〕に反してかねのために、通行を自由にしているのだ。彼ら〔イエズス会士〕は、彼らに楯突いたら立ち行かない人々であるから、彼らを咎める者がいない。彼らはこの税《トリブト》を基盤にして、改宗を勝ち取りその聖職者《メニストロス》となる。つまり、非信徒《インフィエイス》は改宗しないのであるから、改宗者の経費のために支払えというのだ。力ずくでも霊魂を改宗させなければならないというのなら、これも許されるであろう。この問題の実態は、彼ら〔イエズス会士〕が、何千クルザドものかねを取って七年間にわたって、彼ら〔異教徒〕に許可してきたということである。偶像崇拝《イドラトリアス》を避けるためにこの通行を禁じる以上、かねてそれを許可すべきではないし、彼ら〔イエズス会士〕はこの課税《インポジサン》の執行者《ミニストロス》にはなり得ない。それは、この人民にとって非常に大きな躓きとなったので、われわれは国王陛下《ヴォサ・マジェスタデ》に対し、それ〔この問題〕の本質がそれを要求しているのであるから、この件について命令を下すことを要請する。

この者たち〔イエズス会士〕がこのまま突き進《ヴァン・アヴァンテ》むことのないようにするためであり、また同じ異教徒《ジェンティオス》たちがかねて目的を遂げることによって被る躓きを避けるためである。彼ら〔異教徒〕の救済への情熱が、彼らの〔躓きを〕阻止しているのだ。そのため、異教徒たちに諸税《トリブトス》を課すことに彼ら〔イエズス会士〕が関与しないために、国王陛下の勅令《プロヴィザン》が必要である。(3)」

註

（1）**terra firme.** 文書116*の註（8）の（補註42）・文書132の註（4）。

（2）**nação.** この語は、関係ポルトガル文書においてヘブライ民族の意味で使用されることが多いが、ここはその意味ではなく、インディアの諸民族を指すのであろう。

（3）**APO, 1 - II, pp. 97, 98.**

142　一六〇三年二月一五日付けリスボン発、ポルトガル国王のセイロンのカピタン・ジェラル、ジェロニモ・デ・アゼヴェド(1)宛書簡

「朕国王《エル・レイ》は、貴下に深甚なる敬意を表する。朕は〔一〕六〇一年一一月三〇日付けセイロン島(2)発の貴下の書簡を

受け取った。それ〔同書簡〕により、その島の征服およびそれが大いに進捗するのは確実だとの報告を貴下が寄せてくれたのを読んで、朕は満足に思った。朕は、貴下から極めて大なる奉仕を受けていると思っている。そのことは、その機会あれば貴下に対し恩恵を施すべく(3)、記憶に留めるつもりである。朕は、次のことを命じる書簡を副王に送るよう指示した。すなわち、コロンボ要塞《フォルタレザ》(4)の要塞建設《フォルティフィカサン》のために朕が恵与したシナ航海《ヴィアジェン・ダ・シナ》を売却した金額はいくらかになったか、情報を得ること、および、そこ〔コロンボ要塞〕においては、先年の諸便《ヴィアス》で朕が命じた通りに行動するように、と。

前述の要塞のために貴下が要請している諸特権に関しては、ゴア市のそれら〔諸特権〕は別にして、インディアの諸要塞が有するそれら〔諸特権〕をそれに与えるのを、朕は嘉納した。また朕は副王に対し、それら〔コロンボ要塞の諸特権〕について必要な勅令《プロヴィザン》をそこに向けて発給させるよう、書き送る。貴下が朕のために務めるその義務が、尊重すべき重要なものであることは貴下に分かっているものと思うが、朕は貴下に対し、今日まで貴下が務めてきた如くに、今後も完全にそれを実行するよう、依頼する。朕は貴下を信頼している。一六〇三年二月一五日にリスボンにおいて認めた。国王。ペドラルヴレス・ペレイラ(5)。第二便《ヴィア》。

ドン・ジェロニモ・デ・アゼヴェド閣下宛(6)。」

註

(1) Dom Jeronimo de Azevedo, capitão qeral de Ceilão. 一五九六年セイロン島の最後の王が死亡し、ジェロニモ・デ・アゼヴェドが同島のコロンボ要塞の総督 governador になった。セイロン統治中に、一六一一年一一月二五日付けポルトガル国王書簡によって、ルイ・ロウレンソ・デ・タヴォラ Rui Lourenço de Távora の後を継承して、インディア副王に任じられたことを知った。アゼヴェドのインディア副王の任期は、一六一二～一七年であった。Delgado Domingues, pp. 138, 139.

（2） ilha de Ceilão.
（3） 傍線箇所の原語（翻刻本）は pera vossa mercê であるが、翻刻本にはそこに次のような脚註が付してある。「〔原文書には〕このように記してあるが、para vos fazer a mercê とすべきだと思われる。」
（4） fortaleza de Columbo.
Bocarro, 1992, II, pp. 217 - 233.
（5） Pedralvres Pereira.
（6） APO, 6, p. 757.

143* ゴア市のポルトガル国王宛書簡（一六〇三年）

「四、南《スル》(1)の諸々の事柄については、長文の報告書を必要とするが、それをわれわれは極めて簡潔に行おうと思う。というのは、それら〔の事柄〕は自ずから伝わるであろうと思われるからだ。そこ〔南〕(2)はオランダ人たちで満ち満ちている。今年彼らは、三〇万クルザド以上に値する積荷を積載して、サン・トメからマラッカに向け航海していたナウ船を一艘、およびかね《ディニェイロ》を積んでベンガル(3)に向け渡航していた三～四艘を捕獲した。その後彼らは、これほどの〔ナウ船〕はこれまでにシナを発ったことがなかったほどの強力かつ豊かなナウ船(4)を捕獲した。それは当〔ゴア〕市に渡来するところであり、インディア全域を救うことが出来るだけのものをもたらす予定であった。彼らはマラッカよりも少し先の海峡で、それ〔同ナウ船〕を待機していた。さらにそこで彼らは、補給物資を積載していた一艘のジャンク《ジュンコ》船を捕獲した。それはシナの都市〔マカオ〕が、艦隊の支援のためにアンドレ・フルタド(5)に送ったものであった。

マラッカの要塞《フォルタレザ》には、食糧《マンティメントス》に事欠き、それを送ってくれるところもない。というのは、ジャワ人(6)がそこにそれをもたらすのを、オランダ人が妨害したからである。マラッカ市はわれわれのもとに、彼らは餓死しているのであるから、食糧を補給してもらいたいと書き送ってきた。これらの事柄に対し救済を講じるのは、非常に迂遠である。というのは、それは国王陛下《ヴォサ・マジェスタデ》の手中にあるからだ。またそれら〔の事柄〕は、極めて急を要する。神よ願わくは、彼らに与えたいと思う時に、彼らがそれを入手する運びとなるように。

国王陛下よ、当地から彼らにそれを与えることが出来るなどと思わないでいただきたい。というのは、アチェー(7)は当地に使節《エンバシャドレス》を派遣してきて、彼らの地に要塞を与えるよう要求したからである。しかし〔インディア〕領国《エスタド》は、彼らにそれを与えることが出来ず、彼らは戻ったが、彼らは同じ目的で、別〔の使節〕をイギリス《イングラテラ》にも派遣していた。〔イギリスは〕最初に〔アチェーに〕行く者が、それ〔要塞〕を与えるだろう、と言った。それ故、国王陛下《ヴォサ・マジェスタデ》は、その王国〔アチェー〕の南〔の海域〕を、適切な、マラッカに向かう艦隊で備えなければならない。また〔同艦隊は〕インディアには渡来させてはならない。というのは、当地に渡来するのがいかによいことであっても、当地の困窮は甚だしいので、おそらくそこに渡航することが出来なくなるからである。南なしのインディアは、あり得ない(8)。

〔中略〕

六、この島(9)の要塞化《フォルティフィカサン》の工事は、われわれにとって可能な限り簡略に進められている。というのはわれわれは、すぐにでもそれが停止してしまうのではないかと懼れているからである。理由は、収入《レンディメント》(10)がすでに過去よりも、非常に少なくなっているからである。つまり、かつてはおよそ二万四〇〇〇シェラフィンの収入があったが、今日では二万(11)に達しないからである。

その原因は、税関《アルファンデガ》が賃貸《アレンダダ》に付されているからであるが、そうすることによってのみ、賃借人《レンディロ》は利益《プロヴェイト》を得る。

つまり彼〔賃借人〕は、王国《レイノ》〔ポルトガル本国〕のすべての商品《ファゼンダス》について、〔ゴアに〕入る場合も〔ゴアから〕出る場合も、それ〔税関〕の外で通関手続《デスパショス》を行う。それ〔賃借人〕は、四～五人の取引代理人《レスポンデンテス》からなる。彼らは王国〔ポルトガル本国〕当地に来た民族《ナサン》(12)の者で、彼らとの間ですでに取決めがなされている。というのは、賃借人が許可を与えれば、誰も何も言わないし、また商人たちの取引はもう消滅してしまっていて《アカバド》、一パルダウ(13)の危険を冒そうとする者すらいないからである。その上歴代副王も、することと言えば、そのために発給する諸勅令《プロヴィゾンエス》によって、彼〔同賃借人〕からかねを借りるだけだからである。

副王アイレス・デ・サルダニャ(14)は今年、六艘の船舶《ナヴィオス》の艤装のために、われわれから二〇〇〇シェラフィン余を借りた。商船団《カフィラ》(15)を迎えに行く《ブスカル》ためであった。それ〔商船団〕には、カナラの艦隊(16)が護衛をするのを常とする。その後彼〔副王サルダニャ〕は別の勅令《プロヴィザン》によって、われわれから一〇〇〇シェラフィンを借用した。われわれが援軍と一緒に、マラッカの艦隊の病人たちに保存食糧《コンセルヴァス》を送るためであった。またこの度彼〔副王サルダニャ〕は別の勅令によって、われわれから一五〇〇シェラフィンを借用した。一艘の古いガレー船の修繕のためであった。彼はわれわれに対し、ラショル(17)に要塞を建造するための城壁《ムロ》を作ること、およびそれの防禦を命じた。それには、二万〔シェラフィン〕以上要するであろうが、すでにそれに六〇〇〇〔シェラフィン〕以上消費した。またそれ〔ラショル要塞〕以外であるが、〔ティスアリ〕島の周辺の要塞のその他の諸改修を命じた。その〔改修の〕すべては、王室資産《ヴォサ・ファゼンダ》に〔経費負担の〕義務があるものであり、同〔ティスアリ〕島のそれ〔要塞〕については、このように〔副王サルダニャの指示通りに〕運ぶことは出来ない。

それ故、われわれは、国王陛下に次のことを要請する。われわれのために、一パーセントのかね《ディニェイロ》(18)でも、同島の要塞化以外の工事は行わないための勅令《プロヴィザン》の発給を命じてもらいたい。歴代副王が借用のための諸勅令《プロヴィゾンエス》を発給しても、その知らせを受けた人民《ポヴォ》がそれら〔諸勅令〕に同意しない限り、有効たり得ないものにしてもらいたい。

というのは、その必要性ありと人民《ポヴォ》が考える時は、それを否定することは出来ないからである。〔人民は〕適切な時に、彼らのものを与えるが、〔人民が〕その必要なしと考える時は、彼ら〔歴代副王〕は、彼らからそれを受け取ることは出来ないからである。というのは、これらの借入金《エンプレスティモス》の勘定で、王室資産《ヴォサ・ファゼンダ》が適切ではない別の方面に消費され、〔王室資産は〕それに対して債務を抱えることになるからである。まさに今それが、四万何千クルザド以上に上っている。それに関してわれわれは、それの一部をわれわれに返済するための、国王陛下《ヴォサ・マジェスタデ》の文書《パペイス》・勅令《プロヴィゾンエス》を持っているが、それらは役に立たない。このかねはすべて、工事に投入されるべきものであり、それ〔そのかね〕によって実際になされたようなことを行うのなら、そのため〔のかね〕は不要のはずである。[19]」

註

（1）**Sul.**「南」の地理概念については、文書96の註（3）。

（2）**Samtomé.** 拙訳『モンスーン文書と日本』一五〇・二六三・二六四頁。

（3）**Bengala.**

（4）一六〇三年マカオからゴアに向け渡航中のナウ船を、オランダ船がマラッカ海峡で待機して捕獲した本事件は、その後このポルトガル船がオランダに曳航され、オランダ国内で大いに論議を呼び、グロティウスが『自由海論』を著述する契機となった。
拙著『キリシタン時代の文化と諸相』第三部第一章。

（5）**André Furtado.** マラッカ・カピタン、アンドレ・フルタド・デ・メンドンサ **Capitão de Malaca André Furtado de Mendonça**（一六〇三〜〇六年カピタン在任）のことである。
Delgado Domingues によると、彼は一六〇三年モルッカ総督 **governador de Molucas** に任じられ、一六〇五年からマラッカを統治した旨記されている。しかし一六〇三年に彼がマラッカ・カピタンに任じられたことは、**Boxer & Vasconcelos; Documenta Malucensia; Sousa Pinto; Teixeira; Martins** が皆明記している。

Boxer & Vasconcelos その他によると、一六〇一～〇三年彼は南の艦隊 Armada do Sul を率いる司令官の任にあった。テルナテおよびオランダ人からモルッカを守るのがその任務である。艦隊がゴアを発ったのは、一六〇一年五月であった。艦隊はガレアン船（補註1）六艘と軽快な船舶 navios ligeiros 一四艘、兵士一三〇〇人、水夫一〇〇〇人から成る大艦隊（補註2）であった。

アンドレ・フルタド・デ・メンドンサがマラッカのカピタンを務めていた時に、コルネリス・マテリーフ・ド・ヨンゲ Cornelis Matelief de Jonge の率いるオランダ艦隊の攻囲を受け、包囲は三月に及んだが、結局これを退けた。

メンドンサは一六〇九年、インディア総督に任じられた。これは、インディア副王に任命された第五代フェイラ伯爵ジョアン・ペレイラ・フォルジャズ D. João Pereira Forjaz, 5.º Conde de Feira が、航海中に死亡したからである。一六〇九年九月五日インディア統治を副王ルイ・ロウレンソ・デ・タヴォラ Rui Lourenço de Távora（一六〇八年八月一八日インディア副王に任命）に委ねた。

（補註1）拙訳『モンスーン文書と日本』四〇九・四一〇・四八八頁。

（補註2）アンドレ・フルタド・デ・メンドンサの艦隊の構成については、Boxer & Vasconcelos, 1955, p. 38. Boxer & Vasconcelos, 1989, p. 38 による。Documenta Malucensia, II, p. 553 には、ガレオン船 galleons 六艘、ガレー船 galley 一艘、快速小型ガレー船 galliots 一八艘、ポルトガル兵一二〇〇人、現地人約二〇〇〇人から成っていたと記されている。

〔註（5）の文献〕

Documenta Malucensia, II, pp. 7*, 54*, 530, 531, 540, 549, 553, 554, 571, 593, 614, 627, 647, 737. Boxer & Vasconcelos, 1955, pp. 37 - 72, 78, 79. Boxer & Vasconcelos, 1989, pp. 37 - 72, 78, 79. Sousa Pinto, p. 229. Teixeira, 1961, II, p. 411. Martins, p. 136. Delgado Domingues, pp. 136, 137. Nobreza de Portugal e do Brasil, II, p. 585. 生田滋『大航海時代とモルッカ諸島』

（6）Jáos.

（7）Achem. 拙訳『モンスーン文書と日本』三六五頁。

（8）APO, 1 - II, pp. 112, 113.

（9）**Ilha.** ティスアリ島 **Ilha Tissuari** のことか。同島については、拙訳『モンスーン文書と日本』三八〇～三八二頁。
（10）**vinte quatro mil xerafins.** 二万四〇〇〇シェラフィン＝一万八〇〇〇クルザド。通貨単位シェラフィンについては、拙訳『モンスーン文書と日本』一五一・二三三・二四五～二四七・三五七頁。
（11）**vinte.** **vinte mil**（二万）の省略形である。
（12）**nação.** 文書58*の註（2）に記した通り、**nação hebraica** のことであろう。
（13）**pardao.** 通貨単位パルダウについては、拙訳『モンスーン文書と日本』二三〇・二三二頁。
（14）**Aires de Saldanha.** 一六〇〇～一六〇五年インディア副王在任。**Delgado Domingues, pp. 133, 134.**
（15）**cafila.** 商船団 **cáfila** については、拙訳『モンスーン文書と日本』三〇六～三〇八頁。
（16）**armada do Canará.** ゴア市が擁した四つの常設艦隊の一つである。カナラ海岸とは、ゴアから南、マラバルに至る海岸を言う。拙訳『モンスーン文書と日本』五〇・五一・六二頁。
（17）**Rachol.** 文書69*の註（6）の（補註8）。拙訳『モンスーン文書と日本』四二・四三・五六二・五六四頁。
（18）原語（翻刻本）は **do dinheiro do hum por cento** である。どのかねの一パーセントか明確ではないが、本文書に見える借入金その他、収入全額の一パーセントのことか。
（19）**APO, 1 - II, pp. 115, 116.**

144　一六〇四年三月一日付けリスボン発、ポルトガル国王のインディア副王宛書簡

「わが友副王閣下。朕国王《エル・レイ》は貴下に深甚なる敬意を表する。朕は、神《デオス》と朕への奉仕に熱心な人々から、次のような情報を得た。すなわち、すでに弛緩が浸透し、とくに富裕になってこの〔ポルトガル〕王国に帰国するためや、

彼らの親族《パレンテス》たちを援助したり、その他彼らの修道誓願《プロフィサン》の基本的誓願《ヴォト》に反するその他の任務を果たしたりするために、資産《ファゼンダ》を獲得することによって、躓きを与えているが、彼らの模範《エゼンプロ》と矯正《レフォルマサン》とによってそれら〔弛緩・躓き〕を阻むためには、インディアの諸地域に派遣されるのを常とする修道士《レリジオゾス》たちは、その生き方と徳の面で極めて高い評価を博している者たちであらねばならない。それ故、朕はこれに関して与えることが出来る救済策、しかも最も有効で好都合と思われるのは、次の点に着目することだと命じた。

すなわち、それらの地域〔インディア〕の布教に赴く前述の修道士《レリジオゾス》たちは、彼らの修道会《オルデン》の共通の利益になる何らかの仕事のために、彼らの上長《スペリオレス》たちによって呼ばれたり派遣されたりしない限り、生涯この〔ポルトガル〕王国に戻らないという決意を固めなければならず、また異教《ジェンティリダデ》の改宗および聖福音の宣布という純然たる修道士《レリジオゾス》・聖職者《ミニストロス》の務めにのみ従事しなければならないと命じることである。というのは、このようにして神《デオス》への奉仕と霊魂《アルマス》の救済を放棄した者であっても、彼らの個人的な仕事や理由による〔ポルトガル〕王国への帰国を許されないことが確実ならば、皆が完全に彼らの義務の遂行に専念するであろう。資産《ファゼンダ》を獲得するような行為によって躓きを与えることも、それによってなくなるであろうと確信するからである。

これをやり遂げることが出来るように、朕はフランシスコ会《サン・フランシスコ》・ドミニコ会《サン・ドミンゴス》・アウグスチノ会《サント・アゴスティニョ》の諸修道会《オルデンス》の管区長《プロヴィン》たち《シアエス》にこの件を伝えるよう命じた。彼らが今後それに尽力し、これを実践すること、および彼らが彼らの諸管区から派遣する修道士たちは、有徳にして、謙遜と清貧の行為において高い評価を博している旨周知の人々であること、そして彼ら〔修道士たち〕は彼ら自身について常に充足感を覚えていることと、朕は信頼している、と。

彼ら〔修道士たち〕が、この〔ポルトガル〕王国に戻ることが出来ないようにするために、朕は、今年のナウ船《ナオス・》団艦隊《ダルマダ》のカピタン・モール、およびそれ〔艦隊〕のその他のカピタンたちに対して与えた諸規則《レジメントス》の中に、この度特別の一章を追加するよう命じた。そこにおいて朕は、彼ら〔カピタン・モール、カピタンたち〕に次のことを命じている。そのための貴下〔インディア副王〕の許可を〔修道士たちが〕彼らに提示することなしに、決して彼らは彼らのナウ船に乗せてインディアからこの〔ポルトガル〕王国にも、その他の地域にも、修道士を何人たりと連れてくるのに同意してはならないし、それを行ってもいけない、と。

朕は貴下に対し、次のことを極めて強く依頼し、そして命じる。貴下にそれ〔許可〕を求める修道士たちが、純粋に彼らの修道会《オルデン》の共通善《ベン・コムン》の仕事のために、彼らの上長《スペリオレス》たちによって派遣されるか、呼ばれるかしたのであって、他の個人的な意図のためではないということが、貴下に明らかではない限り、決して前述の許可を与えてはならない。この点について、貴下が細心の注意を払ってくれることを朕は期待するし、貴下はそのように行動してもらいたい。そのようにしてもらえるなら、朕は貴下から多大な奉仕を受けたと思うであろう。

この〔書簡〕を、その〔インディア〕領国の書記官職《セクレタリア》の記録簿《リヴロス》に登録させること。そこ〔同領国〕の歴代副王や歴代総督たちが、それ〔書簡〕によって朕が命じ、指令を与えたことを常に知ることが出来るためである。また朕によって署名がなされ、朕の尚書職《シャンセラリア》によって発給された証明書《カルタ・パテンテ》の如く、〔歴代の副王・総督に〕これを容赦なく履行・遵守させるためである。〔一〕六〇四年三月一日にリスボンにおいて認めた。国王。ヴィラ・ノヴァ伯爵(1)。

第一便。

インディア副王閣下宛(2)。」

註

（1）Conde de Villa Nova. ヴィラ・ノヴァ・デ・ポルティマン伯爵マヌエル・デ・カステロ・ブランコ Conde de Vila Nova de Portimão D. Manuel de Castelo Branco のことである。一五六〇年リスボンで生まれた。ポルトガル顧問会議Conselho de Portugalの構成員であった。ポルトガル副王vice - rei de Portugalに就任したアフォンソ・デ・カステロ・ブランコ D. Afonso de Castelo Branco（一六〇三～〇四年ポルトガル副王在任）が、就任時すでに八一歳であったこともあり、マヌエル・デ・カステロ・ブランコは一六〇四～〇五年には、ポルトガル顧問会議にあって主動的立場にあったという。Olival, pp. 166, 192, 204. Serrão, Joaquim Veríssimo, IV, pp. 60 - 62. Oliveira, p. 27. Nobreza de Portugal e do Brasil, III, p. 514. Serrão, Joel, VI, p. 295. 拙訳『モンスーン文書と日本』一八三・一八四・二七三頁。

（2）APO, 6, pp. 760, 761.

145　一六〇四年三月一八日付けヴァリャドリド発、ポルトガル国王の勅令

「朕国王《エル・レイ》は、この勅令《アルヴァラ》を見る者たちに知らせる。朕は、次のような情報を得た。すなわち、インディアの諸要塞《フォルタレザス》や諸都市のカピタンたちは、孤児《オルファンス》たちのかねを、自分たちの用に利用するために借り入れ、それを彼らに返却するのが遅れるか、または返さない。その結果、前述の孤児たちにとって多大な損失となっている。彼ら〔孤児たち〕の裁判《ジュイゾ》の役人《オフィシアエス》たちは、前述の〔孤児たちの〕かねを喜んで与えるし、与えようと務めている。彼らの個人的利益を追求してのことであり、またこうすることによって、彼ら〔役人たち〕や前述のカピタンたちのこの罪が、分からないようにするためであった。それは朕の法典《オルデナソンエス》において、厳しく禁じられている。こういった無秩序と犯罪行為を避けるために、朕は次のことを嘉納し、そして命じる。

今後は、前述のカピタンたちは何人《なんぴと》たりと、かかる前述の孤児たちのかねを、借用であれ他のいかなる方法であれ、受け取ってはならない。それを行った者には、受け取った金額の九倍《ノヴェアド》(1)を支払わなければならない刑罰を科すものとする。それ〔九倍の金額〕は、前述の孤児たちに与えられる。またかかるかねを与えるが如き行為を犯し

た役人《オフィシアエス》たちは、この一件により彼らの職を奪われ、朕の新たなそして明確な勅令《プロヴィザン》なしには、もうその職を務めることは出来ないものとする。さらに朕は次のことを命じる。

カピタンたちや孤児たちの役人《オフィシアエス》たちの審査《レジデンシアス》において、この勅令《アルヴァラ》の内容を尋ねること。それ〔同勅令〕は、朕の尚書職《シャンセラリア》の記録簿《リヴロス》、王室資産管理官長《プロヴェドリア・モル・デ・ミニャ・ファゼンダ》(2)および前述の孤児たちの裁判《ジュイゾ》のそれら〔記録簿〕に登録すること。

この勅令《プロヴィザン》によって朕が命じることを、皆に周知させるためである。法律の如くこれを遵守し、それに従うこと。

朕はまた、前述の副王、前述の〔インディア〕領国《エスタド》の尚書《シャンセレル》、およびこれ(3)〔本勅令〕の裁判権《コニェシメント》が関わるその他の人々に、これを通告する。そしてその内容通りに、これ(4)〔本勅令〕を履行・遵守するよう、また完全に履行・遵守させるよう、命じる。

法典《オルデナサン》の第二巻《リヴロ》第二〇項《ティトゥロ》は、その効力が一年以上続く事柄は、書簡《カルタ》によって発給するよう規定し、勅令《アルヴァラ》として発給しても効力を持たない旨謳ってはいるが、朕は〔本勅令が〕朕が署名し、尚書職《シャンセラリア》によって発給された書簡《カルタ》としての効力を有し、強制力と有効性を持つことを望む。つまり法典《オルデナサン》は異なることを規定してはいるが、〔本勅令は〕尚書職によって発給されるわけではないが、同様に効力を持つものとする。一六〇四年三月一八日にヴァリャドリドにおいて、アントニオ・カンペロ(5)がこれを(6)作成した。

この朕の勅令《アルヴァラ》を履行しない者たちが受ける刑罰である九倍《ノヴェアダ》の金額は、前述の孤児《オルファンス》たちのものとする旨、上に述べたが、これがよりよく執行されるために、朕は次のことを嘉納し、そして命じる。前述の罰金《ペナ》を三分割し、一つは囚われ人《カティヴォス》たちに、他〔の一つ〕は前述の孤児たちに、他〔の一つ〕は告発者に与えるものとする。何人《なんぴと》もそれ〔告発者〕になり得る。たとい〔告発者が〕かかる事件で告発を受ける者——一人であれ複数であれ——の敵であってもよい。それ故、この事件においては、朕は〔告発を受ける者の〕敵たちがその者を告発することを禁じる法律を、免除することを嘉納する。また囚われ人《カティヴォス》たちの分を請求する者がいなかったら、告発者が彼自身の分と合わせて、それも取得すること。この勅令《プロヴィザン》の写しは、朕の王室資産管理官長《プロヴェドル・モル》が署名をして、すべての要塞と都市に送付すること。諸元老院《カマラス》の記録簿《リヴロス》に登録するためである。上記の如く《ウトゥ・スプラ》、アントニオ・カンペロがこれを作成した(7)。国王。第一便(8)。」

註

（1）**noveado. anóveas** と同義である。古くポルトガルの法では、盗人は盗んだ金額の九倍の額を支払わねばならないと定められていた。
（2）**provedoria mór de minha fazenda. Machado, I, p. 478; IV, p. 970.**
（3）原語（翻刻本）は **ella**（女性形代名詞）である。「本勅令」を指すものと思うが、本文書中で「勅令」は、**alvará**（男性名詞）・**provisão**（女性名詞）の二語で記されている。直近では **provisão** と記す。
（4）原語（翻刻本）は **a** である。右の註（3）と同。
（5）**Antonio Campello.**
（6）原語（翻刻本）は **a** である。右の註（4）と同。
（7）原語（翻刻本）は **o** であるが、**a** と記すべきであろう。右の註（4）・註（6）と同。
（8）**APO, 6, pp. 763, 764.**

146　一六〇四年三月一八日付けヴァリャドリド発、ポルトガル国王の勅令

「朕国王は、この勅令《アルヴァラ》を見る者たちに知らせる。朕は、次のような情報を得た。日本の地域に行く朕の家臣の中

には、神と朕への奉仕に背いて多大な混乱を招く行動をする者たちがいるという。彼らのその行動の原因は、あの〔日本〕諸王国《レイノス》が異教徒の国王《レイ》(1)をいただいているためであって、そのために前述の朕の家臣たちは、その義務に全く違反して司教に服従せず、彼の命令を遵守しない。それは前述の司教が、前述の混乱を正すために最も適切と彼が考えることを彼らに強制し、彼の司牧の職務《オフィシオ・パストラル》に関する諸々の事柄において、彼の考え通りに罰することが出来るだけの権限を、持たないからである。

朕は、それら〔混乱〕が霊魂に多大な弊害を及ぼす甚大な損害を来たすこと、そしてそれは悪しき例を示すばかりか、その他の多大な不都合を及ぼすために、それら〔混乱〕を阻止する(2)のがいかに適切であるかを考え、またすべての人々が前述の司教に対して当然抱くべき尊敬の念を持つことを望むが故に、朕のインディア副王が日本航海《ヴィアジェン・デ・ジャパン》のカピタンたちに対し、次のような命令を与えるのを嘉納し、彼〔副王〕にそれを命じる。

すなわち、彼らが入港するのを常とし、そして前述の司教が駐錫している長崎港において、前述の混乱を阻止するために(3)、〔司教が〕朕に代わって彼ら〔カピタン〕に要求することのすべてについて、彼〔司教〕を助けること。何人《なんぴと》であれ前述の司教に対して極めて不服従の者がいて、その者たちのために、キリスト教会《クリスタンダデ》に関する事柄に弊害と躓きを来たし、これを正すためには前述の地域に彼ら〔不服従の者〕が滞在しないようにする必要があると思われるような場合は、前述の司教が彼〔カピタン〕にそれを要求するなら、前述のカピタンは朕に代わって日本の国王《エル・レイ》に対し、一人であれ複数人であれかかる躓きを与える人物を彼〔カピタン〕に引き渡すよう命じてほしい、と要請すること。

ガレオン船(4)で彼らをインディアに連れて来た上で、さらにそこから朕の許に送ってきて、朕がこの件で裁きを行う(5)ためである。前述の日本の国王が、この引渡しを行うよう喜んで命じるであろうということが、朕に分かっているからである。それは、いかなる地位《カリダデ》・身分《エスタド》のヨーロッパ《エウロパ》人であれ、またどこを経由して前述の日本に入国した人々であれ、またたとい前述の地域に滞在してもよいとの許可を提示しようとも、行うこと。神と朕への奉仕のために、これを履行する必要があるからである。さらに朕は、朕のシナ〔マカオ〕のカピタン・モールに次のことを命じ、そして強く依頼する。この朕の勅令《アルヴァラ》またはその原文書の写しが示されたら、そして前述の司教の側から、上述の事柄の内の何らかのことのために求められたら、直ちにそれらを履行し、迅速にそして必要な配慮を注いで遂行すること。このようにすることによって、朕は彼からよき奉仕を受けたと思うであろうし、またこの勅令《アルヴァラ》が、その内容通りに履行されることになるであろう。

法典《オルデナサン》第二巻《リヴロ》第二〇項《ティトゥロ》は、その効力が一年以上続く事柄は書簡《カルタス》として発給するよう規定し、勅令《アルヴァラス》として発給しても効力を持たない旨謳ってはいるが、朕はこれ(6)〔本勅令〕が、朕が署名し、尚書職《シャンセラリア》によって発給された書簡《カルタ》としての効力を有し、強制力と有効性とを持つことを望む。つまり法典《オルデナサン》は異なることを規定してはいるが、〔本勅令は〕尚書職によって発給されるわけではないが、同様に効力を持つものとする。一六〇四年三月一八日ヴァリャドリドにおいて、マノエル・ロドリゲス(7)がこれ(8)を作成した。アントニオ・カンペロがこれ(9)を記述させた。この勅令《アルヴァラ》はマカオ市において登録すること。国王。第一便《ヴィア》(10)。」

註

（1）この「〔日本の〕異教徒の国王」hum Rey gentio について少し記す。豊臣秀吉の死去（慶長三年八月一八日（一五九八年九月一八日））と、それに続く日本国内政治の新たな展開については、スペイン・ポルトガル国王政府は当然情報を得ていた。その情報伝達の経路として、インディア副王（総督）からとフィリピン総督からの二つがあり得るが、豊臣政権においてわが国とフィリピンとの間の通交貿易が徐々に拡大するにつれて、フィリピン総督が本国政府に寄せる日本情報の方が、情報量・正確さ・速度・頻度等多くの点で、インディア副王からのそれに勝っていたと言ってよいであろう。マカオを介して日本と言わば間接的に通交関係を持ったインディア副王に対し、フィリピン総督にとって日本は直接交渉を持ち、貿易を行い、時に脅威ともなった隣国であったという現実の差異は大きい。そのフィリピン総督からどのような内容の日本情報が送られたかは、セビリアのインディアス総合文書館 **Archivo General de Indias** 所蔵文書により、知ることが出来る（補註1）。

二例挙げる。一六〇二年七月付けマニラ発、司法行政院 **Audiencia** のスペイン国王宛報告には、次のように記述されている。

「日本全土の支配者《セニョル・ウニベルサル》である太閤様《タイコサマ》の死後、彼の嫁の父親《コンスエグロ》で北方の関東《クワント》の諸国《レイノス》の主たる支配者《セニョル》（補註2）がそこを統治している。この〔支配者〕は、当地から行ったフランシスコ会《サン・フランシスコ》跣足《デスカルソス》パードレたちに対して非常に好意的で、彼らに多くの恩恵を施しており、彼らを介してあの〔日本での〕改宗に向けて一層門戸が開かれ、この〔フィリピン〕諸島との間の、確かな平和と商業関係の確立が期待されている。（補註3）」

いま一点、一六〇二年七月一一日付けカビテ発、フィリピン総督ペドロ・デ・アクニャ **Don Pedro Bravo de Acuña**（一六〇二年五月～一六〇六年六月二四日（死亡）総督在任（補註4））がスペイン国王に送った報告には、次のように見える。

「神《ディオス》の栄光のため、日本の諸々の事柄は改善しつつあり、現在その〔日本の〕皇帝《エンペラドル》である内府様《ダイフォサマ》（補註5）は、われわれの信仰《レリヒオン》に敵対する態度を示さない。そのことは、この〔書簡〕と一緒に送られる、彼〔内府様すなわち徳川家康〕や寺沢志摩守（補註6）という彼の寵臣《プリバド》であるあの王国の別の領主《セニョル》、および日本司教が記述した書簡の写し《コピアス》によって、陛下にお分かりになる通りである。（補註7）」

右の史料には、当時の日本の統治者が内府すなわち徳川家康である旨を明記している。マニラからスペイン国王の許に送られた直近の日本国内事情に関する報告を二例示したが、これらの史料からも、本文書に見える「〔日本の〕異教徒の国王」が徳川家康を指すことは確かであろう。

（補註1）この註で取り上げているような事柄を知るための原史料は、インディアス総合文書館所蔵文書が最も重要であるが、文献としては、**Pastells, V, c. 1** が同文書館所蔵文書を豊富に引用した良質の記述である。また邦文献としては、パステルス著　松田毅一訳『十六－十七世紀日本・スペイン交渉史』一六六～一七四頁。

（補註2）傍線箇所の原語は **consuegro suyo señor principal de los reynos del quanto a la banda del norte** である。

consuegroは「嫁（すなわち息子の妻）の父親」である（a）。彼（太閤秀吉）の嫁（息子秀頼の妻千姫）の父親ということなら、徳川家康でなく秀忠になってしまう。しかしもしもconsuegroが「嫁の父親」だけでなく、「嫁の祖父」の意味でも使用するのであるなら、傍線箇所の訳文をそのように訂正しなければならない。

もう一点この傍線箇所の記述には、小さな問題点がある。千姫が秀頼に嫁したのは、慶長八年七月二八日（一六〇三年九月三日）である。したがって、マニラで本報告が記述されたのは、千姫の輿入れの一年以上前であり、厳密に言えば家康は未だ、秀吉の「嫁の父親（祖父）」ではなかったことになる。しかし、この縁組は秀吉の生前の命に従ったもので、それは広く知れ渡っていたことである。それ故、日本の新たな支配者と前支配者との人間関係をスペイン国王に説明するためのこの記載は、その不正確を論《あげつら》うほどの問題ではないというべきであろう。

秀頼と千姫との縁組が秀吉の生前の命によるもので、それは周知の事柄であったという点に関して、一六〇三年一〇月六日付長崎発イエズス会士マテウス・デ・コウロスの、一六〇三年一月から同年九月までの日本の出来事を記述したイエズス会年報に次のように記されている。

「〔日本の絶対的支配者である公方《クボー》は〕彼〔太閤《タイコー》の息子である秀頼《フィデヨリ》〕を、彼〔公方〕の孫娘《ネタ》と結婚させた。彼女を、そのために関東《クワントー》から〔大坂に〕来駕させた。それは太閤が死亡する以前に、すでに命じていたことであった。（b）」

（a）Alonso, Martín, I, p. 1191.

（b）Jap. Sin. 54, f. 169. なおゲレイロにも同じ趣旨が記されている。
Guerreiro, II, p. 5. 松田毅一監訳『十六・七世紀イエズス会日本報告集』第Ⅰ期第四巻、一七六頁。

〔補註2の文献〕

『大日本史料』一二編之一、三八七〜三九四頁。なおこの『大日本史料』に載せる千姫の大坂城入輿に関する史料の内、秀吉の予てからの命に従って千姫輿入れが行われたとの記述が見えるのは、イエズス会年報とクラッセ著『日本西教史』の、教会側文献二点だけである。

（補註3）Archivo General de Indias, Filipinas 19, Ramo 5. Pastells, V, p. XVI.

（補註4）The Philippine Islands, 17, pp. 288, 289.

（補註5）**dayfossama.** この当時の海外史料に見える徳川家康に対する「内府」「内府様」の称呼については、拙訳『モンスーン文書と日本』四一〇・四一一頁。

（補註6）**taraçava ximono cami.** 寺沢志摩守広高。豊臣秀吉に仕え文禄年間には六万余石の知行を受けていたが、関ヶ原の戦の恩賞として肥後国天草郡に四万石を与えられ、旧領をあわせ一二万石の領主となる。初代の長崎奉行に任じられた。従来、豊臣政権において任じられた長崎代官と、その性格がほぼ同じであり、また彼の同奉行就任は、幕藩体制下の職制の一つである長崎奉行の初見である。長崎奉行補職の時期は、『日本史総覧』Ⅳ、近世一によると、文禄元（一五九二）年とする史料（『徳川実紀』『増補長崎略史』）・慶長六（一六〇一）年と記す文献（『柳営補任』）の両説あるようである。なお、寺沢広高がフィリピン総督に送った書簡は、『異国往復書翰集』に収載されている。一六〇二年六月一日付けフィリピン総督ペドロ・デ・アクニャの寺沢宛返書は、パステルスに掲載されている。

『長崎県史　対外交渉編』六七・六八頁。村上直次郎訳註『異国往復書翰集　増訂異国日記抄』八四・八五頁。パステルス著　松田毅一訳『十六－十七世紀日本・スペイン交渉史』一七〇頁。『国史大辞典』九、九二二頁。『日本史総覧』四、近世一、八六頁。『増補長崎略史』上、五三二頁。**Pastells, V, pp. XV, XVI.**

（補註7）**Archivo General de Indias, Filipinas 19, Ramo 5.**

（2）傍線箇所の原文（翻刻本）は **atalharse a ellas** である。**ellas** は **desordens** を指す。語法上疑義があるが、文意を重視して表記の如く訳した。

（3）傍線箇所の原文（翻刻本）は **para se atalharem as ditas desordens** である。註（2）同様、一応表記の如く訳した。

（4）**galeão.** ガレオン船については、拙訳『モンスーン文書と日本』四〇九・四一〇・四八八頁。

（5）傍線箇所の原文（翻刻本）は **fazer nisto o que for justiça** である。

（6）原語（翻刻本）は **a qual** と女性形代名詞で記しているが、**alvará** を指すのであろうから、**o qual** と記すべきか。左の註（8）・註（9）。

（7）**Manoel Rodrigues.**

（8）原語（翻刻本）はoである。alvaráを指すのであろう。
（9）原語（翻刻本）はoである。alvaráを指すのであろう。
（10）APO, 6, pp. 764, 765. 拙訳『モンスーン文書と日本』文書1および同文書の註（3）が、本文書に関連する。

147　ゴア市のポルトガル国王宛書簡（一六〇四年）(1)

「われわれが国王陛下《ヴォサ・マジェスタデ》(2)に書き送った後、そしてこの市において積み荷をした二艘のナウ船が昨日一二月二九日に出帆した後、われわれの職務の任期の最終日である本日、副王アイレス・デ・サルダニャ(3)が一通の勅令《プロヴィザン》を発給したとの情報を当〔ゴア〕市は得た。それは、日本諸王国《レイノス》の異教徒を購入するのを禁じる(4)国王陛下の指令《インストルサン》を、市が公告するよう命じたものであった。〔その指令は〕三二年前にこの〔日本〕国民《ジェンテ》のために故国王ドン・セバスティアン(5)によって発給された勅令《プロヴィザン》(6)を、確認したものであった。それ〔国王の勅令の発給〕を達成するために充分なだけの情報を有したイエズス会パードレたちが、真実を隠蔽して要請し、その結果発給されたものであった。

それ〔同国王の勅令〕を阻むだけの多く〔の情報〕が存在し、〔勅令が〕発給された時にはそれらは覆い隠されていたが、少なくとも当地ではそれらは明らかになっていた。それらは今日まで、その〔勅令の〕施行を妨げてきたし、またこの間終始、それ〔勅令〕に関して何ら改められることもなかった。

この〔禁令〕の下に〔国王が〕言明していることは、その〔禁令の〕公布以後は、前述の〔日本〕諸王国の国民《ジェンテ》を購入する《セル・レスガタダ》ことも、囚われ人《カプティヴァ》の身とすることもしてはならない、というものである。今日、副王が発給する勅令《プロヴィザン》は、将来に向けてこの〔日本人奴隷を〕自由にすべきことを述べているだけではなく、さらに今日囚われ人《カプティヴォス》としてこの〔インディア〕領国内にいる者たちは、自由であるべきだということを付け加えている。この〔領国〕民《ポヴォ》は皆これによって多大な害を被るので、本日この〔ゴア〕市の住民たちはこの元老院《カマラ》(7)に集まり、声高に叫んで要求を掲げた。それはわれわれをして、国王陛下の禁令と指令とを拠り所にする副王アイレス・デ・サルダニャとこの件を話し合うために、彼の許に行かざるを得ないようにした。

この件は極めて重要であり、またわれわれは本日われわれの任期を終えるため、この禁令を施行することによって引き起こされるであろう不都合について、国王陛下《ヴォサ・マジェスタデ》に詳細な報告をするだけの時間がないので、今われわれに出来ることといえば、この全〔インディア〕領国およびそれ〔インディア領国〕の諸都市の名で、国王陛下に次のことを要請するだけである。

すなわち、われわれが意見聴取を受け、〔禁令を〕遵守するのがいいかどうかが決定され、われわれの権利を認めるよう副王に対して命令が下されるまでは、この禁令〔の施行〕を停止するよう命じていただきたい。というのは、われわれは尚書職《シャンセラリア》(8)においてこの禁令に対して異議申立てを行ったが、副王はわれわれに、異議申立て《エンバルゴス》を容認することはないだろうと語ったからである。もしも正義よりも権力を行使しようとするなら、(9)〔われわれの異議申立てに対して〕同意を与えるような神法《レイ・デヴィナ》も人定法《レイ・ウマナ》も存在するはずがないように思われる。というのは、このように広大な領国において、〔奴隷の〕所有者たちがまず最初に意見聴取を受けることなしに、何年も前に彼らが自分のかね《ディニェイロ》で買った奴隷《エスクラヴォス》を奪われるなどということに国王陛下が同意を与えているとは、到底われわれの理解に及ばないことだからである。そこ〔奴隷買得〕には、金《オウロ》一〇〇万(10)かさらにそれ以上を投じ、すべて〔の奴隷〕について、日本のキリスト教会《クリスタンダデ》を管理している司教《ビスポス》たちや同じイエズス会《コンパニア》のパードレたちの同意を得、同〔イエズス会〕神学者たちの見解によって、彼らの紋章《アルマス》によって押印した文書《パペイス》と証明書《セルティドンエス》を得ているのだ。(11)われわれが〔奴隷買得を〕実行する際には、それら〔文書・証明書〕を提示している。

この法律を制定するには、これでは理由が薄弱であるが、彼らに〔奴隷買得を〕禁じるのは、一層神および彼らの霊魂[12]、次いで国王陛下への奉仕にならないであろう。というのはこの〔日本〕国民《ジェンテ》は彼らの国土において、彼らの隣人であるモーロ人《モウロス》たちによって公然と買得されているからである。彼ら〔モーロ人〕は毎年ナウ船《ナオス》に〔日本国民を〕積んで行く《カレガダス》が、それは彼ら〔日本国民〕をモーロ人《モウロス》にするためである。われわれの支配下《ノソ・ポデル》に入る者は皆、キリスト教徒になり、国王陛下《ヴォサ・マジェスタデ》は一層多くの家臣を持つことになる。パードレたちがある年限彼らを世話した後に、彼らは自由になる。もしもこれを避けようと思えば、皆モーロ人《モウロス》になるであろう。そして他の人々によって買われるであろう。

この他にも、この〔インディア〕領国は彼ら〔日本人奴隷〕で満ち溢れている。彼らは彼らの主人《セニョレス》の囚われ人《カプティヴォス》として、それ〔領国〕の守りにつく用意が出来ている。というのはポルトガル人たちは、この島《イリャ》[13]の最も小さな小砦《バルアルテ》[14]を満たすのにも足らず、戦争が起こったら、一人のポルトガル人が鉄砲《エスピンガルダス》を持った五～六人の従者《モソス》を従えて任務につくが、この〔日本〕国民《ジェンテ》は好戦的であるから、それは尚更強力である。

彼らを自由《リベルダデ》にしておけば、われわれが直面する敵たちと結託して、この地をわが物にし、われわれを皆殺しにすること疑いなしである。というのは、彼らはわれわれ以上の人数に上り、無数だからである。それは、この自由の噂《エクオ》だけですでに反乱が起きるほどであり、彼らの主人《セニョレス》たちは、彼ら〔奴隷〕についての情報によって〔それを行う〕[15]。

かかる禁令が施行されないための一層有力な理由になるこういった不都合は他にも数多くあるが、それらは、われわれが指摘する諸事情により、今は明らかにすることは出来ない。しかし一年以内には、この〔ゴア〕市が国王陛下にそれら[16]について詳細に書き送るであろう。

それ故、われわれは国王陛下に対し、その施行を差し止めるよう命じていただきたいと要請する。かかる重大な事柄に対しては、告発《ディラサン》(17)は僅かである。〔禁令が〕許可された理由よりも、その〔差止め〕を懇願する者たちの意向にこそ、より一層目を向けてもらいたいと国王陛下に訴える。というのは、一方から他方へ〔禁令からその差止めへ〕の重大な移行だからである。

　われわれは国王陛下に対し、もしもこの〔インディア〕領国が失われることがあるなら、それはイエズス会《コンパニア》パードレたちの諸々の事柄のためである、と断言する。国王陛下の許可が得られるなら、今日彼ら〔イエズス会士〕はこの領国内にわれわれの陛下の王室資産《ヴォサ・ファゼンダ》の収入《レンディメント》のほとんど半分もの定収入《レンダ》を有し(18)、この島の大部分の絶対的な領主《セニョレス》であるということをわれわれは指摘し、提示するであろう。彼らは、そのすべてを購入したのだ。

　今日から一〇年後には、住民は〔家や椰子林を〕奪われ、彼ら〔イエズス会士〕のものでない家《カザ》や椰子林《パルマル》は一つもなくなることは絶対に間違いない。このためこの〔インディア〕領国は極めて貧しくなり、人々は購入すべき不動産《ベンス・デ・ライス》がないので、海上で彼らの資産のすべてを失ってしまった。はるかに一層多額である北部地方(19)〔のイエズス会の定収入〕(20)を別にして、彼ら〔イエズス会士〕がサルセテ(21)に有する定収入《レンダス》のみで、当地に存在する他の諸修道会《レリジオンエス》を維持するのに充分であろう。もしもわれわれが指摘することについて情報の提供をお命じになるなら、国王陛下はそれに精通されるであろう。このことにおいても、今後生じるその他のすべての事柄においても、国王陛下はわれわれに対し正義と恩恵を行使して下さるものと、われわれは信頼している(22)。」

註

（1）APOには編纂者が付したものであろう本文書の表題として、「同年の別の書簡」と記してあるにすぎない。これは直前の文書（つまり文書143*）の表題が「一六〇三年ゴア市が国王陛下に書き送った書簡」（APO, 1 - II, p. 110）とあるのを受けた表記である。すなわちこちらも同じく、一六〇三年にゴア市がポルトガル国王に書き送った書簡というわけである。本文書本文の冒頭には、一二月三〇日に記したように見える。つまり一六〇三年一二月三〇日記述の書簡ということになる。しかし、本文書の冒頭部分に、「三三年前に〔日本〕国民のために故国王ドン・セバスティアンによって発給された勅令…」との文言が見える。その勅令とは、本文書の註（6）に記した通り、一五七一年三月一二日付け勅令のことと思われる。とすると、その三三年後というのであるから、本文書は一六〇四年の書簡のはずである。すなわち編纂者の判断に従えば本文書の記述は一六〇三年、記事を重視するなら一六〇四年ということになる。この、本文書の記述年の問題は、文書148*の註（21）に記す通り、同文書とも関わりがある。その文書148*に着目するなら、本文書の記述は一六〇三年ではなく、一六〇四年とすることに蓋然性があるように思われる。

（2）ポルトガル国王フィリペ二世（スペイン国王フェリペ三世）、一五九八～一六二一年在位。

（3）**Aires de Saldanha.** 一六〇〇～〇五年インディア副王在任。
Delgado Domingues, pp. 133, 134.

（4）傍線箇所の原文（翻刻本）は **se defende resgatarem - se e comprarem - se** である。この **resgatar** の語は、一般には「身代金を支払って救出する」等の意味であろうが、古くは **comprar**（「購入する」）と同義であったようである。つまりここは「購入する」の語を重ねたわけであるが、くどくなるのを避けて表記の如き訳文にした。
Machado, VI, p. 356.

（5）**El - Rey Dom Sebastião.** 一五五七～七八年ポルトガル国王在位。

（6）一五七一年三月一二日付け勅令《アルヴァラ》のことであろう。
APO, 5 - II, pp. 791 - 793. 岡本良知『十六世紀日欧交通史の研究』七三二頁。拙訳『モンスーン文書と日本』一三二・一三三頁。拙著『キリシタン時代の貿易と外交』三三二頁。

（7）**Camara.** 拙訳、同右、一四一頁。

（8）**chancellaria.** 拙訳、同右、一六四～一六六頁。

（9）傍線箇所の原文（翻刻本）は **no que parece que se que usar mais de força, que de justiça;** である。疑義なしとしないが、一応表記にように訳した。

（10）**hum milhão d'ouro.** 金一〇〇万クルザド、あるいは金一コントのことか。

拙訳『モンスーン文書と日本』一一二・一一三頁。

（11）本文書の冒頭からここまで（**APO, 1 - II, pp. 125 - 127**）は、岡本良知『十六世紀日欧交通史の研究』七四九・七五〇頁に訳載されている。ここでは一応訳し直した。

（12）傍線箇所の原語（翻刻本）は **de suas almas** である。表記のように直訳しておくが意味不詳である。あるいは **de bem das suas almas** の誤か。

（13）ゴア市が所在するティスアリ島のことであろう。拙訳『モンスーン文書と日本』三八〇〜三八二頁。

（14）**baluarte.** 拙訳『モンスーン文書と日本』四一頁。

（15）傍線箇所の原文（翻刻本）は **e seus senhores d'aviso sobre elles.** である。意味不詳であるが、一応表記のように訳しておく。

（16）原語（翻刻本）は **as escreverá** である。**as** は **Estes, e outros muitos inconvenientes** を指す代名詞と思われるので、**os** とすべきであろう。

（17）原語（翻刻本）は **dilação** であるが、**delação** のことか。

（18）本文書の註（13）と同。

（19）**Norte.** 拙訳『モンスーン文書と日本』三二六・三二七頁。

（20）イエズス会が **Norte** と称するインディア領国北部地方に多くの土地を所有し、この点で世俗のポルトガル人を圧迫しており、これがポルトガル政権内で問題視されていたことに関しては、拙訳『モンスーン文書と日本』二〇五〜二一三頁に記した。また「北部地方」や「イエズス会」といった特定はなく、一般化した表現をとっているが、同訳書の文書9も同じ趣旨の勅令とみてよいであろう。

（21）**Salcete.** インディア領国に二箇所あるサルセテの内、本文書のここに見えるのはゴアのサルセテのことで、イエズス会はゴアのサルセテに多大な不動産を所有し、ポルトガル国王がこれに懸念を抱いて対策を講じていた。拙訳『モンスーン文書と日本』一七〇・一七一・一八〇頁、および同訳書の文書12*・文書21*および文書21*の註（5）・文書52。

（22）**APO. 1 - II, pp. 125 - 128.**

本文書は、ポルトガル国王ドン・セバスティアンが一五七一年三月一二日付け勅令により、日本人異教徒を奴隷として買得するのを禁じたのに対し、三三年後の一六〇三年に、インディア副王アイレス・デ・サルダニャがそれを確認して改めてその遵守を命じる勅令を発給したこと。ゴア市からポルトガル国王フィリペ二世に宛て、かつて国王セバスティアンが日本人異教徒奴隷を禁じたのは、イエズス会士が情報操作をして一面的な知識だけを国王に植え付けたからであることを述べて、その国王の勅令およびそれを確認して遵守を命じた副王の勅令を批判して、この禁令の施行を停止してもらいたいと要望しているものである。

文書の後半では、この日本人異教徒奴隷禁止令の発給に絡んでのイエズス会批判がさらに発展して、とくに経済基盤の面でインディア領国内でのイエズス会の実力が、他のカトリック教会の修道会に比して突出していて、これを放置すると領国が由々しい事態に陥る旨を訴える、折ある毎に繰り返されるイエズス会批判が展開されている（補註）。

本文書に関していささか問題が残るのは、岡本氏がその著書で引用した註（11）を付した箇所以降、イエズス会批判の文章に入るまでの記述内容（つまりモーロ人絡みの記事、原文では **APO, 1 - II,** 一二七頁一〇行～一三三行）に疑義がある点である。そこの文章には「日本人」その他何人であるか特定出来る文言は見えず、文中の **gente**「国民」・**elles**「彼ら」・**captivos**「囚われ人たち」等の語はすべて「日本人」と解した。それ以前の文からの関連、その文脈で当該箇所を読めば、それらの語を「日本人」と解することには何の問題もないはずであるが、それにもかかわらずその箇所の文意に突然疑義が生じるのは、あるいはそこは「日本人」と読むべきではないのかも知れない。そしてもしもそうだとするなら、それは文書の書き手の書き間違いではなく、日本人異教徒奴隷禁令が不当で、その施行を停止すべきことを力説強調するために、その箇所（文意の点で疑義のある文章）には日本人と直接関係のない記述を、意図的に挿入したのではないかと思う。

（補註）文書69*の註（6）、および本文書の註（21）。

148* ゴア市のポルトガル国王宛書簡（一六〇五年）(1)

「七、このブラス・テレス(2)の艦隊による国王陛下《ヴォサ・マジェスタデ》の書簡《カルタス》によってわれわれは、来る四月に副王(3)が南《スル》(4)に行くよう、国王陛下が命じたことを知った。彼〔副王〕はそれを完全に遂行すべく準備を整えている。われわれには分かっているが、国王陛下が彼に命じることは、彼はそのすべてを実行するであろう。今この際に彼を〔副王に〕選任するに当たり、国王陛下が彼について抱いた判断通りに、彼はわれわれを統治するであろう。

彼〔の統治〕は初めがよかったのであるから、われわれは同様な結末を期待している。しかしこの遠征《ジョルナダ》(5)には、多くのそして極めて大なる障害が横たわっているので、国王陛下《ヴォサ・マジェスタデ》の断固たる命令だけが、それらを乗り越えることが出来るのだ。というのは、もしも南《スル》が極めて強力な軍事力《ポデル》を必要とするのであるなら、ここにも〔同じ軍事力を〕保持するのが同様に適切であり、この〔インディア領国〕の如き無力《タン・インポシビリタド》の領国は、これらの地域の内の一箇所を救いに行くことも、満足には出来ないからである。というのは、オランダ人たちが南、およびインディアの沿岸を航海するようになって以後は、彼〔国王〕の税関《アルファンデガス》がいかに僅かな収入しかないか、すでに国王陛下はご存知に違いない。近年マラバルの艦隊(6)や北部地方の他〔の艦隊〕(7)のために、妻帯者《カザドス》たちや市に借金を求めたが、それでもこれら〔艦隊〕は、かつてのような増強が出来ない有様だからである。

国庫《テゾウロ》には、もうかねは集まらない。アンドレ・フルタド(8)が南に率いていった艦隊は、今日副王が率いるのに相応しく、また彼がそれを望む〔艦隊の〕四分の一であったであろうが、それでも〔インディア〕領国《エスタド》にとって二〇万何千クルザドもの出費となり、この地を重大な包囲網に突き落とした。というのは、船員も食糧もなく、兵士たちは抑圧されてすべてが閉塞状態であった。領国は無力《タン・インポシビリタド》で、もうこれ以上それ(9)を救済することなど出来ない状態に陥ったからである。彼〔アンドレ・フルタド〕に送るために、この〔ゴア〕市で喜捨《エスモラ》を募る必要があった。またシナやマニラ《マニリャ》からも、彼に救済が送られたので、もはや当地には、それ(10)から戻ってくるものは何もないであろう。

副王が率いて行こうとしている〔艦隊〕は、八〇万クルザドの出費となるであろう。われわれには、それがどこから調達出来るのか分からないし、この遠征が果たして成果を上げることが出来るのかも分からない。もしもその通りに運んだ場合は、(11)〔インディア〕領国を抵当に入れる《エンペニャド》こととなろう。そうなれば、一体どこからそれ(12)に必需品を送って助けるのか。南《スル》は自らはそこに何も与えることは出来ない。当地〔インディア領国〕のどこで、マラバル海岸や北部地方向けに必要な、常設の諸艦隊(13)を作ることが出来るのか。その機会があったとしても、敵や近隣の者たちが見張っている今、いかにして、そしてどこからそれ(14)に救援を送ることが出来るのか。あるいは、かくも手強い敵に何をもって抵抗するのか。というのは、〔インディア〕領国は、かね・兵士《ジェンテ》・貴族《フィダルゴス》(15)・大砲が非常に不足していて、この艦隊のために必要なものすべてが極めて乏しい有様だからである。

われわれにとってそれ(16)のために何か救いの手があるとするなら、それは国王陛下《ヴォサ・マジエスタデ》の力《ポデル》、そして〔陛下がこの領国のことを〕覚えていて下さることだけだというのは確かである。それなしには、その目指す成果を達成出来ないばかりか、この〔南に遠征する〕艦隊は残るが、この〔インディア〕領国は全面的崩壊を来たすことになろう。そしてそれ〔同艦隊〕がなければ、今少し持ち堪えることも出来るであろうと思われるものも、瞬く間に消滅してしまうであろう。それ故、われわれは国王陛下に対し、ポルトガル王室《コロア》のためにこれほど多くの血を流してきたばかりか、陛下の前任の歴代国王《レイス》が自ら多額の出費をして支えてきた〔インディア〕領国のことを、覚えていていただきたいと要請する。今日〔インディア領国は〕、諸都市・家臣たち・贅を尽くした諸寺院《テンプロス》によって極めて名誉を博しており、世界中の羨望の的になっているかも知れない。

そこにおいてはカトリック信仰が、その聖性《サンクティダデ》と殉教の模範によって広がり、到達出来ないほどの遠方にまで非信徒《インフィエイス》の王国《レイノ》は存在しない。神の恩恵と国王陛下《ヴォサ・マジェスタデ》の力《ポデル》とによって、その全員が改宗するにいたるほどの豊かな実りが神の教会《イグレジャ》にもたらされることが期待される。というのは、信仰は、彼らの諸国王《レイス》、ムガル[17]・日本・シャー[18]の如き、そこ〔東洋〕の中でも最も強大〔な国王たち〕や、その他の多く〔の国王〕の許可のもとに、この東洋《オリエンテ》全域で非常に広まり、根を下ろしているからである。彼ら〔国王〕は彼らの王国内《レイノス》でそれを許可し、教会《イグレジャス》を創建し、彼らの家臣たちの改宗を妨害したりしない。国王陛下は今年、そこ〔インディア領国〕の復興のために多くの財を投じた。それは、ナウ船・大砲・兵士《ジェンテ》・かね《ディニェイロ》によるもので、この艦隊のためであった。来年も彼〔国王陛下〕が、それ〔同艦隊〕の支援のために必要な援助を続けるよう命じるに相違ないと、われわれは確信している。目指す目標を勝ち得るために、その中でも主要なものはかね《ディニェイロ》、それも多額のかねである。

というのは、統治は首席大司教《アルセビスポ・プリマズ》[19]に任されているので、われわれは〔首席大司教が〕多大な苦難を救済して下さるであろう、そして副王《ヴィゾ・レイ》に対し、他の何人も到底為し得ないような大きな援助を寄せて下さるであろうと、確信をもって強く期待してはいる。〔首席大司教は〕何ら拘束を受け《リヴレ》ず、私心なく、国王陛下《ヴォサ・マジェスタデ》への奉仕とこの〔インディア〕領国の利益に対して情熱を持つからである。しかしながらそのために、国王陛下の援助が必要なくなるわけではない。それなしでは〔他の支援など〕無に等しい。この〔インディア〕領国はそのすべてを受けるに値するのだということを、国王陛下は確信していただきたい。南《スル》が旧に復し、王室資産《ファゼンダ・デ・ヴォサ・マジェスタデ》における過去の混乱が改善すれば、収入は二倍になり、〔インディア〕領国は拡大し、神への善行《メレシメント》を積み、そしてその聖カトリック信仰の進展をもたらすであろう。難儀がこのように逼迫しているので、副王は一艘のカラヴェラ船で国王陛下に報せるよう命じた。渡来するナウ船団によって、われわれが期待する適切な救済を受けることが出来るためである[20]。

〔中略〕

二五、昨年当〔ゴア〕市は、国王陛下《ヴォサ・マジェスタデ》に対して次のような報せを送った[21]。すなわち、日本人たちを囚われ人《カティヴォス》[22]

にしないため、および現在それ〔囚われ人〕である者たちを解放するために、故国王ドン・セバスティアンが発給させた勅令《アルヴァラ》を施行させようと、イエズス会《コンパニア》パードレたちは意図した。それ〔同勅令〕は、発給されてから三〇余年経つが、これまでに施行されたことがなかったし、それの施行を命じようとした副王もいなかった。それは神や国王陛下[23]への奉仕には全くならないし、キリスト教会《クリスタンダデ》の利益にも反するものだと彼ら〔副王〕は理解しているからであり、さらに多くの理由があったからである、と。

　彼ら〔イエズス会士〕はアイレス・デ・サルダニャの統治下にある今が最も有利な時期であると思って、彼〔国王陛下〕の利益を損なうものであったにもかかわらず、国王陛下から暗黙の承認を取り付けて、それ〔同勅令〕を公告させた。〔国王から承認を取り付けることについて〕この〔インディア〕領国から反対はなかったが、それは〔国王に〕嘆願がなされたことを知らなかったからである。結局彼ら〔イエズス会士〕はそれ〔同勅令〕を公告した。彼ら〔ゴア市当局者たち〕が国王陛下に指摘した諸理由により、当〔ゴア〕市が彼〔副王〕に異議申立てをした。それは、囚われ人《カティヴォス》たちを解放すべきだとしている件に関してであるが、これは全く正義に反する事柄のように思われる。というのは、それ〔囚われ人〕である者たちは、良心に従って《エン・ボア・フェ》買われたからである。またこれらの奴隷《エスクラヴォス》には、多額な資金が投ぜられているので、そのために一〇〇〇乃至二〇〇〇クルザドを失う者もいるであろう。この者たちは、少数ではない[24]。しかもそれは、もしもそのための理由があれば、われわれが何人《なんぴと》を購入することをも一切禁じるべきだとしているのだ。

　国王陛下《ヴォサ・マジェスタデ》がそれを命じている以上、われわれは何人をも購入することはないであろう[25]。しかし、この〔日本〕国民《ジェンテ》は彼ら自身の子供たちを売却するのを常とするのだ。しかも彼ら〔日本人〕は彼らと同じ非信徒《インフィエイス》たちに〔売却する〕。つまり、彼ら〔日本国民〕は彼ら〔日本国民〕を異教徒《ジェンティオス》たちに売却するのだ。〔したがって〕キリスト教徒たちへの売却は、正当であるように思われる。というのは、〔キリスト教徒は〕購入した者たちを皆、キリスト教徒にするからである。現に彼らはそれ〔キリスト教徒〕である。

今までに行われた売却は、日本司教の書面による同意を得て行われた。しかも、奉仕の年月が限定されており、彼らはそれが終わったら解放され、〔ポルトガル〕国王陛下《ヴォサ・マジェスタデ》の家臣となるのだ。そのような者たちはこの〔インディア〕領国に大勢いるが、彼らは非常に好戦的な国民で、戦争のためや、攻囲《セルコ》あるいは必要に際して奉仕をする。少し前に、オランダ人たちのためにその〔必要〕が生じた際に見られた通りである。この〔ゴア〕市から一人の妻《カ》帯者《ザド》が、鉄砲《エスピンガルダス》と槍《ランサス》を持ったこれら従者《モソス》七、八人を従えて出征した。というのはインディアにおいては、兵役を果たすことの出来る奴隷《エスクラヴォス》はこれら〔日本人奴隷〕だけだからである。この〔ゴアの〕如き大都市では、その城壁《ムロス》の守りのために必要な兵士《ジェンテ》に不足することがしばしばあるのだ。もしも国王陛下がこの〔国王セバスティアンの〕勅令《アルヴァラ》の施行を命じるならば、こういった多くの〔反対〕理由が指摘されるであろう。当事者としてわれわれが意見の聴取を受けることなしに、そのようなことにならないことをわれわれは期待する。(26)」

註

（1）翻刻本には本文書の表題として、「〔ゴア〕市が〔一〕六〇五年にブラズ・テレス Braz Telles の艦隊によって書き送った書簡。その写しが一通カラヴェラ船で送られた」と記してある。一六〇五年三月二七日五艘から成るナウ船団がポルトガルを出航した。船団のカピタン・モールは Bráz Telles de Menezes であった。この艦隊を構成したナウ船の中には途中遭難した船もあったが、カピタン・モール座乗の Betancor 号はインディアに渡航して折り返し、一六〇七年一〇月末日ポルトガルに帰航した（補註1）。本文書は、先の表題から、このカピタン・モール・ブラズ・テレス・デ・メネゼス搭乗のナウ船で、インディアからポルトガル本国に送られたものであることが分かる。

なお、この文書の写し一通がカラヴェラ船で送付されたという。このカラヴェラ船については不詳であるが、一六〇四年一一月一九日および同年一一月二四日にカラヴェラ船が一艘ずつ、リスボンを発ってインディアに向かった。

さらに一六〇五年、一艘のカラヴェラ船を含むナウ船団がリスボンを発ってインディアに向かい、到着している（補註2）。これらのカラヴェラ船の内の一艘がリスボンに帰航する際に、その航海を利用して本文書の写しが本国に送られたのかも知れない。なおカラヴェラ船については、拙訳『モンスーン文書と日本』四〇九・四一〇頁。

（補註1）Maldonado, p. 113. Castro & Paes, pp. 294, 295. Paes, p. 101. Reis, p. 264.

（補註2）Maldonado, pp. 109, 111.

（2）Bras Telles. 右の註（1）。

（3）マルティン・アフォンソ・デ・カストロ Dom Martim Afonso de Castro 一六〇五〜〇七年インディア副王在任。一六〇四年三月二八日付け国王フィリペ二世の書簡によってインディア副王に任じられ、一六〇五年五月二〇日就任した。一六〇七年六月三日マラッカで病死した。

Delgado Domingues, p. 134.

（4）Sul. 文書96の註（3）。

（5）マルティン・アフォンソ・デ・カストロは、オランダ人撃退のため「南」に遠征すべく、一六〇六年五月艦隊を率いてゴアを発った。ガレオン船（補註1）一二艘、ガレー船（補註2）四艘、フスタ船（補註3）七〇艘から成る艦隊であった。彼の遠征・功業については、Faria e Sousa, V, pp. 262 - 276. Danvers, II, pp. 136 - 138.

（補註1）galeão, galeón. 拙訳『モンスーン文書と日本』四〇九・四一〇頁。

（補註2）galé. 拙訳、同右、二〇・四二四頁。

（補註3）fusta. 拙訳、同右、二〇頁。

（6）armada do Malavar. 文書143*の註（16）に記した armada do Canará と同じ艦隊であろう。ゴア市が擁した常設四艦隊の内の一つである。

拙訳『モンスーン文書と日本』五〇・五一・六二頁。

（7）outra do Norte. ゴア市の四艦隊の一つ、北方艦隊 Armada do Norte のこと。拙訳、同右、五〇・五一頁。

（8）André Furtado. マラッカ・カピタン、アンドレ・フルタド・デ・メンドンサ Capitão de Malaca André Furtado de Mendonça（一六〇三〜〇六年カピタン在任）。文書143*の註（5）。

（9）原語（翻刻本）はaである。armada（つまりアンドレ・フルタド・デ・メンドンサの艦隊）を指すのであろう。
（10）原語（翻刻本）はellaである。右の註（9）と同か。
（11）傍線箇所の原文（翻刻本）はem caso que os aja de ser (sic),… である。ポルトガル文として疑問があるようであるが、一応表記のように邦訳しておく。
（12）原語（翻刻本）はlheである。註（9）・註（10）同様、メンドサの艦隊を指すか。
（13）本文書の註（6）・註（7）に記した諸艦隊。
（14）原語（翻刻本）はlheである。右の註（12）と同か。
（15）fidalgos. ここで貴族とあるのは、カピタンたり得る人物の意味であろう。
（16）原語（翻刻本）はlheである。右の註（12）・註（14）と同か。
（17）Mogor. 拙訳『モンスーン文書と日本』四七六～四七八頁。
（18）Xá. イスラムの国王、とくにペルシアの皇帝。
Dalgado, II, p. 418.
（19）首席大司教Arcebispo Primazについては、拙訳『モンスーン文書と日本』一三六頁。ここで首席大司教とは、ゴア管区大司教フレイ・アレイショ・デ・メネゼスを指す。文書138の註（1）。
（20）APO, 1 - II, pp. 146 - 148.
（21）一六〇五年の本文書に、昨年ゴア市が送った報せ、とあるので、当然一六〇四年の文書のはずである。しかもその内容から判断すると、それは文書147であろう。その文書147の記述は、編纂者の判断では一六〇三年、記事を重視するなら一六〇四年の蓋然性が高い旨その註（1）に記したが、本文書との関わりからも、一六〇四年記述と考えてよいであろう。
（22）cativos. 文書3の註（2）。
（23）ポルトガル国王フィリペ二世（スペイン国王フェリペ三世、一五九八～一六二一年在位）。
（24）本文書二五節の冒頭からここまで（APO, 1 - II, pp. 157, 158）は、岡本良知『十六世紀日欧交通史の研究』七五〇頁に訳載されている。

(25) 傍線箇所（翻刻本）の原文は **não nos comprará ninguem,** であるが、不可解と言わざるを得ない。**comprará** は変化形が誤りではないかと思われ、一応表記のように訳した。
(26) **APO, 1 - II, pp. 157, 158.** 岡本良知、前掲書、七五〇頁。

149　一六〇六年一一月二三日付けリスボン発、ポルトガル国王の勅令

「朕国王《エル・レイ》は、この勅令《アルヴァラ》を見る者たちに知らせる。朕は正当な理由からそのように決した故に、次のことを嘉納し、そして命じる。いかなる身分《カリダデ》・地位《コンディサン》であれ何人《なんぴと》も、来る一六〇七年に朕が〔インディア諸地域に〕送るナウ船団(1)によって、それら〔ナウ船団〕の務めに役立つような、一六歳以上ではない、それより年少の奴隷《エスクラヴォス》たちは何人《なんぴと》も、インディアの諸地域から連れてきても、そこに送り出してもいけない。また前述のナウ船団によって、何歳であれ女奴隷《エスクラヴァス》たちを連れてきても、送り出してもいけない。もしもこれに違反して、何人《なんぴと》であれ、それら〔ナウ船団〕で、前述の奴隷たちまたは女奴隷たちを連れてきたり、送り出したりしたら、それら〔奴隷たち・女奴隷たち〕を王室資産《ミニャ・ファゼンダ》に没収する刑罰に処するものとする。併せて、誰か身分高い女性《オンラダス》が前述のナウ船団に乗って来る場合は、彼女に奉仕するために、一人につき二人までの女奴隷《エスクラヴァス》を、彼女と一緒の待遇で〔船中に〕に受け入れてもよい旨言明する。

皆に周知徹底させるために、朕は前述のインディアの諸地域の副王または総督、そこにおける王室資産管理官《ヴェドル・デ・ミニャ・ファゼンダ》、および関係するすべての司法関係者《ジュスティサス》たちと役人《オフィシアエス》たちに対し、次のことを命じる。前述のナウ船団がそこに着いたらすぐに、この勅令《アルヴァラ》を公布させ、それをその内容通りに履行・遵守し、そして履行・遵守させること。

朕は、前述のナウ船団のカピタンたちの一人一人に、次のことを命じる。この勅令《アルヴァラ》の規定《フォルマ》に反して、何人かの奴隷《エスクラヴォス》または女奴隷《エスクラヴァス》がそれら〔ナウ船〕に乗って来たら、彼ら〔奴隷・女奴隷〕を連れてきた者に彼らを引き渡す措置をとった上で、ナウ船の記録簿《リヴロ》に、それ〔ナウ船〕の書記《エスクリヴァン》の手でそのことを記入させること。この〔ポルトガル〕王国で彼らについて報告をするためである。法典《オルデナソンエス》第二巻《リヴロ》は異なる規定をしてはいるが、朕はこれ〔本勅令〕が書簡《カルタ》としての効力を有すること、尚書職《シャンセラリア》を介して発給されないことを望み、そうするのを喜ばしく思う。インディアの諸地域の王室資産《ミニャ・ファゼンダ》の記録簿《リヴロス》に登録すること。五便《ヴィアス》によって同ナウ船団で、朕の許に送り返すこと。〔本勅令は〕公布と登録についての証明書《セルティダン》をともなって発給されたからである。一六〇六年一一月二三日にリスボンにおいて、シマン・ルイス[2]がこれを作成した。私こと書記官《セクレタリオ》アントニオ・ヴィレス・デ・シマス[3]がこれを記述させた。国王。[4]」

註

（1）一六〇七年二月五日および二月七日に、ナウ船五艘・ガレオン船二艘から成る船団がリスボンを発ち、インディアに向かった。（Maldonado によると、一六〇七年二月五日および三月一七日に船団が出帆したとの記録もあるという）。
Maldonado, pp. 115, 116. Castro & Paes, pp. 296 - 299. Reis, p. 264. Paes, pp. 102, 103.

（2）Simão Luis.

（3）Antonio Villes de Simas.

（4）APO, 6, p. 789.

150*

第五回管区教会会議記録（一六〇六年ゴア開催）

〔第一部全体（決定事項一～七）・第二部全体（決定事項一～三三）・第三部全体（決定事項一～七六）省略〕

第四部《アクサン・クワルタ》

〔決定事項一～一三省略〕

決定事項《デクレト》一四

若年の女性《モサス》たちが、街で物を売って歩くことにより多大な躓きが引き起こされるので、女奴隷《エスクラヴァ》であれ自由な身であれ、少なくともおおよそ五〇歳にならない者は何人《なんぴと》たりと、街で食べ物や針仕事を売り歩いてはならない。前述の物を〔街で〕売らせるのを常とする者たちが、その歳〔おおよそ五〇歳以上〕の男女を抱えることが出来るように、この決定事項《デクレト》の公布から六ヵ月の猶予が、彼らに与えられる。さらに、〔その女奴隷が〕五〇歳以上かまたは既婚者《カザダ》でない限り、何人も彼の女奴隷《エスクラヴァ》が、彼らの家の外に住まうことに同意してはならない。これに違反したら二〇パルダウの罰金を徴するものとする。理由は、これらの女奴隷たち《エスクラヴァス》は彼女らの主人たち《セニョレス》の家の外で自活することによって、完全に身を持ち崩し、しかも他の多く〔の奴隷〕が品行を乱す契機となるからである。

決定事項一五

この管区《プロヴィンシア》においては何事も、囚われの身《カプティヴェイロス》である奴隷たち《エスクラヴォス》ほど、良心を惑わし、身を持ち崩す危険に曝され、博識にして神《デオス》を畏れる人々が普く躓くものはない。それは、当地に存在する堕落《デヴァシダン》の理由であって、われわれが神の力強い手により、この〔インディア〕領国《エスタド》に何らかの重大な罰が加えられることを恐れるのが正しいかも知れないと思われるほどである。過去の管区教会会議《コンシリオス》において、不当な囚われの身《インジュストス・カプティヴェイロス》に対して救済措置をとることが常に話し合われたが、しかしながら常に、増加の一途を辿った。そしてもはや救済の望みがないと思われる事態に至っている。

この聖なる教会会議《シノド》は、それに心を痛めるものである。そしてこれらの悪事に対して今ここで対策を講じたいと思い、しかもそれが可能であるので、彼の各司教区《ディオセゼ》に一人ずついる司教《オルディナリオス》に対し、出来る限り厳格に命じ、そして厳重に依頼する。通常そこから他の地域に奴隷《エスクラヴォス》たちが行く諸港においては、教会聖職者《ペソアス・エクレジアスティカス》たちまたは、事情に精通し、有徳にして信頼篤い世俗の人々に委任して、前述の諸港から出発する前に、かかる奴隷《エスクラヴォス》たちの囚われの身《カプティヴェイロス》〔の正当性〕について完全に調査すること。

また〔同教会会議は〕副王に対して、次のことを要請する。良識あり神を畏れる人々に委任して、司教《オルディナリオス》たちによって委任された人々とともに、これら〔奴隷〕の囚われの身《カプティヴェイロス》〔の正当性〕を調べ、彼らが提示する証明書《エスクリプトス》と〔奴隷となった〕理由《ティトゥロス》とを調査し、囚われの身《カプティヴェイロ》となった理由を明確にすること。調査を済ませ、正当な囚われ人《ベン・カプティヴォス》と見なされる者たちについては、その奴隷の各人に、その旨の証明書《エスクリプト》を与え、彼らの主人《ドノス》たちには、〔一枚または複数枚の〕証明書《セルティダン・オ・セルティドンエス》を発給すること。

さらに〔同教会会議は〕同主人《ドノス》たちに命じる。そこに彼ら〔奴隷〕がいても、前述の委任者《デプタドス》たちによる調査と承認を受けることなしに、前述の諸港からいかなる奴隷《エスクラヴォ》も、連れ出してはならないものとし、これに違反したら伴事的破門《エスコムニヤン・ラタエ・センテンティアエ》(1)および二〇〇パルダウの罰金の刑罰に処す。前述の刑罰〔伴事的破門および二〇〇パルダウ〕以外に、このように〔承認を受けることなしに〕連れ出そうとした奴隷は、たとい主人《セニョル》が囚われの身《カプティヴェイロ》の正当な理由《ティトゥロ》を提示しても、解放されたものと見なされる。

もしも主人《ドノ》の誰かがかかる奴隷《エスクラヴォス》たちを、前述の委任者《デプタドス》たちがいない場所から連れ出す場合は、入港する最初の港の司教代理《ヴィガリオ》(2)または委任者《デプタドス》たちに、彼らを紹介する義務を負うものとする。そしてそれに違反したら、同じ刑罰を科する。〔この紹介義務は〕調査を受けるためであり、理由《ティトゥロ》の正当性を証明するためである。正当な囚われの身《カプティヴェイロ》であることに関する調査《エザメ》と証明《セルティダン》とが無ければ、奴隷《エスクラヴォス》たちは解放されたものと見なされる。

決定事項一六

聖なる教会会議《シノド》は言明する。主人《セニョル》が治療しないで戸外に追放し、懇願されても家の中に入れさせない病気の奴隷《エスクラヴォ》は皆、法律《ディレイト》に基づいて解放される。路上に追放されている奴隷が大勢おり、彼らは、家の中に入れて養い治療してくれる者もいないので、見捨てられて死亡するからである。聖なる教会会議《シノド》は、聖なるミゼリコルディアの家《カザス》の院長《プロヴェドレス》たちや兄弟《イルマンス》たち(3)に対して要請する。

そのために委任された誰か兄弟《イルマン》をして、かかる病気の奴隷たちを貧者たちの施療院《オスピタエス・ドス・ポブレス》に収容させる命令を与えること。収容した者たちについては、彼らの主人《セニョレス》たちに対し、彼ら〔収容した奴隷〕を養うように要請させること。もしもそれをしたがらないようなら、これに関する証明書《セルティダン》を、それ〔扶養〕を求める者たちに発給すること。前述の〔ミゼリコルディア〕院長《プロヴェドル》が、それ〔同証明書〕によって、彼らが解放《アルフォリア》されていて自由民《インジェヌイダデ》(4)であることを証明する文書《パペル》を、発給するためである。

〔聖なる教会会議は〕副王に要請する。法律《ディレイト》に基づいて、これらの事例では奴隷《エスクラヴォス》たちは解放されているのであるから、彼〔副王〕の勅令《プロヴィザン》により、前述の文書《パペル》が、公証人《タベリアン・プブリコ》によって作成された書簡《カルタ》として有効である旨を嘉納し、それを命じること。

決定事項一七

この聖なる教会会議《シノド》は、副王に要請する。過重な罪科に処せられる奴隷《エスクラヴォス》たちは、〔奴隷たちが〕その前に出頭する審査員《ジュルガドル》の判断により、同じ事件《カソ》により、上訴《アペラサン》も控訴《アグラヴォ》も訴えの論題《テラ・デ・デマンダ》(5)に上ることもなしに、解放することを、法律《レイ》により決定を下すよう命じること。というのは、もしもそれ〔上訴等〕があると、奴隷《エスクラヴォス》たちは哀れな、頼る者もいない人々であって、彼らの権利《ディレイト》を要求することも、前述の訴え《デマンダス》を続けることも出来ないので、救う術が無くなってしまう。解放証明書《カルタ・デ・アルフォリア》の代わりに、同審査員《ジュルガドル》の証明書《セルティダン》を彼らに与えること。

決定事項一八

これらの地域〔インディア領国〕では通常奴隷《エスクラヴォス》たちが、極めて過重な、そして残酷な刑罰を科せられ、大勢が苦しんで死亡する。その他の少数の者は、何らの秘跡にも浴さず、絶望的な状態の者もいれば、終生障害者となり、病気を背負う者もいる。この聖なる教会会議《シノド》は、このような状況に対して救済措置を講じるために、次のことを命じ、もしも違反したら判事的破門《エスコムニャン・ラタエ・センテンティアエ》に処すものとする。

すなわち、いかなる身分《エスタド》・地位《コンディサン》であれ、教会聖職者《エクレジアスティコス》であれ、世俗の者《セクラレス》であれ、また男であれ女であれ、すべての人々は、鞭《ロタ》(6)またはなめし革を縫った鞭《コストゥラ・デ・ソラ・クルア》(7)で奴隷《エスクラヴォ》を打ったり、あるいは火または真っ赤に焼けた鉄の何らかの仕掛け、またはいかなる物であれそのしずくを落とすことによって、奴隷に苦痛を与えることをしてはならない。

いかなるやり方であれ、彼ら〔奴隷〕を虐待してはならない。吊したままにしてはならない。彼らのことを押しつけて苦痛《ピザレン》を与えるためにこの刑罰を命じて、棒《パオス》または石《ペドラス》の上に置いた〔彼らの〕手や足を、木べら《パルマトリアダス》(8)で打ってはならない。また眠気で彼らに苦痛を与えようという意図をもって、長時間にわたって立ったまま縛り付けてはならない。棒《バオス》・鉄、または石で彼らの身体のどこかを、押しつけてはならない。また彼らに胡椒・オリーブ油・酢・塩、または他の何らかの物を、彼らの目に入れてはならない。さらに鉄・棒《バオス》、またはその目的または意図で転用した石で、彼らの歯を折ってはならない。また大勢が入れ替わり立ち替わり彼らを鞭打つよう、命じてはならない。二人でもいけないし、彼らにその他〔の苦痛〕を同時に与えても行けない。奴隷《エスクラヴォス》たちが信徒《フィエイス》である場合は、非信徒《インフィエイス》の者たちによって、常軌を逸した方法で苦痛を与えてはならない。もしもこれに違反したことをしたり、彼らの家でそれが行われるのを許したりしたら、上述の懲戒罪《センスラ》(9)を被る以外に、五〇パルダウを支払うこと。その半分は、もしも〔その告発者が〕所有権《ポセ》を持つ者なら、その告発者に、またそれ〔所有権〕を持たない者なら、高位聖職者《プレラド》の判断によるものとする。主人たちが女奴隷《エスクラヴァス》たちを罰する際には誠実さをもって当たるよう、〔教会会議は〕警告を発する。彼女らを処罰する人々の許から〔彼女たちが〕不誠実に追い出されるのには、同意しないこと。主任司祭《クラス》(10)たちや司教代理《ヴィガリオス》たちは、この決定事項《デクレト》を何度も繰り返して人民に読んで聞かせる配慮をすること。皆に周知徹底させるためである。

決定事項一九

この聖なる教会会議《シノド》は、この〔インディア〕領国の諸都市・諸要塞《フォルタレザス》において、彼らの主人《セニョレス》たちの許を逃れて非信徒《インフィエイス》たちの土地に行ったキリスト教徒の奴隷《エスクラヴォス》たちを救いたいと思う。そこでは彼らが信仰を失うか、または今後それを失うばかりか、その他多くの罪を犯す危険に曝されているからである。それ故、〔本教会会議は〕この件では、オルレアン管区教会会議《コンシリオ》(11)の規定に従って、次のことを命じる。

高位聖職者《プレラドス》たちは、かかる〔奴隷たち〕に保証《セグロ》を与えること。これは、主人《セニョレス》たちが彼らに関わりを持つことなしに、〔逃れた奴隷たちが戻って〕来ることが出来るためのものである。この保証は、彼らにとって一ヵ月間有効とすることも。もしも彼らが彼らの〔新しい〕主人《セニョレス》たちの許にいたいと思うならば、保護し用心した上で彼らに〔その奴隷たちを〕渡すこと。また、もしも厳しい罰を受けるか、あるいは虐待されるのを恐れて、それを望まないなら、本管区教会会議《コンシリオ》は副王に対し、かかる主人《セニョレス》たちが彼らの奴隷《エスクラヴォス》たちを売却することを強制する法令を制定するよう要望する。このようにすれば多くの霊魂《アルマス》が失われるのを阻止することが出来るし、またこれらの地域〔インディア領国〕では、囚われの身《カプティヴェイロス》が充分に正当性があるわけではないし、また彼ら〔囚われの身〕とともに不信仰《インフィデリダデ》が非常に増大しており、その大部分はマホメット(12)の宗派であることに鑑みてのことである。われわれの間で救いを得るのに絶望した人々が、大部分去っていく。

決定事項二〇

自由な人々《リヴレス》および女性囚われ人《カプティヴァス》たちを担保にすることに関し、この管区《プロヴィンシア》において行き過ぎた乱用が見られ、良心を損なう。このため、管区教会会議《コンシリオ》は法律《ディレイト》に従って、何人《なんびと》も息子・娘・その他彼が責任を負っている自由な人《ペソア・リヴレ》を、その負っている債務のため、あるいはその他何らかの理由で、担保に入れないよう依頼する。もしも何人《なんびと》かが上述の内の誰かを担保《エンペニャメント》として受け入れたら、その負債を帳消しにすること。そしてしかも、それを告発した執行官《メイリニョ》(13)のために、五パルダウを支払うものとする。またもしも担保として差し出された者が女性囚われ人《カプティヴァ》であるなら、〔管区教会会議は〕債権者《アクレドル》に対し、負債の金額からこの囚われ人《カプティヴォ》の労役奉仕分を減額しなければならない旨を通告する。というのは、債務を全額そのままにして、担保《ペニョル》の生む利を得るのは高利《オンゼナ》(14)の罪だからだ。〔管区教会会議は〕聴罪司祭《コンフェソレス》たちに命じる。彼らの悔悛者《ペニテンテス》たちに対してこの義務を言明することに、充分心配りをすること。また副王に対しては、次のことを要望する。このことに関して法律を作ること。および前述の人々を誰か、担保として受け入れる者たちは、彼〔副王〕が適当と思うその他の刑罰に加えて、負債を帳消しにすること(15)。」

註

（1） **excommunhão latae sententiae.** 教会の懲戒処分である破門には、一、教会法に挙げられた一定の犯罪を犯す者に科せられる伴事的破門 **excommunicatio latae sententiae,** および二、教会裁判官から訴訟により科せられるか、または法定外で命令によって科せられるものを言う判決による破門（『新カトリック大事典』によれば「要判決破門」）**ex-communicatio ferendae sententiae** の二つがある。

『カトリック大辞典』四、二五四・二五五頁。『新カトリック大事典』四、六八・六九頁。

（2） **Vigario.** 辞書によるとこの語には、古い語義として、他人の畑の作物に被害を与えた羊の飼い主に課せられた賠償金・水利権、その他これに類する日常的な事柄を裁く司法役人を意味したという。

しかし本文書では、別の場所（例えば決定事項一九）に「高位聖職者」**prelado** の語も見えることでもあり、やはり「司教総代理」の意味で使用したものであろう。

Machado, VII, p. 742.

（3）原語（翻刻本）は **Provedores, e irmãos das Casas da sancta Misericordia** である。ゴアのミゼリコルディアについては、拙訳『モンスーン文書と日本』五四・一八六・一八七頁。

（4）原語（翻刻本）は **ingenuidade** である。ポルトガル語辞書には、この語の古い語義として、「生来自由な身分」との説明が見える。

Machado, III, p. 923.

（5）原語（翻刻本）は **tela de demanda** である。一応表記のように訳しておく。

（6）原語（翻刻本）は **rota** である。ティモールで、鞭を意味したという。

Machado, VI, p. 517.

（7）原語（翻刻本）は **costura de sola crua** である。

（8） **palmatoriadas.**

（9） **censura.** 拙訳『モンスーン文書と日本』二七八頁。本文書の註（1）。

(10) Curas. 小教区 freguesia を司牧する司祭。小教区主任司祭 pároco のこと。
Machado, II, p. 793.

(11) Concilio Aurelianense. 教会会議concilioは、文書22*の註(1)に記した通り、まず一、総教会会議concilios generales および二、部分教会会議 concilios particulares に大別され、後者の二はさらに1～5の五種類ある。

左記文献は、右の一の会議と二の会議とに分けて開催リストを掲げている。この内二については、5、教区小会議 concilios diocesanos menores は除く旨断っているが、それぞれの開催会議が1～4のいずれかは記していない。

本文書に見える Concilio Aurelianense (フランスのオルレアン Orleans で開かれた Concilio) であるが、右の二のリストにより、concilios particulares が次のように七回開催されたことが分かる。

Concilio Aurelianense Ⅰ (五一一年)、同Ⅱ (五三六年)、同Ⅲ (五三八年)、同Ⅳ (五四五年)、同Ⅴ (五五一年)、同Ⅵ (六四五年)、同Ⅶ (一〇一七年)。

本文書に見える会議が、右の七回の内のどれであるかは不詳である。

Enciclopedia Vniversal Ilvstrada, XIV, pp. 975 - 979.

(12) Mafamede.

(13) meirinho. 拙訳『モンスーン文書と日本』一六〇頁。

(14) onzena. 一一パーセントの利子の意味であるが、この語はウスラ usura (高利・暴利) と同じ意味で使用された。
Machado, V, p.118. 拙著『キリシタン時代対外関係の研究』第二章。拙訳『キリシタン時代の文化と諸相』第三部第三章。

(15) APO, 4, pp. 267 - 271.

151　一六〇七年八月二日付けリスボン発、ポルトガル国王の勅令

「朕国王は、この勅令《アルヴァラ》を見る者たちに知らせる。イエズス会《コンパニア・デ・ジェズス》の修道士《レリジオゾス》たちが日本の地域《プロヴィンシア》での霊魂の改宗において、神と朕に対して多大な奉仕を行っていること、およびあの地域〔日本〕に建設された教会《エグレジャス》において奉仕している聖職者《ミニストロス》たちを支えることを彼らの職務としていることに敬意を抱いて、朕は、朕の主君であり父である故国王《エル・レイ》(1)が前述の修道士たちに期間を限定して恵与し、これまで彼らのために五年毎に更新してきた一〇〇〇クルザドを、今後は更新する必要なしに彼らが受納するのを嘉納し、それを喜ばしく思う。

また朕は彼らに、二〇〇〇クルザドを喜捨《エスモラ》として恵与するのを嘉納する。つまり、朕の従兄弟《プリモ》(2)であり神の御許にある国王《エル・レイ》ドン・セバスティアンがやはり彼らに恵与した一〇〇〇クルザドを加え、彼らが日本において同額の他の定収入《レンダ》を有しない間、彼らは全部で毎年四〇〇〇クルザドを受納すること。というのは、それ〔他の定収入〕を持てば、前述の金額になるまでの額をそこから減額すること。この二〇〇〇クルザドは、インディアの地域において、その支給が順調に行われるとあの〔インディア〕領国の副王が考える場所および定収入《レンダス》に設定し、彼らに支給すること。また、上で言明したような経緯ですでに彼ら〔イエズス会士〕が所有している他の二〇〇〇クルザドは、これまで支払われてきたところにおいて、彼らに支給すること。

したがって朕は、現職および将来のインディアの地域の朕の副王または総督、およびそこ〔インディア地域〕における王室資産管理官《ヴェドル・デ・ミニャ・ファゼンダ》に次のことを命じる。前述のイエズス会修道士たちのために、前述の〔インディア〕地域においてその支給が順調に行われると彼らが考える場所および定収入《レンダス》に、前述の二〇〇〇クルザドを設定させること。また、これ〔本勅令〕の中で言明されている如く、彼らがすでに所有しているその他の二〇〇〇クルザドは、

これまで彼らに支払われてきたところにおいて、彼らに対して支給をさせること。

それはこの勅令《アルヴァラ》の内容の如く、王室資産《ミニャ・ファゼンダ》のために徴収される定収入《レンダス》から、前述の総額四〇〇〇クルザドを彼らが受納するためである。彼らが日本において他の同額の定収入を持たない間、それ〔四〇〇〇クルザド〕を受け取り、所有するためである。というのは、それ〔定収入〕を所有したら、前述の如く、前述の金額になるまでの額をそこから減額すること。この勅令《アルヴァラ》の写しにより、前述の修道士たち、または彼らのプロクラドールたちに(3)前述の四〇〇〇クルザドを支払う商館長《フェイトレス》(4)たち・収税官《レセベドレス》(5)たち・財務官《テゾウレイロス》(6)たち、または倉庫管理人《アルモシャリフェス》(7)たちの支出簿に登録すること。彼らの受領書《コニェシメントス》をそえて、彼らのために計上すること、すなわち彼らの勘定として彼らが受け取る額を計上すること。

これは、彼らの管区長《プロヴィンシアル》の立証された証明書《セルティダン》によって、前述の修道士たちが日本に定収入《レンダ》を持たないことが彼らに明らかになった上のことである。というのは、それ〔定収入〕を持っていたら、その金額を、前述の四〇〇〇クルザドから減額すること。それ〔四〇〇〇クルザドの支給〕が完全に行われたら、もうれ以上王室資産《ミニャ・ファゼンダ》から、彼らにも彼らのプロクラドールたちにも、支給しないこと。というのは、この上なお何らかの支給が彼ら〔イエズス会修道士〕(8)に対してなされようと、彼らにそれ〔支給〕を行う役人《オフィシアル》または役人《オフィシアエス》たちは、彼らに支給する額を計上しないこと。彼ら〔イエズス会修道士〕はマカオにおいて生糸《ピコス・デ・セダ》(9)やその他の商品《メルカドリア》〔の商業〕を行うための許可を得ることを望んでいるが、それは許可しない旨の言明とともに、朕は前述の〔イエズス会〕修道士たちにこの恩恵を施すことにする。

この勅令《アルヴァラ》を、いかなる疑義を差し挟むことも異議申立てをすることもなしに、その内容通りに完全に履行すること。法典《オルデナソンエス》第二巻《リヴロ》第三九および第四〇項《ティトゥロス》は異なる規定をしてはいるが、これ〔本勅令〕はそれ〔尚書職〕によって発給されてはいないが、朕の名で作成し、朕が署名し、朕の尚書職《シャンセラリア》によって発給された書簡《カルタ》としての効力を有し、強制力と有効性とを持つことを朕は望む。これ〔本勅令〕は、三便《ヴィアス》によって彼らに発給されたが、これはその第一〔便〕である。一通を施行し、その他〔の諸便〕は効力を持たないものとすること。一六〇七年八月二日にリスボンにおいて、フランシスコ・ダブレウ[10]がこれを作成した。ジャナルヴレス・ソアレス[11]がこれを記述させた。国王[12]。」

註

（1）**El Rey meu senhor e pay.** ポルトガル国王フィリペ一世、一五八一～九八年在位（スペイン国王フェリペ二世、一五五六～九八年在位）。

（2）本文書を発給したポルトガル国王フィリペ二世（スペイン国王フェリペ三世、一五九八～一六二一年在位）と、かつてのポルトガル国王セバスティアン Dom Sebastião（一五五七～七八年在位）とは、又従兄弟《またいとこ》の関係になる。拙訳『モンスーン文書と日本』一三二頁。

（3）**procuradores.** 拙訳、同右、五三五～五三七頁。

（4）**feitores.** 文書1*の註（5）・文書2*の註（1）。

（5）**recebedores.** 文書83の註（6）。

（6）**tesoureiros.** 文書44の註（4）。

（7）**almoxarifes.** 王室資産を管理する役人で、その不動産を管理し、国王に支払うべき税金や諸々の収入を徴収した。ゴア政庁の財務部門に、この役職が存在した。Livro das Cidades, e Fortalezas, que a Coroa de Portugal tem nas Partes da Índia, e das Capitanias, e mais Cargos que nelas ha, e da Importância delles, f. 13v. Bocarro, 1992, II, pp. 141, 142. Santos, pp. 304 - 306. Machado, I, p. 347.

（8）傍線箇所の原文（翻刻本）は次の通りである。**porque fazendo-se-lhes algum pagamento depois disto, o official, ou officiaes que lho fizerem lhe não será levado em conta o que lhe assy pagar; …**

右の文章の内、o official, ou officiaes que lho fizerem「彼ら〔イエズス会士〕にそれ〔支給〕を行う役人または役人たち」の語に疑義があり、語法的にどのような位置にあるのか不詳である。一応疑問があることを承知の上で、表記のように訳しておいた。

（9）picos de seda. ピコ pico は重量単位で、約六〇キログラムである。ポルトガル人が生糸を商う際、ピコ単位で取引することが多かったので、このような表現をとったものであって、picos de の語が記されているからといって、特別な意味を持つとは言えないであろう。
拙訳『モンスーン文書と日本』八〇～八四頁。

（10）Francisco d'Abreu. 拙訳、同右、三〇二頁。

（11）Janalvres Soares.

（12）APO, 6, pp. 795, 796.

152* ゴア市のポルトガル国王宛書簡（一六〇七年）

「一八、またマニラ《マニリャ》から日本に向けて開かれた商業は、終わりにするのが適切である。というのは、南《スル》[1]がオランダ人たちの抑圧から解放された時に、この商業が存在しては、現在われわれと彼ら〔日本人〕との間に存在するそれ〔商業〕が全く消滅し、もう日本航海《ヴィアジエンス・デ・ジャパン》はなくなり、この〔インディア〕領国においてあの地域から何の収益もなくなってしまうであろう。そこ〔あの地域〕の現地人《ナトゥラエス》たち〔日本人・マニラ住民〕がそれ〔マニラ～日本間商業〕から極めて多大な利益を得ているからである。

なぜなら、マニラの住民たちはシナの諸々の品物を大いに必要としており、しかもその海路《カミニョ》は彼らにとって非常に近くて、容易である。しかも彼らは極めて大量に購入し、多額の資金を所持するので、あの地域では何もかも枯渇してしまい、この〔インディア〕領国のための港は閉鎖されてしまうであろう。国王陛下《ヴォサ・マジェスタデ》はこれに対して非常に厳しい禁令を定めているが、阻止することが出来ない。昨年彼らは七～八艘の船舶《エンバルカソンエス》に生糸を積載して、日本に派遣した(2)ほどだ。毎年そこ〔日本〕に渡航するのは航海を行うカピタンのナウ船だけだからである。しかもそれは、生糸を積載するだけであるが、これこそがシナ〔マカオ〕の住民たちの収入源《レメディオ》であり、航海の収益である。もしもこれ〔マニラ～日本間商業〕を阻止しないなら、それは毎年大量〔の生糸〕を〔日本に〕供給するので、〔価格が〕低落し、われわれのナウ船の航海は不要となろう。というのは、それ〔同航海〕を行う者、シナ〔マカオ〕経由で生糸をそこ〔日本〕に送る者はいなくなると思われるからだ。

マラッカからマニラ《マニリャス》に毎年一艘のナウ船が渡航してもよいとの許しを国王陛下が彼ら〔マカオ住民〕に与えれば、この損害を救済することになるであろう、との意見を唱える者が多い。というのは、そうなればマラッカの税関《アルファンデガ》は、そこ〔マカオ〕の維持を助けるための収入が増加すると思われるからである。そこ〔マニラ〕には自由な商品《ファゼンダス・リヴレス》(3)があるのであるから、この人々《ジェンテ》〔マカオ住民〕は、あの地域〔日本〕でそれ〔商業〕を行うのを止めて、多大な危険を冒してそれを求めてそこ〔マニラ〕に行き、商業を行うことであろう。そうすればこの〔インディア〕領国の損害は比較的小さく、マラッカ税関の収入は一層大きくなるであろう。国王陛下《ヴォサ・マジェスタデ》にお願いするが、この件について諮問をした上で、神や陛下への一層の奉仕となり、しかもこの〔インディア〕領国の利益となると思われるような命令を下していただきたい(4)。」

註

（1）Sul. 文書96の註（3）。

（2）一六〇七年ゴア発の文書に見えるこの「昨年」の語であるが、一六〇五年夏フィリピンから日本にスペイン貿易船が渡来したとの情報が、その年の後半から一六〇六年初にかけての時期に、長崎→マカオ→ゴアと伝達されることはあり得る。しかしマカオでの乗継ぎがスムーズにいかず、翌年の一六〇六年後半から一六〇七年初にかけての時期に、ゴアへの情報伝達が行われることも、相当に高い可能性であり得る。後者のような航程の場合は、本文書の「昨年」云々は、一六〇五年夏におけるフィリピンから日本への貿易船の渡航についての記述だということになる。

一六〇五年夏におけるフィリピンから日本へのスペイン船による生糸輸入については、一六〇六年三月一〇日付け長崎発、司教セルケイラの在スペイン政庁イエズス会プロクラドール、アントニオ・コラソ宛書簡に次のように記されている。

「昨年マニラ《マニリャ》から大量の生糸その他の商品《ファゼンダス》が日本にもたらされたので、ポルトガル人のそれら〔生糸・商品〕が甚大な損害を被り、ナウ船はその生糸その他の商品を妥当な値《レザン》で売ることが出来ないために、今年日本で越冬《インヴェルナル》するかも知れないという大きな危険に晒された。（補註1）」

七～八艘のスペイン船が渡航した、といった記述は見えないが、本文書の趣旨は裏付ける史料といってよいであろう。なお、一七世紀初頭におけるスペイン船渡来によるわが国とフィリピンとの貿易については、旧稿で取り上げた（補註2）。

（補註1）Real Academia de la Historia, Cortes 565, f.52.

（補註2）拙著『キリシタン時代の貿易と外交』一〇〇～一〇五頁。

（3）fazendas livres. 税その他の賦課のかからない、自由に取引出来る商品の意味か。

（4）APO, 1 - II, pp. 205, 206. 岡本良知「十六・十七世紀日本関係公文書」二〇七～二〇九頁。

153* 一六〇八年一二月二五日付け、ゴア市のポルトガル国王宛書簡

「九、この悪事《マル》(1)は、それでも今始まっている他〔の悪事〕ほどには重大ではない。これ〔今始まっている他の悪事〕によって、この人民《ポヴォ》は極度に立腹し、暴虐な支配を受けていると思っている。これに対して国王陛下《ヴォサ・マジェスタデ》は、対策を講じるよう命じなければならない。これは、人民が非常に悪意に受け止めるような問題であり、それも至極もっともなことである。三年間にわたって副王が南《スル》(2)に行ったとき、定期航海のナウ船《ナオス・デ・ヴィアジェン》でシナ〔マカオ〕に渡航する商人たちも、彼に同行した。それら〔定期航海のナウ船〕は、この時は〔マカオに〕渡航しなかった。彼らはこの〔南への〕航海のみにすべての時間を費やし、今月この〔ゴア〕市に帰着した。

彼らは〔今回は〕大層富裕になって戻りはしたが、〔今後は〕もうそれはあり得ない。というのは、三年の航海で資金《カベダエス》(3)を消費し尽くしてしまい、王国《レイノ》〔ポルトガル本国〕からのナウ船《ナオス》はなく、彼らが商品《ファゼンダス》を持たないからである。とくにシナにおいて、彼らに対し圧力がかけられた。商品を仕入れるためにそこ〔マカオ〕にもたらされた資金《カベダル》を勘定に入れるよう、命じられた。ナウ船団《ナオス》を護衛するために行った五艘のガレオン船の修理のために、そこから消費された(4)。その後、マノエル・マスカレニャス(5)がマラッカに来て、税関における税《ディレイトス》を定めた。彼はカピタン・モールとしてそこにやって来たが、彼は彼の絶対的権力により、もたらされたすべての商品《ファゼンダス》について、更に一パーセントの税《ディレイト》を定めることを命じた。それ故、人々は、何の利益もないまま、彼らの生命および商品《ファゼンダス》について危険を冒すことになった(6)。その上で、彼ら自身の資金《カベダル》によって、これらの出費を支えた。

これは、国王陛下が大いに不審に思って、極めて厳格に対処するよう命じなければならないことである。人々がこの例に倣って、これ以上同様の圧力をかけられないようにするためである。というのは、そのようなことを思い

止まらない限り、もう自ら渡航する者もいないし、一パルダウたりと海外に送金しようとする者も、いなくなるに相違ないからである。われわれが南《スル》に派遣した二艘のガレオン船の出費のためには、この〔ゴア〕市が課税するものだけでは充分ではない。コチン市やその他すべて〔の都市〕も、喜んでそして気前よくそれに応じた。各〔都市〕とも、それら〔の都市〕に残る僅かな額まで〔要求する〕のでない限り、それ〔を納めること〕は可能であった。〔それらの都市は〕必要な時に再び対応することが出来るよう、それ〔残った僅かなかね〕によって儲けていった。

規律も正当性もなしに、各カピタンが望むだけのものをなおこの上それに割くよう、それら〔各都市〕に要請がなされたらどうなるか。この〔ゴア市〕もその他の諸都市も、もしも同様な必要が生じ、その住民たちが提供をすることを禁じておきながら、その一方で彼らが提供するもの以外に、望みのままに彼らから取り立てるたりしたら、この〔ゴア市〕やその他の諸都市には、一体どのような道理があるのであろうか。この結果、〔住民〕一人一人が所持するものを隠し、われわれが彼らに求めても何も提供してくれない。それによって得られるものは何もないのであるから、海外《パラ・フォラ》に〔資金を〕送ることもないという結末になるであろう。そして、収入が入るはずの税関が、閉鎖されることになるであろう。そのようなことになれば、国王陛下《ヴォサ・マジェスタデ》への奉仕はもはや行われなくなり、〔インディア〕領国の滅亡は一層早まるであろう。これこそが、かかる暴力《フォルサス》・暴政《ティラニアス》によって得られる成果である。

国王陛下はこのような混乱を避けるよう命じる恩恵を、われわれに施していただきたい。というのは、この〔ゴア〕市の外では、〔各都市〕それぞれのカピタンが、国王陛下への奉仕という口実の下に利用される人々の資産《ファゼンダス》の、絶対的支配者《セニョル・アブソルト》だからだ。彼らが自分自身の利益を得るのも、消費するかねを取得するのも、それ〔国王への奉仕〕を尊重しての行動である。

この〔ゴア〕市がガレオン船団に補給物資を送ってこれを救援した事実に、このことがはっきりと見て取れる。それら〔補給物資〕によって、マノエル・マスカレニャスはかねを得ることが出来た。送られたビスケット《ビスコウト》・米・

肉、およびその他の品々の補給物資は、〔このようにして〕そのすべてが失われ、それらを入手利用する者はいなかった。かねだけが、記入された。

この〔インディア〕領国においてこのようなことが犯されているので、神《デオス》はわれわれを懲らしめるために、オランダ人たちをこの領国に連れてくるのをお許しになったのだ。われわれは、それに相応しい人々に対して、司法《ジュスティサ》と刑罰《カスティゴ》もって国王陛下《ヴォサ・マジェスタデ》が対応し、今後のためにそれを禁じて下さるものと、信頼している。

一〇、時折この〔ゴア〕市は国王陛下《ヴォサ・マジェスタデ》に対し、われわれに暗号《シフラ》(7)を与えるよう命じる恩恵を施していただきたいと要請してきた。何らかのその必要が生じたら、われわれが国王陛下に陸路《ポル・テラ》(8)報せることが出来るようにするためであり、また副王《ヴィソ・レイス》に関わる事柄の場合、適切に、懸念なく書き送ることが出来るためである。国王陛下は、そうするのが陛下への奉仕になるとの考えにより、われわれにこの恩恵を施していただきたい(9)。」

註

（1）**mal.** 本文書の七節・八節において、インディアの税関収入が減少する一方で、艦隊への支出が増加している窮状を訴えている。近年ゴア税関で扱う商品が減少している。税関収入のためには、商人たちが危険を冒して海上貿易をしなければならないが、その税関の収入が減少しており、利益が乏しい。税関は賃貸に付されているので、商品はその価値よりもはるかに高額に査定されている。家臣たちが損害を被っても、国王陛下の資産を増加させたいと望むからである、と。

APO, 1 - II, pp. 221, 222.

（2）マルティン・アフォンソ・デ・カストロ **Dom Martim Afonso de Castro** 一六〇五〜〇七年インディア副王在任。文書148*の註（3）・註（5）、本文書の註（5）。

（3）傍線箇所の原文（翻刻本）は次の通りである。**não tem suas fazendas saida…** 文中の **saida** は意味不明である。

（4）傍線箇所の原文（翻刻本）は次の通りである。**se tomou delle … pera o concerto** 翻刻本には文中の欠損箇所「…」

について、原文書にすでに欠損がある旨、脚註を付す。

（5）**Manoel Mascarenhas.** 文書148*に記述されていた通り、そして同文書の註（5）に記した通り、インディア副王マルティン・アフォンソ・デ・カストロは、オランダ人撃退のため「南」に遠征すべく、一六〇六年五月ガレオン船一二艘・ガレー船四艘・フスタ船七〇艘から成る艦隊を率いてゴアを発った。マノエル・マスカレニャスはこの艦隊に加わった指揮官の一人で、提督 **almirante** であった。

なお、本文の記述がいささか紛らわしいが、マノエル・マスカレニャスがマラッカのカピタンに就任したことはない。

Faria e Sousa, V, p. 270. Sousa Pinto, p. 229. Teixeira, 1961, II, p. 411.

（6）傍線箇所の原文（翻刻本）は、次の通りである。**arriscarão os homens suas vidas e suas fazendas…** 船舶に自ら乗り、自分の商品をも積込んで海上貿易を行う意味である。

（7）**cifra.** ポルトガル本国とインディア領国との間の交信に、暗号が使用されたことと、註（8）に記す陸路（厳密に言うなら陸路および海路）により交信が行われたこととは関連があった。そしてそれはオランダ船対策の意味が強かった。

拙訳『モンスーン文書と日本』の索引「暗号」に掲示した頁。

（8）**por terra.** 拙訳、同右、索引「陸路」に掲示した頁。

（9）**APO, 1 - II, pp. 222 - 224.**

154　一六一一年七月一日付けリスボン発、ポルトガル国王の勅令

「朕国王は、この勅令《アルヴァラ》を見る者たちに知らせる。朕に対して次のような訴えがなされたので、それを披見するよう朕は命じた。すなわち、日本に駐在しているイエズス会《コンパニア》の修道士《レリジオソス》たちは、通常教皇《サント・パードレ》および朕が彼ら〔イエズ

ス会修道士〕に喜捨《エスモラ》をした給与《オルディナリアス》(1)で仕入れた生糸をシナから送っているが、これを継続しなければならないというものであった。朕は、彼らがあの地域〔日本〕での霊魂の改宗において神のために大なる奉仕をしていることを考慮し、さらに彼らにかね《ディニエイロ》または銀によって前述の喜捨をしたのでは、彼らが快適に自らを支えることも、キリスト教会《クリスタンダデ》の利益《ベネフィシオ》のために彼らに必要な、セミナリオや諸々の事柄をよりよく維持することも出来ないであろうということを考えた。それというのも、それ〔銀〕は、そこ〔日本諸王国〕において唯一価値ある品である生糸との交換で、あの諸王国《レイノス》からもたらされる商品《メルカドリア》だからである。

修道士《レリジオゾス》や教会聖職者《ペソアス・エクレジアスティカス》は商業取引《トラタル》や売買《ネゴシアル》をしてはいけないという、神法《ディレイト・ディヴィノ》(2)および人定法《ディレイト・ウマノ》(3)の禁令の根拠となっている諸理由を考慮して、朕は次のことを嘉納し、それを喜ばしく思う。前述のイエズス会修道士たちは、この生糸売買《ネゴシオ》においてこれまで彼らが行ってきたことを、継続すること。朕は〔先に、今回の勅令の趣旨に反して〕、あの〔日本〕諸王国の改宗に従事する者たちは、彼らがすでに放棄したいかなる取引《トラト》も、いかなる種類の商業《メルカンシア》もしてはならない、前述の売買をもうこれ以上行ってはならないということを、〔一〕六〇八年一月二三日付け(4)および〔一〕六一〇年二月二〇日付け朕の書簡《カルタス》(5)によって命じた。〔これら二通の書簡だけでなく、本勅令の趣旨とは異なる〕その他いかなる指令《インストゥルクソンエス》・勅令《プロヴィゾンエス》・規則《レジメントス》、および命令《オルデンス》があろうと、〔本勅令を発給する〕。

〔本勅令を発給するのは〕、前述のイエズス会修道士たちに対して二〇〇〇クルザドが支払われることはない、彼らがそれを受け取ることはない旨を明確にした上のことである。これ〔この二〇〇〇クルザド〕は、彼らが前述の売買《ネゴシオ》を放棄したことに配慮して、以前から彼らが受けていた二〇〇〇〔クルザド〕に追加支給するよう、命じたものであった。〔そしてこの追加の二〇〇〇クルザドは〕、その件で彼らに対して〔一〕六〇七年八月二日に発給された勅令《プロヴィザン》(6)に基づいたものであった。また〔生糸取引放棄に対する〕同じ配慮から、先に朕は彼らに対し、一回のシナ航海《ヴィアジェン・ダ・シナ》の半分をも恵与していたが、朕が、彼らにそのままそれを恵与しなければならないか否かを調べるよう命じたので、いずれ朕の別の勅令《プロヴィザン》によって言明されるであろうが、朕がそれについてよしと考えるような決定を下すまでは、それ〔シナ航海半分恵与〕の勅令《プロヴィザン》の履行を停止すること。

朕はインディアの地域の、現職および将来の朕の副王または総督に、これを通告する。そして彼〔副王または総督〕や、日本航海《ヴィアジェン・デ・ジャパン》のカピタンたち、すべての朕の控訴裁判所判事《デゼンバルガドレス》たち・聴訴官《オウヴィドレス》たち・司法関係者《ジュスティサス》たち・役人《オフィシアエス》たち・関係する人々に命じる。これ〔本勅令〕によって朕が命じ、そして指示することを、何らの疑義を差し挟むこともいかなる異議申立てをすることもなく、それ〔本勅令〕の内容通りに、履行・遵守し、すべてにわたって履行・遵守させること。

前述の二〇〇〇クルザドを彼らに支給するよう、先に朕が命じた前述の勅令《プロヴィザン》(7)の中の文言をそれ〔本勅令〕の中に記載すること(8)。またそれ〔同勅令〕の登録簿《レジストス》の中に記述すること。その他必要なところに登録すること。法典《オルデナサン》第二巻《リヴロ》第四〇項《ティトゥロ》は、その効力が一年以上続く事柄は書簡《カルタス》として発給するように、勅令《アルヴァラス》として発給しても、効力を有しない旨謳ってはいるが、〔本勅令は〕書簡《カルタ》としての効力を有するものとする。三便《ヴィアス》によって発給した。一通を履行し、その他〔の二通〕は効力を有しないものとする。〔一〕六一一年七月一日リスボンにおいて、マノエル・ド・レゴ(9)がこれを作成した。私こと書記《セクレタリオ》アントニオ・ヴィレス・デ・シマス(10)が、これを記述させた。国王(11)。」

註

（1）原語（翻刻本）は a ordinarias de que o Santo Padre… である。ordinarias は ordinaria の誤か。

（2）direito divino. 文書13の註（4）。

(3) **direito humano.** 自然法を補うものとして、人間の意志によって創り出された法。教会立法（教会法）と国家の立法（国法）とのことで、カトリック教会によれば、神から借りた権威の発動として現れ、その拘束力は神の権威から引き出され、その権威に基づいて公布される、とする。
　一定の時代・社会で実効性を有する。一般的には、自然法に対置される実定法と同じ概念であるが、制定法に限定される傾向が強い。その内容が自然法や神法に違反する場合は、法としての正当性を有しない。

『カトリック大辞典』四、七七二頁。『新カトリック大事典』三、四三〇頁。

(4) 拙訳『モンスーン文書と日本』文書7・文書14の註(11)。

(5) 拙訳、同右、文書14・同文書の註(11)。

(6) 文書151。拙訳、同右、文書14の註(11)。

(7) **dita provisão.** 右の註(6)。

(8) 傍線箇所の原文（翻刻本）は **,e do conteudo nelle se porão…** である。文意から **do conteudo** の語には疑義があり、これは削除すべきではないかと思う。

(9) **Manoel do Rego.**

(10) **Antonio Villes de Simas.**

(11) **APO, 6, pp. 866, 867.**

155　一六一二年二月二三日付けリスボン発、ポルトガル国王の勅令

「朕国王《エル・レイ》は、この勅令《アルヴァラ》を見る者たちに知らせる。一六〇九年一二月二四日に発給した朕の別の〔勅令《セニョリオス》〕(1)により、次のことを嘉納した。キリスト教徒たちであれ非信徒《インフィエイス》たちであれ、朕のインディア領国《エスタド》の土地および支配権の及ぶところに居住・滞在する、朕の家臣である世俗の人々《ペソアス・セクラレス》はすべて、いかなる身分《カリダデ》であれ、自ら行う場合であれ、仲介者を介してであれ、修道士《レリジオソス》たちや教会聖職者《ペソアス・エクレジアスティカス》たちのかねまたは何らかの商品《メルカドリアス》によって、取引をすることを禁じる。もしもそれを行ったら、そして朕の司法《ジュスティサ》およびそれに関係する役人《オフィシアエス》たちにそれを申告しなかったら、彼らの財産《ベンス》・商品《ファゼンダス》、および取り扱った前述の修道士たちと教会聖職者たちの商品《ファゼンダス》とかねを、すべて没収する刑罰に処し、その半分は王室資産《ミニャ・ファゼンダ》に、他の半分は彼らを告発した者に与えるものとする。さらに一〇年間シリアン要塞(2)への流刑に処するものとする。

また前述の修道士《レリジオソス》たちや教会聖職者《ペソアス・エクレジアスティカス》たちが取引するために与えたかねや商品《ファゼンダス》を、〔それを受け取った〕当人たちが発いたら、半分をその者たちに与え、他の半分は合法的《ナ・フォルマ》に王室資産のものとする、と(3)。これは、前述の勅令《アルヴァラ》(4)において言明されている原因と理由による。これ〔右記勅令〕を履行すべきではないとのいくつか〔の原因・理由〕が、朕の許に送られてきて提示されはしたが、朕は次のことを嘉納し、そしてそれを喜ばしく思う。すなわち、教会聖職者《エクレジアスティコス》たちの商品《ファゼンダス》を没収するとの刑罰は、教皇聖下《スア・サンティダデ》がこの件を承認するまでは執行しない旨を言明した上で、〔右記勅令を〕履行・遵守すること。

朕はこれ〔本勅令〕を、現職および将来その職に就く朕のインディア諸地域の副王または総督に通告する。そして彼ら、すべての朕の司法関係者《ジュスティサス》たち・役人《オフィシアエス》たち、および関係する人々に、次のことを命じる。前述の通り言明し

た上で、前述の朕の勅令《アルヴァラ》を、その内容通りに履行・遵守し、そして履行・遵守させること。これ〔本勅令〕を、最初の〔勅令〕(5)が登録された記録簿《リヴロス》に登録すること。法典《オルデナソンエス》の第二巻《リヴロ》第三九・第四〇項《ティトゥロ》は異なる規定をしてはいるが、〔本勅令は〕尚書職《シャンセラリア》によって発給されたわけではないが、朕の名で始まる書簡《カルタ》としての効力を有するものとする。〔本勅令は〕三便《ヴィアス》によって発給された。一〔便〕のみ効力を有するものとすること。一六一二年二月二三日にリスボンにおいて、ジョアン・タヴァレス(6)がこれを作成した。私こと書記官《セクレタリオ》アントニオ・ヴィレス・デ・シマス(7)がこれを記述させた。国王。(8)」

註

（1）拙訳『モンスーン文書と日本』文書10。
（2）**fortaleza de Sirião.** 拙訳、同右、一六三・一六四頁。
（3）冒頭の「キリスト教徒たちであれ非信徒《インフィエイス》たちであれ」からここまでが、註（1）の一六〇九年一二月二四日付け勅令の引用である。
Torre do Tombo, livro 3, f. 140. Documentos, I, pp. 282. 拙訳『モンスーン文書と日本』一六一頁。
（4）註（1）と同。
（5）註（1）と同。
（6）**João Tavares.**
（7）Antonio Villes de Simas.
（8）APO, 6, pp. 892, 893.

156　一六一二年二月二四日付けリスボン発、ポルトガル国王のゴア市異端審問官宛書簡

「朕国王は、現在ゴア市の異端審問所《インキジサン》(1)の最古参の異端審問官《インキジドル》であり、将来もそうである貴下に、次のことを知らせる。正当な理由あって朕はそのように考えるのであるが、朕は次のことを嘉納し、そうするのを喜ばしく思う。

すなわち、そこインディア領国に滞在するヘブライ民族《ナサン・エブレア》(2)のすべての人々について、毎年訴訟《ティレイス・デヴァサ》を提起し、同〔インディア〕領国の利益と維持および朕への奉仕にとって適切である事柄に対して逆に有害である者たちや、脱税によって王室資産《ミニャ・ファゼンダ》に害をなす者たちに関して、そしてさらに〔ユダヤ人たちが〕彼ら〔ポルトガル国王の家臣たち〕に利子付きで貸したかねについて(3)、朕の家臣たちが彼ら〔ユダヤ人たち〕から受ける損害に関して、出来る限りの努力と正確さをもって審問すること。

前述のそこゴア市の外で暮らしている者たちに関しては、この件〔オランダ人との取引〕でさらに一層の警戒をして、もしも彼ら〔ユダヤ人〕がオランダ人たちと何らかの取引をしているなら、朕は貴下が良心に適った対処をするよう、強く依頼する。貴下はそれのために極めて信頼出来る一人の人物を選んで、その者とともに前述の訴訟を提起すること。〔ユダヤ人で〕かかる罪を犯した者たちを見つけたら、その全員を送り終えるまで、最も有害な者たちから毎年少人数ずつ乗船させてこの〔ポルトガル〕王国に送り届けること。その際、その〔インディア〕領国の副王または総督に乗船者を報告すること。彼〔副王・総督〕がその見通しを立てて、そのために必要な事柄において支援と恩恵を与えることが出来るようにするためである。

貴下が送ってくる者たち〔有害ユダヤ人〕と一緒に、取調べ調書《デヴァサ》の写し、および貴下が入手し、またそれに〔取調べ調書〕よって明らかになるような貴下の情報をも送付すること。それはすべて、朕のインディア顧問会議《コンセリョ・ダ・インディア》(4)に渡

すこと。しかし、前述の〔ヘブライ〕民族《ナサン》の免罪《ペルダン》の臨時租税《フィンタ》(5)のための支払いをしなかった者たちは、前述の取調べ《デヴァ》調書《サ》には取り上げず、また乗船もさせないこと。

朕は貴下に対し、これをその内容通りに履行するよう命じる。法典《オルデナソンエス》の第二巻《リヴロ》第三九・第四〇項《ティトゥロス》は異なる規定をしてはいるが、これは、朕の名で始まる書簡としての効力を有するものとし、尚書職《シャンセラリア》を介して発給しないこと。これは三便《ヴィアス》によって発給された。一〔便〕のみが効力を有すること。一六一二年二月二四日にリスボンにおいて、ジョアン・タヴァレスがこれを作成した。私こと書記官《セクレタリオ》アントニオ・ヴィレス・デ・シマスがこれを記述させた。国王(6)。」

註

(1) Inquisição. 拙訳『モンスーン文書と日本』四八〇頁。

(2) nação hebrea. 文書58*の註(2)。

(3) 傍線箇所の原文(翻刻本)は次の通りである。dinheiro que lhe dão a responder… この dar a responder(「利子付きで借りる」は tomar a responder)、およびそれに類する表現の用例については、文書40の註(1)、文書120の註(5)・註(7)、拙著『キリシタン時代の文化と諸相』六二七〜六三六頁。

なお拙著では、これに関係する史料を邦訳して引用する際、これらの語に原文・原語を付記することをしなかったので、次にそれらの原語を記しておく。

一六一三年三月二一日付け日本発、イエズス会士カルロ・スピノラ Carlo Spinola のイエズス会総長宛て書簡。

tomamos muyto dinheiro a responder…

foy necessario este anno tambem tomar prata a responder…

(Jap. Sin. 36, f. 159v. 拙著『キリシタン時代の研究』二九六、二九七頁)。

「一六一五年、〔ポルトガル〕王国におけるその他〔の負債〕以外に、現在日本管区が負っていて、必ず返済しなければならない負債」。
prata corrente que o Padre Procurador tomou la a responder a 40 por cento…
(Ajuda, 49-V-7, f. 95. この文書は本書序論でも取り上げた。拙著『キリシタン時代の研究』三〇二頁)。
一六一六年三月一八日付け長崎発、スピノラの総長補佐宛て書簡。
dos quaes seis mil tomei a responder…
ouve de pagar mais de 5500 cruzados das respondencias…
pello menos tanto emprego quanta era a prata tomada a responder…
(Jap. Sin. 36, f. 181. 拙著『キリシタン時代の研究』二九八、二九九頁)。
一六一六年三月一八日付け長崎発、スピノラの総長宛て書簡。
havemo piglato molte miglaia di ducati a cambio…
molto meno con dinaro piglato a cambio, imperoche i cambii sono a 40 por cento…
che il dinaro piglato a cambio si puo dire dinaro del Giapone…
(Jap. Sin. 36, f. 179v. 拙著『キリシタン時代の研究』三〇一頁)。
一六一七年、イエズス会士マノエル・ボルジェス Manoel Borges「一六一七年におけるマカオから日本への積荷」。
se hão de pagar em Japam de proprio e respondencia a corenta por cento tres mil e quinhentos setenta e nove e sinco mazes e nove condorins de prata corrente…
por conta e risco de algumas pessoas que em Japam deram a responder para Macao a ditta quantia de prata…
por conta das pessoas que em Japam lhe derão a responder…
(Ajuda, 49-V-7, f. 109. 拙著『キリシタン時代の研究』三〇三頁)。
一六一八年六月一〇日付けマカオ、イエズス会巡察師フランシスコ・ヴィエイラ Francisco Vieira が作成したマカオ駐在日本のプロクラドールの規則、第一九項。
pagar por nossos as ditas respondencias…
(Ajuda, 49 - IV - 66, f. 15v. 拙著『キリシタン時代の研究』三〇八頁)。

一六一八年八月三一日付け、マノエル・ボルジェス「一六一七年九月一日から一六一八年八月末日までの、マカオにおける日本プロクラドール《プロクラトゥラ》職の収入」

a qual prata assim mesmo nas tres galeotas sobreditas veyo a responder por nossa via. A prata de soma sobredita passou por mais que a da seda a cinco por cento, e a da faibuqui assim da Companhia, como da respondencia passou toda como prata de seda…

(Ajuda, 49-V-7, f. 127v. 拙著『キリシタン時代の研究』三〇四頁)。

一六一八年一〇月八日付け長崎発、スピノラの総長宛て書簡。本書簡は Jap. Sin. 36, ff. 191-192v. が第三便書簡、Jap. Sin. 36, ff. 193-194v. が第一便書簡で、同文である。ただ次に示す二番目の用例のみ、第三便は a prata que eu tomara a responder por falta de outra…（f. 191v.）と記されているのに対し、第一便は a prata que eu tomara a ganhos por falta de outra…（f. 193v.）と記され、tomar a responder の語義が明確になる。

pagar as repondencias…

tornar a tomar mais prata a ganhos…

dar a sua prata a ganhos de 30, 40, e 50 por 100…

pagar o proprio, eganhos…

tomar prata deste modo a ganhos, ou a responder que he o mesmo…

pagando o proprio com 40〔por cento〕de ganhos, nos ficarão cento de ganhos limpos…

(Jap. Sin. 36, ff. 191v., 193v. 拙著『キリシタン時代の研究』三〇五〜三〇七頁)。

一六二五年一一月一〇日付けマカオ発、イエズス会士ペドロ・モレホン Pedro Morejón の総長補佐宛て書簡。

buscar prestado（si se achar）com respondencias grandissimas…

(Jap. Sin. 18-I, f. 53v. 拙著『キリシタン時代の研究』三〇八・三〇九頁)。

イエズス会日本管区が定収入《レンダ》を得るためにマカオに貸家を保有することの是非を論じた文書（一六三五年）。

a prata tomada a responder a vinte e cinco por cento…（f. 492v.）

se pagava o proprio e ganho da respondencia…（f. 492v.）

as respondencias sam tam altas…（f. 492v.）
dandose esta prata a responder a 35 ou 40 por cento…（f. 493v.）

（Ajuda, 49 - V - 11, ff. 492v., 493v. 拙著『キリシタン時代の研究』三〇九・三一一頁）。

一六三六年四月一五日マカオ、マカオ市の住民《シウダダノ》であり妻帯者《カサド》であるゴンサロ・モンテロ・デ・カラバロ Gonsalo Montero de Caravallo なる者の証言文書

lleve dinero a responder para darlo en Japon a Fray Biçente Caravallo frayle agustino rrecoleto con ganancias de cinquenta por ciento…

（Jap. Sin. 18 - I, f. 160. 拙著『キリシタン時代の研究』三一一頁）。

Das cousas que vão neste caderno apontadas, so o que toca a mercancia ordena Sua Paternidade que se veya, estude e resolva. E começa ao Art. 21 Acerca da Mercancia. と題する文書。

o outro modo de nos remediar he dando o dinheiro que tivermos a pessoas de credito e seguras que nos dem cada anno huma certa contia verbi - gratia de trinta e corenta de ganho mas com nosso risco do mar o que se chama dar dinheiro a responder…

（Archivum Romanum Societatis Iesu, Fóndo Gesuìtico, 721 - II - 7. 拙著『キリシタン時代の文化と諸相』六三五頁。拙著『キリシタン時代の研究』三一一頁）。

Japonica, Rationes quas Provincia Japoniae exponit R. P. N. ad obtinendam licentiam faciendi mercaturam non in solo serico（uti concesserat Summus Pontifex et Lex Catholicus）sed etiam in auro moscho（補註）et ambar etc. と題する文書。

de ordenario no llega nuestra plata a tiempo o estamos adeudados es neccesario muy muchas veces tomar plata prestada a responder a canbio muy alto…

（Archivum Romanum Societatis Iesu, Fóndo Gesuìtico, 721 - II - 7. 本文書は拙著では未使用である）。

（補註）moschus は muscus, moscus とも綴る。辞書には、動物の臍から採取される香料、と説明されている。麝香（ポルトガル語 almíscar）のことであろう。

Cange, p. 556.

（4）meu conselho da India. 拙訳『モンスーン文書と日本』一八三頁。

（5）finta do perdão. スペインより五年遅れて、一四九七年ポルトガル国王がユダヤ人追放を命じたが、ユダヤ人に対して新たな弾圧を加えるに当たって、その定着のためにも彼らに対し、一定の代償を与えなければならなかった。例えば、一四九七年の国王書簡によって、二〇年間は改宗者《コンヴェルソス》（補註1）の宗教的行為を取り調べることはしない旨の約束をしている。一五一二年には、これがさらに一六年延長された。一方教皇も、普遍的免罪 perdão geral の付与によって、新キリスト教徒《クリスタンス・ノヴォス》に対する異端審問所の過酷さを和らげることを狙った。

クレメンス七世 Clemente VII（一五二三〜三四年教皇在位）は、最初の普遍的免罪の大勅書《ブラ》（一五三三年四月七日付け）において、すでに逮捕されている者たちを含むかくれユダヤ教徒《ジュダイザンテス》（補註2）関係のすべての訴訟を無効にし、次のように言明した。強制的に受洗させられた者は、教会のメンバーとして数えてはならない。彼らは、キリスト教徒として処罰されることに不満を訴える権利をすべて有するものとする、と。

新キリスト教徒の共同体が、補　償《インデムニザサン》の名目で国王に一万七〇〇〇クルザドを支払った一六〇五年一月五日付け普遍的免罪の大勅書は、悪評に満ちた異端審問所の活動に一つの画期をなすものであった。

本文書に見える免罪の臨時租税 finta do perdão については不詳であるが、右の一六〇五年一月五日付け普遍的免罪の大勅書により、新キリスト教徒がポルトガル国王に支払った補償金を指しているものか。

（補註1）conversos. イベリア半島における一三九一〜一四九七年の集団改宗により、ユダヤ教徒で新たにキリスト教に改宗した者たち、およびイベリアの諸王国とアメリカ新大陸における彼らの子孫を言う。

Mucznik, pp. 174-176.

（補註2）judaizantes. 秘密裡にユダヤ教を信じ、したがって背教者と見なされている新キリスト教徒《クリスタン・ノヴォ》。彼らのユダヤ教信奉は通常、察知されないような信仰行為・典礼に閉じこもり、したがって割礼や葬儀は消滅した。異端審問所の弾圧、ディアスポラ、書籍がなく言い伝えによって伝達されたことにより、時とともにユダヤ教信奉は外見的にキリスト教と混合していった。通常かくれユダヤ教徒《ジュダイザンテス》は、その儀礼を家族・友人の範囲内で行い、一定の限られた地域内で暮らすのが一般であった。この点比較的広域にわたって活動した新キリスト教徒《クリスタンス・ノヴォス》とは異なっていた。
法的には新キリスト教徒《クリスタンス・ノヴォス》と旧キリスト教徒《クリスタンス・ヴェリョス》とは同じであるが、両者の違いは、新キリスト教徒はかくれユダヤ《ジュダイザン》教徒《テス》と同義語であるという観念が広まることによって、旧キリスト教徒は純血であるとの規範が社会的に生み出され、定着した。かくれユダヤ教徒を見分けるために、異端審問所は同審問所によって処罰される、ユダヤ教の典礼を含むすべての罪を列挙した戒告状《モニトリオ》を公布した（最初の戒告状は一五三六年）。

Mucznik, pp. 298, 371.

Mucznik, pp. 406, 407. Herculano. エリー・ケドゥリー『スペインのユダヤ人』。

（6）**APO, 6, p. 893.**

157　一六一三年三月二六日付けゴア発、インディア副王の勅令

「ドン・ジェロニモ・デ・アゼヴェド(1)云々。私は、この私の勅令《アルヴァラ》を見る者たちに知らせる。去る〔一〕六一二年のナウ船団によってもたらされた前述の年〔一六一二年〕の三月二六日にリスボンで記述された国王陛下《スア・マジェスタデ》の指令《インストゥルクサン》(2)の中に、筆写すると次のごとき一節《カピトゥロ》がある。

その他に朕は、有害にして反逆的であり、党派《バンドス》の首領である何人かの人物がマカオにいるという報せを受けている。彼らに対して訴訟を提起し、彼らを処罰するのが適切であるから、朕は貴下に対し次のような命令を下すよう命じる。すなわち、朕がその地〔マカオ〕に派遣した法律聴訴官《オウヴィドル・レトラド》(3)に対し、彼らに対して訴訟を提起して、それ

〔調書〕を貴下に送付するよう、〔本指令の〕この節《カピトゥロ》の写しを挿入した貴下の勅令《プロヴィザン》によって命じること。そしてそれが行われたら、貴下はそれを執行に移すことなく、朕にそれ〔調書〕を送ってくること。朕がそれを調べ、朕の奉仕となると思うことを命じるためである。(4)

私はこの件に関して、国王陛下《スア・マジェスタデ》への奉仕および司法の利益にとって適切なことを履行したいと思うが故に、次のことを嘉納し、現在マカオ市の聴訴官《オウヴィドル》であるマノエル・ルイス・コエリョ学士(5)に対し、また彼が不在または死亡していたら、今後前述の役職に就任する者に命じる。

国王陛下の指令《インストゥルクサン》の前述の節《カピトゥロ》の中で言及されている訴訟を、極めて完璧にそして厳正に提起すること。それが提起されたら、封をし印を押して(6)確かな信頼の置ける者を介してそれ〔調書〕を私に送ってくるか、または聴訴官マノエル・ルイス・コエリョ学士自身が、それを持ってくること。前述の節《カピトゥロ》によって命じられている通り、私が封をし印を押してそれを国王陛下に送付するためである。同節の記述内容の如く、その訴訟は、前述のマカオ市におり、反逆的にして党派《バンドス》の首領である有害な者たちについて提起すること。万般、その〔節の〕中で言明されている通りに履行すること。

私は、この〔インディア〕領国《エスタド》の控訴裁判所《レラサン》の尚書《シャンセレル》、マカオのカピタンと聴訴官たち《オウヴィドレス》、およびその他の司法関《ジュス》係者《ティサス》たち・役人たち《オフィシアエス》、これの裁判権《コニェシメント》(7)が関わる人々に、それを通告する。そして彼らに対し、いかなる疑義を差し挟むことも、異議申立てを行うこともなしに、これを履行・遵守するよう、この勅令《アルヴァラ》をその内容通り、完全に履行・遵守させるよう命じる。法典《オルデナサン》第二巻《リヴロ》第四〇項《ティトゥロ》は異なる規定をしてはいるが、これ〔本勅令〕は国王陛下の名で発給された書簡《カルタ》としての効力を有するものとする。ガスパル・ダ・コスタ(8)が一六一三年三月二六日にゴアにおいて、これを作成した。これ〔本勅令〕は二便《ヴィアス》によって発給された。私こと書記《セクレタリオ》フランシスコ・デ・ソウザ・ファルカン[9]が、これを記述させた。副王《ヴィゾ・レイ》[10]。」

註

（１）Dom Jeronimo de Azevedo. 一六一二〜一七年インディア副王在任。
Delgado Domingues, pp. 138, 139.

（２）拙訳『モンスーン文書と日本』文書23。

（３）ouvidor letrado. 法律聴訴官については、拙訳『モンスーン文書と日本』一六五頁。

（４）この転載箇所は、Torre do Tombo, livro 5, f. 96. Documentos, II, p. 247. 拙訳、同右、二一八・二一九頁。

（５）Licenciado Manoel Luis Coelho. この聴訴官については、拙訳、同右、文書33で取り上げている。
マヌエル・テイシェイラはその著書において、この人物について次のように記している。一六〇八年三月二六日ポルトガル国王フィリペ二世はインディア総督フレイ・アレイショ・デ・メネゼス Dom Frei Aleixo de Meneses（一六〇七〜〇九年総督在任）に、マヌエル・ルイス・コエリョをマカオ聴訴官に任じた旨知らせた。同聴訴官は、マカオ司教であるドミニコ会士フレイ・ジョアン・ピント・ダ・ピエダデ Dom Frei João Pinto da Piedade の二人の使用人を逮捕するよう命じた廉で、同司教から破門に処された。しかし、聖パウロ・コレジオのイエズス会士たちは諮問を受けて、かかる破門は無効であると言明した。

テイシェイラは右のように記した上で、右の文書33（一六一四年三月二日付け、ポルトガル国王のインディア副王ジェロニモ・デ・アゼヴェド〔一六一二〜一七年副王在任〕宛書簡）を引用して、同聴訴官とマカオ司教との間の紛争について記述している。

Teixeira, 1976, pp. 26, 27.

（６）mutrada. mutra は sinete「印」と同義。mutrar は「印を押す」。
Machado, IV, p. 807.

（７）conhecimento. 文書61の註（５）。

（８）Gaspar da Costa.

（9）Francisco de Sousa Falcão. 文書90の註（19）。
（10）APO, 6, pp. 928, 929.

158　一六一三年三月二六日付けゴア発、インディア領国の勅令

「ドン・ジェロニモ・デ・アゼヴェド云々。私は、この私の勅令《アルヴァラ》を見る者たちに知らせる。去る一六一二年のナウ船団でもたらされた、前述の年〔一六一二年〕の三月二六日にリスボンで記述された国王陛下《スア・マジェスタデ》の指令《インストゥルクサン》の一節《カピトゥロ》(1)に従い、かつそれ〔同節〕によって、私は次のことを嘉納し、現在マカオ市における聴訴官《オウヴィドル》であるマノエル・ルイス・コエリョ学士《リセンシアド》(2)に命じる。すなわち、彼〔マノエル・ルイス・コエリョ〕がその後を継承した聴訴官で、カピタン・モール、ドン・ディオゴ・デ・ヴァスコンセロスがその地(3)〔マカオ〕に到着する以前に勤務していた〔コエリョの前任の〕聴訴官(4)が犯した罪科と行き過ぎた行動に関し、彼の役職の義務および司法の利益に反することのすべてにわたって極めて正確かつ厳格に問い質すことによって、訴訟を提起すること。

法により要求される正式書式をすべて整えてその提起がなされたら、確かな信頼の置ける者を介して、封をし印《ムトラダ》(5)を押してそれ〔調書〕を〔ゴアの〕控訴裁判所《レラサン》のこの法廷《メザ》に送付するか、または彼〔マノエル・ルイス・コエリョ〕が自ら持ってくること。そこにおいて宣告を下すためであり、前述の聴訴官に対し、彼の罪科に相当する訴訟を提起するためである。

前述のマノエル・ルイス・コエリョ学士が何らかの理由で不在であって、前述の訴訟を提起することが出来ない場合は、私は、今この〔ゴア〕市から前述の役職を務めに〔マカオに〕行く聴訴官《オウヴィドル》が、それ〔訴訟〕を提起するの

を嘉納する。彼〔今マカオに行く同聴訴官〕は、これ〔本勅令〕をその内容通りに極めて完全に執行し、履行すること。

私は、この領国《エスタド》の尚書《シャンセレル》・マカオのカピタン・前述の聴訴官たち《オウヴィドレス》・その他の司法関係者たち《ジュスティサス》・役人たち《オフィシアエス》、およびこの裁判権《コニェシメント》が関わる人々に、これを通告する。そして彼らに対し、いかなる疑義を差し挟むことも、異議申立てを行うこともなしに、これを履行・遵守するよう、この勅令《アルヴァラ》をその内容通り、履行・遵守させるよう命じる。法典《オルデナサン》第二巻《リヴロ》第四〇項《ティトゥロ》は異なることを規定してはいるが、これ〔本勅令〕は国王陛下の名で発給された書簡《カルタ》としての効力を有するものとする。サルヴァドル・ゴンサルヴェス(6)が一六一三年三月二六日にゴアにおいて、これを作成した。私こと書記《セクレタリオ》フランシスコ・デ・ソウザ・ファルカンが、これを記述させた。〔本勅令は〕二便《ヴィアス》によって発給された。副王(7)。」

註

(1) この指令とは、拙訳『モンスーン文書と日本』文書23を指すが、ここで一節とは、文書157に転載されている箇所か。同文書の註(4)。

(2) **Licenciado Manoel Luis Coelho.** 文書157の註(5)。

(3) **Dom Diogo de Vasconcellos.** 拙訳『モンスーン文書と日本』二二四・二四八～二五七・三一六・三四〇・三九四頁。

(4) マノエル・ルイス・コエリョの前任の聴訴官は、ニコラウ・ダ・シルヴァ **Nicolau da Silva** である。マヌエル・テイシェイラはその著書において、聴訴官ニコラウ・ダ・シルヴァにつて、一六〇七年一月一六日付けリスボン発、ポルトガル国王のインディア副王宛書簡の次の一節を引用する。「貴下がニコラウ・ダ・シルヴァ学士を任用して、聴訴官長《オウヴィドル・ジェラル》の権限を帯びた聴訴官《オウヴィドル》としてシナに送ったことは、朕への奉仕になるとは思わない。朕は貴下に対し、聴訴官たちの任命について朕が貴下に送付するよう指示する勅令《プロヴィザン》を貴下がこの件で遵守するだけでなく、彼〔ニコラウ・ダ・シルヴァ」が直ちにこの〔マカオ聴訴官の〕任務を停止すべきことを貴下が命じるよう、依頼する。」

Documentos, I, p. 71. Teixeira, 1976, p. 25.

（5）mutrada. 文書157の註（6）。

（6）Salvador Gonçalves.

（7）APO, 6, pp. 929, 930.

159　一六一三年三月二六日付けゴア発、インディア副王の勅令

「ドン・ジェロニモ・ダゼヴェド云々(1)。私は、この私の勅令《アルヴァラ》を見る者たちに知らせる。国王陛下《スア・マジェスタデ》が昨〔一〕六一二年に私の許に書き送ってきた、前述の〔一六一二〕年の三月二六日にリスボンにおいて作成された指令《インストゥルクサン》(2)の中に、正確に筆写すると次の如き一節《カピトゥロ》がある。

朕は、マカオ市の住民の間に、民族《ナサン》の臨時租税《フィンタ》(3)が原因で深刻な不和《ディフェレンサス》と党派対立《バンドス》があるという報せを受けた。ドン・ディオゴ・デ・ヴァスコンセロス(4)が、ガレオン船艦隊のカピタン・モールとしてそこ〔マカオ〕に着いた時に務めていた一人の聴訴官《オウヴィドル》が、比較的名誉ある市民《シダダンエス》たちに課税したものである。それは、朕に対する奉仕にはならないと考える。朕は、前述の聴訴官に対し彼の行き過ぎた振舞を厳しく咎めるだけでなく、次のような手順を踏むことなしに、斯様な特別税〔徴収〕を行ってはならない旨命じることを貴下に依頼する。すなわち前もって当事者《パルテス》から聴聞し、彼たちに対しその身分を証明することを許し、それに関する訴訟書類《アウトス》を作って、〔特別税を〕支払わ

なければならないか否かをそこで決するために、それをこのゴア市の控訴裁判所《レラサン》に送付することによって、同民族の人々であることが分かり、明確になった上でなければならない(5)。

私は、ここに挿入した国王陛下の指令の前述の節に従い、また今それによって命じられていることを遂行したいと望むが故に、次のことを嘉納し、前述のマカオ市の現職および将来その職に就くすべての聴訴官たちに、これを命じる。

国王陛下《スア・マジェスタデ》、または彼のインディア副王《ヴィセ・レイス》および総督《ゴヴェルナドレス》の命令なしに、そして予め前述の〔ヘブライ〕民族の人々であることに確実性があるか、その調査を行うことなしに、そこ〔マカオ市〕においてヘブライ民族《ナサン・エブライカ》〔の人々〕に対し、いかなる税《フィンタス》を徴することも、設定することもしてはならない。彼らはまず聴聞を受け、彼らの身分《クワリダデス》を証明することを許され、そして支払わなければならないか否かをそこ〔控訴裁判所〕において決するために、このゴア市の控訴裁判所に送付すべきそれについての訴訟書類《アウトス》を作成すること。

前述の聴訴官たちはこの通り履行すること。もしもそれに反することを行ったら、彼らの審査《レジデンシア》において処罰を受け、その上国王陛下の泊地《リベイラ》の工事《オブラス》に充当される二〇〇〇クルザドを支払う刑罰を被るものとする。この勅令《プロヴィザン》に違反することが確かなことがなされたなら、いかなる疑義を差し挟むこともなしに、直ちに執行すべきこと。〔本勅令は〕すべてにおいてそれの内容通りに、履行すること。前述の〔マカオ〕市の元老院《カマラ》、および聴訴官職《オウヴィドリア》の記録簿《リヴロ》に登録すること。常にそれ〔本勅令〕が明らかになるためである。

私は、マカオのカピタンたち・聴訴官たち《オウヴィドレス》・その他の司法関係者たち《ジュスティサス》・役人たち《オフィシアエス》、およびこの裁判権《コニェシメント》が関わる人々に、これを通告する。そして彼らに対し、いかなる疑義を差し挟むことも、異議申立てを行うこともなしに、これを履行・遵守するよう、この勅令《アルヴァラ》をその内容通り、完全に履行・遵守させるよう命じる。法典《オルデナサン》第一巻《リヴロ》第四

○　項《テイトゥロ》は異なる規定をしてはいるが、これ〔本勅令〕は国王陛下《スア・マジェスタデ》の名で発給された書簡《カルタ》としての効力を有するものとする。ガスパル・ダ・コスタが一六一三年三月二六日にゴアにおいて、これを作成した。〔本勅令は〕二便《ヴィアス》によって発給された。私こと書記《セクレタリオ》フランシスコ・デ・ソウザ・ファルカンが、これを記述させた。副王[6]。」

註

（1）**Dom Jeronimo d'Azevedo.** 文書157の註（1）。
（2）拙訳『モンスーン文書と日本』文書23。
（3）**finta dos de nação.** 本文書中に、「ヘブライ民族〔たるマカオ住民〕に対し、いかなる税を徴することも…」**fintas algumas aos de nação hebraica** と見える。ここの **nação** も **nação hebraica** と読むべきであろう。
（4）**Dom Diogo de Vasconcellos.** 拙訳『モンスーン文書と日本』二二四・二四八〜二五七・三二六・三四〇・三九四頁。
（5）この転載箇所は、**Torre do Tombo, livro 5, f. 95v. Documentos, II, p. 246, 247.** 拙訳、同右、二一七・二一八頁。
（6）**APO, 6, pp. 930, 931.**

160　一六一三年三月二六日付けゴア発、インディア副王のジョアン・カイアド・デ・ガンボア宛書簡

「ドン・ジェロニモ・ダゼヴェド云々。私は、この度神の助けを得て南《スル》[1]およびシナの地域に渡航する遠洋航海《アルマダ・ダ》の艦隊《ルト・ボルド》のカピタン・モールである、貴下ジョアン・カイアド・デ・ガンボア[2]に知らせる。すなわち、先のナウ船団でもたらされた、〔一〕六一二年三月二六日にリスボンで記述された国王陛下《スア・マジェスタデ》の指令《インストゥルクサン》[3]の中に、筆写すると

160　1613年3月26日

次の如き一節《カピトゥロ》がある。

また朕は次のような報せを受けた。前述の臨時租税《フィンタ》〔徴収〕を行った同聴訴官《オウヴィドル》が、流れた二つの保証金《フィアンサス》四〇〇〇クルザドを取り立てて確保した。それは王室資産《ミニャ・ファゼンダ》に属するものであった。副王ルイ・ロウレンソ・デ・タヴォラ(4)は、それ〔その四〇〇〇クルザド〕を艦隊の経費に充てていた。前述のドン・ディオゴ・デ・ヴァスコンセロスは、それを〔自分に〕支払わせることをしなかった。それは前述の聴訴官がアウグスチノ会《サント・アウグスティニョ》の修道院《モステイロ》に入り、修道士《レリジオソス》たちは彼〔ヴァスコンセロス〕のために尽力することに同意しなかったからである、と。

それ故、朕は貴下に対して以下のことを命じる。前述の聴訴官が前述の四〇〇〇クルザドをきちんと支払い、そして渡すような措置をとらせること。加之《しかのみならず》、前述の聴訴官が犯したすべての行き過ぎた振舞について、刑事訴訟《ティラル・デヴァサ》を提起するよう命じること。その罪に応じて彼を処罰すること。また彼がシナにいるならば、前述のかね《ディニェイロ》で、大砲《アルテリャリア》を鋳造するための銅を仕入れ、そのゴア市にもたらすよう命じること。(5)

前述の節の内容にしたがって、前述の聴訴官から前述の金額を徴収することは、国王陛下への奉仕およびその王室資産《レアル・ファゼンダ》の利益のために必要であるから、私は次のことを嘉納し、貴下に命じる。すなわち、貴下がシナに着いたら直ちに、この聴訴官（マノエル・ルイス・コエリョ学士《リセンシアド》がそこに着く以前に務めていた者である）について情報を得、上に明らかにしたような理由でドン・ディオゴ・デ・ヴァスコンセロスが徴収しなかった前述の保証金《フィアンサス》である前述の四〇〇〇クルザドを、いまだ彼〔コエリョの前任の聴訴官〕から徴収していなかったら、貴下がそれを取り立てること。すなわち、直ちに強制執行《ポル・ヴィア・エクゼクティヴァ》により、前述の聴訴官からそれを徴収させること。つまり法典の条文により、彼を逮捕し、彼の資産《ベンス》〔を差し押さえること〕によってそれを執行し、実際に前述の四〇〇〇クルザドを彼から全額に取得するまで、それら〔同資産〕を売却すること。

そのために、私は貴下に必要な権限を与える。前述の金額を徴収したら、銅を仕入れて貴下の艦隊によってもたらすこと。前述の聴訴官がシナにいない場合は、私は、貴下のカピタン・モール在職期間中に、他のどこであれ南《スル》において彼を見つけたら、そこにおいて貴下が彼から同様に徴収することを嘉納する。

私は、国王陛下《スア・マジェスタデ》の王室資産管理官《ヴェドル・ダ・ファゼンダ》・マカオの現職の聴訴官・その他のすべての司法関係者たち《ジュスティサス》・役人たち《オフィシアエス》、およびこれの裁判権《コニエシメント》が関わる人々に、これを通告する。いかなる疑義を差し挟むこともなしに、彼らがこれを履行・遵守するためであり、彼らがこの勅令《アルヴァラ》を、その内容通りに遵守・履行させるためである。法典《オルデナサン》第二巻《リヴロ》第四〇項《ティトゥロ》は異なる規定をしてはいるが、これ〔本文書〕は書簡《カルタ》としての効力を有するものとする。サルヴァドル・ゴンサルヴェスが一六一三年三月二六日にゴアにおいて、これを作成した。〔本文書は〕二便《ヴィアス》によって発給された。私こと書記《セクレタリオ》フランシスコ・デ・ソウザ・ファルカンが、これを記述させた。副王。(6)」

註

(1) Sul. 文書96の註(3)。

(2) **João Caiado de Gamboa.** この人物については、拙訳『モンスーン文書と日本』に記した。いまここで関係する事実のみ摘記すると、一六一三年インディア副王アゼヴェドが、ガレオン船三艘から成る艦隊をシナに派遣したが、そのカピタン・モールがこのガンボアであった。三艘の内、二艘がマカオに到着し、ミゲル・デ・ソウザ・ピメンテルの艦隊と合流した。二人のカピタン・モール(ピメンテルとガンボア)は、一六一三年一一月艦隊を率いてマカオを発ち、ゴアに帰った。

拙訳『モンスーン文書と日本』二六九・四二〇・四二一頁。

(3) 拙訳、同右、文書23。

(4) V. Rey Rui Lourenço de Tavora. 一六〇九～一二年インディア副王在任。
Delgado Domingues, pp. 137, 138.
(5) この転載箇所は、Torre do Tombo, livro 5, ff. 95v., 96. Documentos, II, p. 247. 拙訳『モンスーン文書と日本』二一八頁。
(6) APO, 6, pp. 931, 932.

161　一六一三年八月一四日付けゴア発、インディア副王の勅令

「ドン・ジェロニモ・ダゼヴェド云々[1]。私は、この勅令《アルヴァラ》を見る者たちに知らせる。私は次の事柄を重視する。国王陛下《スア・マジェスタデ》に奉仕をしている兵士《ソルダドス》たちやその他の人々が病気の時に収容されて、治療を受けるために、マラッカ施療院《オスピタル》を開設しなければならない必要性が大である。あの地域において勤務している人々が〔健康を〕保つことが、前述の主君[2]〔ポルトガル国王〕への奉仕にとって重要であるので、そのためにも〔同施療院開設が〕非常に適切である。彼らは、その大部分の者たちが貧しく、収容されて治療を受ける場所がないために、窮乏により死亡する。

こういった正当な理由に動機付けられて、朕は次のことを嘉納する。前述の施療院を開設し、そこに現在あの地域で勤務している兵士《ソルダドス》たちやその他の戦い《ジェンテ・デ・ゲラ》に従事する人々を病気の時に収容し、治療すること。

また私は、前述の〔マラッカ〕要塞の、国王陛下の現職および将来その職に就く商館長《フェイトル》[3]に、次のことを命じる。前述の施療院《オスピタル》が必要とするすべてのものを補うことよって、これを支援すること。私は神《デオス》と国王陛下《スア・マジェスタデ》への奉仕のため、および彼〔コレジオ院長〕の情熱により、必ずや彼がそれを行ってくれるものと信じているが、あの〔マ

ラッカ〕市の聖パウロ・コレジオ[4]の院長《レクトル》パードレが、それ〔同施療院〕の管理《アドミニストラサン》を引き受けることを望むならば、前述の商館長《フェイトル》は彼の命令により、前述の補給のために必要なかねを〔同院長パードレに〕与えること。それ〔そのかね〕を受け取る人物――前述の院長パードレが指名する者であろうが――の受領書《コニェシメント》を添え、またこのようにして与えられたかねで、それが前述の院長パードレの命令によるものであることを明らかにする証明書《セルティダン》を添えて、これ〔このかね〕を彼〔院長パードレ〕の収入として会計処理すること。

彼〔院長〕が前述〔施療院の〕の管理を引き受けない場合――私はそれを望まないが――は、イエズス会《コンパニア》のパードレたちがそれを彼らの任務としていなかった時に行われていたやり方で、それ〔同管理〕についても行動すること。その時存在したその同じ命令によって、前述の商館長《フェイトル》は、必要な補給を与えること。これ〔本勅令〕によって、役人《オフィシアル》またはそれを受け取る者の受領書《コニェシメント》を添えて、彼〔役人または受け取る者〕の収入として会計処理すること。その時に用いられていた形式に従って、行うこと。

私はこれを、国王陛下《スア・マジェスタデ》の資産管理官《ヴェドレス・ダ・ファゼンダ》たち[5]・会計《コントス》のそれ[6]・マラッカの商館長《フェイトル》・その他の役人たち《オフィシアエス》、関係ある人々に通告する。そして彼らに対し、いかなる疑義を差し挟むことも、異議申立てをすることもなしに、これをその内容通りに履行・遵守し、履行・遵守させることを命じる。法典《オルデナサン》の第二巻《リヴロ》第四〇項《テイトゥロ》は異なる規定をしてはいるが、これは、国王陛下《スア・マジェスタデ》の名で発給された書簡《カルタ》としての効力を有すること。ベルシオル・ダ・シルヴァ[7]が一六一三年八月一四日にゴアにおいて、これを作成した。私こと書記《セクレタリオ》アフォンソ・ロドリゲス・デ・ゲヴァラ[8]がこれを記述させた。副王[9]。」

註

（1）Dom Jeronimo d' Azevedo. 文書157の註（1）。

（2）dito senhor. この senhor「主君」は明らかにポルトガル国王を指す。dito「前述の」と記してあるが、本文書においてこれ以前に同国王は登場していないようにも思われる。S. Magestade「国王陛下」の語を受けての表現であろうか。

（3）feitor. 文書1*の註（5）・文書2*の註（1）。

（4）Collegio de São Paulo. まずイエズス会のコレジオについて、『イエズス会歴史辞典』の記載を確認しておく。すなわちコレジオとは、正会員および正会員になる前のイエズス会士（補註1）が共同して居住するところであって、ロヨラの死亡時（一五五六年）には、次のような各種のコレジオが存在した。

一、大学の授業を聴講するイエズス会士学生《エスコラレス》が居住するコレジオ。

二、イエズス会士教師《プロフェソレス》が、そこに居住するイエズス会士学生《エスコラレス》に教授するコレジオ。

三、イエズス会士教師が、そこに居住するイエズス会士学生《エスコラレス》に教授する授業を、外部の生徒《エストゥディアンテス》も聴講するコレジオ。

四、とくにイエズス会士ではない生徒《アルンノス》の教育を目的としたコレジオであるが、そこに居住しているイエズス会士学生《エスコラレス》のある者たちも、それを聴講することがある。

その他に、聖職者のセミナリオ《セミナリオス・エクレジアスティコス》に相当するコレジオや、世俗の生徒《エストゥディアンテス》の寄宿舎《コンビクトリオス》であるコレジオも存在した。

大航海時代の東インディアにおけるイエズス会コレジオについて見るなら、ゴアのコレジオが右の三に該当するという（補註2）。

そこでマラッカのコレジオについてであるが、ポルトガルの東インディア進出に伴い、イエズス会士は各地にコレジオを開設した。ロドリゲスは、「一五四二～一七七三年ポルトガル保護下イエズス会コレジオ」として、ポルトガル管区Província de Portugal・ゴア管区Província de Gôa・マラバル管区Província do Malabar・日本管区Província do Japão・シナ準管区Vice - província da China・ブラジル管区Província do Brasil・マラニャン準管区Vice - província do Maranhão におけるコレジオを一覧にしている。

マラッカ・コレジオColégio de Malaca は、その内マラバル管区内に一五七六年に開設されたコレジオとして挙げてある。そして一六四一年以後の史料にも同コレジオのことが記載されてはいるが、一六四一年一月オランダ人によるマラッカ占領に伴い、同コレジオは消滅したに相違ないと記す（補註3）。

フランシスコ・ザビエルはパードレ・フランシスコ・ペレス Padre Francisco Peres およびイルマン・ロケ・デ・オリヴェイラ Irmão Roque de Oliveira の二人のイエズス会士をゴアからマラッカに派遣した。彼らはマラッカに一五四八年五月二八日に着いた。イルマン・オリヴィエラはすぐに、初等教育の学校を開き、ほどなく一八〇人の生徒が集まったという（補註4）。

イエズス会士がゴア・マラッカ・マカオに創設したコレジオは、いずれも聖パウロ・コレジオ Colégio de São Paulo と称する。東インディアにおけるイエズス会士が聖パウロの名をもって呼ばれるようになったことについて、パードレ・フランシスコ・デ・ソウザは次のように記す。

「それ〔ゴアの聖パウロ・コレジオ〕のために、われわれは皆、インディア全域において聖パウロのパードレ Padres de S. Paulo と呼ばれ、そしてその名で知られるようになった。ポルトガルにおいては使徒に与えられた〔聖パウロという〕名が、〔インディアでは〕パウロ信奉者《パウリスタス》たちのみにその名を冠するようになったものであって、これは大変珍しく、光栄に満ちたことである。（補註5）」

イエズス会のコレジオについてマヌエル・テイシェイラは、イエズス会士は東インディア各地で colégios を作ったが、本来の「学校」の意味の施設ではなく、単に修道士の住まい casas de religiosos に過ぎないこともあり、その場合 colégios の語は、イエズス会士の中心的居所 residência central の意味で用いられたと記す（補註6）。

これは日本のイエズス会教会についても言えることで、一例であるが、一五八二年二月に作成された「日本の諸カーザと、それの毎年の必要経費の目録《カタロゴ》」と題する記録には、当時日本に「コレジオ」が二、「コレジオのごときカーザ」が七、「コレジオのごときカーザ（建設予定）」が三存在した旨、記されている（補註7）。この記録が作成された当時、日本に存在したイエズス会コレジオは、府内のコレジオ一校だけであった（補註8）。

ヴァリニャーノは一五七七年一一月二二日～同年一二月八日にマラッカで記述した「東インディアのスマリオ」第一〇章、および一五八〇年八月に日本で書き終わった同じく「東インディアのスマリオ」第一二章および第二〇章において、このマラッカのコレジオについて取り上げている。この記録は、本文書を三〇数年遡るもので、本文書が記述された当時、マラッカのコレジオがいかなる規模で、現実にコレジオとしてどのように機能していたかを伝える史料とは言えない。

ことに前者の「東インディアのスマリオ」第一〇章は、マラッカ・コレジオの具体的活動についてはほとんど記述していない。二レーグワ離れたところに土地を持っていて、会員の保養に資し、作物の収穫が可能であろう、といったようなことが記されているのみである（補註9）。

また後者の「東インディアのスマリオ」第一二章には次のような記事が見える。

マラッカ市の高台に小さなコレジオがある。これは昨年（補註10）開設され、一〇部屋あり、そこに通常六〜八人のイエズス会士が暮らしている。子供たちの学校《エスクエラ》と教会も備わっている。このコレジオの財源について。ポルトガル国王はこのマラッカ市に、七〇人のイエズス会士を擁するコレジオを創設することを決意し、インディア副王にそれを命じたが、いまだ実行されていないし、またそのような大規模のコレジオは開設すべきではない。

ポルトガル国王がアチェー王国《レイノ》を占領し、マラッカをその抑圧から解放したなら、今あるこのコレジオは二〇〜二五人を擁するまでに拡大し、南の全地域の中心的施設のごときものになるであろう。このコレジオは、マラッカから一レーグワのところに大きな菜園《ウエルタ》を有し、イルマンの保養に資し、果物を産出している、と（補註11）。

また同じく後者の「東インディアのスマリオ」第二〇章には、次のように記述されている。

マラッカにこの〔大規模な〕コレジオの開設が可能ならば、〔南の地域の〕準管区長を配置するのは適切であろう。〔その開設が〕何時可能かは、時が明らかにするであろう、と（補註12）。

ここで言うコレジオは、右の前者の記録第一〇章、後者の記録第一二章に見えた小規模のコレジオのことではなく、国王が創設を命じたような、南の地域の中心的施設になり得る大規模のコレジオのことで、それは存在しない。

ヴァリニャーノが右の前者の「東インディアのスマリオ」（一五七七年一一月二二日〜同年一二月八日）を記述する約二年前の一五七五年一二月六〜一八日ゴアのショラン島において、東インディア管区の古参・上長のパードレたちに対して諸問題を諮問する協議会を開催したが、その諮問第四四は、「マラッカ・シナ、または日本にコレジオを開設すべきか」との諮問事項であった。

そこにおいて、次のような理由をいくつか挙げて、マラッカには小規模のコレジオを作って、小人数のイエズス会士が駐在すれば充分である、との結論を出している。

一、マラッカは小さな都市で、多数の商人が渡来するが、ポルトガル人住民は二〇〇人にも達しない。二、近くに、イエズス会士が担当出来るような布教地がない。三、必需品はすべて外部から調達しなければならず、物価が高い。四、アチェー王国との戦争が絶えず、頻繁に攻囲され、極めて国情不安定である。五、マラッカでは哲学《フィロソフィア》・神学《テオロヒア》の学習を行うことは出来ない。ゴアにおけるそれらの学習だけで充分であって、マラッカにはその教師も生徒もいない。マラッカとインディアの間は非常に遠く離れているのであるから、古典学《ウマニダド》の学問《レトラス》を学ぶだけのためにイエズス会士がマラッカに送られ、その後教養科目《アルテス》（補註13）を学ぶためにインディアに戻って来るのはよろしくない。

またもしも日本人が入学して来るなら、九〇〇レーグワも離れているし、しかも彼らは寒冷地の生まれ、一方マラッカは赤道下であるので、健康を害するであろうから、彼らはマラッカに来ることが出来ない。したがってマラッカにおける学習は、われわれイエズス会士にとっても外部の者たち《ロス・デ・フエラ》（補註14）にとっても、役に立たない。それ故、マラッカには少数のイエズス会士が駐在し、小さなコレジオを作れば充分であろう、と（補註15）。

ヴァリニャーノは右の協議会での協議の結果を受けて、一五七五年一二月三〇日付けショラン発イエズス会総長宛書簡において、このマラッカにおけるコレジオ開設の問題について、次のように記している。マラッカに大規模なコレジオを創建する件は、決して取り上げてはならないと思う。同協議会で提示された諸理由、とりわけ五番目の理由による、と（補註16）。

（補註1）拙著『キリシタン時代対外関係の研究』一一・一二〇頁。
（補註2）O' Neill & Domínguez, I, p. 682.
（補註3）Rodrigues, p. 60.
（補註4）Teixeira, 1957, IV, p. 275. Teixeira, 1961, I, pp. 355, 356. Documenta Indica, I, p. 319.
（補註5）Sousa, 1978, pp. 72, 73. Teixeira, 1957, IV, p.276. Teixeira, 1961, I, p. 357. ダルガド編纂およびユル等編纂の辞書でも、paulista, paulist の語義について同じ趣旨の説明をしている。Dalgado, II, p. 199. Yule & Burnell, p. 688.
（補註6）Teixeira, 1957, IV, p. 275. Teixeira, 1961, I, p. 356.
（補註7）Schütte, 1975, pp. 142 - 145. 拙著『キリシタン時代の文化と諸相』四〇頁。

（補註８）Schütte, 1975, p. 1157.

（補註９）Documenta Indica, XIII, pp. 49 - 52.

（補註10）一五八〇年八月に書き終わった「東インディアのスマリオ」に「昨年開設された」と記されているが、一五七七年一一月二二日～同年一二月八日に記述された「東インディアのスマリオ」に、すでにマラッカにコレジオが存在しているように記されているのであるから、先の「昨年」は、一五八〇年八月を起点にした昨年ではない。

（補註11）Documenta Indica, XIII, pp. 189 - 192. ヴァリニャーノ『東インド巡察記』一四〇～一四四頁。

（補註12）Documenta Indica, XIII, p. 233. ヴァリニャーノ『東インド巡察記』一三四頁。

（補註13）コレジオの授業については、拙著『キリシタン時代の文化と諸相』八四～九五・二四九～二六三頁。

（補註14）los de fuera. この語は、コレジオ等の授業の受講者に関して、よく使用される表現である。イエズス会以外の修道士や教区司祭志願者を指すのであろう。例えば、拙著『キリシタン時代の文化と諸相』八五頁。

（補註15）Documenta Indica, X, pp. 292, 293. ヴァリニャーノ『東インド巡察記』一四七頁。

（補註16）Documenta Indica, X, p. 382.

（５）傍線箇所の原語（翻刻本）は veedores da fazenda de S. Magestade である。veedores da fazenda（あるいは単数形の vedor da fazenda の語形で）はこれまで多数見えたが、これが vedor da minha fazenda として史料に頻出する王室資産管理官のことであることが、ここで明らかになる。文書168にも同じ語が見える。

（６）傍線箇所の原語（翻刻本）は o dos contos である。会計院 Casa dos Contos の院長 provedor - mór dos contos のことか。拙訳『モンスーン文書と日本』四九・三八六頁。

（７）Belchior da Silva.

（８）Affonso Rodrigues de Gnevara.（Gnevara は Guevara の誤であろう）。文書166・文書167・文書168にも、同じ人物が書記として記されている。

（９）APO, 6, pp. 974, 975.

162　一六一三年四月一日付けゴア発、インディア副王の勅令

「ドン・ジェロニモ・デ・アゼヴェド云々。私は、この私の勅令《アルヴァラ》を見る者たちに知らせる。それが国王陛下《スア・マジェスタデ》への奉仕となり、彼の家臣たちの利益になると考えるが故に、私は次のことを嘉納し、彼〔国王陛下〕の名によって命じる。

すなわち、いかなる身分や地位であれ何人《なんぴと》も、インディアの人々の資金《カベダル》をシナから日本に、一切送付してはならないし、ガレオン船でもたらされる商品《ファゼンダス》に投資して〔日本に〕送付してもいけない。それ故、そこ〔マカオ〕に存在する、ミゲル・デ・ソウザ・ピメンテル(1)がカピタン・モールを務める艦隊の者たちであれ、この度ここ〔ゴア〕から渡航する、ジョアン・カイアド・デ・ガンボア(2)がカピタン・モールを務める〔艦隊の〕者たちであれ、そのために私がそれぞれに与えた命令に従って、来る一一月の初めにインディアに向けて発ち、渡来すること(3)。彼らが出来るだけ早く当地に到着することが、この〔インディア〕領国《エスタド》の利益のために必要だからであり、そうすることにより、同商品にとって一層大なる利益になるからである。それ故、その時いまだ投資していない資金《カベダル》は、そこ〔マカオ〕にとどめ置くこと。そしてガレオン船団は、たとい空荷であっても(4)、先に述べた通り、前述の時には当地に向けて出発すること。

全員に周知徹底させるため、私はこの勅令《アルヴァラ》を前述のマカオ市において、そこの広場および公の場所で公告するよう命じる。これ〔本勅令〕の裏面において、それの期限指定《テルモ》がなされること。私は、前述の諸艦隊と諸都市《シダデス》のカピタン・モールたち、市会議員《ヴレアドレス》たち・聴訴官《オウヴィドレス》たち・その他の司法関係者《ジュスティサス》たち・役人《オフィシアエス》たち、およびこれの裁判権《コニエシメント》が関わる人々《ペソアス》、さらには当の取引相手の商人《メルカドレス・レスポンデンテス》たちにこれを通告する。そして彼らに対し、いかなる疑義を差し挟むこ

とも、異議申立てを行うこともなしに、これを履行・遵守するよう、この私の勅令《アルヴァラ》をその内容通りに完全に履行・遵守させるよう命じる。サルヴァドル・ゴンサルヴェスが、一六一三年四月一日にゴアにおいてこれを作成した。私こと書記《セクレタリオ》フランシスコ・デ・ソウザ・ファルカンが、これを記述させた。これ〔本勅令〕は二便によって送られる。副王[5]。」

註

（1）Miguel de Sousa Pimeutel.（Pimeutel は Pimentel の誤か）。ノサ・セニョラ・ダ・グラサ号事件（一六一〇年一月六日同船長崎湾に燔沈）によって途絶えたマカオ～長崎間貿易再開のための交渉過程で、「総兵巡海務　弥格児幾蘇沙庇蒙徳児」との肩書きと名前で登場する。ガレオン船五艘から成る艦隊のカピタン・モールとして一六一一年四月ゴアを発ち、マラッカで越冬した後、一六一二年マカオに着いた。拙訳『モンスーン文書と日本』二五一～二五四・二六九・三一四～三一六・四一一・四一二頁。

（2）João Caiado de Gamboa. 文書160の註（2）。

（3）ゴア～マカオ、マカオ～日本間の往復の航海の時期を指示したポルトガル国王書簡として、拙訳『モンスーン文書と日本』文書41がある。

（4）傍線箇所の原文（翻刻本）は次の通りである。ainda que seja em lastro (?). 文末の疑問符は、原文書では lastro の語が不鮮明の意味か。

（5）APO, 6, pp. 940, 941.

163　一六一三年四月二日付けゴア発、インディア副王の勅令

「ドン・ジェロニモ・デ・アゼヴェド云々。私は、この勅令《アルヴァラ》を見る者たちに知らせる。私は次のような報せを受けた。すなわち、カスティリャ人たちが補給物資を求めるためという口実の下に、マニラ《マニリャス》から多額のかね《ディニェイロ》をもたらし、シナにおいてそれによって商品《ファゼンダス》を仕入れる。それは国王陛下《スア・マジェスタデ》の勅令《プロヴィザン》・指令《インストゥルクサン》による命令に反しているだけでなく、彼〔ポルトガル国王〕の税金《ディレイトス》にとって大なる損害となり、またこれによって前述のカスティリャ人たちの商業が消滅していく。

それが前述の主君《セニョル》〔ポルトガル国王〕への奉仕となり、シナと日本の航海による収益《プロヴィドス》、および国王陛下の家臣たちの利益のためになると思われるので、私は次のような措置を嘉納し、それを喜ばしく思い、これ〔本勅令〕によって、前述の主君の名でこれを命じ、そして禁じる。すなわち、前述のカスティリャ人たちは、自分たち自身であれ、第三者を介してであれ、かねをシナにおいて、商品《ファゼンダス》または日本にもたらすのに役立つ何らかの航海(1)に一切投資してはならない。もしもこれに違反したら、かねまたは商品《ファゼンダ》を没収し、半分は国王陛下の王室資産《ファゼンダ・デ・スア・マジェスタデ》に、他の半分は告発者に与える刑に処すものとする。これは、前述の主君〔ポルトガル国王〕がこれらの地域〔インディア領国〕に多数の勅令《プロヴィゾンエス》と指令《インストゥルクソンエス》を送って、違反したら重罰に処すとして前述の商業を止めるよう命じ、その〔マニラ～シナ間〕航海を行う者たちに対しては、毎年刑事訴訟を提起《セ・ティレ・デヴァサ》するよう命じたことを尊重してのことである。

皆に周知徹底させるよう、私はマカオ市において、これ〔本勅令〕をいつも通りの、公の場所に公告するよう命じる。ある時何人かが不知を言い立てることが出来ないようにするためである。また私は、あの〔マカオ〕市の聴《オウ》

訴官《ヴィドル》としてこの度赴くジョアン・オメン・ダ・コスタ(2)に対して命じる。違反したら彼の審査《レジデンシア》において有罪を宣告する刑に処すとして、この勅令《アルヴァラ》を履行させ、それを然るべく効果的に執行させること。私は、前述の聴訴官、その他のすべての司法関係者たち《ジュスティサス》・役人たち《オフィシアエス》、およびこれ〔本勅令〕の提示を受け、これ〔本勅令〕の裁判権《コニェシメント》が法的に関わる人々に対し、これを通告する。そして彼らに対し、いかなる疑義を差し挟むことも、異議申立てを行うこともなしに、これ〔本勅令〕をその内容通りに履行・遵守するよう、完全に履行・遵守させるよう命じる。法典《オルデナサン》第二巻《リヴロ》第三九および四〇項《ティトゥロス》は異なる規定をしてはいるが、これ〔本勅令〕は書簡《カルタ》としての効力を有し、尚書職《シャンセラリア》からは発給しないものとする。それが国王陛下への奉仕となるからである。ディオゴ・デ・ソウザ(3)が、一六一三年四月二日にゴアにおいてこれを作成した。私こと書記《セクレタリオ》フランシスコ・デ・ソウザ・ファルカンが、これを記述させた。副王(4)。」

註

（1）傍線箇所の原文(翻刻本)は次の通りである。疑義もあるが、一応本文のように訳しておく。viagens algumas que sirva para se levarem a Japão.

（2）João Homem da Costa. Teixeira, 1976 には、この名前のマカオ聴訴官は見えない。

（3）Diogo de Sousa. 文書111の註（7）にもこの人物名が見えるが、関連については不詳である。

（4）APO, 6, pp. 942, 943.

164　一六一三年四月一七日付けゴア発、インディア副王の勅令

「ドン・ジェロニモ・デ・アゼヴェド云々。私は、この私の勅令《アルヴァラ》を見る者たちに知らせる。国王陛下《スア・マジェスタデ》は、この〔インディア〕領国《エスタド》と西インディアスとの間の商業が行われてはならない旨、一六〇八年一月二三日付けマドリード発の、彼〔国王陛下〕が署名した書簡《カルタ》を記述するよう命じた。それを筆写すると次の通りである。

（ここに、一六〇八年一月二三日付け国王陛下の書簡が挿入されている。それは **Archivo Portuguez - Oriental, Fascículo 5.°**, 一〇六五番文書の註に掲載。[1]）

この〔インディア〕領国全域と西インディアスおよびフィリピン《フェリピナス》との間の商業に対する前述の禁令は、ここ〔本勅令〕に挿入されている前述の書簡の内容の通り、完全に遵守しなければならない。それ故、私は次のことを嘉納し、国王陛下の名で、前述のマカオ市の現職および将来のカピタン・モールたち、そこ〔マカオ市〕の聴訴官《オウヴィドレス》たちと市会議員《ヴレアドレス》たちに対して命じる。前述の商業の禁止に関して過去に国王陛下が発給を命じた、すべての勅令《プロヴィゾンエス》と命令《オルデンス》を絶対に履行させること。必要なすべての調査を厳格に行い、いかなる人々であれそれに関与した者すべてに対し、彼らにいかなる理由付けも、いかなる弁解も許さず、前述の諸勅令《プロヴィゾンエス》に言明されている刑罰をもって、極めて厳しく処罰することによって〔履行させること〕。前述の商業によって、この〔インディア〕領国と前述の〔マカオ〕市の利益にとって、いかに大きな損害を来したかが分かったし、経験がそれを示したからである。

前述のカピタン・モールたちおよび聴訴官たちは、違反したら彼の審査《レジデンシア》において有罪を宣告され、国王陛下が

命じる罰を受ける刑に処すとして、これを履行し、そして履行させること。彼ら〔カピタン・モールたち・聴訴官たち〕はそのために、これ〔本禁令〕、および前述の主君《セニョル》〔国王陛下〕および彼の歴代副王の、その他すべての禁令《プロイビソンエス》を、彼らが必要と考えるような一層の刑罰を加えることによって、再び発布するよう命じること。このことで罪を犯す者たちに対し、いかなる赦免もなしに、直ちにそれを執行すること。このようにして、あらゆる方法を講じて、前述の禁令《デフェザ》が完全に遵守されるためである。そしていかなる身分・地位であれ、何人《なんぴと》もそれ〔禁令〕に違反することが出来ないようにするためである。前述の書簡〔一六〇八年一月二三日付け国王のインディア副王宛書簡〕に記されているように、そこ〔フィリピン〕の総督《ゴヴェルナドル》が必要な軍需品を、前述のマカオ市から前述の地域〔フィリピン〕にもたらすことだけは可能だということを言明して、これを履行すること。しかし、そのために〔フィリピンに〕渡航する船舶《エンバルカサン》は、いかなる種類であれ商品《ファゼンダス》を積んで来ることはないか、あるいは積んで行くことはないか、前述の〔マカオ市の〕市会議員《ヴェレアドレス》たちによって検査と探索を行うこと。というのは、それを積んでいたら直ちに没収すべきものだからである。

このことでは彼ら〔市会議員〕は、彼らの許に送られてきた物として行動すること。[2]すなわち、前述の〔インディア領国と西インディアスとの間の〕商業を行い、それ〔同商業〕のために前述のかね《ディニェイロ》または他の何らかの品物を受け取る者または者たちを突き止めるために、極めて正確な調査と尽力を行うこと。その地にそのためのいくらかのかねがあったら、直ちに一切の遅滞なしに、包みのままそして封印《ムトラド》のまま、その持主に送り返すこと。国王陛下が命じる如く、あらゆる手段を講じてかかる商業を根絶するためである。

私は、前述のカピタン・モールたち・聴訴官《オウヴィドレス》たち・市会議員《ヴェレアドレス》たち、その他の役人《オフィシアエス》たち、および〔この件の裁判権が〕関わる人々《ペソアス》に、これを通告する。そして彼らに対し、いかなる疑義を差し挟むことも、異議申立てを行うこともなしに、これを履行・遵守するよう、この勅令《アルヴァラ》をその内容通りに完全に履行・遵守させるよう命じる。それ〔本勅令」を公告し、前述のマカオ市の元老院《カマラ》および聴訴官職《オウヴィドリア》の記録簿《リヴロス》に登録すること。法典《オルデナサン》第二巻《リヴロ》第四〇項《テイトゥロ》は異なる規定をしてはいるが、これ〔本勅令〕は垂下の印《セロ・ペンデンテ》で封印して、国王陛下の名で発給された書簡《カルタ》としての効力を有するものとする。セバスティアン・マルティンス(3)が、一六一三年四月一七日にゴアにおいてこれ(4)を作成した。これ〔本勅令〕は二便によって発給された。一通のみ履行すること。私こと書記《セクレタリオ》フランシスコ・デ・ソウザ・ファルカンがこれ(5)を記述させた。副王(6)。」

註

（1）翻刻本には括弧内の如く記されている。一六〇八年一月二三日付けマドリード発、ポルトガル国王のインディア副王宛書簡のことで、APO, 5 - III, pp. 1507 - 1509 に収載、拙訳『モンスーン文書と日本』九八・九九頁。

（2）傍線箇所の原文（翻刻本）は、次の通りである。nisto farão como em cousa em que tanto lhes vay, 疑義もあるが、一応表記の如き訳文にした。

（3）Sebastião Martins.

（4）原語（翻刻本）は a である。alvará を指す代名詞のはずであるから、註（5）同様 o と記すべきであろう。

（5）原語（翻刻本）は o である。alvará を指すのであろう。

（6）APO, 6, pp. 948, 949.

165　一六一三年〔四月〕二五日付けゴア発、インディア副王の勅令

「国王陛下《スア・マジェスタデ》の顧問会議《コンセリョ》(1)〔メンバー〕のインディア副王兼カピタン・ジェラル云々であるドン・ジェロニモ・デ・

アゼヴェド。私は、この勅令《アルヴァラ》を見る者たちに知らせる。
それが国王陛下《スア・マジェスタデ》への奉仕となると考えるので、南《スル》(2)のカピタン・ジェラルであるミゲル・デ・ソウザ・ピメンテル(3)に対し、彼が彼の艦隊《アルマダ》の統轄に寄与する故に、諸権限《ポデレス》を帯びてシナに渡ったその権限を承認することを嘉納し、それを喜ばしく思う。事実これ〔本勅令〕によってそれを承認する。そこ〔シナ〕において彼は、それら〔権限〕を完全に行使すること。ただし、この度ジョアン・カイアド・デ・ガンボア(4)がカピタン・モールとして赴く艦隊《アルマダ》、およびそれの兵士たち《ジェンテ》に関しては除外する。それ故、この〔ガンボアの〕ナウ船においては、何らの支配権《マンド》も管轄権《ジュリスディサン》も持たないものとする。そこ〔シナ〕にいる期間中はシナにおいて、さらには航海中も、両者が協調し合うべきことについて朕が送る規則《レジメント》および命令《オルデン》を、完全に履行すること。これほどまでに経験豊かなカピタンたちであるから、期待通りのことが行われるものと朕は信頼している。

マラッカにおいては、前述の彼〔ピメンテル〕の艦隊の兵士たち《ジェンテ》には前述の諸権限を行使するが、あの〔マラッカ〕要塞《フォルタレザ》においては否であるということを言明した上で、〔そのような措置をとるのが〕国王陛下への奉仕にとり、また前述の艦隊の維持のために、極めて重要だからである。〔マラッカ要塞のなかではピメンテルが諸権限を行使しないのは〕そこにはカピタン《ジェネラル》(5)および資産管理官《ヴェドル・ダ・ファゼンダ》(6)がおり、そこにおいては、この度朕が命じ、そして今後も引き続き命じる命令《オルデン》が履行されるものと思われるからである。

朕は、前述のカピタン・ジェラル〔ピメンテル〕、彼に同伴するカピタンたち、その他の司法関係者たち《ジュスティサス》、役人たち《オフィシアエス》、および〔この裁判権が〕関わる人々にこれを通告する。そして彼らに対し、いかなる疑義を差し挟むことも、異議申立てをすることもなしに、これ〔本勅令〕をその内容通りに履行・遵守するよう、完全に履行・遵守させるよう命じる。ガスパル・ダ・コスタが、一六一三年(7)〔四月〕二五日(8)にゴアにおいてこれを作成した。これ〔本勅令〕は二便《ヴィアス》によって発給された。一通のみ効力を有するものとする。私こと書記《セクレタリオ》フランシスコ・デ・ソウザ・ファルカンが、これを記述させた。副王。[9]」

註

（1）Dom Hieronimo de Azevedo, do Conselho de Sua Magestade. 文書157の註（1）。拙訳『モンスーン文書と日本』三一七・三一八頁。
（2）Sul. 文書96の註（3）。
（3）Miguel de Sousa Pimentel. 文書162の註（1）。
（4）João Cayado de Gamboa. 文書160の註（2）。
（5）general. マラッカ要塞に general という役職の者はいないはずである。Capitão のことか。
（6）veedor da fazenda. 王室資産管理官のことか。文書161の註（5）。
（7）Gaspar da Costa.
（8）この日付けの記載について、原文（翻刻本）は a xxb de 1613 と記され、月を欠いているが、翻刻本の脚註によると、四月に相違ないとのことである。
（9）APO, 6, p. 954.

166　一六一三年五月二日付けパンジン発、インディア副王のシナ派遣ガレオン船艦隊カピタン・モール、ジョアン・カイアド・デ・ガンボア宛書簡

「国王陛下の顧問会議《コンセリョ》［メンバー］のインディア副王兼カピタン・ジェラル云々であるドン・ジェロニモ・デ・アゼヴェド[1]。私は、この度シナに渡航するガレオン船艦隊のカピタン・モールである貴下ジョアン・カイアド・デ・

ガンボア(2)閣下に知らせる。

　貴下はすでに了解しているに相違ないが、シナにもたらされるかね《ディニェイロ》・香料《ドロガス》(3)および宝石《ペドラリア》の運賃《フレテス》の二パーセントを、マラッカのカピタンたちに支払う慣習になっている。同様に商人たちは、あの〔シナ〕王国《レイノ》の国王《レイ》の側が香料のナウ船《ナオス・ダス・ドロガス》から徴収する税金《ディレイトス》のために、七パーセント支払うのを常とする。この税金は、一万一〇〇〇クルザドになる。それ故、前述の艦隊で運ばれ、そしてそのすべてが香料《ドロガス》として評価されるかねと商品《ファゼンダス》もまた、前述の趣旨の支払いをするのが極めて正当であり、適切である。というのは、〔インディア〕領国《エスタド》のガレオン船団でもたらされるからである。これに対して正当な不満を抱くことが出来る者はいないはずである。それどころか、それ〔不満〕を持とうなどと思う者は、国王陛下への奉仕に対して情熱が乏しいと思われて至極当然であろう。ことに王室資産《レアル・ファゼンダ》が極めて逼迫している時、および前述のガレオン船団は、この〔インディア〕領国の共通の利益《ベネフィシオ・コムン》のために、それ〔王室資産〕が多大な費用を負担して艤装をしている時であるから、尚更である。

　私はこのことをすべて考慮して、運賃《フレテス》の二パーセントおよび前述の税金のために七パーセントを支払う前述の慣習にしたがって、これらのガレオン船団によってもたらされるかね《ディニェイロ》・商品《ファゼンダス》、および宝石についても、同額の税金《ディレイトス》と運賃《フレテス》を支払うことを嘉納する。私は、いかなる疑義を差し挟むことなく貴下がこれを遂行するよう、そして遂行させるよう命じる。これらの税金と運賃の合計金額については、艦隊の代理商人《フェイトル》(4)の名で《ソブレ》、受領がなされること。失われたものとされるかね《ディニェイロ》、登録されていないかね、金《オウロ》による利益として得るかねといったその他のかねについては、貴下が携えていく私の他の二通の勅令《プロヴィゾンエス》にしたがって、同様の扱いをすること。法典《オルデナサン》は異なる規定をしてはいるが、尚書職《シャンセラリア》から発給されたものではなくても、この勅令《アルヴァラ》を履行すること。ルイス・ヌネス(5)が、一六一三年五月二日にパンジン(6)においてこれを作成した。私こと書記《セクレタリオ》アフォンソ・ロドリゲス・デ・ゲヴァラ(7)が、これを記述させた。副王(8)。」

註

（1）Dom Jeronimo de Azevedo, do Conselho de S. Magestade. 文書165の註（1）。
（2）João Cayado de Gamboa. 文書160の註（2）。
（3）drogas. 拙訳『モンスーン文書と日本』二〇〇頁。
（4）feitor. 文書2*の註（1）。
（5）Luis Nunes.
（6）Pangym. 一八四三年三月二二日付け勅令により、パンジンは市に昇格して新首都となり、新ゴア Nova Goa と呼ばれることになる。拙訳『モンスーン文書と日本』三八一・三八二頁。
（7）Affonso Rodrigues de Guevara.
（8）APO, 6, p. 958.

167　一六一四年四月一五日付けゴア発、インディア副王の勅令

「ドン・ジェロニモ・デ・アゼヴェド云々。私は、この勅令《アルヴァラ》を見る者たちに知らせる。私は次のような情報を得た。〔一五〕七八年にシナにおいて、現地人《オメン・ダ・テラ》であるアントニオ・ディアス・ビキンカラ(1)という者が死亡したので、彼の妻であるジョアンナ・セルヴェイラ(2)は、利子付きで運用されていた(3)セダ銀五五〇タエル七マス二コンドリン(4)を、彼ら〔息子たち〕のために、マカオ市の孤児たちの判事《ジュイゾ・ドス・オルファンス》(5)に遺した。これら〔のかね〕は、まだ幼い子供であった彼女の三人の子供《フィリョス》のものであったが、前述の時から今日まで、彼ら〔三人〕については何も分かっていなかっ

た。それどころか、全員が死亡し、前述の死者には前述のかねが帰属するような相続人は他に一人もいない、というのが周知のことで、確実な情報であった。

私はこの件を考慮し、類似の諸事例《カソス》を取り上げている国王陛下《スア・マジェスタデ》の諸勅令《プロヴィゾンエス》や諸々の命令《オルデンス》が履行され、執行されることを望むが故に、次のような措置をとることを嘉納し、前述のマカオ市の聴訴官《オウヴィドル》であるジョアン・オメン・ダ・コスタ(6)にそれを命じる。

これ〔本勅令〕が提示されたら直ちに、前述の全金額を取り立てること。同〔マカオ〕市の孤児たちの書記《エスクリヴァン》(7)であるアルヴァロ・ロペス・ペレイラ(8)から私に示された証明書《セルティダン》によると、それは前述の五五〇タエル七マス二コンドリン、および利子付きで運用を始めた日から〔かねを〕渡される日までの、それらの利子《ガニョス》の合計額である。それの取立ては、いかなる反対を受けることもなしに、それが一人であれ複数であれ、前述のかねを確保している者から行い、いかなる身分《カリダデ》・地位《コンディサン》であれ、他の何人《なんぴと》からも取立てをしないこと(9)。取立て後は、あの〔マカオ〕市からこのゴア〔市〕に来る確実な、保証された人物にそれ〔そのかね〕を渡すこと。それを〔ゴア市に〕持ってきて、それ〔かね〕をどうすべきか決するまで、それ〔かね〕が帰属する判事《ジュイゾ》(10)に渡す(11)ためである。

この勅令《アルヴァラ》は、このような〔かねの〕引渡しを行う者の保護のために、それを受け取ったことを証明する前述の人物の受領書《コニエシメント》と一緒にしておくこと。そして、前述のアントニオ・ディアスの死亡によって作られた遺産目録《インヴェンタリオ》には、必要な事柄を明記すること。

私は、前述の聴訴官《オウヴィドル》・〔この件の裁判権が〕関わる孤児たちの判事《ジュイズ・ドス・オルファンス》、その他すべての司法関係者《ジュスティサス》たち・役人《オフィシアエス》たち、さらにはこれ〔本勅令〕の提示を受けた人々たちにこれを通告する。そして彼らに対し、いかなる疑義を差し挟むことも、異議申立てをすることもなしに、これを履行・遵守するよう、この勅令《アルヴァラ》をその内容通りに履行・遵守させるよう命じる。法典《オルデナサン》の第二巻《リヴロ》第四〇項《ティトゥロ》は異なる規定をしているが、これ〔本勅令〕は、国王陛下《スア・マジェスタデ》の名で発給した書簡《カルタ》としての効力を有するものとする。ベルシオル・ダ・シルヴァ(12)が、一六一四年四月一五日にゴアにおいてこれを作成した。前述のかねの引渡しは、この度シナに派遣したカラヴェラ船(13)のカピタンであるロウレンソ・ダ・コスタ(14)に対して行うべきものとする。私こと書記《セクレタリオ》アフォンソ・ロドリゲス・デ・ゲヴァラ(15)が、これを記述させた。副王(16)。」

註

（1）Antonio Dias Biquincara.
（2）Joanna Cerveira.
（3）傍線箇所の原語（翻刻本）は andavão a ganhos…である。表記のような文意であろう。本書序論、文書156の註（3）、および拙著『キリシタン時代の文化と諸相』六二七～六三四頁。
（4）傍線箇所の原語（翻刻本）は、次の通りである。quinhentos e cincoenta taeis, sete mazes, e dous condorins de prata, de seda, …　一タエル＝一〇マス＝一〇〇コンドリンである。タエルについては、拙訳『モンスーン文書と日本』八二・一三九・二四七頁、セダ銀については、本書序論。
（5）juizo dos orfãos. juiz dos orfãos のことであろう。文書11の註（4）。
（6）João Homen da Costa. 文書163の註（2）。
（7）原語（翻刻本）は escrivão dos orfãos である。孤児たちの判事の下にあって、孤児に関する諸々の仕事に携わる役職であろう。
（8）Alvaro Lopes Pereira.
（9）傍線箇所の原文（翻刻本）は次の通りである。
a qual arrecadação se fará da pessoa, ou pessoas, em cujo poder estiver o dito dinheiro sem contradição alguma sua, nem de outra alguma pessoa ou pessoas, em cujo poder estiver o dito dinheiro sem contradição alguma sua, nem de outra alguma pessoa de qualquer calidade e condição que seja, …

右記文章の内、下線を付したところは、その前後の文章が錯綜混入したもので、誤記あるいは誤植だと思われる。つまり右記下線箇所は削除すべきものと判断して、表記のような邦訳文とした。
(10) juizo. 本文書の註（5）。
(11) 傍線の原語（翻刻本）は entegar であるが、entregar の誤であろう。
(12) Belchior da Silva.
(13) caravella. 拙訳『モンスーン文書と日本』四〇九・四一〇頁。
(14) Lourenço da Costa.
(15) Affonso Rodrigues de Guevara.
(16) APO, 6, pp. 1052, 1053.

168　一六一四年四月一九日付けゴア発、インディア副王の勅令

「国王陛下《スア・マジェスタデ》の顧問会議《コンセリョ》〔メンバー〕のインディア副王兼カピタン・ジェラルであるドン・ジェロニモ・ダゼヴェド云々。私は、この勅令《アルヴァラ》を見る者たちに知らせる。私は、昨年ジョアン・カイアド・デ・ガンボアがあの地域〔マカオ〕に行った艦隊の二艘のガレオン船について行われた債務の見積りに関し、シナ人《シンズ》たちに負債を負っているために、マカオ市が信用と名声を失わないようにするのが適切であることを考慮するが故に、次のことを嘉納し、そして命じる。

マラッカ要塞において、シナからもたらされる商品《ファゼンダス》についてあの〔マラッカ〕税関《アルファンデガ》において徴収される最初の税《プリメイロス・ディレイトス》金から、前述の〔マカオ〕市、またはそこ〔マカオ〕の確かな代理人《プロクラドル》に支払いをすること。その金額

は、前述の〔二艘の〕ガレオン船の見積りの額であり、それは、関係する人々や役人《オフィシアエス》たちの書類《パペイス》や証明書《セルティドンエス》によって、明らかになるであろう。それら〔書類・証明書〕に基づいて、またこれ〔本勅令〕に基づいて、〔かねを〕受け取った一人または複数の人物の受領書《コニェシメント》を添えて、あの〔マラッカ〕要塞《フォルタレザ》の国王陛下《スア・マジェスタデ》の商館長《フェイトル》の収入として、その合計金額を会計処理すること。（かかる税金《ディレイトス》は彼の責任である）。

また私は次のことを命じる。前述の支払いは、前述の税金《ディレイトス》でまかなわれる他のすべての支出よりも先に行うこと。(1) いかなる反対も、抗弁もなしに、これを履行すること。私はこれを、国王陛下《スア・マジェスタデ》の資産管理官《ヴェドル・ダ・ファゼンダ》(2)・前述の商館長《フェイトル》・その他の役人《オフィシアエス》たち、および裁判権《コニェシメント》が属する人々に通告する。そして彼らに対し、いかなる異議申立てもなしにこれを履行・遵守するよう、この勅令《アルヴァラ》をその内容通りに完全に履行・遵守させるよう命じる。サルヴァドル・ゴンサルヴェス(3)が、一六一四年四月一九日にゴアにおいてこれを作成した。私こと書記《セクレタリオ》アフォンソ・ロドリゲス・デ・ゲヴァラがこれを記述させた。副王。(4)」

註

（１）傍線箇所の原語（翻刻本）は proceda とあるが、preceda の誤であろう。

（２）veedor da fazenda de S. Magestade. 文書161の註（５）。

（３）Salvador Gonçalves.

（４）APO, 6, p. 1054.

169　一六一八年一〇月八日付けゴア発、インディア副王の勅令

「ドン・ジョアン・コウティニョ(1)云々。私は、この勅令《アルヴァラ》を見る者たちに知らせる。今年の便《ヴィアス》で国王陛下《スア・マジェスタデ》が私に書き送るよう命じた、マラッカのもろもろの事柄を取り上げている書簡には、いくつかの規則《レグラス》が含まれている。それは次の通りである。

朕は、マラッカのいかなるカピタンも、唯一ポルトガル人以外には、日本人・ジャワ人(2)・マレー人(3)、その他前述の地域のいかなる国民の守備隊をも抱えないことを嘉納し、それを命じる。これが厳格に履行されるように、朕は貴下に対し、必要なすべての命令を与えるよう、そして〔その命令が〕執行されているかどうかを知るために特別の注意を払うよう、併せてそれについて貴下が行うことを朕が承知しているために、それを朕に報らせるよう、強く依頼し、委ねる。リスボンにおいて、一六一八年二月一日。国王(4)。

前述の主君《セニョル》のこの命令が完璧に履行され、遵守されるのが、国王陛下への奉仕と、マラッカ要塞の利益と安全のために重要であるから、私は次のことを嘉納し、そして命じる。すなわち今後は、前述のマラッカ要塞のカピタンは何人《なんぴと》も、唯一ポルトガル人以外には、日本人・ジャワ人・マレー人、および前述の地域の他のいかなる国民の守備隊をも抱えてはならない。彼ら〔ポルトガル人〕がいない場合は、混血のキリスト教徒《トパゼス》(5)のそれ〔守備隊〕を抱えること。彼らは、前述の守備隊においてのみ奉仕すること。私は、何人《なんぴと》であれ前述の〔マラッカ〕要塞の商館長《フェイトル》に対し、前述の守備隊でポルトガル人または混血のキリスト教徒《タパゼス》(6)でない者には、国王陛下の要塞から一切支払いをし

てはならない旨命じる。もしも違反したら、それを支出として処理しない罰を加えるものとする。さらに私はマラッカの聴訴官《オウヴィドル》に対し、いかなる反対もせずにこれを履行させるよう、命じる。

私は、前述のカピタンたち・商館長《フェイトレス》たち・聴訴官《オウヴィドレス》たち・その他の司法関係者《ジュスティサス》たち・役人《オフィシアエス》たち、および〔これの裁判権が〕関わる人々《ペソアス》に、これを通告する。いかなる疑義を差し挟むことも、異議申立てを行うこともなしに、彼らがこれを履行・遵守し、そしてこの勅令《アルヴァラ》をその内容通りに完全に履行・遵守させるためである。法典《オルデナサン》第二巻《リヴロ》第四〇項《ティトゥロ》は異なる規定をしてはいるが、これ〔本勅令〕は国王陛下の名で発給された書簡《カルタ》としての効力を有するものとする。サルヴァドル・ゴンサルヴェス(7)が、一六一八年一〇月八日にゴアにおいてこれを作成した。私こと書記《セクレタリオ》フランシスコ・デ・ソウザ・ファルカンがこれを記述させた。レドンド伯爵(8)。」

註

（1）**Dom João Coutinho.** レドンド伯爵 **Conde de Redondo,** 一六一七～一九年インディア副王在任。拙訳『モンスーン文書と日本』三七七頁。
（2）**Jáos.**
（3）**Malaios.**
（4）ここに挿入されているのは、**Torre do Tombo, livro 11, f. 206. Documentos, IV, p. 298.** 拙訳『モンスーン文書と日本』文書66。
（5）**Topazes.** この語の語義については、拙訳、同右、四二三・四二四頁。
（6）原語（翻刻本）は **Tapazes.** 註（5）の **Topazes** の誤であろう。
（7）**Salvador Gonçalves.**
（8）**APO, 6, pp. 1140, 1141.**

170　一六一九年三月二二日付けゴア発、インディア副王の勅令

「ドン・ジョアン・コウティニョ云々。私は、この勅令《アルヴァラ》を見る者たちに知らせる。国王陛下《スア・マジェスタデ》は日本管区《プロヴィンシア》のイエズス会《コンパニア・デ・ジェズス》修道士《レリジオソス》たちに、次のような内容の彼の勅令《アルヴァラ》を発給させた。

朕国王は、この勅令《アルヴァラ》を見る者たちに知らせる。日本管区のイエズス会修道士たちに対し、彼らを支えるために毎年マラッカ税関《アルファンデガ》において支給される一〇〇〇クルザドの定収入《レンダ》を恵与したが、そこ〔マラッカ〕に配置された兵士たちの守備隊〔の支出〕が原因で、そこにおいて所得がないために、この一一年間はそれが支給されておらず、同管区は現在非常に困窮している旨、この度彼らから朕に訴えがあったことを考慮して、朕は次の措置をとるのを嘉納し、それを喜ばしく思う。

すなわち、前述の一〇〇〇クルザドは、あの〔マラッカ〕要塞に渡航するシナからのナウ船の税金《ディレイトス》によって、そこにおいて支給することになっているその他すべての給付に先行して、彼らに支給すること。その税金で支給することが出来るようなナウ船が渡来しなかった場合は、前述の〔日本〕管区に対し前述の金額が実際に支給されるところに彼らのためにそれを割り当てることによって、前述の〔マラッカ〕税関のその他の所得から、彼らに対してその支給を極めて厳密に行うこと。また前述の一〇〇〇クルザドの利子《レディトス》について、明らかに彼らに債務があるなら、判明するその額を彼らに支払うこと。

そのために朕は、インディアの地域の朕の副王または総督、およびそこ〔インディアの地域〕における王室資産《ヴェエドレス・デ・》管理官《ミニャ・ファゼンダ》(1)たちに対し、前述の〔イエズス会〕修道士たちが不満を言う理由がないように、いかなる疑義をも差し挟

むこともなく、この勅令《アルヴァラ》をその内容通りに履行・遵守するよう、そして履行・遵守させるよう命じる。また、そのために必要なすべての命令を与えるよう命じる。法典《オルデナサン》は異なる規定をしてはいるが、これ〔本勅令〕は書簡《カルタ》としての効力を有するものとする。これ〔本勅令〕は尚書職《シャンセラリア》からは発給しないこと。いかなる勅令《プロヴィゾンエス》・指令《インストゥルクソンエス》・規則《レジメントス》が異なることを謳っていようと、これを前述の如く、履行すること。三便《ヴィアス》によって送られる。フランシスコ・デ・アブレウ(2)が、〔一〕六一七年一二月一五日にリスボンにおいてこれを作成した。ディオゴ・ソアレス(3)がこれを記述させた。国王。

上記の内容の如く、国王陛下が、日本管区のイエズス会修道士たちがマラッカ税関において有する一〇〇〇クルザドの定収入《レンダ》が、あの要塞に渡航するシナからのナウ船の税金によって彼らに支給されるのを嘉納する勅令《アルヴァラ》。これ〔本勅令〕は尚書職《シャンセラリア》から発給しないこと。書簡《カルタ》としての効力を有するものとする。一便によって送付される。ドン・エステヴァン・デ・ファロ・P。(4)ディオゴ・ソアレス。(5)設定され、そして全く支給されなかった。マルサル・ダ・コスタ。(6)〔一〕六一八年一月三日に、インディア館(7)の登録簿第一七巻《リヴロ》一九一葉《フォリオ》裏面に登録。フランシスコ・コルドヴィル・デ・ソウザ。(8)この国王陛下の勅令《アルヴァラ》を、その内容通りに履行すること。私こと書記《セクレタリオ》フランシスコ・デ・ソウザ・ファルカンが、一六一八年一〇月一七日にゴアにおいてこれを作成した。レドンド伯爵。(9)

私は国王陛下の命令を履行することを望むが故に、次のことを嘉納し、そして命じる。すなわち、前述の勅令《アルヴァラ》をその内容通りに履行・遵守すること。そして現在マラッカ市における国王陛下の商館長《フェイトル》であるルイス・アルヴァレス・デ・レモス(10)、および将来前述の職〔マラッカ市商館長〕を務める者たちは、あの要塞に渡航するシナからのナウ船の税金《ディレイトス》によって、そこにおいて支給することになっているその他すべての給付に先行して、前述のイエズス会修道士たちに対し、前述の一〇〇〇クルザドの支給を行うこと。その税金で支給することが出来るようなナウ船が渡来しなかった場合は、前述の〔マラッカ〕税関のその他の所得から、彼らに対して極めて厳密に支給すること。

また私は前述の商館長《フェイトレス》たちに対し、前述の修道士たちが不満を言う理由がないように、前述の一〇〇〇クルザドの利子《レディトス》について、明らかに彼らに債務があるなら、判明するその額を実際に彼らに支払うよう、命じる。前述の商館長たちは、いかなる勅令《プロヴィゾンエス》・指令《インストゥルクソンエス》・規則《レジメントス》によって国王陛下がこれと異なることを命じようと、これ〔本勅令〕を履行すること。

私は、この〔インディア〕領国《エスタド》の国王陛下の王室資産管理官《ヴェエドル・ダ・ファゼンダ》・マラッカ要塞の彼〔王室資産管理官〕・前述の商館長《フェイトレス》たち・その他の役人《オフィシアエス》たち、および〔この裁判権が〕関わる人々にこれを通告する。そして彼らに対し、いかなる疑義を差し挟むことも、反対をすることもなしに、これを履行・遵守するよう、この勅令《アルヴァラ》をその内容通りに完全に履行・遵守させるよう、命じる。法典《オルデナサン》第二巻《リヴロ》第四〇項《テイトゥロ》は異なる規定をしてはいるが、これ〔本勅令〕は国王陛下の名で発給された書簡《カルタ》としての効力を有するものとする。ガスパル・ダ・コスタ[11]が、一六一九年三月二二日にゴアにおいてこれを作成した。これ〔本勅令〕は二便によって彼らに発給された。一通のみ効力を持つこと。

私こと書記《セクレタリオ》フランシスコ・デ・ソウザ・ファルカンがこれを記述させた。レドンド伯爵[12]。」

註

（1）veedores de minha fazenda. 王室資産管理官については、拙訳『モンスーン文書と日本』一五八頁。

（2）Francisco de Abreu.

（3）Diogo Soares.

（4）Dom Estevão de Faro P.
（5）Diogo Soares.
（6）Marçal da Costa.
（7）casa da India. インディア館については、拙訳『モンスーン文書と日本』一九八〜二〇〇頁。
（8）Francisco Cordovil de Sousa.
（9）Conde de Redondo. ジョアン・コウティニョ Dom João Coutinho, 文書169の註（1）。
（10）Luis Alvares de Lemos.
（11）Gaspar da Costa.
（12）APO, 6, pp. 1171 - 1173. 一六一七年一二月一五日付け国王勅令は、岡本良知「十六・七世紀日本関係公文書」二一三・二一四頁。

171　一六二〇年五月二日付けゴア発、インディア総督の勅令

「フェルナン・ダルブケルケ云々(1)。私は、この勅令《アルヴァラ》を見る者たちに知らせる。私はそれが国王陛下《スア・マジェスタデ》への奉仕となり、彼の司法《ジュスティサ》の利益となると考えるが故に、次のことを嘉納し、それを喜ばしく思う。

すなわち、インディアから渡航する船舶《エンバルカソンエス》の持主《セニョリオス》(2)に対して、マカオ市がそこ〔マカオ市〕への賃貸料《ベンサン》の支払いを義務付け、そして現に徴しているその根拠について、マカオ市の聴訴官《オウヴィドル》は情報を得ること。彼ら〔船舶の持主〕は、近年毎年彼らの船舶《ナヴィオス》の大きさを測り、そして前述の船舶《エンバルカソンエス》によって前述の〔マカオ〕市にもたらした金額に応じて、シナ人《シナス》たちに税金《ディレイトス》を支払ってきたにもかかわらず、〔それが行われている〕。また、〔マカオ聴

訴官は〕同〔マカオ〕市に対し、それに関して知り、そして国王陛下に報告するために必要なすべての知識・情報を提供してくれるよう要請し、義務付けることによって、日本航海《ヴィアジェンス・デ・ジャパン》について、過去三年にわたるカルデイラン(3)の収入の金額、およびそれを何に消費したかを調査すること。

私は、この〔インディア〕領国《エスタド》の尚書《シャンセレル》・前述の聴訴官・日本航海《ヴィアジェンス・デ・ジャパン》のカピタン・モール、マカオ市の彼〔カピタン・モール〕、その他のすべての司法関係者《ジュスティサス》たち・役人たち《オフィシアエス》、および〔この裁判権が〕関わる人々に、これを通告する。前述の聴訴官に対して必要なすべての支援と恩恵とを与えるためであり、また彼らがいかなる疑義をも差し挟むことなく、この勅令をその内容通りに履行・遵守するためである。ルイス・ヌネスが、一六二〇年五月二日にゴアにおいてこれを作成した。私こと書記《セクレタリオ》フランシスコ・デ・ソウザ・ファルカンが、これを記述させた。私は、〔マカオ〕市と日本航海《ヴィアジェンス・デ・ジャパン》のカピタン・モールに、同じことを通告する。同様にこれを履行・遵守させるためである。総督(4)。」

註

（1）Fernão d'Albuquerque. Fernão de Albuquerque, 一六一九〜二一年インディア総督在任。Delgado Domingues, p. 140.

（2）senhorios das embarcações. senhorio da viagem, dono da viagem 等と同類の表現で、カピタン・モールを意味するのであろう。拙訳『モンスーン文書と日本』七一〜七六頁。

（3）caldeirão. カルデイランについては、拙訳『モンスーン文書と日本』七二〜七四・八六・一三八・一三九頁。

（4）APO, 6, p. 1207.

【訳者略歴】

高瀬 弘一郎（たかせ こういちろう）

1936年、東京都に生まれる。
慶應義塾大学文学部卒業、慶應義塾大学大学院博士課程単位取得退学、
慶應義塾大学文学部教授。
現在、慶應義塾大学名誉教授。

〔著訳書〕
『キリシタン時代の研究』（岩波書店）
『イエズス会と日本』一・二（岩波書店）
『キリシタンの世紀』（岩波書店）
『キリシタン時代対外関係の研究』（吉川弘文館）
『キリシタン時代の文化と諸相』（八木書店）
『キリシタン時代の貿易と外交』（八木書店）
『モンスーン文書と日本』（八木書店）他

大航海時代《だいこうかいじだい》の日本《にほん》—ポルトガル公文書《こうもんじょ》に見《み》る—

2011年2月28日　初版発行

定価（本体15,000円＋税）

訳　註　高　瀬　弘　一　郎
発行者　八　木　壮　一

発行所　株式会社　八　木　書　店
〒101-0052 東京都千代田区神田小川町3—8
03—3291—2961（営業）
03—3291—2969（編集）
03—3291—6300（FAX）
Web http://www.books-yagi.co.jp/pub
E-mail:pub@books-yagi.co.jp

印刷所　上毛印刷
用　紙　中性紙使用
製本所　牧製本印刷

ISBN 978-4-8406-2071-0
©2011 KOICHIRO TAKASE

索　　引

一、序論・本文篇・註の、人名・地名・事項の主なものを五十音順に配列した。
一、修道会士の欧文名の最後に付した SJ はイエズス会、OFM はフランシスコ会、OP はドミニコ会、OESA はアウグスチノ隠修士会の略称である。
一、→は参照を示す。

【あ】

アーディル・シャー Ādil Shāh 王朝　206
アイレス，ディオゴ Ayres, Diogo　60
アヴィス Avis 王朝　254
アヴェイロ Aveiro 公爵　455
アウグスチノ会（——士／——修道士）　21, 29, 338, 430, 563, 579, 642
——管区　579
——管区長　579
アガディル Agadir　137
アカプルコ Acapulco　17, 18, 365
アギアル，マノエル・デ Aguiar, Manoel de (Manoel d'Aguiar)　115
アギラル,アンブロジオ・デ Aguillar, Ambrósio de (Ambrósio d'Aguillar)　434
アクニャ，ペドロ・ブラボ・デ Acuña, Pedro Bravo de　586, 588
アクバル Akbar　172
悪魔　542
アクワヴィヴァ，クラウディオ Aquaviva, Claudio SJ　481, 485, 488
麻布　193
アザモル Azamor　137
アザンブジャ，ディオゴ・デ Azambuja, Diogo de　293
アジア　5, 72, 73, 429, 456, 486
アジール権　246, 247
アジムール Azemmour (Azamor)　137
アジュダ Ajuda 写本　47, 357
アジュダ図書館　357
アズィラ Azila　136
アストゥリアス Asturias 王国　246
アスンシオン Asunción　339, 340
——司教　→司教
アゼヴェド，ジェロニモ・デ Azevedo, Jerónimo de (Jerónimo d'Azevedo)　303, 571, 572, 634, 636, 637, 639, 641, 643, 644, 651, 653, 655, 657, 659, 661, 664
アソルナ Assolná (Ansoloná)　345, 347
アタイデ，アントニオ・デ Ataíde, António de　187
アタイデ，ルイス・デ Ataíde, Luís de (Luís da Taíde)　179, 180, 198, 199, 202, 205, 254, 255, 288, 289
アチェー Achem（——王国）　341, 432, 574, 648, 649
アッシジ Assisi　455
——のフランチェスコ→フランチェスコ
アトウギア Atouguia 伯爵　180, 289
アネス・ルカス，ロドリゴ Anes Lucas, Rodrigo　71, 77
アビラ Ávila　338
アフォンソ，アントニオ Afonso, António　196, 197, 199
アフォンソ，ガブリエル Afonso, Gabriel SJ　483
アフォンソ，パウロ Afonso, Paulo　251
アフォンソ，マルティン Afonso, Martim　196-198
アフォンソ二世　→ポルトガル

索　引

アフォンソ五世　→ポルトガル
アフォンソ六世　→ポルトガル
アブラハム　192
アフリカ　14, 19, 45, 58, 61, 83, 88, 89, 98, 104, 110, 123, 126, 137, 187, 212, 267, 318, 388, 499, 500, 505, 533, 536, 538, 542
アブレウ，ジョアン・デ Abreu, João de　518
アブレウ，フランシスコ・デ Abreu, Francisco de (Francisco d'Abreu)　391, 394, 615, 669
アブレウ，ペロ・ゴメス・デ Abreu, Pero Gomes de　466
アベリャナダ，ディエゴ・デ Avellanada, Diego de SJ　483
阿片　372, 374
天草　364, 365, 588
アメリカ（新）大陸　→新大陸
アライオロス Arraiolos　5
アラエホス Alaejos　337
アラテル　67
アラビア（アラブ／アラビエ）　42, 45, 64, 83, 89, 98, 111, 126, 138, 192, 212, 388, 505, 533, 536, 538, 542
——海　205
——語　49, 206, 431, 463
——人　64, 65, 137
アラビダ管区　→フランシスコ会
アラビダ Arrábida 山脈　455
アランダ，フェルナン・デ Aranda, Fernão de　302-304
有馬　369
有馬鎮貴（晴信）　281, 282
アルヴァレス，アダン Álvares, Adão　271, 557
アルヴィト Alvito 男爵　135, 136
アルカセル・キビル Alcácer Quibir　136
アルカソヴァ，アントニオ・フランシスコ・デ Alcáçova, António Francisco de　251
アルガルヴェス Algarves　83, 89, 98, 110, 126, 212, 388, 505, 533, 536, 538, 542
アルバレス=タラドリス，ホセ・ルイス Álvarez-Taladriz, José Luis　247
アルフェララ Alferrara　455
アルフォンソ十世　→カスティリャ
アルブケルケ，アフォンソ・デ Albuquerque, Afonso de　59, 306
アルブケルケ，ジョアン・デ Albuquerque, João de　135
アルブケルケ，ディオゴ・デ Albuquerque, Diogo de (Diogo d' Albuquerque)　351
アルブケルケ，フェルナン・デ Albuquerque, Fernão de (Fernão d'Albuquerque)　671
アルブケルケ，マティアス・デ Albuquerque, Matias de (Matias d'Albuquerque)　32, 266, 269, 270, 367, 371, 374, 380, 382, 385, 387-389, 395, 397, 398, 408-410, 412, 422-424, 428, 443, 444, 446, 449-451, 459, 465, 472-478, 487, 493, 494, 503, 513, 514, 516, 517, 519, 520, 558-560
アルブケルケ，ルイス・デ Albuquerque, Luís de　145
アルベルト・デ・アウストリア Alberto de Áustria（ポルトガル副王／枢機卿／大公）　187, 395, 404, 406
アルマサン　30, 48
アルミランテ，ペロ・デ Almirante, Pero de (Pero d'Almirante)　548
アルメイダ，アントニオ・デ Almeida, António de　161
アルメイダ，ジョアン・デ Almeida, João de (João d'Almeida)　161-164
アルメイダ，フランシスコ・デ Almeida, Francisco de　59
アルメイリン Almeirim　100, 167, 178, 180, 181, 183, 185, 196, 198
アレキサンデル三世　→ローマ教皇
アレキサンデル六世　→ローマ教皇
アレケイラの祭り　71, 75
アレッポ Aleppo　255
アレンテージョ Alentejo　253
アンガマレ司教区　→司教
アンゲディナ　→アンジェディヴァ島
暗号　255, 303, 304, 621, 622
アンゴラ Angola　168
アンジェディヴァ Angediva (Anjidiv)島（アンゲディナ Angedina 島）　131,

204, 206
安息香　65, 66
アンダルシア Andalucía　42, 61
アントニオ António（クラト Crato 修道院長）　138, 254, 255, 303
アンドラデ，トメ・デ Andrade, Tomé de　420
アンベリン Ambelim（Ambelli）　345, 347
アンボン Ambon 島（アンボイノ Ambóino 島）　290, 292
アンリケス，フランシスコ（アンリクス，フランシスクス）→エンリケス，フランシスコ

【い】

イエズス会（――士／――修道士）　9, 21, 22, 24-33, 35-37, 46-48, 50, 61, 62, 72, 79, 84, 98, 117, 135, 136, 144, 163, 167-177, 182, 211, 248, 249, 256, 257, 259-261, 265, 268, 272, 273, 280, 281, 305, 307, 322, 323, 329, 331, 334-337, 339, 340, 342-348, 350, 354, 359-362, 365, 367, 369, 371-373, 390, 392, 402, 403, 412, 414, 416-418, 428-431, 435-438, 442, 447-451, 453, 454, 457-463, 469, 472-474, 477-489, 492, 493, 503, 520-522, 525, 526, 531, 533, 561, 565, 570, 571, 587, 589, 590, 592, 594, 595, 599, 613, 614, 616, 622, 623, 629-631, 636, 645-650, 668-670
――イルマン　30, 135, 169-173, 257, 485, 486, 488, 489, 647, 648
――院長　169, 489, 645
――インディア Índia 管区代表　168
――インディア管区（ゴア Goa 管区）巡察師　323, 474
――会憲　481, 490
――協議会　479, 480, 648, 649
――ゴア管区（インディア管区／――長）　172, 248, 249, 265, 268, 307, 323, 361, 367, 403, 423, 439, 449, 459, 461-463, 469, 479-486, 488, 489, 492, 614, 646, 648
――実務助修士　172
――シナ準管区　646
――士名簿（カタログ）　171, 323
――修学助修士　172
――修練院　486
――修練者　486
――準管区長　648
――巡察師　24, 32, 33, 46, 49, 163, 168, 323, 337, 359, 360, 367, 450, 459, 460, 473, 474, 480, 486-488, 492, 630
→ヴァリニャーノ，アレッサンドロ
→ヴィエイラ，フランシスコ
→パシオ，フランチェスコ
――盛式誓願司祭　323, 486, 491
――盛式誓願司祭カザ　414, 431, 459, 491
――聖フィンズ Finz　168, 174
――聖ロッケ Rochi カザ　169
――総会議　168
――総長　32, 34-36, 51, 61, 62, 135, 168-172, 182, 323, 348, 462, 463, 480-483, 485, 486, 488, 520, 629, 649
――総長補佐　48, 630, 631
――総プロクラドール　168
――単式誓願　171, 178
――日本管区　25, 46, 629, 631, 646, 668, 669
――日本管区長　30, 40
――日本準管区　248, 249
――日本準管区長　49
――日本人イルマン　30
――年報（――日本年報／――インディア管区年報）　348, 365, 369, 481, 485, 489, 587
――非修学実務助修士　171, 176
――非正会員修学助修士　172
――平修士　169
――副院長　30
――ブラザー（実務助修士）　172, 176, 177
――ブラジル管区　646
――プロクラドール（財務担当パードレ）　24-26, 47, 62, 63, 169, 171, 172, 174, 177, 259-261, 354, 361, 480, 485, 614, 618, 630, 631
――補佐管轄領域　30, 48
――ポルトガル管区　168, 646
――ポルトガル管区長　168, 174
――ボン・ジェズス Bom Jesus（ジェズ Jesu）（盛式誓願司祭のカザ）　491

――マラニャン Maranhão 準管区　646
――マラバル Malabar 管区　646
――レジデンシア　172, 260, 436
硫黄　181
医学　248
錨　414, 416
異教（――徒）　10, 15, 18-24, 29, 56, 67, 69-71, 74, 77, 78, 84, 86, 90, 96, 98, 99, 111, 112, 126, 130, 147, 179, 181, 182, 184, 186, 189-191, 207, 219, 252, 259, 261-263, 269, 272-274, 276, 280, 284, 324, 326, 337, 387, 395, 397-400, 412, 450, 458, 498, 500, 533, 534, 538, 539, 542, 543, 557, 558, 560-562, 570, 571, 579, 584-586, 589, 595, 599
――寺院　21, 31, 70-74, 252, 265, 268, 269, 280, 346, 489
イギリス　61, 255, 304, 574
イグナティウス・デ・ロヨラ Ignatius de Loyola SJ　135, 337, 646
イザベル Isabel　→スペイン国王カルロス一世王妃（同フェリペ二世母）
遺産　23, 40, 90-93, 100, 121, 122, 125, 133, 134, 139, 142, 143, 155, 157, 161, 162, 166, 209, 241, 343, 386, 662
医師（医者）　64, 373-375, 488
イスラム（――教／――教徒／マホメット Mafamede）　10, 15, 18, 22, 42, 45, 73, 74, 104, 126, 147, 173, 268, 461, 463, 498, 499, 602, 610
――教統治者　461
イダニャ司教区　→司教
イタリア　464
――語　61
イダルカン Idalcão（イダルハーン／ヒダルカーン）　200, 203, 206, 346
異端審問所　12, 299, 628, 633, 634
市場　58, 61, 295, 373-375
胃腸薬　64
一般市民法　285
一般法　283, 285, 286
糸割符　409, 411
イベリア半島　246, 498, 499, 633
イボット・レオン，アントニオ Ybot León, Antonio　340
鋳物師　324
遺留分　23, 90-93
イルマン　→イエズス会
「イン・チェーナ・ドミニ」　→大勅書
インセンソ（エンセンソ）　60, 65
院長　→イエズス会
インディア館　197, 201, 278, 431, 434, 466, 529, 545, 669, 671
インディア管区　→イエズス会ゴア管区
インディア航路　451, 468, 513
インディア顧問会議　628
インディアス航路　13
インディアス枢機会議（王立インディアス枢機会議）　11, 14, 41, 46, 50, 338-340, 453
インディアス総合文書館　163, 357, 586
『インディアス法典』（インディアス法）　11, 12, 42, 45, 73
インディア東海岸　464
インディア副管区　→フランシスコ会
インディオ　15, 16, 18, 73, 74
インド大陸　→大陸
インドシナ　73
インノケンティウス三世　→ローマ教皇
インノケンティウス八世　→ローマ教皇
インムニタス　229, 230, 245-247

【う】

ヴァズ，アフォンソ Vaz, Afonso　275, 276
ヴァズ，ゴメス Vaz, Gomes SJ　172, 348, 493, 533
ヴァスケス，ゴンサロ Vasques, Gonçalo　471
ヴァスコンセロス，ディオゴ・デ Vasconcelos, Diogo de　637-639, 642
ヴァチカン大聖堂　182
ヴァリニャーノ，アレッサンドロ Valignano, Alessandro SJ (Valinhano, Alexandre de／イエズス会巡察師／ゴア管区長)　32-34, 36, 37, 50, 51, 85, 163, 169, 177, 224, 307, 323, 337, 342, 360, 367, 368, 403, 423, 450, 459, 460, 473, 480, 483-488, 492, 568, 630, 647-649
ヴィエイラ，フランシスコ Vieira, Francisco SJ（イエズス会巡察師）

32, 486, 487, 630
ヴィエイラ，ロケ Vieira, Roque　316
ヴィジャヤナガル Vijayanagar 王国　205
ヴィゼウ司教区　→司教
ヴィセンテ，ルイ Vicente, Ruy SJ　172, 173, 268, 480, 481, 484
ヴィダル，アンドレ Vidal, André　198, 201
ヴィッキ，ヨセフ Wicki, Josef SJ　135, 136, 169, 173, 483, 490
ヴィディゲイラ伯爵　→ガマ，フランシスコ・ダ
ヴィラ・ヴィソザ Vila Viçosa　455
ヴィラ・ダ・オルタ伯爵　→マスカレニャス，フランシスコ
ヴィラ・ノヴァ・デ・ポルティマン Vila Nova de Portimão 伯爵　580
ヴィリェナ，アントニオ・デ Vilhena, Antonio de　208-211, 218, 219
ヴィンテン　306, 307
ヴェネツィア Venèzia　61, 255
ヴェリョ，ディオゴ Velho, Diogo　278-281, 333, 376, 434, 463, 470, 473, 495, 530-532, 545
ヴェリョ，ベルトラメウ Velho, Bertolameu　271
ヴェリン Velim (Velli)　345, 347
ウスラ　→高利
歌　542, 543
馬　205, 272, 287, 288, 538
——術　107
——夫　538, 539
ウルバヌス二世　→ローマ教皇
ウルバヌス五世　→ローマ教皇
ウルポット　64
運賃　408, 410, 466, 660

【え】

エイバル Éibar　337
エヴォラ Évora　5, 55, 67, 68, 70, 169, 192, 287, 478, 521
エウゲニウス三世　→ローマ教皇
エウゲニウス四世　→ローマ教皇
絵師　324-326
エジプト　45, 192
エスコリアル Escorial　530
エステヴァン，トマス Estêvão, Thomas SJ　489
エストレマドゥラ Estremadura　217
エスパニャ，アントニオ・マヌエル Hespanha, António Manuel　316
エスパニョラ Española 島　16, 44
エスペラ砲　211
蝦夷　364
エチオピア　83, 89, 98, 111, 126, 168, 212, 388, 505, 533, 536, 538, 542
越冬（冬）　187, 336, 341, 407-411, 439, 567, 618, 652
エリ Eli 山　131, 205
エルヴァス Elvas　100, 101, 252, 253, 261, 262
エルサレム　498, 499
エンセンソ　→インセンソ
エンリケ　→ポルトガル
エンリケス，アフォンソ Henriques, Afonso　498
エンリケス，フランシスコ Henriques, Francisco (Anriques, Francisco／Anriquus, Franciscus)　165-174, 177

【お】

オイタヴァ　195
オイテンブルク，トマス Uyttenbroeck, Thomas OFM　458
王位代理人　461
王室資産　22, 23, 31, 100, 116, 121, 130, 134, 142, 143, 155, 157, 162, 166, 184, 185, 187, 197, 218, 219, 315, 328-330, 332, 342, 343, 346, 361, 378, 387, 390, 404, 408, 417, 420, 432, 436, 461, 469, 472, 473, 479, 480, 513, 529, 543-547, 555-559, 575, 576, 592, 598, 603, 604, 614, 626, 628, 642, 653, 660
——管理官（——管理官長／——代理人／——の役人／——の高官／資産管理官）　39, 55, 58, 80, 84, 92, 94, 120, 254, 265, 270, 280, 328, 372, 374, 376, 379, 393, 394, 404, 412, 425, 426, 430, 466, 557, 566, 582, 583, 603, 613, 615, 643, 645, 650, 658, 659, 665, 668, 670
王妃　178, 217, 246
→スペイン国王カルロス一世王妃イザベ

ル
→スペイン国王フェリペ二世王妃マリア
→スペイン国王フェリペ三世王妃マルガリダ・デ・アウストリア
→スペイン国王フェリペ四世王妃マリアナ・デ・アウストリア
→ポルトガル国王ジョアン三世王妃カタリナ・デ・アウストリア
王立インディアス枢機会議　→インディアス枢機会議
王立司法行政院　→司法行政院
大坂　587
——城　440,528,587
オーストリア皇子　406
大友宗麟（義鎮）　211,282
大村純忠（ベルトラメウ）　281,282
岡美穂子　8,52
岡本良知　139,144,158,159,167,367,595
贈物（進物）　301,302,343,450,459
踊り手　542,543
オノル Onor　204,205
オメン，ゴンサロ Homem, Gonçalo　484
オランダ　205,304,576
——人　18,38,40,573,574,577,596,600,601,616,621,622,628,646
——船　576,622
オリーブ油　609
オリヴェイラ，ロケ・デ Oliveira, Roque de SJ　647
オルガンティノ，ニェッキ・ソルド Organtino, Gnecchi Soldo SJ　168
オルタ，ガルシア・ダ Orta, Garcia da　64,307
オルムズ Ormuz　22,39,205,284,422
オルレアン Orleans　612
——管区教会会議　609,612
小葉田淳　27
オンス　195

【か】

カースト制　74,539
海外領土史研究所フィルモテーカ　532
海軍　→武力
会計　177,374,505
会計院　278,330,333,376,417,418,426,434,435,529,650
会計士　13
会憲　→イエズス会
外国人　96,111,112,284,365,377,505
悔悛　→秘跡
海賊　505
外的法廷　76
かくれユダヤ教徒　→ユダヤ
掛売り　63,505
カサブランカ Casablanca　137
カシミール Casimir　64
貸家　631
カスタニェイラ Castanheira 伯爵　187
カスティリャ　42,50,88,194,413,435,547
——王位　298,413,419,435,441,467,475
——人　30,34,35,80,290-292,301,359,419,468,503,504,653
——人修道士　419
レオン・——王アルフォンソ十世 Alfonso X　42
レオン・——王フェルナンド三世 Fernando III　42
カステロ・ブランコ，アフォンソ・デ Castelo Branco, Afonso de　580
カステロ・ブランコ，マヌエル・デ Castelo Branco, Manuel de　580,581
カステロ・メリョル Castelo Melhor 伯爵　471
カスト　→コスト
カストロ Castro（リマ司法行政院院長）　17
カストロ，ガブリエル・ペレイラ・デ Castro, Gabriel Pereira de　251
カストロ，ジョアン・デ Castro, João de　200
カストロ，ペドロ・デ Castro, Pedro de (Crasto, Pedro de)　343-347,350
カストロ，マルティン・アフォンソ・デ Castro, Martim Afonso de　601,621,622
カストロ，ミゲル・デ Castro, Miguel de　330
課税　22,42,235,245,248,557,571,620,639

火葬　75
カダアルソ Cadahalso 修道院　339
刀　12, 203, 516
カタリナ・デ・アウストリア　→ポルトガル
カタログ　→イエズス会
学校　502, 647, 648
加津佐　365
割礼　146, 633
カトリック（——教会／——信仰／——布教）　3, 4, 7, 9, 15, 16, 20, 21, 23–25, 33, 46, 111, 150, 181, 183, 201, 244, 248, 259, 273, 320, 335, 360, 426, 498, 500, 533, 534, 538, 542, 595, 597, 598, 625
——教会法　75, 76, 111, 146, 151, 152, 183, 199, 200, 237, 245–251, 262, 263, 285, 478, 491, 500, 501, 554, 561, 611, 625
カナノル Cananor　131, 204, 211
カナラ Canará　131, 203, 539, 575
——王国　130
——海岸　203–205, 578
カナリン語　306
カピタン　12, 39, 40, 71, 75, 88, 89, 92, 93, 111, 113, 121, 125, 128, 130, 134, 137–139, 142–144, 147, 154, 157, 158, 162, 166, 167, 185, 186, 189, 191, 203, 207, 210, 212, 220, 221, 223, 224, 252, 257, 258, 263, 265, 267, 268, 284, 287, 292–294, 298, 301, 309–313, 316, 332, 345, 346, 348, 355, 363, 364, 369, 370, 379, 385, 409, 410, 413, 419, 422, 444, 503, 504, 514, 518, 524–527, 529, 539, 540, 544–546, 576, 577, 579, 581, 582, 584, 601, 604, 617, 620, 622, 624, 635, 638, 640, 658–660, 663, 666, 667
カピタン・ジェラル　85, 88, 93, 186, 253, 256, 571, 657–659, 664
カピタン・ヘネラル　12, 88
カピタン・モール　9, 10, 29, 56, 88, 89, 98, 103, 113, 119–121, 123–125, 133, 134, 139, 142–145, 154–167, 199, 203, 208–211, 265, 269, 282, 338, 349, 355–357, 363, 364, 384, 385, 408, 432, 439, 444, 450, 451, 474, 495, 514, 516, 579, 585, 600, 619, 637, 639, 641, 643, 651, 652, 655, 656, 658, 659, 672
——航海権（航海権）　119, 124, 125, 132–134, 138–140, 142, 144, 145, 154, 156, 158, 159, 161, 163–165, 208
カビテ Cavite　586
カピテーン　206
寡婦　99
カプショ　455, 456, 525, 526
Capsozón 港　338
カプチン・フランシスコ修道会　429, 456
カブラル，フランシスコ Cabral, Francisco SJ　62, 63, 170, 171, 459, 485, 486, 489, 492
カブラル，ペドロ・アルヴァレス Cabral, Pedro Álvares　59
貨幣　194, 306, 328–330, 332, 380, 467
勘定——　194
カボヴェルデ Cabo Verde 諸島　12, 14, 16
ガマ，ヴァスコ・ダ Gama, Vasco da　59, 451
ガマ，ジョアン・ダ Gama, Joaõ da（ガマ，フアン・デ）　351–353, 355–358, 362–365
ガマ，フランシスコ・ダ Gama, Francisco da（ヴィディゲイラ Vidigueira 伯爵／インディア副王／インディア提督／伯爵提督）　416, 451, 463, 466, 470, 472, 474, 476, 493, 495, 497, 518, 519, 521–524, 531, 532, 534, 537, 539, 541, 543, 548, 558–560
ガマ，ルイス・ダ Gama, Luís da (Gama, Luíz da)　271, 374, 375, 380, 385, 388, 389, 396, 398, 399, 408, 409, 416, 423, 426, 444, 446, 515, 517, 534, 537, 539, 543
カマラ，マルティン・ゴンサルヴェス・ダ Câmara, Martim Gonçalves da　187, 207
神（主／キリスト）　14, 30, 70, 76, 84, 85, 89, 90, 93, 98, 99, 110, 113, 117, 118, 121, 126, 127, 134, 155, 157, 162, 164, 166, 181, 185, 196, 210, 212–214, 223, 257, 269, 271, 273, 280, 291, 320, 321, 325, 326, 337, 345, 347, 352, 360, 369, 372, 374, 380, 385, 388, 389, 395, 397, 401, 408, 409, 419, 422, 428, 437, 444, 445,

453, 464, 469, 484, 497, 500, 501, 515, 517, 518, 524, 531, 533, 534, 536-538, 542, 554, 574, 578, 579, 584-586, 591, 598, 599, 606, 613, 621, 623, 625, 644
——のお告げの祭日　464
神々　73, 252
火薬庫　130
カラヴェラ船　598, 600, 601, 663
カラバロ，ゴンサロ・モンテロ・デ Caravallo, Gonsalo Montero de 632
ガリシア Galicia　337
カリブ Caribe　15
カルヴァリョ，アルヴァロ・デ Carvalho, Álvaro de　137, 138
カルヴァリョ，アンドレ・デ Carvalho, André de　135
ガルシア，ゴンザロ Garcia, Gonzalo OFM (Garcia, Gonzalez)　458
カルタズ　147, 189, 205
カルデイラ，アントニオ Caldeira, António 328, 330
カルデイラン　672
カルデロン，ジョアン・シメネス Calderón, João Ximenes　301
カルドゾ Cardozo　420
カルネイロ，アントニオ Carneiro, António 69, 582, 583, 585, 618
カルネイロ，ペロ・デ・アルカソヴァ Carneiro, Pêro de Alcaçova (Pêro d'Alcaçova Carneiro)　68, 69
カルル五世　→スペイン
カルロス一世　→スペイン
カルロス一世王妃イザベル　→スペイン
カルロス二世　→スペイン
カルワール Karwar　206
ガレー船　71, 77, 126, 128, 130, 214, 223, 270, 295, 325, 378, 416, 507, 516, 517, 534, 536, 537, 543, 560, 575, 577, 601, 622
ガレオタ船　355, 356, 363, 364
ガレオン船　203, 293, 302, 364, 468, 577, 584, 588, 601, 604, 619, 620, 622, 639, 643, 651, 652, 659, 660, 664, 665
為替手形　→手形
管轄権　130, 217, 241, 244, 246, 313, 324, 338, 372, 500, 550, 658
宦官　401
管区　149, 151, 152, 605, 610
——大司教　→司教
管区教会会議（教会会議）　6, 145-147, 149-152, 227, 228, 237, 248, 257, 283, 284, 324-327, 341, 400-402, 560-563, 565, 605-610
ガンジス河　423
看守　310
勘定貨幣　→貨幣
艦隊　13, 40, 56, 80, 81, 88, 89, 180, 189, 209, 254, 255, 282, 292, 301, 328, 352, 363, 432, 466, 468, 496, 500, 573-575, 577-579, 596-598, 600-602, 621, 622, 639, 641-643, 651, 652, 658-660, 664
関東　586, 587
広東　339, 340
関白殿　→豊臣秀吉
カンバヤ Cambaia　64, 200, 379, 381
カンベー湾　406
ガンボア，ジョアン・カイアド・デ Gamboa, João Caiado de　641, 643, 651, 658, 659, 664
カンポス・タヴァレス，フランシスコ・デ Campos Tavares, Francisco de 428, 429
カンボリン Cambolim　205

【き】

生糸　24, 30, 40, 62, 63, 183, 361, 411, 446, 614, 616-618, 623, 649
騎士　105-107, 185, 190, 203, 207, 265, 311
騎士修道会　512
騎士司令官　266, 267
騎士団　190, 191, 207, 217, 512
岸野久　85, 323
喜捨（寄進／施し）　31, 48, 232, 233, 248, 254, 280, 304, 305, 325, 360, 361, 472-474, 499-501, 525, 527, 597, 613, 623
寄宿舎　646
寄進　→喜捨
季節風　→モンスーン
貴族（貴人）　105-107, 119, 130, 132, 135, 137, 138, 140, 142, 154, 156, 158, 159, 161, 165, 167, 174, 187, 188, 208, 218, 246, 248, 267, 271, 337, 345, 350, 447,

448, 477, 507, 512, 525, 597, 602
ギネー Guiné（ギニア）　14, 16, 83, 89, 98, 110, 126, 212, 388, 505, 533, 536, 538, 542
喜望峰　107
旧ゴア　→ゴア
旧キリスト教徒　→キリスト教徒
宮殿　539, 540, 543
キューバ　44
『旧約聖書』　→『聖書』
教会　→キリスト教会
教会会議（公会議）　151, 153, 183, 237, 248, 412, 609, 612
→管区教会会議
総――　150, 151, 612
教会聖職者　30, 359
教会暦　464, 502
教会禄　→聖職禄
教区　→司教区
――司祭　650
教皇庁　→ローマ教皇
教皇特使　→ローマ教皇
教皇令　→ローマ教皇
教商　48
京都　342, 526
競売　96
教養科目　649
教理教育　16, 98, 116, 223, 283, 395, 561, 562
極東　72
漁夫海岸　414
ギリシア（――人）　63, 65, 192
キリシタン　7, 21, 24, 108, 228, 247, 248, 367, 368, 457, 459, 460, 470, 511, 527
――禁令（伴天連追放令）　367, 368, 460
――時代　→大航海時代
キリスト　→神
キリスト騎士修道会　341
キリスト騎士団　512
キリスト教　17, 29, 74, 92, 184, 186, 192, 286, 298, 299, 320, 324, 359, 542, 633
キリスト教会（教会）　30, 84, 90, 92, 184, 189, 190, 207, 226, 229-243, 245-248, 252, 256, 257, 259, 260, 262, 265, 280, 286, 299, 320, 322, 324, 325, 327, 334, 340, 360, 361, 395-399, 402, 435, 436, 450, 459, 472, 473, 477, 487, 489, 493, 498, 500, 502, 504, 508, 518, 520, 525-527, 536, 542, 548, 549, 554, 561, 563, 567, 570, 584, 587, 590, 598, 599, 613, 623, 633, 647, 648
日本――　526, 527, 590
原始――　360
キリスト教徒　6, 10, 21-23, 40, 56, 67, 77, 78, 84, 86, 90, 91, 96, 100, 101, 111, 112, 130, 146-148, 179, 184, 189, 192, 228, 253, 273, 274, 283, 284, 286, 298, 324, 360, 378, 395, 396, 398-401, 436, 472, 489, 498, 499, 525-527, 533, 534, 536, 538, 542, 562, 591, 599, 600, 609, 626, 627, 633, 666
――の父　7, 100, 253, 254, 274, 321-326, 533, 562
旧――　298, 299, 634
新――　22, 297-299, 525, 527, 544, 633, 634
キリスト磔刑像　325
キログラム　→グラム
金　58, 425, 427, 460, 590, 660
銀　24, 30, 31, 36, 38, 50, 381, 487, 492, 623
金貨　72, 194, 330, 380
銀貨　22, 194, 306, 330, 331, 344, 381
金銀細工師　324, 326
金庫　315, 437
キンタル　60, 66, 329, 331, 332, 334

【く】

グアダルペ，ジョアン・デ Guadalupe, João de　455
クアルテル　314, 315, 319, 391-393, 425, 427, 566
クアルト　467
偶像　71-74, 380, 489, 542, 571
草　82
グジャラート Guzerate（グザラーテ）　64, 65, 406, 491, 560, 564
薬（薬屋／薬草）　64, 373, 375, 448
果物　648
クニャ，アントニオ・ダ Cunha, António da　129, 270, 296, 303, 321, 322, 326, 374, 385, 389, 396, 398, 399, 405, 423, 446, 539, 543

クニャ，ヌノ・ダ Cunha, Nuno da　67, 286
クニャ・リヴァラ，ジョアキン・エリオドロ・ダ Cunha Rivara, Joaquim Heliodoro da（編纂者）　4, 5, 8, 86, 95, 592, 593, 602
公方　→徳川家康
クラスト，ジョアン・デ Crasto, João de SJ　63
クラスト，ペドロ・デ　→カストロ，ペドロ・デ
クラト修道院長　→アントニオ
グラム（キログラム）　67, 195, 334, 616
クルザド　28, 30, 62, 63, 83, 103, 146, 164, 213, 258, 269, 271, 295, 314, 317-319, 335, 344, 381, 390, 391, 393, 394, 418, 425, 426, 436-438, 442, 443, 446, 472, 474, 496, 525, 527, 528, 537, 566, 570, 573, 576, 578, 593, 596, 597, 599, 613, 614, 623, 624, 633, 640, 642, 660, 668-670
クルズ，ガスパル・ダ Cruz, Gaspar da OP　306
クルス，ペドロ・デ・ラ Cruz, Pedro de la SJ　182
グレゴリウス一三世　→ローマ教皇
グレゴリウス一四世　→ローマ教皇
グレゴリウス暦（暦）　368, 464
クレメンス三世　→ローマ教皇
クレメンス五世　→ローマ教皇
クレメンス七世　→ローマ教皇
クレルモン教会会議　498
グロティウス，フーゴ Grotius, Hugo　576
軍事力　→武力
軍需品　38, 365, 461, 656
軍隊　→武力

【け】

敬虔管区　455
敬虔修道院　455
警察　130, 375
刑死　311, 389, 509
慶長の役　→朝鮮出兵
ゲヴァラ，アフォンソ・ロドリゲス・デ Guevara, Afonso Rodrigues de　645, 650, 660, 663, 665
毛織物　193
外科　488
下剤　373
結婚（婚姻）　28, 76, 100, 203, 277, 278, 286, 305, 428, 429, 433, 434, 478, 587
既婚者　605
解熱剤　64
ゲレイロ，フェルナン Guerreiro, Fernão SJ　587
ケレスティヌス三世　→ローマ教皇
剣　294-296
遣外管区長　→フランシスコ会
堅信　→秘跡
現地人　15, 18, 29, 58, 116, 130, 137, 173, 261, 348, 377, 398, 443, 505, 538, 577, 616, 661
元老院　69, 204, 214, 221, 235, 248, 376, 544, 583
――（ゴア）　80, 99, 106, 110, 115, 118, 185, 221, 315, 384, 386, 387, 414, 420, 422, 590
――（コチン）　420
――（ダマン）　287, 288
――（バサイン）　71
――（ベジャ）　187
――（マカオ）　302, 313, 315, 318, 385, 420, 444, 446, 514, 515
――（マラッカ）　291, 420, 444, 514, 523, 524
――（リスボン）　104

【こ】

ゴア　22, 23, 26, 32, 36, 37, 39, 40, 50, 51, 59, 64, 76, 176
――管区（インディア管区）　→イエズス会
――管区巡察師（インディア管区）　→イエズス会
――管区大司教　→司教
――管区大司教区　→司教
――管区大司教座　→司教
――コレジオ　→コレジオ
――司教　→司教
――司教区　→司教
――司教座　→司教
――首席大司教　→司教
――大司教　→司教

——大司教区　→司教
旧——　97, 204
元老院（——）→元老院
市会議員（——）→市会議員
新——　97, 661
ゴア島（ティスアリ Tissuari〔Tissuadi ／Tiswadi〕島）　22, 83, 84, 97, 117, 119, 130, 200, 201, 223-227, 272, 273, 280, 295, 357, 358, 380, 382, 389, 390, 393, 540, 542, 543, 574, 575, 578, 591, 592, 594
ゴア歴史文書館　3, 8, 52, 100, 102, 222, 262, 264, 532
コインブラ Coimbra　5, 135, 169, 175, 192, 193, 455
——・コレジオ　→コレジオ
——司教区　→司教
高位聖職者　92, 115, 116, 147, 153, 229-244, 246, 248, 251, 284, 325, 334, 375, 400, 401, 442, 452, 454, 469, 470, 476, 477, 519-521, 523, 554, 561, 609, 611
紅海　205
公会議　→教会会議
第二ヴァチカン——　153, 250, 501
トリエント——　152, 193, 229, 238-240
公会議宗規聖省令　183
公会議聖省　151
航海権　→カピタン・モール航海権
後見人　99, 226, 257, 370, 562
公爵　406
公証人　89, 310, 471, 607
控訴裁判所　7, 39, 40, 50, 51, 80, 84, 94, 101, 106, 113, 125, 214, 215, 217, 221, 229, 239, 240, 243, 271, 295, 308-310, 312, 313, 315, 316, 325, 355, 377, 383-385, 420, 422, 431, 443-445, 447, 510, 513, 516, 517, 529, 533, 536, 545, 548-553, 555-557, 567, 568, 624, 635, 637, 640
——ポルト支部　510
皇帝　→徳川家康
コウティニョ，ジョアン Coutinho, João（レドンド Redondo 伯爵）　666-671
コウティニョ，フランシスコ Coutinho, Francisco（レドンド伯爵）　117, 119, 122
コウト，ディオゴ・ド Couto, Diogo do　80, 158
高麗の戦　→朝鮮出兵
高利（ウスラ／暴利）　25, 47, 610, 612
香料　64-66, 138, 184, 205, 632, 660
コウロス，マテウス・デ Couros, Matheus de SJ　587
コエリョ，マノエル Coelho, Manoel　254, 256, 258
コエリョ，マノエル・ルイス Coelho, Manoel Luis　635-638, 642
国王　→徳川家康
国王秘書官　187, 188, 463, 470, 471
黒人　11-14, 16, 17, 82, 294
告白　→秘跡
国務書記官　69, 187, 471, 532
コクリン Coculim　344, 347
孤児　21, 23-28, 32, 98-101, 187, 223-226, 257, 277, 278, 280, 287, 288, 305, 310, 370, 428, 429, 433, 560-563, 581, 582, 662, 663
——の判事　23, 39, 98-101, 226, 257, 274, 287, 309, 369, 370, 469, 561, 562, 661-663
胡椒　40, 55, 56, 59, 60, 66, 138, 203, 205, 430, 513, 514, 609
コスタ，ガスパル・ダ Costa, Gaspar da　635, 641, 658, 670
コスタ，クリストヴァン・ダ Costa, Cristóvão da　64, 65
コスタ，ジョアン・オメン・ダ Costa, João Homem da　654, 662
コスタ，ジョアン・ダ Costa, João da　261
コスタ，ジョルジェ・ダ Costa, Jorge da　105, 109, 110, 190, 191, 207, 214, 221, 244
コスタ，ニコラオ・ダ Costa, Nicolao da SJ　30
コスタ，フランシスコ・ダ Costa, Francisco da（マラッカ，カピタン）　212
コスタ，フランシスコ・ダ Costa, Francisco da　566
コスタ，マノエル・ダ Costa, Manoel da　105

コスタ，マルサル・ダ Costa, Marçal da　669
コスタ，ロウレンソ・ダ Costa, Lourenço da　663
コスト（カスト）　63, 64
五大老　527
コチン Cochim　36, 57, 59, 79, 144, 145, 168, 333, 336, 341, 414, 420, 482, 486, 513, 514, 519, 568, 620
——・コレジオ　→コレジオ
——司教　→司教
——司教区　→司教
元老院（——）　→元老院
コチンシナ Cochinchina　455
告解　→秘跡
国家顧問会議　229, 463, 470
国家法　245
「コックス Cocks 日記」　27
ゴディニョ，ヴィトリノ・マガリャンエス Godinho, Vitorino Magalhães　193
古典学　649
小西行長　440
子羊　→羊
コボ，フアン Cobo, Juan OP　453, 456, 457
米　205, 620
ゴメス，ジョルジェ Gomes, Jorge SJ　486
コモリン Comorim　423
顧問会議　→領国顧問会議
固有法　285
暦
→グレゴリウス暦
→ユリウス暦
コリン，フランシスコ Colín, Francisco SJ　163, 365
コルドヴァ，ロドリゴ・デ Córdova, Rodrigo de　413
コレア，ジョゼ Correa, José (Correia, José)　275, 421
コレジオ　24, 32, 260, 343, 362, 646
——（ドミニコ会）　280
——（ゴア）(改心の聖パウロの——／聖信仰の——／聖パウロの——／聖霊の——)　84-86, 98, 135, 171, 172, 177, 223-225, 265, 268, 272, 273, 479, 480, 482, 484, 488, 489, 522, 562, 646, 647
——（コインブラ）　175
——（コチン）　168
——（日本）　360, 647, 648
——（バサイン）　170, 171
——（府内）　647
——（マカオ）　436, 437, 473-475, 636, 647, 648
——（マラッカ）　644-650
コロンボ Columbo 要塞　572
婚姻　→結婚
——の秘跡　→秘跡
混血　17, 40, 666
混合事項　549
コンコルダート（政教協約）　554, 555
ゴンザヴェス・ペレイラ，カルロス・レナト Gonçalves Pereira, Carlos Renato　316
ゴンサガ，フランシスコ・デ Gonzaga, Francisco de OFM　455, 456
ゴンサルヴェス，アマドル Gonsalves, Amador　129
ゴンサルヴェス，サルヴァドル Gonçalves, Salvador　638, 643, 652, 665, 667
ゴンサルヴェス，セバスティアン Gonçalvez, Sebastião SJ　170
ゴンサルヴェス・プレト，シマン Gonçalves Preto, Simão　510
ゴンサルヴェス，ペロ Gonçalves, Pero　274
ゴンサルヴェス，メルシオル Gonçalves, Melchior SJ　135
ゴンサルヴェス，ルイス Gonçalves, Luís　301, 380, 388, 405, 408
コンスタンチノープル Constantinopla　61, 255
コンセプシオン，ディエゴ・デ・ラ Concepción, Diego de la OFM (Conceição, Diogo da OFM)　453, 454, 456
ゴンディサルヴォ Gondiçalvo　129
コント　314, 319, 593
コンドリン　25-28, 47, 661-663
コンフラリア　239, 240, 414, 431, 449
コンベンツアル聖フランシスコ修道会　456

【さ】

サ，フランシスコ・シャヴィエル・ヴァレリアノ・デ Sá, Francisco Xavier Valeriano de　427
サ，フランシスコ・デ Sá, Francisco de　432
サ，レオナルド・フェルナンデス・デ Sá, Leonardo Fernandes de　281, 341, 442, 521
債権者　506–510, 610
最高裁判所　215, 236, 243, 247, 248, 469, 471, 506, 510, 552
最後の晩餐の大勅書（「イン・チェーナ・ドミニ」）→大勅書
最終の塗油　→病者の塗油
妻帯者　295, 379, 384, 469, 477, 596, 600, 632
裁治権　71, 75, 76, 98, 153, 199, 229, 232, 237, 241, 242, 250, 550, 554
裁判　308, 312, 549, 550, 563
裁判区　214, 217, 239, 240, 242–244, 310, 311, 313, 317, 510
裁判権　71, 75, 85, 92, 97, 99, 101, 103, 112, 113, 120, 128, 130, 189, 191, 207, 216, 229–232, 236, 238–242, 244, 260, 308–311, 317, 376, 385, 404, 446, 507, 508, 534, 539, 549, 550, 553, 555–557, 582, 635, 638, 640, 643, 651, 654, 656, 658, 662, 665, 667, 670, 672
債務（──者）（負債）　99, 203, 345, 438, 442, 469, 506–509, 576, 610, 664, 668, 670
財務官　332, 614
財務担当パードレ（プロクラドール）→イエズス会
冊封使　440, 528
差押え　33, 36, 238, 243, 642
サタガオン Satagaon　144, 145
殺人　318
薩摩　211, 456, 457
ザビエル，フランシスコ Xavier, Francisco SJ　323, 568, 647
「ザビエル伝」　323
サフィン Safim　137
サラセン人　20, 246
サルヴァドル，アゴスティニョ Salvador, Agostinho (Salvador, Augustinho)　129, 132
サルセテ Salsete (Salcete)　100, 102, 171–173, 176, 177, 200, 201, 223–226, 257, 258, 265, 268, 280, 343–345, 347, 349, 350, 390, 393, 417, 418, 425–427, 436–438, 472, 474, 479, 480, 488, 489, 492, 493, 520, 522, 543, 563, 566, 592, 594
サルダニャ，アイレス・デ Saldanha, Aires de　405–407, 575, 578, 589, 590, 593, 595, 599
サルダニャ，ガブリエル・デ Saldanha, Gabriel de　347
サルディニャ，アンドレ Sardinha, André　190, 191
サレム王メルキセデク　192
サン・トメ S. Thome（Samtomé／Santo Thomé）　6, 423, 573
サン・トメ貨（サン・トメ銀貨／サン・トメ金貨）　330, 331
サン・トメ São Tomé 島 (Santo Thomé)　14, 44
サン・フアン・デ・プエルト・リコ San Juan de Puerto Rico　44
サン・ペドロ San Pedro 号　364, 365
サンシェス，ロドリゴ Sanches, Rodrigo　511
サンショ一世　→ポルトガル
サンショ二世　→ポルトガル
サンスクリット　63
サンタ・クルズ Santa Cruz 号　159
サンタ・クルズ伯爵　→マスカレニャス，フランシスコ
サンタ・クルズ，ゴメス・ロドリゲス・デ Santa Cruz, Gomes Rodrigues de　518
サンタ・クルズ・ド・カボ・デ・ゲ Santa Cruz do Cabo de Gué　137
サンタ・マリア，アンドレ・デ Santa Maria, André de　426, 464
サンタ・マリア，マルティニョ・デ Santa Maria, Martinho de　455
サンタレン Santarém　216
サンチェス，アロンソ Sánchez, Alonso SJ　35, 163
サンティアゴ管区　→フランシスコ会

サンティアゴ Santiago 宮殿　204
サンティアゴ Santiago 号　364
サント・ドミンゴ Santo Domingo 市　16
サントス，カタリナ・マデイラ Santos, Catarina Madeira　272

【し】

寺院　→異教
シェラフィン（――貨）　258,330,380,381,387,426,430,431,574,575,578
市会議員　80,248,651
――（ゴア）　79,105,114-116,118,183,357,384,386,387,441,556,557
――（マカオ）　309,310,313,314,655,656
士官　328,432
司教（教区／――区）　7,19,21,76,105,117,119,151-153,192,193,250,251,339,340,427,549,554,606
――総代理　147,153,242,284,548,549-552,561,611
――代理　153,607,609,611
アスンシオン Asunción――　340
アンガマレ Angamale――区　6
イダニャ Idanha――区　192
ヴィゼウ Viseu――区　192
エヴォラ Évora――　192
管区大――　151,152
ゴア――（ゴア――区／ゴア――座）　105,107,108,114,135,136,464
ゴア管区大――（ゴア管区大――区／ゴア管区大――座）　105,107,108,149,152,401,464,560,563,564,602,605,610
ゴア首席大――　274,276,281,598,602
ゴア大――（ゴア大――区／ゴア大――座）　114,115,117,119,279-281,341,342,425-427,437,439,449,459,462,464,497,520,522,531,532,557,559-563
コインブラ Coimbra――区　192,193
コチン Cochim――（コチン――区）　119,425-427,461
首座大――　151
首都大――　152
総大――　151
属――　151
大――（大――区）　18,549
太守――　151
トゥイ Tui――区　192
東洋首席大――　563
日本――（府内――／府内――区／日本――区）　9,21,25,26,334,335,390-394,425,427,437,439-442,449,451-454,459,469,470,476-478,503,504,519,521,524-528,565,566,584-586,590,600,618
日本――のプロクラドール　391-394
日本補佐――（補佐――）　9,390-393,425-427,476,478,519,521,525,526,565
ブラガ Braga――区（ブラガ大――）　192,193
ポルト Porto――（ポルト――区）　192,193,246
マカオ Macau――（マカオ――区／シナ――／シナ――区）　163,280,281,335-337,341,342,442,469,470,519,521,636
マラッカ Malaca――（マラッカ――区）　119,148,336,359,366,464,496,497
ラ・プラタ La Plata――　339
ラメゴ Lamego――区　192
リオ・デ・ラ・プラタ Rio de la Plata 大――　340
リスボン大――（リスボン大――区／リスボン――区）　192,242,552,553
シクストゥス五世　→ローマ教皇
シザ　234,235,246,247
司祭　76,169,170,193,339,452,478,501,612
首席――　250
小教区主任――　561,562,609,612
聴罪――　150,610
資産管理官　→王室資産管理官
持参金　28,100,428,433,434
死者　39,84,121,122,125,133,142,143,154,155,157,161,162,166,209,241,257,258,273,274,276,384-386,438,500,662
侍従　202

使節　574
自然死　318
自然法　113, 149, 237, 240, 285, 625
執行官　71, 82, 223, 265, 295, 310, 346, 348, 373, 374, 516, 610
実定法　625
実務助修士　→イエズス会
使徒　30, 76, 453, 519
シトー会　341
使徒憲章　107
シナ China（中国）　14, 22, 29, 33–35, 37, 38, 40, 60, 64, 65, 67, 68, 73, 107, 119–121, 132–134, 138, 140, 142, 144, 154, 156–158, 161–163, 165–167, 182, 189, 190, 192, 202, 203, 207–210, 290, 292, 301, 308, 328, 332, 336, 338, 352, 355, 358, 359, 363, 367, 369, 379, 384, 385, 387, 401, 402, 407, 408, 411, 413, 420, 422, 423, 427, 428, 430, 432, 441, 444, 445, 476, 503, 513–515, 519, 547, 558, 567, 568, 573, 585, 597, 616, 617, 619, 623, 638, 641–643, 649, 651, 653, 658–661, 663, 664, 668, 669
——王国の国王　660
——航海（——航海権）　9, 10, 118, 124, 140, 143, 144, 159, 174, 178, 204, 211, 218, 298, 352, 356, 357, 363, 385, 415, 432, 437, 450, 477, 494, 495, 525, 572, 624
——司教　→司教
——司教区　→司教
——準管区　→イエズス会
——人　39, 68, 164, 315, 319, 340, 443, 664, 671
——布教　339, 340
自発教令　→ローマ教皇
シファルダン Siffardan (Sifardim) 206
四分の一税　467
司法行政院（王立司法行政院）　12–14, 16–19, 46, 586
シマス，アントニオ・ヴィレス・デ Simas, António Villes de　604, 624, 627, 629
市民法　318
シャー Xá　598, 602
ジャイメ Jaime　137, 455
シャヴィエル，フェリペ・ネリ Xavier, Felippe Nery　275
シャヴェス，フランシスコ・デ Chaves, Francisco de OFM　81
シャウル Chaul　39, 65, 266, 267, 348, 387, 461, 465
借地料　130, 344
麝香　632
ジャマイカ Jamaica　44
シャリフ Xarife (Xerife)　132, 137
ジャワ（——人）　40, 65, 574, 666
ジャンク船　120, 133, 142, 154, 156, 161, 165, 203, 208, 573
主　→神
ジュア Jua 島　225
自由　17, 68, 77, 78, 93, 96, 111, 112, 130, 146, 148–150, 184, 189, 213, 219, 222, 229, 234, 235, 245, 267, 312, 339, 450, 459, 460, 507, 514, 516, 534, 536, 559, 563, 570, 589–591, 605, 607, 610, 611, 617, 618
『自由海論』　576
修学助修士　→イエズス会
宗教　448, 633
私有教会　250
宗教改革　245, 502
十字架　324, 325
十字軍　22, 497–499, 502
——大勅書　496, 498–500
——大勅書（インノケンティウス八世）→ローマ教皇
——大勅書（グレゴリウス一三世）→ローマ教皇
——大勅書（レオ十世）→ローマ教皇
——評議会　500
修道院　16, 24, 79, 80, 98, 100, 196, 245, 246, 268, 279, 305, 327, 338, 359, 362, 366, 436, 455, 459, 473–475, 486, 495, 502, 508, 526, 642
——長　138, 303, 512
修道会　7, 21, 29, 31, 87, 351, 428–430, 449, 453, 456, 462, 488, 523, 525, 527, 531, 554, 579, 580, 592, 595
修道士　15, 29–31, 116, 117, 242, 245, 328, 329, 375, 397, 419, 527, 531, 580, 626, 650
修道司祭　561

修道女　100
修道誓願　579
収入　→定収入
十分の一税　11,29,190-193,195,207,
235,239,553
終油　→病者の塗油
修練院　→イエズス会
修練者　→イエズス会
首座大司教　→司教
主日　16
首席司祭　→司祭
シュッテ，ヨセフ・フランツ Schütte,
Josef Franz SJ　439,492
首都大司教　→司教
シュトルク，ウィルヘルム Storck,
Wilhelm　367
受肉　464
守備隊　138,346,348,666,668
聚楽第　342,459
受領書　254,265,333,391,393-395,425,
426,614,645,662,665
シュルツ，ウィリアム・ライトル Schurz,
William Lytle　365
シュルハンマー，ゲオルク Schurhammer,
Georg SJ　323
殉教　24,458,597
純血　634
巡察師　239,549
→イエズス会
春分　75
巡礼　501
ジョアン一世　→ポルトガル
ジョアン二世　→ポルトガル
ジョアン三世　→ポルトガル
ジョアン三世王妃カタリナ・デ・アウスト
リア　→ポルトガル
ジョアン四世　→ポルトガル
ジョアン・ロペス João Lopes 島　203
商会　505
商館　55,60,61,191,207,277-279,305,
315,376,545
——（ゴア）　130
——（ソファラ）　58
——（バサイン）　71
——（マカオ）　444,514
——（マラッカ）　39,291,310,314,
315,444,514
——（モザンビーク）　405
——長　405,505-507
——長（ゴア）　425,426,614
——長（ソファラ）　58
——長（マラッカ）　314,644,645,
665-667,669,670
商業　14,17,18,22,29-31,34,37,47,49,
50,58,61,62,83,89,98,111,126,130,
137,164,180,182,185,189,205,212,
228,290-292,299-301,381,388,413,
414,419,441,443,467,475,487,503-
506,509,523,524,529,533,536,542,
547,558,559,586,614,616,617,623,
653,655,656
小教区　193,223,250,612
——主任司祭　→司祭
将軍　31
小罪　→罪
漳州（泉州／チンチェオ／チンチェウ）
34,315,340,441
尚書（——職）　39,69,82,92,97,99,101,
113,122,129,181,190,191,198,207,
214,215,221,224,243,252-254,260,
263,270,274,278,291,315,316,333,
376,380,382,391,394,404,405,420,
422,434,444,466,471,495,510,529,
534,537,539,543,545,551,566,580,
582,585,590,604,614,627,629,635,
638,654,660,669,672
硝石　205
小勅書　108,453,523,525
——（グレゴリウス一三世）→ローマ
教皇
——（シクストゥス五世）→ローマ教
皇
小刀　294
商人　48,49,58,62,63,68,111,146,147,
193,211,228,284,290,328,332,364,
365,377,413,431,505-510,538,575,
619,621,649,651,600
代理——　12,60-63,660
掌帆長　56,121,134,139,147,157,162,
166,210,284,419
商務評議会　505,509
叙階　→秘跡
職人　70,234,324,325,533
贖宥　→免償

食糧　205, 235, 335, 372, 574, 575, 596
処刑台　295
助祭　478
初等教育　647
所得　→定収入
ショラン Chorão 島　225, 479, 480, 490, 648, 649
ジョルダン，レヴィ・マリア Jordão, Levy Maria　464
シリアン Sirião 要塞　626
シルヴァ，ジョアン・ダ Silva, João da　292
シルヴァ，ニコラウ・ダ Silva, Nicolau da　638
シルヴァ，ベルシオル・ダ Silva, Belchior da　645, 663
シルヴァ・ペレイラ，ジョアン・ダ Silva Pereira, João da　294
シルヴァ，ルイス・ダ Silva, Luís da　413
シルヴァ・レゴ，アントニオ・ダ Silva Rêgo, António da　95, 135, 136
シルヴェイラ，ヌノ・マルティンス・ダ Silveira, Nuno Martins da　471
シルヴェイラ，ロドリゴ・ロボ・ダ Silveira, Rodrigo Lobo da　135
城　20, 136, 253, 540
神学　201, 248, 338, 502, 649
　——者　67, 84, 430, 557, 590
新キリスト教徒　→キリスト教徒
神聖ローマ皇帝　43, 44
親族　29, 31, 84, 90, 273, 274, 579
新大陸（アメリカ新大陸／アメリカ大陸／スペイン領アメリカ）　19, 33, 35, 37, 38, 42, 73, 365, 633
　——貿易　42
人定法　590, 623
親展書簡　34, 51
シントラ Sintra 宮殿　189-191
人肉　15
神法　111, 113, 199, 590, 623, 625
進物　→贈物
『新約聖書』　→『聖書』

【す】

ズアリ Zuari 川　347, 389, 540
水利権　611
水路誌　159, 160
枢機卿　182
　——王子　→ポルトガル
　——会議　107, 438
スーラト Surate　406
スコラ学者　502
錫　306, 332
スピノラ，カルロ Spinola, Carlo SJ　24-26, 630, 631
スペイン　88, 192, 217, 246, 253, 338-340, 354, 365, 455, 467, 502, 618, 633
　——・ポルトガル国王政府　585
　——王位　527
　——王室　15
　——系托鉢修道会　452, 454, 457, 459
　——語　49, 62, 73, 357
　——国王カルロス一世 Carlos I（皇帝カルル五世 Karl V）　43, 44, 46, 535
　——国王カルロス一世王妃（同フェリペ二世母）イザベル Isabel　43, 104
　——国王カルロス二世　13, 45
　——国王フェリペ一世 Felipe I　103
　——国王フェリペ二世（ポルトガル国王フィリペ一世 Filipe I）　41-45, 104, 138, 163, 187, 217, 254, 255, 261, 267, 279, 282, 289, 303, 317, 330, 338, 340, 345, 364, 389, 407, 421, 429, 438, 443, 468, 471, 505, 515, 530, 533, 535, 536, 538, 542, 615
　——国王フェリペ二世王妃マリア Maria　104
　——国王フェリペ三世（ポルトガル国王フィリペ二世）　41-45, 495, 530, 535, 586, 587, 593, 595, 601, 602, 615, 636
　——国王フェリペ三世王妃マルガリダ・デ・アウストリア Margarida de Austria　495
　——国王フェリペ四世（ポルトガル国王フィリペ三世）　41-46
　——国王フェリペ四世王妃マリアナ・デ・アウストリア Mariana de Austria　45
　——人　15, 18, 19, 22, 33, 35, 37, 38, 293, 299, 339, 558
　——船　33, 36, 50, 487, 492, 618
　——領アメリカ　→新大陸
　——領インディアス（西インディアス）

10-14, 16, 17, 19, 20, 37, 73, 74, 300, 340, 413, 414, 419, 475, 476, 547, 655, 656
スマトラ Samatra 島　60, 65, 67, 342
「スマリオ」　647, 648, 650
スルタン　206, 293, 302, 432
スンダ Sunda　133, 134, 138, 142, 161-163, 202, 203

【せ】

税（税金／徴税・税収・税務・収税〔官〕／納税／教会税／関税／輸出税／無税／脱税）　11, 12, 14, 17, 18, 29, 40, 42, 87, 100, 101, 128, 130, 184, 192, 195, 233-235, 246-248, 265, 314, 328, 329, 332, 387, 390, 391, 393, 412, 425, 427, 461, 466, 467, 558, 566, 570, 571, 614, 615, 618, 619, 628, 640, 641, 653, 660, 664, 665, 668-671
　臨時租――　238, 239, 248, 629, 633, 639, 642
聖遺物　200
聖グレゴリオ管区　→フランシスコ会
聖グレゴリオ管区長　→フランシスコ会
聖グレゴリオ副管区　→フランシスコ会
税関　49, 130, 233, 234, 271, 290, 328, 332, 377, 410, 443, 461, 558, 596, 620
　――（ゴア）　22, 34, 49, 164, 270, 333, 415, 427-429, 494, 495, 574, 575, 621
　――（コチン）　333
　――（マラッカ）　34, 40, 49, 164, 617, 619, 664, 668-670
政教協約　→コンコルダート
盛式誓願司祭　→イエズス会
　――カザ　→イエズス会
聖日　567
セイシャス，ガスパル・デ Seixas, Gaspar de　214, 244
『聖書』　192, 202
　『旧約――』　192, 201
　『新約――』　192
聖職者祭式者会　105, 108, 453, 519, 521
聖職売買　196-201
聖職禄　199, 242, 250, 251
聖人　73, 238, 324-326, 458, 500, 501
聖信仰のコレジオ　→コレジオ
聖水　90, 489
聖体　16
　→秘跡
聖地　498
制定法　625
セイティル　194
性道徳　→道徳
正当戦争　→戦争
聖トマス　186
　聖トマス副管区　→フランシスコ会
聖杯　199, 324, 325
聖パウロ　647
聖パウロ・コレジオ　→コレジオ
聖フィンズ Finz　→イエズス会
聖別　199, 245
青木香　64
聖ホセ管区　→フランシスコ会
聖母マリア　16, 324, 501
聖木曜日　182
聖ヤコブ　16
聖ヨハネ　16, 193
聖霊のコレジオ　→コレジオ
聖ロッケ・カザ　→イエズス会
セイロン Ceilão 島　196, 408, 414, 422, 571, 572
セウタ Ceuta　499
関ヶ原の戦　588
赤道　649
セケイラ, ディオゴ・ロペス・デ Sequeira, Diogo Lopes de　55
セゴビア Segovia　338
セダ銀　26-28, 661
石鹸　372
摂政　43-45, 104, 126, 137, 138, 180, 187, 217
セトゥーバル Setúbal　455
セバスティアン　→ポルトガル
セビリア Sevilla　12, 16, 42, 163, 357, 365, 586
セミナリオ　623, 646
セラス Celas 修道院　194
セラン，ジョアキン・ヴェリシモ Serrão, Joaquim Veríssimo　512
セラン，ジョエル Serrão, Joel　471
施療院　32, 33, 37, 82, 100, 239, 240, 265, 329, 331, 371-374, 415, 416, 437, 438, 447, 448, 450, 469, 477, 479-490, 493-495, 508, 520, 607, 644, 645

セルヴェイラ，ジョアンナ Cerveira, Joanna　661
セルケイラ，ルイス Cerqueira, Luís SJ　390-393, 425-427, 476, 478, 521, 526, 528, 565, 566, 618
線香　64
泉州　→漳州
戦争　149, 203, 346, 437, 448, 498, 591, 600, 649
　正当――　149
跣足者　455
千姫　587
全免償　→免償
洗礼　→秘跡
　――志願者　181, 223, 265, 322, 325, 480, 562

【そ】

ソアレス，アンドレ Soares, André　122, 125
ソアレス，ジャナルヴレズ Soares, Jan'Alvrez (Soares, Janalvrez)　328, 615
ソアレス，ジョアン Soãres, João　193
ソアレス，ディオゴ Soares, Diogo　669
葬儀　633
総教会会議　→教会会議
ソウザ，アンブロジオ・デ Sousa, Ambrosio de　266, 269
ソウザ，ディオゴ・デ Sousa, Diogo de（ポルト司教／ブラガ大司教）　193
ソウザ，ディオゴ・デ Sousa, Diogo de　466, 654
ソウザ，フランシスコ・コルドヴィル・デ Sousa, Francisco Cordovil de　669
ソウザ，フランシスコ・デ Sousa, Francisco de SJ　72
ソウザ，マルティン・アフォンソ・デ Sousa, Martim Afonso de　488
ソウザ，レオネル・デ Sousa, Leonel de　144, 145
ソウザ・コウティニョ，マヌエル・デ Sousa Coutinho, Manuel de　266, 269, 326, 327, 358, 359, 361, 362
ソウザ・ピメンテル，ミゲル・デ Sousa Pimentel, Miguel de（総兵巡海務 弥格児幾蘇沙庇蒙徳児）　643, 651, 652, 658
ソウザ・ピント，パウロ・ジョルジュ・デ Sousa Pinto, Paulo Jorge de　294
ソウザ・ファルカン，フランシスコ・デ Sousa Falcão, Francisco de　405, 635, 638, 641, 643, 652, 654, 657, 658, 667, 669, 670, 672
相続（――人）　23, 84, 86, 90-93, 98, 197, 241, 345, 346, 365, 662
総大司教　→司教
総兵巡海務 弥格児幾蘇沙庇蒙徳児　→ソウザ・ピメンテル，ミゲル・デ
僧侶　74, 560
属司教　→司教
ソト，ロレンソ・デ Soto, Lorenzo de OFM　452
ソドマ　201
ソドミア　→男色
sotoministro　170
ソファラ Sofala　58, 266
ソマリ Somali　64
ソルド　67, 193, 194
ソロルサノ・イ・ペレイラ，フアン・デ Solórzano y Pereira, Juan de　11, 73
尊属親　90, 93, 98

【た】

大アンティル Antilles 諸島　44
大学　13, 502, 646
太閤　→豊臣秀吉
大公　→アルベルト・デ・アウストリア
大航海時代（キリシタン時代）　3, 19, 22, 38, 39, 46, 58, 63, 68, 88, 248, 429, 456, 470, 498, 499, 646
大罪　→罪
大司教　→司教
大司教区　→司教
太守司教　→司教
大西洋　45, 136, 137
大勅書　20, 105, 107, 108, 114, 464, 498-500, 633
　――（アレキサンデル三世）　→ローマ教皇
　――（アレキサンデル六世）　→ローマ教皇
　――（エウゲニウス三世）　→ローマ教

皇
——（エウゲニウス四世）→ローマ教皇
——（グレゴリウス一四世）→ローマ教皇
——（クレメンス七世）→ローマ教皇
——（ケレスティヌス三世）→ローマ教皇
——（ニコラウス五世）→ローマ教皇
——（パウルス三世）→ローマ教皇
——（パウルス四世）→ローマ教皇
——（パウルス五世）→ローマ教皇
——（パスカリス二世）→ローマ教皇
——（ユリウス二世）→ローマ教皇
最後の晩餐の——（「イン・チェーナ・ドミニ」）　181,182
十字軍——　→十字軍
十字軍——（インノケンティウス八世）→ローマ教皇
十字軍——（グレゴリウス一三世）→ローマ教皇
十字軍——（レオ一〇世）→ローマ教皇
タイデ，ルイス・ダ　→アタイデ，ルイス・デ
代禱（赦免代禱）　501
第二ヴァチカン公会議　→公会議
太平洋　364
大砲　141,328,330,332,432,461,597,598,642
大陸（インド——）　196,198,200,201,223-226,358,489,492,493,489,492,493,540,542,543,570
代理商人　→商人
台湾　457
ダヴァレス，ジョアン Tavares, João　627,629
タヴォラ，ルイ・ロウセンソ・デ Távora, Rui Lourenço de　303,304,572,577,642,644
タエル　25-28,47,527,661-663
托鉢修道会　→スペイン
ダケン(——王国／デカン地方／デカン人)　65,66,130,178,200,206,306
舵手　121,134,139,147,157,162,166,210,284,419
ダスマリニャス，ゴメス・ペレス Dasmariñas, Gómez Pérez　456,458
盾持　105,107,311
タナ　168-171,173,174,461
タナダル　→徴税官
ダマン Damão　39,287,288,405,406,423,444
　元老院（——）→元老院
タリコタ Talicota の戦　205
ダルガド，セバスティアン・ロドルフォ Dalgado, Sebastião Rodolfo　63,65,67,72,73,130,306,347,348,375,380,540
ダンヴァース，フレデリック・チャールズ Danvers, Frederick Charles　349
タンガ　83,306,307,331,380,381
短剣（短刀）　294-296
断食　501
単式誓願　→イエズス会
タンジェル Tânger　136
短刀　→短剣
担保　283,286,364,610

【ち】

千島列島　364
地中海　43
チャルメラ　292
中国　→シナ
懲戒罪　238,553,609
丁銀　26,27,47
彫刻師　324
聴罪司祭　→司祭
丁子　364
徴税官(タナダル／デスメロ／レンデイロ)　11,128,130,131,379,425
朝鮮　527
朝鮮出兵　440,528
　慶長の役　527,528
　高麗の戦　525-527
　文禄の役　437,440,527,528
聴訴官　39,71,92,96,113,128,214-217,243,264,366,378,385,422,510,514,516,518,527,534,539,624,636,651,656,667
　——（バサイン）　71
　——（ゴア）　183,428
　——（マカオ）　39,298,300,308-315,

355, 356, 358, 359, 363, 364, 369, 413, 428, 444, 446, 469, 470, 504, 516, 547, 634-640, 642, 643, 653-657, 662, 671, 672
——（マラッカ）　667
——（マニラ）　14, 18, 19
——長　39, 82, 113, 128, 220, 221, 223, 263, 270, 276, 295, 296, 308, 309, 351, 362-364, 379, 383, 385, 389, 398, 408, 410, 413, 421, 422, 428, 444, 504, 514, 516, 534, 537, 539, 543, 638
チリ Chile　15
鎮咳剤　64
チンチェウ　→漳州
チンチェオ　→漳州

【つ】

追加法　239, 240, 249, 309, 311, 312, 556
痛悔　20, 50
通商院　12-14, 365
躓き　62, 146, 179, 220, 226, 237, 287, 298, 337, 355, 361, 443, 462, 571, 579, 584, 605
罪（罪科／犯罪／有罪／死罪／重罪／流罪／無罪／罪状／赦罪）　15, 40, 56, 73, 76, 179, 181, 196-198, 201, 202, 212-214, 229, 231, 236-238, 242, 311, 313, 338, 352, 363, 365, 400, 413, 444, 446, 462, 498, 500-502, 507, 509, 510, 529, 545, 551, 556, 562, 563, 581, 608-611, 628, 634, 637, 642, 654-656
——人（犯罪者）　212, 213, 220, 230, 236, 237, 240, 245, 413, 428, 446, 500, 509, 510, 514, 516, 529, 656
小——　500
大——　500

【て】

デ・モウラ　De Moura　420
ディアス，ドゥアルテ Dias, Duarte　198
ディアス・ビキンカラ，アントニオ Dias Biquincara, António　661, 662
ディアス，ベルシオル Dias, Belchior SJ　170
ディアス，マノエル Dias, Manuel SJ　61
ディアスポラ　633
ディウ Diu　39, 423
ディヴァル Divar 島　225, 540
テイシェイラ，マヌエル（マカオの歴史家） Teixeira, Manuel　300, 341, 429, 456, 636, 638, 647
テイシェイラ，マヌエル Teixeira, Manuel SJ　322, 323
定収入（収入／所得）　9, 21, 29, 30, 34, 37, 124, 130, 164, 191-193, 207, 219, 235, 251, 262, 263, 265, 268, 269, 271, 280, 287, 288, 290, 335, 342, 343, 345, 354, 361, 362, 372, 373, 390, 393, 408, 410, 415, 417, 418, 425-427, 436, 438, 450, 467, 469, 472, 477, 479, 480, 488, 489, 494, 495, 500, 557, 570, 574, 578, 592, 596, 598, 613-615, 617, 620, 621, 631, 645, 665, 668-670, 672
ティスアリ島　→ゴア島
抵当　283, 597
ティドル Tidore 島　292, 293
ディニェイロ　194
停泊地　→泊地
手形（為替——）　25, 26, 47, 505, 506
——送金　511
デカン　→ダケン
鉄　205, 608, 609
哲学　5, 649
鉄砲　288, 591, 600
デマルカシオン　38
寺沢広高（寺沢志摩守）　586, 588
テルナテ Ternate 島　290, 292, 293, 302, 577
——王　301
テレス，ブラズ Telles, Braz　596, 600
天　501
天正少年使節　282, 342, 367, 368, 459, 568
典礼　252, 633, 634

【と】

銅　40, 181, 306, 328-330, 332, 333, 432, 642, 643
トゥイ司教区　→司教
銅貨　194, 307, 467
ドゥカド　36, 164
東京大学史料編纂所　8

トゥクマン Tucumán　11
東西インディア間貿易　33,37,38,49,50,364,468
動産　91,101,196,286,308,310
同性愛　201
道徳　113,192,554
性――　201
東方（東洋）　14,16,43,64,73,164,169,306,429,456,563,598
東洋首席大司教　→司教
東洋文庫　47
トーレ・ド・トンボ（ゴアの文書保管所）545,546
トーレ・ド・トンボ文書館　3,8
徳川家康（内府様／皇帝／国王／公方）527,584-588
独身者　379
特免（免除）　108,489
トスタン　381
徒弟　533
トマス・アクイナス Thomas Aquinas　199
ドミニコ会（――士／――修道士）　21,29,80,279,280,306,404,430,453,456,579,636
――管区長　579
コレジオ（――）　→コレジオ
豊臣政権　460,585,588
豊臣秀次　368,526
豊臣秀吉（関白殿／太閤〔様〕／暴君）9,342,359,361,367-369,402,403,440,450,456,458-460,504,519,521-523,525-528,585-587
豊臣秀頼　587
トラヴァンコル Travancor　168
囚われ人　15,67-69,71,82,111,126,128,147,149,150,219,220,222,225,232,233,294,295,387,395,401,402,446,514,516,534,536,539,542,543,582,589,591,595,598,599,606,610
女性――　610
囚われの身　68,69,149,150,219,400,605-607,610
トリエント Trento　168
――公会議　→公会議
砦　327,540,591
トリンダデ，パウロ・ダ Trindade, Paulo da OFM　81
トルキスタン Turquestão　306
トルコ　255
奴隷　9-20,42,46,58,68,69,77,78,96,111,112,146-150,152,228,283,284,286,294,295,389,395,400,401,516,590,591,595,599,600,603-610
女――　395,603-605,609
日本人――　152,589,591,595,600
トレス，ジョアン・デ Torres, João de 376
トレス，マヌエル・デ Torres, Manuel de 495,530,545

【な】

内的法廷　76
内府様　→徳川家康
ナウ船　13,14,18,23,30,56,62,63,89,120,133,140-143,154-158,161,162,165,166,182,185,186,199,202,203,208-211,220,281,282,289,298,300,334-336,351,352,359-363,367,390,413,415,428,432,451,461,466,468,472,474,476,493,497,505,506,508,511,513,520,524-526,532,567,573,576,579,580,589,591,598,600,601,603,604,617-619,634,637,641,658,660,668-670
長崎（――港）　24,25,30,36,61-63,88,118,123,158,182,211,342,362,367,409-411,432,439,440,450,458,459,525,526,584,587,618,630,631,652
――代官　588
――奉行　588
名護屋　440,456
夏　357,364,368,409,411,439,440,454,460,618
鉛　108,182,306
ナルシンガ Narsimgua 王国　205
男色（ソドミア）　40,198,201,202,212

【に】

肉豆蔻　292
ニコラウス五世　→ローマ教皇
ニザ＝マルコ Niza Maluco 王　200,266
ニザーム・シャー Nizām Shāh 朝　267

西インディアス　→スペイン領インディアス
二〇分の一税　467
日本　9, 29-34, 38, 40, 49, 61, 62, 69, 73, 120, 123, 125, 133, 134, 138, 142, 144, 152, 154-158, 161-167, 189, 190, 207-210, 219, 248, 249, 334, 337, 355, 356, 359-362, 364, 392, 401, 402, 409, 410, 423, 435, 436, 439, 440, 442, 446, 450, 452-454, 472-474, 477, 486, 503, 519, 522, 525-527, 531, 567, 568, 583-586, 589, 590, 598, 613, 614, 616-618, 622, 623, 630, 647, 649, 651, 653
——管区　→イエズス会
——管区長　→イエズス会
——キリスト教会　→キリスト教会
——航海（権）　9, 10, 118, 123, 124, 140, 143, 144, 158-160, 164, 174, 178, 204, 211, 287, 355, 358, 363, 364, 369, 407-409, 411, 439, 584, 616, 624, 672
——航海（権）のカピタン・モール（カピタン）　39, 144, 145, 298, 313, 383, 407, 408, 410, 413, 439, 504, 624, 672
——航路　361
——司教　→司教
——司教区　→司教
——準管区　→イエズス会
——準管区長　→イエズス会
——情報　585, 586
——人　9, 10, 30, 31, 40, 69, 152, 182, 219-221, 360, 403, 516, 589, 591, 593, 595, 598-600, 616, 649, 666
——人イルマン　→イエズス会
——人貴族　336, 337
——補佐司教　→司教
コレジオ（——）　→コレジオ
日本人奴隷　→奴隷

【ぬ】

ヌエバ・エスパニャ（ノヴァ・エスパニャ）　11, 14, 17, 34, 35, 290-292, 355, 356, 363-365, 558
——副王　18, 364
ヌネス，アウグスティニョ Nunes, Augustinho　345, 348
ヌネス，エステヴァン Nunes, Estêvão　409, 426, 534, 535, 537
ヌネス，ルイス Nunes, Luís　660, 672

【ね】

ネストリウス派　6
熱病　488
年貢　130, 254, 345-347, 350, 557

【の】

ノヴァ・エスパニャ　→ヌエバ・エスパニャ
ノエ・オウ・ジョアニノ，ジョアン Noé ou Joanino, João OFM　81
ノサ・セニュラ・ダ・グラサ号事件　652
ノチェブエナ，アンドレス・デ Nochebuena, Andrés de OFM　452
ノロニャ，アフォンソ・デ Noronha, Afonso de　122
ノロニャ，アンタン・デ Noronha, Antão de　122, 127, 128, 196, 198, 204, 205, 257, 557, 559
ノロニャ，アントニオ・デ Noronha, António de　198, 199

【は】

パードレ　371, 481, 485, 486, 647, 648
パイヴァ，ペロ・デ Paiva, Pero de　391, 394, 404
背教者　633
賠償金　611
パイス Pais　420
パイス，フランシスコ Pais, Francisco (Paes, Francisco)　158, 159, 417, 418
パウルス三世　→ローマ教皇
パウルス四世　→ローマ教皇
パウルス五世　→ローマ教皇
パウロ信奉者　647
墓掘り人　539
秤　220, 513
迫害（——者）　15, 360, 361, 368, 436, 460, 472, 473
伯爵　394, 395, 404, 406
伯爵提督　→ガマ，フランシスコ・ダ
泊地（停泊地）　80, 128, 130, 270, 304, 328, 329, 332, 385, 387, 438, 446, 514, 640

幕藩体制　588
パゴデ（——貨／——金貨）　377, 380, 381
バサイン Baçaim　39, 70, 71, 75, 102, 131, 169-173, 176, 288, 418, 461
　元老院（——）→元老院
　コレジオ（——）→コレジオ
バザルコ（——貨）　304, 306, 307, 330
パシオ，フランチェスコ Pasio, Francesco SJ　30, 49
パスカリス二世　→ローマ教皇
パステルス，パブロ Pastells, Pabro SJ　357
バスルル Basrûr 村　204
パタカン　331
バチャン Bachão (Batjan)　292
罰金（——刑）　147, 269, 270, 294, 295, 312, 322, 533, 582, 605, 606
初収穫　29, 190-192, 195, 207
伴天連追放令　→キリシタン禁令
バビロニア Babilónia　192, 255
ハプスブルク家　43
バフマーン朝 Bahmān　206
破門（——罪）　18, 30, 147, 182, 193, 240-243, 284, 461, 551, 553, 606, 608, 611, 636
パラグアイ　11, 339, 340
バラモン（——教）　71, 72, 74, 75, 262, 564
　——信徒　560
　——僧侶　560
パリャ，フランシスコ・マスカレニャス Palha, Francisco Mascarenhas　144
バリャドリド（ヴァリャドリド）Valladolid　581-583, 585
バルゼオ，ガスパル Barzeo, Gaspar SJ　135, 488
バルセロル Barcelor（バルサロル Barçallor／ブラサロル Braçalor）　202, 204, 205, 337
パルダウ　82, 83, 147, 254, 270, 284, 304, 325, 343, 344, 351, 372, 373, 398, 418, 481, 488, 533, 536, 537, 539, 542, 575, 578, 605, 606, 609, 610, 620
バルデス Bardes　100, 200, 201, 223-226, 327, 347, 417, 488, 543, 563
バルボザ，アントニオ Barbosa, António　444, 517
バルボザ，ペドロ Barbosa, Pedro　251
ハルマヘラ Halmaeira 島　292
バルロベント Barlovento 諸島　15
バレアレス Baleares 諸島　16
バレイロス，エステヴァン Barreiros, Estêvão　301
パレスチナ　498
バレト，フランシスコ Barreto, Francisco　77, 78, 82, 85, 86, 93, 264
バレンシア Valencia　43
バロス，ジェロニモ・デ Barros, Jerónimo de　333
バロス，フランシスコ・デ Barros, Francisco de　316
パンジン Pangim　96, 97, 659-661
バンダ Banda 諸島　290, 292
万民法　285

【ひ】

ピエダデ，ジョアン・ピント・ダ Piedade, João Pinto da OP　636
東ローマ帝国　285
肥後国　588
ピコ　616
ビジャープル Bijāpur　206
非修学実務助修士　→イエズス会
非信徒　20, 22, 90-92, 96, 116, 117, 126, 146-148, 184, 190, 207, 223-225, 228, 246, 257, 283, 284, 286, 324, 325, 377, 378, 395-397, 399, 400, 489, 533, 534, 536-538, 560, 561, 563, 570, 598, 599, 609, 626, 627
ビスケット　620
ビズナガ Bisnaga 王　200
非正会員修学助修士　→イエズス会
秘跡　199, 239, 477, 478, 491
　堅信の——　478
　婚姻の——　478
　叙階の——　242, 392, 393, 439, 451-453, 478, 521
　聖体の——　478, 486
　洗礼の——　90, 98, 148, 283, 478, 489, 561, 562, 633
　病者の塗油の——（終油の——／最後の塗油の——）　478, 486, 491

ゆるしの――（告解の――／悔悛の――／告白の――）　20, 76, 478, 486, 500, 501
肥前　211
被選人　62
卑属親　90, 91, 93
ヒダルカーン　→イダルカン
羊（子羊）　193, 525, 611
ヒナギク　65
ピメンタ，ニコラオ Pimenta, Nicolau　473
病院　502
病死　318
病者の塗油　→秘跡
病人　371, 372, 415, 448, 450, 477, 480–482, 484–486, 488–490, 493, 520, 575, 607, 644
平修士　→イエズス会
平戸　144
ビルマ　464
ピレス，トメ Pires, Tomé　66
貧者　184, 607
ヒンドゥー教　73–75, 268
ヒンドスターニー語　130, 172, 178

【ふ】

ファリア，ジョアン・デ Faria, João de　347, 349
ファルカン，バルテザル Falcão, Baltezar　221
ファロ・P，エステヴァン・デ Faro P., Estêvão de　669
フィゲイラ，ルイズ Figueira, Luíz　404
フィゲレド，ゴメス・エアネス・デ Figueredo, Gomes Eanes de　346
フィリピン　11, 14, 17, 18, 33–35, 37, 38, 49, 73, 163, 290–292, 301, 338, 419, 452, 456, 458, 467, 475, 496, 497, 503, 504, 522, 523, 529, 585, 586, 618, 655, 656
――総督　14, 17–19, 163, 290, 413, 456, 458, 585, 586, 588, 656
――の総代理人　17, 18
――の代理人　18
フィリペ王朝　5, 19, 33, 37, 38, 254, 471
フーフェルネウル　206
フェリペ，レアンドロ Felipe Leandro SJ　35, 50
フェリペ二世　→スペイン
フェリペ二世母イザベル　→スペイン
フェリペ三世　→スペイン
フェリペ三世王妃マルガリダ・デ・アウストリア　→スペイン
フェリペ四世　→スペイン
フェリペ四世王妃マリアナ・デ・アウストリア　→スペイン
フェイラ Feira 伯爵　142, 143, 158, 159
ブエナベントゥラ，アロンソ・デ Buenaventura, Alonso de OFM　339
ブエノス・アイレス Buenos Aires　339, 340
フェルディナント一世 Ferdinand I　43
フェルナンデス，シマン Fernandes, Simão　129
フェルナンデス，ジョルジェ Fernandes, Jorge　549, 551, 553
フェルナンデス，フランシスコ Fernandes, Francisco　224
フェルナンデス，ペロ Fernandes, Pero (Fernandes, Pedro)　99, 103, 113, 207
フェルナンド三世　→カスティリャ
フェレイラ，アルヴァロ Ferreira, Álvaro　135
フォルジャズ・ペレイラ，ディオゴ Forjaz Pereira, Diogo　143
フォンセカ，アントニオ・ロペス・ダ Fonseca, António Lopes da　521
フォンセカ，ゴンサロ・ピント・ダ Fonseca, Gonçalo Pinto da　405
フォンセカ，ジョアン・ヴィセンテ・ダ Fonseca, João Vicente da　274, 276, 281, 341
フォンティベロス Fontiveros 修道院　338
武器　9, 12, 15, 107, 181, 287, 294–296
布教保護権（保護権）　36, 105, 107, 109, 232, 265, 268, 391, 554, 555, 646
福音（聖――）　15, 18, 112, 336, 354, 359, 360, 378, 402, 435, 436, 455, 472, 522, 542, 579
副院長　→イエズス会
副管区　→フランシスコ会
副管区長　→フランシスコ会

副掌帆長　56
負債　→債務
プショ（プチョ）　60,63-65
フスタ船　601,622
復活祭　16
仏教（――寺院）　72-74,268
不動産　91,101,196,247,263,265,286,308,310,343,344,362,592,594,615
府内コレジオ　→コレジオ
――司教　→司教
――司教区　→司教
船荷証券　332,379,384
不入権　229
部分免償　→免償
冬　→越冬
ブラーメーン（ブラメネ）　276
ブラガ司教区（ブラガ大司教）　→司教
フラガタ船　30,48
ブラガンサ，コンスタンティノ・デ Bragança, Constantino de　96,210
ブラガンサ Bragança 公爵　137,455
ブラザー（実務助修士）　→イエズス会
ブラジル　168
――管区　→イエズス会
ブラスケス・イ・ブラスケス，ペドロ・バウティスタ Blázquez y Blázquez, Pedro Bautista OFM　457,458
プラット，ピーター Pratt, Peter　27,48
プラテロ，エウセビオ・ゴメス Platero, Eusebio Gómez　338,340
フランサ，ベント・デ França, Bento de　429
フランシスカ Francisca　203
フランシスコ・デ・サン・ミゲル・アンドラデ・イ・アルコ・デ・パリリャス Francisco de San Miguel Andrade y Arco de Parillas OFM　457
フランシスコ会（――士／――修道士）　21,29,81,305,307,327,337-341,359,366,428-430,452-458,504,522,523,525,526,531,579,586
――アラビダ Arrábida 管区　455,456
――インディア副管区　359
――管区　81,579
――管区長　579
――遣外管区長　81,338,341,458
――サンティアゴ Santiago 管区　337
――聖グレゴリオ管区　452,458
――聖グレゴリオ管区長　452,454
――聖グレゴリオ副管区　458
――聖トマス副管区　455
――聖ホセ管区　337-339
――総長　455,456,523
――副管区　81,338,341,366,454,455,504,523
――副管区長　79,81,305,307,338,341,453,454,456,523
――マニラ副管区　455
――マラッカ副管区　341,504,522,523
――マラッカ副管区長　522
フランス　194,337,502,612
――革命　245
フランチェスコ（アッシジの――）　455,456
ブリキ職人　324,325
ブリト，アルトゥル・デ Brito, Artur de　301,302
武力（軍事力／軍隊／海軍）　20,88,130,164,232,254,255,299,303,596
フレイタス，ジョアン・デ Freitas, João de　291,515
フロイス，ルイス Fróis, Luís SJ　158,169,365,369
フロエス，ベルトラメウ Fróes, Bertolameu　198
プロクラドール（財務担当パードレ）　→イエズス会
総――　→イエズス会
日本司教の――　→司教
豊後　211,281
分銅　220
文禄の役　→朝鮮出兵

【へ】

兵役　245,600
ペイショット，アントニオ Peixoto, António　202-204
ベーメン　→ボヘミア
ベジャ Beja 市　187
元老院（――）　→元老院
ヘスス，パブロ・デ Jesús, Pablo de OFM

452, 454
ペスト　70
ペソ　18, 365, 366
ベタンコル Betancor 号　600
ペトロ　76
ペドロ一世　→ポルトガル
ベナスタリン Benastarim　202, 204
ペネラ，マティアス Penella, Matias　341
ヘブライ民族（民族）　→ユダヤ人
ベリェリノ，フランシスコ・デ Vellerino, Francisco de OFM　452
ペルー　11, 14, 16, 33-37, 50, 336, 355, 492
——船　51
ペルシア　83, 89, 98, 111, 126, 192, 212, 306, 388, 505, 533, 536, 538, 542, 602
——語　172, 173, 306
——人　173, 174
ベルトラメウ　→大村純忠
ベルベリア Bervería　16
ベルベル語　45, 137
ベルベル人　45
ベルムデス，ディオゴ Bermudes, Diogo OP　79, 80
ベルモンテ，ゴンサロ・デ Belmonte, Gonzalo de SJ　35, 50
ペレイラ，アントニオ Pereira, António　142-145, 158
ペレイラ，ギリェルメ Pereira, Guilherme　144
ペレイラ，ジェロニモ Pereira, Jerónimo（ペレイラ，ヘロニモ）　355-357, 364
ペレイラ，ディオゴ Pereira, Diogo　143
ペレイラ，ドゥアルテ Pereira, Duarte　293
ペレイラ，ペドラルヴレス Pereira, Pedralvres　572
ペレイラ，リオニズ Pereira, Lioniz　156-159
ペレイラ・フォルジャズ，ジョアン Pereira Forjaz, João　577
ペレス，フランシスコ Pérez, Francisco SJ　647
ペレス，ロレンソ Pérez, Lorenzo OFM　456
ベンガル Bengala　22, 144, 401, 422, 573

【ほ】

暴君　→豊臣秀吉
封建制　250, 553
——の法　285
暴政　620
宝石　660
暴利　→高利
俸禄（報酬）　9, 60, 67, 146, 250, 280, 281, 304, 310, 314, 315, 335, 336, 341, 345, 361, 390-392, 404, 427, 441, 442, 477, 498, 521, 565
ボカロ，アントニオ Bocarro, António　65, 68, 89, 131, 317, 426, 491, 540
ボクサー，チャールズ・ラルフ Boxer, Charles Ralph　49, 99, 123, 124, 139, 143-145, 158-160, 163, 167, 365, 366, 439, 440
北部地方　102, 176, 177, 417, 418, 482, 592, 594, 596, 597
保護権　→布教保護権
矛槍　295
補佐管轄領域　→イエズス会
補佐司教　→司教
保証人　121, 134, 141, 143, 155, 157, 162, 166, 210, 226
北方艦隊　601
施し　→喜捨
ホノリウス三世　→ローマ教皇
歩兵　265, 346, 348
ボヘミア Bohemia（ベーメン Böhmen）　43, 44
ポランコ，フアン・アルフォンソ・デ Polanco, Juan Alfonso de SJ　168
捕虜　15, 18, 149, 341
ボルジェス，クリストヴァン Borges, Christóvão　238, 249
ボルジェス，マノエル Borges, Manoel SJ　630, 631
ポルト Porto　174, 192, 217
——司教　→司教
ポルトガル
——管区　→イエズス会
——管区長　→イエズス会
——国王アフォンソ二世 Afonso II　192

——国王アフォンソ五世　20,46,194,471
——国王アフォンソ六世　471
——国王エンリケ Henrique（枢機卿王子）　104,122,126,138,178,187,254
——国王サンショ一世 Sancho I　246,499
——国王サンショ二世　246
——国王ジョアン一世 João I　246
——国王ジョアン二世　499
——国王ジョアン三世　22,69,70,83,85,89,103,104,135,137,144,187,217,266,283,286,299,488,
——国王ジョアン三世王妃カタリナ・デ・アウストリア Catarina de Áustria（王妃）　99,103-105,110,113,115,116,118,119,137
——国王ジョアン四世　471
——国王セバスティアン Sebastião　104,111,123,126,136,180,187,212,244,251,256,266,267,284,471,499,557,589,593,595,599,600,613,615
——国王フィリペ一世　→スペイン国王フェリペ二世
——国王フィリペ二世　→スペイン国王フェリペ三世
——国王フィリペ三世　→スペイン国王フェリペ四世
——国王ペドロ一世 Pedro I　471
——国王マヌエル一世 Manuel I　43,69,70,99,137,216,248,266,298,299,306,499,517,533,535
——語辞書　60,62,65,67,72,73,93,94,175,194,247,249,266,268,296,297,317,333,375,467,512,540,554,611
——顧問会議　580,581
——副王　187,330,395,406,580,581
→アルベルト・デ・アウストリア
ポルトゲズ，バルトゥロ Portuguez, Bartulo　251
ボルハ，フランシスコ Borja, Francisco SJ　168
ポレス，フランシスコ・デ Porres, Francisco de SJ　483
ボン・ジェズス　→イエズス会
ボンベイ Bombaim　206

【ま】

マードレ・デ・デウス教会　211
マイクロフィルム　8,52,532
マカオ（媽港）　4,9,22,24-26,30,31,33-37,39,40,47,50,51,61-63,88,94,118,120,121,123,125,133,134,138,142,144,154-157,163,164,166,208-211,298,300,302,308-311,313-319,336,338-342,355-359,363-370,385,387,392,403,407-411,413,419,420,427-430,432,436,437,439,440,442-444,446,452-455,459,460,469,470,473-475,478,487,492,503,504,514-516,521,525-528,547,573,576,585,614,617-619,630-632,634,635,637-641,643,647,651-653,655-657,661,662,664,671,672
——・コレジオ　→コレジオ
——司教　→司教
——司教区　→司教
——聴訴官　→聴訴官
元老院（——）　→元老院
市会議員（——）　→市会議員
マキアン Maquiem 島　292
マクシミリアン二世 Maximilian II　43,44
マクシミリアン二世皇后　→マリア
マグニノ，レオ Magnino, Leo　458
マクラガン，エドワード Maclagan, Edward　173
マグリブ Magrebe　137
マザガン Mazagão 村　132,137,138
マシエル Maciel　420
マシャド Machado　420
マシャド，ルイ Machado, Rui　355,356,358,363,369
マシャド，ルイ・バルボザ Machado, Rui Barbosa　301
マス　27,28,47,661-663
マスカレニャス，アントニオ Mascarenhas, António SJ　30
マスカレニャス，ジェリアネス Mascarenhas, Jelianes（マスカレニャス，ジル・イアネス Mascarenhas, Gil Ianes）　346,349
マスカレニャス，ジョアン・デ

Mascarenhas, João de　266
マスカレニャス，フランシスコ
Mascarenhas, Francisco（サンタ・クルズ Santa Cruz 伯爵／ヴィラ・ダ・オルタ Vila da Horta 伯爵／インディア副王）　255, 261, 265-267, 269-272,
276, 287, 289, 306, 307, 343, 344, 350, 482, 484, 490
マスカレニャス，ペドロ Mascarenhas, Pedro　70, 72
マスカレニャス，マノエル Mascarenhas, Manuel　619, 620, 622
マデイラ Madeira 島　517
マテリーフ・ド・ヨンゲ，コルネリス Matelief de Jonge, Cornelis　577
マドリード　49, 282, 303, 308, 316, 320, 330, 412, 419, 420, 428, 483, 495, 555, 655, 657
マニラ　14, 18, 30, 65, 68, 293, 364, 413, 441, 450, 452, 454, 458, 460, 526, 527, 558, 586, 587, 597, 616-618, 653
――～シナ間航海　653
――～日本間商業　616, 617
――副管区　→フランシスコ会
マヌエル，クリストヴァン Manuel, Cristóvão　210
マヌエル一世　→ポルトガル
マノエル，ペドロ Manuel, Pedro　211
マフムード・シャー Mahmūd Shāh　206
マホメット　→イスラム
マラヴェディ　194, 467
マラッカ Malaca　17, 22, 31, 34, 36, 37, 39, 40, 64, 94, 119, 121, 133, 138, 145, 148, 154, 156, 158, 159, 162-165, 167, 208, 210, 212, 281-283, 291, 292, 302, 310, 314, 315, 336, 338, 339, 359, 363, 365, 379, 387, 413, 414, 419, 420, 422, 423, 436, 437, 439, 444, 454-456, 472, 513-515, 519, 523, 524, 529, 573-577, 601, 617, 619, 622, 644-650, 652, 658-660, 664-670
――・カピタン　121, 145, 156, 158, 162, 165, 167, 294, 363, 524, 529, 576, 577, 601, 622, 660, 666
――・コレジオ　→コレジオ
――海峡　576
――司教　→司教
――司教区　→司教
――総督　212
――副管区　→フランシスコ会
――副管区長　→フランシスコ会
――要塞　→要塞
元老院（――）　→元老院
マラニャン準管区　→イエズス会
マラバル Malabar　200, 205, 210, 276, 578, 596
――海岸　349, 464, 597
――管区　→イエズス会
マリア　María（マクシミリアン二世皇后）　44
マリア　→スペイン
マルガン Margão　177, 223-225, 489
マルコ　→モルッカ
「マルコによる福音書」　458
丸盾　295
マルティヌス五世　→ローマ教皇
マルティン・イグナシオ・デ・ロヨラ Martín Ignacio de Loyola OFM (Martinho Ynacio de Loyola)　336-340, 359, 366
マルティンズ，エステヴァン Martinz, Estêvão　129, 132
マルティンス，セバアスティアン Martins, Sebastião　657
マルティンス，フランシスコ Martins, Francisco（ゴア政庁書記官）　93, 95, 97
マルティンス，フランシスコ Martins, Francisco（日本航海カピタン・モール）　144
マルティンス，ペドロ Martins, Pedro SJ　367, 391-393, 403, 425, 438-440, 442, 449, 451-454, 459, 470, 478, 488, 504, 521, 525, 526, 528
マルドナド，マリア・エルミニア Maldonado, Maria Hermínia　81
マレー
――語　63
――人　40, 666
――半島　67
マレーシア　72
マンガロル Mangalor　204, 205

マンセロス，イグナシオ・ヌニェス・デ Mancelos, Ignacio Nuñez de　355, 356, 363
マンダリン　315, 411
マンドヴィ Mandovi 川　97, 389, 490, 540

【み】

ミゲル Migel　352, 356, 357, 363
ミサ　6, 338, 525, 526
ミゼリコルディア　125, 250, 304, 305, 329, 371, 386, 414, 437, 438, 448, 481-485, 490, 607, 611
密香　64
密貿易　365
南　38, 149, 204, 406, 411, 422, 423, 558, 560, 568, 573, 574, 576-578, 596-598, 601, 616, 619, 620, 622, 641, 643, 648, 658
　——の艦隊　577
身分制議会　104, 178, 248
ミランダ，アイレス・ゴンサルヴェス・デ Miranda, Aires Gonsalves de　211
ミランダ，ゴンサロ・アリアス・デ Miranda, Gonzalo Arias de　338
明　440, 528
民事裁判所　214-216, 243
民事死　318
ミンダナオ Mindanao　15, 18
民法　506

【む】

ムガル Mogor（——帝国）　172-174, 348, 598
ムニス・バルト，アントニオ　→モニズ・バレト，アントニオ
ムルシア Murcia　43
ムレイ・アブダラ・アルガリベ Mulei Abdalá Algálibe　137
ムレイ・モハメド・アルモタワキル Mulei Mohâmede Almotauaquil　137

【め】

メアリャ　194
メキシコ　338-340, 357, 364, 365
メシア，ロウレンソ Mexia, Lourenço SJ　170
メスキタ，ディオゴ・デ Mesquita, Diogo de SJ　31
メディナ，マテウス・デ Medina, Matheus de　427, 437, 439
メネゼス，アレイショ・デ Meneses, Aleixo de　427, 459, 503, 522, 523, 532, 560, 602, 636
メネゼス，エンリケ・デ Meneses, Henrique de　286
メネゼス，ドゥアルテ・デ Meneses, Duarte de　50, 266, 269, 290, 291, 293, 294, 296, 302, 320-322, 325-327, 344, 346, 347, 349, 353, 355, 356
メネゼス，フェルナン・テレス・デ Meneses, Fernão Teles de　253, 254, 256, 258
メネゼス，フランシスコ Menezes, Francisco　95
メネゼス，ペドロ・ダ・シルヴァ・デ Menezes, Pedro da Silva de　154, 155
メルガル，ペドロ・デ Melgar, Pedro de　455
メルキュリアン，エヴェラル Mercurian, Everard SJ　480, 481
メロ，ルイズ・デ Mello, Luíz de　510
メロ，ジョルジェ・デ Melo, Jorge de　137
メロ，トメ・ルイズ・デ Mello, Thomé Luíz de　253
免罪（——符）　502, 629, 633
免除　→特免
免償（贖宥）　498-502
　全——　20, 498-500, 502
　部分——　500
メンデス，フランシスコ Mendes, Francisco　85
メンドサ，フアン・ゴンサレス・デ Mendoza, Juan González de OESA　338, 340
メンドンサ，アイレス・デ Mendonça, Aires de　417
メンドンサ，アンドレ・フルタド・デ Mendonça, André Furtado de　573, 576, 577, 596, 597, 601, 602
メンドンサ，シマン・デ Mendonça, Simão de　123

メンドンサ，ジョアン・デ Mendonça, João de　119-124

【も】

モウティニョ，アントニオ Moutinho, António　347
モウテル Mouter（Motir／Moutir）　292
モウラ，ミゲル・デ Moura, Miguel de　185, 187, 188, 281, 333, 352, 463, 470, 471, 473, 495, 530, 545
モウラ・サンパイオ，マヌエル・デ Moura Sampaio, Manuel de　187
モーロ人　14-16, 45, 56, 65, 67, 73, 77, 78, 90, 96, 111, 112, 137, 146-148, 179, 181, 184, 203, 252, 269, 284, 387, 389, 400, 401, 489, 493, 498, 533, 538, 539, 542, 543, 560, 561, 563, 591, 595
モザンビーク Moçambique　39, 58, 267, 282, 405, 442
モスク　73, 268
木香　64
モニズ・バレト，アントニオ Moniz Barreto, António（ムニス・バレト，アントニオ Munis Barreto, António）224, 227, 345, 490
モラエス Moraes　420
モラエス，セバスティアン・デ Moraes, Sebastiaõ de SJ　334, 335, 442
モラビティノ　194
モラレス，アントニオ・デ Moraes, António de　405, 566
モリスコ　16
モリナ，ラウル・A. Molina, Raúl A.　340
モルッカ Molucas（マルコ Maluco）145, 189, 190, 207, 290, 292, 301, 388, 423, 533, 536, 538, 542, 567, 568, 576, 577
　——総督　576
モレホン，ペドロ Morejón, Pedro SJ　631
モロッコ Morocco　136, 137
モンクラロ，フランシスコ・デ Monclaro, Francisco de SJ　485
モンスーン（季節風）　68, 355, 356, 359, 363, 367, 379, 408, 437, 448, 476, 478, 526, 567, 568
モンスーン文書　3, 4, 6, 8-10, 33, 40, 532
モンテイロ Monteiro　420
モンテイロ，アフォンソ Monteiro, Afonso　106, 115, 118, 185
モンテイロ，ロドリゴ Monteiro, Rodrigo　71, 77, 82
門番　129, 132

【や】

薬剤師　374

【ゆ】

遺言　23, 40, 90, 91, 93, 100, 121, 122, 125, 133, 142, 143, 154, 155, 157, 161, 162, 166, 209, 218, 241, 242, 246, 343, 530
ユスティニアヌス一世 Justinianus I　285
ユースフ・アーディル・ハーン Yūsuf Ādil Khān　206
ユダヤ　192
　——教（——教徒）　22, 90, 126, 298, 633, 634
　——人　10, 21-23, 56, 111, 112, 128, 146, 269, 298-300, 379, 381, 387, 400, 422, 423, 433, 434, 544, 546, 558-561, 571, 575, 578, 628, 629, 633, 639-641
　かくれ——教徒　633, 634
ユリウス二世　→ローマ教皇
ユリウス暦　368
ゆるしの秘跡　→秘跡

【よ】

ヨアンネス二二世　→ローマ教皇
要塞　28, 39, 40, 57-59, 75, 92, 94, 96-98, 111-113, 125, 126, 128-130, 137, 138, 147, 164, 169, 186, 189, 204, 205, 212, 221, 224, 253, 284, 287, 290-294, 302, 305, 315, 345-348, 357, 358, 370, 376, 378-380, 413, 417, 422, 443, 444, 461, 465, 504, 508, 513, 514, 518, 534, 538-540, 544, 546, 561, 563, 572, 574, 575, 581, 583, 609, 626, 644, 658, 659, 664-666, 668-670
　マラッカ——　294, 513, 514, 658, 659, 664-666, 668, 670
ヨーロッパ（——人）　58, 192, 249, 285, 584

【ら】

ラ・プラタ La Plata　339
——司教　→司教
ラウ，ヴィルジニア Rau, Virgínia　61
ラゴス Lagos　187
ラショル Rachol　345-349, 575
ラテン語　46, 60, 199, 200
ラベロ，アレシャンドレ　→レベロ，アレシャンドレ
ラベロ，パンタリアン　→レベロ，パンタレアン
ラメゴ司教区　→司教
ランチロット，ニコロ Lancilotto, Nicolò SJ　135
ランパカウ Lampacau　144

【り】

リアル　306
リオ・デ・ラ・プラタ Rio de la Plata　11
——大司教　→司教
陸軍大佐　88
陸路　302-304, 378, 621, 622
利子　226, 385, 498, 612, 628, 629, 668, 670
——付き貸借　505, 506, 628-632, 661, 662
リスボア，フランシスコ・デ Lisboa, Francisco de　127
リスボン大司教（——大司教区）→司教
理性　113, 562
律法　192
リブラ　60, 67, 146
リベイロ，ゴンサロ Ribeiro, Gonçalo　278
リベイロ・ガイオ，ジョアン Ribeiro Gaio, João　366, 496
リベラ，ジョヴァンニ・バッティスタ・ディ Ribera, Giovanni Battista di SJ　169
リマ司法行政院院長　→カストロ
流通銀　25-28
両替（——商）　430, 431, 506, 507
領国顧問会議（顧問会議）　265, 269, 270, 289, 291, 294, 320, 322, 325, 346, 349, 353, 380, 385, 387-389, 395, 397, 398, 408, 409, 422-424, 443, 444, 446, 466, 474, 493, 513, 514, 516, 517, 657, 659, 664
領事職　506
良心と騎士団の法廷　560
旅行記　338
臨時租税　→税
リンスホーテン，ヤン・ハイヘン・ファン Linschoten, Jan Huygen van　64, 66, 159, 206, 276, 380
輪廻　564

【る】

ルアン，コスモ・ド Ruão, Cosmo do　351
ルイス，シマン Luís, Simão　604
ルイス，バルトロメ Ruiz, Bartolomé OFM　457, 458
ルイス Luís 王子　144, 145
流刑　408, 422, 444, 507, 509, 626
ルソン Luzón　355, 359
ルター Luther　502

【れ】

レアル貨　12, 22, 83, 377-381, 430
レアン・ペレイラ，ガスパル・デ Leão Pereira, Gaspar de　114, 115, 119, 557, 559
霊魂　84, 114, 117, 149, 237, 238, 273, 478, 570, 579, 584, 591, 594, 610, 613, 623
レイス　83, 101, 103, 294, 295, 306, 307, 310, 311, 314, 317-319, 326, 331, 335, 344, 380, 381, 392-394, 418, 442, 537, 565, 566
レイス・マゴス Reis Magos　327
霊操　135
レイタン，マヌエル Leitão, Manuel　127, 129
礼拝堂　245
——付き司祭　485
レイリア Leiria　455
レーグワ　169, 216, 217, 220, 222, 555, 648, 649
レオ一〇世　→ローマ教皇
レオン León 王　499
レゴ，マノエル・ド Rego, Manoel do　624

レコキンスタ　20,498
レジデンシア　→イエズス会
レスポンデンシア（respondência／responder）　24-26,47,629-632
レドンド伯爵
→コウティニョ，ジョアン
→コウティニョ，フランシスコ
レベロ，アレシャンドレ Rebelo, Alexandre（ラベロ，アレシャンドレ Rabello, Alexandre）　298,300,301
レベロ，アントニオ Rebelo, António　301
レベロ，パンタレアン Rebello, Pantaleão（ラベロ，パンタリアン Rabelo, Pantalião）　78,181
レモス，ペロ・カルデイラ・デ Lemos, Pero Caldeira de　227
レモス，ルイス・アルヴァレス・デ Lemos, Luís Álvares de　669
煉獄　501

【ろ】

蠟　193
——燭立　324,325
牢　295,556
ローマ　168,192,338,462,480,485,488
ローマ教皇　16,19,20,38,76,114,151,182,183,192,391,523,525,526,550,622,626,633
アレキサンデル三世 Alexander III　498
——大勅書　498
アレキサンデル六世　499
——大勅書　499
インノケンティウス三世 Innocentius III　498
インノケンティウス八世　499
——十字軍大勅書　499
ウルバヌス二世 Urbanus II　497
ウルバヌス五世　182
——教皇令　182
エウゲニウス三世 Eugenius III　498
——大勅書　498
エウゲニウス四世　499
——大勅書　499
教皇庁　76,550
教皇特使　151
教皇令　182,183,561,562
グレゴリウス一三世 Gregorius XIII　338,499
——十字軍大勅書　499
——小勅書　458,525,526,531
グレゴリウス一四世　499
——大勅書　499
クレメンス三世 Clemens III　498
クレメンス五世　182,249
クレメンス七世　107,633
——大勅書　633
ケレスティヌス三世 Coelestinus III　499
——大勅書　499
シクストゥス五世 Sixtus V　151,453,458
——小勅書　453,458
自発教令　108
ニコラウス五世 Nicolaus V　20,46,182
——教皇令　182
——大勅書　20,46
パウルス三世 Paulus III　107
——大勅書　107
パウルス四世　464
——大勅書　464
パウルス五世　182,499
——教皇令　182
——大勅書　500
パスカリス二世 Paschalis II　498
——大勅書　498
ホノリウス三世 Honorius III　498
マルティヌス五世 Martinus V　182
——教皇令　182
ユリウス二世 Julius II　182,499
——教皇令　182
——大勅書　499
ヨアンネス二二世 Joannes XXII　249
——勅令　249
レオ一〇世 Leo X　499
——十字軍大勅書　499
ローマ時代　151
ローマ人　63,194
ローマ帝国　285
ローマ法　285,286
ロドリゲス，ヴィセンテ Rodrigues, Vicente　26,47

ロドリゲス，ゴンサロ Rodrigues, Gonçalo SJ　169, 349
ロドリゲス，ジョアン Rodrigues, João 263
ロドリゲス，ヌノ Rodrigues, Nuno SJ 482, 484
ロドリゲス，フランシスコ Rodrigues, Francisco SJ　646
ロドリゲス，マノエル Rodrigues, Manuel SJ　174
ロドリゲス，マノエル Rodrigues, Manuel　585
ロドリゲス，マルティニョ Rodrigues, Martinho　246
ロペス，ヴァレリオ Lopes, Valerio 101, 185, 252, 262, 263, 274
ロペス，フェリス Lopes, Félix OFM 81
ロペス・ペレイラ，アルヴァロ Lopes Pereira, Álvaro　662
ロボ，ディオゴ Lobo, Diogo　132–136, 138–141
ロボ，バルタザル・アルナルド Lobo, Baltasar Arnaldo　301
ロボ，ロドリゴ Lobo, Rodrigo　136
ロンキリョ・デ・ペニャロサ，ゴンサロ Ronquillo de Peñalosa, Gonzalo 163

【わ】

賄賂　525, 527

引用文献目録

欧文文献

Abad Pérez, Antolín & Sánchez Fuertes, Cayetano, "La Descalcez Franciscana en España, Hispanoamérica y Extremo Oriente Síntesis Histórica, Geográfica y Bibliográfica", Archivo Ibero - Americano, año LIX, núm. 234, 1999.

Aduarte, Diego, Historia de la Provincia del Santo Rosario de la Orden de Predicadores en Filipinas, Japón y China, 2 vols., Ferrero, Manuel ed., Madrid, 1962, 1963(扉), 1963, 1964(背表紙).

Aguiar, J. Monteiro de, Diocese de Cochim, Breve Notícia Histórica da Cidade de Cochim, Vicecitudes e Estado Presente da sua Diocese.

Albuquerque, Luís de, Dicionário de História dos Descobrimentos Portugueses, 2 vols., 1994.

Alguns Documentos do Archivo Nacional da Torre do Tombo acerca das Navegações e Conquistas Portuguezas, Lisboa, 1892.

Almoyna, Julio Martínez, Dicionário de Português - Espanhol, Porto.

Alonso, Carlos, Alejo de Meneses, O. S. A. (1559 - 1617) Arzobispo de Goa (1595 - 1612) Estudio biográfico, Valladolid, 1992.

Alonso, Martín, Enciclopedia del Idioma, 3 vols., Madrid, 1958.

Alvarez - Taladriz, J. L., "Un Documento de 1610 sobre el Contrato de Armação de la Nao de Trato entre Macao y Nagasaki",『天理大学学報』29, 1959.

Alvarez - Taladriz, J. L., "Notas adicionales sobre la embajada a Hideyoshi del Padre Fray Juan Cobo, O. P.",『サピエンチア 英知大学論叢』3, 1969.

Alvarez - Taladriz, J. L., "Inversión de Plata del Perú en la India Oriental para la Misión de Japón (1590 - 1598)",『天理大学学報』107, 1977.

Aragão, A. C. Teixeira de, Descripção Geral e Histórica das Moedas Cunhadas em Nome dos Reis, Regentes e Governadores de Portugal, III, Lisboa, 1880.

Archivo Portuguez - Oriental, Cunha Rivara, J. H. da ed., 10 vols., Nova Goa 1857 - 1875, reprint, New Delhi, 1992.（APO と略す）

Aresta, António & Oliveira, Celina Veiga de, O Senado, Fontes Documentais para a História do Leal Senado de Macau, Macau, 1998.

Arquivos de Macau, I série, 3 vols., 1929 - 1931, 3.ª ed. (reprodução digital), Macau, 1998.

Arquivos de Macau, II série, vol. I, n.ºs 1-6, 1941.

Arquivos de Macau, IV série, vol. VIII, tomo I, 1988, Macau, 1989.

As Gavetas da Torre do Tombo, 12 vols., Lisboa, 1960 - 1977.

Ayala, Manuel Josef de, Diccionario de Gobierno y Legislación de Indias, I, VI, VII, Vas Mingo, Marta Milagros ed., Madrid, 1988 - 1990.

Azevedo, J. Lúcio de, História dos Cristãos Novos Portugueses, 2.ª ed., Lisboa, 1975.

Barberán, Francisco, Dicciconario Jurídico, Japonés - Español, Español - Japonés (『和西・西和法律用語辞典』), 2.ª ed., Editorial Aranzadi, Navarra, 2007.

Bethencourt, Francisco & Chaudhuri, Kirti, História da Expansão Portuguesa, I, Navarra, 1998.

Biker, Julio Firmino Judice, Collecção de Tratados e concertos de pazes que o Estado da Índia Portugueza fez com os Reis e Senhores com quem teve relações nas partes da Ásia e África Oriental desde o princípio da conquista até ao fim do século XVIII, 14 vols., Lisboa, 1881 - 1887; reprint, 14 vols., New Delhi, 1995.

Blair, Emma Helen & Robertson, James Alexander ed., The Philippine Islands 1493 - 1898, XVII, Cleveland.

Bocarro, António. Década 13 da História da Índia, II, Lisboa, 1876.

Bocarro, António, O Livro das Plantas de todas as Fortalezas, Cidades e Povoações do Estado da Índia Oriental, 3 vols., Cid, Isabel ed., Macau, 1992.

Boletim da Filmoteca Ultramarina Portuguesa, 2, 16, Lisboa, 1955, 1960.

Boletim do Arquivo Histórico Colonial, I, Lisboa, 1950.

Bossini, Francisco Ramos & Gleeson, Mary & Arana Landín, Sofía, Diccionario Bilingüe de Términos Legales Inglés - Español Español - Inglés, Bilingual Dictionary of Legal Terms English - Spanish Spanish - English, 5.ª ed., Granada,

2008.

Boxer, C. R., Fidalgos in the Far East 1550 - 1770, The Hague, 1948.

Boxer, C. R. ed., South China in the Sixteenth Century Being the narratives of Galeote Pereira, Fr. Gaspar da Cruz, O. P., Fr. Martín de Rada, O. E. S. A. (1550 - 1575), London, 1953.

Boxer, C. R., The Great Ship from Amacon, Lisboa, 1959.

Boxer, C.R., The Christian Century in Japan 1549 - 1650, University of California Press, 1967.

Boxer, C. R., The Portuguese Seaborne Empire 1415 - 1825, London, 1969.

Boxer, C. R., Fidalgos no Extremo Oriente 1550 - 1770, Oleiro, Teresa e Manuel Bairrão tr., Macau, 1990.

Boxer, C. R. Estudos para a História de Macau séculos XVI a XVIII, I, Lisboa, 1991.

Boxer, C. R. & Vasconcelos, Frazão de, André Furtado de Mendonça (1558 - 1610), Lisboa, 1955.

Boxer, C. R. & Vasconcelos, Frazão de, André Furtado de Mendonça (1558 - 1610), Macau, 1989.

Caldas, José, História da Origem e Estabelecimento da Bula da Cruzada em Portugal, Coimbra, 1923.

Cange, D. du, Glossarium Mediae et Infimae Latinitatis, edition nova a Leopold Favre, t. V, Paris, 1938.

Cartas de Affonso de Albuquerque seguidas de Documentos que as elucidam publicadas de Ordem da Classe de Sciências Moraes, Políticas e Bellas - Lettras da Academia Real das Sciências de Lisboa e sob a direcção de Raymundo António de Bulhão Pato sócio da mesma Academia, 7 vols., Lisboa, 1884 - 1935.

Cartas do Iapão, nas qvaes se trata da chegada áquellas partes dos fidalgos Iapões que ca vierão, Lisboa, 1593, mimeographed copy, Toyo Bunko.

Cartas qve os padres e irmãos da Companhia de Iesus escreuerão dos Reynos de Iapão & China aos da mesma Companhia da Índia, & Europa, des do anno de 1549 atè o de 1580, segunda parte, edição fac-similada da edição de Évora, 1598, Maia, 1997.

Castro, João de, Obras Completas de D. João de Castro, III, Cortesão, Armando &

Albuquerque, Luís de ed., Coimbra, 1976.

Castro, Nuno de & Paes, Simão Ferreira, De Bartolomeu Dias a Vasco da Gama, As Famosas Armadas da Índia 1496 - 1650, Porto, 1997.

Coates, Timothy J., Degredados e Órfãs: Colonização Dirigida pela Coroa no Império Português, 1550 - 1755, Lima, José Vieira de tr., Lisboa, 1998.

Cocks, Richard, Diary of Richard Cocks Cape - merchant in the English Factory in Japan 1615 - 1622 with Correspondence, I, Thompson, Edward Maunde ed., London, 1883（reprint, 1964?, New York も頁数同）.

Colín, Francisco, Labor Evangélica, Pastells, Pablo ed., I, II, Barcelona, 1900.

Copia di Dve Lettere Annve Scritte dal Giapone del 1589 &1590, Milano, 1593.

Costa, Cristóvão da, Tratado das Drogas e Medicinas das Índias Orientais, versão portuguesa com introdução e notas do Walter, Jaime, 1964.

Costa Lobo, F. M. da, A acção diplomática dos portugueses nos séculos XV e XVI, destinada à realização de descobertas e conquistas, Lisboa, 1937.

Couto, Diogo de, Da Ásia de Diogo de Couto, década VI, parte II; década X, parte I, Lisboa, 1974.

Cruz, Frei Gaspar da, Tratado das coisas da China (Évora, 1569 - 1570), Loureiro, Rui Manuel ed., Lisboa, 1997.

Cunha, J. Gerson da, Contribuições para o Estudo da Numismática Indo - Portuguesa, Garcia, Luís Pinto tr., Lisboa, 1955.

Dalgado, Sebastião Rodolfo, Glossário Luso - Asiático, 2 vols., Coimbra, 1919, 1921, reprint, Hamburg, 1982.

Danvers, Frederick Charles, The Portuguese in India, 2 vols., London, 1966.

Delgado Domingues, Maria Helena, Tratado de Todos os Vice - Reis e Governadores da Índia, Lisboa, 1962.

D' Elia, Pasquale M. ed., Fonti Ricciane, Storia dell'Introduzione del Cristianesimo in Cina, I, II, Roma, 1942, 1949.

Dicionário Enciclopédico da História de Portugal, 2 vols., Publicações Alfa, 1993.

D' Intino, Raffaella, Enformação das Cousas da China, Textos do século XVI, Lisboa, 1989.

Documenta Indica, I - XVII, Wicki, Iosephus ed., (vols. XIV - XVI, Wicki, Joseph &

Gomes, John ed.) Romae, 1948 - 1988.

Documenta Malucensia, II, Jacobs, Hubert ed., Rome, 1980.

Documentação Henriquina, Garcia, José Manuel ed., Maia, 1995.

Documentação para a História das Missões do Padroado Português do Oriente, Índia, Silva Rego, António da ed., 2, 4, 7 - 12, Lisboa, 1949 - 1958.（Documentação, Índia と略す）

Documentação para a História das Missões do Padroado Português do Oriente, Índia, Índice, 2000.（Documentação, Índia, Índice と略す）

Documentação para a História das Missões do Padroado Português do Oriente, Insulíndia, Sá, Artur Basílio de ed., 4, Lisboa, 1956.（Documentação, Insulíndia と略す）

Documentação Ultramarina Portuguesa, 8 vols., Lisboa, 1960 - 1983.

Documentos Remettidos da Índia ou Livros das Monções, 10 vols., Lisboa, 1880 - 1982.（Documentos と略す）

Enciclopedia Cattolica, III, 1949.

Enciclopedia Vniversal Ilvstrada, XIV, XVI, LVI, Espasa - Calpe, Madrid.

Encinas, Diego de ed., Cedulario Indiano, García Gallo, Alfonso ed., 4 vols., Madrid, 1945, 1946.

Erdmann, Carl, A Idea de Cruzada em Portugal, Coimbra, 1940.

Faria e Sousa, Manuel de, Ásia Portuguesa, III, IV, V, Aguilar, Manuel Busquets de tr., Pôrto, 1945 - 1947.

Farinha, António Lourenço, A Expansão da Fé no Oirente, II, Lisboa, 1943.

Fernández, Pablo, Dominicos donde Nace el Sol, Historia de la Provincia del Santísimo Rosario de Filipinas de la Orden de Predicadores, Barcelona, 1958.

Ferreira, Fernanda Durão, O Paper da Igreja Católica na Índia (1498 - 1640), 2000.

Ferreira Martins, José F., Crónica dos Vice - Reis e Governadores da Índia, Nova Goa, 1919.

Ferreira Martins, José F., Os Vice - Reis da Índia 1505 - 1917, Lisboa, 1935.

Frois, Luis, Die Geschichte Japans (1549 - 1578), Schurhammer, G. & Voretzsch, E. A. tr., Leipzig, 1926.

Fróis, Luís, História de Japam, II, IV, V, Wicki, José ed., Lisboa, 1981, 1983, 1984.

García Hernán, Enrique, Políticos de la Monarquía Hispánica (1469 - 1700) Ensayo y Diccionario, Madrid, 2002.

Godinho, Vitorino Magalhães, Os Descobrimentos e a Economia Mundial, 4 vols., 2.ª edição correcta e ampliada, Lisboa, 1981, 1985, 1987.

Gonçalves Pereira, Carlos Renato, História da Administração da Justiça no Estado da Índia século XVI, 2 vols., Lisboa, 1964, 1965.

Gonzáles, José María, Historia de las Misiones Dominicanas de China 1632 - 1700, I, Madrid, 1964.

González, M. y otros, Dominicos Españoles en el Extremo Oriente IV Centenario, Madrid, 1988.

Grogan, H. T., Numismática Indo - Portuguesa, Garcia, Luís Pinto tr., Lisboa, 1955.

Guerreiro, Fernão, Relação Anual das coisas que fizeram os padres da Companhia de Jesus nas suas missões, Artur Viegas ed., II, Coimbra, 1931.

Herculano, Alexandre, History of the Origen and Establishment of the Inquisition in Portugal, Branner, John C. tr., New York, 1968.

Hespanha, António Manuel, Panorama da História Institucional e Jurídica de Macau, Macau, 1995.

Jesus, C. A. Montalto de, Macau Histórico, Macau, 1990.

Jordão, Levy Maria ed., Bullarium Patronatus Portugalliae Regum in Ecclesiis Africae, Asiae atque Oceaniae, I, Olisipone, 1868.

Latourette, Kenneth Scott, A History of Christian Missions in China, Taipei, 1973.

Leitão, Humberto & Lopes, José Vicente, Dicionário da Linguagem de Marinha Antiga e Actual, Lisboa, 1990.

Livro das Cidades, e Fortalezas, que a Coroa de Portugal tem nas Partes da Índia, e das Capitanias, e mais Cargos que nelas ha, e da Importância delles, Stvdia, 6, Lisboa, 1960, pp. 351 - 363.（本記録部分は別頁）

Ljungstedt, Anders, An Historical Sketch of the Portuguese Settlements in China; and of the Roman Catholic Church and Mission in China, Hong Kong, 1992.

Loureiro, Rui Manuel, Fidalgos, Missionários e Mandarins, Portugal e a China no Século XVI, Fundação Oriente, 2000.

Machado, José Pedro, Dicionário da Língua Portuguesa, 7 vols., 1958 - 1971.

Maclagan, Edward, Os Jesuítas e o Grão Mogol, Dória, António Álvaro tr., Porto, 1946.

Magnino, Leo, Pontificia Nipponica, I, Romae, 1947.

Maldonado, Maria Hermínia ed., Relação das Náos e Armadas da Índia, Coimbra, 1985.

Martins, Maria Odete Soares, A Missionação nas Molucas no século XVI, Universidade Nova de Lisboa, 2002.

Mártires Lopes, Maria de Jesus dos, Goa Setecentista Tradição e Modernidade (1750 - 1800), Lisboa, 1999.

Matos, Artur Teodoro de, O Estado da Índia nos anos de 1581 - 1588, Universidade de Açores, 1982.

Matos, Artur Teodoro de ed., O Tombo de Chaul 1591 - 1592, Centro de Estudos Damião de Góis, 2000.

Mendoça, Ioan Gonzalez de, Historia de las cosas mas notables, ritos y costvmbres, del gran Reyno de la China, sabidas assi por los mesmos Chinas, como por relación de Religiosos y otras personas que an estado en el dicho Reyno, Roma, 1585.

Menéndez Pidal, Ramón, Historia de España, XX, Fernández Álvarez, Manuel, La España del Emperador Carlos V (1500 - 1558; 1517 - 1556), Madrid, 1982.

Molina, Raúl A., “Fray Martín Ignacio de Loyola Cuarto Obispo del Paraguay y Río de la Plata (1603 - 1606)”, Missionalia Hispánica, año X, núm. 28, 1953.

Monumenta Henricina, Almeida, Manuel Lopes de & Costa Brochado, Idalino Ferreira da & Dias Dinis, António Joaquim ed., 15 vols., Lisboa, Coimbra, 1960 - 1974.

Monumenta Ignatiana, series tertia, Sancti Ignatii de Loyola, Constitutiones Societatis Jesu, II, Roma, 1936.

Mucznik, Lúcia Liba & Tavim, José Alberto Rodrigues da Silva & Mucznik, Esther & Mea, Elvira de Azevedo, Dicionário do Judaísmo Português, Lisboa, 2009.

Muñoz, Honorio, “Los Dominicos Españoles en Japón (Siglo XVII)”, Missionalia Hispanica, año XXII, núms. 64 - 65, 1965.

Nobreza de Portugal e do Brasil, II, III, Lisboa, 2000.

Olival, Fernanda, D. Filipe II de Cognome «O Pio», 2008.

Oliveira, António de, D. Filipe III, 2008.

Oliveira e Costa, João Paulo, D. Manuel I 1469 - 1521, Um Príncipe do Renascimento, 2007.

Oliveira Marques, A. H. de & Alves Dias, João José, Atlas Histórico de Portugal e do Ultramar Português, 2003.

O' Neill, Charles E. & Domínguez, Joaquín M.ª ed., Diccionario Histórico de la Compañía de Jesús, 4 vols., Roma - Madrid, 2001.

Paes, Simão Ferreira, As Famosas Armadas Portuguesas 1496 - 1650, Rio de Janeiro, 1937.

Pastells, Pablo, Historia General de Filipinas, (Navas, Francisco, Catálogo de los documentos relativos a las Islas Filipinas existentes en el Archivo de Indias de Sevilla, 1602 - 1608) V, Barcelona, 1929.

Pérez, Lorenzo, Cartas y Relaciones del Japón, III, "Archivo Ibero - Americano", XIII, 1920.

Pérez, Lorenzo, Origen de las Misiones Franciscanas en el Extremo Oriente, Madrid, 1916.

Pimenta Ferro, Maria José, Catálogo de Moedas Portuguesas do Gabinete de Numismática da Biblioteca Nacional de Lisboa, I, Biblioteca Nacional de Lisboa, 1978.

Pinto, J. A. Abranches & Okamoto, Yoshitomo & Bernard, Henri S. J., La Premiere Ambassade du Japon en Europe 1582 - 1592 Première Partie le Traité du Père Frois (Texte portugais), Tokyo, Sophia University, 1942.

Pinto, Fernão Mendes, The Travels of Mendes Pinto, Catz, Rebecca D. tr., The University of Chicago Press, 1989.

Pinto, Fernão Mendes, Peregrinação, II, versão para português actual e glossário de Maria Alberto Menéres, Lisboa, 2001.

Platero, Eusebio Gómez, Catálogo Biográfico de los Religiosos Franciscanos de la Provincia de San Gregorio Magno de Filipinas, Manila, 1880.

Portas, Catarina & Gonçalves, Inês, Goa História de um Encontro, Coimbra, 2002.

Pratt, Peter, History of Japan, II, M. Paske - Smith C. B. E. ed., Kobe, Japan, 1931.

Rau, Virgínia, Feitores e Feitorias «Instrumentos» do Comércio Internacional Português no Século XVI, Lisboa, 1966.

Rau, Virgínia, Estudos sobre História Económica e Social do Antigo Regime, Lisboa, 1984.

Recopilación de Leyes de los Reynos de las Indias, 3 vols., Madrid, 1943. (Recopilación, 1943 と略す)

Recopilación de Leyes de los Reynos de las Indias, I, Madrid, 1973. (Recopilación, 1973 と略す)

Reis, João C., Memória das Armadas da Índia 1487 - 1650, Macau, 1990.

Ribadeneira, Marcelo de, Historia de las Islas del Archipiélago Filipino y Reinos de la Gran China, Tartaria, Cochinchina, Malaca, Siam, Cambodge y Japón, Legísima, Juan R. de ed., Madrid, 1947.

Ribadeneira, Marcelo de, Historia del Archipiélago y otros Reynos, History of the Philippines and Other Kingdoms, Fernandez, Pacita Guevara tr., I, II, Manila, 1970.

Rodrigues, Francisco, A Companhia de Jesus em Portugal e nas Missões, Pôrto, 1935.

Sá, Francisco Xavier Valeriano de, O Padroado Português do Oriente e os Mitrados da Sé de Goa, Lisboa, 2004.

Saldanha, M. J. Gabriel de, História de Goa, I, História Política, New Delhi, 2002.

San Agustín, Gaspar de, Conquista de las Islas Filipinas (1565 - 1615), Madrid, 1975.

Santarem, Visconde de, Quadro Elementar das Relações Políticas e Diplomáticas de Portugal com as Diversas Potências do Mundo, IX - XIII, Lisboa, 1864 - 1876.

Santos Abranches, Joaquim dos, Fontes do Direito Ecclesiástico Portuguêz, I, Summa do Bullario Portuguêz, Coimbra, 1895.

Santos, Catarina Madeira, «Goa é a Chave de Toda a Índia» Perfil Político da Capital do Estado da Índia (1505 - 1570), Lisboa, 1999.

Saraiva, António José, Inquisição e Christãos - Novos, Porto, 1969.

Schurhammer, Georg, Die Zeitgenössischen Quellen zur Geschichte Portugiesisch-Asiens und seiner Nachbarländer zur Zeit des Hl. Franz Xaver (1538 - 1552),

Rom, 1962.
Schurhammer, Georg, Francisco Javier su vida e su tiempo, III, India 1547 - 1549; IV, Japón - China 1549 - 1552, Pamplona, 1992.
Schurz, William Lytle, The Manila Galleon, New York, 1959.
Schütte, Josef Franz, Valignanos Missionsgrundsätze für Japan, I - I, Roma, 1951.
Schütte, Josef Franz, Valignano's Mission Principles for Japan, I - I, John J. Coyne tr., Gujarat Sahitya Prakash, India, 1980.
Schütte, Josephus Franciscus, Introductio ad Historiam Societatis Jesu in Japonia 1549 - 1650, Romae, 1968.
Schütte, Josef Franz, Monumenta Historica Japoniae, I, Romae, 1975.
Selección de las Leyes de Indias, Madrid, 1929.
Serrão, Joaquim Veríssimo, História de Portugal, II - IV, 1978, 1979.
Serrão, Joel ed., Dicionário de História de Portugal, 6 vols., suplemento (Barreto, António & Mónica, Maria Filomena ed.) 3 vols., 1985, 1999, 2000.
Silva Marques, João Martins da & Iria, Alberto ed., Descobrimentos Portugueses, 5 vols., Lisboa, 1944 - 1971; Reprodução Fac-similada, 5 vols., Lisboa, 1988.
Silva, Pedro, Dos Templários à Ordem de Cristo, 2007.
Silva Rêgo, António da, O Padroado Português do Oriente, Lisboa, 1940.
Solorzano y Pereyra, Juan de, Política Indiana, I, Valenzuela, Francisco Ramiro ed., Madrid - Buenos Aires.
Solorzano y Pereyra, Juan de, Política Indiana, I, Ochoa Brun, Miguel Angel ed., Madrid, 1972.
Sousa, Francisco de, Oriente Conquistado a Jesus Cristo pelos Padres da Companhia de Jesus da Província de Goa, Almeida, M. Lopes de ed., Oporto, 1978.
Sousa Pinto, Paulo Jorge de, Portugueses e Malaios, Malaca e os Sultanatos de Johor e Achém 1575 - 1619, Lisboa, 1997.
Souza, George Bryan, The Survival of Empire, Portuguese Trade and Society in China and the South China Sea, 1630 - 1754, Cambridge University Press, 1986.
Souza, George Bryan, A Sobrevivência do Império: Os Portugueses na China (1630 - 1754), Arrais, Luísa tr., Lisboa, 1991.

Teixeira, André, Fortalezas Estado Português da Índia, Arquitectura Militar na Construção do Império de D. Manuel I, Lisboa, 2008.

Teixeira, Manuel, Macau e a sua Diocese, II, Macau, 1940; III, Macau, 1956 - 1961; IV, Macau, 1957; V, Lisboa, 1963; VI, Lisboa, 1963; VII, Macau, 1967; VIII, Macau, 1972; IX, Macau, 1969; X, Macau, 1974; XI, Macau, 1975; XII, Macau, 1976; XIII, Macau, 1977.

Teixeira, Manuel, The Portuguese Missions in Malacca and Singapore (1511 - 1958), I, II, Lisboa, 1961.

Teixeira, Manuel, Os Ouvidores em Macau, 1976.

Teixeira, Manuel, "Os Franciscanos em Macau", Archivo Ibero - Americano, año XXXVIII, núms. 149 - 152, 1978.

Teixeira, Manuel, "Os Franciscanos em Macau", Sánchez, Víctor & Fuertes, Cayetano S., España en Extremo Oriente Filipinas China Japón Presencia Franciscana, 1578 - 1978, Madrid, 1979.

Teixeira, Manuel, Macau no séc. XVI, Macau, 1981.

The Encyclopaedia Britannica, 14th ed., XXII, 1929.

Trindade, Paulo da, Conquista Espiritual do Oriente, Lopes, Félix ed., I, Lisboa, 1962.

Tuñón de Lara, Manuel, Historia de España, V, La Frustración de un Imperio, Barcelona, 1982.

Uyttenbroeck, Thomas, Early Franciscans in Japan, Tokyo, 1958.

Valignano, Alessandro, Historia del Principio y Progresso de la Compañía de Jesús en las Indias Orientales (1542 - 64), Wicki, Josef ed., Roma, 1944.

Valignano, Alejandro, Adiciones del Sumario de Japón, Alvarez - Taladriz, José Luis ed., Osaka, 1954.

Valignano, Alexandro, Summarium Indicum, 1577, Documenta Indica, XIII, Wicki, Ioseph ed., Romae, 1975.

Valignano, Alexandro, Summario de las cosas que pertenecen a la Provincia de la India Oriental y al govierno della, 1579 - 1580, Documenta Indica, XIII, Wicki, Ioseph ed., Romae, 1975.

Wicki, José ed., O Livro do «Pai dos Cristãos», Lisboa, 1969.

Ybot León, Antonio, La Iglesia y los Eclesiásticos Españoles en la Empresa de Indias, II, Barcelona - Madrid, 1963.

Yule, Henry & Burnell, A. C., Hobson - Jobson, A Glossary of Colloquial Anglo - Indian Words and Phrases, and of Kindred Terms, Etymological, Historical, Geographical and Discursive, London, 1968.

Zinadím, História dos Portugueses no Malabar, Lopes, David tr., Lisboa, 1998.

未刊史料

Archivo General de Indias, Filipinas 19.

Archivum Romanum Societatis Iesu, Jap. Sin. 9 - II, 12 - I, 13 - II, 14 - II, 15 - I, 18 - I, 20 - II, 23, 31, 36, 46, 47, 54; Fóndo Gesuìtico 721 - II - 7.

Arquivo Histórico de Goa, Livro das Monções do Reino. 岡美穂子氏より借用したマイクロフィルムによる。

Biblioteca da Ajuda, 49 - IV - 66, 49 - V - 3, 49 - V - 7; 49 - V - 11, 49 - VI - 8.

Biblioteca de la Real Academia de la Historia, Cortes 565, 566.

Instituto dos Arquivos Nacionais / Torre do Tombo, Livros das Monções ou Documentos Remetidos da Índia.

邦文文献

アコスタ　増田義郎訳・注『新大陸自然文化史』上，『大航海時代叢書』岩波書店，1966年

Alvarez - Taladriz, José　野間一正訳「マカオ・長崎間貿易船のアルマサン契約に関する1610年の資料」『キリシタン研究』12輯，1967年

伊川健二『大航海時代の東アジア――日欧通交の歴史的前提――』吉川弘文館，2007年

生田滋『大航海時代とモルッカ諸島』中公新書，1998年

『岩波西洋人名辞典』増補版，岩波書店，1981年

Valignano, Alessandro S.I. 原著　岩谷十二郎訳「東インドに於けるイエズス会の起源と進歩の歴史」2『キリシタン研究』28輯，1988年

ヴァリニャーノ　高橋裕史訳『東インド巡察記』『東洋文庫』734，平凡社，2005年

エリー・ケドゥリー編　関哲行・立石博高・宮前安子訳『スペインのユダヤ人』平凡

社，1995年
岡本良知「16・7世紀日本関係公文書」『日葡交通』2輯，東洋堂，1943年
岡本良知『中世モルッカ諸島の香料』東洋堂，1944年
岡本良知『16世紀日欧交通史の研究』改定増補，六甲書房，1942年（復刻原本），原書房，1974年
ガスパール・ダ・クルス著 日埜博司編訳『クルス「中国誌」』新人物往来社，1996年
『カトリック教会法典』有斐閣，1962年
『カトリック新教会法典』有斐閣，1992年
『カトリック大辞典』全5巻，冨山房，1940-1960年
岸野久訳「マヌエル・テイシェイラ著「至福なるイエズス会士パードレ・フランシスコ・ザビエルの生涯」(1580年)」1，2（『桐朋学園大学短期大学部紀要』20，21号，2002，2003年）
岸野久『ザビエルの同伴者 アンジロー――戦国時代の国際人』吉川弘文館，2001年
金七紀男『ポルトガル史』彩流社，1996年
『グランド新世界大地図 Grand New World Atlas』全教出版，1992年
K.-H.ビーリッツ著 松山與志雄訳『教会暦――祝祭日の歴史と現在』教文館,2003年
河野純徳『聖フランシスコ・ザビエル全生涯』平凡社，1988年
『国史大辞典』9，12，吉川弘文館，1988，1991年
小葉田淳『金銀貿易史の研究』法政大学出版局，1976年
小林珍雄『キリスト教用語辞典』東京堂，1957年
ゴンサーレス・デ・メンドーサ 長南実訳，矢沢利彦訳・注『シナ大王国誌』『大航海時代叢書』岩波書店，1965年
J・H・エリオット 藤田一成訳『スペイン帝国の興亡――1469-1716』岩波書店，2009年
『新カトリック大事典』全4巻，研究社，1996-2009年
高瀬弘一郎「フランシスコ会のグレゴリオ十三世小勅書廃止運動」上下『史学』35-1，35-4，1962，1963年
高瀬弘一郎「日本イエズス会の生糸貿易について」『キリシタン研究』13輯，1970年
高瀬弘一郎『キリシタン時代の研究』岩波書店，1977年
高瀬弘一郎『イエズス会と日本』1，2『大航海時代叢書』第Ⅱ期，岩波書店，1993年
高瀬弘一郎『キリシタンの世紀』岩波書店，1993年

引用文献目録

高瀬弘一郎『キリシタン時代対外関係の研究』吉川弘文館，1994年
高瀬弘一郎『キリシタン時代の文化と諸相』八木書店，2001年
高瀬弘一郎『キリシタン時代の貿易と外交』八木書店，2002年
高瀬弘一郎『モンスーン文書と日本』八木書店，2006年
田谷博吉『近世銀座の研究』吉川弘文館，1963年
チースリク「外国古文書の年月日について」『キリシタン文化研究会会報』５年１号，1961年
ディエゴ・アドゥアルテ著 ホセ・デルガード・ガルシーア編注 佐久間正・安藤弥生共訳『日本の聖ドミニコ——ロザリオの聖母管区の歴史（1581年～1637年）』カトリック聖ドミニコ会ロザリオの聖母管区，1990年
土井忠生・森田武・長南実編訳『邦訳 日葡辞書』岩波書店，1980年
東京大学史料編纂所『史料綜覧』巻12，巻13，1982年
東京大学史料編纂所『大日本史料』11編別巻之１，天正遣欧使節関係史料１；12編之１，1901年，1959年
東京大学史料編纂所『日本関係海外史料 イギリス商館長日記』原文編之中，1979年
東京大学史料編纂所『日本関係海外史料 イギリス商館長日記』訳文編之上，1979年
トマス・オイテンブルク著 石井健吾訳『16～17世紀の日本におけるフランシスコ会士たち』中央出版社，1980年
トメ・ピレス 生田滋訳・注，池上岑夫訳，加藤栄一訳・注，長岡信治郎訳・注『東方諸国記』『大航海時代叢書』岩波書店，1966年
『長崎県史——対外交渉編』吉川弘文館，1986年
『長崎市史——通交貿易編西洋諸国部』清文堂，1967年
『長崎叢書』３『増補長崎略史』上，長崎市役所，1926年
奈良静馬『西班牙古文書を通じて見たる日本と比律賓』大日本雄弁会講談社，1942年
西山俊彦『カトリック教会と奴隷貿易——現代資本主義の興隆に関連して——』サンパウロ，2005年
『日本史総覧』Ⅳ，近世１，新人物往来社，1984年
パブロ・パステルス著 松田毅一訳『16‐17世紀日本・スペイン交渉史』大修館書店，1994年
フロイス 松田毅一・川崎桃太訳『日本史』９，中央公論社，1979年
ルイス・フロイス原著 岡本良知訳註『九州三侯遣欧使節行記』東洋堂，1942年

松田毅一『太閤と外交』桃源社，1966年
松田毅一監訳『16・7世紀イエズス会日本報告集』第Ⅰ期第1巻，第4巻，第Ⅲ期第7巻，同朋舎出版，1987年，1988年，1994年
松田毅一『天正遣欧使節』臨川書店，1990年
マッテーオ・リッチ 川名公平訳，矢沢利彦注，平川祐弘解説『中国キリスト教布教史』1『大航海時代叢書』岩波書店，1982年
マッテーオ・リッチ，アルヴァーロ・セメード 矢沢利彦訳・注，川名公平訳『中国キリスト教布教史』2『大航海時代叢書』岩波書店，1983年
宮崎賢太郎訳『カルロ・スピノラ伝』キリシタン文化研究会，1985年
村上直次郎訳註『異国往復書翰集 増訂異国日記抄』駿南社，1929年
村上直次郎『日本と比律賓』朝日新聞社，1945年
柳田利夫「文禄・慶長の役とキリシタン宣教師」『史学』52－1，1982年
ヨゼフ・ロゲンドルフ『イエズス会』イエズス会日本管区，1958年
リンスホーテン 岩生成一訳・注，渋沢元則訳，中村孝志訳・注『東方案内記』『大航海時代叢書』岩波書店，1968年